国家语委"十二五"科研规划重大项目"中国跨境语言现状调查研究"（ZDA125—6）
中央民族大学"985工程"创新基地"跨境语言研究系列丛书"

哈萨克斯坦维吾尔族及其语言

主编◎力提甫·托乎提

中央民族大学：戴庆厦　力提甫·托乎提　艾尔肯·阿热孜

田　静　阿达来提·阿布拉江

古丽斯坦·麦麦提依明

北京语言大学：朱艳华

阿布莱罕国际关系与外国语大学：Valeriy Uygurovich Makhpirov

Ruslan Arziyev Milana

中国社会科学出版社

图书在版编目（CIP）数据

哈萨克斯坦维吾尔族及其语言 / 力提甫·托乎提主编. —北京：中国社会科学出版社，2016.9
ISBN 978-7-5161-7196-7

Ⅰ. ①哈… Ⅱ. ①力… Ⅲ. ①维吾尔语–研究–哈萨克 Ⅳ. ①H522

中国版本图书馆 CIP 数据核字（2015）第 295532 号

出 版 人	赵剑英
责任编辑	任 明
特约编辑	李晓丽
责任校对	韩天炜
责任印制	何 艳

出 版	中国社会科学出版社
社 址	北京鼓楼西大街甲 158 号
邮 编	100720
网 址	http://www.csspw.cn
发 行 部	010-84083685
门 市 部	010-84029450
经 销	新华书店及其他书店

印刷装订	北京市兴怀印刷厂
版 次	2016 年 9 月第 1 版
印 次	2016 年 9 月第 1 次印刷

开 本	710×1000 1/16
印 张	31
插 页	2
字 数	608 千字
定 价	95.00 元

哈萨克斯坦维吾尔族及其语言

主　编：力提甫·托乎提

副主编：Valeriy Uygurovich Makhpirov　艾尔肯·阿热孜

作　者：

中央民族大学：戴庆厦　力提甫·托乎提　艾尔肯·阿热孜

　　　　　　　田　静　阿达来提·阿布拉江

　　　　　　　古丽斯坦·麦麦提依明

北京语言大学：朱艳华

阿布莱罕国际关系与外国语大学：Valeriy Uygurovich Makhpirov

　　　　　　　　　　　　　　　　Ruslan Arziyev　Milana

目　录

第一章 绪论

在绪论这一章里，主要介绍立题说明、跨境语言的概念及研究价值、调查方法设计、调查问卷及有关标准的说明等四个问题，希望能够有助于读者理解本书的研究内容和研究方法。

第一节 立题说明

《哈萨克斯坦维吾尔族及其语言》这部专著，是中国国家语言文字工作委员会重大科研项目"中国跨境语言现状调查研究"子课题"哈萨克斯坦维吾尔族及其语言"的阶段性成果之一，是由中国和哈萨克斯坦共和国两国的语言学家共同完成的。

本课题从 2011 年 8 月开始实施。之后，开始了 8 个多月的筹备工作。筹备工作包括成立课题组，提出项目调查的时间、内容、要求、路线、经费等工作方案。2012 年 5 月 11 日，在中央民族大学维吾尔语言文学系会议室召开了调查组计划落实会议。除了中方的课题组成员外，哈方的哈萨克斯坦阿布莱汗国际关系与外国语大学（Kazakh Ablai Khan University of International Relations and World Languages）东方学院前院长 V. Makhpirov 教授也参加了会议。会议决定出发的时间，并商定由 V. Makhpirov 教授与阿布莱汗国际关系与外国语大学校方接洽，做好接待课题组的有关事宜。

课题组 7 月 2 日凌晨从北京出发，当地时间 4 点半到达了阿拉木图市。稍作休息就开始按计划进行调查工作。课题组除了在阿拉木图对一些单位、机构、学校进行访问外，还深入到维吾尔族聚居区展开了入户调查研究。本书就是根据在哈萨克斯坦期间实地调查所获得的第一手资料，并参考使用以往的研究成果写成的。

本书旨在揭示哈萨克斯坦维吾尔族语言使用的现状及其结构特点，并解释形成这种现状的原因和条件。此外，还进一步描写两国维吾尔语的差异，分析由于跨境因素而引起的语言变异。

本书试图回答以下几个主要问题：哈萨克斯坦维吾尔族的语言生活及社会生活现状；哈萨克斯坦维吾尔族母语保存的情况及其成因；哈萨克斯

坦维吾尔族语言兼用特点及多语生活是如何形成的，其发展趋势如何等。

据阿布莱汗国际关系与外国语大学的领导和专家说，我们这个语言学课题组是哈萨克斯坦独立后第一个到哈萨克斯坦访问和调查的。所以，我们要充分利用这次能深入到哈萨克斯坦实地调查的机会，多获取一些第一手材料。

第二节　关于"跨境语言"

一　"跨境语言"概念的说明

"跨境语言"是指分布在不同国家的同一语言。跨境语言的差异是由于跨境而引起的，是语言变异的一种。

在历史的漫漫长河中，语言会因社会等因素的变化而发生变化，产生各种不同的变体。语言变体各种各样：有因地区分布的不同而形成的方言变体；有因民族支系差别的存在而形成的支系语言变体；有因社会群体差异而形成的社会方言变体等。跨境语言作为语言社会变体的一种，既不同于方言变体，也不同于支系语言变体，是一种特殊的变体。研究语言，要区分这些不同的变体。

历史上的族群迁徙或国界变化，自然会使得一些民族分布在不同的国家里，形成了"跨境民族"（又称为"跨国民族"、"跨界民族"）。而他们所使用的语言，也会出现差异，形成"跨境语言"（又称为"跨国语言"、"跨界语言"）。世界上许多国家都有跨境语言。如哈萨克语是跨境语言，在哈萨克斯坦、中国、俄罗斯等国都有分布；蒙古语也是跨境语言，在中国、蒙古、俄罗斯等国都有分布。

跨境语言差异的表现主要有：

1. 在差异程度上，有的差别大，有的差别小。如：泰国的泰语与中国的傣语，存在着较大的差异，两地居民初遇一般不能马上对话；而中国的拉祜语与缅甸、泰国的拉祜语差别较小，两地居民初遇马上就能无障碍地交流。

2. 在名称上，存在名称相同和名称不同两种情况。有的语言，由于双方差异程度较大，已被认为是不同的独立语言。如上述泰国的泰语与中国的傣语。有的语言，双方差异较小，仍被认为是属于同一语言的不同方言。如朝鲜、韩国和中国的朝鲜语（在韩国称韩国语），相差很小，一般认为同属于一个语言。但还有一种情况，即虽有共同的源流，也有相同的基本特点，但已存在较大差异，且名称不同，但仍被认为是一种语言。如泰国、缅甸的阿卡语与中国的哈尼语虽然有较大差异，但一般认为是同一种语言。

对于具体的跨境语言的划分，即何种程度的差异可以看作是独立的不同语言，何种程度的差异应当看作是同一语言的不同方言，学界至今尚未达成统一的认识。这当中涉及如何认识语言和民族的关系，如何确定区分语言和方言的标准等理论问题。

3. 在跨境数量上，跨越的国家多少不一。有的只跨两个国家，有的则分布于两个以上的国家。如：中国的京语与越南的越语是跨境语言，这一语言只跨中国和越南两个国家；中国的独龙语与缅甸、泰国的日旺语是跨境语言，跨三个国家。

4. 在跨境分化的时间上，有的长，有的短。分化时间长的，往往差异较大。哈萨克斯坦的维吾尔语与中国的维吾尔语分化的时间只有100多年，所以差异不大。

二　跨境语言研究的理论价值和应用价值

由于跨境语言的研究起步较晚，所以对其意义的认识目前还不可能到位。但不管怎样，跨境语言的研究具有重要的理论价值和应用价值是完全可以肯定的，而且随着研究的深入将会更多地认识到其重要性。

跨境语言产生的变异是语言的客观事实，因而是人们认识语言演变规律所不可缺少的内容。跨境语言产生的语言变异，是不同国家的社会、文化等因素引起的，它既不同于语言的历时演变，也不同于方言的共时差异，有其自身的特点，因而从跨境语言的对比研究中，能够获取大量有关语言演变的规律，这对语言学的理论建设是有益的。

跨境语言研究还具有重要的应用价值。由于跨境族群、跨境语言之间必然存在密切的联系，因而不同国家在解决跨境民族、跨境语言问题的政策上，必须根据跨境的实际特点，采取有利于跨境民族发展的措施。比如，在解决跨境民族的文字使用和规范问题时，必须考虑到跨境双方或几方的特点和现实情况，必须制定有利于跨境民族相互交流和共同发展的对策。

以往的语言学研究，对方言的差异、语言的社会差异研究较多，而对跨境语言的研究重视不够，成果很少。应当说，跨境语言研究在语言学研究中还是一个薄弱环节。在当今，由于现代化进程的加速，以及世界经济一体化、信息一体化的到来，各国之间出现了新的合作关系，跨境语言研究越来越显示出其重要性。人们急需认识不同国家跨境语言的现状及其历史演变的关系，要对跨境语言有个整体的科学认识。

三　研究哈萨克斯坦维吾尔族及其语言的价值及可行性

中国和哈萨克斯坦都是多民族的国家，在边境上都分布着众多的跨境民族。中国和哈萨克斯坦两国长期以来友好共处，跨境民族、跨境语言之间有着密切的联系。两国的跨境语言都保存有对方所没有的文化遗产。因而，如何科学地认识两国跨境语言的共时特点和历时关系，揭示其相同点和不同点，是民族关系和语言关系研究中的一个重大理论课题。

哈萨克斯坦维吾尔语的跨境特点主要是跨境时间短、使用人口少、相对聚居、母语保存较好等，是跨境语言中的一种类型。研究中哈两国维吾尔语的跨境特点，有着重要的理论价值，能为跨境语言的理论研究增添一份新的"养料"。

哈萨克斯坦的维吾尔族与新疆的维吾尔族有着同一族源的关系，这使得双方在思想深处都存在一种求同的愿望，在语言、文字、文化的发展、规范以及如何科学地继承传统的语言、文化上，很自然地都要考虑对方的情况。但要处理好以上的问题，必须调查研究跨境双方的语言文化情况，求出其异同规律。这就是跨境语言研究的应用价值所在。

第三节　调查方法设计

跨境语言调查，必须要有一套科学的、有针对性的调查方法。这次调查，我们在以往的经验和方法的基础上，尽量根据哈萨克斯坦维吾尔族的实际，确定适合这种语言的调查方法。概括起来，课题组主要采用以下几个方法：

一　田野调查法

我们认为，语言事实是第一性的，由事实形成的观点是第二性的。所以，科学严谨的语言学调查研究，必须重视语言事实的调查，必须到田野中调查语言。我们课题组在整个调查过程中，始终强调必须深入维吾尔族社区，必须深入到各种活生生的语言使用的环境中去，着力于第一线的田野调查，获取第一手的真实材料。只有在语料真实、可靠的基础上，才能得出科学的、可信的结论。

为此，我们在哈萨克斯坦深入到离阿拉木图市 300 多公里的维吾尔族聚居区维吾尔县春贾镇（Čonja）和塔尔加尔县阿瓦特乡（Awat）的农户家中，随机抽样进行不同年龄段的语言能力调查和测试，还调查了当地的社会、经济、文化情况，同时注意收集当地的维吾尔语语料。当地居民非常热情地接待了我们，尽力满足我们的调查要求。一位老校长临别时深情地对我们说："我们是你们的试验基地，你们随时可以来。"我们还在阿拉木图市调查了一部分生活在城市中的维吾尔族的语言状况。此外，我们还充分利用与维吾尔人接触的机会，了解他们的生活和语言情况，不放过来看望我们的每一个人。

二　个案调查法

个案调查法，指选择有代表性的点和问题进行深入、客观的记录、描写，并从个案调查中提取、归纳出规律和认识。我们到了哈萨克斯坦后，就对维吾尔族的语言情况作了大致的摸底，初步认识到哈萨克斯坦维吾尔语使用的特点主要有两个类型，一是农区聚居区类型，另一是城市杂居区类型。于是确定本次调查主要是两种类型的个案：一是乡村个案；另一是城市个案。在两类个案中随机抽取部分人家进行调查，不仅调查语言使用情况，还对语言本体出现的一些新特点、新变化进行记录、分析。除此之外，我们还重视"面"的调查，做到"点面结合"。在"点"的挖掘中注意特殊性，在"面"的描述中突出普遍性。此外，我们还提取了数个有意义的问题进行重点调查，如青少年的语言能力问题，俄语的功能变化问题等。

三　专人访谈法

选取有代表性的人物进行面对面的访谈，能够直接获得许多真实的、生动的信息。多年的经验告诉我们，面对面的促膝访谈能够获取真实的、有针对性的材料。通过具体人物访谈所获取的各种情况、各种认识，具有文献价值。所以，人物访谈法也是这次调查的一个重要方法。由于在访谈之前，我们注意向被访者讲清来意、重要性及要求，所以被访者都会主动积极配合，把他们知道的情况和真实的想法都毫无顾虑地"倒"给我们。被访者进入访谈角色后，通常会知无不言地把自己的观点、看法表达出来，我们能够从中提取有价值的"亮点"或需要的信息。

四　现场观察法

语言在使用中才能真正表现出其特点和价值。特别是语言活力，总是在使用现场中才能得到真实的反映。调查组一直强调：必须深入群众的语言生活，细心观察各种语言生活中语言活力的表现；在有人交往的地方，尽可能主动靠近人群，仔细观察他们是如何使用语言的。进入现场，对语料的收集应当具有高度的敏锐性，不让一个个鲜活的语言现象不经意地在面前悄悄溜过。

五　核心词汇测试法

为了有效地在较短时间内掌握哈萨克斯坦维吾尔人不同年龄段的语言使用情况，我们课题组根据维吾尔语的特点，从两千多个常用词汇中抽取出具有代表性的四百个词，设计成"哈萨克斯坦维吾尔语 400 词测试表"（以下简称"400 词表"），用于对不同年龄段的人进行母语能力的测试。为了便于被试人理解词义，每个词条都用汉语、维吾尔语、俄语等多种语言对照，使被试者能借助另一语言理解该词条的原意。"400 词表"所选用的词汇具有代表性，能够通过少量的词测出被试者的实际语言能力。

六　综合判定法

跨境语言所表现的各种现象在形成上往往受各种因素的制约。其中，既有语言方面的，也有非语言方面的；既有现时的，又有历史的；既有个人因素，又有民族、地区的因素；既有静态的，又有动态的；等等。所以，对某一现象特征或规律的判断，不能只根据一个因素，而应综合各种有关的因素来判断。如维吾尔族为什么能兼用多语，这有其现实需要的因素，还有其历史的条件；独立前和独立后的变化不同；进入城市和不进入城市的情况不同；不同年龄段的情况不同；受教育程度的不同等等。如果不做综合分析，就难以得出切合实际的结论。

第四节　调查问卷及有关标准的说明

一　"400 词表"制定的标准

"哈萨克斯坦维吾尔语 400 词表"的设计目的是，在较短时间里有效地测试出调查对象的语言能力。

这 400 个词是从 2000 多个常用词汇中挑选出来的。挑选的标准是：
1. 哈萨克斯坦维吾尔族大多数人都会说的核心词汇。如：自然现象类的"天、地、太阳、月亮、星星、风、雨、火"等；动物类的"马、牛、驴、狗、骆驼、公鸡"等；植物类的如"花、草、根、叶子、水稻、玉米、棉花、芝麻、葡萄、苹果"等；身体部位类的"头、眼睛、鼻子、耳朵、肩膀、嘴、唇、牙齿"等；人物称谓类的"老人、姑娘、孩子、妻子、儿媳、祖父、祖母、父亲、母亲、农民、牧民"等；动词类的"看、吃、喝、咬、说、读、闻、抬、玩、拉、站、走、跑、爬、靠"等；形容词类的"高、低、大、小、深、浅、长、短、厚、薄、轻、重、多、少、白、黑、绿"

等；数词类的如"一、二、三、十、百、千、万"等。2. 收入约5%的较难词汇，如"暴风雪、霜、彩虹、荒野、锡、眼眶"等。3. 不收在现代生活中已逐渐不用的词，如一些疾病词"霍乱、疟疾、天花"等。4. 适当收一些已进入基本词汇系统的外来借词，如"东、南、西、北、白菜、卷心菜（莲花白）、清真"等。

400词的语言能力分为A、B、C、D四级。即：能脱口而出的为A级；想一想才说出的为B级；经测试人提示后才想起的为C级；虽经测试人提示但仍不知道的为D级。

400词测试的综合评分是：① A级和B级相加的词达到350个以上的，语言能力定为"优"，即能较好地掌握维吾尔语。② A级和B级相加的词在280—349之间的，语言能力定为"良"，即基本掌握维吾尔语。③ A级和B级相加的词在240—279之间的，语言能力定为"一般"，即维吾尔语的使用能力出现一定衰退。④ A级和B级相加的词在240以下的，语言能力定为"差"，即维吾尔语的使用能力出现严重衰退。

测试一人一般需两小时左右的时间，母语能力较强的一个小时内就能完成。

通过测试，能够看到不同年龄段的维吾尔族母语能力的差异。

二　问卷的设定标准

为了全面掌握哈萨克斯坦维吾尔族家庭内部和在不同场合、面对不同对象使用母语的能力，以及了解不同年龄段的语言观念，我们还设计了 4 份调查问卷：

①《不同场合语言使用情况调查表》
②《家庭内部语言使用情况调查表》
③《语言态度和语言观念调查问卷》
④《语言使用情况入户调查表》

为了便于操作，这些问卷提问语我们都翻译成哈萨克斯坦的维吾尔文。在翻译中要求意义明确易懂，避免歧义或多义。

第①、②、④份问卷设计为表格的形式，需要调查对象填写，第③份问卷设计为选择题，语句类型采用直接提问，避免诱导。在实际的调查中，还可根据收回的问卷，适当地调整问题或答案。

三　语言文字能力分级的标准

不同地区、不同年龄维吾尔人的母语水平是有差异的。我们对语言文字能力的等级进行了划分。母语及兼用语的语言能力分为三个等级：熟练、

略懂、不会。三个等级的划定标准为:

① 熟练:听、说能力俱佳;日常生活中能够自如地运用该语言进行交际。

② 略懂:听、说能力均为一般或较差,或听的能力较强,说的能力较差。

③ 不会:听、说能力均较为低下或完全不懂。

四 年龄段划分的标准

不同年龄段的语言能力存在差异。对一个调查点语言使用情况的判断要通过不同年龄段的统计来获得。不同的民族,由于文化教育、语言状况的不同,语言能力反映在年龄段上也会有所不同。根据语言习得的规律和哈萨克斯坦维吾尔族的语言使用实际,本书将调查对象划分为四个年龄段:青少年段(6—19岁);青壮年段(20—39岁);中年段(40—59岁);老年段(60岁以上)。6岁以下儿童由于语言能力不甚稳定,不计入统计之列。

五 关于调查阶段的划分

此次调查大致可分为4个阶段(详见附录中的"调查日志"):

1. 材料准备阶段(2011年8月1日至2012年6月30):立题论证;组织调查团队;搜集资料;制定调查计划;设计调查问卷和调查表。

2. 田野调查阶段(2012年7月1日至7月21日):第一阶段,深入哈萨克斯坦维吾尔族调查点入户调查,记录第一手原始材料,包括社会文化、语言使用、语言本体特点等三方面材料。边收集边整理。第二阶段,回到新疆吐鲁番等地,调查维吾尔族的语言生活。

调查初稿在调查实地完成。

3. 定稿阶段(2012年7月22日至12月20日):对初稿的框架进行"微调";润色文字;定稿,送交出版社。

六 本书缩略词语及符号

A. 本书所用的缩略词语

缩略语	英语	汉义
1	1st person	第一人称
2	2nd person	第二人称
3	3rd person	第三人称

续表

缩略语	英　语	汉　义
A	adjective	形容词
ABL	ablative case	从格
ABIL	ability marker	能动标志
ACC	accusative case	宾格
ADJL	adjectivalizer marker	形容词化标志
ADVL	adverbializer marker	副词化标志
ADVN	advancing aspect	先动体
ALTR	altruism aspect	利他体
ARG	argument	论元
ASP	aspect marker	体标志
AUX	auxiliary	助词
CAUS	causative	使动态（标志）
COMT	comitative marker	随同格标志
COND	conditional marker	条件语气标志
CONJ	conjunctive marker	并列连接词
CONT	continuative aspect marker	持续体标志
COP	copula	判断词
DAT	dative case	与格
DEM	demonstrative pronoun	指示代词
DES	desiderative	意愿式
DEPR	deprivation suffix	剥夺词缀
DEV	devotion aspect	投入体
DIM	diminutive marker	指小、减弱标志
DISP	disposal aspect	处置体
DISTR	distraction	分心体
DO	direct object	直接宾语
DUR	durative aspect	连续体
ELM	eliminating aspect	除去体
EMPH	emphatic marker	强调标志
EQUI	equivalence case marker	量似格标志
EVID	evidential	示证范畴

续表

缩略语	英　语	汉　义
EXP	experiential marker	经验体标志
FACT	factual aspect	呈现体
FOC	focus	焦点
FUT	future tense	将来时
GEN	genitive case	领属格
GOAL	goal marker	目的标志
HAB	habitual aspect	惯常/习惯体
HRS	hearsay evidential marker	听说（示证）标志
IMP	imperative marker	命令式标志
IMPF	imperfective	未完成体
INDC	indicative marker	指示标志（-ki）
INDEF	indefinite marker	不定指标志
INF	infinitive	不定式
INIT	initiative marker	起始体标志
INSTR	instrumental case	工具格
INTNS	intensifying aspect	强化体
INTR	intransitive	不及物
INTRJ	interjection	感叹词
INTRP	interrogative pronoun	疑问代词
INT	intention marker	欲动标志
IO	indirect object	间接宾语
ITR	iterative aspect	重复体
LMT	limitative case	界限格
LOC	locative case	时位格（//地点格）
LQ	locative-qualitative case	地点标志格
M	mood marker	语气（式）标志
MEAS	measure word	量词
N	noun	名词
NEC	necessity marker	必然性标志
NEG	negative component	否定成分
NOM	nominative case	主格（标志）

续表

缩略语	英　语	汉　义
NOML	nominalizer marker	名词化标志
NP	noun phrase	名词短语
NPST	non-past tense	非过去时
NUM	numeral	数词
OBL	oblique marker	旁格
ORD	ordinal marker	序数标志
P	patient/undergoer	受事者
PART	particle	助词，小品词
PASS	passive	被动态（标志）
PERF	perfective aspect marker	完成体标志
PERS	person	人称
PL	plural marker	复数标志
POL	polite	尊称
POS	possessee marker	从属标志
POST	postposition	后置词
PREF	prefix	前缀
PREP	preposition	前置词/介词
PRFM	performing aspect	执行体
PRO	pronoun	代词
PROG	progressive	进行体
PROH	prohibitive marker	禁止式标志
PRES	present tense	现在时
PROS	prospective aspect marker	将行体标志
PRP	purposive marker	目的标志
PRS	persistent aspect	一贯体
PST	past tense	过去时
Q	question marker	疑问句标志
QNT	quantifier	指量词
QUOT	quotation，quotative	引用语
RC	relative clause	关系小句
RECIP	reciprocal	交互态（标志）

续表

缩略语	英　语	汉　义
REDUP	reduplication	重叠
REFL	reflexive	反身态（标志）
REP	repetitive	反复体
RSP	respectful	敬称
SELF	self-regard aspect	利己体
Sg.	singular	单数
SML	similitude case	形似格、比喻格
SIM	simultaneous action	同时发生的动作
SUFF	suffix	后缀
SUPER	superlative marker	最高级标志
TAM	tense，aspect and mood	时、体、语气
TENT	tentative mood	尝试体
TERM	terminating aspect	终结体
TOP	topic marker	话题标志
UNINT	uninterrupted aspect	无阻体
V	verb	动词
VIS	visual witness	亲见（示证范畴）
VOC	vocative	称呼语
VP	verb phrase	动词短语

B. 本书所用的转写符号

本书使用了以下转写符号，其实际发音与方括号内的国际音标表示的音基本相一致：

a[a]，ä[ɛ]，b[b]，č[ʧʰ]，d[d]，e[e]，f[f]，g[g]，ğ[ʁ]，x[x]，h[ɦ]，i[i]，ï[ɤ]，j[ʥ]，k[kʰ]，l[l]，m[m]，n[n]，ŋ[ŋ]，o[o]，ö[ø]，p[pʰ]，q[qʰ]，r[r]，s[s]，š[ʃ]，t[tʰ]，u[u]，ü[y]，v[v]，w[w]，y[j]，z[z]，ž[ʒ]。

第二章 哈萨克斯坦共和国概况

哈萨克斯坦共和国（The Republic of Kazakhstan）简称哈萨克斯坦，是一个建立时间不长的年轻国家。原为苏联加盟共和国之一，1991 年苏联解体后独立。经过 21 年的改革与发展，如今的哈萨克斯坦是全球发展最快的国家之一，已成为全球发展中的新兴经济体之一，正逐渐成为中亚及外高加索地区的区域性大国。

第一节 地大物博的欧亚陆上走廊[①]

一 地理

哈萨克斯坦共和国，位于欧亚大陆的接合部，地跨亚欧两洲。位于西南部的阿特劳市（Atyrau）处于欧洲和亚洲的分界线乌拉尔河畔，这里的居民每天都可以在欧亚两大洲之间往来。

哈萨克斯坦的领土从西部的伏尔加河下游到东部的阿尔泰山长约 3000 公里，从北部的西西伯利亚平原到南部的天山山脉宽约 1700 公里。国土总面积 272.49 万平方公里，是世界最大的内陆国。绝大部分国土在亚洲，欧洲部分约为 15 万平方公里，在亚洲是位列中国和印度之后的第三大国，是中亚地区面积最大的国家。哈萨克斯坦东连中国新疆，北邻俄罗斯，南接乌兹别克斯坦、吉尔吉斯斯坦和土库曼斯坦三国，西濒里海，与伊朗、阿塞拜疆等国隔海相望。边境线总长为 12187 公里，其中与中国的边界为 1460 公里。

哈萨克斯坦的地形特点为东南高、西北低。大部分国土为平原和低地，主要分布于西部、北部和西南部；中部为哈萨克丘陵地带；东部及东南部多山，境内的山脉主要有阿尔泰山、天山、塔尔巴哈台山、准噶尔阿拉套山、外伊犁阿拉套山。天山山系是中国、哈萨克斯坦、吉尔吉斯斯坦三国的界山。

---

① 本部分内容主要参考了赵常庆编著的《哈萨克斯坦》，社会科学文献出版社 2004 年版，第 1—22 页；胡振华主编的《中亚五国志》，中央民族大学出版社 2006 年版，第 10—50 页。特此致谢。

哈萨克斯坦境内河流众多，共有大小河流 8.5 万多条，大部分为内陆河和季节性溪流，夏季干涸，只在融雪季节才有水，所以仍是一个缺水的国家。大的河流主要有额尔齐斯河、伊希姆河、锡尔河、乌拉尔河、伊犁河、恩巴河等，湖泊有里海、咸海、巴尔喀什湖、斋桑湖等。境内湖泊、水塘、水库星罗棋布，多达 4.8 万多个，湖泊多为咸水湖，水面总面积达 4.5 万平方公里以上。大的湖泊主要有巴尔喀什湖、阿拉湖、田吉兹湖等。咸海的另一个所属国是乌兹别克斯坦，里海的其他所属国还有阿塞拜疆、伊朗、土库曼斯坦、俄罗斯。

由于地处内陆，远离海洋，哈萨克斯坦的气候属严重干旱的大陆性气候。冬、夏两季温差大，夏季炎热干燥，冬季寒冷少雪而又漫长。冬季气温，南部地区多在零下 5 摄氏度至零下 1.4 摄氏度之间，中部地区在零下 16 摄氏度至零下 19 摄氏度之间；夏季气温，北部地区多为 20 摄氏度左右，南部地区多在 29 摄氏度左右。绝对最高和最低气温分别为 45 摄氏度和零下 45 摄氏度，沙漠中最高气温可高达 70 摄氏度。全国绝大部分地区年降水量少于 250 毫米，其中荒漠地带为 100 毫米左右，东部、东南部山麓气候湿润，降水量为 400 毫米至 600 毫米，北部西伯利亚南部平原地区约为 300 毫米至 500 毫米。哈萨克斯坦国土辽阔，各地的气候特点相差也较大。南方地区四季和昼夜的温差都较大，尤其是沙漠地带，最高温和最低温可以相差 80 摄氏度至 90 摄氏度；而北方地区以及山区的温差则相对较小。

二　资源

哈萨克斯坦是世界上拥有矿产资源最多的国家之一。曾有哈萨克斯坦学者指出，在已知的门捷列夫元素周期表中，哈萨克斯坦拥有 99 种。已探明储量的矿产达 70 种，其中 60 多种已投入生产。

哈萨克斯坦的矿产资源最主要的是石油、天然气、煤炭。石油储量中，哈萨克斯坦陆地和大陆架已探明的为 53 亿吨，居世界第 9 位；里海大陆架哈萨克斯坦部分的预测储量达 170 亿吨。目前 90% 以上的石油集中在 15 个最大的油田：田基兹油田、卡沙干油田、卡拉恰干纳克油田、乌津油田、卡拉列夫油田、热德巴依油田、扎纳若尔油田、卡拉姆卡斯油田、肯基亚克油田、卡拉让巴斯油田、北布扎奇油田、阿里别克摩尔油田、中部和北部泊拉尔瓦油田、肯巴依油田等。煤炭资源储量丰富，全国共发现 400 多个煤田，总储量约为 1500 亿吨左右，属于世界煤炭储量名列前茅的国家。煤炭，尤其是炼焦煤是哈萨克斯坦的重要出口物资之一，主要出口到俄罗斯。天然气储量为 3 万亿立方米。此外，铀、铜、铅、铬、银、钨、铝、锰、铝、钛、锑、汞、金及稀有金属、磷灰石、盐、芒硝、硫黄等矿藏也非常丰富。其中，钨储量占世界第一位，铬和磷矿石占第二位，铜、铅、锌、钼和磷的储量占亚洲第一位。

哈萨克斯坦的土地资源丰富，土壤、气候条件适合发展畜牧业。全国3/4的农业用地为牧场，共有牧场1.82亿公顷，面积居世界第四位。拥有森林和营造林2170万公顷。

三　经济

哈萨克斯坦独立后的21年来，经济发展取得了巨大成就。最近十年的经济增长速度位列世界前三强之列。哈萨克斯坦的人均国民生产总值（GDP），在独立初期是500美元，2008年为8900美元，预计到2030年将达到18000美元。如今，哈萨克斯坦已成为后苏联时期独联体中最发达的国家之一。

哈萨克斯坦的经济基本沿袭前苏联的传统模式，以石油、采矿、煤炭等重型工业为主，加工工业、机器制造业和轻工业相对落后，大部分日用消费品依靠进口。2008年哈萨克斯坦的工业产值为102553.9亿坚戈，其中，采矿业产值为62720.52亿坚戈，加工业产值为33753.9亿坚戈。农业和畜牧业也是国家经济的重要方面。全国耕地面积超过3000万公顷，农作物年播种面积约1500万公顷，粮食产量约1300—1800万吨。耕地大部分种植以春小麦为主的粮食作物，还产棉花、甜菜、烟草、水果、瓜类等，是前苏联主要的谷物产地之一，小麦产量占前苏联的三分之一。不仅是粮食生产大国，也是粮食出口大国，主要出口小麦和面粉。近年哈萨克斯坦年均出口粮食900万吨，居世界粮食出口国前列。2008年哈萨克斯坦的农业总产值为23264亿坚戈。畜牧业主要以养牛业、养羊业、养猪业、养马业、养驼业、养禽业为主。是世界重要的皮革出口国，皮革出口量排在世界前10位。[①]此后几年，哈萨克斯坦的经济社会发展持续增长。到2011年，国内生产总值增长7.5%（与2010年相比，下同）；人均GDP达11300美元；工业增长3.8%；农业增长27.3%，粮食产量2600万吨；货物运输增长16.6%；零售贸易增长12.5%。

哈萨克斯坦的经济发展具有三个特点：（1）私有化进程快。现在，私有经济已占国家经济总量的80%以上。（2）对外来经济依赖性强。自独立以来收到的人均外来投资额在独联体国位列第一。（3）对外来商品依存度高。特别是高科技产品、生活日用品、轻工产品基本被美国、德国、日本、韩国、中国、土耳其的商品所替代。（4）南北方经济发展水平有差异。相比之下，北方的经济比南方更加发达。主要的工业基地都在北方，首都阿斯塔纳也在北方，而南方则以农业为主。

---

① 数据引自《哈萨克斯坦2008年社会经济发展简况》，《中亚信息》2009年第3期。

　　近十年来哈萨克斯坦的经济发展保持了较快增长，主要有以下几个方面的原因：（1）拥有丰富的自然资源，这为该国的经济发展提供了十分有利的物质条件。（2）苏联时期实行的教育政策和社会政策，使哈萨克斯坦基本上消除了文盲，受过高等教育的人数达到许多发达国家的水平。这使该国拥有数量可观、素质较高的劳动力大军，从而为经济发展提供了有力的智力和劳动力条件。（3）制订并实施建立市场经济体制的战略目标。（4）以巩固独立和主权为中心的务实、平衡外交政策为国家的经济发展赢得了良好的国际环境。（5）互相尊重、兼容并包的民族政策和宗教信仰自由政策保证了国家稳定和社会和谐。

　　尽管近十年来哈萨克斯坦的经济发展速度保持在较高水平上，但较高的失业率仍是该国不可回避的一个问题。哈萨克斯坦全国的劳动力为861.1万，2011年失业率为5.7%，在世界排名为第54名。从地域来看，主要出现在北部工业区；从失业人群来看，更多的是年轻人。①

四　行政区划

　　哈萨克斯坦的行政区划分为州（sostoyaniye）/直辖市（munizipaliteta）、区（oblast）、市（siti）、镇（gorod）、乡（auyi，yeza）五级。全国划分为14个州，分别为：阿克莫拉州（Akmola）、阿克纠宾斯克州（Aktobe）、阿拉木图州（Almaty）、阿特劳州（Atyrau）、南哈萨克斯坦州（South Kazakhstan）、东哈萨克斯坦州（East Kazakhstan）、江布尔州（Jambyl）、西哈萨克斯坦州（West Kazakhstan）、卡拉甘达州（Karagandy）、克兹勒奥尔达州（Kyzylorda）、科斯塔奈州（Kostanay）、曼格斯套州（Mangystau）、巴甫洛达尔州（Pavlodar）、北哈萨克斯坦州（North Kazakhstan）。此外，还有2个直辖市：阿斯塔纳市（Astana）和阿拉木图市（Almaty）。

　　哈萨克斯坦的14个州按经济基础可分为四种类型：（1）拥有巨大的和重要的矿产资源地区。如阿特劳州、曼格斯套州、阿克纠宾斯克州、西哈萨克斯坦州和江布尔州。（2）资源相对有限，但拥有大型加工基础设施的地区。如：卡拉甘达州、巴甫洛达尔州、东哈萨克斯坦州和北哈萨克斯坦、阿拉木图州。（3）发达的农业生产地区。如：科斯塔奈州、南哈萨克斯坦州、阿克莫拉州。（4）大面积的贫困地区。如：克兹勒奥尔达州。②这4种不同的地区，居民的生活水平和文化程度也不一致。

---

　　① 数据引自土耳其《哈萨克斯坦2012年国情报告》。

　　② 参见［哈萨克斯坦］A.加里耶夫著，胡红萍译《当代哈萨克斯坦社会经济与政治生活中的区域和民族人口因素》，载《新疆师范大学学报》2011年第2期。

阿拉木图市是哈萨克斯坦的原首都，位于天山外伊犁阿拉套山脉的北坡丘陵地带，东距中国新疆 300 多公里，海拔 700—900 米。阿拉木图市建于 1854 年，当时称"外伊犁"，后改称"维尔内"，1867 年成为谢米列奇耶州中心。1918 年 3 月建立苏维埃政权，1929—1997 年是哈萨克斯坦的首都。

阿斯塔纳市原名阿克莫拉，1997 年成为哈萨克斯坦的新首都。1998 年 5 月 6 日改为现名。阿斯塔纳市位于哈萨克斯坦北部，距原首都阿拉木图市约 1300 多公里，处于俄罗斯裔居多数的北部地区和哈萨克人为主的南部地区的分界线上。面积 300 平方公里，人口 80 万（2012 年）。是哈萨克斯坦工农业的主要生产基地，也是全国的铁路交通枢纽。经过短短十几年的发展，如今的阿斯塔纳已成为一个国际性的大都市。哈萨克斯坦总统纳扎尔巴耶夫在国情咨文中明确提到一个目标，就是要把阿斯塔纳建设成一个具有高度国际标准的国际性城市，并建设成为世界十大金融中心之一。

第二节　多民族、多宗教的民主国家

一　民族分布及民族关系

哈萨克斯坦是一个典型的多民族国家。根据哈萨克斯坦国家统计署 2012 年 3 月 16 日提供的材料，哈萨克斯坦全国共有 125 个民族，号称"欧亚民族走廊"。截至 2012 年 1 月 1 日，全国总人口为 1667.54 万。其中，哈萨克族占 64.6%，俄罗斯族占 22.3%，乌兹别克族占 3%，乌克兰族占 1.9%，维吾尔族占 1.4%，鞑靼族占 1.2%，日耳曼族占 1.1%，其他民族占 4.5%。

人口数量在独联体国家中位居第四位。①

　　哈萨克斯坦各民族的分布呈"大聚居、小杂居"的状况。哈萨克族集中在该国南部和西部，俄罗斯族较多生活在北部、中部和东部，乌克兰族和德意志族多生活在北部和东部，乌兹别克族在南部。

　　哈萨克斯坦的 125 个民族，在历史来源、国家地位、人口数量、文化教育水平、人文习俗等方面都存在一些差异。

　　从历史来源看，这些民族可以分为原住民与非原住民两类。哈萨克族、乌兹别克族被认为是哈萨克斯坦的原住民或最早就有的民族；而俄罗斯、德意志、乌克兰、白俄罗斯、鞑靼、车臣、印古什、巴尔卡尔、卡拉恰耶夫、卡尔梅克、朝鲜族等民族都是在不同时期从不同地区逐渐迁徙而至的，属非原住民。哈萨克斯坦各民族在不同的发展历程中，形成了各自的文化传统。

　　从国家地位来看，这些民族可以分为主体民族和非主体民族。哈萨克族作为哈萨克草原的原住民，在俄罗斯族侵入草原之前，一直是该地区占有重要地位的主体民族。19 世纪哈萨克草原被俄罗斯正式吞并，沙俄政府从社会组织结构、生活方式、人口结构等方面对哈萨克族进行分化和改造，哈萨克族由哈萨克草原上的主人变成了被沙皇俄国压迫的民族。苏维埃政权建立后，实行民族自决政策，通过为少数民族建立民族区域自治实体，包括哈萨克族在内的少数民族才取得与主体民族俄罗斯族平等的地位。但 20 世纪 30 年代后期，由于斯大林推行极"左"路线，俄罗斯化的沙文主义大肆泛滥，民族自治乡和民族自治镇被取消，哈萨克族等非俄罗斯族逐步被边缘化，导致民族矛盾日益尖锐。直至 1991 年 12 月 16 日，哈萨克斯坦共和国通过《哈萨克国家独立法》，正式宣布独立。独立后，哈萨克族成为该国的主体民族。

　　从人口数量来看，哈萨克斯坦的民族构成比例在独立前后也有较大的差异。主要表现在独立之后哈萨克族人口的明显增加和俄罗斯族人口的明显减少。独立前的 1989 年，哈萨克斯坦人口总数为 16199100。其中，哈萨克族人口共 6494900 人，占全国人口的 40.1%；俄罗斯族共 6062000 人，占全国人口总数的 37.4%。独立后的 1999 年，哈萨克斯坦的人口总数为 14953100。其中，哈萨克族人口为 7985000，占全国人口总数的 53.4%，比 1989 年增加了 13.3%，超过了总人口数量的一半；俄罗斯族的人口为 4479600，占全国人口总数的 27.8%，比 1989 年减少了 9.6%。其他几个民

---

　　① 数据引自中华人民共和国驻哈萨克斯坦共和国大使馆经济商务参赞处网站，网址：http：//kz.mofcom.gov.cn/aarticle/ddgk/zwjingji/201203/20120308030581.html。

族人口数量也有增有减。[①]至 2012 年，哈萨克族人口已占到全国总人口的 64.6%，而俄罗斯族仅占 22.3%。

各民族人口比例发生巨大变化的主要原因是：一方面，独立后哈萨克斯坦曾一度出现"排外、排俄"的倾向，导致大批俄罗斯人、德意志人、乌克兰人、白俄罗斯人迁出哈萨克斯坦。另一方面，1992 年 9 月在阿拉木图召开的世界哈萨克人代表大会，号召全世界的哈萨克人"回归故里"。结果，居住在中国、蒙古国、俄罗斯联邦的阿尔泰共和国、吉尔吉斯共和国、土耳其、乌兹别克斯坦等国的哈萨克人源源不断地迁入哈萨克斯坦。这样，就出现了哈萨克族人口激增，而其他民族，尤其是俄罗斯族、德意志族等民族人口大幅下降的情况。

由于民族成分众多，民族形成、发展过程曲折，所以，哈萨克斯坦的民族关系和民族问题复杂，如何处理好国家的民族关系成为决定国家统一、社会稳定的重要因素。

哈萨克斯坦独立后，总统纳扎尔巴耶夫基于前苏联民族政策的经验、教训，将民族和谐视为制定国内政策的基本原则。他当选总统不久就指出："我深信哈萨克斯坦的多民族特点是巨大的优势。民族友谊，不仅是我们的主要财富，而且是我们的信念、希望。"由此可见，哈萨克斯坦的领导人从他开始执政起就意识到民族和睦、团结的重要性，把民族问题摆到国策的地位上。

哈萨克斯坦的民族政策主要有以下几个特点：

1. 重视民族平等和民族的和谐，并从机制上、政策上采取各种措施予以保证。如：宪法第一条第 2 款中明确指出，保持社会和睦和政治稳定是该国建国的基本原则；宣布 1997 年为"民族和谐年"；要求大众传媒大力宣传国家的统一和领土的不可分割，增强各族人民对自己祖国的认同感。

2. 强调哈萨克族在国家中的主体民族地位。首先，通过鼓励哈萨克人生育，以及号召境外哈萨克人回归，来保证哈萨克人在国家人口中能占多数。其次，积极推行以哈萨克语为国语的政策与措施。

3. 在宪法中明确规定哈萨克斯坦为单一制的国家。坚决反对在哈萨克斯坦实行联邦制，但允许各民族在服从国家总体思想的前提下，根据自己的特点实行文化自治。

在是否建立联邦制的问题上，曾经出现过争论。一些俄罗斯人曾主张建立联邦制，实行民族自决。哈萨克斯坦政府坚决反对这种思想，认为如

---

① 数据引自程瑶译《哈萨克斯坦居民的民族成分》(《哈萨克斯坦统计述评》)，《中亚信息》2000 年第 10 期。

果实行联邦制，就有可能导致民族分裂，破坏哈萨克斯坦的国家统一。为了尊重各民族的文化和保护各民族发展自己文化的愿望，政府鼓励各民族建立适合自己特点的民族文化中心。目前哈萨克斯坦已建立了一百多个民族文化中心。

独立以来，哈萨克斯坦的民族关系基本和谐、稳定，没有出现过有规模的族际冲突，这为哈萨克斯坦社会经济的快速发展提供了一个良好的社会政治条件。哈萨克斯坦的民族和睦政策得到国际社会的普遍肯定。欧安组织少数民族问题高级专员范·德·斯图尔评价说："哈萨克斯坦领导人采取了卓有远见的政策，保障了国内各民族群体的利益和民族间关系的和睦。这一政策得到了大多数公民支持和包括欧安组织在内整个国际社会的协助，这也是进一步巩固民族间稳定的坚实基础。"[1]联合国前秘书长科菲·安南访问哈萨克斯坦时，评价该国民族状况时说："哈萨克斯坦可以成为不同民族和平共处的国家典范。在这里，民族多样性被视为福，而不是祸。"

但近几年来，也出现了一些不利于民族关系稳定的因素，而且前苏联时期遗留下来的一些民族问题有的又重新出现，这些对民族关系的健康发展和哈萨克斯坦的社会稳定产生了一些不利的影响。如何处理好民族关系问题，成为哈萨克斯坦社会进步发展的一个关键因素。哈萨克斯坦各族人民清醒地认识到，只有维护安定和团结，才有可能把新兴的主权国家建设好。

二　宗教

哈萨克斯坦是个多宗教的国家。在伊斯兰教传入之前，哈萨克斯坦流传的主要是佛教，此外还有萨满教、祆教、摩尼教等原始宗教。公元 8 世纪初，伊斯兰教传入中亚各国。现在哈萨克斯坦多数居民信奉伊斯兰教，其中包括哈萨克族、乌兹别克族、吉尔吉斯族、维吾尔族、东干族、鞑靼、车臣、巴什基尔人等。信仰基督教的比例也较大。俄罗斯族、乌克兰族、白俄罗斯族等信奉基督教东正教，日耳曼族则信仰基督新教和天主教。此外，也有少数人信仰犹太教、佛教等其他教派。

十月革命后，相继颁布的《告东方全体穆斯林劳动人民书》和《关于教会同国家分离和学校同教会分离的法令》，表明了苏维埃政府对穆斯林的态度和立场，正式规定了苏维埃国家与宗教团体之间的关系。1925 年后，哈萨克斯坦开始了全面的社会主义改造运动，同时也开始了对伊斯兰教的强制世俗化过程。1928 年底，宗教学校被全面废除了。1954 年苏共中央通过《关于科学无神论宣传中重大缺点及其改进措施》的决议，掀起了二战

---

① 胡振华主编：《中亚五国志》，中央民族大学出版社 2006 年版，第 15 页。

后无神论宣传的高潮。过激的宗教政策导致大量的神职人员返俗，许多清真寺被关闭，宗教团体大幅缩减。①

　　哈萨克斯坦独立后，对前苏联的宗教政策进行了反思，修正了苏联时期的宗教政策，实行宗教信仰自由的政策，注重利用宗教精神的感召力和凝聚力，来推动国家的振兴。一时间，国内的宗教复兴运动不断升温，宗教团体和信教人数持续增加。至 2003 年已有 62 种宗教、3000 多个宗教团体（基本派别）。在这些宗教团体中，数量最多的三大宗教派别是：伊斯兰教（1652 个）、福音会洗礼派基督教（378 个）、新教（342 个）。其中，伊斯兰教的数量占全部宗教团体的一半以上。信众中，70%是穆斯林，东正教徒占 28%，天主教徒占 1%，新教徒不少于 0.5%，其他教徒不足 0.01%。以下是 2003 年哈萨克斯坦宗教团体的统计数据：②

表 2-1

宗教团体	数量	比例
伊斯兰教	1652	52%
俄罗斯东正教	241	7.6%
罗马-天主教堂	90	2.9%
福音会洗礼派基督教	378	11.9%
路德宗	100	3.1%
七重天基督复临安息日会	104	3.3%
耶和华见证者	131	4.1%
圣灵降临者	45	1.4%
新教	342	10.8%
其他教派	93	2.9%
合计	3176	100%

　　由于过于宽松、开放的宗教政策，近年来，哈萨克斯坦国内的邪教团体和极端主义宗教团体越来越多。在西部和南部地区，极端主义教派的活动已经成为比较严重的社会问题，引起了越来越多的关注。政府也采取了一些措施来遏止这一趋势的漫延。近期，哈萨克斯坦有关机构屏蔽了 51 个宣扬宗教极端主义和恐怖主义的境外网站。2011 年 9 月 8 日哈萨克斯坦国家宗教事务署署长沙里夫在哈萨克斯坦议会下院会议上发言说，哈萨克斯

---

① 许涛：《哈萨克斯坦民族宗教概况》，《国际资料信息》2002 年第 7 期。
② 张宏莉：《哈萨克斯坦的宗教现状》，《新疆社会科学》2006 年第 5 期，第 49—50 页。

坦将开始严格审查从国外流入的宗教书籍，以防止民众受宗教极端主义的侵扰。规定海关今后发现或查获的进口宗教书籍都将交由国家宗教事务署审查。该署已成立一个由 30 名宗教学家组成的科研中心，专门负责审查这些书籍。国家宗教事务署网站上将不定期公布宗教书籍的"黑名单"和"白名单"，以让民众一目了然。10 月 13 日，哈萨克斯坦总统纳扎尔巴耶夫签署了《关于宗教活动以及宗教团体》的法律及其补充规定，明确规定：一切国家机关都不得在其办公场所设立礼拜地点，公务人员也不得在任何国家机关进行礼拜活动，违者追究行政责任。对伊斯兰教、东正教、犹太教一视同仁。

三　政治体制

宪法规定哈萨克斯坦是"民主的、非宗教的和统一的国家"，为总统制共和国。国家政权以宪法和法律为基础，根据立法、司法、行政三权既分立又相互作用、相互制约、相互平衡的原则行使职能。

总统是国家元首，是决定国家对内对外政策基本方针，并在国际关系中代表哈萨克斯坦的最高国家官员，是人民与国家政权统一、宪法不可动摇性、公民权利和自由的象征与保证。国家总理、副总理以及外交、国防、财政、内务部长和安全委员会主席由总统任命，但需经最高苏维埃同意。总统任期为 7 年。现任总统是纳扎尔巴耶夫。1991 年 5 月，纳扎尔巴耶夫出任哈萨克斯坦独立后的第一任总统，此后一直连任至今。

议会是国家最高代表机构，行使立法职能，由上下两院（参议院和马利日斯）组成，议员由选民以直接投票的方式选举产生。上院任期 6 年，下院任期 5 年。本届议会是哈萨克斯坦实行两院制以来的第四届，2007 年8 月经民主选举产生。议会共 154 名议员，上院议员 47 人，其中由总统任命的上院议员为 15 人，其他 32 名议员由 16 个地区（包括州和直辖市）每个区选出 2 人。下院议员 107 人，其中 98 人按照政党名单选出，其余 9 人经哈萨克斯坦人民大会推选。

第三节　国民教育与双语教学

一　哈萨克斯坦的国民教育

哈萨克斯坦现代教育体系的建立和发展经历了一个逐渐完善的过程，是历史继承和现实需求的产物。

在十月革命以前，哈萨克斯坦的教育十分落后，文盲充斥，没有一所高等学校。1879 年，哈萨克斯坦居民男性识字比例仅占人口总数的 12%，妇女识字的仅有 3.6%，平均识字率为 8.1%。苏维埃政权建立后，由于政府大力发展国民教育，重视民众的扫盲工作，因此，识字率有了大幅度的提高。到 1970 年，哈萨克斯坦居民中识字率已达 99.7%。到了 20 世纪 80 年代，基本扫除了文盲。高等学校从无到有地发展到 55 所。1989 年，仅就业人口中具有高等和中等教育程度的人口比例就占 92.5%，其中具有高等教育程度的占 13%。

独立后，新政府特别重视发展教育，把教育当成整个国家建设的重要组成部分。先后通过了《教育法》和一系列国家计划，以促进教育事业的发展。哈萨克斯坦《教育法》规定：哈萨克斯坦共和国所有公民的教育权利一律平等；开放地对居民实施各种水平和各个层次的教育；教育的非宗教性和世俗性；鼓励个性教育和天才培养；保证各级教育过程的连续性；教育管理的民主性；扩大教育组织的自主性和权利；教育体系的信息化等。国家保证公民免费接受普通中等教育和初等职业教育，在竞争基础上实施在国家标准范围内的免费中等专业教育、高等职业教育。

哈萨克斯坦实行 11 年免费义务教育制度。《教育法》规定哈萨克斯坦公民能够在国立教育机构接受免费中等教育，直至中学毕业。《教育法》还规定了对那些需要社会救助的孩子的优惠政策。对乡村儿童、偏远地区及居住人数较少地区的儿童，国家要保障他们接受中等教育的权利。中等教育分成三个阶段：初等教育（1—4 年级）、基础教育（5—9 年级）和高中教育（10—11 年级）。我们在阿拉木图看到，除了 11 年义务教育之外，在学前教育阶段，政府也实行免费教育政策。此外，政府还为 1—4 年级的学生提供免费午餐。

21 世纪初，哈萨克斯坦共有公立普通学校 8289 所，在校学生 311.78 万人；其中高等学校 175 所，在校学生 36.54 万人；中等专业学校 274 所，在校学生 14.26 万人；初级职业技术学校 285 所，在校学生 8.74 万人。此外，哈萨克斯坦还有大量的年轻人在俄罗斯和其他国家学习。为发展科学技术，建立了国家和各级科学院，培养了各类科技人才。

在 1999 年人口普查和 2009 年人口普查的 10 年间，哈萨克斯坦国民教育水平大幅提升。15 岁以上居民，受中等专业教育的比例，1999 年为 22.6%，2009 年为 25.7%，增加 3.1%；受高等教育的比例，1999 年为 12.7%，2009 年为 20.4%，增加 7.7%；受高等肄业教育的，1999 年为 1.7%，2009 年为 3.2%，增加 1.5%；获得副博士学位的，1999 年为 10393 人，2009 年为 17506 人，增加了 7113 人；获得博士学位的，1999 年为 2233 人，2009 年为 5049 人，增加了 2816 人。

根据哈萨克斯坦教育和科学部提供的数据，在联合国教科文组织 2009 年发布的全民教育全球监测报告中，哈萨克斯坦的全民教育发展指数在 129 个国家中排名第一。

二　哈萨克斯坦的双语教学

哈萨克斯坦是一个多民族、多语种的国家，各民族居民为了自身的生存、发展以及与其他民族的交往，必须学习、使用其他民族的语言，这是哈萨克斯坦必然存在双语（或多语）生活的客观条件。

一个国家的双语问题，始终受国家制度、民族关系、语言状况等条件的制约。哈萨克斯坦的双语问题，独立前和独立后存在不同的特点，主要表现为俄语和哈萨克语的此消彼长。独立前，哈萨克斯坦双语教育的语种，除了母语教育外主要是俄语教育。双语教学的存在及其演变，主要围绕着"母语—俄语"的关系进行，哈萨克语仅作为哈萨克族的母语在一个特定的人群中学习使用。独立后，哈萨克语上升为国语的地位，而俄语成为与哈萨克语并列的官方语言。双语教学主要围绕"哈萨克语—俄语"的关系进行，而哈萨克族和俄罗斯族之外的其他少数民族除自己的母语外，还要学习国语哈萨克语以及官方语言俄语，构成了更为复杂的多语关系。

哈萨克斯坦的双语教育，大致分为以下几个阶段：

1. 沙俄时期的双语教育

哈萨克斯坦双语教育已有很长的历史，可以追溯到沙皇俄国时期。早在 18 世纪沙俄兼并哈萨克大、中、小玉兹之前，沙俄政府就已开始对哈萨克族上层进行俄语教育，规定宗教职业者毛拉必须学习俄语，还筹建了专供哈萨克上层子弟深造的俄语学校。1841 年在哈萨克汗王营地内开办学校，此后在哈萨克草原上建立了许多俄语教育的学校。1850 年奥伦堡当局建立了一所学制为 7 年的哈萨克学校，开设俄语、鞑靼语等课程，为基层政府机构培养翻译和文书人才。此后，越来越多的俄式教育学校开办起来，懂哈萨克语和俄语的双语人也越来越多。到十月革命前夕，懂双语的教师和学生已达 4 万人。双语教学在私立学校和家庭私塾中也有分布。哈萨克人学习俄语大大提高了他们对现代科学文化知识的学习和掌握，并有助于本族文化的发展。

2. 苏维埃时期的双语教育

哈萨克苏维埃社会主义共和国建立后，双语教育有了新的发展。由于苏维埃政权施行民族平等和语言平等的政策，1973 年 7 月 19 日苏联最高苏维埃通过的《苏联和各加盟共和国民族教育立法纲要》第四款规定：苏联全体公民"有选择教学语言的自由，可用本民族语言或用其他民族语言进行教学"。规定公民有在学校学习使用母语的权利，母语教育得到了较大的发展。20 世纪 20 年代初，在普通学校、职业学校、扫盲学校大多平行使用哈萨克语和俄语进行教学。但到了 20 世纪 30 年代末，由于斯大林错误思想的影响，在哈萨克斯坦出现了强制推行俄语的浪潮，少数民族的母语被忽视。到 1940 年底，学校教育的语言种类几乎减少一半。1958 年之后，俄罗斯化的语文政策继续蔓延，作为必修课的本民族语言被俄语代替，成为选修课。特别是 20 世纪 70 年代，推广俄语几乎成为一种运动。结果，出现了很多哈萨克族不懂哈萨克语，只懂俄语的现象，甚至有些青少年将俄语当作自己的母语。1970 年的统计中，0—19 岁的哈萨克人中有 1.5%的人认为自己的母语是俄语。①这一运动产生的后果一直延续至独立后。强制推行俄语的结果，造成语言矛盾并引发了民族矛盾，出现了意想不到的消极后果。

　　总的看来，哈萨克斯坦这一时期推行的双语制，是一种不平衡的双语制，名为"双语"，实则是重俄语轻母语。据 1996 年 4 月的一次社会调查数据显示，哈萨克族人口中，只有 36%熟练掌握哈萨克语，还有 36.6%根本不懂哈萨克语。可是，却有 87.9%的哈萨克人熟练掌握俄语，完全不懂俄语的只有 2.8%。反过来，俄罗斯人中只有 7.7%不同程度地掌握哈萨克语，其中熟练掌握者只有 1.4%。

　　3. 独立后的双语教育

　　哈萨克斯坦独立后，随着政治体制和经济体制的改革，双语政策有了很大的变化。政府将语言问题作为国策的一个重大组成部分，发布了一系列语言政策，对语言教育进行了重大改革。

　　哈萨克斯坦共和国第一部宪法规定："哈萨克语是哈萨克斯坦共和国的国语，俄语是族际交流语言。"这是独立后双语关系或语言关系的重大变化。在 1995 年通过的第二部宪法中，再次强调哈萨克语的国语地位，并规定俄语和哈萨克语平等地正式使用，还强调"国家要努力为学习和发展哈萨克斯坦人民的各种语言创造条件"。1996 年 11 月 16 日，哈萨克斯坦还发布了《哈萨克斯坦共和国语言政策构想》，强调国家要优先发展国语，要求公民在一切正式场合都要使用国语。1998 年 8 月 14 日，政府又发布《关于在国家机构中扩大使用国语范围的决定》。1999 年通过的《教育法》，规定所有学校都应该使用国语，学习俄语和一门外语，同时允许有使用其他语言教学的学校。目前，哈萨克斯坦的 7839 所中小学中，使用俄、哈双语教学的学校有 2164 所，另有超过 40 所中小学使用哈、俄、英三语授课（2011

---

① 《全苏人口统计资料》，第四卷，1973 年，第 378 页。

年统计数据）。①

　　哈萨克斯坦对哈萨克语的推广和普及是从教育部门入手的。其主要措施之一是减少俄语教学时间而增加哈萨克语教学时间。1994、1995 年，在俄语学校的教学大纲中减少了俄语和俄罗斯文学课的教学时间，五年级从每周 11 小时减少到 6 小时，六年级从 9 小时减至 6 小时，七年级从 7 小时减至 5 小时，多出来的时间都用来学习哈萨克语。而哈萨克语的学习时间 1—11 年级达到每周 57 学时。这一举措遭到一些家长和教育工作者的反对，他们认为削减俄语课时，会削弱学生的科学文化知识，并降低考大学的竞争力。20 世纪 90 年代末，哈萨克斯坦的俄语教学进一步下滑，政府减少了对人文社会科学俄语教学的财政支持。除在教育部门强制推行哈萨克语外，哈萨克斯坦的某些部门还把是否懂得哈语作为提拔干部的条件之一。

　　由于大力推行国语，现在哈萨克斯坦的国民掌握哈萨克语的情况已有了较大的改观。根据哈萨克斯坦国家统计署 2012 年 3 月 16 日的材料，哈萨克语在该国的使用情况为：在哈萨克斯坦总人口中，890 万人能讲哈萨克语，780 万人能熟练阅读哈萨克语，750 万人能熟练书写哈萨克语。全体国民中，能使用哈萨克语者已达到 50%上下。而在 730 万 15 岁以上的哈萨克族人口中，98.3%的能讲哈萨克语，95.4%的能熟练阅读哈萨克语，93.2%的能熟练书写哈萨克语。②这一数据跟 1996 年的调查数据相比有了很大的提高。但大力推行国语的政策，也使得该国的民族关系一度紧张，并使操俄语的居民大规模迁出哈萨克斯坦。

　　独立 20 多年来，哈萨克斯坦政府在解决语言教育问题方面取得了前所未有的成绩。但是，也遇到了困惑和新的挑战。在苏维埃时期，俄语具有事实上的国语地位，在哈萨克斯坦得到广泛推行，成为全国发展经济文化、科学技术的主要语言工具。哈萨克语只是作为哈萨克族的母语在使用，其功能远远不如俄语。1991 年哈萨克斯坦宣告独立，俄语和哈萨克语的地位在国家政策层面发生了逆转。原来非国语地位的哈萨克语成为国语，而原来居国语地位的俄语降为非国语。这两种语言的地位在政策层面的转换，却无法在现实生活中取得同步的转变，因而出现一时难以到位的困境。由于俄语长期的强势地位，哈萨克语在短时间内难以上升和取代原俄语的地位和功能，出现国语在国民现实语言生活中的"缺位"。为此，哈萨克斯坦

---

① 数据引自中华人民共和国外交部网站，网址：http：//www.fmprc.gov.cn/chn/pds/gjhdq/gj/yz/1206_11/。
② 数据引自中华人民共和国驻哈萨克斯坦共和国大使馆经济商务参赞处网站，网址：http：//www.mofcom.gov.cn/aarticle/i/jyjl/m/201203/20120308030583.html。

政府一再强调提高国语的地位，要求把国语学习放在各种语言的首位，规定所有学校都应该保证和发展哈萨克语。而对俄语的定位，多年来，曾有"族际交际语"、"同为正式语言"、"同为官方语言"等多种提法，反映出对俄语定位的反复不定。

第四节　以俄罗斯文化为主流的多元文化特征

哈萨克斯坦的文化呈现出以俄罗斯文化为主流的多元文化特征。这种特征是由其历史因素形成的，是很独特的。

一方面，哈萨克斯坦的文化，长期经历了俄罗斯文化与哈萨克斯坦其他民族文化相互影响、各有消长的过程。在沙俄侵入哈萨克草原以前，这里的主流文化是哈萨克民族建立起来的哈萨克文化，但自沙俄时期一直到后来的加盟共和国，一百多年来，俄罗斯文化在许多重要领域取代哈萨克文化，成为哈萨克斯坦的主流文化，对哈萨克族以及其他民族的文化产生了巨大的影响。另一方面，由于哈萨克斯坦境内民族众多，各民族在自己发展的历史长河中也都形成了本民族独特的文化习俗，有些民族的传统文化还根深蒂固地存在着。俄罗斯族、乌克兰族、白俄罗斯族等民族迁移到哈萨克斯坦的时间不长，并且在哈萨克斯坦独立之前，这些民族长期与哈萨克斯坦之外的同一民族共同生活在苏维埃社会主义共和国联盟之内，因此，这些民族的文化习俗与生活在俄罗斯、乌克兰、白俄罗斯、乌兹别克、阿塞拜疆等国的同一民族相同或相近。维吾尔族的文化习俗则与中国新疆地区的维吾尔族十分相近。正如哈萨克斯坦文化部长穆赫塔尔·库尔-穆罕默德所说："哈萨克文化集中了多个世纪、多个民族的精神财富，并注重吸收了世界文化精华，呈现出形式多样，风格迥异的特征。"[1]

我们课题组到了阿拉木图后，也亲身体会到了这里的多元文化氛围。比如：哈萨克斯坦大众媒体广泛使用俄语，人们大多观看俄语电视，许多城市都有广泛影响的俄罗斯剧院，城市的建筑和人们的衣食住行都仿效俄罗斯风格；但是我们也看到了很多不同民族的文化设施，如出版社、剧院、学校等，很多少数民族还有自己的聚居区，如：阿拉木图市有 4 个维吾尔族聚居区，还有一些维吾尔县、塔尔加尔县等的乡村。人们用自己的民族语言交流，家里的陈设也都带有浓厚的民族风格。

哈萨克斯坦各民族广泛吸收俄罗斯文化，对他们的民族发展和进步以及与现代文明的接轨都起到了积极的作用，这是毋庸置疑的。哲学博士、

---

[1] http://www.gmw.cn/content/2010-07/06/content_1171650.htm.

教授拉吾山别克·阿布撒塔罗夫早在 1992 年 5 月 9 日就在《土耳其斯坦》报上说过："俄语知识对公民来说已经成为必需，对共和国人民发挥着积极作用，任何一个想掌握最新科学技术、文化成果的人都应该掌握俄语，因为这个语言是世界上最丰富、最发达的语言之一，同时，它作为理想的族际交际语较好的服务于哈萨克斯坦人民。"但同时也必须看到，俄罗斯文化过多地渗透各民族的文化领域，必然会对各民族的文化发展起到抑制作用。如：前苏联时期，阿拉木图市有 73 所维吾尔学校，现在只剩下 8 所；出版行业也在缩减，现在只有两家维吾尔文官方出版社，且只出版教材，若要出版其他内容的维吾尔文作品，则只能找私立出版社；这里有一家维吾尔剧院，但在独立初期曾一度关闭。

一　语言

语言是文化的载体。哈萨克斯坦以俄罗斯文化为主流的多元性特征，最显著的表现就是语言。在哈萨克斯坦，通行范围最广、使用领域最多、使用人口比例最高的语言就是俄语，其次是哈萨克语，此外有很多少数民族内部还使用自己的民族语言，如维吾尔族、乌兹别克族、朝鲜族等。1998年颁布的第二部《哈萨克斯坦宪法》规定："哈萨克语为国语，俄语同为正式使用的语言。"1997 年颁布的《哈萨克斯坦共和国语言法》第 4 条规定："哈萨克斯坦共和国的国语是哈萨克语。国语是指国家的管理部门、立法部门、执法部门及行政部门所使用的语言，它适用于全国各地的各个社会关系领域。"第 6 条规定："哈萨克斯坦共和国的每一个公民都有权使用母语，有权自由地选择语言进行交际、受教育、学习和创作。保护组织和法律保护机构使用国语和俄语。""政府必须为哈萨克斯坦人民学习和发展各种语言创造条件。"这两部法律明确了哈萨克语、俄语在哈萨克斯坦共和国的地位，同时保障了各民族语言的使用和发展。

尽管如此，哈萨克斯坦的语言使用现状并没有达到宪法和语言法所期望达到的理想状态。其表现是：（1）哈萨克语的国语地位尚未得到真正的确立。（2）各少数民族的语言有进一步削弱的态势。下面对不同领域的语言情况进行具体描述：

（一）教学语言

在哈萨克斯坦，用于教学的语言有二十几种，如哈萨克语、俄语、阿塞拜疆语、东干语、维吾尔语、朝鲜语、库尔德语、德语、土耳其语、乌克兰语等。在阿拉木图大学有人从事阿塞拜疆语、朝鲜语、库尔德语、土耳其语、维吾尔语等语言的教学。以哈萨克斯坦国立师范大学为例，该校有 94 个专业方向，教学语言有俄语、哈萨克语、法语、英语、德语、西班牙语、汉语等 20 多种语言。在中小学，主要有三种学校可供学生选择：俄语学校、哈萨克语学校以及各种少数民族语言授课的学校。在这三种学校里，哈萨克语和俄语都是必修课。在俄语学校里，俄语是教学语言，但要将哈萨克语作为必修课学习；在哈萨克语学校里，哈萨克语是教学语言，但必须开设俄语课；在各种少数民族语言学校里，以民族语作为教学语言，但同时哈萨克语和俄语也都是必修课。但不管哪种学校，学生考大学时只能使用哈萨克文和俄文答卷。目前，哈萨克斯坦有中小学 7839 所，其中 3828 所中小学使用哈萨克语教学，2164 所使用俄、哈双语教学，1578 所使用俄语教学，另有超过 40 所中小学使用哈、俄、英三语授课。[①]使用少数民族语言教学的学校共有 90 所（2011 年统计数据）。

独立后，教学语言方面出现的一个重大转变是，哈萨克语在教学方面的使用功能和使用范围在不断扩大，而俄语则在不断缩小。从学校数量来说，在阿拉木图市，1980 年末只有 1 所哈萨克语学校；到 2004 年，已有 33 所哈萨克语学校，57 所哈、俄双语学校。从学生人数和比例来说，1994 年全国在学前教育机构用哈萨克语接受教育的儿童有 26.25 万，而用俄语接受教育的儿童是 47.85 万；在普通教育学校中有 80.6 万学生用哈萨克语学习，而用俄语学习的人数是 103.4 万多学生；在高等院校中，用俄语学习的有 27 万人，占大学生总人数的 78%。接受俄语教育的人数明显高于哈萨克语。而 2000 年至 2001 年间，用哈萨克语接受教育的人数是 1692700 人，比用俄语接受教育的学生多 231200 人。尽管如此，在城市里，用俄语接受教育的学生更多。如阿斯塔纳市有 47 所中学，只有 9 所是用哈萨克语进行教学的。

英语在哈萨克斯坦的地位开始上升，越来越多的人热衷于学习英语。哈萨克斯坦的学校一般从五年级开始开设英语课。

2007 年 2 月 28 日，哈萨克斯坦总统纳扎尔巴耶夫在题为《新世界中的新哈萨克斯坦》的国情咨文中，提出要分阶段落实"三位一体语言"的文化项目，同时指出，哈萨克语是国语，俄语是族际交流语言，英语是顺利进入全球经济一体化的语言。这说明哈萨克斯坦的语言政策又有了新的变化，除了哈萨克语和俄语外，英语也被提到一个重要的地位。

随着中国经济的迅猛发展以及国际地位的提升，作为中国邻邦的哈萨克斯坦看到了与中国在各方面开展合作的光明前景，因此，近年来汉语也成为不少哈萨克斯坦人有兴趣学习的语言。阿布莱罕国际关系与外国语大

---

① 数据来自中华人民共和国外交部网站，网址：http://www.fmprc.gov.cn/chn/pds/gjhdq/gj/yz/1206_11/。

学汉语培训中心主任 Tolkyn Kalibek 先生告诉我们，现在汉语已成为哈萨克斯坦学生选修的第二大外语，第一位是英语。截至 2009 年，哈萨克斯坦已有十余所大学开展了汉语教学。其中教学实力最强的是哈萨克斯坦国立大学、哈萨克斯坦外国语大学。这两所大学开设有专门的汉语专业，而其余的几所大学都是将汉语作为第二外语展开教学。①

《2011—2020 年国家语言应用和发展规划》提出，到 2014 年，哈萨克斯坦全国掌握哈萨克语的成年人比例将为 20%，2017 年为 80%，2020 年将达到 95%。到 2020 年，全国讲俄语的人的比例将达到 90% 以上。另外，到 2014 年哈国内掌握英语的人口比例将为 10%，2017 年为 15%，而 2020 年这一数字将达到 20%。在谈到 2011—2020 年国家语言应用和发展规划时，哈萨克斯坦总理马西莫夫说："现在我们的国家正在展望未来，而未来的发展不能离开历史。而学好哈萨克语是我们了解国家历史的一把钥匙。所以，在未来的 10 年中，我们所有的人都应该尽力学好国语。同时，我们还应该学好俄语和英语。只有这样，在全球化的背景下，我们才有竞争力，才能去开拓国际市场。"

（二）媒体语言

截至 2010 年底，哈萨克斯坦有 2466 家媒体正式发行或广播，包括报纸 1593 份，杂志 650 份，电视和广播媒体 212 家，通讯社 11 家。这些媒体共使用哈萨克语、俄语、英语、朝鲜语、乌克兰语、德语、维吾尔语、波兰语、乌兹别克语、汉语等 14 种语言发行广播。②在这些媒体中，俄语比哈萨克语的使用范围更广、受众更多。以报纸为例，哈萨克斯坦的主要报纸中，哈萨克文报纸只有《主权哈萨克斯坦报》和《埃肯报》两家，发行量共 4.93 万份；而俄文报纸有 7 家：《哈萨克斯坦真理报》、《快报》、《先行者报》、《商队报》、《大都市报》、《全景报》和《实业周报》，发行量共达 49 万多份。俄文报纸的发行量约为哈萨克文报纸的十倍。再看电视台的语言使用情况。哈萨克斯坦有 3 个国家级官方电视台及 20 多个地方政府和非官方商业电视台每天转播俄罗斯 9 家电视台的节目。电视台有俄、哈、维等多种语言播音，其中俄语播出时间占 80% 以上。不过，儿童电视频道现在已完全使用哈萨克语。

（三）公务语言

1994 年全国 55008 个国家机关中，只有 16.6% 的公文使用哈语和俄语，另有 70.3% 的公文只使用俄语。在 223 个区中，有 131 个区的公务语言只用

① 张丽娜：《哈萨克斯坦汉语教学的现状及思考》，《云南师范大学学报》2009 年第 4 期。

② 数据来自中华人民共和国外交部网站，网址：http://www.fmprc.gov.cn/mfa_chn/gjhdq_603914/gj_603916/yz_603918/1206_604210/。

俄语。

最近几年，哈萨克语在公务方面的推广、使用情况已有所好转，尤其是在哈萨克族高度聚居的地区，哈萨克语的使用情况比较好。如：科兹努尔多、加密比尔、南哈萨克斯坦、阿特拉乌这 4 地区，人口的 90% 都是哈萨克人，这些地区的公务活动全部用哈萨克语进行。尽管如此，俄语在公务活动领域的使用仍比哈萨克语更普遍，有一些部门，如经济部、财政部、劳动与社会保障部、统计署、海关等部门的各种文件基本都用俄文，对这些文件处理后反馈的文件也是使用俄文。这些部门的公务员多数并不懂哈萨克语。[①]课题组在阿拉木图进行调研时，与学校、政府部门、新闻出版单位等都有过接触，发现在公务活动中，使用更多的还是俄语。

这一现状可能跟哈萨克斯坦对公务员的语言要求有关。哈萨克斯坦《宪法》第 42 条第 2 款规定，在哈萨克斯坦出生的 35 岁以上，且在哈萨克斯坦生活至少 15 年，并熟练掌握国语的任何一个公民，都可以成为哈萨克斯坦总统。但这一要求并没有对国家公务员提出。

政府部门为了提升哈萨克语的使用率，也采取了一些激励措施。如：现在公证部、内务部、交际部等部门出台了一项奖励机制，如果部门的所有文件都使用哈萨克语，那么，工作人员的工资将增加 20%—25%。

（四）社会生活领域

在商业、交通、服务等社会生活领域，俄语和哈萨克语并用，但俄语的使用更广泛，尤其是在城市里面。碰到陌生人，人们见面的第一句话通常使用俄语，待明确了对方的身份和语言情况后，有时会改为双方都能熟练使用的语言。有一次，我们外出乘坐出租车时，乘客中有一位哈萨克族，司机也是哈萨克族，但是他们两人一直用俄语交谈。我们在超市买东西时，课题组的一位成员用哈萨克语向售货员询问，但是那名售货员听不懂哈萨克语，叫来另一名售货员才帮我们解决了问题。我们在阿拉木图的餐馆里面看到，哈萨克族服务员接待顾客时，一般看对方是什么民族成分。如果是俄罗斯族，就用俄语招待顾客；如果是哈萨克族，就用哈萨克语交谈；如果不能确定对方是什么民族，就用俄语。所以，多数情况下服务员都使用俄语。我们在一家餐馆就餐时，一名哈萨克族服务员在接待我们课题组中的一位哈萨克族客人时，第一句话用的是俄语，而哈萨克族客人也就顺势用俄语交谈，不再转为哈萨克语。

各个领域的语言使用现状表明，哈萨克斯坦的独立带来了语言地位的转变。哈萨克语一夜之间从原来的少数民族语言变成了国语，而俄语的地

---

① 土耳其：2012 年哈萨克斯坦国情报告。

位则下降为族际语言和正式语言。虽然政府一再强调要提升哈萨克语作为国语的地位，但是，由于长期以来俄语已占据较高的地位，并具有强大的社会功能，因而，其地位一时难以下降，而哈萨克语也未能按照人们的意志真正承担起国语的功能。独立后，哈萨克斯坦领导集体一直努力采取各种措施来提升哈萨克语的地位，所以，近年来，哈萨克语的社会功能和社会地位有逐渐上升的趋势，但要真正取得国语的地位还需要一个艰难而漫长的过程。

二　文学艺术

早期的哈萨克斯坦文学，以民间说唱占主要地位。在漫长的历史岁月中，民间艺人靠口传将自己民族的历史、文化一代代传下来。十月革命前，还出现了一批书面文学作家，比较杰出的如阿拜·库南巴耶夫。他是一位杰出的文学家、诗人、翻译家，作品有《箴言》、《秋》等。作品中富有浓郁的风土人情，充满着对苦难民众的同情，鞭笞丑恶，赞扬美德。他有深厚的俄罗斯文学素养，还用哈萨克文翻译了莱蒙托夫、普希金等俄罗斯经典著作。1995 年联合国教科文组织将他列为世界文化名人。苏维埃时期，哈萨克斯坦的文学创作有了很大的发展，出现了一批杰出的文学家。如江布尔·贾巴耶夫、穆·阿乌唉佐夫、萨·穆卡诺夫、加·穆斯塔芬等。音乐方面，获得较高艺术成就的歌剧、戏剧作品有：《埃曼—肖尔潘》、《克兹—里别克》、《扎尔贝尔》、《埃尔—塔尔根》、《人民的学校》、《教学》、《凯兹—扎别克》、《阿拜》、《比尔让与萨拉》等。为发展哈萨克传统音乐艺术，近年又出版了《1000 部哈萨克旋律》和《1000 支哈萨克歌曲》这两部民间音乐集。

哈萨克斯坦文化部长穆赫塔尔·库尔-穆罕默德接受《光明日报》访谈时说，哈萨克斯坦政府对文化领域的投入正在逐渐增加。2001 年，哈萨克斯坦文化发展预算为 88.56 亿坚戈（约合 6000 万美元），而 2010 年达到了 582.82 亿坚戈（约合 3.5 亿美元）。

目前，哈萨克斯坦拥有 6000 多个文化组织和设施。其中，剧院 50 家、演出团体 24 个、图书馆 4051 个，俱乐部 2226 个，博物馆 173 家。中央国家博物馆是最古老、最大的博物馆，有两万余件展品。还有国家造型艺术博物馆、阿拉木图乐器博物馆等。剧院行业获得了显著发展。目前，全国有 2 座歌剧和芭蕾舞剧院，1 座轻歌剧院，4 座青少年剧院，5 座木偶剧院，18 座哈萨克语剧院和歌舞剧院，11 座俄语剧院，2 座哈俄语剧院，以及维吾尔语、韩语的音乐喜剧院、德语戏剧院、乌兹别克语戏剧院等少数民族剧院，这些剧院是独联体国家中绝无仅有的。2009 年，各大剧院组织了数千场演出，一些知名的欧洲艺术团体也应邀到哈萨克斯坦演出。同年，哈萨克斯坦还举行了主题为"独立畅想"的比赛，内容涵盖歌剧、芭蕾舞、戏剧、室内音乐、现代歌曲和儿童歌曲6种艺术形式。2009年，哈萨克斯坦国家电影制片厂推出了11部故事片、4部动画片和3部纪录片。①

三　服饰

在交际应酬中，尤其是在商务活动和对外交往中，哈萨克斯坦人大都穿着西装或套裙。在民间，尤其是在自己的传统节庆活动里，哈萨克斯坦人则往往会穿上本民族的传统服装。

主体民族哈萨克族传统的民族服装主要是：男子夏天穿宽大的白衬衫、宽裆裤子，外罩一件齐膝的无袖长衣，头戴绣花小帽或是浅色尖顶软毡帽。冬天穿皮大衣，头戴皮帽，脚穿毡袜和高筒皮靴。姑娘和少妇一般穿袖子绣花、下摆多褶的连衣裙。裙子外面穿坎肩，坎肩前襟缀满了五光十色的金、银、珠玉等饰物，普通人家则坠贝壳、银币、纽扣等。哈萨克族妇女的头饰很讲究，有帽子和头巾两种。未婚姑娘戴毛皮或红绒制作的圆平顶帽，帽顶绣花，插猫头鹰羽毛，并缀珠子等饰物。姑娘出嫁时戴一种尖顶的"沙吾克烈"帽，帽子里面用白毡衬底，外面用绸缎或丝绒制作。帽子上绣花，并用金、银、珠、玉等装饰，正面以串珠装饰。结婚一年后，换戴花头巾。生了孩子，再换戴一种叫"克米谢克"的头饰，这种头饰戴上后只露出脸部。

俄罗斯族一般节日时穿民族服装。男子上身穿领口和摆都绣花的衬衫，下身穿裤子，裤子较瘦，脚穿皮鞋，头戴呢帽或毛皮帽。妇女着绣花衬衫和长裙，喜穿皮鞋，头上戴花头巾。冬天都穿皮大衣。

乌克兰族和白俄罗斯族的穿戴与俄罗斯族略有不同。乌克兰男子穿绣花衬衫和灯笼裤，女子穿的裙子外面还要围上花围裙。白俄罗斯男子爱穿白衬衣，妇女喜着花裙。

四　饮食

在哈萨克斯坦，不同的民族饮食习惯往往会有所不同。多数哈萨克斯坦人平日以肉食为主，面食为辅，蔬菜吃得很少。

哈萨克斯坦人所吃的肉食，主要是羊肉、牛肉、鸡肉，也有一部分人吃马肉、驼肉。他们最爱吃的食物，叫做"金特"，是将幼畜肉用奶油混合

---

① 《哈萨克斯坦文化现状与未来战略——访哈文化部长穆赫塔尔·库尔–穆罕默德》，引自"中国新闻网"，网址：http://www.chinanews.com/cul/2010/07-06/2383102.shtml。

之后，装入马肠之内煮成的。哈萨克斯坦人爱吃的面食有面包、"馕"（一种烤面饼）、抓饭、面条等。各种乳制品，如奶皮子、奶豆腐、奶疙瘩等，也是哈萨克斯坦人日常喜食之物。哈萨克斯坦人所吃的蔬菜品种不多，主要有黄瓜、西红柿、洋葱、卷心菜等。在制作菜肴时，他们口味较重，偏好甜、辣、酸，爱用胡椒和番茄酱。

在哈萨克斯坦，不同民族的饮食禁忌有很大的区别。哈萨克族、维吾尔族、乌兹别克族等民族的穆斯林，忌食猪肉、自死之物和动物的血。也不吃狗肉、驴肉以及整条的鱼。鞑靼族的禁食之物，与哈萨克族差不多，也不吃猪肉、驴肉。俄罗斯族一般不吃海参、海蜇、乌贼和木耳。不过，他们不禁酒，也不禁食猪肉。

五　节日

哈萨克斯坦独立之后，总统分别于 1995 年 10 月 18 日和 1998 年 1 月 20 日发布命令，规定了哈萨克斯坦的节日和纪念日。

哈萨克斯坦的节日有：

共和国日：10 月 25 日；

新年节日：1 月 1 日—2 日；

国际妇女节：3 月 8 日；

纳吾热孜节：3 月 22 日；

哈萨克斯坦人民团结日：5 月 1 日；

胜利节：5 月 9 日；

共和国宪法日：8 月 30 日；

独立日：12 月 16 日。

哈萨克斯坦的纪念日有：

祖国保卫者日：5 月 7 日；

政治镇压死亡者纪念日：5 月 31 日；

出版日：6 月 28 日；

运动：8 月 13 日；

知识日：9 月 1 日；

哈萨克斯坦人民语言日：9 月 22 日；

本国货币（坚戈）日：11 月 15 日；

首都日（2008 年新增）：7 月 6 日。

第三章　哈萨克斯坦的维吾尔族

维吾尔族是一个跨境民族。维吾尔族在中国有 10069346 人，[①]在中亚约有 31 万人。[②]中亚的维吾尔族中约有 70%居住在哈萨克斯坦。本章拟对哈萨克斯坦维吾尔族的人口、地理分布、历史来源、政治、经济、文化艺术、宗教节日、语言使用以及教育情况进行简要介绍。

第一节　人口和地理分布

据历史资料记载，近百年来，哈萨克斯坦维吾尔族的人口总体上呈增长趋势。1926 年，哈萨克斯坦境内共有 6.2 万人，占全国总人口的 1%；1939 年有 3.7 万人，占 0.6%；1959 年有 6 万人，占 0.6%；1970 年有 12.1 万人，占 0.9%；1979 年有 14.8 万人，占 1%；1989 年有 18.6 万人，占 1.13%。[③]2012 年，有 231400 人，占 1.5%。[④]维吾尔族人口数量仅次于哈萨克、俄罗斯族、乌克兰族和鞑靼族，是哈萨克斯坦第五大民族。哈萨克斯坦维吾尔族的年龄结构中，青少年人口比重大。[⑤] 9 岁以下的儿童占 20.5%，10—19 岁者占 20.8%，20—29 岁者占 17.1%，30—39 岁者占 17%，40—49 岁占 11.1%，50—59 岁占 6%，60 岁及以上者占 7.5%（1999 年）。

哈萨克斯坦幅员辽阔，维吾尔族主要聚居在东南部的阿拉木图市（Almaty）以及阿拉木图州的 Enbekšikazakhskiy Rayon（塔尔加尔县）、Uygurskiy Rayon（维吾尔县）、Panfilovskiy Rayon（潘菲洛夫县）等区域。具体分布情况是：

1. Almaty（阿拉木图市）：

Gornyi Gigant（果尔尼吉甘社区）、Druyba（Dostluq）（友好社区）、

---

① 第六次全国人口普查数据，引自中华人民共和国国家统计局网站，网址：http://www.stats.gov.cn/tjsj/pcsj/6rp/indexch.htm。

② 吴宏伟：《中亚国家与中国跨界民族：人口和分布》，《世界民族》2005 年第 5 期。

③ M.苏日科夫：《是紧张还是和谐》，阿拉木图，1991 年，第 64—65 页。

④ 《哈萨克斯坦共和国境内维吾尔族居民状况》，哈萨克斯坦共和国驻华使馆网页，2012。

⑤ 张宏莉：《哈萨克斯坦不同民族在人口基本结构方面的差异》，《新疆社会科学》2005 年第 4 期。

Sultanqurğan（苏丹库尔干社区）、Aynabulaq（阿伊纳布拉克社区）、Qarasu（喀喇苏社区）、Turksib（突尔克熙社区）等；

2. 阿拉木图州：

（1）Enbekšikazakhskiy Rayon（塔尔加尔县）（Ämgäkči Qazaq Audany（nahiyisi）：Esik（鄂斯克镇）、Talgar（塔力噶尔镇）、Tuzdibastav（图兹迪巴斯陶乡）、Awat（阿瓦特乡）、Qizilkayrat（克则尔凯拉提乡）、Jaŋaturmus（新生活乡）、Qaraturuq（喀喇布拉克乡）、Bayseyit（贝斯伊特乡）、Čeläk（且来客乡）、Teskensu（特斯堪苏乡）、Lawar（拉瓦尔乡）等；

（2）Uygurskiy Rayon（维吾尔县）（Uyğur Audany=Uyğur Nahiyisi）：Čunja（春贾镇）、Čarin（恰仁乡）、Dowun（多翁乡）、Çong Aqsu（大阿克苏乡）、Kičikaqsu（小阿克苏乡）、Taštiqarasu（外喀喇苏乡）、Sümbä（笋拜乡）、Kätmän（坎土曼乡）、Ğaljat（噶里贾特乡）、Keŋäš（肯艾舍乡）、Šinrin（新仁乡）、Uzuntam（长墙乡）等；

（3）Panfilovskiy Rayon（潘菲洛夫县）（Panfilov Audany=Panfilov Nahiyisi）：Yarkänt Šähiri（莎车镇）、Čuluqay（楚鲁海乡）、Dimitrev（迪米提勒夫乡）、Pänyim（潘英乡）、Sadir（萨德尔乡）、Nadäk（纳德克乡）、Köktav（阔克陶乡）、Ämgäk（劳动者乡）、Aqkänt（阿坎特乡）、Qorğas（霍尔果斯乡）等。

从地理位置来看，维吾尔族主要居住在 A-2 公路沿线。A-2 公路是一条国际公路，东起中哈边境的 Qorğas（霍尔果斯乡），在这里与中国的 312 国道相接，然后由北到南纵贯 Panfilovskiy Rayon（潘菲洛夫县），在 Čunja（春贾镇）转为由东至西横穿 Uygurskiy Rayon（维吾尔县），经阿拉木图市往西，途经吉尔吉斯斯坦首都比什凯克、塔拉斯，终点是乌兹别克斯坦首都塔什干，全长 1137 公里。

第二节　族称和历史来源

一　族称

维吾尔族在不同的历史时期有不同的名称。在公元 4 世纪的《魏书·高车传》中被称为"袁纥"，后有"丁零（铁勒）""高车"之称，唐代称为"回鹘"，元代称为"畏兀儿"，清代有"回""回子""缠回"之称。[1]

---

① 惠慧：《中亚跨境民族之比较——中亚维吾尔族与哈萨克族之比较》，《乌鲁木齐职业大学学报》2009 年第 2 期。

1921 年以前，中亚的维吾尔族是按其来源地称呼的，如"喀什噶尔人"、"吐鲁番人"等。伊犁地区的维吾尔人被称为"塔兰奇人"，据说这一称谓来自满语，意思是"庄稼人"。1921 年 5 月，准噶尔和六城市劳动者代表大会在塔什干市召开，会上决定把"Kašgarliq"、"Turpanliq"和"Taranči"等统一称为"Uyğuri"（维吾尔人）。

在前苏联民族识别过程中，曾把维吾尔族归入乌兹别克族。前苏联时期，哈萨克斯坦政府一直不承认维吾尔族是主要少数民族之一，在数据统计时把维吾尔族和其他人口较少民族均归入"其他少数民族"一项。直到 20 世纪 20 年代初，在前苏联语言学家马洛夫的倡议之下，维吾尔族才被确认为主要少数民族之一。[①]

二　历史来源

维吾尔族发源于中国西北，其祖先曾在河西走廊一带游牧，后迁徙到新疆天山等地从事农业生产。有学者指出，中亚较早就有维吾尔族人居住。15 世纪，维吾尔人就生活在七河地区一带。七河是指伊犁以北地区的七条主要河流，即伊犁、卡拉塔尔、比延、阿克苏、列普萨、巴斯坎、萨尔坎。七河流域包括北起巴尔喀什湖与萨瑟克湖的东北至阿拉湖，东南到准噶尔阿拉套山脉，南达天山北部。[②]

哈萨克斯坦维吾尔族的历史来源主要与国界划定、人口迁移两个因素有关。

1850—1854 年，沙俄吞噬了中国伊犁河南岸的领土，建立了维尔内镇。[③] 1867 年，沙俄侵占了伊犁北部的七河区，建立了以维尔内为中心的谢米列契省（即七河省）。[④]沙俄政府利用签订国际条约，使之侵占中国领土、掠夺人口的行为"合法化"。1864 年 10 月 7 日，沙俄迫使清政府签订了不合理的《中俄勘分西边界约记》，1881 年 2 月 24 日，又强迫清政府签订了《中俄伊犁条约》（俄称《圣彼得堡条约》）。沙俄政府以所谓条约规定"人随地归"、"随地归牧"为由，采取各种手段强迫中国伊犁边民加入俄籍。据 M.H. 卡比罗夫[⑤]和巴兰诺娃[⑥]研究，1881—1884 年从伊犁迁移而来的维吾尔——

① 阿布都热扎克·沙依木：《中亚维吾尔文字演变初探》，《西域研究》2009 年第 4 期。

② 《苏联大百科全书》（俄文版），莫斯科，1976 年，第 23 卷，第 240 页。

③ 今阿拉木图市。

④ 李琪：《中亚维吾尔人》，新疆人民出版社 2003 年版，第 52 页。

⑤ M.H.卡比罗夫：《伊犁维吾尔人向谢米列契的迁移》，阿拉木图，1951 年俄文版。

⑥ 巴兰诺娃：《1881—1883 年伊犁边区的穆斯林居民向谢米列契的迁移》，阿拉木图，1959 年俄文版。

塔兰奇人共计 9572 户，共 45373 人，而伊犁当地仅剩 2565 户维吾尔族。下表是俄文档案记录的 1884 年维吾尔族移民在谢米列契省各县的人数：[①]

表 3-1

县名	塔兰奇人数
维尔内	26164 人
贾尔肯特	19209 人
合计	45373 人

历史上还有一次较大的人口迁移是在 1962 年 4 月。中国新疆伊犁、塔城地区的裕民、霍城、额敏等 9 县 1 市约 6 万边境居民迁居哈萨克斯坦，主要是维吾尔族、哈萨克族。[②]历史上的这两次移民的后裔构成现今哈萨克斯坦维吾尔人的主体。

维吾尔族迁移到哈萨克斯坦后，为了表达对故土的怀念，用原居住地的地名来命名现居地。比如，阿拉木图州的 Aksu（阿克苏）、Yarkent（莎车）、Awat（阿瓦特）、Tekes（特克斯）等地名同中国的维吾尔语地名完全相同。

哈萨克斯坦的维吾尔族对中国很有感情，在维吾尔语交谈中常常把"中国"称为"祖国"。我们采访哈萨克斯坦维吾尔人文化中心执行主任热比克·司马义（Rabik Ismayil）时，他说，"中国是自己的祖国"，"我曾经去过祖国两次"。阿拉木图市 153 中学退休教师劳拉女士介绍哈萨克斯坦开设维吾尔语专业的原因时说："当时开设维吾尔语言文学专业的原因之一是从祖国迁来很多维吾尔族，为此哈萨克斯坦政府特别开办了这个教研室。"在这次调查过程中，我们自始至终都感受到哈萨克斯坦维吾尔族对中国客人的热情。哈萨克斯坦国立维吾尔族音乐喜剧院副院长是一位维吾尔族传统乐器演奏家，出生在中国新疆，6 个月大的时候随家人从伊犁移居哈萨克斯坦。7 月 5 日，我们与剧院的艺术家们进行座谈结束后，副院长亲自开车送我们回住处，告别时依依不舍。

哈萨克斯坦维吾尔族虽然离开中国多年，但对故土深念于心，大多数人都知道自己家族的迁徙史。比如，哈萨克斯坦维吾尔人国家文化中心执行主任热比克·司马义（Rabik Ismayil）今年 78 岁，曾祖父那一代从中国伊犁迁到哈萨克斯坦，祖父 1885 年出生在阿拉木图，到热比克先生已经是第四代了。哈萨克斯坦阿布莱汗国际关系与外国语大学东方学学院教授马

---

① 哈萨克苏维埃社会主义共和国中央档案馆，全宗 44，目录号 1，卷 4805，第 61 页。
② 李琪：《中亚维吾尔人》，新疆人民出版社 2003 年版，第 82 页。

赫皮洛夫（Valeriy Uygurovich Makhpirov）的先辈是从新疆吐鲁番地区迁移过来的，在哈萨克斯坦已繁衍六代人，分别是：第一代 Kuvaš，第二代 Imaš，第三代 Makhpir，第四代 Uygur，第五代 Valenur，第六代 Diyar。

第三节　政治经济、文化艺术、
广播电视、宗教节日

一　民族事务管理机构和居民自治

哈萨克斯坦共和国独立初期曾建立过专门的民族工作机构，即 1993 年成立的国家民族语言委员会，1995 年改建为民族政策委员会。1997 年 3 月，由于机构精简，该委员会被并入教育与文化部。1995 年 3 月成立的哈萨克斯坦各民族大会是总统咨询机构，其成员由来自全国各地区的各民族人士组成。还设有州一级的民族大会。该机构虽非政权机构，但却是重要的民族政策制定和贯彻的咨询机构，哈政府建立该机构的初衷是为反映各民族的民意和解决民族间存在的问题。正如该国总统纳扎尔巴耶夫在第一届哈萨克斯坦各民族大会演讲时所说："召开哈萨克斯坦各民族大会是为了分析已经走过的道路和正在发生的社会政治进程，拟定实施民族政策的最佳途径。为此，必须与代表国家全体公民利益的各位进行广泛的对话与协商。……我认为，哈萨克斯坦各民族大会能够和应该参加对我们社会来说极其重要的其他任务。"哈萨克斯坦各民族大会迄今已经召开了 10 次。每次会议的议题都与国家的发展与稳定，与倡导民族和谐息息相关。[1]沙尔季诺夫（维吾尔族）曾担任哈萨克斯坦民族大会副主席一职。

哈萨克斯坦国家独立后，还建立了上百个各民族的文化中心。这种群众性组织在前苏联时期是不允许建立的。民族文化中心是以发展民族语言、民族文化为目标，满足各族人民的民族自我意识增长的需要。[2]

哈萨克斯坦维吾尔人国家文化中心成立于 2003 年 7 月 25 日，隶属于哈萨克斯坦民族大会。该中心位于阿拉木图市，现任主席是夏依买尔丹（Šayimärdan），执行主席是热比克·依司马义（Rabik Ismayil）。中心的具体工作是：（1）处理维吾尔族民族事务，协调维吾尔族和政府的关系。比如，维吾尔族地区出现某个问题后，及时向中心报告，然后由中心与政府

---

① 常庆：《哈萨克斯坦民族面面观》，《中国民族》2004 年第 8 期。
② 同上。

机关进行沟通，制订解决方案，并且跟踪到底，直至解决。在今年 6 月底的哈萨克斯坦民族大会上，该中心提出了与维吾尔族学校教育有关的议案，主要讨论什么样的教育模式最容易被维吾尔族学生接受、最有效的问题。（2）开展各项工作，保存、发展维吾尔族语言和传统文化，发扬光大维吾尔族精神。每到国庆节等重大节日，中心就组织维吾尔族艺术家进行文艺演出。每年组织维吾尔族传统的"麦西来甫"活动。据介绍，每年设一个活动主题的形式是从中国新疆学来的。

维吾尔文化中心设主席、执行主席和专职秘书。中心的主要工作在理事会的指导下进行。理事会成员是来自各领域的维吾尔族专家，共 35 人，有 5 名博士、2 名院士、3 名副博士、1 名人民演员，5 名哈萨克斯坦功勋工作者，31 名成员拥有高学历。中心成立了 11 个委员会，分别为：教育、学术、长老、作家、妇女、青年工作、医务工作者、画家、体育、麦西来甫（文化遗产）和爱国教育委员会。中心在哈萨克斯坦的 9 个州注册了分支机构。[①]中心根据工作章程，制订每年的工作计划，每个月召开 1—2 次会议，展开各项具体工作。

维吾尔文化中心是哈萨克斯坦最大的国家级维吾尔族组织，在哈萨克斯坦有广泛影响。该中心与中国的联系十分密切，经常派团到中国参观访问。最近一次访问是在 2011 年 6 月，时任维吾尔文化中心主席的沙尔季诺夫率代表团到中国新疆访问，受到新疆维吾尔自治区主席努尔·白克力的接见。

哈萨克斯坦在维吾尔族聚居的乡村，实行一种非常有效的居民自治管理制度。每一个居民点都有一名长老负责协调民族内部纠纷，想办法解决家庭的具体困难，照顾好每一个居民。长老不一定是学者、作家，但必须是当地最受尊重、威望最高的人。如果某个家庭有婚丧嫁娶的事情，就要先联系长老，把自己的问题和困难说清楚，比如需要哪些帮助，需要多少人帮忙，然后由长老进行统筹安排。2012 年 7 月 11 日，我们调查组一行到塔尔加尔县阿瓦特乡（Awat）进行入户调查，得到该乡长老 Ruslana 的热情接待。Ruslana 老人已 76 岁高龄，退休前是 Hezim Iskanderov 维吾尔语学校的老师，现在是乡里清真寺的阿訇，德高望重。在他的帮助下，我们顺利地完成了调查任务。

---

① 《哈萨克斯坦共和国境内维吾尔族居民状况》，http：//www.kazembchina.org/create/bike/home.jsp?tablename=itemcontent&iiid=-6703394369686190326&tableFlag=subitemtable 哈萨克斯坦共和国驻华使馆网页，2012。

二　经济

哈萨克斯坦维吾尔族的经济类型属于传统的农耕经济类型，其生产活动、生活习俗也大都与农业生产有关。在哈萨克斯坦，维吾尔、乌兹别克、哈萨克、阿塞拜疆等民族的农业人口比例较高，分别占65.8%、62.7%、61.6%、56.4%，俄罗斯、朝鲜、鞑靼、乌克兰等民族的城市人口比例较高，分别占84.2%、77.5%、77.1%、65.3%（1996 年）。受多种因素的影响，哈萨克斯坦各民族在就业上形成自己的优势工种：俄罗斯族主要从事工业、信息服务、建筑、住房公用事业、物资技术供应等工作，哈萨克族主要从事农牧业和商业服务业，在南部地区生活的乌兹别克族、维吾尔族、朝鲜族主要从事蔬菜、果园种植和养殖业。①职业和居住地点的不同决定了独立前俄罗斯族居民的生活条件总体上要好于哈萨克族居民，而维吾尔族则又稍逊色于哈萨克族。

我们在塔尔加尔县阿瓦特乡调查和体验到了维吾尔族真实的经济生活。阿瓦特乡距离阿拉木图市约 250 公里，距离中哈边境的霍尔果斯口岸约 130 公里。全乡共有 560 户人家，3500 人，维吾尔族约占 90%，哈萨克族约 10%。当地主要经济来源是农业和畜牧业。农业以种植水果和玉米、苜蓿、小麦等农作物为主，畜牧业主要是养殖牛羊。实行土地承包制，已实现农业机械化。每 3—4 户人家就有一台收割机，农田割草从收割到捆绑都使用联合收割机来完成。种植农作物的家庭，粮食能够自给自足；从事畜牧业的家庭则需要购买粮食。日常生活用品在本乡超市就能买到，家用电器等则要到春贾镇购买。家家户户均使用天然气烧火做饭，采取自供暖形式，也有的人家使用电暖器采暖。乡里开出租的人较多，居民去县城或者阿拉木图市多乘坐本乡的出租车。

三　文化艺术

哈萨克斯坦维吾尔族勤劳智慧，能歌善舞，创造了很多优秀的文化艺术精品。哈萨克斯坦维吾尔族民间文化活动形式多样，内容丰富，逢年过节都要举行群众性的文艺演出活动。春贾镇镇政府将每年 6 月的一天设定为"维吾尔文化日"，在县城举行大型的传统祭祀活动。丰富多彩的民族文化活动既能传承和弘扬民族文化，又能增强民族凝聚力和自信心，维吾尔族群众都非常乐意参加。

哈萨克斯坦国土上生活着 125 个民族，哈萨克、俄罗斯、维吾尔、乌

---

① 常庆：《哈萨克斯坦民族面面观》，《中国民族》2004 年第 8 期。

兹别克、朝鲜和德意志 6 个民族拥有以自己民族命名的剧院。国立科扎米扬罗夫维吾尔族音乐喜剧剧院就是其中一个。维吾尔剧院成立于 1934 年，旨在培养音乐戏剧人才和弘扬民族戏剧传统。现全院共有职工 182 人。演员都是维吾尔族，均毕业于哈萨克斯坦国家艺术学院，工作人员除维吾尔族外，还有哈萨克族、俄罗斯族、朝鲜族。该剧院拥有一个能容纳 500 名观众的剧场。演出形式丰富多彩，既有维吾尔族的传统剧目，也吸纳了哈萨克族、俄罗斯族的艺术精品，还排演莎士比亚的剧作，已形成话剧、音乐、舞蹈和民族歌曲四位一体的表演体系。歌曲的演唱语言是维吾尔语。观众以维吾尔族为主，也有哈萨克族和俄罗斯族观众。1992 年，该剧院曾经到中国新疆举行巡回演出，之后五年间每年派出小分队到新疆演出，受到新疆人民的热情欢迎，获得巨大成功。前不久，剧院曾派专人到新疆与有关部门商讨合作问题，计划明年再到新疆演出。

维吾尔剧院由国家提供全额经费。据《多民族哈萨克斯坦》一文报道："国家下大力气创造条件发展哈萨克斯坦各民族的文化和语言。……总统民族政策对于保持和发展我国人民在文化和精神、传统和风俗多样性方面给予了特别的重视。……最近 9 年来，国家财政用于建设民族剧院的拨款总额增长了 4 倍多。"①国家在政策和财政上的支持为维吾尔族传统文化艺术的传承和发展提供了强有力的保障，哈萨克斯坦的维吾尔族特别留恋和珍惜本民族的传统文化，是维吾尔族文化艺术得以发扬光大的内在原因。

四　新闻出版广播电视

哈萨克斯坦维吾尔族新闻出版业起步较早，门类齐全，既有传统的报纸、杂志和书籍出版，还有广播、电视和新兴的互联网。新闻出版事业的兴衰与国家社会发展紧密相连。民族新闻出版事业的发展与完善在保障维吾尔族社会、政治、经济的繁荣与稳定，宣传维吾尔族在各领域取得的成就，促进民族教育事业等方面起到重要作用。

（一）报纸杂志

大约在 100 年前，哈萨克斯坦的维吾尔族就有了用自己民族文字出版的报纸。1918 年，在阿拉木图发行了第一份面向中国伊犁维吾尔移民的报纸《塔兰奇之声报》。1921 年，在塔什干、阿拉木图相继出版了维吾尔文报纸《贫民之声报》。1927 年，在伏龙芝、塔什干创办了《解放日报》，后来

---

① 《多民族哈萨克斯坦》：http：//www.kazembchina.org/create/bike/home.jsp?tablename=itemcontent&iiid=2042828235268370259&tableFlag=itemtable 哈萨克斯坦共和国驻华使馆网页，2012。

改为《东方真理报》。这一时期，中亚各国的出版社都设立了维吾尔文编辑部，出版了大量维吾尔文的图书报刊。①

在前苏联时期，维吾尔文报纸杂志种类很丰富，报纸每周发行 5 期。前苏联解体、哈萨克斯坦共和国独立初期，由于新政府在经济上有困难，对少数民族没有太多关注，维吾尔文报纸杂志的出版发行工作曾一度停滞。最近几年随着经济的好转，维吾尔文报纸杂志重又得到政府更多的关注，相关方面的工作有了新气象。

现在，在阿拉木图市和阿拉木图州使用维吾尔语言文字出版发行的报纸杂志有十多家，它们是：官方报纸维吾尔之声（《Uyğur Awazi》）、民间主办的报纸 Aziya Bügün、杂志《新一代》（Yaš Äwlad）、《艺术》（Sän'ät）、《伊犁河曙光》（Ili Wadisi-Iле шуғыласы）、《民族》（《安纳·梅克捷曾-姆克塔普》）、《伊也尼·哈亚特》、《胡什·凯伊比亚特》、《拓荒（Yarkent 哈、维、俄三语）》、《全国维吾尔族人协会新闻简报》、女性杂志 Intizar、教育杂志 Meripet 和综合性杂志 Exbarat。此外还有维吾尔县官方发行的维吾尔文、哈萨克文双语报纸 Ili Vadisi、潘菲洛夫县官方发行的维吾尔、哈萨克、俄三文报纸 Yarkänt Täväsi。

影响最大的维吾尔文报纸是《维吾尔之声》（Uyğur Awazi），也是目前唯一全国范围内发行的维吾尔文官方报纸。我们调查组一行到达阿拉木图的当天下午就参观访问了《维吾尔之声》报社，与副主编和编辑部主任进行了座谈。据介绍，《维吾尔之声》报社是哈萨克斯坦新闻与文化部直属的 6 个报社之一，政府提供全额经费。《维吾尔之声》历史悠久，其前身是 1957 年创刊的《共产主义旗帜》，其宗旨是宣扬共产主义。当时，主要在哈萨克斯坦发行，在前苏联其他加盟共和国也有发行。1991 年《共产主义旗帜》改名为《维吾尔之声》。

《维吾尔之声》的宗旨是，宣传哈萨克斯坦社会各领域取得的成就以及各民族之间的文化交流与友谊，为哈萨克斯坦的发展和稳定服务。报纸内容涉及政治、经济、文化、体育、教育、社会等多方面，以前设有副刊《新生命》，现已停刊。稿件来源方面，既有本社记者自采自编，也接受读者投稿，还从其他新闻媒体转载。目前发行量约为 15000 份，每周一期，发行范围主要是哈萨克斯坦阿拉木图市和阿拉木图州，在南哈萨克斯坦州也有。读者以维吾尔族为主，也有哈萨克族和乌兹别克族。

主编尤尔达希·阿扎玛托夫即将卸任，由副主编木合塔尔江·朱马里夫主持报社日常工作。报社最近刚进行过裁员，现有工作人员 18 名。编辑

---

① 阿布都热扎克·沙依木：《中亚维吾尔文字演变初探》，《西域研究》2009 年第 4 期。

人员都受过高等教育，业务素质过硬。有 1 人是哈萨克斯坦记者科学院院士，有 3 人加入了哈萨克斯坦记者协会。

（二）广播电视及网络

前苏联时期，每天都有维吾尔语广播。现在，哈萨克无线电台每天有 15 分钟的维吾尔语广播。[①]

前苏联时期，电视中有很多维吾尔语节目。现在，维吾尔语节目比较少。我们在居住地阿拉木图市 Mukanova/Ševčenko Yastar 公寓的房间里共搜索到 60 多个电视台，除 5 个哈萨克语台外，其他都是俄语台，没有维吾尔语台。各电视台的节目也多是俄语和哈萨克语节目，没有维吾尔语节目。我们在距离阿拉木图市 250 公里、距离中国伊宁市霍城县霍尔果斯口岸 130 公里的塔尔加尔县阿瓦特乡调查时看到，这里主要收看的是俄语台和哈萨克语台，还能收看到中国新疆卫视二台和伊犁台的维吾尔语电视节目。此外，还能收看到几十个通过卫星转播的中国电视台，包括中央台和各个地方台，这是阿瓦特乡在电视方面有别于阿拉木图市的地方。

在互联网方面，最多的还是俄语网站，哈萨克语网站有但不是很多，没有维吾尔语网站。据介绍，维吾尔语网站目前正在筹建中。

（三）出版社

从 20 世纪 40 年代起，哈萨克斯坦的科学出版社、哈萨克斯坦出版社、作家出版社、学习教育出版社出版了大量维吾尔文教材、工具书、学术著作和文学作品。哈萨克斯坦独立前，维吾尔文教材由一家成立于 1947 年的出版社出版。独立后，该出版社一分为二，即现在的阿塔木拉出版社（Atamura Näšriyati）和学校出版社（Mäktäp Näšriyati）。这是哈萨克斯坦政府出资的最有权威的维吾尔语出版机构。

阿塔木拉出版社以出版维吾尔学校 1—7 年级的维吾尔文教材为主，最近开始出版 8 年级教材。刚分家时，教材发行量在 1300—1500 本，现在发行量有所增加，2012 年 9 月份即将开始的新学期预定的教材量已达 1800 本。出版的教材有语文、数学、经济、地理、书法等科目。教材装帧设计非常精美，充满童趣。每本教材的首页是总统肖像和哈萨克斯坦共和国国歌。教材的内容编排各有特色。《母语》一书由多篇课文构成，每篇课文后附有语言知识介绍。《书法》共分 3 册，第 1 册主要练习字母的基本笔画和结构，第 2 册练习字母的完整写法，第 3 册练习字母的连写。

学校出版社主要出版 8—11 年级的维吾尔文教材，下设哈萨克文、俄

---

① 《哈萨克斯坦共和国境内维吾尔族居民状况》，http：//www.kazembchina.org/create/bike/home.jsp?tablename=itemcontent&iiid=-6703394369686190326&tableFlag=subitemtable 哈萨克斯坦共和国驻华使馆网页，2012。

文、维吾尔文等教材编辑部，各编辑部还根据课程分设语文、数学、物理、生物等各科编辑室。维吾尔文教材编辑部现有工作人员 7 人，其中编辑 3 人、录入 3 人、办公室文员 1 人。哈萨克斯坦实行 11 年义务制教育，包括 4 年小学，5 年中学和 2 年高中，维吾尔文的小学课本发行量比中学、高中的大。其原因是高中后，有一部分学生分流到哈萨克语学校、俄语学校，所以维吾尔文教材发行量下降。该出版社也出版教材以外的其他图书，出版经费需由作者自己解决。

　　两家出版社都是国家全额拨款。出版什么教材是由国家教育部颁布的中小学培养方案决定的。教材每 4 年修订一次。现在使用的是 2009 年版，下次教材修订时间是 2013 年。教材都是由国家统一订购，供学生免费使用。在哈萨克斯坦，教材出版成本高，要支出编写费、翻译费、编辑费、出版费等多项费用，所以国家投入很大。哈萨克斯坦政府对维吾尔族教育的投入与哈萨克族是同等的，哈萨克语学校 1 年级到 11 年级使用的全套教材，维吾尔语学校都有。在这个方面，哈萨克斯坦的维吾尔族非常感激政府。

五　宗教信仰、风俗习惯和节日

　　哈萨克斯坦的维吾尔族和中国的维吾尔族在宗教信仰、风俗习惯方面基本一致。他们都信仰伊斯兰教，在城市和乡村都建有清真寺。哈萨克斯坦维吾尔族还形成了许多具有地域特色的风俗习惯。比如，在 Čeläk 一带，每天清晨家家户户打扫完房间后，就要敞开大门，寓意吉祥如意。又如，与新生儿有关的风俗。孩子出生 12 天以后，要请阿訇给孩子取名，然后家人对着孩子小声地说三次他的名字，并在地上轻轻滚一下孩子。孩子出生 40 天之内，只有亲戚可以来家看望。婴儿的亲人要做 SAMBUZ 招待来客，SAMBUZ 里面有米饭、胡萝卜、牛肉或羊肉，或者包饺子、做 SAMSA（烤包子）。男孩儿在 40 天、女孩儿在 41 天或者 43 天的时候，要举行满月仪式，给小孩儿剃胎发，剪指甲，做 40 个小油馕发给 40 个小孩子。还要请年长的女性给婴儿洗澡，男孩儿和女孩儿有不同的讲究：在女孩儿的洗澡盆里，要放戒指、手链、洋娃娃，祈福将来女孩儿成年后产子顺利、多子多福；在男孩儿的洗澡盆里，要放小汽车、枪、毽子等玩具，洗毕后还要把这些玩具拿出来，送给成年未生育的女性，希望她们将来生儿子。

　　在婚姻方面，哈萨克斯坦的维吾尔族一般选择族内通婚。尤其是男性，长辈们多希望他们娶维吾尔族女子为妻。族际婚姻现象已出现并有增多趋势，一般是维吾尔族和哈萨克族通婚，因为这两个民族的文化、饮食习惯等比较接近。很少有维吾尔族与俄罗斯族结婚的，因为两个民族的饮食习惯不同，前者是穆斯林，后者不是。此外，乡村和城市的结婚仪式也不太一样。乡村讲究要按传统来办，有的家庭的庆祝宴请活动要连续三四天。因为来的客人很多，所以同时用 10 个馕坑烤馕。而城市则不太讲究，亲戚朋友一般只聚会一两天。

在节日方面，维吾尔族保留了很多本民族的传统节日。比如：

3 月 22 日，纳吾肉孜节。这一天，维吾尔族要做炸馓子、沙琪玛、饺子等各种美食庆贺节日的到来。

斋月。2012 年的斋月从 7 月 20 日开始，持续一个月。斋月期间，日出之前、日落之后才能进食。

开斋节。斋月结束后，迎来开斋节，旨在庆祝平安顺利地封斋一个月。庆祝活动将持续三天。

古尔邦节。连续三天，用炸油香来款待客人。

由于长期与俄罗斯族、哈萨克族交往，维吾尔族也接纳了一些新的节日。比如：

3 月 8 日，妇女节。这一天，孩子要给妈妈送礼物、做饭。

5 月 9 日，卫国战争胜利日。哈萨克斯坦的俄罗斯人、哈萨克人、维吾尔人都会举行活动庆祝这个节日。这天早上，要在 28 Panfilovcy 公园举行阅兵仪式。人们喜欢去郊外烧烤。

第四节　语言文字

哈萨克斯坦维吾尔族的语言能力很强，大多数人是"维吾尔语—俄语"双语人。他们既能熟练使用自己的母语（维吾尔语），又掌握了哈萨克斯坦国家官方语言俄语。哈萨克斯坦共和国独立后把哈萨克语定为国语，由于哈萨克语和维吾尔语是亲属语言，维吾尔族很容易学会哈萨克语，有的维吾尔族成为"维吾尔语—俄语—哈萨克语"三语人。哈萨克斯坦的学校教育除了开设俄语、哈萨克语和维吾尔语课程以外，还开设了土耳其语、英语、汉语、日语和德语等课程，因此出现了掌握四语、五语或者更多种语言的维吾尔族。比如，哈萨克斯坦国际关系与外国语大学东方学学院教授马赫皮洛夫（Valeriy Uygurovich Makhpirov）会说俄语、维吾尔语和哈萨克语，英语水平是能阅读，但一般不说。他的儿子 Diyar 会说俄语、哈萨克语、土耳其语、英语、阿拉伯语和科威特语，维吾尔语水平是能听懂，达不到流利。阿塔木拉出版社（Atamura Näšriyati）维吾尔文教材编辑部主任马里克先生会说维吾尔语、哈萨克语、俄语和乌兹别克语，编辑茹孜女士会说维吾尔语、俄语和哈萨克语。哈萨克斯坦国立维吾尔族音乐喜剧剧院院长会说维吾尔语、哈萨克语、俄语、乌兹别克语和英语，他的儿子会说俄语、哈萨克语、维吾尔语和英语。

总之，哈萨克斯坦维吾尔族主要使用母语（维吾尔语）、俄语和哈萨克语，其语言生活内容具有丰富多彩的特点。下面对上述三种语言的使用情况进行概述。

一　维吾尔语

哈萨克斯坦共有 125 个民族，维吾尔语是维吾尔族区别于其他民族的一个重要标志，也是本民族内部认同的重要标志。维吾尔族对母语有深厚的感情，他们乐于使用母语，以会说母语为荣。《哈萨克斯坦共和国语言法》第 6 条"政府对各种语言的关注"规定："哈萨克斯坦共和国的每一个公民都有权使用母语，有权自由地选择语言进行交际、受教育、学习和创作。"这为维吾尔族保留、使用和发展母语提供了法律保障。

因为交际对象、年龄、居住地的不同，维吾尔语的使用具有一定的差异性。具体表现在：

1. 从交际对象来看，维吾尔语主要是族内交际语。一般来说，在哈萨克斯坦会说维吾尔语的主要是维吾尔族，其他民族会说维吾尔语的很少。

2. 从年龄段来看，老年人的维吾尔语水平普遍好于年轻人。和老一辈相比，青少年使用的维吾尔语融入了很多新词术语和科学技术词语，如 computer（计算机）、television（电视）等。在城市有些 30 岁以下的青少年已经不会说维吾尔语。现在哈萨克斯坦城市里一股"母语热"在逐渐兴起，维吾尔族青少年开始重新学习母语。

3. 从使用区域、使用频率来看，维吾尔语在乡村比城市用得多。在乡村，大多数维吾尔族都会说维吾尔语，人们在日常生活、生产劳作、休息娱乐中的每时每刻都会使用维吾尔语。而在城市，能使用维吾尔语的地方很少，主要是维吾尔族家庭内部和本族人之间，以维吾尔语为工作语言的场合仅限于维吾尔语报社和出版社，以维吾尔语为教学语言的学校仅限于维吾尔语学校。

二　俄语

维吾尔族一迁入哈萨克斯坦就开始学习俄语，这不仅是维吾尔族在异国他乡求生存、谋发展的实际需要，还有一个原因是，沙俄政府在语言上对维吾尔族提出了学习俄语的要求。据资料记载，1882 年 1 月 10 日，沙俄政府曾对维吾尔族迁居问题作出如下决定：[①]

---

① 李琪：《中亚维吾尔人》，新疆人民出版社 2003 年版，第 64—65 页。

1. 政府对伊犁地区居民的迁居在经济上不给予任何援助。

2. 所有移民均须应召服兵役，并编入七河流域的哥萨克部队。

3. 移民子女必须学习俄语。

其中，第三条明确规定了迁居的维吾尔族子女必须学会俄语。

前苏联时期，虽然《宪法》没有明文规定俄语是国语，但在实际生活中，如果不懂俄语，去哪儿都行不通。维吾尔族对俄语的作用认识得很清楚，对俄语不反感、不排斥，因而普遍掌握俄语。

俄语是哈萨克斯坦使用人口最多、使用范围最广的语言。哈萨克斯坦建国后，在正式文件中虽更多采用哈萨克语，但多数情况下人们只是用哈萨克语译文满足正式文件要求，实际仍然使用俄语处理事务。俄语是哈萨克斯坦的主要教学语言，在学前机构、普通学校和高校中都可接受俄语教育。此外，法律也为俄语的使用提供了保障。《哈萨克斯坦共和国语言法》第 5 条"俄语的应用"规定："在政府组织和地方自治机构同使用哈语一样同等地正式使用俄语。"哈萨克语被提升到国语地位后，在客观上加速了哈萨克语与俄语的竞争，但语言的选择和放弃受多方面因素制约，语言转用也是一个漫长的过程，在现阶段，哈萨克斯坦的维吾尔族仍然能熟练使用俄语，没有人放弃掌握俄语。

三　哈萨克语

由于历史原因，在哈萨克斯坦许多哈萨克族不懂哈萨克语。1996 年 4 月该国进行的一次调查显示，只有 36%的哈萨克族熟练掌握哈萨克语，36.6%的哈萨克族根本不懂哈萨克语。可是，87.9%的哈萨克族熟练掌握俄语，完全不懂俄语者只有 2.8%。俄罗斯人只有 7.7%不同程度地掌握哈萨克语，其中熟练掌握者只有 1.4%。维吾尔族中掌握哈萨克语的人也不多。

在哈萨克斯坦建国之初，总统纳扎尔巴耶夫对哈萨克族不会哈萨克语的现象进行了严肃的批评："主体民族的语言在国家机关未被使用，而成为一种生活用语、厨房用语，几乎 33%的哈萨克人完全不能讲哈萨克语，或者讲得很差。这说明年轻的一代已经丧失了自己的根，精神传统性已经中断，人民蓬勃的文化源泉被葬送了。"[①]

哈萨克斯坦独立后，政府出于构建主体民族地位的政治目的需要，高度重视推广哈萨克语。《宪法》和《语言法》明确规定"哈萨克语是哈萨克斯坦共和国的国语"，国家权力和管理机关颁布法令用哈萨克语召开大会时

---

① 王志娟、潘志平：《哈萨克斯坦民族问题的焦点：双重国籍与第二国语》，《东欧中亚研究》1996 年第 3 期。

要使用哈萨克语，在不使用哈萨克语的普通学校、职业技术学校、中等专业学校和高等学校，开设哈萨克语必修课。政府相关文件还规定，高考只能用哈萨克语和俄语两种语言答卷；公务员考试设哈萨克语科目，通过方能被录用；总统候选人的主要竞选条件之一是通晓哈萨克语，等等。哈萨克斯坦总统纳扎尔巴耶夫要求全国各界人士，尤其是公职人员要以正确的态度对待"国语"，尊重它，学习它。

哈萨克斯坦政府向维吾尔族推广普及哈萨克语。维吾尔语和哈萨克语同属阿尔泰语系突厥语族，在语音、词汇和语法上都比较接近，维吾尔族认为和俄语相比，哈萨克语更容易掌握。维吾尔族和哈萨克族都信仰伊斯兰教，在生活习惯方面比较接近，所以维吾尔族对哈萨克语有一种天然的亲近感和认同感，愿意学习哈萨克语。在高考中，维吾尔语学校的考生认为用哈萨克语答卷比用俄语答卷能获得更好成绩。2009 年，阿拉木图州中有 103 名维吾尔语学校毕业生参加了全国统一考试，其中，60 名用哈萨克语考试，43 名用俄语考试。

在国家政策、升学、入职、晋升、民族情感等诸多因素的综合影响下，哈萨克斯坦维吾尔人已经意识到必须顺应时代发展，与时俱进，尽快掌握哈萨克语。维吾尔知识分子在呼吁学好本民族语言文化的同时，带头学习哈萨克语言文化。和 20 年前建国初期相比，现在哈萨克斯坦的维吾尔族中会说哈萨克语的人有逐年增多的趋势，维吾尔族的哈萨克语水平也在不断提高。

纵观哈萨克斯坦维吾尔族一百多年来的语言使用历史，维吾尔族从刚踏上沙俄土地开始，就走上了一条"维吾尔语—俄语"双语化的道路。前苏联解体后，哈萨克斯坦建国，维吾尔族顺应时代的需要和发展，开始学习哈萨克语，并努力提高自身的哈萨克语水平。如今，维吾尔族不仅完好地保留了母语，还提升了本民族的多语能力，既掌握了俄语，哈萨克语水平也在逐渐提高。与此同时，城市部分青少年母语能力下降的问题逐渐显现出来。如何激发维吾尔族青少年的母语能力，提升维吾尔族语的活力，是当今哈萨克斯坦维吾尔族必须面对的问题。

四　维吾尔族文字

历史上，维吾尔族曾经使用过多种文字。最早使用的文字是古突厥鲁尼文，又称鄂尔浑—叶尼塞文。公元 8 世纪到 17 世纪，采用回纥文，其字母脱胎于粟特文。从 10 世纪末、11 世纪初开始到现代，阿拉伯文逐渐取代了古回纥文。15 世纪以后，突厥语族简化了阿拉伯字母的一些符号，并增添了四个辅音字母，形成了察合台文。察合台文是 15—20 世纪的古典书面语，相当于汉语中的文言文。除上述文字外，维吾尔族在历史上还使用过叙利亚文、波斯文、梵文、汉文、希腊文、吐火罗文等，但不是主流。①

1928 年，哈萨克斯坦维吾尔族使用的维吾尔文开始改用拉丁字母。1928年 5 月、1930 年分别在乌兹别克斯坦、阿拉木图召开了维吾尔文第一届、第二届语言暨正字法会议，通过了关于维吾尔文字改革的决议，解决了文字向拉丁字母转换的问题。1947 年，哈萨克苏维埃社会主义联盟决定把维吾尔文从拉丁字母改为斯拉伯字母（即西里尔字母），一直沿用至今。使用西里尔字母的维吾尔文字字母表有 42 个字母符号，包括 9 个元音字母和 26个辅音字母以及 6 个主要用于拼写外来语借词的字母，还有 1 个软音符号。②

中国的维吾尔文使用的是阿拉伯字母。在哈萨克斯坦懂阿拉伯字母维吾尔文的人较少。在 Čeläk 县的一所维吾尔语学校开设了阿拉伯字母维吾尔文课。在调查中，我们遇到两位会阿拉伯字母维吾尔文的维吾尔族，他们是在大学学习维吾尔族相关专业时学会阿拉伯字母维吾尔文的。

第五节　民族教育

哈萨克斯坦的教育基础比较好，全国基本无文盲，5—24 岁人群受教育率近 100%。大约 90 多年前，哈萨克斯坦的维吾尔族开始了扫盲教育活动。1919 年 12 月 16 日，前苏联颁布的《关于扫除俄罗斯联邦居民中文盲》的法令规定："共和国内凡是满 8—50 岁的不会读或写的居民，都必须学习本民族文字或俄文（凭自愿）。"根据这一指示哈萨克斯坦培养了一批懂少数民族语言文字的教师。1924 年，在谢米列契省建立了第一所用维吾尔语授课的 9 年制学校，从这里走出了苏维埃第一批维吾尔族知识分子。到了 70年代，仅在阿拉木图和塔尔迪库尔干州，使用维吾尔语教学的中小学校就发展到 70 所。③

经过近一个世纪的发展，哈萨克斯坦维吾尔族已具备较为完善的民族教育体系，既有学前教育，也有初、中等教育和高等教育。从现阶段的情况来看，初、中等教育比较成熟、完善，学前教育和高等教育相对薄弱，规模较小。

一　学前教育

前苏联时期，每个县、乡都有维吾尔语幼儿园。哈萨克斯坦独立后，

---

① 李吟屏：《维吾尔族使用过的文字》，《新疆人大》1998 年 4 月。
② 阿布都热扎克·沙依木：《中亚维吾尔文字演变初探》，《西域研究》2009 年第 4 期。
③ 同上。

由于国家财力紧张，很多都关闭了。现在，维吾尔族聚居的部分乡村设有维吾尔语幼儿园和学前班，主要招收维吾尔族儿童。整个阿拉木图市只有 1 家维吾尔语幼儿园。据哈萨克斯坦维吾尔人国家文化中心执行主任介绍，由于维吾尔语幼儿园数量太少，大多数城市的维吾尔族儿童只能选择俄语或者哈萨克语幼儿园，所以，各方现正在努力重建维吾尔语幼儿园，以解决维吾尔族儿童入园难的问题。

二　中小学教育

哈萨克斯坦实行 11 年义务制教育，其中 4 年小学，5 年初中，2 年高中。2012 年，哈萨克斯坦共有 63 所维吾尔语学校、维吾尔语—哈萨克语双语学校。在阿拉木图市有 3 所维吾尔语学校（Rozibaqiyov 学校、Yakup 学校、Hemrayov 学校）和 3 所双语、多语学校，共有 2114 名学生。阿拉木图州的潘菲洛夫县、维吾尔县和塔尔加尔县有 11 所维吾尔语学校和 47 所双语、多语学校，使用维吾尔语上课的学生有 12841 名。在 63 所学校中，有 18 所维吾尔语学校开通了卫星频道远程教育系统，24 所学校配备了多媒体教室和互动式教学板。①

哈萨克斯坦在普通中小学中用多种语言教学，选择什么学校由学生和家长自己决定。1998—1999 学年，哈萨克斯坦有 153.01 万学生在哈萨克语学校学习，146.24 万学生在俄语学校学习，7.72 万人在乌兹别克语学校学习，2.23 万人在维吾尔语学校学习，0.25 万人在塔吉克语学校学习，0.05 万人在德语学校学习，0.01 万人在鞑靼语学校学习。据"在学校中支持母语教育基金会"负责人、哈萨克斯坦科学院文学研究所研究员阿里木江•海米拉耶夫介绍，大约有 40%的维吾尔族学生上维吾尔语学校、60%上俄语、哈萨克语等学校。

2012 年 7 月 11 日，我们参观了塔尔加尔县阿瓦特乡的 Hezim Iskanderov 维吾尔语学校。该校具有 90 多年历史，现有 520 名学生，87 名教师。学校包括 1—11 年级，教学语言是维吾尔语，加授哈萨克语、俄语、英语等语言。1—4 年级，维吾尔语课每周 5 课时，哈萨克语课每周 4 课时，俄语课每周 2 课时；从 5 年级开始开设英语课，每周 2 课时。小学 4、5 年级，用维吾尔语授课的课程有 3—5 门，包括数学、历史、地理、物理、化学、手工课等。初中阶段，维吾尔语课时减半，语言课每周 2 课时，文学课 2 课时。学校除开设上述文、理科课程外，还开设宗教课程，讲授宗教知识、

① 《哈萨克斯坦共和国境内维吾尔族居民状况》，http://www.kazembchina.org/create/bike/home.jsp?tablename=itemcontent&iiid=-6703394369686190326&tableFlag=subitemtable 哈萨克斯坦共和国驻华使馆网页，2012。

仪式等内容，每周 1 课时。完成中学课程的学习后，学生们通过考试进入大学或者职业学校深造。

7 月 14 日，我们参观了位于阿拉木图市友谊居民点（Dostluk Mähälisi）的 153 维吾尔语学校（Rozibakiyov）。这是一所维吾尔语重点学校，教学设施齐全，校园环境好，教学质量高，高考升学率在全国排在前 30 名。全校共有 1118 名学生，99%都是维吾尔族，有 98 名教师。该校 1957 年建校，1964 年扩校，早期主要招收俄罗斯族学生，开设有维吾尔族班。2011 年，学校新建了物理和化学实验室。学校以维吾尔语教学为主，也注重哈萨克语和俄语教学。学生的俄语和哈萨克语水平比较高，能够熟练地使用哈萨克语和俄语进行交流。2012 年，有 2 名高中毕业生因成绩优异获得"金质奖章"。家长们愿意把子女送到这里念书，学校比去年多招收了两个班的一年级学生。

维吾尔语学校的教育经费都是由国家拨款。2008—2009 学年，国家共拨款 12810380 坚戈购置教材和教学实践材料，2009—2010 学年拨款额为 13705000 坚戈。[①]哈萨克斯坦独立后在经济上一度陷入困境，但国家在教育上仍有大量投入，而且对维吾尔族的教育投入和哈萨克族、俄罗斯族是同等的。对此，维吾尔族表示非常满意。

三 高等教育

1998—1999 学年，哈萨克族大学生占高校学生总数的 67%，俄罗斯族大学生占 24%，乌克兰大学生占 2%，德意志族、鞑靼族和朝鲜族大学生各占 1%，维吾尔族大学生有 2112 人。[②] 2004—2005 学年，哈萨克斯坦高校共有在读学生 774200 人，来自 70 多个民族，其中，哈萨克族占 69.6%，俄罗斯族占 21.5%，维吾尔族占 0.8%等，[③]约 6194 人。可见，随着哈萨克斯坦度过建国后的第一个十年困难时期，国家经济形势逐渐好转，维吾尔族高校在校生的数量也有了较大幅度的增长。

维吾尔族大学生依据自己的兴趣选择学习文、理、工、商、医等专业。哈萨克斯坦大学的教学语言主要是俄语和哈萨克语。据资料显示，20 世纪 90 年代哈萨克斯坦专门教授维吾尔语的教学单位数量少，在高校学习维吾

---

① 《哈萨克斯坦共和国境内维吾尔族居民状况》，http://www.kazembchina.org/create/bike/home.jsp?tablename=itemcontent&iiid=-6703394369686190326&tableFlag=subitemtable 哈萨克斯坦共和国驻华使馆网页，2012。

② 常庆：《哈萨克斯坦民族面面观》，《中国民族》2004 年第 8 期。

③ 储诚意：《哈萨克斯坦的高等教育及其改革》，《安庆师范学院学报》2009 年第 9 期。

尔语言文学专业的学生仅 16 人。①在调查中我们了解到，阿拉木图市开设维吾尔语言文学专业的高校仅哈萨克斯坦阿拜国立师范大学（Abay Namidiki Qazak Dölät Pedagogika Universiteti）一所。该校语文系下设维吾尔文教研室，一年大概招收十来个维吾尔族学生。据介绍，维吾尔语言文学教研室是 1957 年设立的，在那之前没有维吾尔语专业，"当时开设维吾尔语言文学专业的原因之一是从祖国迁来很多维吾尔族，为此哈萨克斯坦政府特别开办了这个教研室"。此外，哈萨克斯坦科学院东方学院还设有维吾尔学中心，是专门研究维吾尔学的学术机构，但不招收学生。

　　哈萨克斯坦维吾尔族受过高等教育的人口比例较高。阿瓦特乡是一个地理位置较偏远的乡村，我们随机抽样调查了 127 位维吾尔族居民的文化程度，统计结果是：小学 4 人，中学 68 人，大专 19 人，大学 36 人，受过高等教育（大专和大学文化程度）的人口占 42.5%。

　　维吾尔族文化程度较高与其对教育的高度重视分不开。2012 年，有 6 名维吾尔族高中毕业生因学习成绩优秀而获得总统颁发的"优质奖章"，获得保送大学的资格。我们在国家维吾尔文化中心、出版社、报社、大学、中学，在阿瓦特乡等多地调查时，无论城乡每到一处都能听到人们对此事的称赞和肯定。这件事不仅是维吾尔族的骄傲，在维吾尔族心目中占有重要地位，也说明维吾尔族非常重视对下一代的教育。

　　为了让孩子得到更好的教育，城市的维吾尔族家长们争相把孩子送到好的学校，有条件的还把孩子送到国外上学。比如，马赫皮洛夫教授的儿子 Diyar 上的是"哈萨克语—土耳其语"双语学校，该校入学录取比例为 20:1，大学升学率高达 70%—80%。他还曾送儿子到科威特学习。铁道大学卡马力丁·曼苏拉教授一家曾把大孙子送到马来西亚一所英国和马来西亚联合办学的大学学习，2012 年 9 月又把二孙子 Bahadir 送到中国北京科技大学学习中文。此外，维吾尔族家长还积极地为教育做出力所能及的贡献，比如资助学校改善基础设施、出资组织教师旅游等。在哈萨克斯坦可以选择用哈萨克语或者俄语参加高考，为帮助维吾尔语学校的考生顺利通过考试，"在学校中支持母语教育基金会"等组织机构开办高考辅导班免费为考生进行指导。

---

① 张玉艳、张宏莉：《从中亚教学管窥中亚语言发展前景》，《语文学刊·外语教育教学》2010 年第 2 期。

第四章　哈萨克斯坦维吾尔族的语言使用现状

第一节　阿瓦特乡维吾尔族语言
使用现状个案调查

一　阿瓦特乡基本情况

阿瓦特乡隶属于塔尔加尔县，距离阿拉木图市约 250 公里，距离中哈边境霍尔果斯口岸约 130 公里。一条源自天山积雪的河流穿过阿瓦特乡。夏天最高气温达 38 摄氏度，冬天气温低至零下 20 摄氏度。

阿瓦特乡是一个维吾尔族聚居乡。全乡共有 560 户人家，3500 人，维吾尔族约占 90%，哈萨克族约占 10%，有少量俄罗斯族。维吾尔族居民有一部分是土生土长的当地人，还有一部分是 19 世纪末来自中国新疆伊犁的移民。维吾尔族一般是族内通婚，族际婚姻多为维吾尔族和哈萨克族通婚。

当地主要的经济来源是农业和畜牧业。农业以种植水果和玉米、苜蓿、小麦等农作物为主，畜牧业主要是养殖牛羊。实行土地承包制，已实现农业机械化。每 3—4 户人家就有一台收割机，农田割草从收割到捆绑都使用联合收割机来完成。种植农作物的家庭，粮食能够自给自足；从事畜牧业的家庭则需购买粮食。日常生活用品在本乡超市就能买到，家用电器等则要到春贾镇购买。很多商品都产自中国。

阿瓦特乡电视、冰箱、电话、手机已经普及，但没有电脑。除了能收看本国的电视节目外，还能收看到中国中央电视台和各省的卫视节目。节目音画质量清晰稳定，和我们在北京收看到的一样。居民使用天然气做饭、取暖，现在也有人家使用电暖器采暖。开出租的人较多，居民外出（去县城或阿拉木图市）多乘坐本乡的出租车。

阿瓦特乡有 1 个幼儿园和 1 所维吾尔语学校，适龄少年儿童不出乡就可以接受义务制免费教育。幼儿园招收 2 岁以上的儿童。Hezim Iskanderov 维吾尔语学校招收 1—11 年级的学生，1—4 年级相当于小学，5—11 年级相当于中学。该校于 20 世纪 20 年代初期建校，至今已有 90 多年历史。早在 1912 年，乡里已出现私塾学堂。维吾尔语学校现有学生 520 名，教师 87 名。学校开设了文、理科课程。在语言课方面，设有维吾尔语、哈萨克语、俄语和英语等多门课程。1—4 年级，维吾尔语课每周 5 课时，哈萨克语课每周 4 课时，俄语课每周 2 课时；从 5 年级开始开设英语课，每周 2 课时。小学 4、5 年级，用维吾尔语授课的课程有数学、历史、地理、物理、化学、手工课等。初中阶段，维吾尔语课时减半，语言课每周 2 课时，文学课 2 课时。学校还开设宗教课程，讲授宗教知识、仪式等内容，每周 1 课时。在完成中学阶段的学习后，约有 30% 的学生升入大学，有 70% 升入中专和职业技术学校。学生们多在本国上大学，也有少数选择去乌兹别克斯坦首都塔什干上大学。大学毕业后，学生自主择业。有的回到本地当老师，或者根据所学专业从事医生、律师等职业，也有的在外地工作。

居民宗教信仰自由。维吾尔族和哈萨克族信仰伊斯兰教，俄罗斯族信仰东正教。乡里有清真寺，维吾尔族和哈萨克族定期到清真寺做礼拜。县政府将每年 6 月的一天定为"维吾尔文化日"，在县城举行大型的传统庆祝活动，居民们都踊跃参加。

在日常生活中，阿瓦特乡维吾尔族使用的语言有维吾尔语、俄语和哈萨克语，使用得最多的是维吾尔语。和老一辈相比，年轻一代使用的维吾尔语融入了很多新词术语和科学技术词语，如 computer（计算机）、television（电视）等。维吾尔族孩子在学校学会了哈萨克语、俄语，老人们还能在家辅导孩子们的哈萨克语、俄语学习。据长老 Ruslana 老人介绍，前苏联时期大学生的毕业论文要求用俄文写，现在要求用哈萨克文写，这对维吾尔族大学生来说，一点儿都不难。老人的孙子今年上 4 年级，能熟练使用哈萨克文和俄文。本乡的哈萨克族和俄罗斯族不仅会说自己的母语，也会说维吾尔语。

二　阿瓦特乡维吾尔族母语使用现状及成因

本次调查采取随机抽样的方法进行，共调查到 36 户 130 人，其中维吾尔族 128 人，哈萨克族 2 人。我们把被试定为 6 岁以上的维吾尔族，共有 127 人。被试按年龄段来分，6—19 岁 21 人，20—39 岁 46 人，40—59 岁 22 人，60 岁以上 38 人；按性别来分，女性 51 人，男性 78 人；按文化程度来分，中小学文化程度 72 人（其中，小学 4 人，中学 68 人），大专大学文化程度 55 人（其中，大专 19 人，大学 36 人）。从这组数据来看，被试在年龄段和性别上的分布较合理、均衡，所以，被试的语言使用特点能够反映出全乡维吾尔族语言使用的总体特点。

社会语言学研究表明，使用人数、使用场合、使用频率等最能反映出语言活力的强弱，年龄、性别、文化程度、语言习得途径和顺序是影响语言使用者语言能力的主要因素。下面我们利用调查数据并结合个人访谈、入户观察来分析维吾尔族母语使用的特点。

1. 不同场合维吾尔族母语的使用情况

语言使用场合首先可分为家庭内部和家庭外部两类。表 4-1 调查统计了在家庭外部的生活、工作、教育等交际场合中，维吾尔族被试与本族人、非本族人（主要是哈萨克族和俄罗斯族）进行交际时语言的使用情况。

表 4-1

交际对象／使用场合	本族人			非本族人		
	维吾尔语	俄语	哈萨克语	维吾尔语	俄语	哈萨克语
见面打招呼	5			1		2
聊天	5			1		2
生产劳动	5			1		2
买卖	5			1		2
看病	5			1		
婚嫁	5			1	1	
丧葬	5			1		2
节日、集会	5			1		2
开会 开场白	5			1		
传达上级指示	5			1		
讨论、发言	5			1		
公务用语		1	1		1	3
广播用语			1			3
学校 课堂用语	5			1	1	
课外用语	5			1	1	

统计结果显示，维吾尔族被试在家庭外部的各种场合中，与本族人交际时主要使用母语。比如，在生活域的打招呼、聊天、劳动、做买卖、节日、丧葬等交际场合中，在教育域，无论课上的教学活动，还是课下的休闲活动，维吾尔族之间全都使用母语。在工作域，开会时也使用维吾尔语。在与非本族人交际时，有时也使用维吾尔语。

　　表 4-2 调查了维吾尔族家庭内部语言的语言情况。统计结果显示，维吾尔族家庭成员之间无论是谁先开口说话，跟谁说话，双方都是使用母语。与来访的客人交谈时，也是大多使用维吾尔语。

表 4-2

交际双方		维吾尔语	俄语	哈萨克语
长辈对晚辈	父母对子女	5		
	祖辈对孙辈	5		
	公婆对儿媳	5		
晚辈对长辈	子女对父母	5		
	孙辈对祖辈	5		
	儿媳对公婆	5		
同辈之间	父亲与母亲	5		
	兄弟姐妹之间	5		
	儿子与儿媳	5		
主人对客人	对本族客人	5		
	对俄罗斯族客人	3		2
	对哈萨克族客人	3	2	
	对其他民族的客人	3	1	
	对陌生人	4		

　　2. 不同年龄段维吾尔族的母语水平

　　表 4-3 按少年儿童（6—19 岁）、青年（20—39 岁）、中年（40—59 岁）、老年（60 岁以上）四个年龄段分别统计了维吾尔族的母语水平。统计结果显示，不同年龄段的维吾尔族均能熟练使用母语。

表 4-3

年龄段（岁）	调查人数（人）	熟　练		略　懂		不　会	
		人数	比例（%）	人数	比例（%）	人数	比例（%）
6—19	21	21	100	0	0	0	0
20—39	46	46	100	0	0	0	0
40—59	22	22	100	0	0	0	0
60 岁以上	38	38	100	0	0	0	0
合计	127	127	100	0	0	0	0

3. 不同性别维吾尔族的母语水平

表 4-4 按女性和男性分别统计了不同性别维吾尔族的母语水平。统计结果显示，不同性别的维吾尔族均能熟练使用母语。

表 4-4

性别	调查人数（人）	熟　练		略　懂		不　会	
		人数	比例（%）	人数	比例（%）	人数	比例（%）
女性	51	51	100	0	0	0	0
男性	76	76	100	0	0	0	0
合计	127	127	100	0	0	0	0

4. 不同文化程度维吾尔族的母语水平

表 4-5 按小学、中学和大专大学分别统计了不同文化程度维吾尔族的母语水平。统计结果显示，不同文化程度的维吾尔族均能熟练使用母语。

表 4-5

文化程度	调查人数（人）	熟　练		略　懂		不　会	
		人数	比例（%）	人数	比例（%）	人数	比例（%）
小学	4	4	100	0	0	0	0
中学	68	68	100	0	0	0	0
大专大学	55	55	100	0	0	0	0
合计	127	127	100	0	0	0	0

5. 维吾尔族母语的习得顺序

阿瓦特乡维吾尔族大多掌握维吾尔语、俄语和哈萨克语三种语言。三种语言的习得顺序有先后之别。表 4-6 统计了被试维吾尔语的习得顺序。

表 4-6

维吾尔语习得顺序	人数	比例（%）
以维吾尔语为第一语言	126	99.2
以维吾尔语为第二语言	1	0.8
以维吾尔语为第三语言	0	0
合　计	127	100

6. 维吾尔族维吾尔文掌握情况

维吾尔族不仅有语言，还有文字。哈萨克斯坦和中国的维吾尔族分别使用两种不同的文字，前者使用斯拉夫字母的维吾尔文，后者使用阿拉伯字母的维吾尔文。民族文字的使用也是语言生活中的重要组成部分，为此，我们调查统计了不同年龄段被试维吾尔文的掌握情况。

表4-7

年龄段（岁）	调查人数（人）	斯拉夫字母维吾尔文				阿拉伯字母维吾尔文			
		会		不会		会		不会	
		人数	比例（%）	人数	比例（%）	人数	比例（%）	人数	比例（%）
6—19	21	21	100	0	0	0	0	21	100
20—39	46	46	100	0	0	1	2.2	45	97.8
40—59	22	22	100	0	0	0	0	22	100
60 岁以上	38	38	100	0	0	0	0	38	100
合计	127	127	100	0	0	1	0.8	126	99.2

统计结果显示，维吾尔族被试均掌握斯拉夫字母的维吾尔文，仅有 1 人（Miršat **Ašimov**，男，38 岁）掌握阿拉伯字母的维吾尔文。据我们的了解，Miršat Ašimov 大学文化程度，在阿瓦特乡没有接触过维吾尔文，到外地上大学时由于学习维吾尔族相关专业的需要，学会了阿拉伯字母的维吾尔文。阿瓦特乡维吾尔族都知道中哈两国维吾尔文有区别，但真正掌握阿拉伯字母维吾尔文的人仅 Miršat Ašimov 一人。

总的来说，阿瓦特乡维吾尔族母语使用有以下几个特点：

1. 阿瓦特乡维吾尔族母语保留完好，均能熟练使用母语

在阿瓦特乡，没有一个维吾尔族不会自己的母语。母语是阿瓦特乡土生土长的维吾尔族的第一语言。维吾尔族孩子从呱呱坠地那一刻开始，长辈们便用母语和他们交流，教他们说维吾尔语，给他们取维吾尔族名字。维吾尔族日常生活中无时无刻在使用母语，不假思索就脱口而出的语言是母语。

阿瓦特乡维吾尔族均能熟练使用母语，维吾尔语的语言活力强。维吾尔语的使用没有呈现出明显的代际差异，没有性别差异，也没有文化程度差异，表明维吾尔语的语言使用集团同质性非常高，个体差异小，语言能力均衡。只有语言活力强的语言才具有这样的特点。

2. 维吾尔语是阿瓦特乡维吾尔族最重要的语言

阿瓦特乡维吾尔族能用母语解决所有的民族内部事务，维吾尔语承担

着交际、教育、文化传承和情感交流等多项功能，在阿瓦特乡社会生活的各个领域发挥了不可替代的作用，是阿瓦特乡维吾尔族最重要的语言。

（1）交际功能：在阿瓦特乡，家庭成员之间，邻里之间说的都是维吾尔语；人们交流看法、谈天说地，大至议论国家大事，小至家长里短，都使用维吾尔语。维吾尔语完全能够满足人们传递信息、表达思想、交流感情的需要，是维吾尔族生存、发展必不可少的语言交际工具。

（2）教育功能：学校教育、家庭教育和社会教育的目的是教会学生掌握人类生存发展所必备的知识和技能。无论哪一种方式的教育，都必须借助维吾尔语的讲授才能实现。在 Hezim Iskanderov 学校，教学语言是维吾尔语，不仅在语文课上教授维吾尔语，还用维吾尔语教授数学、历史、地理、物理、美术、音乐等课程。在家里，长辈对晚辈的叮咛嘱咐、表扬批评以及各种形式内容的家教都是通过维吾尔语表达的。所以，在阿瓦特乡，维吾尔语不仅仅是作为一种语言来学习，而且还是学习科学文化知识的必备的语言工具。掌握了维吾尔语后，就能学会更多的知识和技能，获得更好的学习成绩和发展机会。

（3）文化传承功能：语言是文化的载体。保留了母语，就等于保留了本民族的历史和文化。阿瓦特乡维吾尔族先民在生产劳动中创造出丰富多彩的民族文化，积累了大量的生产经验和劳动智慧，各种具有鲜明民族特点的物质、非物质文化财富通过维吾尔语得到保留、传承和发扬光大。

（4）情感功能：维吾尔语不仅是维吾尔族人与人之间沟通的桥梁，还是民族情感的纽带和寄托。维吾尔族对母语感情深厚，他们不仅愿意说，而且时时刻刻都在说。维吾尔族大多数人都是"维吾尔语—哈萨克语"双语人或者"维吾尔语—俄语"双语人，还有的是"维吾尔语—俄语—哈萨克语"三语人，但本民族同胞只要一见面，首先说的是维吾尔语。维吾尔语的使用增强了维吾尔族的民族认同感和内部凝聚力。

3. 维吾尔语是阿瓦特乡的族际交际语，也是乡内最有活力的语言

阿瓦特乡共使用三种语言：维吾尔语、哈萨克语和俄语。从语言关系来看，维吾尔语不仅是维吾尔族内部的交际语言，而且还是当地各民族之间的族际交际语。维吾尔族、哈萨克族和俄罗斯族都使用自己的母语，同时也兼用另外两个民族的语言，但在日常生活中，除了用哈萨克语传达政府政策精神外，不同民族之间的交流都是使用维吾尔语。所以，维吾尔语是阿瓦特乡使用范围最广的语言。此外，维吾尔语还是阿瓦特乡使用人口最多的语言。维吾尔族人口占阿瓦特乡总人口的 90%，他们均能熟练使用母语。除了维吾尔族以外，当地的哈萨克族和俄罗斯族也都能熟练使用维吾尔语。而维吾尔族熟练使用哈萨克语、俄语的比例分别是 66.9%、50.4%。

所以说，维吾尔语是阿瓦特乡最有活力的语言。

现代社会中受经济一体化的冲击，很多小语种语言的生存问题面临着挑战，有的语言由于使用人口锐减、语言功能骤降、政府没有及时加以保护，走向了濒危。究竟是什么原因使得阿瓦特乡成功地保留了母语？我们认为，主要有以下几个方面：

第一，语言使用人口多以及聚居分布是保留母语的外部条件。

阿瓦特乡是一个维吾尔族聚居的乡，维吾尔族约占全乡总人口的90%。全体维吾尔人在日常生活中均熟练使用母语，而且把母语作为最重要的语言交际工具。维吾尔语是阿瓦特乡最有活力的语言，也是族际通用语，哈萨克族和俄罗斯族都能熟练使用维吾尔语，各种社会活动中基本上都使用维吾尔语。语言使用人口多及聚居分布使得维吾尔语成为阿瓦特乡的主流语言，也为维吾尔语的保留和传承提供了良好的客观环境。

第二，热爱母语，积极的语言态度是母语保留的内在心理基础。

语言态度影响语言的选择和使用。积极的语言态度有利于语言的保留和发展。我们随机对 7 位维吾尔族居民的母语态度进行了问卷调查。调查结果是：

关于"维吾尔语是否有用"一项，有 5 人选择"很有用"，2 人选择"有些用"。

关于"本地电视台、广播站的播音语言"一项，3 人希望用维吾尔语，2 人希望用哈萨克语，1 人希望用俄语，1 人希望用英语。

关于"希望子女最好说什么语言（可多选）"一项：有 7 人选择维吾尔语，2 人选择哈萨克语，1 人选择俄语。

关于"愿意把子女送到用哪种语言授课的学校"一项的调查，有 5 人选择维吾尔语，1 人选俄语，1 人选英语。

关于"对维吾尔人不会维吾尔语的态度"一项的调查，有 2 人选择"接受"，2 人选择"顺其自然"，3 人选择"反感"。

关于"如果有人在外地学习或工作几年后回到家乡，不再说维吾尔语"的问题，有 5 人选择"可以理解"，1 人选择"无所谓"，1 人选择"反感"。

可以看出，维吾尔族对母语的态度是积极乐观的。他们肯定维吾尔语的作用，大多数人认为维吾尔语"很有用"，还希望电视台、广播站能用维吾尔语播音，这说明维吾尔语在维吾尔族的生活中具有重要地位，发挥重要作用，维吾尔族有进一步扩大母语使用范围的要求。他们希望孩子们掌握母语，并且希望能在维吾尔语学校学习，表明维吾尔族期待母语能够得到很好的传承和发展。对于少数人不会母语和放弃母语，维吾尔族大多比较理智和开明，并不担心这种情况会影响母语的未来。

　　阿瓦特乡维吾尔族对母语怀有深厚感情，愿意说母语，虽然掌握了俄语或哈萨克语，也不愿放弃母语。在阿瓦特乡，熟人们见面，张口便是维吾尔语；陌生人见面，只要说起维吾尔语，立即就会拉近距离。热爱母语是一种积极的语言态度，为母语的保留奠定了稳定的心理基础。

　　第三，学校教育是传承和发展维吾尔语的重要途径。

　　阿瓦特乡有一所包括 1—11 年级的维吾尔语学校。小学阶段的维吾尔语课每周 5 课时，初中阶段的维吾尔语语言课每周 2 课时，文学课 2 课时。除了语言课教授维吾尔语外，维吾尔语还是所有课程的教学语言。学生们使用的课本都是用维吾尔语编写的，由阿塔木拉出版社和学校出版社出版。维吾尔语学校以传播维吾尔族语言文化为主要宗旨，通过系统而规范的学校教育，使维吾尔语得到了良好的保持和发展。所以，学校教育是保留和传承维吾尔语言的重要途径。

　　第四，维吾尔语的使用受法律保护。

　　哈萨克斯坦是一个多民族多语言国家。哈萨克斯坦的《宪法》和《语言法》明确规定，公民有使用母语的权利。这为维吾尔族母语的传承、使用和发展提供了有力的法律保障。在法律的保护下，阿瓦特乡维吾尔族可以自由地使用母语、发展母语，在生产、生活、教育等各个领域中最大限度地发挥母语的作用。

三　阿瓦特乡维吾尔族兼语使用现状及成因

　　受国家政体演变、教育发展条件、民族发展历史等因素的影响，阿瓦特乡的维吾尔人多数能兼用哈萨克斯坦的国语哈萨克语以及同为正式语言的俄语。[①]个别人还能兼用英语、法语。调查中我们了解到，从使用对象来看，居民一般跟哈萨克族说哈萨克语，跟陌生人及不懂哈萨克语的人说俄语；从使用场合来看，居民的公务用语、会议用语、节日集会用语多使用哈萨克语，也有少数人使用俄语。

　　下面对阿瓦特维吾尔族的兼语使用现状进行具体的描写和分析。

　　（一）兼用哈萨克语的现状

　　阿瓦特乡维吾尔人兼用哈萨克语有以下几个特点：

　　1. 全民兼用哈萨克语，但熟练程度存在代际差异

　　入户调查的统计数据显示，98.4%的维吾尔人能不同程度地兼用哈萨克语，不懂哈萨克语的仅 0.16%。统计数据见表 4-8：

---

　　①《哈萨克斯坦共和国语言法》规定："哈萨克斯坦共和国的国语为哈萨克语"、"在政府组织和地方自治机构同使用哈语一样同等地正式使用俄语。"

表 4-8

年龄段（岁）	调查人数（人）	熟　练		略　懂		不　会	
		人数	百分比（%）	人数	百分比（%）	人数	百分比（%）
6—19	21	12	57.1	8	38.1	1	4.8
20—39	46	36	78.3	10	21.7	0	0
40—59	22	11	50	11	50	0	0
60 岁以上	38	26	68.4	11	29	1	2.6
合计	127	85	66.9	40	31.5	2	1.6

　　上表显示，127 位调查对象中，有 85 人能熟练使用哈萨克语，40 人略懂哈萨克语，不懂的只有 2 人。不懂哈萨克语的两人中，一人是 10 岁的 Amarev Ötkür，他现在上的是乡里的维吾尔语学校，学校的老师用维吾尔语授课，家里父母、爷爷都是维吾尔族，他生活在一个以维吾尔语为主的语言环境中。尽管学校开设有哈萨克语课，但每周只有 4 课时，仅在课堂上学一点儿，平时基本上不说哈萨克语，听、说能力都较为低下。在当今哈萨克斯坦共和国大力推行国语的大背景下，随着年龄的增长，Amarev Ötkür 学习、使用哈萨克语的时长、机会将越来越多，可以预见，在不久的将来，他的哈萨克语会越来越好。另一人是 70 岁的 Amareva Ibadätxan，他也是长年生活在维吾尔语环境中，维吾尔语的听说读写能力都很强。阿瓦特乡是一个维吾尔乡，隶属于塔尔加尔县，其周边主要是维吾尔族聚居区。居民平常到维吾尔县春贾镇去购买电器，日常生活用品在本乡的超市里就可以买到。像 Amareva Ibadätxan 这样的维吾尔族居民完全可以在母语环境中使用母语解决几乎所有的生活问题。Amareva Ibadätxan 缺乏与哈萨克族长期接触的经历，加之他所生活的那个时代，接受的是"维吾尔语—俄语"双语教育，所以没有学会哈萨克语。

　　表 4-8 还显示，尽管兼用哈萨克语的人口比例很高，几乎是全民兼用，但熟练使用者的比例只有 66.9%，还有 31.5% 的维吾尔人哈萨克语水平仅为"略懂"级别。熟练使用哈萨克语者中还存在代际差异，比例最高的是 20—39 岁之间的青壮年，为 78.3%；最低的是 40—59 岁之间的中年人，为 50%。

　　2. 兼用哈萨克语在性别、文化程度方面差异不大

　　不同性别的维吾尔人兼用哈萨克语的比例差别不大，女性 100% 能兼用哈萨克语，男性的比例也高达 98.4%，仅 1.6% 不懂哈萨克语。但熟练使用哈萨克语的人口中，女性的比例高出男性 12.7%。表 4-9 是相关统计数据：

表 4-9

性别	调查人数（人）	熟　练		略　懂		不　会	
		人数	百分比（%）	人数	百分比（%）	人数	百分比（%）
女	51	38	74.5	13	25.5	0	0
男	76	47	61.8	27	35.5	2	2.7
合计	127	85	66.9	40	31.5	2	1.6

　　不同文化程度的维吾尔人兼用哈萨克语的比例差异也不大。小学和大学文化程度的能兼用哈萨克语的人口比例均为 100%，中学文化程度的为 97.1%。但熟练使用哈萨克语的人口比例中，中学文化程度的最低，为 61.8%，而小学和大学都达到了 70% 以上。相关统计数据见表 4-10：

表 4-10

文化程度	调查人数（人）	熟　练		略　懂		不　会	
		人数	百分比（%）	人数	百分比（%）	人数	百分比（%）
小学	4	3	75	1	25	0	0
中学	68	42	61.8	24	35.3	2	2.9
大学	55	40	72.7	15	27.3	0	0
合计	127	85	66.9	40	31.5	2	1.6

　　3. 哈萨克语是多数维吾尔人的第一兼语（即第二语言）

　　从习得顺序来看，哈萨克语是大多数维吾尔人继母语维吾尔语之后习得的语言，即第二语言。但也有少部分人在习得母语和俄语之后才学会哈萨克语。统计数据见表 4-11：

表 4-11

习得哈萨克语的顺序	人数	占全部维吾尔人的比例（%）
以哈萨克语为第一语言	0	0
以哈萨克语为第二语言	108	85
以哈萨克语为第三语言	17	13.4
合计	125	98.4

　　上表显示，以哈萨克语为第一兼语（即第二语言）的维吾尔人共 108 人，占全体维吾尔人的 85%。

　　4. 从语言习得的途径来看，维吾尔族的哈萨克语主要来自三个途径

　　一是通过正规而系统的学校教育学会。通过这一途径习得的主要是 20

岁以下的青少年，因为哈萨克斯坦自 1991 年独立之后，哈萨克语被定为国语，并被列入义务教育及大学必修课目，所有的学校必须开设哈萨克语课。目前，阿瓦特乡的 Hezim Iskanderov 学校（维吾尔语学校）每周的哈萨克语课有 4 课时。如果上哈萨克语学校，则学习哈萨克语的时间更长。如：Zulmirä Axmulayeva 上小学时就读于一所维吾尔语学校，中学就读于一所哈萨克语学校，现在她的哈萨克语说得跟自己的母语维吾尔语一样好。

　　二是在日常生活、工作交往中自然而然地掌握。通过这一途径学会哈萨克语的多为 20 岁以上的维吾尔人，尤其是 60 岁以上的老年人。阿瓦特乡有 10%的居民是哈萨克族，维吾族和哈萨克族之间的民族关系和睦，来往密切，不少维吾尔居民通过与哈萨克朋友的交往学会了对方的语言。如：Turdaxun 和 Abdixalikov 都能熟练使用哈萨克语。调查中我们了解到，他们的邻居就是哈萨克族，从小就和邻居一起放牧、一起玩耍，自然而然地就学会了哈萨克语。还有部分居民曾在有哈萨克人的地方工作过。如：80 岁的 Azat Nazar、73 岁的 Israyil Axmulayev 和他 70 岁的妻子 Zinnät Axmulayeva 年轻时都在国营农场工作过，打交道的多是哈萨克人。而 66 岁的 Xoja Heytaxunov 年轻时是放映员，经常去乡村各地放电影，不少地方是哈萨克族村落，接触到很多哈萨克人。他们的工作经历使得他们不得不学会说哈萨克语。

　　三是通过家庭的语言熏陶自然习得。阿瓦特乡有一些维—哈族际婚姻家庭，在这些家庭里，夫妻双方往往各说各的语言，因为维吾尔语与哈萨克语非常接近，互相都能听懂。在这种族际婚姻家庭长大的孩子，哈萨克语都说得很好。表 4-12 是我们调查到的两个族际婚姻家庭的语言使用情况：[①]

表 4-12

家庭成员	姓名	民族	年龄（岁）	文化程度	第一语言及水平	第二语言及水平	第三语言及水平
户主	Ašimov Miršat	维族	38	大学	维语，熟练	哈语，熟练	俄语，熟练
妻子	Näqis Bikiwa	哈族	36	大学	维语，熟练	哈语，熟练	俄语，熟练
女儿	Abdirasuva Miran	维族	9	小学	维语，熟练	哈语，熟练	俄语，熟练
户主	Qiyenev Näwirdin	维族	52	大学	维语，熟练	哈语，熟练	俄语，略懂
妻子	Qiyeniva Güldarqan	哈族	50	大学	维语，熟练	哈语，熟练	俄语，略懂
女儿	Qiyeniva Rigina	维族	23	大学	维语，熟练	哈语，熟练	俄语，略懂
儿子	Qiyenev Bahadir	维族	19	大学	维语，熟练	哈语，熟练	俄语，略懂

　　① 因表格空间有限，表格中的民族、语言均用简称。如："维吾尔族"简称为"维族"，"哈萨克族"简称为"哈族"，"维吾尔语"简称为"维语"，"哈萨克语"简称为"哈语"。全书同。

这两个族际婚姻家庭里，母亲都是哈萨克族，父亲都是维吾尔族，夫妻双方都能熟练使用哈萨克语，他们的子女不分年龄、性别、文化程度也都能熟练使用哈萨克语。

（二）兼用俄语的现状

阿瓦特乡维吾尔人兼用俄语有以下几个特点：

1. 绝大部分维吾尔人都能不同程度地兼用俄语，但存在代际差异

入户调查的统计数据显示，89.8%的维吾尔人能不同程度地兼用俄语，不懂俄语的仅10.2%。统计数据见表4-13：

表 4-13

年龄段（岁）	调查人数（人）	熟练		略懂		不会	
		人数	百分比（%）	人数	百分比（%）	人数	百分比（%）
6—19	21	10	47.6	8	38.1	3	14.3
20—39	46	27	58.7	18	39.1	1	2.2
40—59	22	9	40.9	10	45.5	3	13.6
60 岁以上	38	18	47.4	14	36.8	6	15.8
合计	127	64	50.4	50	39.4	13	10.2

上表的统计数据还显示，兼用俄语存在明显的代际差异。代际差异最显著地表现在20—39岁年龄段，这一年龄段的维吾尔人的俄语兼用程度最高，仅2.2%不懂俄语，其他3个年龄段不懂俄语的比例相差不大，均在13%—16%之间。

2. 不同性别的人兼用俄语的差异不大

阿瓦特乡的维吾尔女性能兼用俄语的比例高达92.2%，仅7.8%不懂俄语；男性的比例也达到88.2%，只有11.8%不懂俄语。且熟练使用俄语的人口中，女性与男性的比例相当，前者为51%，后者为50%。表4-14是相关统计数据：

表 4-14

性别	调查人数（人）	熟练		略懂		不会	
		人数	百分比（%）	人数	百分比（%）	人数	百分比（%）
女	51	26	51	21	41.2	4	7.8
男	76	38	50	29	38.2	9	11.8
合计	127	64	50.4	50	39.4	13	10.2

3. 不同文化程度的人兼用俄语存在一定差异

阿瓦特乡不同文化程度的维吾尔人兼用俄语的比例存在一定差异。小学和大学文化程度的能兼用俄语的人口比例均为100%，全都能不同程度地兼用俄语；而中学文化程度的仅为80.9%，还有19.1%不懂俄语。熟练使用俄语的人口比例同样存在差异，中学文化程度的最低，为36.8%，小学文化程度的次之，为50%，大学文化程度的最高，有67.3%都能熟练使用俄语。相关统计数据见表4-15：

表 4-15

文化程度	调查人数（人）	熟 练		略 懂		不 会	
		人数	百分比（%）	人数	百分比（%）	人数	百分比（%）
小学	4	2	50	2	50	0	0
中学	68	25	36.8	30	44.1	13	19.1
大学	55	37	67.3	18	32.7	0	0
合计	127	64	50.4	50	39.4	13	10.2

4. 俄语是大多数维吾尔人的第二兼语（即第三语言）

调查数据显示，以俄语为第一兼语的（即第二语言）有16人，还有1人的第一语言是俄语，而不是自己本民族的语言维吾尔语，出现了第一语言与母语不一致的现象。表4-16是相关统计数据：

表 4-16

习得俄语的顺序	人数	占全部维吾尔人的比例（%）
以俄语为第一语言	1	0.8
以俄语为第二语言	16	12.6
以俄语为第三语言	97	76.4
合计	114	89.8

以俄语为第一兼语（即第二语言）的16人，以及以俄语为第一语言的1人，他们的个人信息如表4-17：

表 4-17

家庭成员	姓名	民族	年龄（岁）	文化程度	第一语言及水平	第二语言及水平	第三语言及水平
户主	Muzäffärov Nuri	维族	36	大学	维语，熟练	俄语，熟练	哈语，熟练
户主	Axmollayev Ismayil	维族	68	大学	维语，熟练	俄语，熟练	哈语，略懂

续表

家庭成员	姓名	民族	年龄（岁）	文化程度	第一语言及水平	第二语言及水平	第三语言及水平
妻子	Axmollayeva Gülmisäm	维族	62	大专	维语，熟练	俄语，熟练	哈语，略懂
儿子	Axmollayev Murat	维族	36	大学	维语，熟练	俄语，熟练	哈语，略懂
儿媳妇	Axmollayeva Gülnar	维族	32	大学	俄语，熟练	维语，熟练	哈语，略懂
儿子	Tursunov Muŋdaš	维族	40	大学	维语，熟练	俄语，熟练	哈语，略懂
儿子	Tursunova Rano	维族	38	大专	维语，熟练	俄语，熟练	哈语，略懂
户主	Molotov Qurbanjan	维族	64	大学	维语，熟练	俄语，熟练	哈语，熟练
妻子	Axmollayeva Zinnät	维族	62	大学	维语，熟练	俄语，熟练	哈语，熟练
儿子	Molotov Wilyam	维族	36	大学	维语，熟练	俄语，熟练	哈语，熟练
女儿	Molotova Gülbadäm	维族	34	大学	维语，熟练	俄语，熟练	哈语，熟练
女儿	Molotova Gülnadäm	维族	32	大学	维语，熟练	俄语，熟练	哈语，熟练
儿子	Molotov Ulyar	维族	30	大学	维语，熟练	俄语，熟练	哈语，熟练
户主	Rozibaqiyev Adiljan	维族	43	大学	维语，熟练	俄语，熟练	哈语，熟练
妻子	Rozibaqiyeva Nurbüwi	维族	39	大专	维语，熟练	俄语，熟练	哈语，略懂
儿子	Iminjanev Muradil	维族	13	中学	维语，熟练	俄语，熟练	哈语，略懂
女儿	Iminjaneva Adiläm	维族	11	中学	维语，熟练	俄语，熟练	哈语略懂

从上面所列个人信息来看，以俄语为第一兼语的 16 人主要集中在 5 个家庭。这些人之间具有很强的共性：一是文化程度高，除两名十多岁的孩子还在上中学以外，其余人的文化程度都是大学或大专；二是俄语水平均为"熟练"；三是从年龄段来看，主要为 60 岁以上的老人及三四十岁的中年人。据了解，这些文化程度高、俄语水平好的维吾尔人将俄语视为使用功能更强大、社会地位更优越的语言，他们不仅自己经常使用俄语，而且也在家庭中将俄语作为除母语之外的第二语言教给自己的子女。以 Molotov Qurbanjan 一家为例。Molotov Qurbanjan 是本乡维吾尔语学校的校长、俄语老师，大学文化程度，他的妻子也是大学文化程度。考虑到升学问题，希望孩子中学毕业后直接考俄语大学，所以他们夫妻二人在孩子很小的时候就开始教他们说俄语。现在他们的 4 个孩子都已大学毕业，说得一口流利的俄语。

而 Axmollayeva Gülnar 则是以俄语为第一语言。调查中我们了解到，她是城里人，从小就说俄语，上的也是俄语学校，后来嫁到阿瓦特乡，并在此居住、生活。

5. 从语言习得的途径来看，维吾尔族的俄语主要来自三个途径：

一是通过正规而系统的学校教育学会。这是绝大多数维吾尔人掌握俄语的主要途径。早在沙俄时期，哈萨克斯坦就已开始俄语教育；到苏维埃时期，俄语教育已普及全苏联，哈萨克斯坦也不例外；至哈萨克斯坦独立后，在大多数地区，俄语教育仍在教育体系中占有重要的地位，俄语课是所有学校的必修课。现在，在阿瓦特乡的 Hezim Iskanderov 学校，每周开设有 2 节俄语课，学生从这所学校毕业进入别的学校后，仍会继续学习俄语。

二是通过报纸、电视、广播、网络等媒体使俄语能力得到巩固和加强。在哈萨克斯坦，俄语媒体非常普遍。我们在调查中看到，打开电视，里面多是俄语电视节目；翻开报纸，俄文报比比皆是。我们在给米拉娜的弟弟（10 岁）做维吾尔语 400 词能力测试及问卷调查时，用的是俄文版的测试问卷，他拿起笔很快就完成了测试，没遇到一点语言文字方面的障碍。他上的是维吾尔语学校，但平时喜欢看俄语动画片，经常看电视对他在学校所学的俄语也是一种有效地巩固。

此外，还有少数人有一些学习、使用俄语的特殊经历，同样巩固并提高了他们已有的俄语水平。如 Tayipov Ämirdin，俄语是他的第三语言，习得顺序在哈萨克语之后，但是他的哈萨克语仅为"略懂"级别，而俄语却为"熟练"级别。我们了解到，他曾在学校学过俄语，由于前苏联时期国家要求年满 18 岁的公民必须服兵役，所以后来他就去当了兵。在部队里大家都说俄语，他也不得不跟着说俄语，这样俄语水平就越来越好。

以上分析表明，阿瓦特乡维吾尔人的兼语使用现状有以下几个特点：

1. 多数维吾尔人能同时兼用哈萨克语和俄语。其中兼用哈萨克语的人口比例高达 98.4%，兼用俄语的人口比例为 89.8%。

2. 兼用哈萨克语的比例和水平均高于俄语。从使用兼语的人口比例来看，兼用哈萨克语的比例比兼用俄语的比例高 8.6%；从使用兼语的水平来看，熟练使用哈萨克语的人口比例为 66.9%，而熟练使用俄语的人口比例为 50.4%，前者高出 16.5%。

3. 多数人以哈萨克语为第一兼语，俄语为第二兼语。在 127 名调查对象中，以哈萨克语为第一兼语的维吾尔人共 108 人，以俄语为第二兼语的共 97 人。

4. 哈萨克语的使用语域大于俄语。在与外族人交往的很多场合，多数维吾尔人选择使用哈萨克语而不是俄语。如：见面打招呼、聊天、生产劳动、买卖、公务活动、节日、集会、婚嫁、丧葬等。

（三）阿瓦特乡维吾尔族兼语使用现状的成因分析

阿瓦特乡大部分维吾尔族之所以能够同时兼用哈萨克语和俄语，是由多种客观因素和条件决定的。其中既有国家政体演变、教育发展条件、民族发展历史等外部因素，也有本民族的历史文化、民族心理、语言态度等内部因素。内外因素的共同作用，推动了阿瓦特乡维吾尔人兼用哈萨克语和俄语的历史进程。

1. 自身生存、发展的需求是阿瓦特乡维吾尔人兼用哈萨克语和俄语的动力

语言的工具性特点决定了语言的使用是由社会发展的需要决定的，一种语言如果缺乏社会需求，就难以被接受、被使用。作为少数民族的维吾尔人为了在这个多民族的国家里得以生存和发展，必须兼用其他民族的语言，尤其是通行度高的语言。因为维吾尔语作为维吾尔族内部的交际工具，其社会功能和使用范围有很大的局限性，难以满足人们多方面的交际需求。阿瓦特乡的维吾尔人主要的经济来源是农业和畜牧业。农业机械化程度较高，农田割草从收割到捆绑都是使用联合收割机来完成的。现代化的农业对维吾尔人掌握新的农业科技、学习使用新的农用设备提出了较高的要求，而这些现代农业技术、农用设备最初大多是以俄语或哈萨克语来传播的。从事畜牧业的居民需要将自己的产品卖出去，并且要买回供自己一家人生产生活的东西，这也逼着他们不得不走出村落，去外地与不同民族的人打交道，这时候，只有俄语或哈萨克语能帮助他们完成相关的交际需求。还有一部分居民开出租车，每天跑不同的地方，包括阿拉木图这样的大城市，哈萨克语和俄语能帮助他们有效地与乘客进行沟通。乡村里的年轻人大学毕业后，自主择业，有的离开家乡，离开维吾尔族语言社区，到外地工作。工作、生活环境的改变也促使他们自然而然地选用社会通用的语言——俄语或哈萨克语。

正是生活中与居民们息息相关的各种社会需求成为他们掌握母语之外的其他语言（主要是哈萨克语和俄语）的强大动力，促使他们通过各种不同的途径提高自己的兼语能力。

2. 学校教育是维吾尔人兼用哈萨克语和俄语的关键

在学校接受系统、正规的俄语或哈萨克语教育是阿瓦特乡维吾尔人掌握兼语的最主要途径。苏维埃政权建立初期，国家实行"母语—俄语"双语教育，俄语教学已进入维吾尔人的教育体系；20世纪30年代末以后，出现了强制推行俄语的浪潮，到70年代，推广俄语几乎成为了一种运动，俄语教育得到较快的发展。如今60岁以上的老人，多是在当时的教育背景下学会俄语的。哈萨克斯坦独立后，俄语仍然是各类学校的必修课。阿瓦特乡的 Hezim Iskanderov 学校，每周开设有2节俄语课，学生从这所学校毕业进入别的学校后，仍会继续学习俄语，俄语教育的连续性得到了保证。

哈萨克斯坦独立后，哈萨克语被定为国语，并作为必修课进入学校教育系统，不管哪种学校，从小学至高中都必须开设哈萨克语课。这成为阿瓦特乡的维吾尔人，尤其是 20 岁以下的年轻人学会哈萨克语的关键因素。

据了解，前苏联时期，维吾尔族大学毕业生的毕业论文要求用俄文写，现在则要求用哈萨克文写。由于长期接受俄语或哈萨克语教育，所以不管是前苏联时期还是现在，对于维吾尔族学生来说，这都不存在任何困难。

3. 语言态度是维吾尔人兼用哈萨克语和俄语的促进因素

阿瓦特乡的维吾尔人虽然有自己的语言，但是在与外族人交流时一般都尽量使用对方所说的语言。用维吾尔人自己的话说，他们"见到哈萨克族说哈萨克语，见到俄罗斯族说俄语"。维吾尔人这种突出的语言能力在一定程度上是与他们开放的语言态度和谦和的民族心理分不开的。

我们对阿瓦特乡维吾尔人的语言态度进行了问卷调查，随机选取了 7 人填写调查问卷。对问卷中涉及兼语情况的问题进行了统计分析，结果如下：

关于学习、掌握哈萨克语的调查结果：（1）学习哈萨克语的用处。认为学习和掌握哈萨克语"很有用"的有 7 人，占调查对象的 100%；（2）学好哈萨克语的目的。7 人中有 2 人选"升学的需要"，5 人选"便于与外族人交流"。（3）哈萨克语的重要程度。7 人中有 3 人认为哈萨克语是最重要的语言。（4）掌握哈萨克语的愿望。7 人中有 3 人选"迫切希望"，4 人选"希望"，没有人选"无所谓"和"不希望"。

关于学习、掌握俄语的调查结果：（1）俄语的重要程度。7 人中有 2 人认为俄语是最重要的语言。（2）掌握哈萨克语的愿望。7 人中有 2 人选"迫切希望"，4 人选"希望"，1 人选"无所谓"，没有人选"不希望"。

可见，大多数维吾尔人对兼用别的语言是持一种开放、包容的态度，希望既能说维吾尔语，又能说哈萨克语和俄语。这种开放的语言态度也是他们能较好掌握哈萨克语和俄语的一个重要的促进因素。

4. 母语特点是维吾尔人兼用哈萨克语优于俄语的有利条件

维吾尔语与哈萨克语同属阿尔泰语系突厥语族，在语音、语法、词汇上都有很大的共性，两种语言基本能够通话。这对维吾尔人学好哈萨克语是一个有利条件，母语的很多特点在维吾尔人学习哈萨克语的过程中形成正迁移，可以帮助他们很快地掌握哈萨克语。而俄语属印欧语系斯拉夫语族，跟维吾尔语的区别很大，是一种完全不同的语言，维吾尔人学俄语比学哈萨克语要难得多。统计数据显示，维吾尔人对哈萨克语的掌握要优于俄语，这跟他们的母语特点是有着紧密联系的。

附：阿瓦特乡维吾尔族语言使用情况一览表

家庭编号	家庭成员	姓名	民族	年龄（岁）	文化程度	第一语言及水平	第二语言及水平	第三语言及水平	其他语言及水平	维吾尔文掌握情况			
										斯拉夫文		阿拉伯文	
										会读	会写	会读	会写
1	户主	Aširov Asim	维族	70	小学毕业	维语，熟练	哈语，略懂	俄语，略懂		会	会	不会	不会
	儿子	Aširov Ilmurat	维族	36	小学毕业	维语，熟练	哈语，熟练	俄语，略懂		会	会	不会	不会
	儿媳妇	Aširova Ilmira	维族	34	小学毕业	维语，熟练	哈语，熟练	俄语，熟练		会	会	不会	不会
2	户主	Aširov Awut	维族	52	中学	维语，熟练	哈语，熟练	俄语，略懂		会	会	不会	不会
	妻子	Ijillayeva Nurbanigül	维族	50	中学	维语，熟练	哈语，熟练	俄语，略懂		会	会	不会	不会
	女儿	Aširova Dilbär	维族	16	中学	维语，熟练	哈语，略懂	俄语，略懂		会	会	不会	不会
3	户主	Aširov Qähriman	维族	40	中学	维语，熟练	哈语，略懂	俄语，略懂		会	会	不会	不会
	妻子	Samiva Güli	维族	36	中学	维语，熟练	哈语，熟练	俄语，略懂		会	会	不会	不会
4	户主	Mašimov Dawut	维族	50	中学	维语，熟练	哈语，熟练	俄语，略懂		会	会	不会	不会
	妻子	Sämiyeva Salamät	维族	45	中学	维语，熟练	哈语，熟练	俄语，略懂		会	会	不会	不会
	儿子	Mašimov Nazim	维族	24	中学	维语，熟练	哈语，熟练	俄语，略懂		会	会	不会	不会
5	户主	Qiyenev Näwirdin	维族	52	大学	维语，熟练	哈语，熟练	俄语，略懂		会	会	不会	不会
	妻子	Qiyeneva Güldarqan	哈萨克族	50	大学	维语，熟练	哈语，熟练	俄语，熟练		会	会	不会	不会
	女儿	Qiyeneva Rigina	维族	23	大学	维语，熟练	哈语，熟练	俄语，略懂		会	会	不会	不会
	儿子	Qiyenev Bahadir	维族	19	大学	维语，熟练	哈语，熟练	俄语，略懂		会	会	不会	不会
6	户主	Amareva Tamara	维族	69	中学	维语，熟练	哈语，熟练	俄语，略懂		会	会	不会	不会
	儿子	Amarev Abdüšükür	维族	33	中学	维语，熟练	哈语，熟练	俄语，略懂		会	会	不会	不会

续表

家庭编号	家庭成员	姓名	民族	年龄（岁）	文化程度	第一语言及水平	第二语言及水平	第三语言及水平	其他语言及水平	维吾尔文掌握情况 斯拉夫文 会读	斯拉夫文 会写	阿拉伯文 会读	阿拉伯文 会写
6	儿媳妇	Amareva Ränagül	维族	31	中学	维语，熟练	哈语，熟练	俄语，略懂		会	会	不会	不会
	孙子	Amarev Ötkür	维族	10	中学	维语，熟练				会	会	不会	不会
7	户主	Xäyrullayev Äbäydulla	维族	47	中学	维语，熟练	哈语，略懂	俄语，略懂		会	会	不会	不会
	妻子	Xäyrullayeva Xalbüwi	维族	46	中学	维语，熟练	哈语，略懂	俄语，略懂		会	会	不会	不会
	儿子	Xeyrullayev Äziz	维族	16	中学	维语，熟练	哈语，略懂			会	会	不会	不会
8	户主	Rozibakev Sadirjan	维族	45	大专	维语，熟练	哈语，略懂	俄语，熟练		会	会	不会	不会
	妻子	Sonoreva Maynuräm	维族	43	大学	维语，熟练	哈语，略懂	俄语，熟练		会	会	不会	不会
	儿子	Iminjanev Älišir	维族	20	大专	维语，熟练	哈语，略懂	俄语，略懂		会	会	不会	不会
	儿子	Imijanev Dämir	维族	18	大专	维语，熟练	哈语，略懂	俄语，略懂		会	会	不会	不会
	儿子	Iminjanev Amirlan	维族	11	中学	维语，熟练	哈语，略懂	俄语，略懂		会	会	不会	不会
9	户主	Mäxpirov Qasim	维族	58	中学	维语，熟练	哈语，熟练	俄语，熟练		会	会	不会	不会
	妻子	Xäšyariva Siwitlan	维族	56	中学	维语，熟练	哈语，熟练	俄语，熟练		会	会	不会	不会
	儿子	Mäxpirov Šahzat	维族	30	中学	维语，熟练	哈语，熟练	俄语，熟练		会	会	不会	不会
	女儿	Mäxpirova Gülfira	维族	22	中学	维语，熟练	哈语，熟练	俄语，略懂		会	会	不会	不会
10	户主	Ameriwa Ibadätxan	维族	70	中学	维语，熟练				会	会	不会	不会
	儿子	Islambakiyev Raman	维族	38	大专	维语，熟练	哈语，熟练	俄语，熟练		会	会	不会	不会
	儿媳妇	Mäxpirova Zulfira	维族	35	大学	维语，熟练	哈语，熟练	俄语，略懂		会	会	不会	不会

家庭编号	家庭成员	姓名	民族	年龄（岁）	文化程度	第一语言及水平	第二语言及水平	第三语言及水平	其他语言及水平	维吾尔文掌握情况			
										斯拉夫文		阿拉伯文	
										会读	会写	会读	会写
10	孙女儿	Sayuziva Äziza	维族	13	中学	维语，熟练	哈语，熟练	俄语，略懂		会	会	不会	不会
	孙女儿	Sayuziva Luyiza	维族	12	中学	维语，熟练	哈语，熟练	俄语，略懂		会	会	不会	不会
11	户主	Imaniwa Zulfiyä	维族	64	中学	维语，熟练	哈语，略懂	俄语，略懂		会	会	不会	不会
	儿子	Darayev Azamat	维族	35	大学	维语，熟练	哈语，略懂	俄语，略懂		会	会	不会	不会
	儿媳妇	Ekwariva Säbiräm	维族	30	大学	维语，熟练	哈语，熟练	俄语，略懂		会	会	不会	不会
	孙子	Tursunov Särdar	维族	5									
12	户主	Iwaxunov Wasil	维族	64	中学	维语，熟练	哈语，略懂	俄语，略懂		会	会	不会	不会
	妻子	Niyaziva Mälikäm	维族	57	大专	维语，熟练	哈语，略懂	俄语，略懂		会	会	不会	不会
	儿子	Wasiwov Almas	维族	36	大学	维语，熟练	哈语，略懂	俄语，熟练		会	会	不会	不会
	儿媳妇	Tursuniva Güzäl	维族	35	大学	维语，熟练	哈语，熟练	俄语，熟练	英语，熟练	会	会	不会	不会
	孙子	Wasilov Ilyar	维族	10	中学	维语，熟练	哈语，略懂			会	会	不会	不会
13	户主	Ašimov Miršat	维族	38	大学	维语，熟练	哈语，熟练	俄语，熟练		会	会	会	会
	妻子	Näqis Bikiva	哈族	36	大学	维语，熟练	哈语，熟练	俄语，熟练		会	会	不会	不会
	女儿	Abdirasuva Miran	维族	9	小学	维语，熟练	哈语，熟练	俄语，熟练		会	会	不会	不会
14	户主	Anayatev Pärhat	维族	40	大专	维语，熟练	哈语，熟练	俄语，熟练		会	会	不会	不会
	妻子	Silikiva Säyyarä	维族	38	大学	维语，熟练	哈语，熟练	俄语，熟练		会	会	不会	不会
	女儿	Tursuniva Sänäm	维族	16	中学	维语，熟练	哈语，熟练	俄语，熟练		会	会	不会	不会
	女儿	Tursuniva Nazuk	维族	10	中学	维语，熟练	哈语，熟练	俄语，熟练		会	会	不会	不会

续表

家庭编号	家庭成员	姓名	民族	年龄（岁）	文化程度	第一语言及水平	第二语言及水平	第三语言及水平	其他语言及水平	维吾尔文掌握情况			
										斯拉夫文		阿拉伯文	
										会读	会写	会读	会写
15	户主	Imambakev Rayup	维族	42	大专	维语，熟练	哈语，熟练	俄语，熟练		会	会	不会	不会
	女儿	Sayuziva Gülinur	维族	17	中学	维语，熟练	哈语，熟练	俄语，熟练		会	会	不会	不会
	儿子	Sayuzov Rinat	维族	16	中学	维语，熟练	哈语，熟练	俄语，熟练		会	会	不会	不会
	儿子	Sayuzov Älišir	维族	10	中学	维语，熟练	哈语，熟练	俄语，熟练		会	会	不会	不会
16	户主	Nazar Azat	维族	80	中学	维语，熟练	哈语，熟练			会	会	不会	不会
	女儿	Nazariva Arzigül	维族	43	大学	维语，熟练	哈语，熟练	俄语，熟练		会	会	不会	不会
	孙女儿	Balinov Danaxun	维族	17	中学	维语，熟练	哈语，熟练	俄语，熟练		会	会	不会	不会
17	户主	Danaxunov Sünnät	维族	81	中学	维语，熟练	哈语，熟练	俄语，熟练		会	会	不会	不会
	儿子	Danaxunov Alimjan	维族	38	中学	维语，熟练	哈语，熟练	俄语，熟练		会	会	不会	不会
18	户主	Muzäffärov Nuri	维族	36	大学	维语，熟练	俄语，熟练	哈语，熟练	法语，熟练	会	会	不会	不会
	妻子	Muzäffärov Gülinur	维族	33	大学	维语，熟练	哈语，熟练	俄语，熟练		会	会	不会	不会
	女儿	Muzäffärov Albina	维族	13	中学	维语，熟练	哈语，熟练	俄语，熟练		会	会	不会	不会
19	户主	Ğulamov Imamdun	维族	65	大学	维语，熟练	哈语，熟练	俄语，熟练		会	会	不会	不会
	妻子	Ğulamiva Raziyäm	维族	61	大学	维语，熟练	哈语，熟练	俄语，熟练	英语，熟练	会	会	不会	不会
	儿子	Ğulamov Sultan	维族	36	中学	维语，熟练	哈语，熟练	俄语，熟练		会	会	不会	不会
20	户主	Roziyef Ämät	维族	65	大专	维语，熟练	哈语，熟练	俄语，熟练		会	会	不会	不会
	妻子	Roziyiva Galiya	维族	60	中学	维语，熟练	哈语，熟练	俄语，熟练		会	会	不会	不会
	儿子	Roziyev Toxtäm	维族	36	中学	维语，熟练	哈语，熟练	俄语，熟练		会	会	不会	不会

续表

家庭编号	家庭成员	姓名	民族	年龄（岁）	文化程度	第一语言及水平	第二语言及水平	第三语言及水平	其他语言及水平	维吾尔文掌握情况			
										斯拉夫文		阿拉伯文	
										会读	会写	会读	会写
21	户主	Ašipov Maksim	维族	66	中学	维语，熟练	哈语，熟练	俄语，熟练		会	会	不会	不会
	儿子	Ašipov	维族	28	大学	维语，熟练	哈语，熟练	俄语，熟练		会	会	不会	不会
22	户主	Abakriyev Ayup	维族	70	大专	维语，熟练	哈语，熟练	俄语，熟练		会	会	不会	不会
	妻子	Abakriva Ruqiyäm	维族	65	中学	维语，熟练	哈语，熟练	俄语，熟练		会	会	不会	不会
	儿子	Abakriyev Raman	维族	30	大学	维语，熟练	哈语，熟练	俄语，熟练		会	会	不会	不会
23	户主	Qiyinev Aynidin	维族	73	大专	维语，熟练	哈语，熟练	俄语，熟练		会	会	不会	不会
	妻子	Qiyineva Sahidäm	维族	63	中学	维语，熟练	哈语，熟练	俄语，熟练		会	会	不会	不会
	儿子	Qiyinev Aalim	维族	32	中学	维语，熟练	哈语，熟练	俄语，熟练		会	会	不会	不会
	儿子	Qiyinev Arslan	维族	23	中学	维语，熟练	哈语，熟练	俄语，熟练		会	会	不会	不会
24	户主	Baqiyev Nariman	维族	66	中学	维语，熟练	哈语，熟练	俄语，熟练		会	会	不会	不会
	妻子	Baqiyeva Tamara	维族	61	中学	维语，熟练	哈语，熟练	俄语，熟练		会	会	不会	不会
	儿子	Baqiyev Rustäm	维族	38	大专	维语，熟练	哈语，熟练	俄语，熟练		会	会	不会	不会
25	户主	Imrämziyev Nizaxun	维族	80	中学	维语，熟练	哈语，略懂			会	会	不会	不会
	妻子	Imremziyeva Naršxan	维族	75	中学	维语，熟练	哈语，略懂			会	会	不会	不会
	孙子	Imremziyev Rasut	维族	30	中学	维语，熟练	哈语，略懂			会	会	不会	不会
26	户主	Axmollayev Ismayil	维族	68	大学	维语，熟练	俄语，熟练	哈语，略懂		会	会	不会	不会
	妻子	Axmollayeva Gülmisäm	维族	62	大专	维语，熟练	俄语，熟练	哈语，略懂		会	会	不会	不会
	儿子	Axmollayev Murat	维族	36	大学	维语，熟练	俄语，熟练	哈语，略懂		会	会	不会	不会
	儿媳妇	Axmollayeva Gülnar	维族	32	大学	俄语，熟练	维语，熟练	哈语，略懂		会	会	不会	不会

续表

家庭编号	家庭成员	姓名	民族	年龄（岁）	文化程度	第一语言及水平	第二语言及水平	第三语言及水平	其他语言及水平	维吾尔文掌握情况			
										斯拉夫文		阿拉伯文	
										会读	会写	会读	会写
27	户主	Ašipov Qasim	维族	76	中学	维语，熟练	哈语，略懂			会	会	不会	不会
	儿子	Ašipov Asimjan	维族	42	中学	维语，熟练	哈语，略懂			会	会	不会	不会
	儿媳妇	Ašipova Sänäbär	维族	40	中学	维语，熟练	哈语，略懂			会	会	不会	不会
	孙子	Qasimov Älišir	维族	20	大专	维语，熟练	哈语，熟练	俄语，略懂		会	会	不会	不会
28	户主	Tursunov Turğan	维族	72	大专	维语，熟练	哈语，熟练	俄语，略懂		会	会	不会	不会
	妻子	Tursunova Sahibäm	维族	70	大学	维语，熟练	哈语，熟练	俄语，略懂		会	会	不会	不会
	儿子	Tursunov Muŋdaš	维族	40	大学	维语，熟练	俄语，熟练	哈语，略懂		会	会	不会	不会
	儿子	Tursunova Rano	维族	38	大专	维语，熟练	俄语，熟练	哈语，略懂		会	会	不会	不会
29	户主	Axmollayev Israyil	维族	73	大专	维语，熟练	哈语，熟练	俄语，略懂		会	会	不会	不会
	妻子	Axmollayeva Zinnät	维族	70	大专	维语，熟练	哈语，熟练	俄语，略懂		会	会	不会	不会
	儿子	Axmollayev Murat	维族	30	中学	维语，熟练	哈语，熟练	俄语，略懂		会	会	不会	不会
	儿媳妇	Axmollayeva Zulmirä	维族	28	大学	维语，熟练	哈语，熟练	俄语，略懂		会	会	不会	不会
30	户主	Molotov Qurbanjan	维族	64	大学	维语，熟练	俄语，熟练	哈语，熟练		会	会	不会	不会
	妻子	Axmollayeva Zinnät	维族	62	大学	维语，熟练	俄语，熟练	哈语，熟练		会	会	不会	不会
	儿子	Molotov Wilyam	维族	36	大学	维语，熟练	俄语，熟练	哈语，熟练		会	会	不会	不会
	女儿	Molotova Gülbadäm	维族	34	大学	维语，熟练	俄语，熟练	哈语，熟练		会	会	不会	不会
	女儿	Molotova Gülnadäm	维族	32	大学	维语，熟练	俄语，熟练	哈语，熟练		会	会	不会	不会

家庭编号	家庭成员	姓名	民族	年龄（岁）	文化程度	第一语言及水平	第二语言及水平	第三语言及水平	其他语言及水平	维吾尔文掌握情况			
										斯拉夫文		阿拉伯文	
										会读	会写	会读	会写
30	儿子	Molotov Ulyar	维族	30	大学	维语，熟练	俄语，熟练	哈语，熟练		会	会	不会	不会
	儿媳妇	Molotova Aliyäm	维族	28	大学	维语，熟练	哈语，熟练	俄语，熟练		会	会	不会	不会
31	户主	Abdirimov Säwirdin	维族	85	中学	维语，熟练	哈语，熟练	俄语，略懂		会	会	不会	不会
	儿子	Abdirimov Tursun	维族	64	大学	维语，熟练	哈语，熟练	俄语，略懂		会	会	不会	不会
	妻子	Abdirimova Sahinur	维族	63	大学	维语，熟练	哈语，熟练	俄语，熟练		会	会	不会	不会
	孙子	Sewirdinofv Furqät	维族	12	中学	维语，熟练	哈语，熟练	俄语，略懂		会	会	不会	不会
32	户主	Qasimxanev	维族	58	中学	维语，熟练	哈语，略懂	俄语，略懂		会	会	不会	不会
	妻子	Sahinov	维族	55	中学	维语，熟练	哈语，略懂			会	会	不会	不会
	儿子	Timur	维族	28	中学	维语，熟练	哈语，略懂	俄语，略懂		会	会	不会	不会
33	户主	Heytaxonov Xoja	维族	66	中学	维语，熟练	哈语，略懂	俄语，熟练		会	会	不会	不会
	妻子	Heytaxonov Zibäydäm	维族	60	中学	维语，熟练	哈语，略懂			会	会	不会	不会
	儿子	Adiljan	维族	26	中学	维语，熟练	哈语，略懂	俄语，略懂		会	会	不会	不会
	女儿	Gülsänäm	维族	16	中学	维语，熟练	哈语，略懂	俄语，略懂		会	会	不会	不会
34	户主	Abduxalikov Turdaxun	维族	64	中学	维语，熟练	哈语，熟练	俄语，略懂		会	会	不会	不会
	妻子	Abduxalikeva Nurban'gül	维族	60	中学	维语，熟练	哈语，熟练	俄语，略懂		会	会	不会	不会
	儿子	Šahmurat	维族	26	中学	维语，熟练	哈语，熟练	俄语，略懂		会	会	不会	不会
35	户主	Rozibakiyev Adiljan	维族	43	大学	维语，熟练	俄语，熟练	哈语，熟练		会	会	不会	不会
	妻子	Rozibakiyeva Nurbüwi	维族	39	大专	维语，熟练	俄语，熟练	哈语，略懂		会	会	不会	不会

续表

家庭编号	家庭成员	姓名	民族	年龄（岁）	文化程度	第一语言及水平	第二语言及水平	第三语言及水平	其他语言及水平	维吾尔文掌握情况			
										斯拉夫文		阿拉伯文	
										会读	会写	会读	会写
35	儿子	Iminjanev Muradil	维族	13	中学	维语，熟练	俄语，熟练	哈语，略懂		会	会	不会	不会
	女儿	Iminjaneva Adiläm	维族	11	中学	维语，熟练	俄语，熟练	哈语，略懂		会	会	不会	不会
36	户主	Tayipov Ämirdin	维族	67	大学	维语，熟练	哈语，略懂	俄语，熟练		会	会	不会	不会
	妻子	Tayipova Gülinur	维族	64	中学	维语，熟练	哈语，熟练	俄语，略懂		会	会	不会	不会
	儿子	Tayipov Radulin	维族	29	大学	维语，熟练	哈语，熟练	俄语，熟练		会	会	不会	不会
	儿媳妇	Tayipova Zäxidäm	维族	26	大专	维语，熟练	哈语，熟练	俄语，略懂		会	会	不会	不会

第二节　贝斯伊特乡维吾尔族语言使用现状个案调查

一　贝斯伊特乡基本情况

塔尔加尔县贝斯伊特乡位于哈萨克斯坦的东南部，距离阿拉木图市140公里，乘车需两小时左右。这里有700多户，4000多人，可使用土地面积有3200公顷。全乡的维吾尔族人口占总人口的95%以上。这里的民居多为庭院式平房。院子里多种植果树和蔬菜。果树多为杏、苹果、梨等；蔬菜有西红柿、辣椒、茄子、豇豆、土豆等。饮食习惯与我国伊犁地区维吾尔人一样，以面食为主，辅以米食，如抓饭，常喝奶茶。贝斯伊特乡与周边的乡村一样，多种植小麦和玉米。随着乡村向城市化的发展，这里农民的生活方式不再以务农为主，而是发展了畜牧业。其表现为种植农作物的土地面积日渐减少，有大量的土地空置。家家户户都有一定数量的牲畜，以养殖羊和牛为主。家养的羊和牛除了家庭日常饮食的消费外，还可以进行自由交易，提高家庭的收入。

贝斯伊特乡的维吾尔族服饰与我国境内维吾尔族基本一样。年长的维吾尔族妇女头上多系头巾，穿裙子，年轻姑娘不戴头巾，常穿裙子或裤子。贝斯伊特乡中心有一个集市，除了餐厅、小商店外，有肉铺、水果蔬菜摊、小商品摊等，跟城市里的市场相差不大，人流也很多。在这里可以购买到日常生活所需的所有用品，这从侧面体现了这里农民生活方式的变化。

贝斯伊特乡有一所包括小学和中学在内的维吾尔学校，这里的儿童都在该校就读。师资主要是本乡接受大学教育后回来的年轻教师。在这里完成中小学学习后，与国内其他学生一样参加全国统考，进入大学学习。据前乡长介绍，近几年学前教育业得到了一定的发展。乡里建设了幼儿园，现有儿童 50 多名。全乡没有文盲。中小学为全民义务教育，免交学费。学生可以根据个人情况决定是否购买课本，对生活困难的学生学校有课本借用制度。

这里的维吾尔族全民信仰伊斯兰教。乡里有清真寺，寺内有学经班，教授《古兰经》和阿拉伯文。乡里多数青少年都去清真寺里学习。因此，很多人能够认读我国境内维吾尔族使用的以阿拉伯文为基础的维吾尔文字。

二　贝斯伊特乡维吾尔族语言使用情况

贝斯伊特乡的调查包括 144 人，其中女性 77 人，占总人数的 53.5%，男性 67 人，占 46.5%。按年龄段的分布，6 至 19 岁的有 34 人，占总人数的 23.6%；20 至 39 岁的有 61 人，占 42.4%；40 岁至 59 岁的有 38 人，占 26.4%；60 岁以上的有 11 人，占 7.63%。贝斯伊特乡维吾尔族的语言使用情况主要从以下几个方面来看：

（一）母语使用情况及其特点

表 4-18

年龄段（岁）	调查人数（人）	熟　练		略　懂		不　会	
		人数	百分比（%）	人数	百分比（%）	人数	百分比（%）
6—19	35	35	24.3	0	0	0	0
20—39	60	60	41.7	0	0	0	0
40—59	38	38	26.4	0	0	0	0
60 岁以上	11	11	7.6	0	0	0	0
合计	144	144	100	0	0	0	0

以上数据显示，贝斯伊特乡维吾尔族母语使用上有以下两个特点：

1. 全民稳定使用母语。从数据及实地调查了解到，贝斯伊特乡维吾尔族母语掌握程度全部为"熟练"，大家在日常生活中全民使用维吾尔语，听、说、读、写四个技能都没有障碍。在乡村中的饭馆中，笔者与几位经营者交谈，她们反映维吾尔语是大家的母语，维吾尔族全部都能够熟练使用维吾尔语，日常生活中都说维吾尔语，很少使用其他语言。在乡村里的集市上也是相同的情况。笔者跟那里的维吾尔族在用维吾尔语沟通时都没有任何问题。

2. 母语熟练程度没有性别和文化程度的差异。无论从问卷调查结果还是从入户调查来看，这里的维吾尔族在母语的熟练程度上没有性别和文化程度的差异。由于居民没有重男轻女的意识或传统习惯，男女儿童都一样去学校学习，学校里也没有男女分班授课，因而在母语的熟练程度方面没有任何差异。此外，乡村里没有文盲，居民基本都是中学及中学以上文化程度。乡村里维吾尔学校建校早，师资多数为维吾尔族，居民基本都在乡村里的维吾尔学校接受免费母语教育，母语基础扎实。随着社会的发展和城乡距离的拉近，这里的维吾尔族中学毕业生只要成绩好，家庭经济条件允许，通过大学入学考试后，都可以到阿拉木图或其他大城市进行深造。数据也显示，这里的居民中介于20—39岁的群体中大学生比例较高。这些大学生大多数都自愿回到村里就业或自主创业。

（二）兼语使用现状及成因

1. 贝斯伊特乡维吾尔族兼用哈萨克语的现状

表 4-19

年龄段（岁）	调查人数（人）	熟　练		略　懂		不　会	
		人数	百分比（%）	人数	百分比（%）	人数	百分比（%）
6—19	35	26	18.0	8	5.6	0	0
20—39	60	52	36.1	9	6.3	0	0
40—59	38	33	22.9	5	3.5	0	0
60 岁以上	11	10	6.9	1	0.7	0	0
合计	144	121	83.9	23	16.1	0	0

在被调查的 144 人中，哈萨克语掌握程度熟练的占总人数的 83.9%，16.1% 的被调查者表示"略懂"，没有完全不会哈萨克语的人。在熟练掌握哈萨克语的人中，多数集中在 20 岁至 59 岁的群体。总体来说，哈萨克语的熟练程度较高。据当地维吾尔族的介绍，维吾尔语和哈萨克语非常接近，学习起来比较快，容易掌握，所以维吾尔语和哈萨克语的熟练程度通常相当。

表 4-20

性别	调查人数（人）	熟 练		略 懂		不 会	
		人数	百分比（%）	人数	百分比（%）	人数	百分比（%）
女	77	64	44.4	13	9	0	0
男	67	57	39.6	10	7	0	0
合计	144	121	83.9	23	16.1	0	0

以上分析结果显示，哈萨克语熟练程度在性别上基本没有差异。但从具体家庭个案来看，子女的哈萨克语的熟练程度与父母的程度有一定的关系。如下表中的第 1 户和第 16 户，夫妻的哈萨克语程度均为略懂，其子女也基本为略懂。此外，从数据中可以看出，哈萨克语的熟练程度跟文化程度有一定的联系，正如这两户中哈萨克语为略懂的被调查人多为中学毕业。

表 4-21

序号	关系	姓名	性别	年龄	文化程度	第一语言	第二语言	第三语言
1	户主	Mamitov Turğanjan	男	54	中学	维语，熟练	哈语，略懂	俄语，略懂
	妻子	Muxtäräwä A'išä	女	47	中学	维语，熟练	哈语，略懂	俄语，熟练
	长女	Mamitov Aldam	女	28	中学	维语，熟练	哈语，熟练	俄语，熟练
	长子	Mamitov Ärkin	男	24	中学	维语，熟练	哈语，略懂	俄语，略懂
	次女	Zayireva Aygül	女	25	中学	维语，熟练	哈语，略懂	俄语，熟练
16	户主	Hamirayev Tiyipjan	男	55	中学	维语，熟练	哈语，略懂	俄语，略懂
	妻子	Hamirayeva Zahidäm	女	49	中学	维语，熟练	哈语，略懂	俄语，略懂
	长女	Hamirayeva Šähidäm	女	17	中学	维语，熟练	哈语，略懂	俄语，略懂

为了解不同文化程度的群体掌握哈萨克语的情况，我们对不同文化程度的被调查者进行了分析，下表为分析结果：

表 4-22

文化程度	调查人数（人）	熟 练		略 懂		不 会	
		人数	百分比（%）	人数	百分比（%）	人数	百分比（%）
小学	8	3	2.1	5	3.5	0	0
中学	89	72	50	17	11.8	0	0
大学	47	46	31.9	1	0.7	0	0
合计	144	121	83.9	23	16.1	0	0

以上数据分析显示，不同文化程度的群体对哈萨克语的熟练程度有所不同。整体来说，中学及大学文化程度的人基本都熟练掌握了哈萨克语，占总人数的 83.9%，尤其是大学文化程度的群体哈萨克语熟练程度最高。而在哈萨克语略懂的人中占比例较高的也是中学文化程度，这也许和这个群体中学毕业后长期在贝斯伊特乡生活有关。据当地居民介绍，该乡的居民从事农业种植的人口不多，中学毕业后或者在家里进行牛羊养殖业，或者去城市经商或求学。乡里的维吾尔族只要熟练掌握母语，同时掌握基本的哈萨克语就能够满足日常生活的需要。这也许是中学文化程度的居民略懂哈萨克语的主要原因。

表 4-23

习得哈萨克语的顺序	人数	占全部维吾尔族的比例（%）
以哈萨克语为第一语言	0	0
以哈萨克语为第二语言	139	96.5
以哈萨克语为第三语言	5	3.5
合计	144	100

数据显示，贝斯伊特乡维吾尔族习得哈萨克语的顺序基本为第二语言，占被调查者总数的 96.5%，仅有 3.5%的人以哈萨克语为其第三语言。这个数据也证明，贝斯伊特乡维吾尔族均以母语维吾尔语为第一语言，哈萨克语为第二语言，没有维吾尔族以哈萨克语作为其第一语言进行学习。

2. 贝斯伊特乡维吾尔族兼用俄语的现状

俄语作为哈萨克斯坦的另一门官方语言，使用范围非常广泛。在学校教育中，与哈萨克语有着相同的地位。俄语从小学一年级开始教授，直至高中毕业。中学毕业生申请进入大学时，可以选择哈萨克语或俄语作为考试语种。为了解贝斯伊特乡维吾尔族的俄语兼用情况，我们做了相应的调查和分析。

表 4-24

年龄段（岁）	调查人数（人）	熟　练		略　懂		不　会	
		人数	百分比（%）	人数	百分比（%）	人数	百分比（%）
6—19	35	18	12.5	17	11.8	0	0
20—39	60	49	34	11	7.6	0	0
40—59	38	27	18.8	11	7.6	0	0
60 岁以上	11	8	5.6	3	2.1	0	0
合计	144	102	70.9	42	29.1	0	0

　　从俄语的掌握情况来看，不管在哪一个年龄段，熟练掌握的比例明显高出略懂的比例，没有完全不会俄语的人。至于 6—19 岁年龄段中，熟练和略懂的比例相近主要是因为有一部分被调查者为小学二、三年级的学生，入学不久，对俄语的掌握情况基本为略懂。

　　为更进一步了解俄语掌握程度差异的产生原因，我们对俄语兼用情况的性别差异和文化程度因素进行了分析，详见表 4-25。

表 4-25

性别	调查人数（人）	熟　练		略　懂		不　会	
		人数	百分比（%）	人数	百分比（%）	人数	百分比（%）
女	77	60	41.7	17	11.8	0	0
男	67	42	29.2	25	17.3	0	0
合计	144	102	70.9	42	29.1	0	0

　　从以上数据分析，我们可以得出俄语兼用有细微的性别差异。整体来说，不同性别中熟练掌握和使用俄语的人数比略懂的人明显居多，没有不懂俄语的人。但女性中熟练兼用俄语的比例是所有女性总人数的近八成，而男性中熟练掌握俄语的比例是男性总数的六成。可以初步断定，女性对俄语的熟练程度高于男性。

表 4-26

文化程度	调查人数（人）	熟　练		略　懂		不　会	
		人数	百分比（%）	人数	百分比（%）	人数	百分比（%）
小学	8	3	2.1	5	3.5	0	0
中学	89	62	43.1	27	18.7	0	0
大学	47	38	26.4	9	6.2	0	0
合计	144	103	71.6	41	28.4	0	0

　　从不同文化程度的维吾尔族兼用俄语的情况分析，大学文化程度的群体熟练掌握俄语的比例最高，其次为中学毕业文化程度的群体熟练掌握的程度较高。小学的俄语程度中略懂的比例较高。这与实地调查结果是完全相符的。进入大学的学生通常选择俄语或哈萨克语作为高中毕业和进入大学的考试语种。进入大学后，大部分课程通常用俄语授课，因而大学毕业的群体大多数能够熟练掌握和使用俄语。而中学文化程度的人数中近四成表示略懂俄语，这是因为中学毕业后，很多人因为家庭经济原因或个人就

业意愿而不选择上大学，而且维吾尔语和哈萨克语完全能够满足日常生活需要，因而似乎没有继续学习俄语的必要。

表 4-27

习得俄语的顺序	人数	占全部维吾尔人的比例（%）
以俄语为第一语言	0	0
以俄语为第二语言	5	3.5
以俄语为第三语言	139	96.5
合计	144	100

从以上分析我们得出一个结论，俄语在贝斯伊特乡维吾尔族中是作为第三语言学习的。相比较而言，哈萨克语的熟练程度总体比例为83.9%，而俄语的熟练程度比例为70.9%。因而俄语的熟练兼用程度比哈萨克语低。

根据对贝斯伊特乡兼语使用情况的数据分析和实地调查，我们认为形成当地维吾尔族兼语现状的主要原因有以下三点：

第一，哈萨克语的国语地位、与维吾尔语的相似性使哈萨克语成为贝斯伊特乡维吾尔族的第二语言，熟练掌握程度高于俄语的熟练程度。哈萨克斯坦独立后，作为主体民族语言的哈萨克语成为官方语言，也成为学校教育的必学语言。人口较少的维吾尔族出于自身的需要，学习和掌握哈萨克语，但并没有放弃母语学习。此外，哈萨克语和维吾尔语一样，都属于阿尔泰语系突厥语族，在语音、语法、词汇方面有很多相似之处，在学习过程中也有一定的规律可循，掌握起来相对容易。

第二，俄语作为哈萨克斯坦的官方语言和各民族之间的通用语，成为贝斯伊特乡维吾尔族的第三语言，熟练掌握程度较高。在哈萨克斯坦独立以前，俄语是苏维埃时期人们必须掌握的一种语言。前苏联实行俄语和本民族语并用的双语制度，使这里的维吾尔族成为了俄—维双语人。哈萨克斯坦独立后，尽管哈萨克语成为官方正式语言，而俄语作为民族际通用语与哈萨克语一样具有显著的优势地位。此外，中亚五国间通用俄语，这使得俄语仍然发挥着重要的作用。能够熟练使用俄语的维吾尔族意味着有更多的学习和就业机会。

第三，三种语言的社会功能形成互补，形成了和谐发展的多语环境。从贝斯伊特乡的语言使用情况来看，与大环境相配合，维吾尔族兼用语言的形式主要是以本民族语言为主，并用国语哈萨克语和民族通用语俄语。这种多语现象的形成是受特定的历史条件和周边文化环境的影响。维吾尔语作为维吾尔族的母语，不仅在家庭中稳定使用，而且在学校教育中被系统地教授。进入大学后虽然不能算是优势专业，但熟练掌握维吾尔语的学生能够在维吾尔语学校、报刊媒体等部门轻松就业。哈萨克语和俄语更多地使用于公共场合，如大学教育、工作单位、政府部门等。因此，贝斯伊特乡的居民也在国家的大环境下自然而然成为了掌握三种语言的多语人。调查也证明，三种语言并存和并用没有造成任何语言使用的混乱，反而在社会功能上互补，形成了各尽其职的和谐局面。

（三）家庭内部语言使用情况

为了了解贝斯伊特居民家庭内部语言使用情况，我们在乡里随机抽取了 5 个家庭进行了调查，调查结果如表 4-28 所示：

表 4-28

交际双方		维吾尔语	俄语	哈萨克语	其他
长辈对晚辈	父母对子女	5	0	0	0
	祖辈对孙辈	5	0	0	0
	公婆对儿媳	5	0	0	0
晚辈对长辈	子女对父母	5	0	0	0
	孙辈对祖辈	5	0	0	0
	儿媳对公婆	5	0	0	0
同辈之间	父亲与母亲	5	0	0	0
	兄弟姐妹之间	5	0	0	0
	儿子与儿媳	5	0	0	0
主人对客人	对本族客人	5	0	0	0
	对俄罗斯族客人	2	0	3	0
	对哈萨克族客人	2	3	0	0
	对其他民族客人	2	0	1	2
	对陌生人	4	0	1	0

从以上数据我们不难发现，这 5 个家庭的成员在家庭内部成员之间使用的全部都是维吾尔语，只是对不同民族的客人使用的语言有所不同。对俄罗斯族客人和哈萨克族客人通常使用俄语或哈萨克语，而对陌生人更多使用维吾尔语。根据与被调查家庭访谈，我们得知贝斯伊特乡其他民族相当少，居民以维吾尔族居多，因而这里基本没有必要说俄语或哈萨克语，但是大家都完全能够使用俄语或哈萨克语与外地人沟通和交流。不同语言的使用对大家都不是问题，而是自然现象。

（四）不同对象、不同场合语言使用情况

为充分了解贝斯伊特乡维吾尔族在不同场合语言的具体使用情况，我们随机调查了 9 名居民的语言使用情况，调查结果如表 4-29 所示：

表 4-29

交际场合		对象 本族人			非本族人		
		维吾尔语	哈萨克语	俄语	维吾尔语	俄语	哈萨克语
见面打招呼		6	0	0	1	1	1
聊天		6	0	0	0	2	1
生产劳动		6	0	0	1	0	2
买卖		5	1	0	0	2	0
看病		5	1	0	0	2	1
开会	开场白	5	0	0	2	0	2
	传达上级指示	5	0	0	2	0	1
	讨论、发言	6	0	0	2	0	1
公务用语		5	1	0	0	1	0
广播用语		5	1	0	2	1	0
学校	课堂用语	6	0	0	2	0	1
	课外用语	6	0	0	2	1	0
节日、集会		5	1	0	0	0	1
婚嫁		6	0	0	0	0	0
丧葬		6	0	0	2	0	1

数据显示，贝斯伊特乡维吾尔族在日常交际场合中对本族人使用维吾尔语的情况最多，完全不使用俄语，在做买卖、看病、公务用语、节日集会等公共场合偶尔会使用哈萨克语，但使用频率很低。对于非本族人（外族人）而言，不管是打招呼、聊天、看病，都会根据情况选择使用哈萨克语或俄语，相比较而言，使用哈萨克语的人比说俄语的人多一些。从实地考察的情况来看，哈萨克语使用较多的原因有两个：其一是哈萨克语作为哈萨克斯坦国语的地位，影响力比俄语大；其二，哈萨克语比起俄语，跟维吾尔语更加接近，也容易学习和掌握，熟练程度也比俄语高，因而使用起来相对方便。

（五）维吾尔语 400 词测试

按照本课题的研究设计，我们分别对不同年龄段（6—19 岁，20—39

岁，40—59 岁，60 岁以上）各抽取 2 人进行了维吾尔语 400 词测试。测试结果显示，维吾尔语的熟练程度没有年龄差异，调查过程中没有出现不懂或疑惑的词语，均为熟练。仅有个别词语，既能用维吾尔语表达，也能用俄语或哈萨克语表达，如"钱"叫做"pul"（维吾尔语），也称为"aqchi"（哈萨克语）。因被调查者全部能够熟练写出或说出 400 词的意义，没有出现特殊个案，在此不一一赘述。

（六）贝斯伊特乡语言态度和语言观念调查

为了解贝斯伊特乡维吾尔族对母语及其他语言的态度，我们随机抽取了 6 人进行了问卷调查。结果如下：

1. 您认为维吾尔族掌握哈萨克语有没有用？

A. 很有用　　　　　B. 有些用　　　　C. 没有用

统计结果：选 A 的共 5 人，选 B 的共 1 人，选 C 的共 0 人。

2. 您认为维吾尔人学好哈萨克语的目的是什么？

A. 找到好工作，得到更多的收入　　B. 升学的需要

C. 便于与外族人交流

统计结果：选 A 的共 1 人，选 B 的共 2 人，选 C 的共 3 人。

3. 您认为维吾尔人掌握维吾尔语有没有用？

A. 很有用　　　　　B. 有些用　　　　C. 没有用

统计结果：选 A 的共 4 人，选 B 的共 2 人，选 C 的共 0 人。

4. 您认为维吾尔人学好维吾尔语的目的是什么？

A. 找到好工作，得到更多的收入　　B. 便于与本族人交流

C. 保护和传承语言和文化

统计结果：选 A 的共 6 人，选 B 的共 0 人，选 C 的共 0 人。

5. 您认为下面哪种语言最重要？

A. 哈萨克语　　　B. 俄语　　　　　C. 维吾尔语　　　　D. 英语

E. 其他

统计结果：选 A 的共 0 人，选 B 的共 0 人，选 C 的共 4 人，选 D 的共 2 人，选 E 的共 0 人。

6. 您对维吾尔人不会维吾尔语的态度是什么？

A. 接受　　　　　B. 顺其自然　　　C. 无所谓　　　　D. 反感

统计结果：选 A 的共 0 人，选 B 的共 0 人，选 C 的共 0 人，选 D 的共 6 人。

7. 您希望本地电视台/广播站用什么语言播音？

A.维吾尔语　　　B. 哈萨克语　　　C. 俄语　　　　　D. 英语

E. 其他

统计结果：选 A 的共 4 人，选 B 的共 2 人，选 C 的共 0 人，选 D 的共

0 人，选 E 的共 0 人。

8. 您希望乡里开会时用什么语言？

A. 哈萨克语　　　B. 维吾尔语　　　C. 俄语　　　　D.英语

统计结果：选 A 的共 0 人，选 B 的共 5 人，选 C 的共 1 人，选 D 的共 0 人。

9. 如果有人在外地学习或工作几年后回到家乡，不再说维吾尔语，您如何看待？

A. 可以理解　　　B. 反感　　　　C.不习惯　　　　D. 无所谓

统计结果：选 A 的共 1 人，选 B 的共 3 人，选 C 的共 0 人，选 D 的共 2 人。

10. 您是否希望掌握俄语？

A. 迫切希望　　　B. 希望　　　　C. 无所谓　　　　D. 不希望

统计结果：选 A 的共 1 人，选 B 的共 5 人，选 C 的共 0 人，选 D 的共 0 人。

11. 您是否希望掌握哈萨克语？

A. 迫切希望　　　B. 希望　　　　C. 无所谓　　　　D. 不希望

统计结果：选 A 的共 2 人，选 B 的共 3 人，选 C 的共 1 人，选 D 的共 0 人。

12. 您是否希望掌握英语？

A. 迫切希望　　　B. 希望　　　　C. 无所谓　　　　D. 不希望

统计结果：选 A 的共 2 人，选 B 的共 4 人，选 C 的共 0 人，选 D 的共 0 人。

13. 您是否希望掌握汉语？

A. 迫切希望　　　B. 希望　　　　C. 无所谓　　　　D. 不希望

统计结果：选 A 的共 0 人，选 B 的共 3 人，选 C 的共 0 人，选 D 的共 3 人。

14. 您希望子女最好说什么语言？（多选）

A. 哈萨克语　　　B. 维吾尔语　　　C. 俄语　　　　D. 英语

E. 汉语　　　　　F. 其他

统计结果：选 A 的共 0 人，选 B 的共 5 人，选 C 的共 1 人，选 D 的共 0 人，选 E 的共 0 人，选 F 的共 0 人。

15. 您愿意把子女送到什么学校？

A. 用哈萨克语授课的学校　　　B. 用维吾尔语授课的学校

C. 用俄语授课的学校　　　　　D. 用英语授课的学校

统计结果：选 A 的共 0 人，选 B 的共 4 人，选 C 的共 2 人，选 D 的共

0 人。

　　从以上统计结果我们发现，贝斯伊特乡维吾尔族在语言态度和语言观念上有几个显著特点：

　　1. 热爱母语，对母语感情深厚。从调查问卷和实地访谈，我们得出了相同的结论，即贝斯伊特乡维吾尔族对维吾尔语的态度是积极肯定的，这从多方面可以得到证实。在被调查的 6 人当中，没有人认为维吾尔语没有用；6 人认为学好维吾尔语的目的是找到好工作，得到更多的收入；在最重要的语言中有 4 人认为是维吾尔语；4 人希望当地电台/电视台使用维吾尔语播音；5 人希望乡里开会的时候使用维吾尔语。被调查者全部认为，维吾尔人不会维吾尔语是令人反感的事，对外出工作或学习的人员不再说维吾尔语多数会表示反感。此外，这里的维吾尔族绝大多数都希望子女说维吾尔语，上用维吾尔语授课的学校。因此，无论从哪一角度考察，贝斯伊特乡维吾尔族都表现出对母语的热爱，对母语深厚的感情成为哈萨克斯坦的维吾尔人能够全民稳定使用母语的最重要的前提。

　　2. 对哈萨克语和俄语的作用有充分的认识。从调查结果来看，6 人中有 5 人认为哈萨克语很有用并希望学习和掌握哈萨克语，6 人希望学习和掌握俄语。学好哈萨克语的目的虽然不一致，但多数是为了与外族人交流，这也证明了哈萨克语作为国家通用语的实际功能。在访谈中，被调查者普遍认为，哈萨克语和维吾尔语没有太大的差别，学好维吾尔语肯定能够学好哈萨克语，而且两种语言的掌握程度差不多，两种语言能够随时交替使用。如果有人精通维吾尔语而不懂哈萨克语，那才是奇怪的事情。而俄语的情况不同，需要花费大量的时间去学习，只有到大城市才能有使用的机会。但是，由于学校教育中的要求，对俄语的系统学习使大家的俄语程度完全能够应付工作和生活的需要，但还是比不上哈萨克语。被调查者也说，哈萨克语和俄语对他们来说都是应该掌握的语言，从来没有刻意学习或者反对学习，这是在哈萨克斯坦全民都自然掌握的语言，是学习、工作、生活的需要。因而，在哈萨克斯坦的维吾尔人都可以说是三语人。

　　3. 对外语学习有一定的兴趣和愿望。除了上述三种语言的学习，被调查者还表现出对其他语言的学习愿望。例如：最重要的语言中，有 4 人认为是维吾尔语，另外 2 人认为是英语；在是否希望掌握英语的调查中有 2 人表示迫切希望，4 人表示希望掌握。对是否希望掌握汉语的调查中有 3 人表示希望学习。通过访谈，我们还了解到，贝斯伊特乡的维吾尔族中还有部分人不同程度地学习了土耳其语、乌兹别克语、法语、阿拉伯语。大家认为，随着信息社会的发展，各国间的交流日益频繁，贝斯伊特乡居民去大城市学习深造的机会增多，大学和其他机构提供了大量学习外语和出国深造的机会。这使得居民，尤其是青少年对外语的学习愿望不断增强，学习兴趣也越来越浓厚。

附：贝斯伊特乡维吾尔族语言使用情况一览表

家庭编号	家庭成员	姓名	性别	民族	年龄（岁）	文化程度	第一语言及水平	第二语言及水平	第三语言及水平	其他语言及水平	维吾尔文掌握情况			
											斯拉夫文		阿拉伯文	
											会读	会写	会读	会写
1	户主	Mamitov Turğanjan	男	维族	54	中学	维语，熟练	哈语，略懂	俄语，略懂		会	会	不会	不会
	妻子	Muxtäräwä A'išä	女	维族	47	职业高中	维语，熟练	哈语，略懂	俄语，熟练		会	会	不会	不会
	长女	Mamitov Aldam	女	维族	28	职业高中	维语，熟练	哈语，熟练	俄语，熟练	英语，略懂	会	会	不会	不会
	长子	Mamitov Ärkin	男	维族	24	中学	维语，熟练	哈语，略懂	俄语，略懂		会	会	不会	不会
	次女	Zayiriwa Aygül	女	维族	25	中学	维语，熟练	哈语，略懂	俄语，熟练		会	会	不会	不会
2	户主	Jemišov Yalqunjan	男	维族	33	高中	维语，熟练	哈语，熟练	俄语，熟练	土耳其语，略懂	会	会	不会	不会
	妻子	Xudakuliva Gülbahar	女	维族	28	职业高中	维语，熟练	哈语，熟练	俄语，熟练	土耳其语，略懂	会	会	不会	不会
	长女	Yakupjaniva Yäsmina	女	维族	7	小学	维语，熟练	哈语，略懂	俄语，略懂		会	会	不会	不会
3	户主	Mamitov Toxtaxun	男	维族	83	职业高中	维语，熟练	哈语，熟练	俄语，熟练	乌兹别克语，略懂	会	会	不会	不会
	长子	Mamitov Lutpullam	男	维族	42	职业高中	维语，熟练	哈语，熟练	俄语，熟练	吉尔吉斯语	会	会	不会	不会
	儿媳	Musayiva Gülmirä	女	维族	40	职业高中	维语，熟练	哈语，熟练	俄语，熟练	乌兹别克语，略懂	会	会	不会	不会
	长女	Toxtaxunova Gülminäm	女	维族	19	职业高中	维语，熟练	哈语，熟练	俄语，熟练	英语，略懂	会	会	不会	不会
	长子	Toxtaxunov Ikrämjan	男	维族	16	中学	维语，熟练	哈语，熟练	俄语，熟练	英语，略懂	会	会	不会	不会
	次女	Toxtaxuneva Gülmirä	女	维族	7	小学	维语，熟练	哈语，略懂	俄语，熟练	英语，略懂	会	会	不会	不会

家庭编号	家庭成员	姓名	性别	民族	年龄（岁）	文化程度	第一语言及水平	第二语言及水平	第三语言及水平	其他语言及水平	维吾尔文掌握情况			
											斯拉夫文		阿拉伯文	
											会读	会写	会读	会写
4	户主	Rozakov Karim	男	维族	44	大学	维语，熟练	哈语，熟练	俄语，熟练	法语，略懂	会	会	会	会
	妻子	Zigriyariva Gülnara	女	维族	44	大学	维语，熟练	哈语，熟练	俄语，熟练	英语，略懂	会	会	会	会
	长子	Rozakov Rustäm	男	维族	20	职业高中	维语，熟练	哈语，熟练	俄语，熟练	英语，略懂	会	会	不会	不会
	长女	Karimova Dilnaz	女	维族	12	中学	维语，熟练	哈语，熟练	俄语，熟练	英语，略懂	会	会	不会	不会
5	户主	Nurliqov Ilyar	男	维族	33	大学	维语，熟练	哈语，熟练	俄语，熟练	法语，略懂	会	会	会	会
	妻子	Alimšayeva A'ida	女	维族	33	大学	维语，熟练	哈语，熟练	俄语，略懂		会	会	会	会
	长女	Abduxilimova intizar	女	维族	11	中学	维语，熟练	哈语，略懂	俄语，略懂		会	会	不会	不会
	次女	Abduxilimova Irade	女	维族	6	小学	维语，熟练	哈语，略懂	俄语，略懂		会	会	不会	不会
6	户主	Gayitov Ikram	男	维族	38	中学	维语，熟练	哈语，熟练	俄语，熟练		会	会	不会	不会
	妻子	Gayiteva Šahidä	女	维族	35	中学	维语，熟练	哈语，熟练	俄语，熟练	。	会	会	不会	不会
	长女	Gayiteva Šahmina	女	维族	15	中学	维语，熟练	哈语，熟练	俄语，略懂		会	会	不会	不会
7	户主	Qadirev Zulyar	男	维族	31	大学	维语，熟练	哈语，略懂	俄语，熟练		会	会	不会	不会
	妻子	Mamiteva Mäymunäm	女	维族	29	大学	维语，熟练	哈语，熟练	俄语，熟练		会	会	不会	不会
	长女	Pazileva Dilnaz	女	维族	8	小学	维语，熟练	哈语，熟练	俄语，略懂		会	会	不会	不会
8	户主	Nurxalikev Šahabidin	男	维族	30	大学	维语，熟练	哈语，熟练	俄语，熟练	英语，略懂	会	会	会	会
	妻子	Kubaxunova Dilnara	女	维族	26	大学	维语，熟练	哈语，熟练	俄语，熟练	英语，略懂	会	会	会	会
9	户主	Hašimov Alimjan	男	维族	40	中学	维语，熟练	哈语，熟练	俄语，熟练		会	会	不会	不会
	妻子	Ušiyneva Ajiyem	女	维族	37	中学	维语，熟练	哈语，熟练	俄语，熟练		会	会	不会	不会
	长女	Ğinexunov Rawil	女	维族	15	中学	维语，熟练	哈语，熟练	俄语，熟练	英语，略懂	会	会	不会	不会
	长子	Ğinexunov Ilšad	男	维族	12	中学	维语，熟练	哈语，熟练	俄语，熟练		会	会	不会	不会

家庭编号	家庭成员	姓名	性别	民族	年龄（岁）	文化程度	第一语言及水平	第二语言及水平	第三语言及水平	其他语言及水平	维吾尔文掌握情况			
											斯拉夫文		阿拉伯文	
											会读	会写	会读	会写
10	户主	Kubaxunov Äkwärjan	男	维族	54	中学	维语，熟练	哈语，熟练	俄语，熟练		会	会	不会	不会
	妻子	Ašimova Salamät	女	维族	52	中学	维语，熟练	哈语，熟练	俄语，熟练		会	会	不会	不会
	长女	Kubaxonova Dilnara	女	维族	25	大学	维语，熟练	哈语，熟练	俄语，熟练	英语，略懂	会	会	不会	不会
	次女	Kubaxonova Aynura	女	维族	24	中学	维语，熟练	哈语，熟练	俄语，熟练		会	会	不会	不会
	三女	Kubaxonova Majina	女	维族	19	大学	维语，熟练	哈语，熟练	俄语，熟练		会	会	不会	不会
11	户主	Nasirev Äkwär	男	维族	38	中学	维语，熟练	哈语，熟练	俄语，熟练		会	会	不会	不会
	妻子	Rozaqiva Gülizar	女	维族	36	中学	维语，熟练	哈语，熟练	俄语，熟练		会	会	不会	不会
	长子	Nasirev Dilmurat	男	维族	17	中学	维语，熟练	哈语，熟练	俄语，略懂		会	会	不会	不会
	长女	Nasireva Rozigül	女	维族	14	中学	维语，熟练	哈语，熟练	俄语，略懂		会	会	不会	不会
12	户主	Nurxalikev Ablekim	男	维族	58	中学	维语，熟练	哈语，熟练	俄语，熟练		会	会	不会	不会
	妻子	Nurxalikeva Ziwabiwim	女	维族	56	中学	维语，熟练	哈语，熟练	俄语，熟练		会	会	不会	不会
	长子	Nurxalikev Qudrät	男	维族	33	大学	维语，熟练	哈语，熟练	俄语，熟练		会	会	不会	不会
	次子	Nurxalikev Pärhat	男	维族	31	大学	维语，熟练	哈语，熟练	俄语，熟练		会	会	不会	不会
	长女	Nurxalikeva Nigarim	女	维族	25	大学	维语，熟练	哈语，熟练	俄语，熟练		会	会	不会	不会
13	户主	Nizamdinev Turğanjan	男	维族	63	中学	维语，熟练	哈语，熟练	俄语，略懂		会	会	不会	不会
	妻子	Nizamdineva Rahiläm	女	维族	60	大学	维语，熟练	哈语，熟练	俄语，熟练		会	会	会	不会
	长女	Nizamdineva Rušän'gül	女	维族	31	大学	维语，熟练	哈语，熟练	俄语，熟练	英语，熟练	会	会	不会	不会
	长子	Nizamdinev Dilšat	男	维族	28	大学	维语，熟练	哈语，熟练	俄语，熟练		会	会	不会	不会

家庭编号	家庭成员	姓名	性别	民族	年龄（岁）	文化程度	第一语言及水平	第二语言及水平	第三语言及水平	其他语言及水平	维吾尔文掌握情况			
											斯拉夫文		阿拉伯文	
											会读	会写	会读	会写
14	户主	Hamrayev Minirdin	男	维族	39	中学	维语，熟练	哈语，熟练	俄语，熟练		会	会	不会	不会
	妻子	Abošiva Šähidäm	女	维族	33	中学	维语，熟练	哈语，熟练	俄语，熟练		会	会	不会	不会
	长子	Kamiljan Xanzat	男	维族	12	中学	维语，熟练	哈语，略懂	俄语，略懂		会	会	不会	不会
15	户主	Zordinov Zuxrulam	男	维族	55	中学	维语，熟练	哈语，熟练	俄语，熟练		会	会	不会	不会
	妻子	Zordineva Qurbanbüwi	女	维族	52	中学	维语，熟练	哈语，熟练	俄语，熟练		会	会	不会	不会
	长子	Seydullayev Sabirjan	男	维族	30	大学	维语，熟练	哈语，熟练	俄语，熟练		会	会	不会	不会
	长女	Seydullayeva Nazigum	女	维族	22	大学	维语，熟练	哈语，熟练	俄语，熟练		会	会	不会	不会
16	户主	Hamirayev Tiyipjan	男	维族	55	中学	维语，熟练	哈语，略懂	俄语，略懂		会	会	不会	不会
	妻子	Hamirayeva Zahidäm	女	维族	49	中学	维语，熟练	哈语，略懂	俄语，略懂		会	会	不会	不会
	长女	Hamirayeva Šähidäm	女	维族	17	中学	维语，熟练	哈语，略懂	俄语，略懂		会	会	不会	不会
17	户主	Da'ušev Säynidin	男	维族	44	中学	维语，熟练	哈语，熟练	俄语，熟练		会	会	不会	不会
	妻子	Da'uševa Rahiläm	女	维族	44	中学	维语，熟练	哈语，熟练	俄语，熟练		会	会	不会	不会
	长子	Da'ušev Ämirdin	男	维族	22	中学	维语，熟练	哈语，略懂	俄语，略懂		会	会	不会	不会
	次子	Da'ušev Ärafat	男	维族	12	中学	维语，熟练	哈语，熟练	俄语，略懂		会	会	不会	不会
18	户主	Satibaldiyev Pärhat	男	维族	46	大学	维语，熟练	哈语，熟练	俄语，熟练		会	会	不会	不会
	妻子	Ayupeva Kamilä	女	维族	42	中学	维语，熟练	哈语，熟练	俄语，熟练		会	会	不会	不会
	长子	Akimov Šohrat	男	维族	17	中学	维语，熟练	哈语，熟练	俄语，略懂		会	会	不会	不会
	次子	Akimova Furqät	男	维族	13	中学	维语，熟练	哈语，熟练	俄语，略懂		会	会	不会	不会

续表

家庭编号	家庭成员	姓名	性别	民族	年龄（岁）	文化程度	第一语言及水平	第二语言及水平	第三语言及水平	其他语言及水平	维吾尔文掌握情况			
											斯拉夫文		阿拉伯文	
											会读	会写	会读	会写
19	户主	Rozaxunov Jämišit	男	维族	63	大学	维语，熟练	哈语，熟练	俄语，熟练	英语，略懂	会	会	会	会
	妻子	Šawdineva Toxtigül	女	维族	60	大学	维语，熟练	哈语，熟练	俄语，熟练		会	会	会	会
	长女	Rozaxuneva Ränagül	女	维族	39	大学	维语，熟练	哈语，熟练	俄语，熟练		会	会	不会	不会
	长子	Rozaxunov Rabidin	男	维族	36	大学	维语，熟练	哈语，熟练	俄语，略懂		会	会	不会	不会
	次子	Rozaxunov Rahidin	男	维族	32	大学	维语，熟练	哈语，熟练	俄语，略懂		会	会	不会	不会
20	户主	Gayitov Bähram	男	维族	36	中学	维语，熟练	哈语，熟练	俄语，熟练		会	会	不会	不会
	妻子	Turdiyeva Širin	女	维族	36	中学	维语，熟练	哈语，熟练	俄语，熟练		会	会	不会	不会
21	户主	Abdullayev Tuyğun	男	维族	52	大学	维语，熟练	哈语，熟练	俄语，熟练		会	会	不会	不会
	妻子	Abdullayeva Gülnaräm	女	维族	51	中学	维语，熟练	哈语，熟练	俄语，熟练		会	会	不会	不会
	长女	Abdullayeva Gülräna	女	维族	30	大学	维语，熟练	哈语，熟练	俄语，熟练	英语	会	会	不会	不会
	次女	Abdullayeva Dil'aräm	女	维族	25	大学	维语，熟练	哈语，熟练	俄语，熟练		会	会	不会	不会
22	户主	Äzizev Ibrayim	男	维族	54	中学	维语，熟练	哈语，熟练	俄语，熟练		会	会	不会	不会
	妻子	Äzizeva Mihiräm	女	维族	49	中学	维语，熟练	哈语，熟练	俄语，熟练		会	会	不会	不会
	长女	Äzizeva Muhäbbät	女	维族	28	中学	维语，熟练	哈语，熟练	俄语，熟练		会	会	不会	不会
23	户主	Gayitov Xelil	男	维族	64	中学	维语，熟练	哈语，熟练	俄语，熟练		会	会	不会	不会
	长子	Gayitov Roslan	男	维族	34	中学	维语，熟练	哈语，熟练	俄语，熟练		会	会	不会	不会
	长女	Gayiteva Zina	女	维族	26	中学	维语，熟练	哈语，熟练	俄语，熟练		会	会	不会	不会

续表

家庭编号	家庭成员	姓名	性别	民族	年龄（岁）	文化程度	第一语言及水平	第二语言及水平	第三语言及水平	其他语言及水平	维吾尔文掌握情况			
											斯拉夫文		阿拉伯文	
											会读	会写	会读	会写
24	户主	Gayitov Xibibilam	男	维族	64	大学	维语，熟练	哈语，熟练	俄语，熟练		会	会	不会	不会
	妻子	Qurbaneva Saniyäm	女	维族	60	大学	维语，熟练	哈语，熟练	俄语，熟练		会	会	不会	不会
	长女	Gayiteva Toxtigül	女	维族	32	大学	维语，熟练	哈语，熟练	俄语，熟练		会	会	不会	不会
	长子	Gayitev Äsqär	男	维族	29	大学	维语，熟练	哈语，熟练	俄语，略懂		会	会	不会	不会
	次子	Gayitev Pärhat	男	维族	25	中学	维语，熟练	哈语，略懂	俄语，略懂		会	会	不会	不会
25	户主	Nurxalikov Qudrät	男	维族	33	大学	维语，熟练	哈语，熟练	俄语，略懂		会	会	不会	不会
	妻子	Izimeva Sahidäm	女	维族	33	大学	维语，熟练	哈语，熟练	俄语，略懂		会	会	会	会
	长子	Abdulhakim Bägzat	男	维族	6	小学	维语，熟练	哈语，略懂	俄语，略懂		会	会	不会	不会
26	户主	Tayirov Marupjan	男	维族	63	大学	维语，熟练	哈语，熟练	俄语，略懂		会	会	不会	不会
	妻子	Seydullayeva Täslim	女	维族	62	中学	维语，熟练	哈语，略懂	俄语，略懂		会	会	会	会
	长子	Tayirov Ilaxun	男	维族	40	中学	维语，熟练	哈语，熟练	俄语，略懂		会	会	不会	不会
	长女	Tayirova Gülmirä	女	维族	39	中学	维语，熟练	哈语，熟练	俄语，熟练		会	会	不会	不会
	次子	Tayirova Aynuräm	女	维族	33	大学	维语，熟练	哈语，熟练	俄语，熟练		会	会	不会	不会
27	户主	Wäliyov Toxtiyar	男	维族	37	中学	维语，熟练	俄语，熟练	哈语，熟练		会	会	不会	不会
	兄弟	Wäliyov Ilyar	男	维族	33	中学	维语，熟练	哈语，熟练	俄语，略懂		会	会	不会	不会
	兄妹	Wäliyova Närgizä	女	维族	25	中学	维语，熟练	俄语，熟练	哈语，略懂		会	会	不会	不会
28	户主	Jämiyov Abduqadir	男	维族	44	大专	维语，熟练	哈语，熟练	俄语，略懂		会	会	不会	不会
	妻子	Jämiyova Gülinur	女	维族	41	大专	维语，熟练	哈语，熟练	俄语，熟练		会	会	不会	不会

续表

家庭编号	家庭成员	姓名	性别	民族	年龄（岁）	文化程度	第一语言及水平	第二语言及水平	第三语言及水平	其他语言及水平	维吾尔文掌握情况			
											斯拉夫文		阿拉伯文	
											会读	会写	会读	会写
29	户主	Baratov Hüsän	男	维族	62	大学	维语，熟练	哈语，熟练	俄语，熟练		会	会	不会	不会
	儿子	Baratov Sülhi	男	维族	33	大专	维语，熟练	哈语，熟练	俄语，熟练		会	会	不会	不会
	儿媳妇	Baratova Šahidäm	女	维族	24	大学	维语，熟练	哈语，熟练	俄语，熟练	英语，略懂	会	会	不会	不会
30	户主	Qunaxunov Äkwär	男	维族	52	中学	维语，熟练	哈语，熟练	俄语，略懂		会	会	不会	不会
	妻子	Qunaxunova Salamät	女	维族	50	中学	维语，熟练	哈语，熟练	俄语，略懂		会	会	不会	不会
	女儿	Qunaxunova Dilnurä	女	维族	25	大学	维语，熟练	俄语，熟练	哈语，熟练		会	会	不会	不会
	女儿	Qunaxunova Aynorä	女	维族	24	大学	维语，熟练	俄语，熟练	哈语，熟练		会	会	不会	不会
	女儿	Qunaxunova Madina	女	维族	18	大学	维语，熟练	俄语，熟练	哈语，熟练		会	会	不会	不会
31	户主	Hamrayev Rehimjan	男	维族	47	中学	维语，熟练	哈语，略懂	俄语，熟练	英语，略懂	会	会	不会	不会
	妻子	Hamrayeva Raziyäm	女	维族	34	中学	维语，熟练	哈语，略懂	俄语，熟练	英语，熟练	会	会	不会	不会
	儿子	Hamrayev Ilmirxan	男	维族	13	中学	维语，熟练	哈语，熟练	俄语，熟练		会	会	不会	不会
32	户主	Hasanov Yalqun	男	维族	37	中学	维语，熟练	哈语，略懂	俄语，熟练		会	会	不会	不会
	妻子	Tursuneva Göhär Büwi	女	维族	38	中学	维语，熟练	哈语，略懂	俄语，熟练		会	会	不会	不会
	儿子	Alimjanov Ärkinjan	男	维族	13	小学	维语，熟练	哈语，熟练	俄语，略懂		会	会	不会	不会
	女儿	Alimjaneva Mihrigül	女	维族	7	小学	维语，熟练	哈语，略懂	俄语，熟练		会	会	不会	不会
33		Zixrullayev Rustäm	男	维族	49	中学	维语，熟练	哈语，熟练	俄语，略懂		会	会	不会	不会
		Zixrullayeva Alaxan	女	维族	50	中学	维语，熟练	哈语，熟练	俄语，略懂		会	会	不会	不会
		Zixrullayeva Imira	男	维族	25	高中	维语，熟练	哈语，熟练	俄语，熟练		会	会	不会	不会

续表

家庭编号	家庭成员	姓名	性别	民族	年龄（岁）	文化程度	第一语言及水平	第二语言及水平	第三语言及水平	其他语言及水平	维吾尔文掌握情况			
											斯拉夫文		阿拉伯文	
											会读	会写	会读	会写
33		Zixrullayeva Azatxan	女	维族	24	高中	维语，熟练	哈语，熟练	俄语，略懂		会	会	不会	不会
		Zixrillayeva Gülfizäm	女	维族	22	高中	维语，熟练	哈语，熟练	俄语，熟练		会	会	不会	不会
		Äxtiyeva Gülnaz	女	维族	16	高中	维语，熟练	哈语，熟练	俄语，熟练		会	会	不会	不会
34	户主	Japarov Sawut	男	维族	46	中学	维语，熟练	哈语，熟练	俄语，略懂		会	会	不会	不会
	妻子	Tayipevana Jira	女	维族	44	大专	维语，熟练	哈语，熟练	俄语，熟练		会	会	不会	不会
	长女	Awuteva Arzigul	女	维族	14	中学	维语，熟练	哈语，熟练	俄语，熟练		会	会	不会	不会
	长子	Awutov Alimjan	男	维族	10	中学	维语，熟练	哈语，熟练	俄语，熟练		会	会	不会	不会
35	户主	Sulaymanov Arsilan	男	维族	46	大学	维语，熟练	哈语，熟练	俄语，略懂		会	会	不会	不会
	妻子	Rozaxoneva Mihir	女	维族	45	大专	维语，熟练	哈语，熟练	俄语，熟练		会	会	不会	不会
	女儿	Sulaymanova Firoza	女	维族	21	大专	维语，熟练	哈语，熟练	俄语，熟练		会	会	不会	不会
	女儿	Ärkineva Xalin	女	维族	19	中学	维语，熟练	哈语，熟练	俄语，略懂		会	会	不会	不会
	女儿	Ärkinov Abduwäli	女	维族	16	中学	维语，熟练	哈语，熟练	俄语，略懂		会	会	不会	不会
36	户主	Xäsanov Šäwkät	男	维族	41	中学	维语，熟练	哈语，熟练	俄语，熟练		会	会	不会	不会
	妻子	Zixrollayeva Ziwäräm	女	维族	41	中学	维语，熟练	哈语，熟练	俄语，熟练		会	会	不会	不会
	女儿	Xasaneva Saniyäm	女	维族	19	中学	维语，熟练	哈语，熟练	俄语，熟练		会	会	不会	不会
	长女	Alimjaneva Mädinäm	女	维族	16	中学	维语，熟练	哈语，熟练	俄语，熟练		会	会	不会	不会
	次女	Alimjaneva Xalidäm	女	维族	14	中学	维语，熟练	哈语，熟练	俄语，熟练		会	会	不会	不会
	长子	Alimjanev Islam	男	维族	6	小学	维语，熟练	哈语，熟练	俄语，熟练		会	会	不会	不会

续表

家庭编号	家庭成员	姓名	性别	民族	年龄（岁）	文化程度	第一语言及水平	第二语言及水平	第三语言及水平	其他语言及水平	维吾尔文掌握情况			
											斯拉夫文		阿拉伯文	
											会读	会写	会读	会写
37	户主	Arupov Adiljan	男	维族	42	中学	维语，熟练	哈语，熟练	俄语，熟练		会	会	不会	不会
	妻子	Rozibakiyeva Gülnaz	女	维族	36	中学	维语，熟练	哈语，熟练	俄语，熟练		会	会	不会	不会
	长子	Arupov Äysajan	男	维族	14	中学	维语，熟练	哈语，熟练	俄语，熟练		会	会	不会	不会

第三节　阿拉木图市维吾尔族语言
使用现状个案调查

一　阿拉木图市及阿拉木图市区的维吾尔族

阿拉木图（哈萨克语：Almaty；俄语：Алма-Ата）位于哈萨克斯坦东南部，东邻中国新疆。曾名"维尔内"，后因盛产苹果而改名为"阿拉木图"（即哈萨克语"苹果城"之义）。阿拉木图是哈萨克斯坦的前首都，也是哈萨克斯坦乃至整个中亚的金融、科技、教育、文化等中心，在中亚地区具有举足轻重的影响力。1991 年 12 月 21 日，前苏联 11 个共和国领导人就是在此宣布苏联终结的。阿拉木图市两面环天山，气候宜人、环境优美，是一个现代化和自然风景合为一体的城市。面积 10.51 万平方公里，人口为160 多万（2011）。居民以俄罗斯人居多，其次是哈萨克、乌克兰、鞑靼、维吾尔等民族，是一个欧亚文化交汇的地方。

作为阿拉木图州首府的阿拉木图市是哈萨克斯坦维吾尔族的主要分布区之一。这里的维吾尔族既有聚居的，也有杂居的。维吾尔族集中居住的区域主要有以下 4 个：友好社区（Druyba）、苏丹库尔干社区（Sultanqurğan）、杂尔雅瓦斯托卡社区（Zaryawastoka Mähälisi）、阿伊纳布拉克社区（Aynabulaq）。除此之外还有一些维吾尔人因工作或其他原因与其他民族杂居。聚居的维吾尔人在居住环境和房屋建筑风格上都保留了维吾尔族的传统习俗。他们多居住在跟新疆伊犁维吾尔族一样的花园式平房里，房子前后有花园，四周修砌有围墙。花园里种满了各种水果、蔬菜，四周覆盖着绿色植物。在维吾尔族聚居区，由于人们都十分相熟，彼此信任，所以他们的房子平常都不锁门。我们走访友好社区时，居住在此地的向导带我们去找其他调查对象时，出门也只是随手把门虚掩了一下，没有锁就走了。杂居的维吾尔人一般住楼房，居住条件因家庭经济情况而有较大差异。

　　阿拉木图市汇聚了多个重要的维吾尔族文化教育机构。"哈萨克斯坦国家维吾尔文化中心"隶属于哈萨克斯坦民族大会，通过参与制定有关规章制度来维护维吾尔族在政治、经济、文化、教育等方面的权利，处理维吾尔族的各项事务，负责与哈萨克斯坦有关部门协商解决维吾尔族的有关问题。哈萨克斯坦总统定期接见该中心的负责人，听取维吾尔族的发展情况，并帮助解决维吾尔族面临的问题与困难。这一机构在哈萨克斯坦各维吾尔族居住区都设有分支机构，如阿拉木图州管辖的维吾尔县，每个村庄都有负责人。他们负责协调维吾尔族和政府的关系，开展各项工作来保存、发展本民族的语言和传统文化。国立科扎米扬罗夫维吾尔族音乐喜剧剧院旨在培养音乐戏剧人才和弘扬民族戏剧传统。其演员全为维吾尔族，均毕业于哈萨克斯坦国家艺术学院。他们演出的话剧具有浓厚的民族特色，剧本多为维吾尔族作家以维吾尔文写成的作品，歌曲主要以维吾尔语演唱，观众也以维吾尔族为主，还有部分哈萨克族和俄罗斯族观众。该剧院与中国新疆的维吾尔族艺术团体有密切的联系，曾到新疆举行过巡回演出，有些演员还在中国新疆接受过培训。

　　在阿拉木图市维吾尔人集中居住的区域都有维吾尔语学校，在一些哈萨克语学校也开设有维吾尔民族班。学校实行 11 年义务教育制，小学 4 年、初中 5 年、高中 2 年。维吾尔语学校的教师队伍主要由维吾尔族教师组成，从 1 年级到 11 年级的课程都用维吾尔语授课。在开展维吾尔语教学的同时，还开设哈萨克语课和俄语课，毕业时学生可以自由选择哈萨克语或俄语参加考试。维吾尔语学校的学生大多俄语和哈萨克语水平都比较高，能够熟练地使用这两种语言进行交流。2012 年在阿拉木图市举办的"哈萨克语演讲比赛"中，获得第一名的就是在维吾尔语学校就读的一位维吾尔族学生。近年来，有些维吾尔语学校除了开设哈萨克语和俄语课外，还开设了英语课。维吾尔语学校的学生获得高等学校全额奖学金的比例也很高，所以现在越来越多的维吾尔族父母把子女送到维吾尔语学校念书。位于友好社区的第 153 学校是一个被哈萨克斯坦教育部授予"重点实验学校"称号的维吾尔语学校，教学设施齐全，教学环境优美，教学质量高。该校的学生规模这几年越来越大，2012 年比 2011 年多招收了两个班的一年级新生。维吾尔族家长对孩子的教育都非常重视，经常资助学校改善学校的基础设施和教师福利。2011 年，为了向毕业班的老师们表示感谢，家长们出资安排毕业班的教师集体免费前往中国新疆旅游了 17 天。

阿拉木图市还是维吾尔语言文字新闻出版业的聚集地。目前，在阿拉木图使用维吾尔文出版发行的报纸、杂志有十多家，如报纸 *Uyghur Awazi*（《维吾尔之声》）、杂志 *Yaš Äwlad*（《青年一代》）、*Sän'ät*（《艺术》）等。但维吾尔语的广播、电视、互联网等传媒基本没有。我们在阿拉木图市能收看到的 60 多个电视台中，发现除 5 个哈萨克语台外，其他都是俄语台，没有维吾尔语台。各电视台的节目也是俄语和哈萨克语节目，没有看到维吾尔语节目。互联网方面，已有俄语、哈萨克语网站，但到目前为止还没有维吾尔语网站。维吾尔语广播节目虽有但很少，每天只有 15 分钟的播出时间。维吾尔文出版社现有两家：阿塔木拉出版社和学校出版社。前者以出版维吾尔语学校 1—7 年级的教材为主，发行量在 1800 本左右；后者主要出版 8—11 年级的教材，同时还出版教材以外的图书。由于 8 年级以后部分维吾尔族学生分流到哈萨克语学校或俄语学校去了，所以学校出版社维吾尔语教材的发行量不及阿塔木拉出版社。

阿拉木图市的维吾尔族多沿袭传统的族内通婚习俗。我们随机抽样调查到的 20 户维吾尔族家庭全都是族内婚姻家庭，没发现维吾尔族与外族通婚的现象，不过据接受调查的人员介绍，他们身边有少量维吾尔族与哈萨克族通婚的。维吾尔族多信仰伊斯兰教，聚居区的维吾尔族仍保留着早晚做礼拜的习俗，而杂居区的维吾尔族在遵循宗教仪式方面有所松懈。友好社区有一座清真寺，每天钟声响起的时候，男人们都去清真寺祷告，女人们则在家祷告。维吾尔族的传统服饰不管是在聚居区还是在杂居区都很少有人穿着，年轻人基本都穿简洁大方的现代服装，只有少数中老年妇女还保留维吾尔族戴头巾的习俗。饮食方面虽有一些变化，但馕、手抓饭仍是维吾尔族喜欢吃的美食。

二　阿拉木图市区维吾尔族的母语使用现状

为了解阿拉木图市区维吾尔族的语言使用情况，课题组在阿拉木图市对维吾尔族家庭进行了随机抽样调查，共调查了 20 户 82 人。其中，6—19 岁 14 人，20—39 岁 27 人，40—59 岁 31 人，60 岁以上 7 人。另有不具备完全语言能力的 6 岁以下儿童 3 人，不纳入统计数据。调查分析的结果显示，阿拉木图市维吾尔族在母语使用方面具有以下特点：

（一）阿拉木图市维吾尔族绝大多数能熟练使用母语。

1. 统计分析的结果显示，阿拉木图市区维吾尔族 94.9%能熟练使用母语，还有 3.8%略懂母语，只有 1 人完全不懂母语，仅占全部调查对象的 1.3%。具体统计结果见表 4-30。

表 4-30

年龄段（岁）	调查人数（人）	熟 练		略 懂		不 会	
		人数	比例（%）	人数	比例（%）	人数	比例（%）
6—19	14	14	100	0	0	0	0
20—39	27	24	88.9	2	7.4	1	3.7
40—59	31	30	96.8	1	3.2	0	0
60 岁以上	7	7	100	0	0	0	0
合计	79	75	94.9	3	3.8	1	1.3

2. 为了对维吾尔族的母语使用情况有一个更加微观、深入的了解，我们还随机选取了 5 人进行了"母语能力 400 词测试"，测试结果与上述情况基本一致。按照我们设定的标准，400 词中，测试结果为 A 级和 B 级的合起来达到 350 个以上即为"优秀"等级。我们随机抽取的 5 人，他们 A、B 两级词汇都达到了 350 个以上，显示他们的母语能力均为"优秀"等级。具体情况见表 4-31。

表 4-31

姓名	年龄	文化程度	各级词汇的分布				A+B	等级
			A	B	C	D		
Amirlan	11	小学	364	0	27	9	364	优秀
Ilham Mutilov	10	小学	347	23	15	15	370	优秀
Milana	20	中学	400	0	0	0	400	优秀
Ruslana	71	中学	400	0	0	0	400	优秀
Iminjan Aka	76	大学	390	6	2	2	397	优秀

3. 少数维吾尔人有母语习得顺序变为第二语言的现象。表 4-32 是以母语为第二语言的 3 名维吾尔人的语言使用情况。

表 4-32

家庭关系	姓名	民族	年龄	文化程度	第一语言及水平	第二语言及水平	第三语言及水平	其他语言及水平
儿子	Qasimov Daniyar	维族	32	大学	俄语，熟练	维语，略懂	哈语，略懂	土耳其语、英语，略懂
女儿	Qasimova Läzzät	维族	28	大学	俄语，熟练	维语，熟练	哈语，略懂	法语，熟练
户主	Ämrulla Jappar	维族	45	中学	俄语，熟练	维语，熟练	哈语，略懂	法语，熟练

4. 个别维吾尔人不懂自己的母语。在接受调查的 79 人中，我们仅发现 1 例，她是 21 岁的 Asahitova。她的语言使用情况见表 4-33。

表 4-33

家庭关系	姓名	民族	年龄	文化程度	第一语言及水平	第二语言及水平	第三语言及水平	其他语言及水平
女儿	Asahitova	维族	21	大学	俄语，熟练	哈语，熟练		

（二）维吾尔语是阿拉木图市维吾尔族家庭内部成员之间及同族人之间重要的交际工具

1. 家庭内部语言使用情况分析

我们采取问卷调查的方式，随机调查了 8 位维吾尔族居民，向他们了解维吾尔语在家庭内部成员之间的使用情况。调查结果显示，在家庭成员之间，无论是长辈对晚辈、晚辈对长辈还是同辈之间，维吾尔语是大多数人使用的唯一交际用语。只有 1 人跟家庭成员之间说俄语，她是一位女医生，父母都是教授，从小教她说俄语，她的维吾尔语水平仅限于能听懂一些日常用语，能说一点儿简单的词汇，不能很好地完成交际任务。因此，她平时也不怎么说维吾尔语。维吾尔族居民在家中接待客人时，如果是本民族客人，一般也选择说母语，如果是其他民族的客人，才使用俄语或哈萨克语。家庭内部语言使用情况的统计数据见表 4-34。

表 4-34

交际双方		维吾尔语	俄语	哈萨克语	其他
长辈对晚辈	父母对子女	7	1	0	0
	祖辈对孙辈	7	1	0	0
	公婆对儿媳	7	1	0	0
晚辈对长辈	子女对父母	7	1	0	0
	孙辈对祖辈	7	1	0	0
	儿媳对公婆	7	1	0	0
同辈之间	父亲与母亲	7	0	0	0
	兄弟姐妹之间	7	1	0	0
	儿子与儿媳	7	1	0	0
主人对客人	对本族客人	7	1	0	0
	对非民族客人	1	5	2	0
	对陌生人	1	5	2	0

2. 不同交际场合语言使用情况分析

我们对 14 名维吾尔族居民进行了不同交际场合语言使用情况的调查。统计数据显示，在不同的交际场合，与本民族人进行交谈时，半数以上的维吾尔人选择使用母语进行交际。其中，见面打招呼、聊天使用母语的比例最高，其次是婚嫁、丧葬、课外等场合，使用母语比例最低的场合是看病。这主要是因为多数人不知看病时所用的医学名词如何用母语表达。而在与外族人交际时，基本不使用母语，只有少数人在婚嫁、丧葬等具有浓厚的本民族传统特点的社交场合才使用母语。由此可见，维吾尔语是维吾尔族之间沟通的重要的交际工具，但其交际功能仅限于本民族内部的交流，未能扩大至与其他民族间的交流。不同场合语言使用情况的调查统计数据见表 4-35。

表 4-35

交际场合		对象 本族人		
		维吾尔语	俄语	哈萨克语
见面打招呼		12	1	1
聊天		10	2	2
生产劳动		8	4	2
买卖		8	3	3
看病		3	5	6
开会	开场白	8	3	3
	传达上级指示	7	3	4
	讨论、发言	7	3	4
公务用语		7	4	5
广播用语		7	3	4
学校	课堂用语	7	3	4
	课外用语	9	2	3
节日、集会		8	3	3
婚嫁		9	2	3
丧葬		9	2	3

我们在学校出版社访问时了解到的情况也反映了维吾尔语在家庭内部成员之间及同族人之间的交际地位。学校出版社维吾尔文教材编辑部的工作人员都是维吾尔族，他们平时在工作中都用维吾尔语交流。当他们知道课题组有 3 名成员是中国的维吾尔族时非常高兴，立即用维吾尔语向他们问候，双方很愉快地交流起来。他们告诉我们，他们的子女也都会说维吾尔语。

（三）维吾尔族的母语传承状况良好，但在部分家庭出现了母语衰退甚至母语转用的现象

我们将母语的传承分为三种类型：母语稳定使用型、母语衰退型、母语转用型。阿拉木图市大多数维吾尔族家庭的母语传承属于"母语稳定使用型"。在这样的家庭里，维吾尔语是家庭成员间最主要的交际用语，且在不同代际间的使用没有出现明显的差异。如我们在友好社区调查到的米拉娜一家，他们家人之间交谈全都使用维吾尔语。但也有少数家庭属于"母语衰退型"和"母语转用型"。如我们走访的 Kamalidin（卡马力丁）一家在母语传承的类型上属于"母语衰退型"。Kamalidin 是铁道学院的一名教授，已经 76 岁高龄，老伴是一名维吾尔语教师。二老有 2 个儿子，1 个女儿，有 3 个孙子。他们二老及其子女都能熟练地使用维吾尔语，但孙子辈的母语能力明显下降。二孙子 Bahadir（巴特尔），能听懂维吾尔语，但不习惯说维吾尔语；小孙子 Amir（阿米尔）今年 4 岁，能听懂维吾尔语，但平时也是说俄语，不说维吾尔语。当我们指着实物用维吾尔语问他，"眼睛、鼻子、嘴巴、葡萄、面包"用维吾尔语怎么说时，他全都用俄语回答。老人感慨地说，年轻时有不懂俄语的维吾尔族，但现在没有不懂俄语的维吾尔族，却出现了不懂维吾尔语的维吾尔族。而 Sahitov（沙伊托夫）一家则属于"母语转用型"，他的母语熟练，但他的女儿 Sahitova（沙伊托娃）从小学习俄语，完全不懂自己的母语。母女二人之间都用俄语交流。

（四）阿拉木图市维吾尔族都懂斯拉夫字母的维吾尔文，还有少数年纪大的人懂阿拉伯字母的维吾尔文

传统的维吾尔文采用的是阿拉伯字母，中国的维吾尔族如今仍在使用这种文字，哈萨克斯坦的维吾尔文现行的是与俄文一样的斯拉夫字母的文字。阿拉木图市的维吾尔族都懂斯拉夫维吾尔文，但懂阿拉伯维吾尔文的不多，且多为 40 岁以上的中老年人，6—19 岁、20—39 岁的人群中只有个别人懂。统计数据见表 4-36。

表 4-36

年龄段（岁）	调查人数（人）	斯拉夫维吾尔文		阿拉伯维吾尔文	
		会读	会写	会读	会写
6—19	14	14	14	1	1
20—39	27	27	27	1	1
40—59	31	31	31	7	4
60 岁以上	7	7	7	2	0
合计	79	79	79	11	6

三　阿拉木图市区维吾尔族的兼用语使用现状

阿拉木图市的维吾尔族除熟练使用母语维吾尔语外，还普遍兼用俄语和哈萨克语，少数还能兼用英语、法语、土耳其语等其他语言。分述如下：

（一）兼用哈萨克语现状

阿拉木图市的维吾尔族兼用哈萨克语存在以下特点：

1. 兼用哈萨克语具有全民性

调查统计数据显示，100%的维吾尔人能不同程度地兼用哈萨克语。其中，哈萨克语熟练的占70.9%，略懂的占29.1%。具体统计数据见表4-37：

表 4-37

年龄段（岁）	调查人数（人）	熟　练		略　懂		不　会	
		人数	比例（%）	人数	比例（%）	人数	比例（%）
6—19	14	10	71.4	4	28.6	0	0
20—39	27	19	70.4	8	29.6	0	0
40—59	31	21	67.7	10	32.3	0	0
60 岁以上	7	6	85.7	1	14.3	0	0
合计	79	56	70.9	23	29.1	0	0

2. 哈萨克语是多数维吾尔族的第二语言

哈萨克语是多数维吾尔族在母语之后学会的第二语言。尤其是60岁以下的人群中，以哈萨克语为第二语言的占到了所有调查对象的70%以上，但60岁以上的老人中，只有57.1%以哈萨克语为第二语言。没有人以哈萨克语为第一语言。具体统计数据见表4-38。

表 4-38

年龄段（岁）	调查人数（人）	以哈萨克语为第一语言		以哈萨克语为第二语言		以哈萨克语为第三语言	
		人数	比例（%）	人数	比例（%）	人数	比例（%）
6—19	14	0	0	12	85.7	2	14.3
20—39	27	0	0	20	74.1	7	25.9
40—59	31	0	0	22	71	9	29
60 岁以上	7	0	0	4	57.1	3	42.9
合计	79	0	0	58	73.4	21	26.6

（二）兼用俄语现状

阿拉木图市的维吾尔族兼用俄语具有以下特点：

1. 绝大多数维吾尔人能不同程度地兼用俄语

调查统计数据显示，能兼用俄语的维吾尔人占 97.5%，只有 2 人不懂俄语，仅占全体调查对象的 2.5%。其中，俄语熟练的占 68.4%，略懂的占 29.1%。具体统计数据见表 4-39：

表 4-39

年龄段（岁）	调查人数（人）	熟　练		略　懂		不　会	
		人数	比例（%）	人数	比例（%）	人数	比例（%）
6—19	14	11	78.6	2	14.3	1	7.1
20—39	27	18	66.7	9	33.3	0	0
40—59	31	18	58.1	12	38.7	1	3.2
60 岁以上	7	7	100	0	0	0	0
合计	79	54	68.4	23	29.1	2	2.5

2. 俄语是多数维吾尔人的第三语言

俄语是多数维吾尔人在母语和哈萨克语之后学会的第三语言，约有 69.6% 的维吾尔人以俄语为第三语言。从年龄段来看，以俄语为第三语言的人群，比例最低的是 60 岁以上老人，只占 57.1%，而其他几个年龄段均在 70% 左右。另外，还有 4 人以俄语为第一语言，取代了母语的地位。这主要出现在 20—39 岁及 40—59 岁两个年龄段。具体统计数据见表 4-40。

表 4-40

年龄段（岁）	调查人数（人）	以俄语为第一语言		以俄语为第二语言		以俄语为第三语言	
		人数	比例（%）	人数	比例（%）	人数	比例（%）
6—19	14	0	0	2	14.3	11	78.6
20—39	27	3	11.1	5	18.5	19	70.4
40—59	31	1	3.2	8	25.8	21	67.7
60 岁以上	7	0	0	3	42.9	4	57.1
合计	79	4	5.1	18	22.8	55	69.6

（三）兼用其他语言现状

除兼用哈萨克语和俄语之外，还有 8 名维吾尔人能兼用英语、法语、德语、阿拉伯语、土耳其语等语言。他们的语言使用情况见表 4-41。

表 4-41

家庭关系	姓名	民族	年龄	文化程度	第一语言及水平	第二语言及水平	第三语言及水平	其他语言及水平
户主	Sahitov Pärhat	维族	50	大学	维语，熟练	俄语，熟练	哈语，略懂	德语，略懂
女儿	Sahitova	维族	23	大学	维语，熟练	俄语，熟练	哈语，略懂	英语，略懂
女儿	Sahitiva	维族	21	大学	维语，熟练	俄语，熟练	哈语，略懂	英语，略懂
儿子	Sahitov	维族	18	大学	维语，熟练	俄语，熟练	哈语，略懂	英语，略懂
户主	Ämrulla Jappar	维族	45	中学	俄语，熟练	维语，熟练	哈语，略懂	法语，熟练
儿子	Imašev Iršat	维族	25	大学	维语，熟练	哈语，熟练	俄语，熟练	阿拉伯语，略懂
儿子	Qasimov Daniyar	维族	32	大学	俄语，熟练	维语，略懂	哈语，略懂	土耳其语、英语，略懂
女儿	Qasimova Läzzät	维族	28	大学	俄语，熟练	维语，熟练	哈语，略懂	法语，熟练

（四）兼语的社会功能

哈萨克语和俄语在维吾尔人的语言生活中肩负着与非本族人交流、沟通的重任。无论在何种交际场合，只要交际对象不是本族人，维吾尔人都不会选用母语与之交际，而是选用哈萨克语或俄语。表 4-42 是对 14 名维吾尔人在不同场合面对非本族人时的语言使用情况调查统计表。

表 4-42

交际场合	语言	非本族人		
		维吾尔语	俄语	哈萨克语
见面打招呼		0	6	8
聊天		0	6	8
生产劳动		0	6	8
买卖		0	7	7
看病		0	6	8
开会	开场白	0	7	7
	传达上级指示	0	7	7
	讨论、发言	0	6	8
公务用语		0	6	8
广播用语		0	6	8
学校	课堂用语	0	6	8
	课外用语	0	6	8

续表

交际场合＼语言	非本族人		
	维吾尔语	俄语	哈萨克语
节日、集会	0	7	7
婚嫁	1	6	8
丧葬	1	6	8

上表显示，在与非本族人交往时，除了在婚嫁、丧葬这两个注重传统礼仪的场合外，其他场合都没有人选用母语与外族人进行交际，而是选择俄语或哈萨克语。这两种语言中，选用哈萨克语的人次略高于俄语。

四 阿拉木图市区维吾尔族语言生活小结

综上所述，阿拉木图市区维吾尔族的语言生活可以概括为：母语与兼用语和谐并存，几乎全民三语（能使用维吾尔语者98.7%，能使用哈萨克语者100%，能使用俄语者97.5%）。

阿拉木图市维吾尔族语言生活的形成与其人口分布、文化传统、语言功能、语言态度、国家语言政策、国民教育水平等多方面的因素有关。具体分析如下：

（一）第五大民族的人口优势、相对集中的分布特点为阿拉木图市维吾尔族使用自己的母语创造了良好的使用环境

哈萨克斯坦境内共有231400名维吾尔族人，占全国人口总数的1.4%，人口数量仅次于哈萨克、俄罗斯、乌兹别克、乌克兰等民族，是哈萨克斯坦的第五大民族。而且，哈萨克斯坦的维吾尔族分布相对集中，主要分布于阿拉木图市的友好社区、苏丹库尔干社区、杂尔雅瓦斯托卡社区、阿伊纳布拉克社区，以及阿拉木图州的塔尔加尔县、维吾尔县、潘菲洛夫县等地。此外，还有部分维吾尔人散居于阿拉木图市和其他地区。这种分布状态为维吾尔族使用自己的母语提供了良好的语言环境，是维吾尔族能够较好地保留母语的重要因素。

（二）族内婚姻为阿拉木图市维吾尔族母语的传承创造了良好的语言习得环境

维吾尔族有实行族内通婚的传统，即使是在阿拉木图市这样一个多元文化交汇的大城市，维吾尔族仍保留着族内通婚的传统习俗。我们随机抽样调查到的20户维吾尔族家庭无一例外都是族内通婚的家庭。家庭是一个人习得语言和使用语言的第一场所，也是最重要的场所。在族内婚姻家庭里，由于父母都说自己本民族的语言，所以孩子的第一语言一般也是母语，

除非父母刻意不教孩子母语。如果父母出于各种考虑，不教孩子母语，但只要父母之间平时用母语交流，那么孩子时时处于母语环境的熏陶之下，也能自然而然地学会了一些母语，起码能听懂母语。这种情况在我们调查中也遇到了一些。我们在调查中只发现一个单亲家庭，爸爸独自带着孩子生活，父子之间只用俄语交流，所以孩子完全不懂维吾尔语。

（三）开放的语言态度为阿拉木图市维吾尔人的多语生活奠定了情感认知基础

我们在调查中发现，阿拉木图市绝大多数维吾尔人的语言态度比较开放，他们既有保护和传承本民族语言文化的强烈愿望，也认识到俄语、哈萨克语、英语等语言在现实生活中的重要性。这种开放的语言态度和语言观念为他们学习、使用包括母语在内的多种语言奠定了一定的情感认知基础。当然，他们在学习、使用母语和兼用语的目的上，有一些差异。对于学习、使用母语的目的而言，主要是出于民族情感；而对兼用语来说，则主要是出于现实生活的需要。比如：在回答"您认为维吾尔人学好维吾尔语的目的是什么？"时，14 名调查对象中有 12 人选 C "保护和传承语言和文化"；而在回答"您认为维吾尔人学好哈萨克语的目的是什么？"时，有 6 人选 A "找到好工作，得到更多的收入"，5 人选 B "升学的需要"，3 人选 C "便于与外族人交流"。

（四）哈萨克斯坦民族平等、语言平等的政策为阿拉木图市维吾尔人的多语生活提供了政策保障

哈萨克斯坦现有 125 个民族，其中哈萨克族是主体民族，人口也占到了全国总人口的 64.6%，其他民族都是非主体民族。但是，哈萨克斯坦将民族和谐视为制定国内政策的基本原则，非常重视民族平等和民族和谐，并从机制上、政策上采取各种措施予以保证。1997 年颁布的《哈萨克斯坦共和国语言法》第 4 条规定："哈萨克斯坦共和国的国语是哈萨克语。"第 6 条规定："哈萨克斯坦共和国的每一个公民都有权使用母语，有权自由地选择语言进行交际、受教育、学习和创作。保护组织和法律保护机构使用国语和俄语。"1998 年颁布的第二部《哈萨克斯坦宪法》规定："哈萨克语为国语，俄语同为正式使用的语言。"这两部法律明确了哈萨克语、俄语在哈萨克斯坦共和国的地位，同时保障了各民族语言的使用和发展，为维吾尔族使用母语维吾尔语，同时兼用国语哈萨克语及正式语言俄语提供了政策上的保障。

（五）三种语言各尽其责、功能互补是阿拉木图市维吾尔人全民三语的现实基础

维吾尔语是阿拉木图市维吾尔族内部成员交流的重要交际工具，是维

系民族情感的纽带；而哈萨克语、俄语则是维吾尔族与其他民族之间交流、沟通的桥梁。在哈萨克斯坦的历史上，俄语长期以来占据着主导地位，至今仍对每一个哈萨克斯坦人的社会生活都有着举足轻重的影响。而哈萨克语自 1991 年哈萨克斯坦独立以来一直是国家努力推行的国语，它的特殊地位也是其他两种语言所不能替代的。这三种语言在维吾尔人的生活中各尽其责，功能互补，充分满足了维吾尔人在社会现实生活中对语言的各方面需求。

（六）多语教学的教育体制为阿拉木图市的维吾尔人学习多种语言创造了条件

阿拉木图市的维吾尔族中小学生可以自由选择三种学校：俄语学校、哈萨克语学校、维吾尔语学校。这三种学校分别以俄语、哈萨克语、维吾尔语授课。在维吾尔语学校里，学生还必须学习俄语和哈萨克语；在俄语学校里，则必须学习哈萨克语；在哈萨克语学校里，则必须学习俄语。这样，学生不管上哪种学校，都能学习俄语和哈萨克语两种语言；上维吾尔语学校的，则能学习维吾尔语、哈萨克语、俄语三种语言。这种多语教学的教育体制成为维吾尔族掌握多种语言的重要途径。

附：阿拉木图市维吾尔族语言使用情况一览表

家庭编号	家庭成员	姓名	民族	年龄（岁）	文化程度	第一语言及水平	第二语言及水平	第三语言及水平	其他语言及水平	维吾尔文掌握情况			
										斯拉夫文		阿拉伯文	
										会读	会写	会读	会写
1	户主	Inimjan	维族	64	大学	维语，熟练	哈语，略懂	俄语，熟练		会	会	不会	不会
	妻子	Ğunčäm	维族	62	大专	维语，熟练	哈语，略懂	俄语，熟练		会	会	不会	不会
	女儿	Saniyäm	维族	42	大专	维语，略懂	哈语，略懂	俄语，熟练		会	会	不会	不会
	女儿	Ayšäm	维族	40	大学	维语，熟练	哈语，略懂	俄语，熟练		会	会	不会	不会
	儿子	Murat	维族	38	大专	维语，略懂	哈语，略懂	俄语，熟练		会	会	不会	不会
	儿媳妇	Zahiräm	维族	39	大专	维语，熟练	哈语，略懂	俄语，熟练		会	会	不会	不会

续表

家庭编号	家庭成员	姓名	民族	年龄（岁）	文化程度	第一语言及水平	第二语言及水平	第三语言及水平	其他语言及水平	维吾尔文掌握情况			
										斯拉夫文		阿拉伯文	
										会读	会写	会读	会写
2	户主	Sahitov Pärhat	维族	50	大学	维语，熟练	俄语，熟练	哈语，略懂	德语，略懂	会	会	会	会
	妻子	Jawdatov	维族	45	大学	维语，熟练	俄语，熟练	哈语，略懂		会	会	不会	不会
	女儿	Sahitova	维族	23	大学	维语，熟练	俄语，熟练	哈语，略懂	英语，略懂	会	会	不会	不会
	女儿	Sahitiva	维族	21	大学	维语，熟练	俄语，熟练	哈语，略懂	英语，略懂	会	会	不会	不会
	儿子	Sahitov	维族	18	大学	维语，熟练	俄语，熟练	哈语，略懂	英语，略懂	会	会	不会	不会
3	户主	Sahitov Šöhrät	维族	55	大学	维语，熟练	哈语，略懂	俄语，略懂		会	会	不会	不会
	妻子	Sahitova	维族	50	大学	维语，熟练	哈语，熟练	俄语，略懂		会	会	不会	不会
4	户主	D. Sahitov	维族	59	大专	维语，熟练	俄语，熟练	哈语，略懂		会	会	不会	不会
	女儿	A. Sahitova	维族	21	大学	俄语，熟练	哈语，熟练			会	会	不会	不会
5	户主	Rozaxonov Nisrät	维族	47	中学	维语，熟练	哈语，熟练	俄语，略懂		会	会	不会	不会
	妻子	Malipeva Leyla	维族	47	大专	维语，熟练	哈语，熟练	俄语，略懂		会	会	不会	不会
	儿子	Xilimov Nazim	维族	25	大学	维语，熟练	哈语，熟练	俄语，略懂		会	会	不会	不会
	儿子	Xilimov Asil	维族	24	大学	维语，熟练	哈语，熟练	俄语，略懂		会	会	不会	不会
6	户主	Xibilayov Tilawidin	维族	47	中学	维语，熟练	哈语，熟练	俄语，略懂		会	会	不会	不会
	妻子	Xibilayov Ziğiräm	维族	45	大专	维语，熟练	哈语，熟练	俄语，略懂		会	会	不会	不会
	儿子	Xibilayov Taymir	维族	23	大学	维语，熟练	哈语，熟练	俄语，略懂		会	会	不会	不会
	儿子	Xibilayov Tahir	维族	22	大专	维语，熟练	哈语，熟练	俄语，略懂		会	会	不会	不会
	儿子	Xibilayov Timor	维族	20	大专	维语，熟练	哈语，熟练	俄语，略懂		会	会	不会	不会
	儿子	Xibilayov Diyar	维族	12	中学	维语，熟练	哈语，熟练			会	会	不会	不会

续表

家庭编号	家庭成员	姓名	民族	年龄（岁）	文化程度	第一语言及水平	第二语言及水平	第三语言及水平	其他语言及水平	维吾尔文掌握情况 斯拉夫文 会读	斯拉夫文 会写	阿拉伯文 会读	阿拉伯文 会写
7	户主	Ašurov Nasir	维族	47	大专	维语，熟练	哈语，略懂	俄语，略懂		会	会	不会	不会
	妻子	Ašurova Širin	维族	46	大专	维语，熟练	哈语，略懂	俄语，略懂		会	会	不会	不会
	儿子	Xašimov Qasimjan	维族	25	大专	维语，熟练	哈语，略懂	俄语，略懂		会	会	不会	不会
	女儿	Xašimova Šahsänäm	维族	22	大专	维语，熟练	哈语，略懂	俄语，略懂		会	会	不会	不会
8	儿子	Rabik Ismaylev	维族	78	大学	维语，熟练	俄语，熟练	哈语，熟练		会	会	不会	不会
9	户主	Rozibakev Rehimjan	维族	47	大学	维语，熟练	俄语，熟练	哈语，熟练		会	会	不会	不会
	妻子	Rozibakeva Xalbüwi	维族	45	大专	维语，熟练	俄语，熟练	哈语，熟练		会	会	不会	不会
	儿子	Rozibakev Radimir	维族	23	大学	维语，熟练	俄语，熟练	哈语，熟练		会	会	不会	不会
	女儿	Rozibakeva Milana	维族	20	大专	维语，熟练	俄语，熟练	哈语，熟练		会	会	不会	不会
10	户主	Muxtärjan Jumarov	维族	41	大学	维语，熟练	哈语，略懂	俄语，略懂		会	会	会	会
	妻子	Älširäm	维族	40	大学	维语，熟练	哈语，熟练	俄语，熟练		会	会	会	会
	儿子	Sälkin	维族	16	中专	维语，熟练	哈语，略懂	俄语，熟练		会	会	不会	不会
	女儿	Äzizäm	维族	10	中专	维语，熟练	哈语，略懂	俄语，略懂		会	会	会	会
	儿子	Mijit	维族	4						会	会	不会	不会
11	户主	Kamalidin	维族	76	大学	维语，熟练	俄语，熟练	哈语，熟练		会	会	会	不会
	妻子	Nurbanäm	维族	75	大学	维语，熟练	俄语，熟练	哈语，熟练		会	会	会	不会
	儿子	Pärhat	维族	50	大学	维语，熟练	俄语，熟练	哈语，熟练		会	会	会	不会
	女儿	Gülmirä	维族	47	大学	维语，熟练	俄语，熟练	哈语，熟练		会	会	会	不会
	女儿	Dilbär	维族	40	大学	维语，熟练	俄语，熟练	哈语，熟练		会	会	会	不会

续表

家庭编号	家庭成员	姓名	民族	年龄（岁）	文化程度	第一语言及水平	第二语言及水平	第三语言及水平	其他语言及水平	维吾尔文掌握情况			
										斯拉夫文		阿拉伯文	
										会读	会写	会读	会写
12	户主	Ämrulla Jappar	维族	45	中学	俄语，熟练	维语，熟练	哈语，略懂	法语，熟练	会	会	不会	不会
	妻子	Jännät Japarov	维族	40	中学	维语，熟练	哈语，熟练	俄语，熟练		会	会	不会	不会
	女儿	Zulfiyä Izimova	维族	13	中学	维语，熟练	哈语，熟练	俄语，熟练		会	会	不会	不会
	儿子	Ilšat Izimov	维族	12	中学	维语，熟练	哈语，熟练	俄语，熟练		会	会	不会	不会
	儿子	Ilyar Izimov	维族	6	小学	维语，熟练	哈语，熟练	俄语，熟练		会	会	不会	不会
	女儿	Ramilä Izimova	维族	3						会	会	不会	不会
13	户主	Imašev Adiljan	维族	52	大学	维语，熟练	哈语，熟练	俄语，熟练		会	会	不会	不会
	妻子	Qurbaneva Säniyäm	维族	55	大学	维语，熟练	哈语，熟练	俄语，熟练		会	会	不会	不会
	儿子	Imašev Yalqunjan	维族	28	大学	维语，熟练	哈语，熟练	俄语，熟练		会	会	不会	不会
	儿子	Imašev Iršat	维族	25	大学	维语，熟练	哈语，熟练	俄语，熟练	阿拉伯语，略懂	会	会	不会	不会
	儿媳妇	Imaševa Asiyäm	维族	23	大专	维语，熟练	哈语，熟练	俄语，熟练		会	会	不会	不会
14	户主	Qasimov Sultan	维族	70	大学	维语，熟练	哈语，熟练	俄语，熟练		会	会	不会	不会
	妻子	Qasimova Muhäbbät	维族	65	大学	维语，熟练	哈语，熟练	俄语，熟练		会	会	不会	不会
	儿子	Qasimov Daniyar	维族	32	大学	俄语，熟练	维语，略懂	哈语，略懂	土耳其语、英语，略懂	会	会	不会	不会
	女儿	Qasimova Läzzät	维族	28	大学	俄语，熟练	维语，熟练	哈语，略懂	法语，熟练	会	会	不会	不会
15	户主	Ilaxunov Artur	维族	38	大学	维语，熟练	哈语，熟练	俄语，熟练		会	会	不会	不会
	妻子	Mähämmätjaneva Gülčihra	维族	36	大学	维语，熟练	哈语，熟练	俄语，熟练		会	会	不会	不会
	女儿	Wasileva Diyara	维族	8	中学	维语，熟练	哈语，略懂	俄语，略懂		会	会	不会	不会

续表

家庭编号	家庭成员	姓名	民族	年龄（岁）	文化程度	第一语言及水平	第二语言及水平	第三语言及水平	其他语言及水平	维吾尔文掌握情况			
										斯拉夫文		阿拉伯文	
										会读	会写	会读	会写
16	户主	Alimjan Tiliwaldi	维族	51	大专	维语，熟练	哈语，熟练	俄语，略懂		会	会	会	会
	妻子	Nuraxuneva Šahidäm	维族	38	大专	维语，熟练	俄语，熟练	哈语，熟练		会	会	不会	不会
	女儿	Šahigül	维族	28	大学	维语，熟练	哈语，熟练	俄语，熟练		会	会	会	会
	儿子	Adiljan	维族	27	大专	维语，熟练	哈语，熟练	俄语，熟练		会	会	不会	不会
	儿子	Älšir	维族	14	中学	维语，熟练	俄语，熟练	哈语，熟练		会	会	不会	不会
	女儿	Iparxan	维族	4						会	会	不会	不会
18	户主	Gäni	维族	51	中学	维语，熟练	哈语，熟练	俄语，熟练		会	会	不会	不会
	妻子	Nurbüwi	维族	49	中学	维语，熟练	哈语，熟练	俄语，熟练		会	会	不会	不会
	女儿	Turabüwi	维族	19	大学	维语，熟练	哈语，熟练	俄语，熟练		会	会	不会	不会
	儿子	Abbas	维族	17	中学	维语，熟练	哈语，熟练	俄语，熟练		会	会	不会	不会
19	户主	Awazjan	维族	47	中学	维语，熟练	哈语，熟练	俄语，熟练		会	会	不会	不会
	妻子	Liwinäm	维族	42	中学	维语，熟练	哈语，熟练			会	会	不会	不会
	女儿	Dilfuza	维族	22	大学	维语，熟练	哈语，熟练	俄语，熟练		会	会	不会	不会
	女儿	Firoza	维族	19	大学	维语，熟练	哈语，熟练	俄语，熟练		会	会	不会	不会
	女儿	Gülnigar	维族	18	大学	维语，熟练	哈语，熟练	俄语，熟练	`	会	会	不会	不会
	儿子	Islamjan	维族	8	小学	维语，熟练	哈语，熟练	俄语，熟练		会	会	不会	不会
20	户主	Barizov Sadiq	维族	47	大专	维语，熟练	哈语，熟练	俄语，略懂		会	会	不会	不会
	妻子	Zamaneva Sahinur	维族	46	大专	维语，熟练	哈语，熟练	俄语，略懂		会	会	不会	不会

续表

家庭编号	家庭成员	姓名	民族	年龄（岁）	文化程度	第一语言及水平	第二语言及水平	第三语言及水平	其他语言及水平	维吾尔文掌握情况			
										斯拉夫文		阿拉伯文	
										会读	会写	会读	会写
20	女儿	Barizeva Dilbärim	维族	22	大学	维语，熟练	哈语，熟练	俄语，略懂		会	会	不会	不会
	儿子	Barizev Dilmurat	维族	21	大学	维语，熟练	哈语，熟练	俄语，略懂		会	会	不会	不会

第四节　哈萨克斯坦维吾尔族母语使用现状及发展趋势

中哈两国的维吾尔族都使用维吾尔语，因此，维吾尔语成为跨境语言。哈萨克斯坦的维吾尔语和中国的维吾尔语在语言本体和语言使用方面既有共性，也有差异。共性主要是由于二者本是同一个民族使用的同一种语言，语音、词汇和语法都基本相同，但由于国境线的划分而分属两个政体不同、经济发展水平不同、历史文化不同的国家，从而出现了一些差异。比如，在人口方面，中国的维吾尔族有 10069346 人，哈萨克斯坦维吾尔族只有 23.14 万人（2012）。在语言关系方面，中国的国家通用语言是汉语，维吾尔语中汉语借词较多；在哈萨克斯坦，俄语被定为官方语言，实际上起着国家通用语的作用，维吾尔语中的俄语借词较多。两国的维吾尔语和哈萨克语都有接触关系，但中国的维吾尔族人口比哈萨克人口多，而哈萨克斯坦的哈萨克族人口比维吾尔族多，所以这两种语言的接触关系也有不同特点。

本节将着重分析哈萨克斯坦维吾尔语使用的特点，不仅要对维吾尔语使用现状进行全面细致地描写，还要深入分析制约维吾尔语使用的内外部因素，科学地估计维吾尔语使用的未来发展趋势。本研究有助于认识和把握维吾尔语的发展演变规律，为跨境语言研究提供一份有价值的个案。

一　母语使用特点

据官方统计，哈萨克斯坦维吾尔族共有 23.14 万人。但多位学者表示，哈萨克斯坦维吾尔族的实际人口要比官方发布的数据多。哈萨克斯坦维吾尔人国家文化中心主任夏依买尔丹、哈萨克斯坦国际关系与外国语大学东方学学院教授马赫皮洛夫均认为，哈萨克斯坦维吾尔族有 25 万人。关于维吾尔语的使用人口，我们没有见到官方的统计数据。据维吾尔人国家文化中心执行主任热比克·依司马义乐观地估计，居住在乡村的维吾尔族约有 60%—70%会说维吾尔语，城市的维吾尔族中约有 50%的人会说维吾尔语。

我们认为，哈萨克斯坦维吾尔族的母语使用具有以下几个特点：

（一）哈萨克斯坦维吾尔族完好地保留了母语，并且稳定而熟练地使用母语

虽然维吾尔族在哈萨克斯坦是一个人口较少的民族，但维吾尔语仍然完好地保留着，而且具有旺盛的语言活力。这是哈萨克斯坦维吾尔族母语使用现状的主要特点。

维吾尔族主要分布在广大的乡村地区，维吾尔语也主要在这里使用。我们随机抽样调查了阿瓦特乡和贝斯伊特乡 271 名维吾尔族的母语使用情况。统计结果显示，不同年龄段、不同性别、不同文化程度的维吾尔族均能熟练使用维吾尔语，个体差异很小。维吾尔语是他们日常生活中最重要、使用频率最高的语言。

在塔尔加尔县的阿瓦特乡，无论男女老少，无论文化程度高低，均能熟练使用母语。在家庭内部，维吾尔族长辈与晚辈之间、同辈之间都是用维吾尔语进行交流；在家庭之外，维吾尔族邻里之间、同族人之间，无论熟悉或是陌生，也是用维吾尔语交流。在日常生活中，在乡间小路上的热情招呼中，在田间地头的劳作声中，在此起彼伏的讨价还价声里，在学校的琅琅读书声中，在松软沙发上的聊天声中，在觥筹交错的餐桌旁，在人来人往的车站里，处处都能听到流利的维吾尔语。就连长期居住在本乡的哈萨克族和俄罗斯族也会说维吾尔语，并且和维吾尔族交往时说的就是维吾尔语。

在城市，仍然有相当数量的维吾尔族保留了母语。城市的维吾尔族主要使用俄语，但维吾尔语也是一种重要的交际工具。我们抽样调查了阿拉木图市友好区 82 名维吾尔族的母语使用情况。统计结果显示：94.9%能熟练使用母语，还有 3.8%略懂母语，只有 1 人完全不懂母语，仅占全部调查对象的 1.3%。各年龄段的具体统计数据是：6—19 岁，100%熟练使用维吾尔语；20—39 岁，88.9%熟练使用维吾尔语；40—59 岁，96.8%熟练使用维吾尔语；60 岁以上，100%熟练使用维吾尔语。

总之，维吾尔语在维吾尔族的生活中须臾不曾离开过。清晨的第一缕阳光伴随着维吾尔语亲切的呼唤缓缓升起，傍晚最后一抹晚霞在维吾尔语温馨的叮咛中逐渐隐去。从早到晚，从春到冬，日复一日，周而复始，维

吾尔语伴随着维吾尔族在哈萨克斯坦这块广袤的土地上扎下根来，并且繁衍壮大。

（二）母语使用城乡有差异

早在 100 多年前，维吾尔族先辈们经过长途跋涉进入哈萨克斯坦境内后，在伊犁河流域定居下来，从事农业生产。进入 20 世纪以后，由于参军、升学、工作、经商等原因部分维吾尔族进入城市定居。在现阶段，哈萨克斯坦维吾尔族大多数人聚居在乡村地区，主要是阿拉木图州塔尔加尔县、维吾尔县、潘菲洛夫县和阿拉木图市郊区等地；有少数人散居在城市，主要是在阿拉木图市。因为居住地的不同，维吾尔族的母语使用呈现出一些差异。主要表现在语言文字能力的强弱、使用范围的大小、使用频率的高低、语言习得顺序、习得途径等几个方面。

1. 语言能力和文字能力上的差异

语言使用的熟练程度是衡量语言能力强弱的一个重要指标。依据哈萨克斯坦维吾尔族语言能力的差异，我们把语言能力分为"熟练"、"略懂"和"不会"三个层次。语言使用者中"熟练"比例高，说明语言能力强；"熟练"比例低，说明语言能力弱。调查结果显示，乡村维吾尔族熟练使用维吾尔语的比例是 100%，城市维吾尔族熟练使用的比例是 94.9%。这说明，乡村维吾尔族维吾尔语的语言能力要比城市维吾尔族强。

我们还调查了城乡维吾尔族使用维吾尔文的情况。乡村维吾尔族会维吾尔文的比例是 100%，城市维吾尔族会维吾尔文的比例是 94.9%。

城乡不同年龄段维吾尔族语言和文字能力差异最明显的是青、中年。如我们在 Awat（阿瓦特）乡和 Bayseyit（贝斯伊特）乡看到，各年龄段的维吾尔人 100%熟练掌握了自己的母语。但在阿拉木图市，只有 6—19 岁以及 60 岁以上的维吾尔人 100%熟练掌握了自己的母语，而在 20—39 岁人群中，只有 88.9%熟练使用维吾尔语；40—59 岁人群中，有 96.8%熟练使用维吾尔语。这说明，在过去，语言政策和语言态度的不稳定影响了几代维吾尔人的母语学习。现在有了比较优越的政策和环境，青少年一代又开始以积极的态度和热情掌握自己的母语。这对维吾尔语的长期保留与发展是一个好的兆头。

2. 使用范围和使用频率上的差异

据我们的观察和调查，在乡村，维吾尔语的使用范围较广，使用频率也很高。只要有维吾尔族的地方就有维吾尔语，包括家庭内外、学校、商店、医院、田地、牧场、果园等。维吾尔语时时刻刻都在使用中，比如打招呼、问候、商量、讨论、聊天儿、做生意、教学等。

而在城市，维吾尔语的使用范围比较有限，一般只在家庭内部（父母都是维吾尔族）和亲朋好友聚会时使用。维吾尔族和其他民族通婚的族际婚姻家庭中，多使用俄语或者哈萨克语，不使用维吾尔语。在阿拉木图市有 3 所维吾尔语学校，有 2 家维吾尔文出版社和 1 家维吾尔文报社，有国家维吾尔文化中心，有维吾尔族音乐喜剧剧院，这几家单位的工作与维吾尔族的文化、教育、宣传等有关，绝大多工作人员是维吾尔族，他们之间多使用维吾尔语。此外，在政府机关、公司、学校（非维吾尔语）、银行、医院、市场、社区等机关单位和公共场合中，维吾尔族和其他民族一起工作、学习和交流，这时不使用维吾尔语。

总的来说，维吾尔语在乡村的使用范围比城市要广，使用频率也更高。

在维吾尔族聚居的乡村，一个人会说维吾尔语，办起事来得心应手，没有什么不便。在城市则行不通。维吾尔语在城市里的功能有限，使用范围不大，一个人若只会说维吾尔语，不会俄语或者哈萨克语，就会遇到语言障碍。这是由于维吾尔语在城市和乡村使用功能的差异所致。

3. 母语习得顺序的差异

哈萨克斯坦是一个多民族、多语言国家。哈萨克斯坦的维吾尔族绝大多数是"维吾尔—俄语"双语人或"维吾尔语—俄语—哈萨克语"三语人。城乡维吾尔族在母语的习得顺序上也有差异。统计结果显示：乡村的维吾尔族的第一语言是母语，即维吾尔语；而城市中的维吾尔族，有的人的第一语言是俄语，或者哈萨克语，母语是第二语言，或者第三语言。

4. 母语习得途径的差异

语言获得一般是通过学习和习得两条途径实现的。语言学习是指学生在学校的教学活动中学会某种语言，多为有目的、有意识的行为；语言习得是指个体在自然环境中学会某种语言，多为无目的、无意识的行为。语言的习得途径反映出语言活力的强弱。一种有活力的语言，既能通过语言的自然习得而获得，又能通过语言学习得以规范和提升。若某一语言无法自然习得，只能通过学习而获得的话，就会出现语言传承断代，与之相伴的语言现象是语言使用范围小，使用频率下降，语言活力降低。

在哈萨克斯坦乡村，维吾尔族能在家庭内部、村落和学校中习得和学习维吾尔语。在家里，爷爷奶奶、爸爸妈妈从孩子诞生之日起，说的就是维吾尔语；当孩子开始咿呀学语时，长辈们有意识地教孩子学说母语；在孩子的成长过程中，长辈们用维吾尔语讲授民间故事和传说，传授各种生活知识和经验，表述种种叮咛嘱咐等等。在村落社区中，孩子和玩伴们在游戏中不仅建立了友谊，还继续习得和使用母语。在村中的维吾尔语学校，维吾尔族孩子在语文课上学到规范的维吾尔语音、词汇、语法和拼写方法，并提高了运用维吾尔语进行书面表达的能力。在乡村，家庭和村落是维吾尔族自然习得母语的重要场所，学校是维吾尔族学习母语的主要场所。

在城市，一般只能在家庭内部习得母语，在 3 所维吾尔语学校能学习维吾尔语。除此以外，在广大的社区中，没有自然习得维吾尔语的环境；在哈萨克语学校、俄语学校等非维吾尔语学校中由于没有开设维吾尔语课，也不可能学会维吾尔语。

无论是在城市还是乡村，家庭是语言习得链条中的首要环节。在乡村，如果某个家庭内部不使用维吾尔语，孩子还可以在村落中习得维吾尔语，或是在维吾尔语学校学习母语。也就是说，即使家庭无法实现语言习得，村落和学校也可以弥补上。但在城市就会是另外一种结果。如果家庭内部不使用维吾尔语，想要在社区中自然习得维吾尔语是不可能的事情；如果不在那三所维吾尔语学校就读，在其他学校也没有学会维吾尔语的可能性。这就是乡村和城市母语习得途径的区别。

（三）和俄语、哈萨克语相比，维吾尔语的使用功能有限

在哈萨克斯坦，维吾尔语不像哈萨克语那样具有国语地位，也不像俄语那样具有官方语言地位，相比之下，维吾尔语的使用范围有限，功能也有限。主要表现在以下几个方面：

1. 维吾尔语主要是族内语言，不是族际语

维吾尔语只是维吾尔族的语言，主要在维吾尔族内部使用，哈萨克族、俄罗斯族等其他民族很少有人会说。而俄语是哈萨克斯坦的官方语言，实际上承担着族际语的功能。哈萨克斯坦有 125 个民族，各民族之间的共同交际语是俄语。哈萨克语是国语，政府采取各种措施大力推行哈萨克语，要求哈萨克斯坦境内的各个民族都要掌握哈萨克语。在这种语言政策下，原来不会哈萨克语的民族开始学习并使用哈萨克语。

2. 维吾尔语主要在乡村使用，城市很少使用

维吾尔语的通用范围主要限于维吾尔族聚居的乡镇和村庄，在县、市、州（省）等区域都不能通用。俄语在哈萨克斯坦全国范围内无论城市还是乡村都通用。哈萨克语的通行范围没有俄语广，但比维吾尔语要广，既有城市也有乡村，而且其发展趋势是越来越广。

3. 维吾尔语主要用于日常交际，正式场合和专业领域很少使用

维吾尔语主要用于维吾尔族的日常生活，承担交际功能和传递情感功能。由于不具有官方语言和国语地位，维吾尔语不是公务语言，在政府机关的办公、会议中不能使用。尽管维吾尔语拥有表达自然科学领域相关术

语的丰富词汇，①但由于在大学以及更广泛的社会层面通行的是哈萨克语或俄语，所以在自然科学领域以及医院、银行、邮局等行业领域，维吾尔语的使用受到限制。人文社会科学领域也很少用维吾尔语，只有涉及维吾尔族语言、文学、历史等专业时才会用。

俄语和哈萨克语除了能用于日常生活中的交际外，还能在各种正式场合以及专业领域里使用。哈萨克语是《宪法》和《语言法》规定必须使用，而现实生活中用的更多的是俄语。

4. 维吾尔语是少数中小学的教学语言，不是高考语言

哈萨克斯坦的教学语言主要是俄语和哈萨克斯坦语。维吾尔语作为教学语言，只在全国的 63 所维吾尔语学校、维吾尔语—哈萨克语双语学校中使用（均为中小学）。哈萨克斯坦高考中，考生可以选择俄语或哈萨克语答卷，不能用维吾尔语答卷。在维吾尔语学校就读的学生参加高考时，也必须选择一种语言进行答卷。在大学阶段，只有哈萨克斯坦阿拜国立师范大学开设维吾尔语专业，此外没有一所大学以维吾尔语为教学语言。

二　母语保留完好的原因分析

哈萨克斯坦维吾尔族的主体是一百多年前从中国新疆迁徙而来的。纵观维吾尔族在哈萨克斯坦的历史，维吾尔语一直没有得到官方的重视。帝俄统治时期，沙皇曾强制推行俄语，歧视和排挤少数民族语言。前苏联时期，一度推行突出俄语地位、压制少数民族语言使用的方针。前苏联解体后，哈萨克斯坦独立建国，哈萨克语被定为国语，主体民族语言处于优越的地位。在复杂而艰难的历史环境中，维吾尔语顽强地保留下来，并能稳定使用，从根本上来说，这是经济特点、民族分布特点、民族心理、文化教育等诸多因素综合作用的结果。下面一一进行分析。

（一）主要聚居在乡村和从事农业生产是维吾尔语保留的客观条件

哈萨克斯坦维吾尔族的分布特点是聚居，主要分布在东南部 A-2 国道沿线的塔尔加尔县、维吾尔县、潘菲洛夫县和阿拉木图市郊区。每个区都有维吾尔族的居民聚居点。

哈萨克斯坦维吾尔族主要从事蔬菜、果园种植和养殖业，属于传统的农耕经济类型。维吾尔族中农业人口的比例较高，约占本民族总人口的65.8%（1996 年）。农耕经济需要大量劳动力，土地对人的限制大，受季节约束明显。农忙时节，农民们必须在田间争分夺秒地劳作；农闲时期则可

---

① 在维吾尔县阿瓦特乡的 Hezim Iskanderov 维吾尔语学校，数学、地理、物理、化学、手工等课程都用维吾尔语授课，这充分证明维吾尔语有足够的词汇表达理科等各学科相应名词术语所表达的概念。

以外出打打短工，但不能离家太远，或离家时间太长，否则耽误了农时，造成颗粒无收，将直接威胁全家老小的生计问题。因为经济类型的特点，维吾尔族长期被紧紧束缚在土地上，人口流动量小，流动速度慢，和外界的交流接触比较有限。

由于聚居分布和从事农业经济，哈萨克斯坦维吾尔族社会生存环境相对封闭，受外界的影响和冲击小，从而为维吾尔语的保留创造了稳定的客观环境。

（二）家庭、学校和社会语言习得和学习链条完整相接是维吾尔语传承的重要保障

上文说过，语言获得可以通过习得和学习两条途径实现。语言学习的途径主要是学校教育，语言自然习得的途径主要是家庭和社区（或村落）。

哈萨克斯坦维吾尔族母语的保留有赖于语言习得和语言学习途径的完整和互相衔接。在乡村地区，维吾尔族家庭的儿童首先在家里习得母语，在社区中继续习得母语并巩固母语，在进入学校之前，儿童已经学会母语，能够熟练地运用母语进行口头表达。在维吾尔语学校，学生学习维吾尔文，维吾尔语的规范表达形式和语文知识，全面提高母语口语和书面语的表达能力。"家庭—村落—学校"是语言习得和语言学习中的三个重要环节，每一环节都能保证维吾尔语习得或学习的顺利实现，进入下一环节后维吾尔语得到进一步的巩固和提升。这种完整的语言习得、学习模式是哈萨克斯坦维吾尔语得以保留的现实基础和重要保障。

（三）维吾尔族文字的使用有助于维吾尔语的保留

维吾尔族不仅有本民族语言，还有文字。文字是记录语言的书写符号系统。文字的出现，突破了时间和空间的限制，特别是书面语出现以后，扩大了语言的影响范围，有利于语言的传播和保留。哈萨克斯坦维吾尔文是拼音文字，历史上曾召开过正字法会议，确立了内部明确一致的标准，消除了一些歧义和用法混乱的现象。无文字、仅靠口耳相传的语言，在语言竞争中多处于劣势，容易失去；而有文字的语言，特别是有规范、统一文字的语言，不仅有利于语言地位的巩固，增强语言的活力，还有利于语言朝着健康的方向发展，在竞争中获得优势。

（四）教育、新闻、出版领域中使用维吾尔语有利于维吾尔语的保留

维吾尔语言和文字除了在日常交际中使用以外，还在学校教育、报纸杂志和出版等领域中使用。1924 年，第一所用维吾尔语授课的 9 年制学校在谢米列契省建立。2012 年，哈萨克斯坦共有 63 所维吾尔语学校、维吾尔语—哈萨克语双语学校。维吾尔语学校开设了维吾尔语文课，维吾尔语和文字作为一门语言知识来讲授，同时，维吾尔语还是各门课程的教

学语言。

　　大约在 90 多年前，哈萨克斯坦的维吾尔族就有了用自己民族文字出版的报纸，比如 1918 年的第一份面向中国伊犁维吾尔移民的报纸《塔兰奇之声报》、1921 年的《贫民之声报》、1927 年的《解放日报》（后来改名为《东方真理报》）。现在，在阿拉木图市和阿拉木图州有十多家维吾尔文报纸杂志，比如 *Uyǧur Awazi*（《维吾尔之声》）、*Yaš Äwlad*（《青年一代》）、*Sän'ät*（《艺术》）、*Ili Wadisi-Ile шұғыласы*（《伊犁河曙光》）等。

　　从 20 世纪 40 年代起，哈萨克斯坦科学出版社、作家出版社、学习教育出版社等出版了大量的维吾尔文教材、工具书、学术著作和文学作品。哈萨克斯坦独立后，由阿塔木拉出版社和学校出版社两家维吾尔文出版社负责出版全国中小学的维吾尔文教材以及维吾尔文词典、图书等。

　　维吾尔语言文字在教育、新闻和出版领域的使用，对于维吾尔族人口素质的提高、文化宣传和民族团结等工作起到了不可替代的作用；反过来，维吾尔语教学、维吾尔文报纸杂志图书是传播维吾尔族语言文字的重要途径，扩大了维吾尔语在哈萨克斯坦的使用范围，提升了维吾尔语的影响力，对维吾尔语言的传承和使用有促进作用。

　　（五）强烈的民族认同感和对母语的热爱是母语保留的心理基础

　　哈萨克斯坦维吾尔族虽然只有 23 万多人，仅占全国总人口的 1.5%，但内部凝聚力很强，民族认同感也比较强。无论生活在城市还是乡村，维吾尔族一直保留着本民族的传统文化、生活习惯、宗教信仰，保留了本民族的语言文字，与俄罗斯族等其他民族有明显的区别。维吾尔族艺术家们利用维吾尔族剧院、民族节日庆典等活动形式，大力弘扬本民族传统的文化艺术；新闻出版界积极宣传维吾尔族在各领域取得的成就；教育界在努力提高民族教育质量、提升民族文化素质的同时，通过多种形式的教学活动传承本民族的语言文化。

　　民族意识强、认同感强反映在语言态度上，体现为对母语的热爱。哈萨克斯坦维吾尔族热爱母语，尊重母语，传承母语。会说维吾尔语的人，见面一定说维吾尔语；陌生人说起维吾尔语，立即会拉近距离，变得亲切起来。长辈都希望晚辈能继承和使用母语。哈萨克斯坦科学院文学研究所研究员阿里木江·海米拉耶夫说："作为维吾尔语专家，如果我的孩子不会说维吾尔语，我会感到很羞愧。"当孩子只说俄语而不说维吾尔语时，阿里木江会训斥孩子："你为什么不用维吾尔语说？"哈萨克斯坦阿布莱汗国际关系与外国语大学东方学学院教授马赫皮洛夫从小生活在阿拉木图市里，他回忆自己小时候的情况时说："我们兄弟姐妹之间都是说俄语，但对长辈一般说维吾尔语，因为长辈们不喜欢我们跟他们说俄语。现在我也是长辈，也有这样的想法。"在前苏联斯大林时期，政府曾强制推行"俄罗斯化"的同化政策，哈萨克斯坦的朝鲜族、哈萨克族中有相当一部分人都放弃了母语，转用俄语，而维吾尔族顽强地保留了自己的母语，其内在根本原因还是在于维吾尔族对母语有一种发自内心的、由衷的热爱。

三　城市部分维吾尔族青少年母语能力下降问题

青少年的母语使用是维吾尔族母语使用中的一个重要组成部分。青少年母语能力的强弱反映出民族语言未来的发展趋势。哈萨克斯坦维吾尔族的青少年总体上保留了母语，大多数人能熟练使用母语。但是，城市中部分维吾尔族青少年母语能力出现下降趋势，这已引起维吾尔族有识之士的担忧。铁道大学卡马力丁·曼苏拉教授（76 岁）曾感慨地说："年轻时候有不懂俄语的维吾尔族，现在没有不懂俄语的维吾尔族，却出现了不懂维吾尔语的维吾尔族。"

（一）城市部分青少年母语使用现状

在城市里，维吾尔族多与其他民族杂居在一起，能使用维吾尔语的场合不多。大多数城市维吾尔族青少年的俄语水平要好于母语。比如：

青少年个案 1

哈萨克斯坦阿布莱汗国际关系与外国语大学东方学学院教授马赫皮洛夫的儿子 Diyar 会说土耳其语、俄语、哈萨克语、英语、阿拉伯语和科威特语等 6 种语言。第一语言是俄语，第二语言是维吾尔语。维吾尔语使用得非常少，一般不说，水平是仅能听懂，达不到流利。Diyar 和朋友都说俄语。

青少年个案 2

维吾尔人国家文化中心执行主任热比克·依司马义有 2 个孩子，从小说的是俄语，在学校学的也是俄语，在家里给孩子教维吾尔语。孩子维吾尔语的词汇量能够参加交际活动，"不能说有多精通，只是刚够用的水平"。有 2 个孙子，大孙子 20 岁，小孙子 2 岁。大孙子听得懂维吾尔语，但不会说。热比克用维吾尔语跟大孙子说话，孙子用俄语回答。小孙子才开始学说话，说的是俄语。

青少年个案 3

哈萨克斯坦科学院文学研究所研究员阿里木江·海米拉耶夫的爱人也是维吾尔族，夫妻之间说维吾尔语。有 4 个孩子，3 个儿子和 1 个女儿。老大是女儿（28 岁），最小的是儿子（4 岁）。在家教孩子说维吾尔语。孩子们受俄语影响较大。4 岁儿子的第一语言是维吾尔语。同三个大孩子相比，小儿子的维吾尔语水平较低，但俄语非常好。

青少年个案 4

阿拉木图铁道大学卡马力丁·曼苏拉教授、阿拉木图市 153 中学维吾尔语教师劳拉的孙子巴特尔（18 岁）刚念完 10 年级，能听懂维吾尔语，但平时都不说。平时说俄语，英语也学得不错。小孙子阿米尔（4 岁）平时说俄语，能听懂吾尔语，但不会说。我们指着实物用维吾尔语问阿米尔，"眼睛、鼻子、嘴巴、葡萄、面包"用维吾尔语怎么说，他用俄语回答。

以上个案反映的是城市维吾尔族家庭中青少年的母语使用情况。通过比较可以看出，他们具有以下几个共同点：

1. 出生并长期生活在城市；
2. 父母或者爷爷奶奶能熟练使用维吾尔语；
3. 能听得懂维吾尔语，但不会说；
4. 俄语水平比维吾尔语高。

（二）城市青少年母语能力下降的原因分析

城市青少年母语能力下降的主要原因是城市里缺少维吾尔语的使用环境。哈萨克斯坦维吾尔族从过去到现在主要生活在乡村。随着社会的发展，少数维吾尔人逐渐进入城市，维吾尔语也随之从乡村传播到城市。从现状来看，虽然部分维吾尔族已经在城市定居扎根，但维吾尔语还没有真正在城市扎下根来。城市里不同民族杂居在一起，来自五湖四海、不同地区的人居住在一栋公寓里，在同一家单位工作，接受使用俄语和哈萨克语作为教学语言的国民教育，在学校里学不到维吾尔语，在社区接触不到维吾尔语。铁道大学的卡马力丁·曼苏拉教授想把孙子送到维吾尔语学校上学，但现实条件不允许，因为家附近没有这样的学校。

维吾尔人在城市里的分布是零星的、分散的，没有连成片，维吾尔语的使用只是少数家庭内部、个别人之间的言语行为，无法形成一定规模的维吾尔语使用环境。父母双方都是维吾尔族的孩子，由于家里的长辈使用维吾尔语，孩子们一般能听得懂维吾尔语，但由于家庭之外的社区里、学校里，大家都说俄语或者哈萨克语，没有维吾尔语的使用环境，所以孩子们也更愿意说俄语或哈萨克语。久而久之，孩子的维吾尔语水平也就停留在能听懂，但说得不好的程度。而那些族际婚姻家庭中的孩子，父母中只有一方是维吾尔族，在家里没有维吾尔语环境，所以孩子既听不懂维吾尔语，也不会说维吾尔语。

需要说明的是，住在阿拉木图市中心的维吾尔人很少，所以青少年母语能力的下降或者丧失是城市部分维吾尔族青少年出现的新问题，不具共性，尚不能代表整个哈萨克斯坦维吾尔族青少年的母语使用情况。

与此相关的一个新动向值得注意。近几年来，曾住在距离城市较远的乡村地区的维吾尔族大批搬迁到阿拉木图市郊区定居，过着亦农亦商的生活。据马赫皮洛夫教授介绍："哈萨克斯坦25万维吾尔族人中，有18万生活在阿拉木图市周边。在我出生的那个乡村，现在除了一户人家外，全村人都搬到阿拉木图市。"居住环境、生活方式的改变，必然导致语言使用上的变化。搬迁到城市郊区的维吾尔族仍然主要使用维吾尔语，但和以前相比，俄语借词明显增多。马赫皮洛夫教授说："亲戚朋友聚会时都用维吾尔语，但会掺杂一些俄语词。现在维吾尔语、哈萨克语、俄语都用。"出生在城市郊区的新一代移民的母语使用情况可能出现一些新特点，因为它既不同于出生在乡村的长辈们的母语使用，又不同于散居在城市的儿童的母语使用。郊区维吾尔族青少年会不会出现母语能力的下降，值得追踪研究。

四　维吾尔语使用的发展趋势

母语保留并稳定使用，是哈萨克斯坦维吾尔族母语使用现状最主要的特点。维吾尔语未来的发展趋势是我们在调查过程中一直思考的问题。从现状来看，大多数维吾尔族仍然会说维吾尔语，特别是生活在乡村的维吾尔族，维吾尔语是其第一语言，也是最重要的交际语言。维吾尔语的语言活力旺盛，在日常生活以及文化、教育领域中发挥着重要作用。所以，可以肯定地说，维吾尔语稳定使用的局面在短期内不会改变，维吾尔语还将继续使用下去。

哈萨克斯坦独立后，政府推行"去俄罗斯化"和"泛突厥化"政策，在语言上的措施是把哈萨克语定为国语，并且采取一系列行政手段大力推广哈萨克语。这一语言政策直接削弱了俄语的地位，触及俄罗斯人的利益，遭到俄罗斯族的强烈反对。但维吾尔族的反应没有那么激烈，他们打心底愿意接纳哈萨克语。因为维吾尔语和哈萨克语是亲属语言，有一定数量的同源词，在语音、语法结构上也很接近。学习维吾尔语不会增加学生的负担，反而会说维吾尔语更容易学会哈萨克语。据哈萨克斯坦维吾尔人国家文化中心执行主任热比克介绍："城市里的维吾尔族开始重新学习母语，这种现象正在慢慢升温。"哈萨克斯坦阿布莱汗国际关系与外国语大学东方学学院教授马赫皮洛夫也肯定了这种现象。他说："那些不说维吾尔语的30岁左右的一代人，平时使用俄语，他们的孩子大概五六岁，已经听不懂维吾尔语了。不过，这些孩子进入学校以后会学习哈萨克语，有些问题不懂的时候，他们会回家问父母，也许那个时候他们会重新开始学维吾尔语。"

为了能更好地保留和传承维吾尔语，哈萨克斯坦维吾尔族精英们集思广益，从多方面做出了不懈努力。马赫皮洛夫教授认为，在维吾尔语保留方面应该学习中国新疆的做法，建设维吾尔语互联网。他说："维吾尔语网站比较多，这是语言保留方面一个很重要的因素。哈萨克斯坦的哈萨克文网站也不多，主要是俄文网站。哈萨克斯坦有一些网站从名字上看是维吾尔文的，但内容都是俄文的，没有真正的维吾尔文网站。我们可以登录新疆的维吾尔文网站，但由于文字系统的不同，能看懂的人比较少。"

哈萨克斯坦科学院文学研究所研究员阿里木江·海米拉耶夫长期关注维吾尔族的语言和文化。他说："世界上现存 6000 多种语言，据估计，可能会留下 500 种左右，其他的语言会消亡。那么，维吾尔语的出路在哪里，能否保留下来，是一个问题。我们有自己的文化，但能否传承下去，文化的根在哪里，都是值得思考的问题。"作为"在学校中支持母语教育基金会"的负责人，他和同事们为母语的保留做了很多卓有成效的工作。比如，资助维吾尔语学校，召开全国性的学术研讨会统一思想，促成"学习母语是非常重要的事情"共识的达成，筹备维吾尔语教育网站等。

很多父母已经开始认识到母语教育要从娃娃抓起。哈萨克斯坦维吾尔人国家文化中心执行主任热比克·依司马义的小孙子才 2 岁，刚开始学说话。热比克希望孙子首先要学好母语维吾尔语。因此，他已和孩子的父亲商量好，要把孙子送到维吾尔族幼儿园，并且在家教孙子说维吾尔语。前苏联时期，每个县、乡都有维吾尔语幼儿园。哈萨克斯坦独立后，由于国家财力紧张，很多都关闭了。现在整个阿拉木图市只有 1 家维吾尔语幼儿园，绝大多数维吾尔族儿童只能上俄语或者哈萨克语幼儿园。针对这种情况，相关部门正在努力重建和恢复维吾尔幼儿园。

第五节　哈萨克斯坦维吾尔族兼用语
使用现状及发展趋势

哈萨克斯坦维吾尔族不仅全民熟练、稳定地使用自己的母语维吾尔语，同时，全民兼用哈萨克斯坦国语哈萨克语以及同为正式语言的俄语。在实地调查中我们看到，无论是在交通便利、经济发达的城市，还是在交通不便、经济状况略差的乡村，绝大多数维吾尔人都会说俄语和哈萨克语。本节根据个案调查所获得的第一手材料，对哈萨克斯坦维吾尔族兼用哈萨克语和俄语的状况及其成因进行分析，并对兼用这两种语言的发展趋势进行预测。

一　哈萨克斯坦维吾尔族兼用语使用现状

（一）哈萨克斯坦维吾尔族兼用哈萨克语的现状

我们选取的三个调查点中，阿瓦特乡、贝斯伊特乡是维吾尔族聚居区，阿拉木图市区的调查对象主要来自维吾尔聚居区友好社区，也有少数来自其他地区。从三个调查点的统计数据来看，哈萨克斯坦维吾尔族兼用哈萨克语的比例高达 99.4%，只有 2 人不懂哈萨克语，仅占全部调查对象的 0.6%（具体统计数据见表 4-43）。可以说，兼用哈萨克语在维吾尔族中具有全民性。

表 4-43　　　　　　　不同调查点维吾尔族兼用哈萨克语情况

调查点	调查人数	熟　练		略　懂		不　会	
		人数	百分比（%）	人数	百分比（%）	人数	百分比（%）
阿瓦特乡	127	85	66.9	40	31.5	2	1.6
贝斯伊特乡	144	121	83.9	23	16.1	0	0
阿拉木图市区	79	56	70.9	23	29.1	0	0
合计	350	262	74.8	86	24.6	2	0.6

统计数据显示，350 名调查对象中仅阿瓦特乡有 2 人不会哈萨克语，约占全部调查对象的 0.6%，几乎是全民兼用哈萨克语。阿瓦特乡不懂哈萨克语的 2 人，一人是 10 岁的 Amarev Ötkür（阿马热夫·吾提库尔），他现在上的是村里的维吾尔语学校，学校的老师用维吾尔语授课，家里父母、爷爷都是维吾尔族，他生活在一个以维吾尔语为主的语言环境中。尽管学校开设有哈萨克语课，但每周只有 4 课时，仅在课堂上学一点儿，平时基本上不说哈萨克语，听、说能力都较为低下。在当今哈萨克斯坦共和国大力推行国语的大背景下，随着年龄的增长，Amarev Ötkür（阿马热夫·吾提库尔）学习、使用哈萨克语的时长、机会将越来越多，可以预见，在不久的将来，他的哈萨克语会越来越好。另一人是 70 岁的 Amareva Ibadätxan（阿米尔娃·伊巴代提），她也是长年生活在维吾尔语环境中，缺乏与哈萨克族长期接触的经历，加之哈萨克斯坦独立之前，她接受的是"维吾尔语—俄语"双语教育，所以没有学会哈萨克语。

从习得顺序来看，哈萨克语是大多数维吾尔族在母语之后学会的第二语言。统计数据显示，没有人以哈萨克语为第一语言，而以哈萨克语为第二语言的有 305 人，占全部调查对象的 87.1%，以哈萨克语为第三语言的占 12.3%，占全部调查对象的 12.3%。具体统计数据见表 4-44。

表 4-44　　　　　　　维吾尔族习得哈萨克语的顺序

习得哈萨克语的顺序	人数	占全部维吾尔族的比例（%）
以哈萨克语为第一语言	0	0
以哈萨克语为第二语言	305	87.1
以哈萨克语为第三语言	43	12.3
合计	348	99.4

（二）哈萨克斯坦维吾尔族兼用俄语现状

俄语是与哈萨克语同等使用的正式语言，哈萨克斯坦的维吾尔族也很重视使用俄语。表 4-45 是维吾尔族兼用俄语的统计数据。

表 4-45　　　　　不同调查点维吾尔族兼用俄语的情况

调查点	调查人数	熟　练		略　懂		不　会	
		人数	百分比（%）	人数	百分比（%）	人数	百分比（%）
阿瓦特乡	127	64	50.4	50	39.4	13	10.2
贝斯伊特乡	144	102	70.9	42	29.1	0	0
阿拉木图市区	79	54	68.3	24	30.4	1	1.3
合计	350	220	62.9	116	33.1	14	4

从表 4-45 中可以看到，350 名调查对象中只有 14 人不会俄语，约占全部调查对象的 4%，能不同程度兼用俄语的人口高达 96%，近乎全民兼用。

不会俄语的 14 人，从年龄段分布来看，主要集中在 6—19 岁（3 人）、40—59 岁（4 人）及 60 岁（6 人）以上，20—39 岁年龄段只有 1 人；从地域分布来看，主要集中在阿瓦特乡（13 人），阿拉木图市也有 1 人，她是 Ilfuza（伊利甫扎）的母亲 Liwinäm（利吾纳姆）。22 岁的 Ilfuza（伊利甫扎）大学毕业后在阿拉木图市一家餐馆打工，她的母亲仍生活在乡村，偶尔来阿拉木图市，用熟练的哈萨克语就可以满足日常生活的基本交际需求，加之年纪大了，没有学习俄语的强烈愿望。

相比较而言，维吾尔族兼用哈萨克语的比例和水平比俄语略高，这是因为维吾尔族的母语维吾尔语跟哈萨克语同属于阿尔泰语系突厥语族语言，相似度比较高，学起来更容易。而俄语属于印欧语系，跟维吾尔语的差异较大。在实地调查中，我们多次听到当地的维吾尔人说："现在的孩子维吾尔语和哈萨克语的水平是相当的，不用刻意去学习哈萨克语，因为是亲属语言，不像维吾尔语和俄语、汉语一样，相差比较远。""哈萨克族邻居会对维吾尔族孩子直接说哈萨克语，他们之间不会有沟通问题，因为语言比较接近。如果母语掌握程度差，哈萨克语水平也会差。""懂维吾尔语的肯定精通哈萨克语。"尽管如此，由于俄语教育在哈萨克斯坦的悠久历史以及俄语的现实语言环境都要优于哈萨克语，所以二者的差异并不太显著。

（三）兼用语的社会功能

哈萨克语和俄语在维吾尔人的语言生活中肩负着与非本族人交流、沟通的重任。从交际对象来看，维吾尔人一般跟懂母语的哈萨克族说哈萨克语，跟陌生人、非哈萨克人以及不懂母语的哈萨克人说俄语；从使用场合来看，在见面打招呼、聊天、工作、做买卖、看病、开会、公务活动、媒体广播、学校、节日、集会、婚嫁、丧葬等活动中，与非本族人交流时，维吾尔人基本不选用母语，而是选用哈萨克语或俄语。其中，选用哈萨克语的比例略高于俄语。我们在3个调查点抽样调查了21名维吾尔人，对他们在不同场合与非本族人之间交往时的语言使用情况进行了调查。表4-46是调查结果的统计数据。

表 4-46　　　　　　　在不同场合对非本族人的语言使用情况

交际场合		非本族人		
	语言	维吾尔语	俄语	哈萨克语
见面打招呼		2	8	11
聊天		1	9	11
生产劳动		2	7	12
买卖		1	10	10
看病		1	9	11
开会	开场白	2	8	11
	传达上级指示	2	8	11
	讨论、发言	1	8	12
公务用语		0	8	13
广播用语		3	7	11
学校	课堂用语	3	7	11
	课外用语	2	8	11
节日、集会		1	10	10
婚嫁		1	9	11
丧葬		3	7	11

上表显示，在不同的交际场合，面对非本族人时，维吾尔人极少使用

母语，多选用哈萨克语或俄语。除了做买卖和节日、集会时，各有 10 人分别选用哈萨克语和俄语之外，其他场合中选用哈萨克语的都要略高于俄语。如：与非本族人见面打招呼时，11 人选用哈萨克语，8 人选用俄语；与非本族人聊天时，11 人选用哈萨克语，9 人选用俄语。

即使是在高考中，选用哈萨克语的维吾尔族学生也多于俄语。他们认为用哈萨克语答卷比用俄语答卷能获得更好的成绩。学校出版社维文编辑部主任马利克先生告诉我们，高考时大概有 80%的维吾尔族学生选择哈萨克语，因为维吾尔语和哈萨克语是亲属语言，比较接近，维吾尔族学生容易接受。

对哈萨克语和俄语并行的现象，哈萨克斯坦东方学研究所副研究员 Ablet Kamalof（阿不来提·卡马洛夫）先生解释说，懂维吾尔语的肯定精通哈萨克语。由苏联遗留下来的习惯，大家说俄语、看俄语电影，共享俄罗斯文化，俄语成为了大家的共同语。他自己从小就上俄语学校，对俄罗斯文化比较了解，所以跟俄罗斯人比较亲近。

二　哈萨克斯坦维吾尔族兼用哈萨克语和俄语的成因分析

哈萨克斯坦维吾尔族全民兼用哈萨克语和俄语的现状与其语言功能、维吾尔人的语言态度、国家的语言政策和教育政策等多方面的因素有关。具体分析如下：

（一）开放的语言态度为哈萨克斯坦维吾尔人兼用哈萨克语和俄语奠定了情感认知基础

语言态度影响语言的选择和使用，积极的语言态度有利于语言的保留和发展。我们在调查中发现，绝大多数维吾尔人的语言态度比较开放，他们既有保护和传承本民族语言文化的强烈愿望，也充分认识到俄语、哈萨克语在现实生活中的重要性。这种开放的语言态度和语言观念为他们学习、使用母语之外的语言奠定了一定的情感认知基础。

哈萨克斯坦的维吾尔人虽然有自己的语言，但是在与外族人交流时一般都尽量采用对方所说的语言。用维吾尔人自己的话说，他们"见到哈萨克族说哈萨克语，见到俄罗斯族说俄语"。维吾尔人这种突出的语言能力在一定程度上是与他们开放的语言态度和谦和的民族心理分不开的。

我们对维吾尔人的语言态度进行了问卷调查，随机选取了 13 人填写调查问卷。以下是相关问题的统计分析结果：

1. 关于学习哈萨克语的用处。认为学习和掌握哈萨克语"很有用"的有 12 人，认为"有些用"的有 1 人，没有人认为哈萨克语没有用。

2. 关于学好哈萨克语的目的。13 人中有 1 人选"找到好工作，得到更多的收入"，4 人选"升学的需要"，8 人选"便于与外族人交流"。

3. 关于掌握哈萨克语的愿望。13 人中有 5 人选"迫切希望"，7 人选"希望"，1 人选"无所谓"，没有人选"不希望"。

4. 关于掌握俄语的愿望。13 人中有 3 人选"迫切希望"，9 人选"希望"，1 人选"无所谓"，没有人选"不希望"。

可见，大多数维吾尔人希望掌握哈萨克语和俄语，以便于与外族沟通、交流。这种开放、包容的语言态度是他们能较好掌握哈萨克语和俄语的重要促进因素。

（二）哈萨克斯坦的语言政策为维吾尔人兼用哈萨克语和俄语提供了法律保障

哈萨克斯坦 1997 年颁布的《哈萨克斯坦共和国语言法》第 4 条明确规定："哈萨克斯坦共和国的国语是哈萨克语。"1998 年颁布的第二部《哈萨克斯坦宪法》明确规定："哈萨克语为国语，俄语同为正式使用的语言。"这两部法律明确了哈萨克语、俄语在哈萨克斯坦共和国的地位，为维吾尔族兼用国语哈萨克语及正式语言俄语提供了政策上的保障。在这样的政策保障之下，哈萨克语和俄语在行政、教育、媒体、司法、服务等领域得到了大力提倡和推广。

（三）哈萨克语和俄语对维吾尔族的生存、发展起到了至关重要的作用

在哈萨克斯坦，维吾尔族是众多少数民族中的一个，为了在这个多民族的国家里得以生存和发展，必须兼用其他民族的语言，尤其是语言地位高、通行范围广的语言。因为维吾尔语作为维吾尔族内部的交际工具，其社会功能和使用范围有很大的局限性，难以满足人们多方面的交际需求。

在哈萨克斯坦的历史上，俄语长期以来占据着主导地位，至今仍对每一个哈萨克斯坦人的社会生活都有着举足轻重的影响。而哈萨克语自 1991 年哈萨克斯坦独立以来一直是国家努力推行的国语，它的特殊地位也是别的语言所不能替代的。哈萨克语、俄语成为语言地位高，功能强大，通行范围广的语言，能够满足维吾尔人多方面的社会需求，可以担负起维吾尔族与其他民族之间交流、沟通的重任，因此，维吾尔人愿意通过各种不同的途径提高自己的兼语能力。

（四）学校教育是维吾尔人兼用哈萨克语和俄语的关键

在学校接受系统、正规的俄语或哈萨克语教育是维吾尔人掌握兼用语的主要途径。哈萨克斯坦的维吾尔族中小学生可以自由选择三种学校：俄语学校、哈萨克语学校、维吾尔语学校。这三种学校分别以俄语、哈萨克语、维吾尔语授课。在维吾尔语学校里，学生还必须学习俄语和哈萨克语；在俄语学校里，则必须学习哈萨克语；在哈萨克语学校里，则必须学习俄

语。这样，学生不管上哪种学校，都能学习俄语和哈萨克语两种语言。这种多语种教学的教育体制成为维吾尔族掌握哈萨克语和俄语的重要途径。

三　哈萨克斯坦维吾尔族兼语发展状况预测

如上所述，哈萨克斯坦维吾尔族大都能同时兼用哈萨克语和俄语，二者在维吾尔族的语言生活中形成一种竞争关系。目前的状况是维吾尔人兼用哈萨克语的比例和水平略高于俄语。那么，今后这两种语言的发展状况将会如何呢？

在哈萨克斯坦，由于哈萨克语的国语地位确立的时间不太长，而俄语的根很深，已有近百年的历史，尤其是苏维埃社会主义共和国联盟成立之后，俄语成为各加盟共和国的官方语言，其深远的影响力不可能在短时期内被哈萨克语所取代。正因为如此，在哈萨克斯坦，通行范围最广、使用领域最多、使用人口比例最高的语言就是俄语，其次才是哈萨克语。1996年4月该国进行的一次调查显示，只有36%的哈萨克族熟练掌握哈萨克语，36.6%的哈萨克族根本不懂哈萨克语。可是，87.9%的哈萨克族熟练掌握俄语，完全不懂俄语者只有2.8%。俄罗斯人只有7.7%不同程度地掌握哈萨克语，其中熟练掌握者只有1.4%。与全国总体情况不一样的是，由于维吾尔语与哈萨克语同属于突厥语族，所以在维吾尔人的语言生活中，哈萨克语在与俄语的竞争中始终处于优势地位。

随着政府对哈萨克语的大力普及，加之苏联解体后，俄语在一些国家失去官方语言的地位，甚至还在一些国家被禁用，其优势地位已被动摇。据俄罗斯《报纸报》2011年9月3日报道，哈萨克斯坦国家电视台1决定停止俄语节目的播出。俄语编辑部宣布关闭，工作人员被解雇。而电视台网页目前仍使用俄、哈两种语言，但将逐步改为哈萨克语。这一举措被认为是哈萨克斯坦推广哈萨克语，加快"弃俄语"的步伐的一个标志。在"倡母语、弃俄语"的背景下，哈萨克语的地位将得到进一步提升，而俄语的地位则会逐渐下滑。因此，就维吾尔族的语言生活来说，哈萨克语在与俄语的竞争中将进一步扩大其优势地位。

第五章　哈萨克斯坦维吾尔语结构

在谈到语言结构时，我们的注意力一般都集中在语法结构上。因此本章我们主要介绍哈萨克斯坦维吾尔语的句法结构。当然，作为本章的引论，我们也可介绍一下哈萨克斯坦维吾尔语较突出的几个语音和词汇特点。

哈萨克斯坦维吾尔语里也跟中国的现代维吾尔语一样有八个元音音位。可用下列表 5-1 表示：

表 5-1　　　　中国和哈萨克斯坦两边维吾尔语元音表

（维吾尔文拉丁字母转写符号）

口腔状 \ 舌位 \ 唇状	圆唇		展唇	
	前	后	前	后
开元音				a
半开元音			ä	
半闭元音	ö	o	e	
闭元音	ü	u	i	

哈萨克斯坦维吾尔语里也跟中国的现代维吾尔语一样有 22 辅音音位和用来拼写外来词和模拟词的 3 个辅音符号（括号内）。可用下列表 5-2 来表示：

表 5-2　　　　中国和哈萨克斯坦两边维吾尔语辅音表

（维吾尔文拉丁字母转写符号）

方法 \ 部位		双唇	唇齿	舌尖	舌叶	舌面	舌根	小舌	喉
塞音	清	p[pʰ]		t[tʰ]			k[kʰ]	q[qʰ]	
	浊	b[b]		d[d]			g[g]		
塞擦音	清				č[tʃʰ]				
	浊				j[ʤ]				

续表

方法 \ 部位		双唇	唇齿	舌尖	舌叶	舌面	舌根	小舌	喉
擦音	清		（f[f]）	s[s]	š[ʃ]			x[x]	h[ɦ]
	浊	w[w]	（v[v]）	z[z]	（ž[ʒ]）	y[j]		ğ[ʁ]	
鼻音		m[m]	n[n]				ŋ[ŋ]		
颤音			r[r]						
边音			l[l]						

因此，从以上的元音和辅音表格中可以看出，哈萨克斯坦和中国的维吾尔语共享共同的语音体系。当然，也有各自的个别特殊性。如在哈萨克斯坦维吾尔语里，舌面音 y 出现在词首窄元音 i、u、ü 前时读成 ž 的现象比较突出。如我们在本书的"附录二：哈萨克斯坦的维吾尔语语料"部分里记录了下列以 ž 开头的词，而与之相应的中国维吾尔语书面语里出现的是 y，请比较：

表 5-3

序号	哈萨克斯坦书面维吾尔语	中国书面维吾尔语	汉义
1	žuquri	yuquri	高
2	žiraq-tiki	yiraq-tiki	远处的
3	žür-gän	yür-gän	行走的
4	žürgiz-idiğan	yürgiz-idiğan	主持的
5	žil	yil	年
6	žirkin-ip	yirgin-ip	厌恶
7	žut-qin-im	yut-qin-im	我吞下的
8	žürgüz-ül-gän	yürgüz-ül-gän	被推行的
9	žut	yurt	老家
10	žürig-i	yürig-i	他的心
11	žiğli-ma	yiğli-ma	别哭
12	köz žum	köz yum	闭眼
13	žügrük	yügrük	善跑的
14	žiğa-zerä	yiğa-zerä	大哭一场

当然，在中国维吾尔语的某些方言土语里以上的这些词的发音也跟哈萨克斯坦维吾尔语里的一样，ž 作为 y 的自由变体出现。但这不体现在中国

书面维吾尔语里。

在词汇方面，哈萨克斯坦维吾尔语也跟中国的维吾尔语一样具有丰富多彩的词汇。同时，它也有自己的特点及其发展的规律。和其他突厥语言的词汇相比较，又有相同和不同之处。它既有各种突厥语共同的词，又有自己特有的词，形成了哈萨克斯坦维吾尔语自己的词汇系统。从总的趋势看，哈萨克斯坦维吾尔语里使用的俄语借词远比中国维吾尔语里的多，而中国维吾尔语的汉语借词比哈萨克斯坦维吾尔语里的多。这是由他们所处的社会地理条件决定的，是非常自然的现象。

我们在本章对哈萨克斯坦维吾尔语语言结构的描写中，把重点放在了哈萨克斯坦维吾尔语与中国维吾尔语的词法比较上。这是因为，一方面，传统语法研究认为像维吾尔语这样的黏着型语言只要把词法研究透了，留给句法研究的东西就不多了。另一方面，哈萨克斯坦维吾尔语和中国维吾尔语的句法基本一致，没有太多的东西可讲。

一般来讲，任何语言的语法分析都在词类基础上进行。因为词类是把成千上万个词按某种词法和句法共性划分的结果，因此其数量有限，有利于概括性描写。如在传统语法里，哈萨克斯坦和中国的语法学家们（参见哈米提·铁木尔，1987；Ruslan Arziyev（Руслан Арзиев，2006）都把维吾尔语的词划分为实词和虚词两大类，并把名词、形容词、数词、量词、副词、代词、模拟词、动词等 8 类归入实词类；把只有语法意义而没有词汇意义的后置词、连词、语气词、感叹词等 4 类归入虚词类。可用表格表示如下：

表 5-4

	哈萨克斯坦学者的分类[①]	中国学者的分类[②]
实词类	名词	名词
	形容词	形容词
	数词	数词
	量词	量词
	副词	副词
	代词	代词
	动词	动词
	模拟词	模拟词

① 参见 Руслан Арзиев，*УЙҒУР ТИЛИ*，Алмута "Мектеп" Нәшрияти，2006)。

② 参见 Hämit Tömür (1987), *Hazirqi Zaman Uyğur Tili Grammatikisi (Morfologiyä)*, Millätlär Näšriyati.《现代维吾尔语语法》（形态学），民族出版社 1987 年版)。

续表

	哈萨克斯坦学者的分类	中国学者的分类
虚词类	后置词	后置词
	连词	连词
	语气词	语气词
	感叹词	感叹词

可见在词类的划分上两国学者的看法较一致。这为整个维吾尔语的描写提供了共同的基础。

第一节　名词

表示人或事物名称的词叫做名词，如 asman "天空"、tağ "山"、oqutquči "教师"、doxtur "医生"、kariwat "床"、öy "房子"、yil "年"、ana "母亲"、bala "孩子"、Amerika "美国"、Qäšqär "喀什"、Allah "真主"、idiyä "思想"、äxlaq "道德"、kommunizm "共产主义"等。

一　名词的构成与分类

维吾尔语名词按其所指事物的不同，可分为名词原形、类指名词、普通名词、专有名词和泛指名词。

1. 名词原形

维吾尔语名词原形指名词还没有与其他任何成分合并的形式，普通名词一般都以这一形式作为词条录入词典。维吾尔语名词原形可以充当定语，如 **taškörwrük** "石头桥"、**altun** saät "金表"、**tömür** yol "铁路" 等中的黑体字 taš、altun、tömür 等。名词原形没有特指性，只指抽象事物，因此与动词结合时可以成为动词不可分割的一部分，如 **čüš** kör- "做梦"、**tamaq** yä- "吃饭"、**taŋ** at- "天亮"、**däz** kät- "裂缝" 等中的黑体字部分。它们虽然看上去像动词的宾语或主语，但它们与相应带主格、宾格的格短语形式不同，已成为动词的一部分，因而中间不能插入别的成分。这就是它们的句法特点之一。

2. 类指名词

类指名词指名词所表达事物的总类，即指属于该类的所有成员。如 **Poyiz** qatnaš qorali "火车是交通工具"、**Itniŋ** töt puti bolidu "狗有四条腿" 中的黑体字 poyiz、it 等就是类指名词。可见维吾尔语里类指名词由名词的单数、非从属形式充当，但它可以跟格成分自由合并。

3. 普通名词

普通名词在具体上下文中可以指一类事物的全部或其中的一个或一部分。如 adäm "人"、išči "工人"、därya "河"、taš "石头"、at "马"、poyiz "火车"、šähär "城市"、yeza "乡村"、yil "年"、ay "月"、däräx "树"、qoğun "甜瓜"、pämidor "西红柿"、nan "馕"、kitab "书"、saät "表"、čapan "袷袢，外衣" 等。

4. 专有名词

专有名词指表示人、国家地域、机关单位、书刊、民族类别以及其他一些特指事物的名称。专有名词的第一个字母在不少拼音文字书写中一般都要大写。如：Tursun "吐尔逊"、Jon "约翰"、Yawropa "欧洲"、Asiya "亚洲"、Beyjiŋ "北京"、Ürümči "乌鲁木齐"、Birläškän Dölätlär Täškilati "联合国"、Märkiziy Millätlär Universiteti "中央民族大学"、Juŋgo Musulmanliri (Žornili) "《中国穆斯林》"（杂志）、Šinjaŋ Geziti《新疆日报》、Uyğur "维吾尔"、Tatar "塔塔儿" 等。

在维吾尔语名词类中不但包括了类似以上的表示具体事物的名称，也包括了大量表示抽象事物的名称，如 sotsiyalizm "社会主义"、istil "作风"、äxlaq "道德"、idiyä "思想"、muhäbbät "爱情"、hessiyat "感情" 等。但就语法特点来讲，具体名词与抽象名词除在某些具体成分的相互搭配上有所限制外，在其他方面并不具有明显的区别特征。因此，可以不做这方面的再分类。

5. 泛指名词

泛指名词指具有某种共性的一类或一组事物的总称。这类名词在结构上有其特殊性：（1）一般名词通过重复，并在重复时把词首音替换成 p-或 m-而构成，如 nan "馕"—nan-**pan** "馕之类的"，čay "茶"—čay-**pay** "茶之类的"，qoy "羊"—qoy-**poy**/qoy-**moy** "羊之类的" 等。如果名词是以元音开头的，重复时前面直接增加一个 p-或 m-音就可以，如 öy "房子"—öy-**pöy**/öy-**möy** "房子之类"，un "面粉"—un-**pun** "面粉之类" 等。（2）泛指名词还可以通过意义相近的两个名词的合并而构成，如 yüz "脸"+köz "眼睛"—yüz-köz "脸面"，näzir "祭祀"+čiraq "灯"—näzir-čiraq "各种祭祀活动"。一般来讲，在类似组合里前面出现的名词的意义占主要地位，而后面出现的名词在意义上起扩大整体意义的作用，以此达到泛指的目的。因此在有些组合里后面出现的那个名词的意义越来越模糊起来。如 toy "婚礼"+tökün "？"—toy-tökün "红白喜事"，bala "孩子"+čaqa "？"—bala-čaqa "家眷，家属" 等。

在维吾尔语名词类里有些名词有特殊的句法特征，应该加以进一步的归类。如时间名词、方位名词、身体器官名称、亲属称谓等属于这一类。

6. 时间名词

表示时间的名词叫做时间名词。例如：bügün "今天"、ätä "明天"、ögün "后天"、ätigän "早晨"、čüš "中午"、käč "夜晚"、axšam "晚上"、ätiyaz "春天"、yaz "夏天"、küz "秋天"、qiš "冬天"、yil "年"、ay "月"、kün "日"、düšänbä "星期一"、säyšänbä "星期二"、čaršänbä "星期三"、päyšänbä "星期四"、jümä "星期五"、šänbä "星期六"、yäkšänbä "星期日"等。

时间名词除了跟一般名词一样接受别的成分的修饰以及能跟数、从属人称、格等功能词类合并外，还可以直接用作时间副词。如：

（1）　U　　**bu　yil**　20　yaš-qa　　kir-di.
　　　　他　　这　年　20　岁 DAT　　进 PST
　　　　"他今年 20 岁。"

（2）　Biz　　**ätä**　　yol-ğa　　čiq-　-i-　　-miz.
　　　　我们　明天　　路 DAT　出　　NPST　1pl
　　　　"我们明天出发。"

（3）　Dehqan-lar　**bu　yil　ätiyaz**　qurğaqčiliq-ni
　　　　农民　PL　这　年　春天　干旱　ACC
　　　　yäŋ-　　-di.
　　　　克服　　PST
　　　　"农民们今年春天克服了干旱。"

当然，yil "年"、kün "日"、ätä "明天"、axšam "晚上" 等时间名词用作特指某一时间的副词时要与第三人称从属成分-i/-si 合并，如 šu kün**i** "那天"、bäšinči yil**i** "第五年"、ät**i**s**i** "第二天"、keč**i**s**i** "夜里"、män kälgän kün**i** "我来的那天"等。

时间名词与-ği/-qi/-gi/-ki, -liq/-lik/-luq/-lük" 等附加成分合并后可构成表示时间的形容词，如 ätigän**lik** tamaq "早饭"、bügün**ki** xäwär "今天的消息"、küz**gi** buğday "冬麦"、käč**lik** programma "晚间节目"、yaz**liq** waqit "夏令时间"等。

7. 方位名词

方位名词指表示方位、处所的名词，如 ast "下面"、üst "上面"、ald "前面"、käyn "后面"、ič "里面"、taš "外面"、yan "旁边"等。方位名词因本身的语义限制，一般都要与从属人称成分合并，与第三人称从属成分-i/-si 合并的情况居多，而且前面会出现带有领属格-niŋ 的格短语，如 joziniŋ üsti "桌子的上面"、kariwatniŋ asti "床的下面"、sanduqniŋ iči "箱子里面"、öyniŋ aldi "屋子前面"、tamniŋ käyni "墙后面" 等。

8. 身体器官名称

身体器官名称指表示人体器官的名称，如 baš "头"、köz "眼睛"、eğiz "口，嘴"、burun "鼻子"、qol "手"、put "脚" 等。由于身体器官名称一般都属于某一个主体，在使用中也离不开这一主体的修饰，否则其意义难以理解。主体一般与领属格-niŋ 合并，构成格短语，而身体器官名称与相应的从属人称成分合并，如 seniŋ ağziŋ "你的嘴"、uniŋ burni "他/她的鼻子"、meniŋ qolum "我的手" 等。当然，因从属人称成分的存在，多数情况下前面的修饰主体会被省略，如 ağziŋ "你的嘴"、burni "他/她的鼻子"、qolum "我的手" 等。

9. 亲属称谓

亲属称谓指表示亲属关系的名称，如 bowa "爷爷"、moma "奶奶"、ata "父亲"、ana "母亲"、aka "哥哥"、uka "弟弟"、hädä "姐姐"、siŋil "妹妹" 等。由于亲属称谓表示两个主体之间的亲属关系，在言语中一般也不独立使用，需要有带领属格-niŋ 的格短语的修饰，而本身还要与相应的从属人称成分合并，如 seniŋ bowaŋ "你的爷爷"、uniŋ ukisi "他/她的弟弟"、meniŋ hädäm "我的姐姐" 等。同样，因本身带有从属人称成分，多数情况下前面的修饰成分会被省略，如 bowaŋ "你的爷爷"、ukisi "他/她的弟弟"、hädäm "我的姐姐" 等。

维吾尔语名词根据其构成方式，可分为非派生名词、派生名词、复合名词、缩写名词等。非派生名词就是一般由一个词根构成的名词，如 tağ "山"，qol "手"，su "水" 等。让我们看看派生名词、复合名词、缩写名词等。

10. 派生名词

维吾尔语的派生名词有下列附加成分缀加于词干而构成：

（1）由名词派生名词的附加成分：

① -či：这是维吾尔语中较古老而能产的构词附加成分之一，其派生功能如下：A. 缀加在一部分名词词干之后，构成与该名词表达的事物有关的行为动作或职业的名词。如：iš "事，活儿" —išči "工人"，jäŋ "战争" —jäŋči "战士" 等。B. 缀加在一些名词之后，派生出表示与该名词所表达的事物有关的派别、团体的人的名词，如 marksizim "马克思主义" —marksizimči "马克思主义者"，šäxsiyät "个人" —šäxsiyätči "个人主义" 等。

② -daš：这也是维吾尔语中较古老而能产的构词附加成分之一，缀加在一些名词词干后，构成与该名词所表示的事物属同一类人或事物，如 yol "路" —yoldaš "同路人，同志"，sawaq "教训，功课" —sawaqdaš "同学" 等。

③ -liq/-lik/-luq/-lük：这是维吾尔语中最有效的构词附加成分之一，其构词作用如下：A. 缀加在某些职业名词之后，构成表示该职业经营范围的名词，如 qassap "屠夫" —qassapliq "屠夫行业"，tilšunas "语言学家" —tilšunasliq "语言学" 等。B. 加在表示植物和物体的某些名词之后，派生表示这种植物或者物体生长或存在的场所的名词，如 qariğay "松树" —qariğayliq "松树林"，nefit "石油" —nefitlik "油田" 等。C. 加在表示身份的某些名词后面，构成表示具有类似身份特征的名词，如 bala "孩子" —baliliq "孩童时代"，yaš "青年" —yašliq "青年时代" 等。D. 加在某些名词之后，构成表示用于该名词所表示的事物的某种需求的名词，如 kün "太阳" —künlük "太阳伞"，toy "婚礼" —toyluq "嫁妆" 等。E. 加在某些地名后，构成表示出生或生长在该名词所表达地点的人的名词，如 Turpan "吐鲁番" —turpanliq "吐鲁番人，Yawropa "欧洲" —yawropaliq "欧洲人" 等。

④ -čiliq/-čilik：该附加成分是 "-či" 加 "-liq/-lik" 之后形成的，加在某些名词后构成表示与该名词所表达的概念有关的某种关系的名词，如 tuğqan "亲戚" —tuğqančiliq "亲戚关系"，širik "伙伴" —širikčilik "伙伴关系"。

⑤ -čä₁：该附加成分加在表示民族名称的名词之后，构成表示该民族的语言文字的名词，如 Uyğur "维吾尔" —uyğurčä "维吾尔语，维吾尔文"，Rus "俄罗斯" —rusčä "俄罗斯语，俄罗斯文" 等。

⑥ -čä₂：该附加成分加在某些名词之后，给该名词所表达的事物增加指小意义。如：kitab "书" —kitabčä "小册子"，bölüm "科、室" —bölümčä "单间，小房间"。

⑦ -xana：来自波斯语借词 xana "房间，室"。当然，它在维吾尔语中有时也用作一个独立词，如 birlär xanisi "个位"，onlar xanisi "十位"，uniŋ öz xanisi bar "他有自己的小房间" 等。在更多情况下，它参与派生词的构成，即加在某些名词后构成该名词所表示的事物所处场所的名词，如 kömür "煤" —kömürxana "储煤屋"，kitab "书" —kitabxana "书店" 等。

⑧ -šunas：波斯语借入成分，附加在有些名词后，构成从事或研究该名词所表达的事物的职业名词，如 tarix "历史" —tarixšunas "历史学家"，Turpan "吐鲁番" —turpanšunas "吐鲁番学家" 等。

⑨ -zar：波斯语借入成分，附加在有些植物名称后构成表示专门生长该植物的地方名称，例如 gül "花" —gülzar "花园"，üzüm "葡萄" —üzümzar "葡萄园" 等。

⑩ -dan：波斯语借入成分，附加在有些物体名称后构成表示容纳该物体的容器的名词，如 su "水" —sudan "水壶"，čay "茶" —čaydan "暖瓶"，oq "箭" —oqdan "箭袋" 等。

⑪ -namä：波斯语借入成分，原意为"信、书"。因此在维吾尔语中除了作为独立词使用的 xät pütüp **namä** äwättim mehriban yarim saŋa "亲爱的，我已写信寄给你"等少数场合外，一般都用作派生名词成分，其以上的意义保留不变，如 wädä "许诺"—wädi**namä** "承诺书"，guwah "证人，证物"—guwah**namä** "证书"等。

⑫ -iyä：该附加成分一般加在表示民族的名称之后，构成表示该民族居住地（多表示国家）的名词。如：Yapon "日本人"—Yapon**iyä** "日本（国）"，Türk "土耳其人"—Türk**iyä** "土耳其（国）"等。

⑬ -män：该附加成分缀加在名词词干后，构成表示与原词义有关的人的名词，如 hajät "需要"—hajät**män** "需要者"，dölät "财富"—dölät**män** "富翁，富豪"等。

⑭ -xumar：该附加成分缀加在名词词干后，构成表示迷恋于名词所表达事物的人的名词，一般有贬义，如 haraq "酒"—haraq**xumar** "酒鬼"，uyun "游戏"—uyun**xumar** "好玩者"等。

⑮ -päräs：该附加成分缀加在名词词干后，构成表示追求名词所表达事物的主体的名词，有轻蔑之义，如 abroy "威望"—abroy**päräs** "沽名钓誉者"，rahät "享受"—rahät**päräs** "享乐主义者"等。

⑯ -isit：该附加成分缀加在名词词干后，构成表示属于该名词所表达流派或从事某种业务的名词，如 kapital "资本"—kapital**isit** "资本家"，mašina "机器"—mašin**isit** "打字员"等。

⑰ -istan：波斯语借入成分，一般加在表示民族的名称之后，构成表示该民族居住地（多数是国家）的名词。Afğan "阿富汗人"—Afğan**istan** "阿富汗"，Hindi "印度人"—Hind**istan** "印度"等。

⑱ -waz（baz）：波斯语借入成分，加在有些名词之后，构成表示该名词所表达事物的游戏者、抚养者或者从事这一活动过量者的名词，如 qimar "赌博"—qimar**waz** "赌徒"，käptär "鸽子"—käptär**waz** "酷爱养鸽子或做鸽子生意的人"等。

⑲ -xor：波斯语借入成分，加在有些名词之后，构成表示吃、喝该事物的名词或者吃喝该事物的贪婪的人的名词，如 qan "血"—qan**xor** "吸血者"，para "贿赂"—pari**xor** "受贿成性的人"等。

⑳ -kar：波斯语借入成分，加在有些名词之后，构成表示以该名词所表示的事物为职业的行家的名词，如 bina "建筑物"—bina**kar** "建筑师"，sän'ät "艺术"—sän'ät**kar** "艺术家"等。

㉑ -dar：波斯语借入成分，主要加在阿拉伯、波斯语借词之后，构成表示词干所表达事物的主人的名词，如 ämäl "官衔"—ämäl**dar** "官员，当

官的"，bayraq"旗帜"—bayraqdar"旗手"等。

㉒ -päz：波斯语借入成分，一般加在表示炊事活动的名词之后，构成表示熟悉和从事该行业的人的名词，如 aš"饭，食物"—ašpäz"厨师"，samsa"烤包子"—samsipäz"烤包子师傅"等。

㉓ -gär/-kär：波斯语借入成分，加在阿拉伯、波斯语借词之后，构成表示与该名词所指事物有关的职业或活动的从事者的名词。如：soda"商业"—sodigär"商人"，dawa"诉讼"—dawagär"原告"等。

㉔ -käš：波斯语借入成分，加在有些名词之后，构成表示从事该名词所表达事物的名称，如 harwa"车子"—harwikäš"车夫，赶车人"，kira"出租"—kirakäš"出租人，出租司机"等。

㉕ -wän（-bän）：波斯语借入成分，加在个别阿拉伯、波斯语借词之后，构成表示该名词所表达事物的看守者、栽培者的名词，如 saray"店，宫殿"—saraywän"看店人，店主"，därwaza"大门"—därwaziwän"门卫"等。

㉖ -puruš：波斯语借入成分，加在一些名词之后，构成表示不太正规的出售该名词所表达事物的人的名词，如 dora"药"—doripuruš"卖药者，药贩子"，čay"茶"čaypuruš"卖茶者"等。

㉗ -xan：波斯语借入成分，加在个别表示学习对象的名词之后，构成表示该事物的学习者的名词，如 kitab"书"—kitabxan"读者"，ğäzäl"歌儿"—ğäzälxan"歌手"等。

㉘ -gah：波斯语借入成分，加在一些名词之后，构成表示同该名词所表达事物有关的行为动作的地点名词，如 aram"休息"—aramgah"休息场所"，säylä"游览"—säyligah"游览地，风景区"等。

㉙ häm-：从同音连词 häm"和，跟"分化出来的波斯语借入成分，加在一些名词之前，构成表示该名词所指事物的共同参与者的名词，如 söhbät"谈话"—hämsöhbät"谈话伙伴"，därt"痛苦"—hämdärt"有相同痛苦的人，难友"等。

㉚ -duruq/-dürük/-turuq：该附加成分加在一些名词之后，构成表示与该名词所指事物有关的用品的名词，如 eğiz"口"—eğizduruq"马嚼子"，boyun"脖子"—boyunturuq"牛轭"等。

㉛ -darčiliq：该附加成分是由-dar、-či 和-liq 三个词缀组成的，加在一些名词之后，构成表示与名词所表达的身份应有的情义或活动的名词，如 qošna"邻居"—qošnidarčiliq"邻居之情"，mehman"客人"—mehmandarčiliq"做客的应酬"等。

㉜ -gärčilik：该附加成分是由-gär、-či 和-lik 三个词缀组成的，加在表示人的一些名词之后，构成表示与那种人所具有的特征的名词，如 adäm

"人"—adäm**gärčilik**"人道主义",sipayä"文雅"—sipayi**gärčilik**"文雅的举止,装腔作势"等。

㉝ -izm:这是通过俄语借入的国际较通用的成分,它表示与原名词所表示的人和事物有关的理论、路线、原则等,如 Marks"马克思"—marks**izm**"马克思主义",materiyal"材料,物质"—materiyal**izm**"唯物主义"等。

㉞ -čaq/-čäk/-čuq/-čük:该附加成分加在名词之后,构成表示该名词所指的事物中的幼小的或者与该事物有关的小东西的名词,如 tay"马驹"—tay**čaq**"小马驹",köl"水湖"—köl**čäk**"小水坑"等。

(2)由形容词和数词派生名词的附加成分:

㉟ -liq/-lik/-luq/-lük:这是较能产的附加成分之一,加在形容词之后构成表示具有该形容词所表达的特征的名词,如 yüksäk"高度的"—yüksäk**lik**"高度",batur"勇敢的"—batur**luq**"勇敢的行为"等。有时加在序数词之后,构成表示等级的名词。如:birinči"第一"—birinč**ilik**"第一的称号",ikkinči"第二"—ikkinč**ilik**"第二的称号"等。

㊱ -čilik/-čiliq:这是由-či 和-liq/-lik 组合而成的复合附加成分,加在有的形容词之后,构成表示具有该形容词所表达的特征、性质的状态名词,如 qurğaq"干旱"—qurğaq**čiliq**"旱情",maliman"乱七八糟"—maliman**čiliq**"乱子"等。

(3)由动词派生名词的附加成分:

㊲ -ğu/-qu/-gü/-kü(-ğa/-qa/-gä/-kä):该附加成分是由同音名词化成分中分化出来,附加在某些动词词干上,构成表示与该动词所表达的行为动作有关的工具(媒介)的名词,如 ač-"开,打开"—ač**qu**"钥匙",il-"钩,挂"—il**ğa**"挂钩",süpür-"打扫"—süpür**gä**"扫帚"等。

㊳ -ğuči/-quči/-güči/-küči:这是静词化成分-ğu/-qu/-gü/-kü 与表示职业的成分-či 合并的复合附加成分,加在动词词干上,构成表示从事动词所表达的活动的名词,如 oqu-"读"—oqu**ğuči**"学生",küt-"伺候"—küt**küči**"服务员"等。

㊴ -š/-iš/-uš/-üš:该附加成分是从同音名词化成分中分化出来的,一般构成表示该动词所表达行为、动作的名称,如 bil-"知道"—bil**iš**"知道(名)",tonu-"认识"—tonu**š**"认识(名),熟人"等。

㊵ -maq/-mäk:该附加成分是从同音名词化成分中分化出来的,一般构成表示行为动作的结果或者工具的名词,如 čaq-"打火"—čaq**maq**"雷电,打火机",tepiš-"找,猜"—tepiš**maq**"谜语"等。

㊶ -ğuč/-quč/-güč/-küč:该附加成分加在有的动词词干上,构成表示该动词所表达的行为动作的工具名词,如 siz-"画线,画画"—siz**ğuč**"图画

尺子"，körsät-"使……看"—körsät**küč**"指标"等。

㊷ - ma/-mä：该附加成分加在有些词干上，构成表示该词干所表达的行为动作的结果或者媒介的名词，如 uyuš-"联合，汇集"—uyuš**ma**"联合会"，qurul-"被建设"—qurul**ma**"结构"等。

㊸ -m/-im/-um/-üm：该附加成分加在有些动词词干上，构成表示该词干所表达行为动作的结果的名词，如 kir-"入，进来"—kir**im**"收入"，bil-"知道"—bil**im**"知识"等。

㊹ -ğin/-qin（-qun）/-gün/-kün：该附加成分加在有些动词词干上，构成表示该动词所表达的行为动作结果的名词，如 yan-"燃烧"—yan**ğin**"烈火"，tut-"抓住"—tut**qun**"俘虏，人质"等。

㊺ -q/-k/-aq/-äk/-uq/-ük：该附加成分加在有些动词词干上，构成表示该词干所表示的行为动作的结果、媒介或地点的名词，如 sora-"问"—sora**q**"审问"，tirä-"顶，撑"—tirä**k**"顶门杠，支柱"等。

㊻ -n/-in/-un/-ün：该附加成分加在个别动词词干上，构成表示该词干所表达动作结果的名词，如 yiğ-"召集，搜集"—yiğ**in**"集会，会议"，aq-"流，汤"—eq**in**"水流"等。

㊼ -ndi/-indi/-undi/-ündi：该附加成分加在有些动词词干上，构成表示该词干所表达行为动作结果的名词，如 yiğ-"搜集，汇集"—yiğ**indi**"合计，综合"，qir-"刮"—qir**indi**"刨花，碎屑"等。

㊽ -duq：该附加成分构成表示动词词干所表达动作结果的名词，如 qal-"剩下，留下"—qal**duq**"结余，剩余部分"，tašlan-"被抛弃"—tašlan**duq**"被抛弃物"等。

㊾ -miš/-muš/-müš：该附加成分构成表示动词词干所表达的行为动作结果或对象的名词，如 öt-"通过，过"—öt**müš**"过去，以往"，tur-"居住，站"—tur**muš**"生活"等。

㊿ -ğaq/-qaq/-gäk/-käk：该附加成分构成表示倾向于或善于做动词词干所表达动作的事物名称，如 pat-"陷入，沉下"—pat**qaq**"泥土，泥巴"，toz-"飞扬，飞散"—toz**ğaq**"薄棒，薄绒"等。

51 -inčä/-nčä：该附加成分加在个别动词词干上，构成表示该动词所表达动作所需的物品的名词，如 yap-"遮盖"—yep**inča**"遮盖物"，sal-"铺上"—sel**inčä**"铺盖物"等。

52 -mči：该附加成分加在个别动词词干上，构成表示该动词所表示的行为动作的主体的名词，如 tilä-"乞求"—tilä**mči**"乞丐"，bašla-"带领"—bašla**mči**"带路人"等。

53 -ğuluq/-quluq/- gülük /-külük：该附加成分加在个别动词词干上，构

成表示该动词所表达行为动作的抽象客体的名词，如 kör-"看见"—kör**gülük**"苦头，厄运"，qil-"做"—qil**ǧuluq**"做为，该做的（事）"等。

11. 复合名词

复合名词一般由两个或更多的词构成。不过构成方式有所区别，有的是意义相近的两个词的结合，具有概括性或泛指意义，如 yüz"脸"+köz"眼睛"= **yüz-köz**"脸面"，gezit"报纸"+žornal"杂志"= **gezit-žornal**"各种刊物"，näzir"祭祀"+čiraq"灯"= **näzir-čiraq**"各种祭祀活动"等。有的复合名词中只有前一个成分的意意明确，而后一个成分的意义已经变得模糊，只起概括性意义，如 toy"婚礼"+tökün"？"= **toy-tökün**"红白喜事"，bala"孩子"+čaqa"？"= **bala-čaqa**"家眷，家属"等。还有一些结合中复合名词各成分的原意有所变化，两者的意义中引申出另一种意义，如 aš"饭食"+qazan"锅"= **ašqazan**"胃"，qol"手"+qap"袋子"= **qolqap**"手套"，köz"眼睛"+äynäk"玻璃"= **közäynäk**"眼镜"等。

12. 缩写名词

缩写名词就是指大家比较公认的缩写词。缩写名词除了包括只写第一个字母的 **ŠUAR**（Šinjaŋ Uyǧur Aptonom Rayoni）"新疆维吾尔自治区"，**BDT**（Birläškän Dolätlär Täškilati）"联合国"等以外还应包括只写部分音节的 **raykom**（rayonluq komitet）"区委会"，**partikom**（partiyä komiteti）"党委会"等缩写词。

二　名词性词类与复数语缀的合并

（一）复数语缀

现代维吾尔语里表示复数意义的语缀是-lar/-lär。在传统语法里，-lar/-lär 一般被放在名词的数范畴里解释，认为如果一个名词带有-lar/-lär，它就是复数名词，而不带-lar/-lär 的名词是单数名词。实际上，维吾尔语的-lar/-lär 不但能与名词合并，而且也能与包括形容词、代词、数词、量词、模拟词、名词化结构、形容词化结构等在内的其他名词性词类合并，所表达的意义有时不仅仅是限于"复数"。另外，它不但能与一个单词合并，而且也能与一个短语合并。

复数语缀-lar/-lär 的句法功能：我们通常看到一个名词与-lar/-lär 合并，构成一个复数名词（如 išči"工人"+-lar = išči**lar**"工人们"，mäktäp"学校"+-lär = mäktäp**lär**"诸多学校"，或者一个名词短语与-lar/-lär 合并，构成一个复数名词（如 pešqädäm išči"老工人"+-lar = pešqädäm išči**lar**"老工人们"，yeŋidin ečilǧan mäktäp"新开办的学校"+-lär = yeŋidin ečilǧan mäktäp**lär**"新开办的诸多学校"）。类似复数名词都表示名词或名词短语所表达的事物的数量多于一个。但有时-lar/-lär 也可以与不可数名词合并，这时它表示名词所表达的事物的种类或来源多于一个。如 su "水" +-lar = sular "各种水，来自各种渠道的水"，un "面粉" +-lar = unlar "各种面粉" 等。有时-lar/-lär 还可以与专有名词合并，这时它并不表示该名词的复数，而表示以该专有名词所表达的人或事物为代表的或相关的一群或一组人或事物，如：

（1）a.　Biz　　　Ameriki-**lar**-ğa　　　ber-ip
　　　　 我们　　美国-PL-DAT　　　去 ADVL

　　　　 ekiskursiyä　　qil-duq.
　　　　 参观　　　　　做-PST1pl

　　　　 "我们去美国等地参观。"

　　　b.　Silär　　Tursun-**lar**-niŋ-ki-gä　　　bar-ğan-mu?
　　　　 你们　　吐尔逊 PL-GEN-DEM-DAT　　去 ADJL-Q

　　　　 "你们去过吐尔逊他们家吗？"

　　　c.　U-lar　　Astana,　　Almuta,　　Čimkänt-**lär**-ni
　　　　 他-PL　　阿斯塔纳　　阿拉木图　　且木坎特-PL-ACC

　　　　 arila-p　　　čiq-ti.　　　（Ruslan，2006：239）
　　　　 走遍-ADV　　TERM-PST

　　　　 "他们走遍了阿斯塔纳、阿拉木图、且木坎特等地。"

有些表示单一或成对事物的名词与-lar/-lär 合并时也不表示复数，而表示强调、烘托或渲染等意义。如：

（2）a.　Baš-**lir**-im　　　ağri-p　　　köz-**lir**-im
　　　　 头-PL-POS1pl　　疼 ADVL　　眼睛-PL-POS1pl

　　　　 qaraŋğuliš-ip　　kät-ti-.
　　　　 发黑 ADVL　　INTNS-3PST

　　　　 "我简直头疼得眼前一片黑。"

　　　b.　Yol-u-ğa　　　qarap -p　　köz-**lir**-im
　　　　 路-3POS-DAT　　看-ADVL　　眼睛-PL-POS1pl

　　　　 tal-ti-.　　　（Ruslan，2006：239）
　　　　 疲倦-3PST

　　　　 "望着他/她的归路，我的眼睛都疲倦了。"

复数语缀与其他名词性词类合并的例子可用下列表格表示：

表 5-5

词类	例词	-lar/-lär 的合并
形容词及其短语	yaxši "好"，bir qädär yaxši "比较好"	yaxšilar "好的那些"，bir qädär yaxšilar "比较好的那些"

续表

词类	例词	-lar/-lär 的合并
数词	bäš "五", yüz "百", birinči "第一"	bäšlär "大约五左右", yüzlär "大约一百, 百位", birinčilär "得第一名的那些"
数量结构	bäš qetim "五次", on kilo "十公斤"	bäš qetimlar "大约五次左右", on kilolar "大约十公斤左右"
代词	u "他/她/它", bu "这", kim "谁", öz "自己"	ular "他/她/它们", bular "这些", kimlär "谁（复数）", öz+lär+i＞özliri "他/她/它们自己"。
模拟词	waraŋ-čuruŋ "嘈杂声", taraq-turuq "嗒嗒声"	waraŋ-čuruŋlar "嘈杂声（复数）", taraq-turuqlar "嗒嗒声（复数）"
名词化结构	külüš "笑（的动作）", meŋiš "走（的动作）"	uniŋ külüš-lär+i＞külüšliri "他的笑声", uniŋ meŋiš-lär+i＞meŋišliri "他的走路姿势等"
形容词化结构	ussul oyniğan "跳舞的"	ussul oyniğanlar "跳舞的那些"

　　我们对以上的例词附加以下的说明：（1）虽然数词表示确切的数，但维吾尔语的数词可以与功能词类-lar/-lär 合并。但这时语义上有这样的一些变化：① 淡化确切数，表示约数。② 整数与-lar/-lär 合并时除了表示约数意义外还可表示位数，如 birlär "个（位）"、onlar "十（位）"、yüzlär "百（位）" 等。③ -lar/-lär 与序数词合并时表示具有相应序数的人或事物。（2）量词一般与数词一起构成数量结构，也能与功能词类-lar/-lär 合并。在类似结构里-lar/-lär 同样淡化具体数量，使其变为大约数量。如 Uniŋ yeši 19 larda idi. "他大约有 19 岁"。（Ruslan, 2006：239）（3）代词类一般都代替别的词类，因此从理论上讲，只要代词所代替的词类本身能与复数成分-lar/-lär 合并，那么代词也能与它合并。不过在实际语言中有一些特殊情况，如古代维吾尔语的第一人称复数代词 biz "我们"一直保留至今，如果它与-lar/-lär 合并，表示说话者的谦虚。相比之下，古代第二人称复数代词 siz 的意义现在发生变化，转指尊称的第二人称单数，即"您"，而取而代之的复数代词是 silär "你们"。另外，维吾尔语的疑问代词可以自由地与-lar/-lär 合并，这可能是突厥语言的一大特点。（4）模拟词中拟声词多与复数成分合并，有时拟状词也可与之合并。（5）在名词化结构中由-°š（-š/-iš/-uš/-üš）构成的短语与-lar/-lär 合并的现象较常见，而且这种结构一般以领属—从属结构的形式出现。（6）形容词化结构与-lar/-lär 合并时一般指动作的主体，如 ussul oyniğanlar "跳舞的那些"。但有时也指动作的客体，如 biz körgänlär "我们看到的那些"。因此具体意义要看具体上下文而定。在维吾尔语里被确切的数词所修饰的名词一般都不要求缀加复数语缀，不管数词本身表达的是"一"或多于一，如 bir adäm "一个人", yättä börä "七匹狼", yüz kala

"一百头牛"等。然而，由重叠式形容词或有复数意义的复合形容词所修饰的名词类一般都要求缀加复数语缀，如 qatar-qatar tüwrük**lär** "一排排电线杆子"，egiz-egiz imarät**lär** "一座座高楼"，räŋga-räŋ čiraq**lar** "五颜六色的灯"，xilmu-xil mašini**lar**"各式各样的车"等。可见维吾尔语里也有数的一致关系，虽然这种一致关系非常弱。

三　名词性词类与从属语缀的合并

（一）从属语缀

维吾尔语里有一个结构较严紧的结构，即领属—从属结构。该结构里领属者（possessor）一般与领属格成分-niŋ 合并出现在前，而从属者（possessee）与从属语缀合并构成一个从属短语出现在后，从而两者前后呼应，构成一个更大的领属—从属结构，如 meniŋ somkam"我的手提包"，seniŋ somkaŋ "你的手提包"等。这里 meniŋ "我的"和 seniŋ "你的"是领属者，somka "手提包"是从属者，-m 和-ŋ 是从属语缀，表示从属者（即 somka）到底属于哪个人称。维吾尔语的从属语缀与领属者之间有一致关系，因此按领属者人称的不同，具体表现如下：

表 5-6-1

哈萨克斯坦维吾尔语从属成分			中国维吾尔语从属成分		
人称		单数	复数	单数	复数
第一人称		-^{0}m (-m/-im /-um/-üm)	-^{0}miz (-miz /-imiz/-umiz /-ümiz)	-^{0}m (-m/-im /-um/-üm)	-^{0}miz (-miz /-imiz/-umiz /-ümiz)
第二人称	一般	-^{0}ŋ (-ŋ/-iŋ /-uŋ/-üŋ)	-^{0}ŋlAr (-ŋlar /-ŋlär/-iŋlar /-iŋlär/-uŋlar /-üŋlär)	-^{0}ŋ (-ŋ/-iŋ /-uŋ/-üŋ)	-^{0}ŋlAr (-ŋlar /-ŋlär/-iŋlar /-iŋlär/-uŋlar /-üŋlär)
	尊称	-^{0}ŋiz (-ŋiz /-iŋiz)	-^{0}ŋizlAr (-ŋizlar/-ŋizlär /-iŋizlar/-iŋizlär /-uŋizlar /-üŋizlär)	-^{0}ŋiz (-ŋiz /-iŋiz)	-^{0}ŋizlAr (-ŋizlar/-ŋizlär /-iŋizlar/-iŋizlär /-uŋizlar /-üŋizlär)
第三人称		-i/-si	-i/-si	-i/-si	-i/-si

由于从属语缀与领属者之间有一致关系，有时类似结构里的领属者即使不出现，通过从属语缀照样可以推断出领属者是谁。如以上的 meniŋ somkam 和 seniŋ somkaŋ 完全可以说 somkam "我的手提包"和 somkaŋ "你的手提包"，而口语里类似简缩用法较普遍。类似用法在哈萨克斯坦维吾尔语里也很常见。如 qol-**um** "我的手"，qol-**uŋ** "你的手"，sü-y-i "他/她们的水"等。（Ruslan，2006：240—243）

　　从属语缀不但可以缀加在一个单词末尾，而且也可以缀加在一个短语末尾，如[[tünögün bazardin setiwalǧan somka]**m**]"我昨天从街上买的手提包"和[[tünögün bazardin setiwalǧan somka]**ŋ**]"你昨天从街上买的手提包"。还有一种情况是，在由第一、二人称复数代词 biz"我们"，silär"你们"等作领属成分的某些结构里，从属者之后的从属语缀可以省略，如 bizniŋ sinip"我们班"，bizniŋ mäktäp"我们学校"，silärniŋ öy"你们家"，silärniŋ yataq"你们宿舍"等。类似结构当然不是在从属短语结构的范围之内。

　　（二）从属语缀的语法特点

　　从属语缀可以与名词以及名词性词类及其短语合并，构成从属短语结构。以上的 meniŋ somka**m**，seniŋ somka**ŋ** 等是从属语缀与名词类合并的情况，下面的表格显示它与其他名词性词类的合并：

表 5-6-2

词类	例词	从属语缀的合并
形容词及其短语	čirayliq"漂亮"，qizil"红"	čirayliq**im**"我漂亮的那个"，qizil**i**"红的那个"
数词	ikki"二"，bäš"五"，birinči"第一"	biz ikki**miz**"我们两个人"，bäš**i**"其中五个"，birinči**si**"头一个，得第一名的那个"
量词和数量结构	danä"个"，kilo"公斤" bäš qetim"五次"	dani**si**"每一个"，kilo**si**"每公斤"，bäš qeti**mi**"其中五次"
代词	öz"自己"，kim"谁"，qandaq"什么样"	silär öz**äŋlär**"你们自己"，kim**iŋ**"你的谁一个"，qandiq**i**"什么样的一个"
模拟词	waraŋ-čuruŋ"嘈杂声"，taraq-turuq"嗒嗒声"	waraŋ-čuruŋ**iŋlar**"你们的嘈杂声"，taraq-turuq**imiz**"我们的嗒嗒声"
名词化结构	körgü"看的欲望"，čiqmaq"上去这件事"	körg**üm**"我看的欲望"，čiqmiq**i**"他的上去"
形容词化结构	oquǧan"读的"，körgän"看的"	oquǧin**im**"我读的"，körgin**iŋ**"你所看到的"

　　（三）第三人称从属语缀-i/-si 的特殊用法

　　第三人称从属语缀-i（缀接在以辅音结尾的词干之后）和-si（缀接在以元音结尾的词干之后）作为单复数同形的语缀，其用法跟第一、二人称从属成分有明显的不同。首先，因为任何一个名词在人称上属于第三人称，因此被带有领属格-niŋ 的任何一个名词所限定的名词都与第三人称从属语缀合并，以示人称上的一致。如：Tursunniŋ aki**si**"吐尔逊的哥哥"，mäktäpniŋ därwazi**si**"学校的大门"，išniŋ ep**i**"办事的窍门"，quyašniŋ nur**i**"太阳的光"，däryaniŋ süy**i**"河水"，täkšürüšniŋ muhimliq**i**"调查的重要性"，oqušniŋ paydi**si**"上学的好处"等。有时限定词之后领属格-niŋ 不一定出现，但被限定词之后从属语缀照样出现，如 quyaš nur**i**"阳光"，därya süy**i**"河水"，kino belit**i**

"电影票"，räsim körgäzmi**si** "画展"等。可见，第三人称从属语缀的使用率很高。第三人称从属语缀的另一个突出功能就是出现在专用名词末尾。在类似结构里，限定词之后不出现领属格-niŋ，但被限定词之后出现从属语缀，从而构成一个结构严紧的从属结构，相当于一般的专用名词，如 xälq qurultey**i** "人民代表大会"，Korla näšpüt**i** "库尔勒香梨"，Šaŋxäy šähir**i** "上海市"，Toqsun nahiyi**si** "托克逊县"，Šinjaŋ gezit**i** "《新疆日报》"，Ikkinči Dunya Uruš**i** "第二次世界大战"等。类似结构中有的专用程度并不那么突出，但结构上仍然很严紧，如 yataq binas**i** "宿舍楼"，sürgä doris**i** "泻药"，opera ömik**i** "歌剧团"，qonaq un**i** "高粱面"，qatnaš bekit**i** "客运站"，čiqiš yol**i** "出路"等。在类似结构中，限定成分一般都没有"领有者"的意义，只是作为一种标志出现，因而从属语缀也相应地失去了其从属意义，只起把前面的两个名词黏合在一起的作用。因此有的语法学家把类似结构中的第三人称从属语缀-i/-si 看作相当于英语定冠词 the 的成分。

四　名词性词类与格语缀的合并

（一）格语缀

格语缀是表示名词和名词性词类在句中与其他成分之间的句法关系的功能成分。现代维吾尔语中有十个格，可用表 5-7 来表示：

表 5-7

格名称	哈萨克斯坦维吾尔语格成分	中国维吾尔语格成分
	格语缀及例子	格语缀及例子
主格	**-Ø**：（一般出现在定式句的主语末。如 Kitap- Ø -bilim buliği . "书是知识的源泉。"）（Ruslan, 2006：243）	**- Ø**：（一般出现在定式句的主语末）
领属格	**-niŋ**: mäktäp**niŋ** hoylisi "学校的院子"，ärkin**niŋ** kitawi "艾尔肯的书"（Ruslan，2006：244）	**-niŋ**：Turpan**niŋ** "吐鲁番的"，külüš**niŋ** "笑的"，saät on**niŋ** "十点钟的"
宾格	**-ni**: ärkin xät**ni** aldirimay yazdi. "艾尔肯慢慢写了信。"（Ruslan，2006：246）	**-ni**：Turpan**ni** "把吐鲁番"，külüš**ni** "把笑"，on**ni** "把十"
向格	**-ğa/-qa/-gä/-kä**: Biz Almutiğa barduq. "我们去了阿拉木图"；U oğliğa xät yazdurdi. "他让儿子写了一封信。"（Ruslan，2006：245）	**-GA**（**-ğa/-qa/-gä/-kä**）：Turpan**ğa** "向吐鲁番"，qiriq**qa** "向四十"，kälgän**gä** "对于到来"，külüš**kä** "对笑"
时位格	**-da/-dä/-ta/-tä**: Ümüt Almuti**da** oquydu. "玉米提在阿拉木图上学。"（Ruslan，2006：247）	**-DA**（**-da/-dä/-ta/-tä**）：Turpan**da** "在吐鲁番"，saät bäš**tä** "在五点钟"，kälgän**dä** "来到的时候"，keliš**tä** "来时"
从格	**-din/-tin**: Bu öy xiš**tin** selinğan "这房子是用砖盖的"；ärkin tarix**tin** därs beridu "艾尔肯上历史课。"（Ruslan，2006：246—247）	**-Din**（**-din/-tin**）：Turpan**din** "从吐鲁番"，saät bäš**tin** keyin "在五点钟以后"，waraŋ- čuruŋ**din** "从嘈杂声中"，keliš**tin** burun "来以前"
时位标志格	**-diki/-tiki**: Žiğinğa mätäp**tiki** ustazlarniŋ hämmisi qatnašti. "学校的所有老师参加了会议。"（Ruslan，2006：248）	**-Diki**（**-diki/-tiki**）：Turpan**diki** "在吐鲁番的"，saät bäš**tiki** "五点钟的"，kälgän**diki** "来的时候的"

格名称	哈萨克斯坦维吾尔语格成分	中国维吾尔语格成分
	格语缀及例子	格语缀及例子
界限格	**-ğičä/-qičä/-gičä/-kičä**: **Biz** Astana**ğičä** barduq. "我们一直走到阿斯塔纳。"（Ruslan, 2006: 249）	**-Gičä**（**-ğičä/-qičä/-gičä/-kičä**）: Turpan**ğičä** "一直到吐鲁番", qirğaq**qičä** "一直到岸边", on kün**gičä** "一直到十天", saät bäš**kičä** "一直到五点钟"
形似格	**-däk/-täk**: Tošqan**däk** yüz žil yaši**ğičä**, yolwas**täk** bir žil yaša.（maqal）"与其像兔子般活一百年，不如像老虎般活一年。"（Ruslan, 2006: 249）	**-Däk**（**-däk/-täk**）: Turpan**däk** "像吐鲁番一样的", kälgän**däk** "好像来似的", qiriq**täk** "大概四十来个"
量似格	**-čilik/-čä**: alqan**čä** yär "手掌般大小的空间", öy**čilik** taš "房子一般大的石头"（Ruslan, 2006: 248）	**-čilik/-čä**: Turpan**čilik/-čä** "像吐鲁番那么大的", alqan**čilik/-čä** "像手掌那么大小的"

（二）格语缀的语法特点

在传统语法里，格语缀被看成是从属于名词的构形成分。因此以上的十个格也只好在所谓"名词的格范畴"里得到不完整的解释。实际上维吾尔语的格语缀不但可以与名词及其短语合并，而且也完全可以与形容词、数词、数量词、代词、模拟词及其短语以及动名词结构、形容词化结构等合并，构成格短语。不过在语义上可能有些差异，如 egiz**gä** säkrä- "跳高"中 egiz "高"是形容词，当它与向格语缀 -gä 合并后具有了"高处，高点"的意义，即格语缀跟复数语缀和从属语缀一样赋予它名词意义。另外，一般情况下一个形容词类直接与格语缀合并的情况较少见，一般都先与复数成分或从属成分合并，然后再跟格合并。这说明这时的形容词已变为复数结构或从属结构，如 kona "旧，古老" +-lar（复数语缀）+-da（时位格）= konilar**da** "直义：'在旧的当中'，转义：'在老人中'，qizil "红" +-i（从属）+-din（从格）= qizili**din** "从红的里头"。数词与格语缀合并的情况在数学中最常见，如 ikki**gä** ikki**ni** qošsa töt bolidu "二加二等于四"中前一个 ikki "二"与向格 -gä 合并，后一个 ikki 与宾格 -ni 合并，töt "四"还被赋予零形的主格。数词与量词构成数量结构后与格语缀合并的现象较常见，如 on "十" +kilo "公斤" +-däk（形似格）= on kilo**däk** "大约十公斤左右"，bäš "五" +qetim "次" +-da（时位格）= bäš qetim**da** "五次当中"。绝大部分代词可以自由地与格语缀合并。这里不需举例太多。需要说明的是，有些单音节代词与格语缀合并时，中间出现古代突厥语的属格 -n 或 -niŋ，如 u "他/她/它" +-da "时位格" = un**da** "在那里"或 uniŋ**da** "在他/她/它那里"。类似固化的代词不少，有的还保留着格的古代变体，如 qa-n-**daq** "怎样"，šu-n-**daq** "就那样"里出现的 -daq 就是形似格 -däk/-täk 的古代变体，现代维

吾尔语里不怎么用。模拟词中拟声词可以与格语缀合并，如 waraŋ-čuruŋ**da**
"在嘈杂声中"，taraq-turuq**tin** "从嗒嗒声中"。动词的名词化形式与格语缀
合并也是较自由的，但名词化形式各有自己的特殊用法，如-GU 名词化结
构多与量似格-čä 和形似格-däk/-täk 合并，如 bar-"去"+-ğu（动名词）+-čä
（量似格）= barğu**čä** "去的过程中"；由-mAK 构成的名词化结构一般也与形
似格、从格、领属格等合并。当它与时位格合并时表示进行体，如 gezit oqu-
"看报"+-maq（动名词）-ta（时位格）= gezit oqumaq**ta** "他/她正在读报"。
该意义可能来自其字面意义"他/她处在读报状态中"。由-ºš 构成的名词化
结构一般都指动词表达的事件本身，因此较自由，如 gezit oqu-"看报"+-š
（动名词）-qa（向格）= gezit oquš**qa** "对于读报的事"等。在形容词化结构
里具有呈现体意义的-GAn，进行体意义的-ºwatqan 和未完体意义的
-ydiğan/-idiğan 构成的形式都可以与格语缀合并，并且必然将这些体意义带
入所形成的格短语，如 mäktäpkä bar-"去学校"+-ğan（形容词化成分）+-da
（时位格）= mäktäpkä barğan**da** "去了学校的时候"。相比之下，同样与时位
格-DA 合并的-ºš 名词化结构不会有这种体意义，如 mäktäpkä bar-"去学
校"+-iš（动名词）+-ta（时位格）= mäktäpkä beriš**ta** "去学校时；在去学
校的事情上"。

　　另外，格语缀可以与一个名词性单词合并，如 oquğuči "学生"+-ğa =
oquğuči**ğa** "向学生"；也可以与一个名词性短语合并，如 bu yil yeŋidin kälgän
oquğuči "今年新来的学生"+-ğa = [[bu yil yeŋidin kälgän oquğuči]**ğa**] "向今
年新来的学生"。它可以与一个复数名词合并，如 oquğuči**lar** "学生们" +
-ğa=oquğučilar**ğa** "向学生们"；也可以与一个从属名词结构合并，如
oquğuči**miz** "我们的学生"+-ğa = oquğučimiz**ğa** "向我们的学生"；
oquğučiliri**miz** "我们的学生们"+-ğa = oquğučilirimiz**ğa** "向我们的学生
们"。这些例子都说明，维吾尔语的格语缀作为表示句法关系的标志，
一般都出现在句中名词性成分的末尾，不管它是单词还是短语，不管它
前面有没有复数语缀和从属语缀。如果在一个结构里复数语缀、从属语
缀和格语缀都同时出现，其顺序是：名词性成分+复数语缀+从属语缀+
格语缀，如[[[[oquğuči]+-lar]+-imiz]+-ğa]= oquğučilirimiz**ğa** "向我们的
学生们"。

　　维吾尔语的格语缀附加在句中名词性词类及其短语末尾，表示各种语
法关系。这些语法关系在讲下列各具体格语缀时得到解释。

　　1. 主格

　　维吾尔语的主格是以零形式为标志的，只出现在定式句的主语末尾，
而主语一般都作句中被叙述或被描述的对象。如：

（3）a. <u>Kün-（∅）</u> <u>čiq-ti</u>.
　　　　　太阳 NOM　　出 PST
　　　　　"太阳出来了。"

　　　b. <u>Waqit-（∅）</u> <u>altun-din</u> <u>qimmät</u>.
　　　　　时间 NOM　　金 ABL　　贵
　　　　　"时间比黄金还贵。"

这些例句中处在主语位置的名词性词语都带有以零（∅）为标志的主格，因为每一句都有以特定的时态结尾的谓语。也就是说，这些定式谓语给自己的主语赋予了主格，而处在其他位置的名词性词类如果没有其他格语缀标志，那它只能是相应词类的原形或非主格形式，而不可能是带有主格的什么词。

2. 领属格

维吾尔语的领属格语缀以-niŋ为语音形式，一般表示人或事物的领属关系以及各种联系关系，用做定语或修饰语。领属格语缀最突出的功能就是，它与领属者合并后要求后面的从属者成分要带上与领属者的人称和数相一致的从属语缀，从而两者构成严紧的领属—从属结构，如 meniŋ qolum "我的手"，seniŋ qoluŋ "你的手"，uniŋ qoli "他的手"。表示领属者和从属者之间的人称和数的一致关系的从属语缀可表示如下：

表 5-8

与领属格合并的各人称代词的单复数形式				相应的从属语缀
第一人称		单数	meniŋ "我的"	$-^0$m（-m/-im/-um/-üm）
		复数	bizniŋ "我们的"	$-^0$miz（-miz/-imiz）
第二人称	一般	单数	seniŋ "你的"	$-^0$ŋ（-ŋ/-iŋ/-uŋ/-üŋ）
		复数	silärniŋ "你们的"	$-^0$ŋlAr（-ŋlar/-ŋlär/-iŋlar /-iŋlär/-uŋlar/-üŋlär）
	尊称	单数	sizniŋ "您的"	$-^0$ŋiz（-ŋiz/-iŋiz）
		复数	sizlärniŋ "您们的"	$-^0$ŋizlAr（-ŋizlar/-ŋizlär/ -iŋizlar/-iŋizlär）
第三人称		单数	uniŋ "他/她/它的"	-i/-si
		复数	ularniŋ "他/她/它们的"	-i/-si

以上表格里的各内容在哈萨克斯坦维吾尔语（参见 Ruslan，2006：240—243）和中国维吾尔语里完全一致。

这里应该提到几点：第一，在维吾尔语中所有的名词及名词性成分都属于第三人称范畴。第二，领属—从属结构中带领属格语缀-niŋ的领属者成分可以省略，因为在从属成分末尾有了相应的从属语缀，领属者是不言自喻的，如 qol**um** "我的手"，qol**uŋ** "你的手"，qol**i** "他的手"，somka**m** "我的手提包" 和 somka**ŋ** "你的手提包" 等。第三，特别是在口语中，在第一、二人称复数代词与领属格合并后做修饰语的一些结构中，被修饰成分末尾该出现的从属语缀趋于消失，如 biz**niŋ** mäktäp "我们的学校"，sizlär**niŋ** mäktäp "你们的学校"，biz**niŋ** sinip "我们班"，silär**niŋ** öy "你们家" 等。第四，在不表示领有被另有关系，而只表示一种标志或命名关系的结构中，领属格语缀 -niŋ 不会出现在修饰成分的末尾，而在被修饰成分的末尾却出现从属语缀，这一情况多见于趋于专用化或固定化的名词性表达中，而且只出现第三人称从属语缀，如 Qazaq qoy**i** "哈萨克羊"（羊的一种品种），bazar baha**si** "市场价格"，sürgä dori**si** "泻药"，opera ömik**i** "歌剧团"，qonaq un**i** "高粱面" 等。

带领属格的格短语除了作定语或修饰语外，还可以做表语。如：

（4）a. <u>Bu</u>　　　<u>bina</u>　　<u>Qasim-lar-**niŋ**</u>.
　　　 这　　　楼　　　卡斯木 PL-GEN
　　　 "这栋楼是卡斯木他们的。"

　　 b. <u>Awu</u>　　<u>mašina</u>　<u>men**iŋ**</u>.
　　　　那个　　车　　　我的
　　　　"那辆车是我的。"

3. 宾格

维吾尔语的宾格语缀以 -ni 为语音形式，缀加在名词类及其短语末尾，表示该名词性成分是动作的客体或行为动作所涉及的对象，因此要求句中出现宾格短语的动词一般都是及物动词。如：

（5）a.　<u>Biz</u>　　<u>tapšuruq-**ni**</u>　<u>išlä-p</u>　　<u>bol-duq</u>.
　　　　我们　　作业 ACC　　做 ADV　　PERF-PST1pl
　　　　"我们把作业做完了。"

　　 b.　<u>Silär</u>　　<u>kino-**ni**</u>　　<u>kör-düŋlär-mu</u>?
　　　　你们　　　电影 ACC　　见 PST2pl-PART
　　　　"你们看了那部电影了吗？"

有时我们看到动词的及物性虽然没有改变，但其宾语位置上的名词性成分后面不会出现宾格，这是名词性成分所表达的事物从特指变为泛指，从具体变为抽象的缘故。比如让我们把以上的（5）a、b 两句改为下列的（6）a、b 看看：

（6）a. <u>Biz</u>　　**<u>tapšuruq</u>**　<u>išli-duq</u>.
　　　 我们　　作业　　　做-PST1pl
　　　 "我们做作业了。"

    b.   <u>Silär</u>   **kino**   <u>kör-düŋlär-mu</u>?

            你们   电影   见 PST2pl-PART

            "你们看电影了吗？。"

    相比之下，这两句中的 tapšuruq "作业" 和 kino "电影" 没有特指性。因此在这种用法中它们一般都与动词成为一体，两者（即名词与动词）之间不能插入其他成分。

    4. 向格

    维吾尔语的向格语缀以 -ğa/-qa/-gä/-kä 为语音形式，缀加在名词类及其短语末尾，表示动词所表达的动作的目的、去向、指向等。因此有些趋向性动词要求句中要与带向格的结构一起出现，如 öygä kir- "进屋子"、yataqqa qayt- "回宿舍"、bazarğa bar- "上街"、mäkäpkä kät- "去学校" 等。这是向格语缀最基本的用法。除此之外，向格语缀还有下列的一些用途：

    A. 某些表示心理活动或变化的动词与自己的客体（对象）合并时要求向格语缀的出现。如：

    （7）a.   <u>Biz</u>   <u>ammi-**ğa**</u>   <u>išin-iš-imiz</u>   <u>keräk</u>.

               我么   群众 DAT   相信 NOML-POS1pl   应该

               "我们应当相信群众。"

        b.   <u>U</u>   <u>putbol-**ğa**</u>   <u>qiziq-idu</u>.

              他   足球 DAT   感兴趣 3NPST

             "他对足球感兴趣。"

    B. 当一个单及物动词做谓语的结构再与使动态成分合并时其逻辑主语末尾出现向格语缀。如：

    （8）a.   <u>Män</u>   <u>satrač-**qa**</u>   <u>čeč-im-ni</u>

               我   理发师 DAT   头发 POS1sg-ACC

             <u>al-dur-dim</u>.

             拿 CAUS-PST1sg

             "我让理发师给我理发。"

        b.   <u>Biz</u>   <u>u-niŋ-**ğa**</u>   <u>naxša</u>   <u>eyt-quz-duq</u>.

               我们   她 GEN-DAT   歌   唱 CAUS-PST1pl

             "我们叫她唱了一支歌。"

    C. 有时表示行为动作的媒介或者价值。如：

    （9）a.   <u>Öy</u>   <u>adäm-**gä**</u>   <u>tol-di</u>.

               屋子   人 DAT   满 3PST

             "屋里坐满了人。"

　　b.　Hämmäylän　　šatliq-**qa**　　čömül-di.
　　　　人人　　　　　快乐 DAT　　沉浸 3PST
　　　"每人都沉浸在欢乐之中 。"

　　D. 向格语缀与-⁰š 名词化结构合并时一般都表示动作目的，如 kino körüš**kä** bar-"去看电影"、därs aŋlaš**qa** maŋ-"去听课"、su elip keliš**kä** čiq-"出去打水"等。当然，在一些习惯性表达中，-⁰š 名词化结构本身省略后，向格语缀直接与前面的名词性成分合并，同样表示相关的动作目的，如 kino**ğa** bar-"去看电影"、därs**kä** maŋ-"去上课"、su**ğa** čiq-"出去打水"等。

　　E. 向格语缀与-Gan 形容词化结构合并时一般表示原因。如：

（10）　Ayril-ğan-**ğa**　　　　öl-mä-y-män,
　　　　分离 ADJL-DAT　　　死 NEG-NPST-1sg
　　　　äqidä-m-gä　　　　　yiğla-y-män.
　　　　信任 POS1sg-DAT　　哭 NPST-1sg
　　　"我并不因分离而死，只为过去的信任而哭。"（民歌）

　　当然，在表示时间延续的结构中，向格语缀与-Gan 形容词化结构的合并也表示某一事件发生的起点。在这一用法中两者之间还可出现从属成分。如：

（11）　Ular　　ayril-ğan-**ğa**　　　//ayril-ğin-i-**ğa**
　　　　他们　　分离 ADJL-DAT　　//分离 ADJL-POS3-DAT
　　　　ikki häptä　　　bol-di.
　　　　两 星期　　　　成为 3PST
　　　"他们分手已经有两个星期了。"

　　F. 除了以上的结构中与动词的合并外，一些形容词或副词也要求向格短语做自己的补足语，如 putbol**ğa**　amraq "喜欢足球"、täläp**kä** uyğun "符合要求"、siz**gä** oxšaš "跟您一样"、šähär**gä** yeqin "离城市近"等中的 amraq、uyğun、oxšaš、yeqin 等形容词在实际言语活动中都离不开向格短语。

　　5. 时位格

　　维吾尔语的时位格（即传统上所说的地点格）语缀以-da/-dä/-ta/-tä 为语音形式，缀加在名词类及其短语末尾，表示动作发生的地点、时间、条件和工具，也表示人或事物所处的地点、时间或状态。具体用法如下：

　　A. 表示动作发生的地点：

（12）a.　Tursun　　Ameriki-**da**　　oqu-ydu.
　　　　吐尔逊　　美国 LOC　　　读 3NPST
　　　"吐尔逊在美国读书。"

b. Murasim   <u>zal-**da**</u>   <u>ötküz-ül-di</u>.

仪式   礼堂 LOC   举行 PASS-3PST

"仪式在礼堂举行。"

B. 表示动作发生的时间：

（13）a.   <u>Saät</u>   <u>bäš-**tä**</u>   <u>yiğin</u>   <u>bar</u>.

钟点   五 LOC   会议   有

"五点钟有会。"

b.   <u>Wäzipä</u>   <u>ikki</u>   <u>kün-**dä**</u>   <u>tügä-ydu</u>.

任务   二   日 LOC   完 3NPST

"任务两天之内完成。"

C. 表示动作发生的条件、状态或气氛：

（14）   Söhbät   qizğin   <u>käypiyat-**ta**</u>   <u>axirlaš-ti</u>.

谈话   热烈   气氛 LOC   结束 3PST

"谈话在热烈的气氛中结束。"

D. 表示工具：

（15）   <u>Bar-ğičä</u>   <u>ayropilan-**da**</u>   <u>ber-ip</u>,

去 ADVL   飞机 LOC   去 ADVL

<u>käl-gičä</u>   <u>poyiz-**da**</u>   <u>käl-duq</u>.

来 ADVL   火车 LOC   来 PST1pl

"我们去的时候坐飞机去，回来的时候坐火车回来。"

E. 表示人或事物所处的位置或状态：

（16）a.   <u>Tursun</u>   <u>egiz-gä</u>   <u>säkrä-š-**tä**</u>   <u>birinči</u>.

吐尔逊   高 DAT   跳 NOML-LOC   第一

"吐尔逊跳高第一名。"

b.   Iš   <u>ömlük-**tä**</u>   küč   <u>birlik-**tä**</u>.

事情   凝聚 LOC   力量   统一 LOC

"事情的成功在于凝聚力，力量在于统一。（人心齐，泰山移）"

6. 从格

维吾尔语的从格语缀以-din/-tin 为语音形式，缀加在名词类及其短语末尾，表示动作或行为的起点、来源、原因等，也表示人或事物的由来或出发点。具体用法如下：

A. 表示行为动作的经历者或接受者的来源或所经过的途径。如：

（17）a.   <u>U</u>   <u>Turpan-**din**</u>   <u>käl-gän</u>.

他   吐鲁番 ABL   来 ADJL

"他来自吐鲁番。"

b. Bundaq adät čoŋ-lar-**din** qal-ğan.

这样的 习惯 大 PL-ABL 留下 ADJL

"这样的习惯是从老人那里传下来的。"

B. 表示动作主体在心理上要摆脱或远离的事物。如：

（18）a. Xuda-ğa šükri, bir ğäm-**din** qutul-dum.

上帝 DAT 感谢 一 忧愁 ABL 摆脱 PST1sg

"感谢上帝，总算摆脱了一个担心事。"

b. Män ilan-**din** qorq-ma-y-män.

我 蛇 ABL 怕 NEG-NPST-1sg

"我不怕蛇。"

C. 表示行为动作的发生原因。如：

（19） Män yardim-iŋiz-**din** köp minnätdar

我 帮助 POS2sg-ABL 多 感恩的

bol-dum.

成为 PST1sg

"感谢您对我的帮忙。"

D. 表示某一事件的起点。如：

（20） Oninči bät-**tin** on bäšinči

第十 页 ABL 第十五

bät-kičä oqu-ŋ!

页 LMT 读 IMP2sg

"请你从十页读到十五页！"

E. 表示事物的组成或构成成分。如：

（21）a. Bu köwrük polat-**tin** yasa-l-ğan.

这 桥 钢 ABL 制造 PASS-ADJL

"这座桥由钢材筑成。"

b. Yaš-lar-**din** bir ömäk täškillä-n-di.

年轻 PL-ABL 一 团 组成 PASS-3PST

"由年轻人组成了一个代表团。"

F. 表示所涉及的个体所属的整体。如：

（22） Mukapat-qa erišküči-lär-**din** Ayšäm sözli-di.

奖励 DAT 获得者 PL-ABL 阿依夏木 讲话

"获奖者中有阿依夏木发言。"

G. 表示动作行为的客体所涉及的范围。如：

（23） U　biz-gä　　　　učur　　texniki-si-**din**
　　　她　我们 DAT　　信息　技术 3POS-ABL

leksiyä　　bär-di.
讲座　　　给 3PST

"她给我们做了有关信息技术方面的讲座。"

H. 表示行为动作的原因。如：

（24） U　xijalätčilik-**tin**　　　beš-i-ni
　　　他　羞愧 ABL　　　　　头 3POS-ACC

kötür-äl-mä-y　　　　qal-di.
抬 ABIL-NEG-ADVL　　FACT-3PST

"他因羞愧而抬不起头来。"

I. 在把两件事物作比较的结构里表示充当标准的那个事物。如：

（25） Poyiz-niŋ　　　sur'it-i　mašini-**din**　　tez.
　　　火车 GEN　　　速度　　汽车 ABL　　快

"火车的速度比汽车的快。"

除了以上的用法外，有些形容词和副词也要求从格短语充当其状语，如 šun**din** buyan"从此，从那时以来"，üč kün**din** keyin"三天以后"，bašqilar**din** burun "先于别人"，šähär**din** yiraq "离城市远" 等表达中的后置词 buyan "……以来"、副词 keyin "以后"、burun "以前，之前"和形容词 yiraq "远" 等如果没有做状语的从格短语其意义不可能具体化。

7. 界限格

维吾尔语的界限格语缀以-ǧičă/-qičă/-gičă/-kičă 为语音形式，缀加在名词类及其短语末尾，表示行为动作或状态在时间或空间上发生或持续的界限，句中一般做状语。如：

（26）a.　Oninči　　bät-tin　　　　on bäšinči
　　　　第十　　页 ABL　　　　第十五

bät-**kičă**　oqu-ŋ!
页 LMT　读 IMP2sg

"请你从十页读到十五页！"

b.　U-niŋ　　　yüz-i　　　　qulaq-lir-i-**ǧičă**
　　他 GEN　　脸 3POS　　　耳 PL-3POS-LMT

qizir-ip　　　kät-ti.
发红 ADVL　　INTNS-3POS

"他的脸一直红到耳根。"

8. 时位标志格

维吾尔语的时位标志格语缀以-diki/-tiki 为语音形式，缀加在名词类及其短语末尾，表示人或事物在时间或空间上所处的范围，句中一般都做定语，如 turmuš**tiki** išlar "生活中的琐事"，baǧ**diki** güllär "花园里的花朵"，šähär**diki** yeŋiliqlar "城市里的新变化"，köŋül**diki** söz "心里话"，yeŋi äsir**diki** utuqlar，"新世纪所取得的成就"等。由于时位标志格语缀是由时位格语缀-da/-dä/-ta/-tä 和指示标志-ki 结合而成，其定语功能强，因此在特定上下文中被修饰成分省略的情况下，时位标志格短语本身就可以替代被省略的部分。如：

（27）a. 　Bu　　iš-ni　　　　öy-üŋ-**diki**-lär-gä
　　　　　　这　　事 ACC　　　家 POS2sg-LQ-PL-DAT

　　　　　　de-mä-y　　　　　tur-ǧin.
　　　　　　说 NEG-ADV　　 ITR-IMP2sg
　　　　　　"这件事先别告诉你家里人。"

　　　　b. 　Bu　　　　　yilqi　　　　kirim　　　ötkän
　　　　　　这　　　　　年的　　　　收入　　　过去的

　　　　　　yil-**diki**-din　　30 pirsänt　　aš-ti.
　　　　　　年 LQ-ABL　　 30 百分比　　增加 3PST
　　　　　　"今年的收入比去年增加百分之三十。"

9. 形似格

维吾尔语的形似格语缀以-däk/-täk 为语音形式，缀加在名词类及其短语末尾，表示人或事物相互间在性质、形状、特征等方面具有可比喻的共性，因而在比喻结构中一般用做定语，如 polat**täk** intizam "钢铁般的纪律"，altun**däk** ǧälibä "金子般的胜利"，taǧ**däk** qiyinčiliq "山一般的困难"，yolwas**täk** älpaz "老虎般的气势"等。当然，形似格短语做状语的情况也很普遍。如：

（28）a. 　Ätrap　ot-**täk**　　qizi-p　　　kät-ti.
　　　　　　周围　　火 SML　发热 ADVL　 INTNS-3PST
　　　　　　"四周像火一样炎热。"

　　　　b. 　U　　bala　　kičik　　tur-up
　　　　　　那　 孩子　　小　　　是 ADVL

　　　　　　čoŋ　　adäm-**däk**　　sözlä-y-dikän.
　　　　　　大　　 人 SML　　　 说 ADVL-EVID
　　　　　　"那孩子虽然年龄小，但说话像大人一样。"

形似格短语在形容词和副词前面也可以用作表示程度的状语，如

zumrät**täk** süzük "像翡翠般的清澈"，kala harwisi**däk** asta "向牛车一样慢"，šir**däk** küčlük "像狮子一样强壮"等。

10. 量似格

维吾尔语的量似格语缀以-čä，-čilik 为语音形式，缀加在名词类及其短语末尾，表示人或事物相互间在数量、规格等方面具有可比喻的共性。如：

（29）a.　Alqan-**čä/čilik**　　yär-mu　　　boš　　qal-mi-di.

手掌 EQUI　　　　地 PART　　空　　留 NEG-3PST

"连手掌大的空地都没有了（无立锥之地）。"

　　　b.　Meniŋ　　siz-niŋ　　　kitab-iŋiz-**čilik**

我的　　　您 GEN　　书 POS2sg-EQUI

kitab-im　　　　yoq.

书 POS1sg　　　没有

"我的书没有您的书那么多。"

应该提到，以上的形似格-däk/-täk 与这里讲的量似格-čä，-čilik 因都有表示比喻的共性而有时可以替换。

五　名词—后置词结构

维吾尔语里有下列后置词与名词性词类一起构成后置词短语：

表 5-9

哈萨克斯坦维吾尔语	中国维吾尔语	汉义
后置词（Ruslan，2006：343）	后置词	
bilän	bilän	与，跟
üčün	üčün	为，为了
toğruluq/toğrisida/häqqidä/häqtä	toğruluq（toğrisida，häqqidä）	关于，有关于
arqiliq	arqiliq	通过
boyičä	boyičä	按照
	ara	之间
qatarliq	qatarliq	……等等，……之类
täripidin	täripidin	被，由
	käbi	好比，好像
ait/dair/alaqidar	ait/dair	有关于
qädär	qädär	……的程度，直到……
qarita	qarita	对于，向
qariğanda	qariğanda	看来，根据……来看

续表

哈萨克斯坦维吾尔语	中国维吾尔语	汉义
后置词 （Ruslan，2006：343）	后置词	
qarimastin/qarimay		不管
nisbätän	nisbätän	对于
qarap	yariša	相应于，对应于
benaän	binaän	按照
asasän	asasän	根据
beri，etibarän，bu yan， bašlap	tartip bašlap/etibarän	从……起 从……开始，从……起
ibarät	ibarät	等等
körä	körä	与其……
tašqiri，böläk，bašqa，		以外，除……外

在传统语法里，特别是哈米提先生的语法（1987）体系里后置词被看成是名词的分析性格。因此，一个后置词参与的结构被看成是名词—后置词结构。不过在实际语言中，后置词一般可以与名词、形容词、代词、数量词、模拟词以及相关短语一起出现。而且有的后置词还要求这些名词类短语先与格语缀合并，构成格短语，然后与该格短语一起构成自己的后置词短语。由于我们将在第九节详细论述每一个后置词的句法功能与意义，我们这里不再赘述。

第二节　形容词

表示人或事物的形状、性质、特征或者形容动作、行为、变化状态的词叫做形容词，如 yaxši "好"，yaman "坏"，egiz "高"，yenik "轻"，qattiq "硬"，pakiz "干净"，qizil "红"，aq "白"，uzun "长"，batur "勇敢"，ärkäk "雄性的"，čiši "雌性的"，tirik "活的"，ölük "死的"，čirayliq "漂亮"，köŋüllük "愉快的" 等。

一　形容词的分类

1. 形容词根据其意义的相对性或绝对性，可分为有级形容词和无级形容词两种。如形容词 qizil 所表达的"红"这个性质意义是相对的，因此我们可以强化它的意义，说 qipqizil"红红的，非常红的"，也可以减弱其意义，说 qizilraq"较红，稍微红"。相比之下，形容词 ärkäk 所表达的"雄性的"这个意义是绝对的，是不能有加强级或减弱级变化的。因此，语法学界把类似 qizil 的有相对意义的形容词叫做有级形容词，把类似 ärkäk 这样有绝对意义的形容词叫做无级形容词。

1）有级形容词

有级形容词可以分为原级、减弱级、加强级和表爱指小级等四类。

原级：有级形容词的原形态就是形容词的原级形式，如 yaxši"好"，yaman"坏"，egiz"高"，yenik"轻"等。

减弱级：形容词的减弱级由词干缀加附加成分-raq/-räk 而构成，如 yaxširaq"稍微好"，yamanraq"稍微坏"，egizräk"高一点"，yenikräk"轻一点"等。

由于受到印欧语言语法的影响，有些学者把以上的这些减弱级形式说成是形容词的比较级。哈米提先生（1987：102）纠正了这一错误提法，说维吾尔语中两个事物的比较通过从格附加成分来表达，与-raq/-räk 所结合的形容词没有必然的联系，其他的形式也可出现在比较结构中。

形容词的减弱级形式有时不表示特征、程度的减弱，而表示说话者语气的减弱，即口气的温和。如：

（30）a. <u>Bu</u>　<u>öy</u>　<u>bäk</u>　<u>kičik</u>　<u>ikän</u>,　<u>čoŋraq</u>　<u>öy</u>　<u>yoq-mu?</u>
　　　　　这　屋　太　小　是 HRS　大　屋　没有 Q
　　　　　"这间屋子太小，没有大一点的吗？"

　　　b. <u>Maŋa</u>　<u>köpräk</u>　<u>yardäm</u>　<u>qil--iŋ.</u>
　　　　　我 DAT　多　帮助　做 IMP
　　　　　"请您多帮我。"

加强级：形容词的加强级通过重复其第一音节到元音为止的部分而构成。具体形式是，先在形容词的第一个音节元音之后加-p 音，紧接着把原形容词说出来即可，如 qara"黑"—**qap**qara"漆黑黑的"，süzük"清澈的"（水）—**süp**süzük"清清的"，tinič"平安的"—**tip**tinič"安安静静的"，barawär"平等的"—**bap**barawär"非常平等的"等。

形容词的加强级表示特征程度比原级更加加强或者加深。如：

（31）　<u>Hawa</u>　<u>očuq</u>,　<u>say-niŋ</u>　<u>ič-i</u>　<u>**tip**tinič</u>
　　　　天空　晴　原野 GEN　里-3POS　一片寂静

<u>idi</u>.

是 PST

"天空晴朗，原野一片寂静。"

形容词的加强级形式在多数情况下不表示所表达的特征的实际程度，而表示说话者的情感。

表爱指小级：形容词的表爱指小级在形容词词干后缀接附加成分 -ğinä/-qinä/-ginä/-kinä 而构成。如 salqin "清凉的"—salqin**ğinä** "蛮清凉的"，omaq "可爱的"—omaq**qinä** "蛮可爱的"，tüzük "不错，还可以" tüzük**kinä** "蛮不错的" 等。

形容词的表爱指小级是形容词级形式中用得最少的一种，只有少数一部分形容词有这种形式变化。

另外，以上这些级变化不一定发生在所有的有级形容词上，只有一部分形容词才具有这四种变化，而另一些只有其中的两种或三种级变化。

以有级形容词 qizil "红" 和 umaq "可爱" 为例，可用表 5-10 总结有级形容词的构成：

表 5-10

哈萨克斯坦维吾尔语			中国维吾尔语		
形容词的级	例词	汉义		例词	汉义
原级	qizil（Ruslan，2006：253）	红		qizil	红
减弱级	qiziliraq	略红，稍微红		qizilraq	略红，稍微红
加强级	qip-qizl, äŋ qizil	红红的，最红的		qip-qizl, äŋ qizil	红红的，最红的
表爱指小级	umaqqina（Ruslan，2006：254）	可爱的，讨人喜欢的		umaqqina	可爱的，讨人喜欢的

2）无级形容词

有些形容词的意义是绝对的，不会有级的变化，因此叫做无级形容词。如反义形容词里的 bar "有" 和 yoq "无"，ärkäk "雄性的，公的" 和 čiši "雌性的，母的" 等意义是绝对的，即不是这样就是那样，两者之间不会存在中间状态。因而其意义不可有级的变化。无级形容词还应包括一些多音节的派生形容词。如 mehmandost "好客的"，inqilabiy "革命的"，sotsiyalistik "社会主义的"，mädäniyätlik "有文化的" 等。当然，当形容词的级变化在某些场合不表示本身所表达的特征、性质的减弱或加强，而表示说话者某种语气或感情时，这种限制可能会被打破。如：

（32）　Yeŋi　　däwr　yaš-lir-i　　　　bol-ğandikin，
　　　　新　　　时代　青年 Pl-3POS　成为 PART
　　　　mädäniyätlik-**räk**　　bol-ayli!
　　　　有文化 DIM　　　　　　成为 1pl-IMP
　　　　"作为新时代的青年，我们更应该有文化素养。"

2. 形容词根据其句法特点，可分为情态形容词、存在形容词、支配性形容词等。

1）情态形容词

维吾尔语的情态形容词包括 šärt "必须"、zörür "必要"、lazim "应该"、keräk "需要，应该"、mumkin "可能" 等。这些形容词在语义上表示说话者的情态、主观判断等，在句法上一般要求由-ᵒš 名词化的短语充当其主语。

（33）　**Bügün**　**yamğur**　**čüš-üš**　**-i**　　　**mumkin**.
　　　　今天　　雨　　　　下 NOM-3POS　　可能
　　　　"今天可能下雨"

（34）　**Biz**　　**därhal**　**meŋ-iš-imiz**　　**keräk**.
　　　　我们　　立即　　走 NOM-1plPOS　　需要
　　　　"我们应马上走。"

2）存在形容词

维吾尔语的存在形容词包括表示存在的 bar "有" 和其反义词 yoq "没有"。它们作为表示某物存在于某处的形容词，要求句首出现一个表示时间或地点的名词，该名词一般都带时位格-DA：

（35）　**Sinip-ta**　　　**adäm**　**bar/yoq**.
　　　　教室 LOC　　　人　　　有/没有
　　　　"教室里有人/没有人。"

在存在句里表示地点/处所的成分出现在句首，而表示存在物本身的名词出现在 bar/yoq 之前，如果该词序被颠倒，句子听起来就很别扭。存在形容词 bar/yoq 还可以构成占有句，即表示主语具有/不具有某物的句子。在类似结构里占有者以领属格形式出现：

（36）　**Meniŋ**　**kitab-im**　　**bar/yoq**.
　　　　我的　　书 1sgPOS　　有/没有
　　　　"我有/没有书。"

3）支配性形容词

维吾尔语的有些形容词像及物动词一样能支配其他成分，因此可以被称为支配性形容词。其实被这些形容词支配的成分反过来起到修饰或说明这些形容词的作用。如果没有这些修饰性成分，形容词的意义就无法理解。

根据支配性形容词所要求的格标志，我们可以把它们分为要求向格短语的形容词和要求从格短语的形容词。

a. 要求向格短语的形容词：包括 igä "具有……的"、muhtaj "需要……的"、bağliq "与……有关的"、qarašliq "属于……的"、mänsup "属于……的"、munasip "与……相应的"、uyğun "合乎……的"、amraq "喜欢……的" 等。如：

（37）　Tursun　　kino-**ğa**　　　**amraq**.
　　　　吐尔逊　　电影 DAT　　　喜欢
　　　　"吐尔逊喜欢电影。"

b. 要求从格短语的形容词：包括 xali "脱离……的"、minnätdar "感恩的"、mustäsna "例外的" 等。如：

（38）　U　　päs　arzu-häwäs-lär-**din**　　　**xali**　　　　adäm.
　　　　他　　低　愿望 兴趣 Pl-ABL　　　脱离的　　　　人
　　　　"他是个脱离了低级趣味的人。"

3. 形容词根据其构成结构可分为非派生形容词、派生形容词、复合形容词、混合形容词等。非派生形容词指由词根构成的或者我们目前无法确认其派生过程的形容词，如 tez "快"、čoŋ "大"、egiz "高"、käŋ "宽"、tar "窄" 等。因此，我们这里重点介绍其余的几种。

1）派生形容词

维吾尔语的派生形容词有下列附加成分缀加于词干而构成：

a. 由名词派生形容词的附加成分：

-liq/-lik/-luq/-lük：该附加成分有如下用法：A. 加在部分名词之后，构成表示具有该名词所表达事物的形容词。如 qoral "武器"—qoral**liq** "武装的"，saqal "胡子"—saqal**liq** "有胡子的" 等。B. 加在有些名词之后，构成表示以该名词所表达的事物为内容的形容词。如 marksizm "马克思主义"—marksizm**liq** "马克思主义的"，girammatika "语法"—girammatiki**liq** "语法的" 等。C. 加在一些时间名词之后，构成表示与时间有关的形容词，如 yaz "夏天"—yaz**liq** "夏天的"，čüš "中午"—čüš**lük** "中午的" 等。D. 加在有些名词之后，构成表示该名词所表达的事物可能出现为特征的形容词，如 külkä "笑，笑声"—külki**lik** "可笑的"，täsir "影响"—täsir**lik** "有影响的" 等。E. 加在行政区域名称之后，构成表示该区域级别的概念的形容词，如 ölkä "省"—ölki**lik** "省级的"，wilayät "州"—wilayät**lik** "州级的" 等。F. 加在有些交通工具名称之后，构成表示乘坐该交通工具的形容词，如 at "马"—at**liq** "骑着马（的）"，welisipit "自行车"—welisipit**lik** "骑着自行车（的）" 等。

　　在谈到-liq/-lik/-luq/-lük 的构词功能时必须要提到，它是非常能产而且比较自由的派生词缀，即它不但可以缀加在一个名词词干之后，也可以缀加在一个名词短语（短语）之后。我们过去的研究只提到它缀加在一个词干之后的情况，而没有注意到它在一个名词短语（短语）基础上构成形容词的语言事实。这里让我们举几个这样的例子吧（方括号[ ]表示一个短语的范围）：töt"四"+at"马" = töt at"四匹马"—[töt at]**liq** harwa"套四匹马的车"，ikki"二"+ay"月" = ikki ay"两个月"—[ikki ay]**liq** wäzipä"两个月的任务"，egiz"高"+pašina"跟儿" = egiz pašina"高跟儿"—[egiz pašina]**liq** ayaq"高跟儿鞋"等。在有的维吾尔语方言里还有-liq/-lik/-luq/-lük 与一个领属—从属名词结构结合的形式，如在 yolda [bizniŋ mähällimiz]lik birsini učritip qaldim"路上遇见了我们村里的一个人"这一表达中的[bizniŋ mähällimiz]**lik** 就是一例。

　　另外，正因为-liq/-lik/-luq/-lük 的结合能力强，它在类似于下列的并列复合词基础上也可构成形容词：äqil"智慧"+parasät"才智" = [äqil-parasät]**lik** "聪明才智的"，qaidä"礼节"+yosun"规矩" = [qaidä-yosun]**luq** "有礼貌有规矩的"，japa"困难"+mušäqqät"艰辛" = [japa-mušäqqät]**lik** "艰难困苦的"等。

　　-siz：该词缀加在名词之后，构成表示该名词所表达的事物的不存在或者非常少的形容词，如 čäk"界限"—čäk**siz**"无限的"，sawat"基础知识，常识"—sawat**siz**"文盲"等。

　　这里也应该提到，-siz 作为以上的-liq/-lik/-luq/-lük 的反义词缀，也是比较自由的，即它也可以缀加在一个名词短语（短语）之后，如 seniŋ yardimiŋ"你的帮助"—[seniŋ yardimiŋ]**siz**"没有你的帮助……"，meniŋ ruxsitim"我的许可"—[meniŋ ruxsitim]**siz**"没有我的许可……"。当然，这类结构在实际语言当中多用作副词，而用作形容词的情况较少。

　　-čan：该词缀功能如下：A. 加在某些名词之后，构成表示擅长于该名词所表达事物或行为动作的形容词，如 ämgäk"劳动"—ämgäk**čan**"勤劳的"，ijad"创造"—ijad**čan**"富有创造性的"等。B. 加在服装名称之后，构成表示身上穿着该衣服为特征的形容词，如 köŋläk"衬衫"—köŋläk**čan**"穿着衬衫的"，mayka"毛衣"—mayki**čan**"穿着毛衣的"等。

　　-čil：该词缀加在有些名词末尾，构成表示该名词所具有的事物特长的形容词，如 äp"窍门"—äp**čil**"巧妙的"，iqtisad"经济"—iqtisad**čil**"勤俭节约的"等。

　　-siman：该词缀加在某些名词末尾，构成表示与该名词所表达的事物类似的形容词，如 maymun"猴子"—maymun**siman**"像猴子似的"，dolqun

"波浪"—dolqun**siman** "波浪式的"等。

-iy/-（i）wi：该词缀一般加在阿拉伯、波斯语借词之后，构成表示具有该名词所表达事物的特征的形容词，如 ilim "科学"—ilm**iy** "科学的"，zaman "时代"—zaman**iwi** "现代的"等。

-**päräs**：该词缀借自波斯语，加在有些名词末尾，构成表示追求、崇拜该名词所表达的事物特征的形容词，一般带贬义。如 abroy "威信"—abroy**päräs** "有虚荣心的"，ämäl "官衔"—ämäl**päräs** "追求名利的"等。

-**pärwär**：该词缀借自波斯语，加在有些名词之后，构成表示热爱该名词所表达事物特征的形容词，如 wätän "祖国"—wätän**pärwär** "爱国的"，tinčliq "和平"—tinčliq**pärwär** "爱好和平的"等。

bi-：该词缀是借自波斯语的前加词缀，加在有些波斯语、阿拉伯语借词之前，构成表示不具有该名词所表达的事物内容的形容词，如 täräp "方面"—**bi**täräp "中立的"，ädäp "礼貌"—**bi**ädäp "无礼貌的"等。

na-：该词缀是借自波斯语的前加词缀，加在有些波斯语、阿拉伯语借词之前，构成表示不具有该名词所表达事物内容的形容词，如 ümid "希望"—**na**ümid "失望的、悲观的"，insap "良心"—**na**insap "没有良心的"等。

bät-：该词缀是借自波斯语的前加词缀，加在有些波斯语、阿拉伯语借词之前，构成表示否定该名词所表达的事物特征的形容词，如 niyät "意图"—**bät**niyät "坏心肠的、没良心的"，qiliq "行为"—**bät**qiliq "有坏行为的"等。

b. 由动词派生形容词的附加成分：

-q/-k/-iq/-ik/-uq/ük：该词缀加在动词词干上，构成表示该动词所表达行为动作结果的形容词。如 tarqa- "散"—tarqa**q** "分散的"，ät- "堵、关"—et**ik** "关闭的"，yar- "劈"—yer**iq** "裂开的"等。

-ma/-mä：该词缀加在有些动词词干上，构成表示适用于该动词所表达的行为动作的形容词。如 as- "挂"—as**ma**（saät）"挂的（钟）"，püklä- "折叠"—pükli**mä**（kariwat）"折叠的（床）"等。

-ğaq/-qaq/-gäk/-käk-：该词缀加在有些动词词干上，构成表示擅长于动词所表达的行为动作的形容词，如 teyil- "滑"—teyil**ğaq** "易滑的"，kül- "笑"—kül**gäk** "爱笑的"等。

-čaq/-čäk/čuq：该词缀加在有些反身态动词的词干上，构成表示具有该动词所表达的行为动作特征的形容词，如 maxtan- "自夸"—maxtan**čaq** "爱吹嘘的"，tartin- "害羞、客气"—tartin**čaq** "爱害羞的"等。

-ŋğu/-ŋgü/-aŋğu/-äŋgü：该词缀加在有些动词词干上，构成表示倾向于动词所表达的行为动作的形容词，如 yiğla- "哭"—yiğla**ŋğu** "爱哭的"，aldira-

"忙"—aldiraŋğu "急躁的、急性的"等。

-ğur/-qur/-gür/-kür：该词缀加在个别动词词干上，构成表示擅长于动词所表达的行为动作的形容词，如 säz- "感觉"—säzgür "感觉敏锐的"，öt- "过，通过"—ötkür "锋利的、尖锐的"等。

-ğin/-qin/-gin/-kin/-ğun/-qun/-gün/-kün：该词缀加在个别动词词干上，构成表示处在该动词所表达的动作行为结果状态的形容词，如 käs- "切，砍"—käskin "果断的"，čüš- "落下，降落"—čüškün "垂头丧气的"等。

3）由动名词派生形容词的附加成分：

-liq/-lik/-luq/-lük：该词缀加在有些以-⁰š 结尾的动名词后面，构成表示具有该动名词所表达动作特征的形容词，如 qaraš "看"—qarašliq "从属的"，čüšiniš "理解"—čüšinišlik "易懂的"等。

4）由副词派生形容词的附加成分：

-ği/-qi/-gi/-ki：该词缀加在时间副词或者方位副词末尾，构成表示与该副词所表达的时间或方位有关的形容词，如 küz "秋天"—küzgi "秋天的"，taš "外"—tašqi "外面的，外在的"等。

5）由数量词派生形容词的附加成分：

-liq/-lik/-luk/-lük：该词缀加在数量结构之后，构成表示同该数量有关的形容词，如 töt tonna "四吨"—[töt tonni]liq（mašina）"（装载量为）四吨的（车）"，on kün "十天"—[on kün]lük（musapä）"十天的（路程）"等。

6）由数量词派生形容词的附加成分：

-iš/-uš//uč/-üš：该词缀加在个别颜色词之后，构成表示比该颜色更浅一些的颜色的形容词，如 aq "白"—eqiš "浅白"，kök "蓝"—köküš "浅蓝"，seriq "黄"—sarğuč "浅黄"等。

na-：该词缀加在由波斯语、阿拉伯语借入的某些形容词之前，构成表示否定原意义的形容词，如 toğra "对的"—natoğra "不对的"，mälum "可知的"—namälum "不可知的"等。

2. 复合形容词

由两个或更多的词构成的形容词叫做复合形容词。复合形容词根据所结合成分句法关系的不同，可分为偏正复合形容词、反义复合形容词、重叠复合形容词和强化复合形容词。

1）偏正复合形容词：指的是各有独立意义的两个词以偏正关系构成的形容词，一般前一个词修饰后一个词，如 očuq "开的"+köŋül "心灵" = očuqköŋül "开朗的"，töt "四"+časa "方形" = tötčasa "正方形的"，hawa "空气"+räŋ "颜色" = hawaräŋ "天蓝色的"，maysa "幼苗"+räŋ "颜色" = maysiräŋ "草绿色的"等。

2）反义复合形容词：指的是具有反义的两个词构成的形容词，这类形容词一般都有概括性或泛指意义，如 čoŋ "大" +kičik "小" = čoŋ-kičik "大小（不等的）"，uzun "长" +qisqa "短" = uzun-qisqa "长短（不等的）" 等。

3）重叠复合形容词：指的是同一个形容词的重复形式。应该指出，维吾尔语形容词的类似重叠形式具有复指意义，也可以说是复数形式。因此千万不要把它简单地跟汉语里表示程度加强的重叠形式 "大大的"，"高高的" 等形式相提并论，而应该先重叠相应的量词，然后说出形容词的意义，如 čoŋ "大" —čoŋ-čoŋ "个个都大的"，egiz "高" —egiz-egiz "个个都很高的"，uzun "长" —uzun-uzun "一条条很长的" 等。

4）强化复合形容词：指的是具有相同或相近意义的两个形容词的并列合并形式，这类形式具有强化意义的功能，如 ač "饿的" +yaliŋač "裸体的" = ač-yaliŋač "饥寒交迫的"，addi "简单" +sadda "朴素的" = addi-sadda "艰苦朴素的"，eğir "沉重" +besiq "被压的" —eğir-besiq "沉着冷静的" 等。

3. 混合形容词

混合形容词指一个形容词与另一个不表示意义的成分搭配的形式。这类形式表示形容词原意的加强，如 äski "破的" —äski-tüski "破旧的"，parčä "碎的" —parčä-purat "破碎的，琐碎的"，uššaq "小碎的" —uššaq-čuššäk "鸡毛蒜皮的" 等。

二　形容词的句法特征

形容词的句法特如下：A. 可以接受程度副词的修饰，构成形容词短语，如 bäk "特别" +yaxši "好" = bäk **yaxši** "特别好"，nahayiti "很" +muhim "重要" = nahayiti **muhim** "很重要"；B. 修饰名词性成分，如 egiz "高" +bina "楼" = **egiz** bina "高楼"，uzun "长" +yol "路" = **uzun** yol "长途，远程" 等；C. 形容词可以重叠。而重叠的形容词不表示程度的加强，而表示被修饰的事物多于一个。如 **egiz-egiz** binalar "一幢幢高楼"，**yoğan-yoğan** tawuzlar "一个个大西瓜"；D. 有的可以直接副词化，修饰动词，如 egiz "高" +säkrä- "跳" = **egiz** säkrä- "跳高"，tez "快" +maŋ "走" = **tez** maŋ- "快走" 等；E. 可以作表语，如 Bu bina **egiz** "这幢楼高"，Bu nahayiti **muhim** "这很重要"；F. 有的可以直接代词化，表示具有形容词所表达特征的人或事物，如 aq "白" +bilän "和" +qara "黑" +-ni "（宾格）" pärq ät- "区分" = **aq bilän qari**ni pärq ät- "区分黑白"，är "男" +ayal "女" +qeri "老" +yaš "年轻" = **är ayal qeri yaš**（hämmisi käldi）"男女老少（都来了）" 等。

第三节　数词

数词指表示人或事物的数量、顺序、编码等的词类，如 bir "一" +adäm "人" =**bir** adäm "一个人"，ikkinči "第二" +yilliq "年级" = **ikkinči** yilliq "二年级"，2008- "第二〇〇八" +yil "年" = **2008**-yil "二〇〇八年"，saät "钟点" +säkkiz "八" =saät **säkkiz** "八点钟" 等。在哈萨克斯坦维吾尔语里数词的定义与分类跟中国的维吾尔语相同。（参见 Ruslan，2006：255—259 页）

一　数词的分类

数词按其所表示的意义和计算方法可分为基数词、序数词、约数词、分数词、分配数词、成组数词、人称数词七种。

（一）基数词

基数词就是数词的基本形式，按其结构的不同可分为单纯基数词和复合基数词两种。单纯基数词指有单独一个计数单位构成的数词，如 bir（1），ikki（2），üč（3），töt（4），bäš（5），on（10），yigirmä（20），ällik（50），yüz（100），ming（1000），milyon（1000000），milyard（1000000000）等。复合基数词指这些单纯数词相互结合而构成的形式。一般位数大的计数单位出现在前，小的出现在后，以此类推，如 on ikki（12），bäš yüz toqsan üč（593），bir ming toqquz yüz yätmiš ikki（1972）等。

（二）序数词

序数词在基数词或一些约数词后面加上 -nči/-inči "第……" 词缀而构成，如 birinči "第一"，ikkinči "第二"，on yättinči "第十七" 等。维吾尔语中表示前后循序的还有 tunji "头一个，老大"，otturanči "（三个儿子中）中间的，老二" 和 känji "最小的，老三" 等词，但从词类特征上看，它们应该属于形容词类。

序数词表示按特定标准排列的循序，因此在句子中一般充当定语，如 **on yättinči** bina "十七号楼"，**ikki miŋ säkkizinči** yil "（第）两千零八年" 等。序数词还可以充当表语。如：

（39）　Keniška-m-niŋ　　　nomur-i　　**bir**　**miŋ**
　　　　证件 1sPOS-GEN　　　号 3POS　　一　　千
　　　　toqquz　**yüz**　**yätmiš**　　**ikki**-**nči**.
　　　　九　　　百　　　七十　　　　二 ORD
　　　　"我证件的号码是第 1972（号）。"

（三）约数词

约数词表示事物的大概数量。维吾尔语中约数词的构成方式有以下几种：A. 在基数词后面加上量似格 -čä 或比喻格 -däk/-täk 而构成，如 ällik**čä**/ällik**täk**（adäm）"大概五十（人）"，ikki miŋ**däk**/miŋ**čä**（oquğuči）"大约两千（个学生）"等；B. 把两个意义相近的基数词结合在一起构成，如 **bäš-altä**（qetim）"五六（次）"，**bäš-altä miŋ** "五六千"，**on-yigirmä**（kün）"一二十（天）"等；C. 在个位数 bir "一" 和整数之后加 näččä/qančä "几，多少" 或只在整数前加 bir näččä/bir qančä "好几……" 等构成，如 **bir näččä** oquğuči"若干学生"，**qančä** yüz"几百个"，**bir qančä** miŋ"几千个"，yüz **näččä** "一百多个"等；D. 在基数词后面加复数词缀-lar/-lär 构成，主要在表示时间或岁数时使用。如：

（40）　U-niŋ　　yeš-i　　　　qiriq-**lar**-da　　　bar.
　　　　他 GEN　岁数 3sgPOS　四十 PL-LOC　　　有
　　　　"他大概有四十来岁。"

（四）分数词

表示分数和小数的数词称做分数词。分数词由带从格的基数词作分母，由主格形式的基数词作分子组合而成，如 töt**tin** bir "四分之一（1/4）"，toqquz**din** bäš "九分之五（5/9）"，yüz**din** bäš "百分之五（5/100）"，miŋ**din** bir "千分之一（1/1000）"，等。在表示百分比时除用 yüzdin "百分之" 这种格式外，还可以用 pirsänt，如 bäš pirsänt（5%），ällik pirsänt（50%）等。在表示小数时小数点以前的数词用 pütün "整"，而小数点以后的数词以位数 on "十"，yüz "百"，miŋ "千"，on miŋ "万" 等相加从格-din 来表示，如 nöl **pütün** on**din** ikki（0.2），bäš **pütün** yüz**din** üč（5.03）　等。

维吾尔语中还有表示一半的 yerim，表示四分之一的 čaräk 等词，分别相当于小数 "二分之一" 和 "四分之一"。

（五）分配数词

分配数词在基数词或有些约数词后加从格-din/-tin 而构成，如 bir**din**"以一为一份/组"，üč**tin** ""以三为一份/组""，yüz**din** ""以一百为一份/组""，on näčči**din** "以十几个为一份/组"。分配数词表示在某一事物的分配或分组计算当中以特定的数量为标准的计算单位。如：

（41）　**töt-tin**　　at　　　qoš-ul-ğan　　　　bäš　　　harwa
　　　　四 ABL　　马　　　套 PAS-ADJL　　　五　　　车
　　　　"各套四匹马的五辆车"

分配数词还可以重叠，如 ikki**din**-üč**tin** "以两三个为一份/组"，yigirmä-ottuz**din** "以二三十个为一份/组" 等。

（六）成组数词

成组数词在基数词或有些约数词后加动词派生词缀-la-/-lä-和副词化词缀-p 的固定结合体-lap/-läp 构成，如 onlap "成十地"，yüzläp "成百地"，yüzläp-miŋlap "成百成千地" 等。

与以上的分配数词相比，成组数词主要强调在重复做出某一动作行为时参与者每次组成的大致数量。因此，这类数词相应地以重叠形式出现。另外，在这一构成里派生词缀-la-/-lä-后面出现的是副词化词缀-p，因此，类似结构一般都做状语。如：

（42）　Kiši-lär　　　birläp　-　ikkiläp　　　tarqil-iš-qa
　　　　人 PL　　　　一 ADVL 二 ADVL　　　散 NOM L - DAT
　　　　bašli-di.
　　　　开始 PST
　　　　"人们开始三三两两地散去。"

成组数词的另一种构成方式是，在基数词或有些约数词后要加动词派生词缀-la-/-lä-和形容词化词缀-ğan/-gän 的固定结合体-liğan/-ligän，如 onliğan "成十的"，yüzligän "成百的"，yüzligän -miŋliğan "成百上千的" 等。

（七）人称数词

人称数词的构成方式有以下几种：A. 在基数词或某些约数词后加-ylän/-äylän 而构成。人称数词一般指数词所指范围的人，如 biräylän "一个人"，ikkiylän "两个人、俩"，onäylän "十个人"，bäš-altäylän "五六个人" 等（参见 Ruslan，2006：259 页）；B. 在基数词或某些约数词后加第一人称复数从属语缀-miz/-imiz、第二人称复数从属语缀-ŋlar/-ŋlär/-iŋlar/-iŋlär 和第三人称复数从属语缀-i/-si 而构成，如 ikkimiz "我们俩"，bäšiŋlär "你们五个"，ikkisi "他们俩" 等；D. 在基数词或某些约数词后面先加-lä/-ilä，然后再加以上的各人称复数从属语缀而构成。由于重音的转移，-lä/-ilä 一般表现为-li/-ili，如 ikkilimiz "我们俩都"，üčilimiz "我们仨都" 等。这最后一种形式一般只限于十以下的数目。由于人称数词离不开作为先行词的相应人称代词，它一般都体现出照应语的特点。

二　数词的句法特征

数词的句法特征如下：A. 数词作为计算数量的词类在数学中的地位最为突出，加减乘除运算都离不开数词的参与。由于数词在数学里是个计算焦点，它就像一个普通名词一样与格语缀合并，出现在加减乘除的表达中。如：

（43）　**Üč-kä**　　**bäš-ni**　　qoš-sa　　　**säkkiz**　　bol-idu.
　　　　三 DAT　　五 ACC　　加 COND　　八　　　成为 NPST
　　　　"三加五等于八。"

　B. 数词在时间表达上的使用最为突出。如：

（44）　Bügün　ay-ğa　　　（/čisila-ğa）　　**on**　　**bäš**.
　　　　今天　月 DAT　　（/号 DAT）　　十　　五
　　　　"今天是（本月）十五号。"

（45）　Hazir　saät　　**toqquz-din**　čaräk　　öt-ti.
　　　　现在　钟点　九 ABL　　一刻　　过 PST
　　　　"现在九点过一刻。"

　　C. 作为表示数量的词，数词在维吾尔语里可以直接修饰一个名词，如 **bäš** adäm "五人"，**altä** kitab "六书"；也可与量词一起构成数量结构后修饰名词，如 **bäš näpär** adäm "五个人"，**altä parčä** kitab "六本（＜片）书"。

　　D. 数词还可以直接修饰一个动词，这时主要表示动作次数。如：

（46）　**Yättä**　ölčä-p　　**bir**　　käs.
　　　　七　　计量 ADVL　一　　切割
　　　　"三思而后行。（直译：量七次后才能切割一次。）"
　　　　（谚语）

（47）　**Yüz**　aŋli-ğan-din　　**bir**　　kör-gän　　äla.
　　　　百　　听 ADJL-ABL　　一　　看 ADJL　优越
　　　　"百闻不如一见。"（谚语）

　　E. 除了以上的修饰功能外，数词在少数情况下还可以被 toptoğra "正好"，däl "正号，恰巧"，täxminän "大约" 等成分修饰。如 **toptoğra** yüz "不多不少正好一百"，**täxminän** bir yüz ällik "大约一百五十" 等。

三　数词 bir "一" 的特殊用法

比起其他数词来说，bir "一" 在维吾尔语里有若干特殊用法，需要单独解释：

　　A. 与疑问代词 kim "谁"，nemä "什么"，qandaq "怎样" 等合并，构成相应的不定代词。如：

（48）　Baya　**bir kim**　　käl-di-mu?
　　　　刚才　一 谁　　来 PST-Q
　　　　"刚才是否有人来过？"

　　B. 与数量疑问代词 näččä "几"，qanča "几，多少" 等结合，构成不定代词，如 **bir qanča** adäm "几个人"，**bir näččä** mäsilä "若干个问题" 等。

C. 与指示代词 munčä "这么多" 结合，表示 "许多"，如 **bir munčä** adäm "许多人"，**bir munčä** mal "许多货物" 等。

D. 与后附加成分 -är 结合，构成表示 "某一个" 之意的不定代词 birär。如：

（49）　<u>Yeqin</u>　<u>ätrap-ta</u>　　**<u>birär</u>**　<u>ašxana</u>　<u>bar-mu</u>?
　　　　近　　周围 LOC　　某一　　饭馆　　有 Q
　　　　"附近有什么饭馆吗？"

E. 与不定代词 bäzi "有些" 结合成为 **bäzibir**，表示 "有一些，有的" 等加强意义，如 **bäzibir** kišilär "有一些人"，bäzibir čaǧlarda "有些时候" 等。

F. 与从格语缀 -din 结合成为 birdin，表示 "突然" 的意思，这时它与分配数词 birdin 成为同音词，其后往往会出现语气助词 -la。如：

（50）　**<u>Birdinla</u>**　<u>yamǧur</u>　<u>yeǧ-ip</u>　　<u>kät-ti</u>.
　　　　突然　　　雨　　下 ADVL　　INTNS-PST
　　　　"突然下起雨来了。"

G. bir 重叠后加相应从属人称词尾，构成相互代词，如 **bir-birimiz** "我们相互……"，**bir-biriŋlar** "你们相互……"，**bir-biri** "他们相互……" 等。这也是相互代词作为照应语的特点之一。

H. 处于形容词和动词之前，加强形容词或动词的意义，充当状语。如：

（51）　**<u>Bir</u>**　<u>yawaš</u>　<u>bala</u>　<u>ikän</u>　　<u>bu</u>.
　　　　一　　老实　　孩子　　是 HRS　　这
　　　　"这孩子太老实了。"

I. 前后呼应重复出现时，起连接作用。如：

（52）　<u>U</u>　**<u>bir</u>**　<u>u</u>　<u>yan-ǧa</u>　<u>qara-ydu</u>,
　　　　他　一　那　边 DAT　看 NPST
　　　　<u>bir</u>　<u>bu</u>　<u>yan-ǧa</u>　<u>qara-ydu</u>.
　　　　一　　这　边 DAT　看 NPST
　　　　"他一会儿朝那边看看，一会儿朝这边看看。"

J. 在类似下列的复合词中有 bir 的参与：**bir** däm "一会儿，**bir** az "一点儿"，**bir** talay "一大堆"，här **bir** "每一个" 等。

第四节　量词

表示事物或动作计算单位的词叫做量词，如 danä "个"，tal "个，根"，näpär "位"，qur "行，套"，jüp "双，对"，tüp "棵"，tuyaq "只"，metir

"米", kilogram "公斤", tonna "吨", top "群，匹", baǧlam "捆", čišläm
"口", čimdim "撮" 等。在哈萨克斯坦维吾尔语里量词的定义与分类跟中
国的维吾尔语相同。(参见 Ruslan, 2006: 263—264 页)

一　量词的分类

（一）维吾尔语量词根据其专用性或兼用性，可分为专用量词和借用量词

1. 专用量词

专门用来表示计量单位的词叫做专用量词，如 jiŋ "斤", puŋ "分", tonna
"吨", kilogram "公斤", čaräk "刻", kilometir "公里", metir "米", gäz
"仗", či "尺", litir "升", näpär "个，位", danä "个", baǧlam "捆", čišläm
"口", čimdim "撮" 等。这些量词除非在个别场合名词化，一般只用做计
量单位，即量词。

2. 借用量词

维吾尔语里表示性质、时间或容器的一些一般名词也可以用做计量单
位，即量词。这时它们可以叫做借用量词，如 sanduq "箱子" —bir **sanduq**
（kitab）"一箱子（书）", eǧiz "口" —ikki **eǧiz**（öy）"两间（房）", činä "茶
碗" —bir **činä**（čay）"一碗（茶）", mašina "车" —bir **mašina**（kömür）"一
车（煤）", sinip "教室" —bir **sinip**（oquǧuči）"一教室（学生）", yil
"年" —bäš **yil**（išlimäk）"（干活干）五年, kün "天" —üč **kün**（turmaq）
"（逗留）三天" 等。

（二）维吾尔语量词根据其修饰对象的不同，可分为名量词和动量词两类

1. 名量词

名量词指用做人或事物的计量单位的量词，如 näpär "位" —bir **näpär**
adäm "一个人", tal "根，个" —ikki **tal** lim "两根大梁", eǧiz "口" —üč **eǧiz**
öy "两间房", tonna "吨" —bäš **tonna** buǧday "五吨麦子", metir "米" —yigirmä
metir räxt "二十米布" 等。

2. 动作量词

动量词指用做动作计量单位的量词，如 qetim "次" —ikki **qetim** barmaq
"去两次", mäydan "场" —üč **mäydan** oynimaq "玩三场", saät "小时" —ikki
saät sözläšmäk "谈两个小时" 等。

当然，有些量词可以修饰名词，也可以修饰动词，如 qur "遍，套"：
bir **qur** kiyim "一套衣服"; bir **qur** tonušturmaq "介绍一遍", mäydan "场"：
bir **mäydan** musabiqä "一场比赛"; bir **mäydan** oynimaq "玩一场" 等。因
此，它们同时属于名量词和动量词。

（三）维吾尔语量词根据其修饰对象是否可数，可分为数量词和集量词两类

1. 数量词

数量词指的是出现在可数名词之前用做计量单位的词，如 näpär "个，位"，danä "个"，eğiz "口"，tal "根" 等。正如以上所述，维吾尔语的数词也可以直接修饰名词，并不一定非要一个量词不可。但一方面在国内国际需要用统一的度量衡单位的需求下，维吾尔语早已形成了 jiŋ "斤"，sär "两"，misqal "钱"，puŋ "分"，tonna "吨"，kilogram "公斤"，čaräk "刻"，kilometir "公里"，metir "米"，santimetir "厘米"，gäz "仗"，či "尺"，litir "升" 等专用量词。另一方面维吾尔语本身固有的一些量词相互间不可替换，要求区别使用。这两方面的因素促成了维吾尔语量词类的形成和发展，虽然维吾尔语的量词并不像汉语那么丰富和系统化。

2. 集量词

集量词一般指用来做不可数名词，或者可数但说话者不愿意用很确切的数字说出的名词的计量单位，这类量词一般都有集合估算之意，如 bir **čeläk** su "一桶水"，bir **qap** säräŋgä "一盒火柴"，bir **xalta** un "一袋面"，bir **botulka** piwa "一瓶啤酒"，bir **sinip** oquğuči "一教室学生" 等。

二　量词的句法特征

A. 正如以上所看到的那样，维吾尔语量词最大的句法特征就是它先与数词合并，构成数量结构，然后修饰一个名词或动词。这方面的例子以上举了不少，这里就不再重复。

B. 有的量词可以重叠，表示数量之多，如 **ambar-ambar** ašliq "一仓仓的粮食"，**qatar-qatar** öylär "一排排的房屋" 等。在这一点量词与形容词有共同点。

C. 有时构成分配数词的从格成分-din/-tin 和成组数词成分-lap/-läp 可能会移到数量结构里的量词后面，这时数量结构就有相应的分配、成组等意义，如 bir kilogram**din** "每一份为一公斤地"，mašina-mašini**lap** "一车一车地" 等。

D. 构成人称数词的第三人称从属语缀-i/-si 可能会移到数量结构里的量词后面，这时它表示 "其中的每……" 的意思，如 bir kilogram**i**（bir koy）"每一公斤（一块钱）"，ikki metir**i**（yüz koy）"每两米（一百块钱）" 等。在类似表达中如果量词前面没有明确的数词，那它相当于 "每一……"，如 dani**si** "其每个" 相当于 bir dani**si** "其每一个"。

第五节　副词

出现在动词、形容词之前，在动作状态、方式、时间、地点或事物性质、程度等方面修饰或限制动词或形容词的词叫做副词，如 intayin "很"，nahayiti "特别"，jäzmän "一定"，mutläq "绝对"，päqät "根本"，zadi "到底，究竟"，piyadä "步行"，billä "一齐"，därhal "马上"，hämišä "经常"，daim "经常"，baya "刚才"，tünügün "昨天"，pütünläy "全部"，tamamän "全部"，haman "总是"，säl "稍微" 等。在哈萨克斯坦维吾尔语里副词的定义与分类跟中国的维吾尔语相同。（参见 Ruslan，2006：273）

一　副词的分类

根据副词在句中体现的句法特点，可以分为动作副词、程度副词、时间副词、方位副词、语气副词、判断副词等六类。

（一）动作副词

用来表示动作行为的状态、方式、方法的副词叫做动作副词。如：

（53）　Ular　　biz-ni　　**izčil**　　qolla-p　　käl-di.
　　　　他们　　我们 ACC　　一贯　　支持 ADVL　　来 PST
　　　　"他们一贯支持我们。"

（54）　Hawa　**tosattin**　özgir-ip　kät-ti.
　　　　天气　突然　　变 ADVL　去 PST
　　　　"天气突然变了。"

常见的动作副词有 ästayidil "认真地"，qästän "故意"，billä "一齐"，tosattin "骤然"，birliktä "共同"，alayitän "特意地"，aran "勉强"，birdinla "突然"，izčil "一贯地"，bäjanidil "全心全意地"，piyadä "步行"，aldirap-tenäp "急急忙忙" 等。

（二）程度副词

用来表示行为动作或事物性质程度的副词叫做程度副词。如：

（55）　Sinip-imiz-da　　Tursun-niŋ　　öginiš-i
　　　　教室 1pPOS-LOC　　吐尔逊 GEN　　学习 3sPOS
　　　　äŋ　　yaxši.
　　　　最　　好
　　　　"在我们班，吐尔逊的学习最好。"

（56）　Yamǧur　**ančä -munčä**　yeǧ-ip　　tur-idu.
　　　　雨　　　多多少少　　下 ADVL　　ITR-NPST

"雨多多少少也下了一点。"

常见的程度副词有 bäk "太，十分"，bäkmu "格外"，nahayiti "很"，ajayip "非常"，intayin "非常"，säl "略微、一点"，äŋ "最"，pütünläy "全部"，tamamän "完全"，yänä "又"，xoymu "太、格外"，ančä-munčä "多少，多多少少"，rasa "不一般地，狠狠地"，teximu "更，更加"，xeli "相当" 等。

（三）时间副词

用来表示行为动作发生的时间的副词叫做时间副词。如：

（57）　Mäktip-imiz　　ilmiy　　muhakimä　　yiğin-lir-i-ni
　　　　学校 1pPOS　　科学　　讨论　　　　会 PL-3POS-ACC

　　　　daim　　ötküz-üp　　　　tur-idu.
　　　　经常　　举行 ADVL　　　ITR-NPST

　　　　"我们学校经常举行学术研讨会。"

（58）　**Awal**　　oyla,　　**andin**　　sözlä.
　　　　先　　想　　然后　　说

　　　　"先想好后再讲。"

常见的时间副词有 texi "尚，还"，awal "首先"，gahida "有时"，aldin "事先"，bäzidä "有时"，baya "刚才"，baldur "早"，adättä "平时"，mäŋgü "永远"，ämdi "现在"，waqtinčä "暂时"，heli "刚才，就要"，hämišä "经常"，äbädi "永远"，anda-sanda "间或"，därhal "马上"，šuan "立刻"，daim "经常，常常"，haman "总是"，andin "然后" 等。

（四）方位副词

用来表示行为动作趋向的副词叫做方位副词。维吾尔语的方位副词其实就是古代维吾尔语的相应方位名词与向格成分-ru/-rü＞-ri 或复合向格成分-qaru/-gärü＞-qiri/-giri 等的结合体，如 ičkiri "向里面"，tašqiri "向外面"，neri "朝那边"，beri "朝这边"，ilgiri "向前"，yuqiri "向上" 等。其中 neri、beri、ilgiri 等高度凝固化，已无法把词干与向格成分拆开来使用。方位副词一般修饰趋向性动词。如：

（59）　Išläpčiqiriš-ni　　**ilgiri**　　sür-üš　　　　keräk.
　　　　生产 ACC　　　　向前　　推移 NOML　　应该

　　　　"应该促进生产。"

（60）　Qeni,　　**beri**　　kel-iŋ.
　　　　请　　往这里　　来 IMP

　　　　"请到这边来。"

（五）语气副词

用来表示说话人对所发生行为动作的某种语气的副词叫做语气副词。语气副词往往带有肯定或否定语气。常见的语气副词有 jäzmän "肯定"，čoqum "一定"，älwättä "一定、当然"，qät'iy "坚决"，härgiz "根本、绝不"，päqät "根本"，äsla "从来"，mutläq "绝对"，zadi "究竟、到底"等。其中，除了 härgiz "根本、绝不"以外的大部分语气副词可以修饰一个肯定动词，也可以修饰一个否定动词。如：

（61）　Biz　　　bu　　　pikir-gä　　　**älwättä**
　　　　我们　　　这　　　意见 DAT　　　当然

　　　　qošul-i-miz　　／　qošul-ma-y-miz.
　　　　同意 NPST-1pl/ 同意 NEG-NPST-1pl

　　　　"我们当然同意/不同意这个意见。"

（62）　Män　　　bu　　　pilan-ni　　　**qät'iy**
　　　　我　　　这　　　计划 ACC　　　坚决

　　　　qolla-y-män　　/qolli-ma-y-män.
　　　　支持 NPST-1sg /支持 NEG-NPST-1sg

　　　　"我坚决支持/不支持这一计划。"

但是否定语气副词 härgiz "根本、绝不"在任何时候都修饰否定动词，即在它之后不可能出现肯定动词。如：

（63）　Biz　　　bundaq　　　pikir-ni　　　**härgiz**
　　　　我们　　　这样　　　意见 ACC　　　根本

　　　　qolli-ma-y-miz　　/　*qolla-y-miz.
　　　　支持 NEG-NPST-1pl /*支持 NPST-1pl

　　　　"我们根本不支持/*支持这样的意见。"

（注: 这里或以后在某例句/例词前出现的星号（*）表示该句/词不符合语法。）

语气副词 päqät "根本"，äsla "从来"，mutläq "绝对"等可能在更多情况下用来修饰否定动词，但也不能否认修饰肯定动词的可能性。

（六）判断副词

用来表示说话者主观判断或评价的副词叫做判断副词。常见的判断副词有 täxminän "大约"，nemidigän "多么、何其"，näqädär "何等"，bälkim "恐怕"，bäribir "反正"，ehtimal "也许、大概"等。由于这类副词一般都表达说话者的个人判断或评价，在句中与其他成分的结合并不严紧，更像一个插入语。如：

（64）　Awarä　　　bol-ma-ŋ,　　　　män　　　**bäribir**
　　　　麻烦　　　成 NEG-2sg　　　我　　　反正

qatniš-al-ma-y-män.
参加 ABIL-NEG-IMP-1sg
"请不要客气，我反正参加不了。"

（65）　Ular　　　**ehtimal**　　käl-mäs-lik-i　　　　　　mumkin.
他们　　　也许　　　来 NEG-NOML-3POS　　可能
"他们可能不会来。"

二　副词的句法特征

副词的句法特点是：A. 句中一般出现在形容词或动词之前，做修饰性状语。这方面的例子我们在上面举了不少，这里不再重复。B. 有些时间副词可以有减弱级变化，如 baldur "提早"—baldur**raq** "提早一点"，ätigän "早"—ätigän**räk** "早一点"，käč "晚"—käč**räk** "晚一点"，keyin "以后"—keyin**räk** "推后一点"等。C. 副词可以被程度副词、指量词等修饰，如 **intayin** baldur "特别早"，**säl** ätigän "稍微早一点"，**ikki kün** keyin "两天以后"等。

维吾尔语的副词类虽然是比较封闭的词类，但实际语言中有一些附加成分派生出具有更加专门用途的副词。下面就是类似的附加成分：

1. -larčä/-lärčä：该词缀加在某些名词性词干后，构成表示与该词干所表达事物一样特征的副词如 aka "哥哥"—aki**larčä** "哥哥般地"，insan "人，人类"—insan**larčä** "人一般地"，qähriman "英雄"—qähriman**larčä** "英雄般地"等。

2. -čilap/-čiläp：该词缀加在某些名词后构成表示该名词所具有的动作方式的副词，如 xoraz "公鸡"—xoraz**čilap**（čillimaq）"像公鸡一般（叫）"，paqa "青蛙"—paqi**čilap**（üzmäk）"青蛙般地（游），蛙（泳）"等。

3. -čisiǧa/-čisigä：该附加成分加在某些名词后构成表示该名词所具有的动作方式的副词，如 dehqan "农民"—dehqan**čisiǧa** "以农民的方式"，äskär "士兵"—äskär**čisigä** "以士兵的方式"等。

4. -lap/-läp：该附加成分加在表示数量的词干后构成表示以该词干所表达的事物为手段的副词，如 köp "多"—köp**läp** "大量地"，ikki qol "双手"—ikki qol**lap** "以双手"等。

5. -idä：该附加成分加在有些模拟词后，构成表示以该模拟词所表达状态为特征的副词，如 las "（气球跑气的状态）"—las**sidä**（olturup qalmaq）"气球跑气般地（坐下来），气馁，泄气"，wal "一闪"—wal**lidä**（yanmaq）"一闪地（燃烧起来）"等。以上的例子说明，该词缀与词干结合时词干末尾的辅音要重叠。

6. -i/-si：该词缀其实就是第三人称从属成分，加在某些时间名词或以-liq/-lik/-luq/-lük 派生的时间形容词后，构成表示该时间的副词，如 yazliq "夏天的" —yazliqi "在夏天"，qišliq "冬天的" —qišliqi "在冬天"，küzlük "秋天的" —küzlüki "在秋天" 等。

7. -än：该词缀是从阿拉伯语中借入的，加在某些阿拉伯语借词词干后构成表示以该词干所表达的概念为手段的副词，如 šäkil "形式" —šäklän "形式上"，qäst "阴谋，预谋" —qästän "有预谋地，故意" 等。

8. -čä：该词缀加在某些时间副词上，构成表示以该副词的时间范围为界限的副词，如 hazir "现在" —hazirčä "在目前"，bügün "今天" —bügünčä "就今天来讲" 等。

9. -ičä：该词缀加在有些时间名词上，构成表示贯穿于该名词所表达时间的副词，如 qiš "冬天" —qišičä "在整个冬天"，yaz "夏天" —yazičä "在整个夏天"，kečä "夜里" —kečičä "整夜" 等。

第六节　模拟词

用来模拟自然声音、感觉状态或人体感受的词叫做模拟词。模拟词在维吾尔语中有特殊地位，能使语言表达出更加生动、形象、真实的感觉，如 güldür-güldür "轰隆轰隆（炮声、雷声、爆炸声）"，jiriŋ-jiriŋ "丁零零（电话铃声、车铃声）"，xor–xor "呼噜呼噜（打呼噜声）"，par-pur "一闪一闪地（灯光或星星闪耀状）"，loq-loq "一跳一跳地（脉搏跳动或随着脉搏的节奏疼的感觉"等。在哈萨克斯坦维吾尔语里模拟词的定义与分类跟中国的维吾尔语相同。（参见 Ruslan，2006：274—277 页）

一　模拟词的分类

（一）维吾尔语的模拟词从构成形式上可分为单一式模拟词和复合式模拟词两种

1. 单一式模拟词

单一式模拟词指由单一的语素构成的模拟词，如 daŋ "当（钟声）"，ǧurt "咕嘟（喝水声）"，čip "嚓"（停车声）"，war "哇（哭声）" 等。应该指出，模拟词一般都是重叠式的，单一模拟词其实就是复合式模拟词的前半部分，一般与副词派生成分-idä，助词 qilip 或-la qilip 等合并，生动描述一种状态。如：

（66）　Mašina　**čipla**　　**qil-ip**　　toxti-di.
　　　　车　　　嚓一声　　做 ADVL　停 PST
　　　　"车子嚓的一声停下来。"

（67）　U　　　čey-i-ni　　　**ğurt**　　**qil-ip**
　　　　他　　茶 3POS-ACC　咕嘟一声　做 ADVL
　　　　ič-iwät-ti.
　　　　喝 ASP-PST
　　　　"他咕嘟一声把茶喝完。"

2. 复合式模拟词

复合式模拟词指由两个语素构成的模拟词。维吾尔语的模拟词一般都是复合式的。复合式模拟词内部还可分为重叠式、谐音式和对偶式三种。

1）重叠式模拟词：指由两个完全相同的模拟语素重叠而成的模拟词，如 jiriŋ-jiriŋ "丁零丁零（各种铃声）"，ğičir-ğičir "嘎吱嘎吱（车轮等摩擦声）"，sim-sim "淅淅沥沥（形容下毛毛雨的样子）" wičir-wičir "叽叽喳喳（形容鸟叫声），ğar-ğar "咕嘟咕嘟（形容漱口声）" 等。

2）谐音式模拟词：指由两个模拟语素重叠构成，但后一个语素里以窄圆唇元音替代前一个语素元音的模拟词，如 kaldur-kuldur "叽里咕噜"，paras-purus "噼里啪啦"，jalaq-juluq "哐嘟"，taraŋ-turuŋ "丁零当啷"，par-pur "闪闪烁烁" 等。

3）对偶式模拟词：指由两个在语音上互不相同的模拟语素组成的模拟词，如 ah-zar "呻吟声"，güldür-taraq "丁零当啷"，güldür-ğalap "丁零哐嘟" 等。

（二）维吾尔语的模拟词按其所表示的不同意义可分为拟声模拟词、拟状模拟词和拟感模拟词三类

3. 拟声模拟词

拟声模拟词指模拟各种自然声音的词，一般以听觉为主，内容包括：

A. 模拟人发出的声音，如 pičir-pičir "叽叽咕咕"，ha-ha-ha "哈哈哈（笑声）"，iŋä-iŋä "哇哇（婴儿哭声）"，xor-xor "呼呼（打呼噜声）" 等；

B. 模拟动物发出的声音，如 mä-ä-ä "（羊叫声）"，mö-ö-ö-ö "哞哞（牛叫声）"，haw-haw "汪汪（狗叫声）"，miyaw-miyaw "喵喵（猫叫声）" 等；

C. 模拟自然界中其他声音，如 ğur-ğur "呼呼（风声）"，šildir-šildir "潺潺流（流水声）"，paŋ-puŋ "砰砰（枪声）"，šart-šurt "唰唰（割草声）" 等。

4. 拟状模拟词

拟状模拟词指模拟各种状态的词。它一般以视觉为主，如 däldäŋ-düldüŋ "踉踉跄跄"，wal-wul/yalt-yult "一闪一闪"，iliŋ-siliŋ "摇摇晃晃（身体虚弱状）"，čiliq-čiliq "湿漉漉的"，miliq-miliq "软绵绵的" 等。

5. 拟感模拟词

拟感模拟词指模拟身体触觉或体内各器官的反应、感受的词，如 loq-loq "一跳一跳（形容随脉搏跳动而疼的感觉）"、ziŋ-ziŋ "嗡嗡（形容神经疼的感觉）"，jiğ-jiğ "（形容恐惧时心里感到刺激的感觉）"等。

二　模拟词的句法特征

模拟词的句法特征有：A. 模拟词作为模仿自然声音、状态或感受的词类永远是开放的。任何人在任何时候根据自己的体会造出自己的模拟词。一旦该模拟词被其他人接受，就有可能成为词汇的一部分。B. 模拟词虽然自成一个词类，但从大归类看，它还是属于静词类。因此，可以与人称、数、格等附加成分结合，如 harwiniŋ jalaq-juluqi "车子的丁零当啷声"，balilarniŋ waraŋ-čuruŋliri "孩子们的嘈杂声"，waraŋ-čuruŋdin qačmaq "躲避嘈杂声"。C. 作为静词类的一种，有些模拟词像形容词一样有减弱级的变化，如 wat-watraq（adäm）"比较啰唆的（人）"，kot-kotraq（adäm）"唠唠叨叨的（人）"等。D. 如果说作为静词类的模拟词可以直接用作名词和形容词，那么通过特定附加成分的合并，它还构成动词、副词或其他静词，如 mö "牛叫声" +-rä- = mörä- "牛叫"，haŋ "驴叫声" +-ra- = haŋra- "驴叫"，xor "呼噜声" +-ulda- = xorulda- "打呼噜"，wičir "叽喳声" +-la- = wičirla- "（燕子）叫"，jaraŋ "叮当声" +-liq= jaraŋliq "响亮的，浊的"，šar "哗哗声" +-idä= šarridä "哗的一声"，šaraq "咔嚓声" +-idä = šaraqqidä "咔嚓一声"等。

第七节　代词

用来替代其他词语的词叫做代词，如 biz "我们"，kim "谁"，nemä "什么"，bu "这"，u "他/她/它"，awu "那"，qandaq "怎样"，qäyär "哪儿"，özüŋ "你自己"，hečkim "谁也不"，alliqäyär "某地"等。

一　代词的分类

代词按其所替代的内容，可分为人称代词、指示代词、疑问代词、反身代词、任指代词、否定代词和不定代词七种。

（一）人称代词

1. 人称代词的定义及其内容

人称代词指替代第一人称（即说话者）、第二人称（即听话者）和第三人称（即说话者和听话者以外的第三方）的词叫做人称代词。人称代词有单复数区别，列表如下：

表 5-11

人称		单数	复数
第一人称		män "我"	biz "我们"
第二人称	普称	sän "你"	silär "你们"
	尊称	siz "您"	sizlär "您们"
	敬称	sili（özliri）"您自己"	härbirliri/härqaysiliri "您各位"
	贬称	—	sänlär "你们这些"
第三人称		u "他/她/它"	ular "他/她/它们"

表 5-11 里的各内容在哈萨克斯坦维吾尔语和中国维吾尔语里完全一致。（参见 Ruslan，2006：266）

2. 人称代词的句法特征

人称代词作为静词类，可以跟复数成分-lar/-lär 合并，如 silär "你们"，sizlär "您们"，sänlär "你们这些"，ular "他/她/它们" 等。但应该指出，现代维吾尔语人称代词的复数体系带有各发展时期留下的烙印。如第一人称复数形式 biz "我们" 原来是古代突厥语第一人称单数代词*bi "我" 和复数缀*-z 的结合体。虽然其词根*bi "我" 经过*bi＞bin＞min＞men＞män 的历史音变，今天以 män 的形式出现，而且复数成分-lar/-lär 也早已替代了古代的*-z，但 biz 并没有因此而改变，一直沿用至今。现代维吾尔语的第二人称单数尊称 siz "您" 原来也是古代突厥语第二人称单数*si "你" 加复数词缀*-z 结合而成的，原意是 "你们"。但由于一方面该古词根*si "你" 经过*si＞sin＞sen＞sän 的历时音变，最后以 sän 的形式固定下来，另一方面古词根*si "你" 与较晚的复数成分-lär 结合而形成了目前的第二人称复数代词 silär "你们"，siz "您" 就被用来表示第二人称单数尊称。这样，在 siz 之后又出现较晚的复数词缀-lär 而形成了 sizlär "您们"。在这些较早的普称 silär "你们" 和尊称 sizlär "您们" 的衬托下，sänlär "你们这些" 只好表示贬称了。另外，在第二人称敬称 sili（özliri）"您自己"、härbirliri/härqaysiliri "您各位"里出现了复数词缀-lär 弱化成-lir 或不完全发音下成为了-li 的现象。

人称代词还可以跟格和后置词合并。当与它们合并时出现一些音变现象，如 män "我" 和 sän "你" 与向格成分-gä 合并后的结果不是 mängä 和 sängä，而是 maŋa "对我" 和 saŋa "对你"。可见这些合并中同时出现了 ä 变 a 以及 n 和 g 融合为 ŋ 的音变现象。更有普遍意义的音变现象就是，当代词词干与格或后置词合并时两者之间出现领属格-niŋ，如 u "他/她/它"+-da "（位格）"= uniŋda "在他/她/它那里"，u "他/她/它"+üčün "为"= uniŋ üčün "为他/她/它" 等。由于 män "我" 和 sän "你" 等以 n 结尾，可以直接与某些格或后置词合并，也可以中间出现领属格-niŋ，如 män+-din "（从格）" = mändin/meniŋdin "从我这儿"，sän+-din "（从格）" = sändin/seniŋdin "从你这儿"，män+üčün "为" = män/meniŋ üčün "为我" 和 sän+üčün "为" = sän/seniŋ üčün "为你" 等。当然，最为常见的现象就是中间加领属格-niŋ。在类似结合中我们也看到其他一些音变现象，如 män、sän 末尾的 n 与领属格-niŋ 的首音 n 合并成一个 n，然后 män、sän 的元音 ä 弱化成 e。相比之下，这种现象多见于代词的单数形式上。

维吾尔语人称代词的另一个特点就是，它不接受其他成分的修饰。在这一点我们可以拿汉语做对比。汉语里可以说 "初来乍到的我"、"没有经验的他" 等，而这种代词被修饰的结构在维吾尔语里不可接受。

（二）指示代词

1. 指示代词的定义及其内容

指示代词就是特别指向某人某事物的词。常见的指示代词有：

1）bu "这"：指向离说话者相对近的人或事物。可以自成句子独立成分，如 **Bu** kim? "这是谁？"；也可以做修饰成分，如 **bu** kitab "这本书" 等。

2）u "那"：指向离说话者相对远的人或事物。因为这同一个 u 又用作第三人称代词 "他/她/它"，它的指示代词功能更多地体现在修饰其他成分上，如 **u** mäsilä "那个问题"，**u** adäm "那个人" 等。当然，在像下列的用法中，u 也充当句子的独立成分：

（68）　A：　<u>Bu</u>　<u>bügünki</u>　<u>gezit-mu</u>？
　　　　　　　这　　今天的　　　报纸 Q

　　　　B：　<u>Yaq</u>,　<u>**u**</u>　<u>tünügünki</u>　<u>gezit</u>.
　　　　　　　不　　　那　昨天的　　　　报纸

　　　"甲：这是今天的报纸吗？

　　　乙：不，那是昨天的报纸。"

3）šu "就是那个"：指向对说话者和听话者都已清楚的事物。它可以做主语，如 kälmigän **šu** qaldi "没来的就剩他了"；可以做修饰语，如 **šu** küni "当天，就那一天"；也可以做表语。如：

（69）　A：　<u>Ular-niŋ</u>　　<u>öy-i</u>　　<u>mušu-mu</u>？
　　　　　　　他们 GEN　　房 3POS　　就这 Q

　　　　B：　<u>Hää</u>,　　<u>**šu**</u>.
　　　　　　　是　　　　就是那

　　　"甲：这是他们的家吗？

　　　乙：是，就是（他们的家）。"

当然，它与格、后置词等合并后可以做句子的其他成分。

4）mawu "就这个"：这个代词是语气助词 mana "在这里" 和指示代词 bu "这" 合并后经过语音压缩而形成的。可以做修饰语，如 **mawu** kitab "就这一本书"；也可以做主语。如：

（70）　**Mawu**　　meniŋ.
　　　　这个　　　　我的
　　　　"这个是我的。"

当然，它与格、后置词等合并后可以做句子的其他成分。有时 mawu 经过进一步的语音压缩，以 ma 的形式出现，但意义不会变，如 ma luğät "就这一本词典"。

5）munu "就那一个"：这个代词是语气助词 mana "在这里" 和指示代词 u "那" 合并后经过语音压缩而形成的，有 "这边的那个" 之意。它的用法与以上 mawu 基本相似，如 **munu** kitab "就那一本书"，**Munu** meniŋ "就那一个是我的" 等。

6）awu "那一个"：这个代词是语气助词 änä "在那里" 和指示代词 bu "这" 合并后经过语音压缩而形成的。与以上的 munu 相对而言，awu 指向离说话者比较远的事物，有 "那边的那个" 之意，如 **awu** kitab "那一本书"，**Awu** meniŋ "那一个是我的" 等。

7）mušu "就这一个"：这个代词是语气助词 mana "在这里" 和指示代词 šu "就是那个" 合并后经过语音压缩而形成的，因此更加突出了 šu 的意义，有 "就是这边的那个" 之意，其用法与 šu 的相似。如：

（71）　A:　Ular-niŋ　　　öy-i　　　**mušu**-mu?
　　　　　　 他们 GEN　　 房 3POS　　 就这 Q

　　　　　B:　Hää,　**mušu**.
　　　　　　 是　　 就这
　　　　"甲：他们的家就是这个吗？
　　　　　乙：是，就是这个。"

8）äšu（ašu）"就那一个"：这个代词是语气助词 änä "在那里" 和指示代词 šu "就是那个" 合并后经过语音压缩而形成的，有 "就是那边的那个" 之意。除了指向远近程度的不同，其他方面的用法与以上的 mušu 相似。

9）ušbu（šubu）"此"：这个代词是以上的代词 äšu 或 šu 与 bu 合并后经过语音压缩而形成的，多用于书面语。如：

（72）　**Ušbu**　kitab　Tursun-ğa　　　　tä'älluq-tur.
　　　　此　　　书　　吐尔逊 DAT　　　　属于 COP
　　　　"此书属于吐尔逊。"

除了以上的这些指示代词外，还有它们与其他名词一起合并形成的一些固定形式，如 mušu 与 yär "地方" 合并形成了 mäšä "这里"，äšu 与 yär "地方" 合并形成了 äšä "就在那里"，munu 与 yär "地方" 合并形成了 mäyä "就在这里" 等。当然，虽然它们在语音上经过了压缩，但它们原来的短语意义保持不变。

2. 指示代词的句法特征

指示代词作为静词类，可以与复数成分 -lar/-lär 合并，如 bular "这些"，ular "那些"，äšular "就是那些"，mušular "就这些" 等。指示代词也可以跟格与后置词合并，但类似的合并在长期的使用过程中通过缩音、融音、增音以及保留古音等原因已形成了较固定的形式。常见的固定形式有下列几种：

表 5-12

	bu （这）	u （那）	šu （就那个）	mušu （就这个）	äšu （就那个）
主格	bu （这）	u （那）	šu （就那个）	mušu （就这个）	äšu （就那个）
向格	buŋa （对/向这）	aŋa （对/向那）	šuŋa （对那，因此）	—	—
时位格	munda （bunda） （这里，在这）	anda （unda） （那里，在那）	šunda （那时，那里）	—	—
从格	mundin （bundin） （从这，从此）	andin （undin） （从那，从此）	šundin （就从那）	—	—
时位标志格	mundiki （bundiki） （这里的）	andiki （undiki） （那里的）	šundiki （就那时的）	—	—
界限格	—	aŋğičä （到那时为止）	šuŋğičä （就到那时为止）	—	—
形似格	mundaq （bundaq） （这样）	andaq （undaq） （那样）	šundaq （就那样）	mušundaq （就这样）	äšundaq （就那样）
量似格	munčä/ munčilik （bunčä/ bunčilik） （这么多的，类似）	ančä/ ančilik （unčä/ unčilik） （那么多的，类似）	šunčä/ šunčilik （就那么多的）	mušunčä/ mušunčilik （就这么多的）	äšunčä/ äšunčilik （就那么多的）

以上表格里的各内容在哈萨克斯坦维吾尔语和中国维吾尔语里完全一致。（参见 Ruslan，2006：267）

与 bilän "与……一起"，üčün "为，为了" 等后置词结合时末尾增加属格 -niŋ，如 buniŋ bilän "与这个一起，因此"，uniŋ üčün "为了那个" 等。其他方面指示代词与人称代词一样，如因语义的限制，它不能跟从属人称成分合并，也不接受其他成分的修饰。

（三）疑问代词

1. 疑问代词的定义及其内容

用来对事物名称、时间、空间、数量、性质特征、行为状态等提出疑问的词叫做疑问代词。维吾尔语的疑问代词包括：

1）kim "谁"：对人提问。如：

（73）　Bu　　　　**kim?**
　　　　这　　　　　谁
　　　"这是谁？"

2）nemä "什么"：对事物提问。如：

（74）　Bu　　　　**nemä?**
　　　　这　　　　　什么
　　　"这是什么？"

3）qaysi "哪一个"：在同一类事物中对不清楚的某一个对象提问。如：

（75）　Därs　**qaysi**　sinip-ta　öt-ül-di?
　　　　课　　哪个　　教室 LOC　上 PASS-PST
　　　"课是在哪个教室上的？"

4）qandaq "怎样"：对某一标记或者状态提问。如：

（76）　Bu　**qandaq**　kitab?
　　　　这　　怎样　　　书
　　　"这是什么/怎样的书？"

5）qačan "什么时候，何时"：对时间提问。如：

（77）　Sän　**qačan**　käl-diŋ?
　　　　你　　何时　　来 PST-2sg
　　　"你是什么时候来的？"

6）qančä 或 näččä "多少，几"：对数量提问。如：

（78）　**Qančä/Näččä**　adäm　käl-di?
　　　　多少　　　　　人　　来 PST
　　　"来了多少/几个人？"

Qančä/näččä 可以由 qančilik/näččilik 替代，不过后者更强调对量的提问。

7）qäyär "哪儿，什么地方"：这个代词是由古疑问词*qa 与 yär "地，地方"结合而成的，表示对地点、处所的提问。如：

（79）　**Siz**　**qäyär**-din　käl-diŋiz?
　　　　您　　哪儿 ABL　　来 PST-2sg
　　　"您是从哪儿来的？"

8）qeni "在哪里，哪儿呢"：这个代词是古疑问词*qa 与古方位格成分 *-（n）a/-（n）ä/-（n）e/-（n）i 的结合体。我们在以上看到古疑问词*qa 已派生出多个疑问代词，而古方位格成分*-（n）a/-（n）ä/-（n）e/-（n）i 并不多见，目前只保留在 mana "就在这里"，änä "就在哪里" 等语气助词中。qeni "在哪里，哪儿呢" 一般用来追问人或事物在说话时所处的位置。如：

（80）　**Tursun**　　　**qeni**？
　　　　吐尔逊　　　　哪儿呢
　　　　"吐尔逊在哪儿？"

9）nä "哪儿"：这个代词最初由古疑问代词 nä "什么" 与名词 yär "地，地方" 结合而成，即 näyär "什么地方"。后来 yär 脱落，但其意义保留下来，因此意义与用法跟以上的 qäyär 相似。应该提到，作为 näyär 的脱落部分 yär 的补偿，在现代维吾尔语里 nä 末尾的 ä 要发成长元音。另一方面，当 nä 的后面缀加人称从属成分时，中间做连接音的不是通常的 y，而是 r，如 nä+-iŋ "（第二人称从属成分）" = näriŋ（不是一般规则要求的*näyiŋ）"你的哪儿，你的哪一部分"。这就证明 yär 留下的潜在的 r 并没有完全消失。当然，在文学作品中也有挖掘使用 nä 的最初意义 "什么" 的例子，但可以说，这时末尾音 ä 要发成短元音。

10）nemišqa/nemiškä "为什么"：这个代词是由疑问代词 nemä "什么" 加名词 iš "活儿，事情" 组成的短语 nemä iš "什么事" 再加向格成分-qa/-kä 而形成，但语音上有些变化。nemišqa/nemiškä 可以由 nemä üčün "为了什么" 替代。

除了以上的这些疑问代词外，维吾尔语里还有它们通过正常的句法规则结合而形成的短语，也用来表示疑问，如 näkäm：古代疑问代词 nä 和古代名词 käm "时间" 的结合，表示 "什么时候"；näwaq：古代疑问代词 nä 和名词 waq "时间" 的结合，也表示 "什么时候"；qayaq：古代疑问代词*qa 和名词 yaq "方面，边" 的结合，表示 "哪儿"；nemandaq：疑问词 nemä "什么" 与 andaq "那样的" 的结合体，表示 "怎么那样的"；nemančä：疑问词 nemä "什么" 与 ančä "那么多的" 的结合，表示 "怎么那么的"；nemä däp：疑问词 nemä "什么" 与带副词化成份-p 的 dä "说" 的结合，表示 "为什么" 等。

另外，nemä 与 degän（dä "说" 的形容词化形式）的结合体 nemä degän 和 nä 与 qädär "以……的程度" 的结合体 nä qädär 等不再表示疑问，而已被用做表示程度的语气助词，具有了 "多么，多么的" 等意义，多出现在感叹句里。

2. 疑问代词的句法特征

总的来讲，维吾尔语疑问代词是用来向相应的词提出疑问，因此疑问代词的句法特点跟它代替的相应的词是一样的。另外，维吾尔语的疑问代词不像印欧语言那样要移位到句首位置，而是完全与提出疑问的相应的词的位置一致。除此之外，维吾尔语的疑问代词作为静词类，可以与复数成分合并，如 kimlär "谁们"，nemilär "什么（复数）"等；可以与格、后置词等合并，如 kimgä "向谁"，nemidin "从什么"，qačanǧičä "到什么时候为止"，qayärdä "在哪里"，nemä üčün "为了什么"等；也可以与从属人称成分合并，如 nä+-iŋ "（第二人称从属成分）" = näriŋ "你的哪儿，你的哪一部分"，kim+-iŋ = kimiŋ "你的什么人"，qandaq "怎样"+-i "（第三人称从属成分）" = qandiqi "其什么样的"，nemä "什么"+-si "（第三人称从属成分）" = nemisi "他/她/它的什么"等。疑问代词不接受其他成分的修饰。

（四）反身代词

1. 反身代词的定义及其内容

用来表示行为主体本身的代词叫做反身代词。维吾尔语的反身代词只有一个 öz "自己"，但在表示各人称时它与相应的从属人称成分合并。如：

表 5-13

人称		单数	复数
第一人称		（män）　özüm "我自己"	（biz）　özimiz "我们自己"
第二人称	普称	（sän）　özüŋ "你自己"	（silär）　özüŋlär "你们自己"
	尊称	（siz）　öziŋiz "您自己"	（sizlär）　öziŋizlär "您们自己"
第三人称		（u）　özi "他/她/它自己"	（ular）　özliri "他/她/它们自己"

2. 反身代词的句法特征

反身代词一般紧跟着相应的人称代词出现在句子中，而且后面还需要加相应的从属人称成分。这一点体现了反身代词作为照应语的特点。我们在以上的表格中把相应的人称代词放到括号里，这说明一旦在反身代词末尾出现相应的从属人称成分，前面的人称代词可有可无，如 özüm "我自己"，özüŋ "你自己"，özi "他/她/它自己"等后面的从属人称成分已经表明反身代词指的是哪个人称。如果人称代词需要说出，它后面不需加领属格-niŋ，虽然在一般的领属—从属结构中领属名词不能没有-niŋ。试比较：män özüm "我自己"，sän özüŋ "你自己"，但 meniŋ kitabim "我的书"，seniŋ kitabiŋ "你的书"等。当然不能排除人称代词后面出现领属格-niŋ 的可能。如果领属格-niŋ 出现，要么表示强调，如 uniŋ özi "就是他自己"，bizniŋ özimiz "就是我们自己"等；要么反身代词本身带有领属格，如 Bu meniŋ özümniŋ "这是我自己的。"，Bu seniŋ özüŋniŋ "这是你自己的。"等。

当然，也有反身代词 öz 不带从属人称成分的场合，如 tänqid **öz**-özini tänqid "批评与自我批评"，**öz** qolum bilän "用我的亲手"，**öz** közüŋ bilän "用你的亲眼"等。在后两种用法中 öz 有强调"亲自"的语气。

反身代词在格与后置词等结合方面与人称代词相似。

以上所述反身代词体系在哈萨克斯坦维吾尔语和中国维吾尔语里完全一致（参见 Ruslan，2006：268）。

（五）任指代词

1. 任指代词的定义及其内容

用来代替同类事物中的任何一个的代词叫做任指代词。维吾尔语的任指代词由形容词 här "每" 与疑问代词合并而形成，常见的任指代词有 här+nemä "什么" = här nemä "任何事物"，här+kim "谁" = här kim "任何人"，här+qaysi "哪一个" = här qaysi "任何一个，各个"，här+qandaq "怎样" = här qandaq "任何，不管怎样"，här+qančä "多少" = här qančä "不管多么……"，här+qačan "何时" = här qačan "任何时候"等。由于具有形容词和副词双重功能的 här "每" 在修饰其他名词时也可以指同类事物的每一个成员，有的语法学家把类似的结合也归类到任指代词中，如 här+kiši "人" = här kiši "每人"，här+närsä "东西" = här närsä "每一个东西"等。

2. 任指代词的句法特征

任指代词中代替名词类的成员可以与格和后置词成分结合，如 här nemi**niŋ** "任何事物的"，här kim**gä** "向任何人"等。不过代替形容词的 här qaysi "任何一个，各个"、här qandaq "任何，不管怎样"和代替副词的 här qančä "不管多么……" här qačan "任何时候"等一般不会与格和后置词成分合并。任指代词中代替形容词的 här qaysi "任何一个，各个"和 här qandaq "任何，不管怎样"也可以与从属人称成分合并，不过这时任指代词所指范围局限于相应的人称，而且原来的形容词转为代名词，如 här qaysi**si** "其中的每一个"，här qandiq**iŋlar** "你们当中的任何一种"等。

由于任指代词指同类事物中的任何一个，隐含复数意义，因而一般不与复数成分-lar/-lär 合并。

任指代词体系在哈萨克斯坦维吾尔语和中国维吾尔语里完全一致（参见 Ruslan，2006：268）。（参见 Ruslan，2006：270）

（六）否定代词

1. 否定代词的定义及其内容

用来表示人或事物在数量、特征以及时间、空间等方面无例外地被否定的代词叫做否定代词。维吾尔语的否定代词由 heč "一点都不，怎么也不"

和相应的疑问代词合并而形成。常见的否定代词有 hečkim"谁都没/不……"、hečnemä "什么都没/不……"、hečqandaq "任何一种都没/不……"、hečqaysi "哪个都没/不……"、hečqačan "什么时候都没/不……"、hečqančä "没有多少"、hečbir "一个都不/没……"等。否定代词只出现在否定句里。如：

（81）　**Hečqandaq**　　　qiyinčiliq-imiz　　　**yoq**.
　　　任何一种都不　　　困难 1pPOS　　　　　没有
　　　"我们没有任何困难。"

（82）　**Hečqaysi**　　öy　　boš　　**ämäs**.
　　　哪个都不　　房子　空　　不是
　　　"没有一间屋子是空的。"

（83）　U　　**hečqačan**　　bundaq
　　　他　　从来没　　　　这样
　　　hayajanlan-ğan　　**ämäs**.
　　　激动 ADJL　　　　　不是
　　　"他从来没有这样激动过。"

2. 否定代词的句法特征

否定代词属于极限词（polarity）范畴，因此其最大的句法特点就是它只能出现在否定句中。也就是说，否定代词出现的句子的谓语必须是否定的。另外，根据否定代词所替代的成分的句法特征，它们可以被分成名词性否定代词、形容词性否定代词、数量性否定代词和副词性否定代词等四类。A. 名词性否定代词包括 hečkim "谁都不/没……"、hečnemä "什么都不/没……"、hečnärsä "什么东西都不/没……"、hečnä "哪儿都不……"、hečqäyär "哪个地方都不……"、hečqayaq "那一边都不……"等。它们可以与格和后置词合并，如 hečkimgä "给谁都不/没……"，hečnädin "从哪儿都不……"，hečnemä bilän "跟什么都不/没……"等。另外，其中的 hečnemä 和 hečnärsä 可以与从属人称附加成分合并，如 hečnemäm "我什么都不……"，hečnärsäŋ "你什么都不……"等。但是，由于否定代词已经无例外的否定人或事物的每一个成员，它不再跟复数成分-lar/-lär 合并。B. 形容词性否定代词包括 hečqandaq "任何一种都不……"、hečqaysi "哪个都不" 和 hečbir "一个都不/没……"。它们可以修饰其他名词，如 hečqandaq adäm "没有任何人"、hečqaysi täräp "哪一方都不……"等。C. 数量性否定代词包括 hečqančä "没有多少"。它可以修饰名词，如 hečqančä waqit（yoq）"没有多少时间"；可以修饰一个形容词，如 hečqančä egiz（ämäs）"没有多高"；也可以修饰一个动词，如 hečqančä qiynalmay "没有遇到多少困难，……"等。D. 副词性否定代词包括 hečqačan "从来/任何时候都不……"。它一般修饰动词，如 U **hečqačan** bundaq oylap baq**mi**ğan "他从来没有这样想过"。

　　除此之外，heč 本身也可以单独使用，这时它具有"怎么也不"的意思，如 bu išni **heč** bil**mi**dim "我怎么也弄不明白这件事"。可见在这种用法中 heč 有副词的性质。有时　heč　后面可能出现语气助词-la，如　bu išni **hečla** bil**mi**dim，其基本意义跟以上的一样，略带加强语气。

　　否定代词的构成及用法在哈萨克斯坦维吾尔语和中国维吾尔语里完全一致（参见 Ruslan，2006：269）。

　　（七）不定代词

　　1. 不定代词的定义及其内容

　　用来替代不明确的人或事物的代词叫做不定代词。维吾尔语的不定代词的构成方法有三种：A. 在疑问代词前边缀加 alli<alla 而构成，如 **alli**nemä "不知是什么"，**alli**kim "不知是谁"，**alli**qandaq "不知是怎样"，**alli**qaysi "不知是哪一个"，**alli**qayär"不知是哪儿"，**alli**qayaq"不知是哪边"，**alli**qačan "不知是什么时候，反正早已经"等。其实 alli<alla 的原意为"真主，安拉"，在类似结合中它带有"我们不知道而只有真主知道的那个……"之意。在这个意义上还有 **alli**burun "早已"这样与副词结合的形式。B. 把数词 bir "一"与疑问代词合并成一个短语来构成，如 **bir** nemä "某个东西"，**bir** kim "某人"，**bir** qandaq "某种"，**bir** qančä "几个"等。其实人类语言中的数词 "一"本身就可以指不确定的事物，因此维吾尔语的 bir "一"与其他名词结合而成的一般名词短语也可表示不确定意义，如 bir+yär "地方" = bir yär "某地"，bir+čağ"时间"= bir čağ"某时"等。C. 在疑问代词后面缀加-dur/-tur 而构成，如 nemi**dur** "不知是什么"，kim**dur** "不知是谁"，qačan**dur** "不知是什么时候"，qandaq**tur** "不知是什么样的 qaysi**dur** "不知是哪一个"，qäyär**dur** "不知是什么地方，nemišqi**dur** "不知为什么"等。在这一构成中附加成分-dur/-tur 是关键，它来自古系动词 turur "是"，而 turur 末尾的形容词化成分-ur（-r/-ar）在适当的语气之下就表示模糊的、不确定的意义。

　　2. 不定代词的句法特征

　　以上我们介绍了不定代词构成的三种方式。它们虽然在语义上都有一个共性，即都表示不明确的、不确定的事物，但在句法上各自有不同的特点。如在 alli<alla 的参与下构成的不定代词一般要求后面出现复数成分-lar/-lär，因为在这样的上下文中-lar/-lär 的泛指意义与不定代词不确定意义非常吻合。如：

（84）　U　　　　**allinemi-lär**-ni　　　　　　de-di.
　　　　他　　　　不知是什么 PL-ACC　　　　说 PST
　　　　"不知为什么他说了一大堆东西。"

（85）　Mašina　　　　awaz-i　　　　keči-dä
　　　　汽车　　　　　声音 3POS　　夜 LOC

　　　　alliqayaq-lar-ğa　　　　aŋli-n-at-ti.
　　　　不知是哪边 PL-DAT　　　听 PASS-IMP-PST

　　　　"汽车声在夜里传向不知是什么方向的远方。"

　　另一方面，由-dur/-tur 缀接而成的不定代词之后一般都会出现 bir/birsi "某一（个）"，因为 bir "一" 本身所指的不确定事物的意义与不定代词的意义相吻合。如：

（86）　Öy　　　ič-i-dä　　　　**kimdu**　　　**bir-si**
　　　　房子　　里 3POS-LOC　不知是谁　　一 3POS

　　　　naxša　eyt-iš-qa　　　　　bašli-di.
　　　　歌　　唱 NOML-DAT　　开始 PST

　　　　"屋里不知是谁唱起了歌。"

（87　Köz-üm-gä　　　**nemidu**　　　**birnärsä**
　　　　眼睛 1sPOS-DAT　不知是什么　　某物

　　　　kör-ün-gän-däk　　　　bol-di.
　　　　看 PAS-ADJL- SML　成 PST

　　　　"我好像看见了什么东西。"

　　除了这些句法特征外，不定代词还要分为名词性、形容词性、数量性和副词性。这些特性在它们与其他成分结合时明显地体现出来。

　　不定代词的构成及用法在哈萨克斯坦维吾尔语和中国维吾尔语里完全一致（参见 Ruslan，2006：269）。

第八节　动词

　　表示动作行为、心理活动以及状态变化的词叫做动词。如表示动作行为的动词有 maŋ- "走"、tur- "站，站起来"、käl- "来"、kät- "离开"、sözlä- "说"、kör- "看"、yaz- "写"、oqu- "读"、kül- "笑"、uxla- "睡觉"、täkšür- "调查"、tätqiq qil- "研究"、yardäm qil- "帮助"、aram al- "休息" 等；表示心理活动的动词有 xušallan- "高兴"、söy- "爱"、qayğur- "发愁"、seğin- "想念"、qorq- "害怕"、xapa bol- "生气"、täsirlän- "感动"、yirgän- "厌恶" 等；表示状态变化的动词有 bol- "成为"、i- "是"、keŋäy- "扩大"、köpäy- "增多"、qizar- "变红"、azay- "减少"、yašar- "变年轻"、päyda bol- "出现"、qeri- "变老"、yoqal- "消失"、yaxšilan- "改善" 等。

　　动词的构成及用法在哈萨克斯坦维吾尔语和中国维吾尔语里完全一致

（参见 Ruslan，2006：277—278）。

一 动词的分类

（一）动词按其构成结构可分为词根动词、派生动词和复合动词三种。

1. 词根动词

从构成上一般不能再分成更小语义单位的动词叫做词根动词，如 maŋ-"走"、tur-"站，站起来"、kör-"看"、yaz-"写"、oqu-"读"、kül-"笑"、söy-"爱"等。

2. 派生动词

词干加构动词成分而形成的动词叫做派生动词。维吾尔语中有下列构动词成分：

1）-la-/-lä-：该附加成分的派生功能有：（1）缀加在一部分名词后面，构成表示使名词所表达事物或内容成为现实的动词，如 täqdir "运气" +-lä- = täqdir**lä**-"表扬"，tärbiyä "教育（名）" +-lä- = tärbiyi**lä**-"教育（动）"，layihä "方案，草图" +-lä- = layihi**lä**-"起草方案、规划等"，muz "冰" +-la- = muz**la**-"受冻"等。（2）加在表示计量工具或计量单位的名词后面，构成表示按照计量工具进行计量的动词，如 jiŋ "称" +-la- = jiŋ**la**-"称重量"，metir "米" +-la- = metir**la**-"量长度"，ğulač "庹" +-la- = ğulač**la**-"用双臂伸直的方式量长度"等。（3）加在一部分形容词后构成使形容词所表达特征成为现实的动词，如 tüz "直的，平的" +-lä- = tüz**lä**-"弄平，弄直"，yaxši "好" +-la- = yaxši**la**-"改善"，salqin "凉快" +-la- = salqin**la**-"乘凉"等。

2）-laš-/-läš-：该附加成分的派生功能有：（1）加在一部分名词后面，构成名词所表达的事件正成为现实的动词，如 axir "结尾，末端" +-laš- = axir**laš**-"结束"，dawam "继续（名）" +laš- = dawam**laš**-"继续（动）"，mašina "机器" -laš- = mašini**laš**-"机械化"，paraŋ "闲话" +-laš- = paraŋ**laš**-"聊谈"等。（2）加在一部分形容词后面，构成表示形容词所表达特征正成为现实的动词，如 qaraŋğu "黑暗" -laš- = qaraŋğu**laš**-"变黑暗"，čoŋqur "深" +-laš- = čoŋqur**laš**-"深化"，čirik "腐朽的" +-läš- = čirik**läš**-"搞腐败"等。

3）-lan-/-län-：该附加成分的派生功能有：（1）加在部分名词后面，构成表示正在获得名词所表达事物特征的动词，如 qoral "武器" +-lan- = qoral**lan**-"武装"，adät "风俗习惯" +-län- = adät**län**-"习惯于"，ilham "灵感" +-lan- = ilham**lan**-"激发灵感"等。（2）加在某些表示没有或者缺少意义的形容词后面，构成表示形容词所表达的特征正在成为现实的动词，如 mağdursiz "无力的" +-lan- = mağdursiz**lan**-"变得乏力"，ümidsiz "失望的" +-län- = ümidsiz**län**-"感到失望"，rohsiz "无精打采的" +-lan- = rohsiz**lan**-

"变得无精打采"等。

4）-a-/-ä-：该附加成分加在一些名词或形容词后面，构成表示相应的事物或特征正在成为现实的动词，如 san "数字" +-a- = sana- "数（动）"，at "名字" +-a- = ata- "命名"，oyun "游戏" +-a- = oyna- "玩"等。

5）-sira-/-sirä-：该附加成分加在有的名词后面，构成表示名词所表达的事物趋于消失的动词，如 qan "血" +-sira- = qansira- "，缺血，失血"，uyqu "睡眠" +-sira- = uyqusira- "感到失眠，打瞌睡"等。

6）-y-/-äy-/-ay-：该附加成分加在有的形容词或名词后面，构成表示正在取得相应特征的动词，如 zor "大" +-ay- = zoray- "壮大"，az "少" +-ay- = azay- "减少，变少"，küč "力量" +-äy- = küčäy- "变强"等。

7）-ar-/-är-/-r-：该附加成分加在有的形容词后面，构成表示形容词所表达特征趋于实现的动词，如 aq "白" +-ar- = aqar- "变白"，yaš "年轻" +-ar- = yašar- "变年轻"，qisqa "短" +-r- = qisqar- "变短"等。

8）-i-：该附加成分加在有的形容词后面，构成表示形容词所表达特征趋于实现的动词，如 käm "缺" +-i- = kemi- "缺少"，bay "富的" +-i- = beyi- "发财致富"，tinč "安静" +-i- = tinči "变得安静"等。

9）-da-/-dä-：该附加成分加在一些名词后面，构成表示相关动作的动词，如 iz "脚印" +-dä- = izdä- "找，寻找"，orun "位置" +-da- = orunda- "实现"，ün "声音" +-dä- = ündä- "呼吁"等。

10）-iq-/-ik-/-uq-/-ük-：该附加成分加在一些名词或数词后面，构成相关的动词，如 käč "晚" +-ik- = kečik- "迟到"，yol "路" +-uq- = yoluq- "遇到"，jim "安静" +-iq- = jimiq- "变安静"，bir "一" +-ik- = birik- "合并"等。

11）-ilda-/-ildä—ulda-/-üldä-：该附加成分加在模拟词后面，构成相关的动词，如 waŋ "哇哇之声" +-ilda- = waŋilda- "哇哇地响"，tars "咯嗒之声" +-ilda- = tarsilda- "咯嗒地响"等。

12）-ğar-/-qar-/-ğur-/-qur-：该附加成分加在一些名词后面，构成相关的动词，如 su "水" +-ğar- = suğar- "浇水，给水喝"，baš "头" +-qur- = bašqur- "管理"等。

13）-štur-/-štür-/-ištur-/-ištür-：该附加成分加在有些动词词干上，构成表示大致做一遍相关动作了事的动词，如 sila- "抚摸" +-štur- = silaštur- "摸来摸去"，yiğ- "收拾" +-ištur- = yiğištur- "收拾一下"，tüzä- "打扮，整理" +-štür- = tüzäštür- "整理一下"等。

14）在派生动词的成分里，还应该归入动词的使动态成分（-ğuz-/-quz-/-güz-/-küz-，-dur-/-dür-/-tur-/-tür-）、被动态成分（-l-/-il-/-ul-/-ül-）、

反身态成分（-l-/-il-/-ul-/-ül-，-n-/-in-/-un-/-ün-）和交互态成分（-š-/-iš-/-uš-/-üš-）等，因为它们缀加在动词的基本语态形式上或甚至重叠出现在一个动词后面，构成新的动词。当然，作为语态成分，它们也是句法研究的重要成分。

除此之外，在 yašna- "变年轻"，täŋšä- "调整，kämsit- "贬低"等中的黑体字部分-na-、-šä-（-ša-）、-sit-等也是派生词缀，不过它们的派生能力很低。

3. 复合动词

由两个或更多根词通过一般的句法手段合并成在语音和语义上不可分割的一个整体的动词叫做复合动词，如 išläp "干活（副词化形式）"+čiqar- "使产出" = išläpčiqar- "生产"，qarši "迎面" +al- "取得" = qarši al- "欢迎"，tarmar "摧毁" +bol- "成为" = tarmar bol- "被瓦解，崩溃"，čarä "方法" + kör- "看" = čarä kör- "处理"等。

（二）动词按其所表达意义的不同可分为实义动词和虚义动词两种。实义动词指具有实在的词汇意义的动词，如 kör- "看"、yaz- "写"、oqu- "读"、kül- "笑"等。虚义动词指缺乏词汇意义而用来表达语法意义的动词，如 i- "是"，qil- "做"，oqup **bol**- "读完"和 oqup **baq**- "试着读"中的 bol- "（表示完成体）"和 baq- "（表示尝试体）"等。

1. 实义动词的分类及语法特征

维吾尔语的实义动词是一个大归类。其内部的词项数量庞大，句法特征各异，应该进一步做细致的分类研究。然而在以往的动词分类中我们的语法学家们效法缺乏形态的那些语言及物/不及物的两分法，结果掩盖了维吾尔语动词本身的特点。因为及物/不及物两分法只关注动词是否要求宾语，而维吾尔语的动词类不但包括了要求以宾格为标志的宾语补足语的成员，而且还包括了要求向格、从格、时位格以及某些后置词为标志的状语补足语的成员。应该说，动词内部体现的这些不同句法特征给我们提供了很好的分类标准，应该充分利用。下面就让我们用这种句法标准给维吾尔语的实义动词分类。这里需要说明的是，我们的分类基于动词的必有论元之上，可有可无论元不在考虑之内。

1）不及物动词：这类动词包括：A. 传统语法中所说的大部分不及物动词，如 kül- "笑"、yiğla- "哭"、yügür- "跑"、uč- "飞"等；B. 由静词派生的某些不及物动词，如 aqar- "变白"、qaray- "变黑"、čoŋla- "变大"等；C. 由及物动词加自动态成分-ºn-派生的动词，如 yuyun- "洗澡，自己洗自己"、yasan- "打扮"；当然，这类动词还包括由静词派生的准自动态动词 oylan- "思考，思索"、ikkilän- "感到犹豫"、rohlan- "振作起来"等；D. 某些交互态动词，如 körüš- "见面"、učraš- "会面"等。这类动词的主语一般由复数名词充当；E. 介于被动态和自动态之间的某些中性动词，如

yoqal-"消失"、yiqil-"摔倒"、öl-"死"等。不及物动词的最大句法特点就是，它们在句中只要求一个主语。如：

（88）　Qizčaq　　**kül**-di.
　　　　姑娘　　　笑 PST
　　　　"姑娘笑了。"

（89）　Tam　　**aqar**-di.
　　　　墙　　　变白 PST
　　　　"墙变白了。"

2）趋向性动词：趋向性动词指的是要求由向格-ğa/-qa/-gä/-kä 构成的短语做补足语的动词，包括：A. 原态趋向动词，如 bar-"去"、kät-"去往"、qara-"看"、kir-"进去"等；B. 由某些加-°l-或-°n-构成的自动态动词，如 etil-"扑向"、yölän-"依靠"、tayan-"依仗，依靠"等；C. 介于被动态和自动态之间的某些中性派生动词，如 išän-"相信"、qiziq-"感兴趣"、qayil bol-"佩服"等；D. 某些凝固化的古派生中性动词，如 toy-"饱"、qan-"满足于"等。这类动词的最大句法特点就是，它们在句中除了主语外，还要求一个向格短语做必有论元。如：

（90）　Tursun　　　mäktäp-**kä**　　**kät**-ti.
　　　　吐尔逊　　　学校 DAT　　去 PST
　　　　"吐尔逊去学校了。"

（91）　Boway　　däräx-**kä**　　　**yölän**-di.
　　　　老人　　　树 DAT　　　依靠 PST
　　　　"老人靠向那棵树。"

3）发源性动词：发源性动词指的是要求由从格-din/-tin 构成的格短语做补足语的动词，包括：A. 表示离开、通过等意义的动词，如 čiq-"出来"、čüš-"下来"、ayril-"离开"、öt-"通过"等；B. 表示心理变化活动的某些动词，如 qorq-"害怕"、änsirä-"担心"、razi bol-"感到满意"等；C. 介于自动态和被动态之间的某些中性派生动词，如 ağrin-"埋怨"、yirgän-"感到厌恶"、tan-"耍赖，不承认"等。这类动词的最大句法特点就是，它们在句中除了主语外，还要求一个从格短语做必有论元。如：

（92）　U　　ilan-**din**　　　**qorq**-idu.
　　　　她　　蛇 ABL　　　怕 3PRES
　　　　"她怕蛇。"

（93）　U　　biz-**din**　　**ağrin**-iptu.
　　　　他　　我们 ABL　　埋怨 EVID
　　　　"听说他埋怨我们。"

4）处所性动词：这类动词指的是要求由时位格-da/-dä/-ta /-tä 构成的短语做补足语的动词，包括 yat-"躺下"、oltur-"坐"、tur-"站，站立"等静态动词；还有 išlä-"工作"、oqu-"上学"等动词一般也要求时位格名词的出现。如：

（94）　Bala　　kariwat -**ta**　**uxla-wat**- idu.
　　　　孩子　　床 LOC　　　睡觉 CONT-3PRES
　　　　"孩子在床上睡觉。"

（95）　Uka-m　　　　　**zawut**- **ta**　　**išlä**-ydu.
　　　　弟弟 1sPOS　　　工厂 LOC　　　工作 3PRES
　　　　"我弟弟在工厂工作。"

5）从事性动词：维吾尔语里表示从事意义的动词有 šuğullan-"从事"和 häpiläš-"打交道"。它们不同于其他动词的句法特征就是，它们要求由后置词 bilän "跟，与……一起"构成的短语做补足语。如：

（96）　Ular　**tätqiqat bilän**　　**šuğullin**- idu.
　　　　他们　研究　　跟　　　　从事-3PRES
　　　　"他们从事研究工作。"

6）及物动词：这类动词指的是要求由宾格-ni 构成的短语做补足语的动词，即传统语法所说的及物动词。这类动词包括：A. 原型及物动词，如 kör-"看见"、yaz-"写"、oqu-"读"、ur-"打"、yä-"吃"等；B. 某些不及物动词加使动态成分派生的动词，如 aqart-"使变白"、maŋdur-"使走"、ittipaqlaštur-"使团结起来"；C. 某些由静词加-la-/-lä-派生的动词，如 yaxšila-"改善"、tilla-"骂"、aqla-"辩护"、äyiblä-"谴责"等。请看下列例句：

（97）　U　**bügünki**　**gezit**-ni　　**oqu**-di.
　　　　他　今天的　　报纸 ACC　　读 PST
　　　　"他读了今天的报纸。"

（98）　Biz　**ular-ni**　　**ittipaqlaštur**-duq.
　　　　我们　他们 ACC　使团结 1p PST
　　　　"我们使他们团结起来了。"

如果补足语所表达的事物是泛指的、抽象的，宾格-ni 不会出现。如：

（99）　U　**gezit**　**oqu**-di.
　　　　他　报纸　读 PST
　　　　"他读报纸了。"

与以上的例（97）相比，例（99）中的 gezit "报纸"是抽象的、泛指的，因此宾格-ni 没出现。不过这不会改变动词 oqu-"读"的及物性质，因为差异出现在名词所指事物本身，而动词还是那个动词。

7）趋向性及物动词：这类动词指的是同时要求由一个宾格-ni 构成的和由一个向格-ğa/-qa/-gä/-kä 构成的两个格短语做补足语的动词，包括：A. 某些给予性动词，如 bär-"给"、sat-"卖"、tapšur-"交给"等；B. 由原及物动词派生的使动态动词，如 kör-sät-"给看，使看"、tonuš-tur-"介绍"、aŋla-t-"使听"、yasa-t-"使修理"等；C. 由原来带有向格短语补足语的动词派生的使动态动词，如 barğuz-"让去，使去"、kirgüz-"使进去，让进去"、qarat-"使看"等。请看下列例句：

（100） Počtalyon **xät-ni**
邮递员　　信 ACC

igi-si-gä　　　　**tapšur**-di.
主人 3POS-DAT　交给 PST

"邮递员把信交给了收信人。"

（101） Ular **täjribi-si-ni**
他们　　经验 3POS-ACC

biz -gä　　　**tonuštur** -di.
我们-DAT　　介绍 PST

"他们给我们介绍了自己的经验。"

应该指出，在特殊的语境里宾格短语与向格短语的位置可以互换。

8）发源性及物动词：这类动词指的是同时要求由一个宾格-ni 构成的和由一个从格-din/-tin 构成的两个格短语做补足语的动词，如 sora-"问"、al-"拿，买"、sürüštür-"追问，追查"等。请看下列例句：

（102） Män **bu iš-ni**
我　　这 事 ACC

Tursun-din　**sori** -dim.
吐尔逊 ABL　　问 PST1sg

"我向吐尔逊问了这事。"

（103） Sän **bu luğät -ni**
你　　这 词典 ACC

nä -din　　**al**- -diŋ?
哪儿 ABL　　买 PST2sg

"你从哪儿买了这本词典？"

同样，在特殊的语境里宾格短语与从格短语的位置可以互换。

9）供给性动词 täminlä-：这里我们把动词 täminlä-"供应，供给"单独归类，因为该动词有不同于其他动词的句法特征，即它同时要求由一个宾格-ni 构成的格短语和后置词 bilän 构成的后置词短语做补足语。如：

（104）　Ular　　**bu**　　**yezi-ni**
　　　　　他们　　这　　乡 ACC

　　　　　koktat　**bilän**　　**täminlä**- ydu.
　　　　　蔬菜　　POST　　供应 3NPST

　　　　　"他们给这个乡提供蔬菜。"

　　10）被动动词：这类动词指由被动态成分-l-/il-/-ul-/-ül-或-n-/in-/-un-/-ün-派生的动词。其句法特征就是，在多数情况下被动动词句的主语位置上出现的是逻辑宾语，其逻辑主语一般都不出现，如果需要出现，它由方位后置词 täripidin "被，从……方面"引进句子。如：

（105）　Dehqan-lar　　qozǧiliŋ-i　　**äksiyätči-lär**
　　　　　农民 PL　　　起义 3POS　　反动派 PL

　　　　　täripidin　　**bas-tur-ul**-di.
　　　　　POST　　　　压 CAUS-PASS-PST

　　　　　"农民起义被反动派镇压。"

　　在实际语言中，被动句里由 täripidin "被，从……方面"引进的逻辑主语往往被省略，这时这一类被动动词可以跟以上提到的不及物动词相提并论。

　　11）引语动词 dä- "说"：维吾尔语的 dä-是个及物动词。然而它与一般及物动词的不同在于它的宾语不是一般的名词，而正是我们说出的言语本身，也就是我们所说的引语 "Quotation"。因为引语的长短无法预测，长的可以是一个章节，也可以是包括整个一段故事的一本书，短的可以是一句话、一个短语、一个词，也可以是一个音，dä-可被称为 "万能"动词。如：

（106）　Tursun　　**maqul**　　**de**-di.
　　　　　吐尔逊　　可以　　说 PST

　　　　　"吐尔逊说可以。"

（107）　Tursun　　**ätä bar-i-män**　　　**dä**-ydu.
　　　　　吐尔逊　　明天 去NPST-1sg　　说 3NPST

　　　　　"吐尔逊说他要明天去。"

　　以上例句中动词 dä-之前的黑体字部分是引语，即一般所说的间接引语。引语也可以是直接引语，即在书面语中放在引号里的那种。不管哪一种，其引语性质不变，而且对动词 dä-的依赖性不会改变。不过有时引语可能被相应的代词 u "那"，bu "这"等代替，或者引语被相应的名词 gäp "话"，jümlä "句子"等概称，这时 u、bu、gäp、jümlä 等就表现为 dä-的宾语。

　　12）动词的多重句法特征：以上我们根据维吾尔语实义动词在句中要求的必有论元的不同，已把它们分出 11 个类。这也是这些动词所体现的最基本的句法特征的概括。这里应该提到的是，某些动词在一定的上下文中可以有实义和虚义两种动词的功能，可能体现出好几种句法特征；另一些动词因属于多义动词，因而根据在不同的上下文中的不同意义体现出不同的句法特征。不管是哪一种情况，我们都可以根据这些动词所体现的不同句法特征把它们归到相应的多个次类里。比如动词 oyna-至少有两个意思：一是抽象意义上的"玩"，一般要求一个场所，如 **mäydan-da** oyna-"在操场上玩"、**bağči-da** oyna-"在公园里玩"等；二是及物性用法，如 **top** oyna-"打篮球"、**šaxmat** oyna-"下象棋"、**qart** oyna-"打扑克"等。可见在前一种用法上，它是处所性动词，而在后一种用法上它是及物动词。又如维吾尔语动词 čiq-，它同时具有实义和虚义两种动词的功能。而且作为实义动词，它可以表示"出来"，如 **öy-din** čiq-"从屋里出来"；也可以表示"上去"，如 **ögzi-gä** čiq-"上屋顶"。因此它又是发源性动词，也是趋向性动词。该动词用作虚义动词时起系动词功能，即联系主语和表语。如：

（108） U-niŋ   eğirliq-i   **100 kilo**   čiq-ti.

      它 GEN   重量 3POS   100 公斤   出 PST

      "它的重量结果为 100 公斤。"

因此，在动词的分类上，根据语言实际，应采取灵活的手段。

2. 虚义动词的分类及语法特征

维吾尔语的虚义动词包括系动词、体助动词和构词轻动词三个小类。

1）系动词

系动词简称系词，它是把主语和表语联系起来，做出判断和结论的虚义动词。系动词根据各自的句法特征，内部可以分出如下的几个类：

① 直接判断系词：直接判断系词用于说话者在直接得知的某一信息基础上作出的判断上，其最大句法特点就是，它对自己的补足语，即表语的要求非常宽松，如除了动词以外的任何一个词类都可以做其补足语。常见的直接判断系词有下列几个：

i-"是"：该系词来自古代突厥语系词 är-"是"。är-经过 är->er＞ir->i-的历时音变，目前以 i-的形式固定下来，其意义保持不变。在现代维吾尔语里 i-与过去时成分-di 和相应的人称成分合并，表示对过去的判断，如 Män aldiraš **i-di-m**"我当时很忙"，Sän išči **i-di-ŋ**"你曾经是工人"等。由于类似用法历史悠久，形成了下列较固定的形式：

表 5-14

人　称	过去时+人称成分
第一人称单数	idim
第一人称复数	iduq

续表

人　称	过去时+人称成分
第二人称单数（普称）	idiŋ
第二人称复数（普称）	idiŋlär
第二人称单数（尊称）	idiŋiz
第二人称复数（尊称）	idiŋizlär
第三人称单复数	idi

以上表格里的内容在哈萨克斯坦维吾尔语（参见 Ruslan，2006：279—282）和中国维吾尔语里完全一致。

这里需要说明四个问题：第一，在长期历时发展过程中 i-在以表 5-14 中的形式与另一个系词-dur/-tur（＜turur）"是"有了功能上的分工，即前者用来表示过去时，而后者用于现在时。第二，i-在不同历史时期形成的静词形式 i-kän 和 i-miš 已从 i-分离出来，专门用来表示间接判断（下面就谈这个问题）。第三，在 i-的前身 är-加否定成分-mä-和形容词化成分-s＜*-z＜*-r' 结合而形成的固定形式 ämäs "不是"一直保留到今天，应用广泛。第四，在口语或某些书面表达中由 i-构成的以上形式可以与前面的词连说或连写，而且根词 i-可以保留，也可以被省略，但其意义不会改变，如 barğan idi＞barğanidi/ barğanti "（他）曾经去过"。

-dur/-tur（＜turur）//tur- "是"：正如以上所述，判断系词-dur/-tur 用于现在时，如 Bu kitab meniŋ-dur "这本书是我的"，Sän oquğuči-dur-sän "你是学生"等。这里需要说明三点：第一，现在时判断系词-dur/-tur 一般都可以被省略，但其联系功能不会消失，以上的两个句子可以说成 Bu kitab meniŋ 和 Sän oquğuči，其意义不会改变。这是因为过去时判断系词 idi 加相应人称成分的形式任何时候都不能省略，如果系词不出现就自然而然被理解成是-dur/-tur 的省略。第二，现代维吾尔语的系词-dur/-tur 是从实义动词 tur- "站，住"分离出来的。当然，实义动词 tur-现在仍然很活跃。那么可能是因为实义动词 tur-的静态意义"站，住"符合了系词意义"是"的派生，最早的古代突厥语文献中就有了作为系词用的 tur-加形容词化成分-ur 的形式 turur "是"的出现。在长期的使用过程中，经过 turur＞durur＞语音演变，最后形成了词缀化的系词-dur/-tur。虽然原来的 turur＞durur 等带有形容词化成分-ur，但现在的-dur/-tur 已经发展为纯粹的系词而没有任何形容词化痕迹，即不能修饰其他成分，后面也不能加 idi 等其他系词。第三，虽然现在时判断系词现在已定型为-dur/-tur，但它的前身 tur-有时不得不出现在-dur/-tur 应该出现而不能出现的场合，如现在时系词的-p 副词化形式和条件—假设语气形式就由 tur-构成。如：

（109）　<u>Sän</u>　　<u>oquğuči</u>　　**tur-up**
　　　　　你　　　学生　　　是 ADVL

　　　　　<u>bundaq</u>　　<u>de-sä-ŋ</u>　　　　<u>bol-am-du?</u>
　　　　　这样　　　说 COND-2sg　　　成 Q-NPST

　　　　　"你作为一个学生，说这样的话行吗？"

（110）　Uniŋ　　yeš-i　　texi　kičk **tur-sa**
　　　　　他的　　岁 3POS　还　　小　是 COND

　　　　　bundaq　　iš-qa　　sal-ğili　　　bol-am-du?
　　　　　这样　　事 DAT　安排 ADVL　　成 Q-NPST

　　　　　"他岁数还小（的情况下），怎么能让他干这样的活儿呢？"

　　这是 tur-在形式上表现得像实义动词，而功能上表现得却像虚义（系）动词一样的有趣现象。

　　bol-"成为，是"：维吾尔语动词 bol-是多义的，有实义动词的功能，如 Bu yil ziraätlär obdan **bol**di"今年的庄稼长势好"，Bu wäqä ötkän yil **bol**ğan "这件事是去年发生的"等。它也有虚义动词的功能。用作虚义动词时可以起系动词的功能，也可以起体助动词的功能，还可以起构词轻动词的功能。它的后两个功能我们在下面还要涉及，这里就谈它的前一个功能。作为系动词的 bol-就有"成为，当成，是"等意义。如：

（111）　Bu　　meniŋ　　uka-m　　　**bol-idu.**
　　　　　这　　我的　　弟弟 1sgPOS　是 3NPST

　　　　　"这是我弟弟。"

　　这里的 bol-似乎与前一个系动词-dur/-tur（＜turur）//tur-一样表达了静态意义上的"是"，但是 bol-的真正特点在于它表示具有动态意义上的"是"，即表示"变成（是），成为（是）"。如：

（112）　U　　　bu yil　　äskär　　**bol-di.**
　　　　　他　　这年　　兵　　　当 PST

　　　　　"他今年当了兵。"

（113）　<u>Män</u>　　<u>čoŋ **bol**-sam</u>　　　<u>alim</u>　　　<u>**bol**-i-män.</u>
　　　　　我　　大 成为 COND1sg　　科学家　　成为 NPST1sg

　　　　　"我长大后当科学家。"

　　因系动词 bol-表示体现变化过程的"是"，它可以跟更复杂的一些静词化形式合并，表示一种虚拟的状态，如 yaz**idiğan bol**-"成为要写的（人）"，yez**iwatqan bol**-"成为正在（或装作）写的（人）"，yaz**maqči bol**-"成为准备要写的（人）"，yaz**ğandäk bol**-"成为好像写的（人）（即有了写的感觉）"，

yazǧudäk bol- "成为能写的（人）"等。

② 间接判断系词：间接判断系词表示说话者在通过间接手段获得的信息基础上作出的判断。维吾尔语的间接判断系词有下列几个：

ikän "原来是，据说是"：正如以上所述，ikän 是由直接判断系词 i-与形容词化成分-kän 合并而成的，但早已与 i-分工，专门用来表示间接判断，

（114）　<u>U-niŋ</u>　　<u>hädi-si</u>　　<u>doxtur</u>　　**ikän**.
　　　　　他 GEN　　姐 3POS　　医生　　　据说是
　　　　　"听说他姐姐是个医生。"

（115）　<u>Män</u>　　<u>burun</u>　　<u>bu</u>　　<u>yär-gä</u>
　　　　　我　　　以前　　　这　　　地 DAT

　　　　　<u>käl-gän</u>　　**ikän**-män.
　　　　　来 ADJL　　　据说是 1sg
　　　　　"（我发现）原来我以前来过这个地方。"

imiš "据说是"：imiš 也是由直接判断系词 i-与古代形容词化成分-miš 合并而成的，专门用来表示间接判断，即说话者在通过间接手段获得的信息基础上作出的判断。不过与以上的 ikän 相比，imiš 在现代维吾尔语里带有一种不相信或嘲笑的语气。如：

（116）　<u>U</u>　　<u>kälgüsi-dä</u>　　<u>padiša</u>　　<u>bol-ar</u>　　**imiš**.
　　　　　他　　将来 LOC　　　国王　　　成为 ADJL　　据说是
　　　　　"据说他有朝一日要当国王。"

在现代维吾尔语里 ikän、imiš 等的词根元音往往被省略，剩余部分与前面的词连写，如 doxtur ikän＞doxturkän, bolar imiš＞bolarmiš 等，但不会影响其意义。

③ 猜测判断系词

oxša- "好像是，似乎是"：该词是从实义动词 oxša- "像……一样"分离出来，表示猜测。如：

（117）　<u>Bali-niŋ</u>　　<u>uyqu-si</u>　　<u>käl-gän</u>　　**oxša**-ydu.
　　　　　孩子 GEN　　睡意 3POS　　来 ADJL　　像 3NPST
　　　　　"孩子好像要睡觉了。"

应该提到，如果 oxša-用作实义动词，那么它要求带主格的被比喻者和带向格的比喻对象同时出现，如 **Tursun akisiǧa** bäk oxšaydu "吐尔逊特像自己的哥哥"。但用作猜测判断系词时它不要求向格的出现，如 U **Tursunniŋ akisi** oxšaydu "他好像是吐尔逊的哥哥"。

（-däk/-täk）qil- "似乎是"：这里的主要成分是 qil-。它在别的用法中有"做，弄"等意义，但用作猜测判断系词时与以比喻格-däk /-täk 结尾的格短

语合并，表示一种猜测，如 U Tursun**däk qil**idu "他好像是吐尔逊"，Tursun kälgän**däk qil**idu "吐尔逊好像来了" 等。

④ 结果判断系词：结果判断系词用来表示对事物数量、质量、状态等结果作出的判断。维吾尔语的结果判断系词有下列两个：

čiq- "结果为"：该系词来自实义动词 čiq- "出来"，用作系词时表示经过测量、计算或试验后的结果。如：

（118）　Sani-dim,　　top-toğra　　40　**čiq**-ti.
　　　　　数 PST1sg　　正好　　　　40　结果为 PST
　　　　　"我数了，结果正好为 40 个。"

käl- "结果为，呈现为"：该系词来自实义动词 käl- "来"，用作系词时表示经过测量或试验后的结果。如：

（119）　Mušu ayaq　　maŋa　　muwapiq　**käl**-di.
　　　　　就这　鞋　　对我　　合适　　　结果为 PST
　　　　　"就这一双鞋对我合适。"

⑤ 转述语气系词：转述语气系词是用来把通过间接手段获得的信息再转述给第三者听的时候使用的系词。维吾尔语的转述语气系词是：

-däk：转述语气系词-däk 与比喻格的-däk/-täk 不同，语义上没有比喻之意，语音上一般不用-täk 变体。另外，-däk 的词源不太明确，缺乏动词特点，很像一个语气助词。因此，我们在语气助词部分还要讨论这一成分。在这里我们只从-däk 的功能上，即它能与间接判断系词 ikän 和 imiš 形成聚合关系的角度列入系词类里。如：Uniŋ hädisi doxtur**däk** "据说他姐姐是个医生"，Ular ätä kälgü**däk** "听说他们明天要来" 等 。

⑥ 否定判断系词

ämäs "不是"：正如以上所述，ämäs 是肯定词根 i- "是" 的前身 är-加否定成分-mä-和形容词化成分-s<*-z<*-r'结合而形成的固定形式，一直保留到今天。其主要功能就是作出否定判断，如 adäm ämäs "不是人"，yaman ämäs "不坏，不错"，qiyin ämäs "不难"，öydä ämäs "不在家" 等。从 ämäs 的构成结构看，它末尾带有形容词化成分，因此也应该能修饰其他成分。但在实际语言中除了偶尔使用 ämäsla birsi keliwatidiğu "怎么过来一个很古怪的人呢" 这样的表达外，一般都用作判断系词。当然我们不能否认，ämäs 后面还可以出现其他系词，如 ämäs idi "曾经不是"，ämäs ikän "原来不是"，ämästur "不是的" 等。这说明它还保留着部分形容词化特性。

2）体助动词

体是伴随动词出现的一种范畴，表示所叙述的动作的类型、持续状态以及动作是否完成等。印欧语言中常见的体有完成体、未完成体、进行体等，一般都靠特定的词缀或助动词来表达。维吾尔语动词的体非常发达，除了在一般的静词化或限定形式上体现的体以外，有不少专门用来表示各种体的助动词，我们称它们为体助动词。其实这些助动词是从相应的实义动词中借用的，只有在特定的上下文中才表示体。一般都出现在一个由-⁰p 副词化的实义动词，即主动词后面，描绘该动词所表达的动作的进行过程，如 Hawa issi**p kät**ti "天气热起来了"中的 kät-原来的意思是"走开，离开"，但在这一句里它出现在主动词 issi-"变热"带-p 的副词化形式后面，表示 issi-"变热"这个动作的强化或升级。又如 U kitabni kör**üp bol**di "他把那本书看完了"中，bol-用作体助动词，表示前面的主动词 kör-所表达的动作已完成。应该提到，有的体助动词随着体意义的越来越专门化，语音上发生变化，已经从助动词过渡到附加成分；有的还处在发展初期，体意义还不太稳定，语音上还保留着独立性。在下面的讨论中，我们就一个个地介绍这些用来表示体的助动词。

（1）进行体成分-⁰wat-（-wat/-iwat/-uwat/-üwat-）：该成分在-⁰p 副词化形式与用作体助动词的 yat-的长期使用过程中两者通过融合与音变而形成。因 yat-的原意为"躺下"，表示的是一个可持续的静态动作，结果-⁰wat-（-wat/-iwat/-uwat/-üwat-）引申出了进行体意义。如：如 kör-"看"+-**üp yat**- = kör**üwat**-"正在看"，yaz-"写"+-**ip yat**- = yez**iwat**-"正在写"等。在这个体意义上它可参与句子的任何部分。下面举几个例子看看：

（120）　Män　　kitab　　oqu-**wat**-i-män
　　　　　我　　　书　　　读 CONT-NPST-1sg
　　　　　"我正在看书。"

（121）　Kel-**iwat**-qan　　kiši　　meniŋ　　aka-m.
　　　　　来 CONT-ADJL　　人　　　我的　　　哥哥 1sgPOS
　　　　　"正在过来的那个人是我的哥哥。"

（2）欲动体成分-ğili/-qili/-gili/-kili+-⁰wat-：维吾尔语中非常有意思的现象之一就是，当-⁰wat-在副词化成分-⁰p 与用作体助动词 yat-（原意为"躺下"）的融合中形成后，也可以跟以-ğili/-qili/-gili/-kili 结尾的另一个副词化词干合并，表示欲动体，即准备做出某一件事，如 yaz-"写"+-ğili+-⁰wat- = yazğiliwat-"准备要写"，kör-"看见"+-gili+-⁰wat = körgiliwat-"准备要看"等。

（3）能动体成分-la-/-lä-//-yala-/-yälä-：该成分主要在动词的由-y/-a/-ä 副词化的形式后加体助动词 al-（原意为"拿"）而形成。其形成过程是，在以辅音结尾的词干后面先加副词化成分-a 或-ä，然后加 al-或其变体 äl-，然后再加副词化成分-a 或-ä，因而在动词词干与能动体成分之间形成两个元

音，但在实际发音中这两个元音表现为一个长元音。如 yaz-"写"+-a+al-+-a =
yazala-（[yaza：la-]）"能写"，kör-"看见"+-ä+äl-+-ä = körälä-（[körä：lä-]）
"能看见"等；在以元音结尾的词干后面先加副词化成分-y，然后加 al-或其
变体 äl-，然后再加副词化成分-a 或-ä，如 oyna-"玩"+-y+al-+-a→oyniyala-
"能玩"，sözlä-"说"+-y+äl-+-ä = sözliyälä-"能说"等。能动体表示主体有
能力做某一件事。下面看几个例句：

（122）　Män　　yaz-**ali**-ğan　　maqali-ni
　　　　　我　　　写 ABIL-ADJL　文章 ACC

　　　　　sän-mu　　yaz-**ala**-y-sän.
　　　　　你 也　　　写 ABIL-NPST3sg
　　　　　"我能写的文章，你也能写。"

（123）　Bügün · u-niŋ　　kel-**äli**-š-i　　　　natayin.
　　　　　今天　　他 GEN　来 ABIL-NOML-3POS　不一定
　　　　　"今天他不一定能来。"

　　这里应该提到，由于能动体的特殊语义，该成分不可能与否定词干合并，即维吾尔语中不会出现*yaz**ma-yala**-"能不会写"这样的结构。

　　（4）无阻体成分-wär-/-iwär-：该成分是由以-y/-a/-ä 副词化的词干与用来表示体的助动词 bär-（原意为"给"）在长期使用过程中融合而成的，如 sözlä-"说"+-y+**bär**- = sözläwär-"不断地说"，yaz-"写"+-a+**bär**-=yaziwär->yeziwär-"不间断地写"等。该成分表示主动词所表达的动作无阻力地、不间断地进行。如：

（124）　Qačan-la　　käl-si-ŋiz　　　kel-**iwer**-iŋ.
　　　　　何时 PART　来 COND-2sPOL　来 UNINT-2sPOL
　　　　　"您想什么时候来就尽管来吧。"

　　无阻体成分可以与动词的否定词干合并，这时表示主体的随意性，如 Yazmisam yaz-**ma-wer**-imän "我不想写就不写"，Kälmisäŋ käl-**mä-wär** "你不想来就不要来了"等。

　　（5）尝试体成分 baq-/-kör-：这两个词的原意均为"看"，用作体助动词时表示试着做主动词所表达的动作，即有尝试体意义，一般接在以-⁰p 副词化的词干后面。如：sora-"问"+-p+**baq**-/**kör**- = sorap baq-/kör-"问问看"，dä-"说"+-p+**baq**-/**kör**- = däp baq-/kör-"说说看"，yaz-"写"+-ip+**baq**-/**kör**- = yezip baq-/kör-"写写看"等。

　　尝试体成分以否定形式出现时，表示动作的主体对主动词所表达的动作没有经验，如 yezip baq**miğ**an "以前没有写过"，körüp baq**miğ**an "以前没有见过"等。

（6）起始体成分（-ǧili）bašla-：bašla-的原意为"开始"，用作体助动
词时表示主动词所表达的动作的开始，主动词一般以-ǧili/-qili/-gili/-kili 结尾
的副词化形式出现，而且另一个体助动词 tur-在这个意义上可以跟 bašla-互
换，如 yaz**ǧili bašla-/tur-**"开始写"，käl**gili bašla-/tur-**"开始来"，oqu**ǧili
bašla-/tur-**"开始读"等。有时 bašla-前面出现的动词结构是-^{0}š 名词化加向
格-ǧa/-qa/-gä/-kä 的形式，如 yez**išqa bašla-**"开始写"，oqu**šqa bašla-**"开始
读"等。

（7）呈现体成分 qal-：qal-的原意为"留下，剩下"，用作体助动词时
它表示前面的主动词所表达的动作的出现，强调已经或正在呈现的事实或
状态，在一定的上下文中带有其他一些附加色彩。前面的主动词以-^{0}p 副词
化的形式出现。如：

（125）　Asta　　gäp　qil-iŋlar,
　　　　　小声　　话　　做 2plIMP

　　　　　bala　　uxla-**p**　　**qal**-di.
　　　　　孩子　　睡 ADVL　　FACT -PST

　　　　　"说话小声点，孩子已经入睡了。"（强调出现的新状态）

（126）　Bir　tal　čiš-im　　　midirla-**p**　　**qal**-di.
　　　　　一　　颗　牙 1sgPOS　动 ADVL　　FACT-PST

　　　　　"我的一颗牙开始动了。"（强调出现的新情况）

（127）　Män　u-ni　　koči-da
　　　　　我　　他 ACC　街 LOC

　　　　　kör-**üp**　　**qal**-di-m.
　　　　　看 ADVL　　FACT-PST1sg

　　　　　"我在街上碰见他了。"（强调偶然出现的情况）

如果呈现体成分 qal-与能动体结构的否定形式一起使用，就表示一种没
有预料到的状况的出现，如 hayajanlinip gäp qil**almay qal**maq"激动得说不
出话来"，jawap ber**älmäy qal**maq"一下子答不上来"等。

（8）先动体成分 qoy-：动词 qoy-的原意为"放下"，用作体助动词时表
示主动词所表达的动作已预先成为现实或者强调该动作完成后进入一种新
状态的事实。它前面的主动词以-^{0}p 副词化的形式出现。以上的呈现体成分
qal-与这里的先动体成分 qoy-在语义上有一定的共性，都表示一种新情况或
新状态的出现，只不过在分布上处于互补关系：如果说 qal-描绘的是主体无
法支配的状况，那么 qoy-强调主题对所发生的事有支配能力，而且在某种
程度上是有意识地做出的。如：

（128） Özimiz-ni-la　　　　oyla-p,　　　bašqi-lar-ni
我们自己 ACC-PART　　想 ADVL　　别人 PL-ACC

tašla-**p**　　**qoy**-sa-q　　　　bol-ma-ydu.
甩 ADVL　　ADVN-COND1pl　　成 NEG-3NPST

"光考虑自己，把别人甩开是不行的。"

（129） Män　　bu　　iš-qa　　täyyarliq
我　　　这　　事 DAT　准备

kör-**üp**　　**qoy**-dum.
看 ADVL　　ADVN-PST1pl

"我对这件事预先做好了准备。"

　　如果先动体成分 qoy-与一个否定的副词化形式结合，它就表示否定行为的坚决性，如 al**may qoy**-"压根儿就不拿/不接受"，kir**mäy qoy**-"压根儿就不进去"等。

　　（9）强化体成分 kät-：kät-的原意为"走开，离开，去往"，用作体助动词时表示主动词所表达动作的强化或升级，主动词以-^{0}p 副词化的形式出现。kät-的抽象的强化体意义在具体的上下文中可能表现为更具体的一些附加意义：A. 在与趋向性动词一起使用时它在某种程度上可以保留自己的词汇意义，如 köč-"搬家，移居"+-üp+**kät**- = köčüp kät-"把家搬走，移走"，kir-"进入"+-ip+**kät**- = kirip kät-"进去"，čüš-"掉下，下来"+-üp+**kät**- = čüšüp kät-"掉下去"等。B. 在与表示状态变化的动词一起使用时它的体意义很突出，表示一种新情况的出现。如：oyğan-"醒，睡醒"+-ip+**kät**- = oyğinip kät-"醒来"，sun-"折，破"+-up+**kät**- = sunup kät-"破成碎片"，üzül-"断"+-üp+**kät**- =üzülüp kät-"断掉"等。C. 与一些不及物动词一起使用时表示动作程度的加强，如 issi-"变热"+-p+**kät**- = issip kät-"热起来"，ağri-"疼痛"+-p+**kät**- = ağrip kät-"疼得太厉害"，qorq-"怕"+-up+**kät**- = qorqup kät-"一下子感到很害怕"等。D. 在与表示主体无法控制的一些动作变化的动词一起使用时表示动作的突然进行。如：

（130）　Birdinla　yamğur　yeğ-**ip**　　**kät**-ti.
突然　　　雨　　　　下 ADVL　　INTNS-PST

"突然下起了雨。"

E. 在与一些遭受性动词一起使用时表示主体有能力做主动词所表达的行为。如：

（131）　U　šunčä　eğir　närsi-ni
他　那么　重　　东西 ACC

kötür-**üp**　　**kät**-ti.
举起 ADVL　　INTNS-PST
"那么重的东西他都能举起来。"

F. 在与动词的否定形式一起使用时，表示行为动作的否定状态持续较长时间，因而表示说话者不耐烦的情绪。如：

（132）　U-lar　äjäb　käl-**mä-y**　　**kät**-ti.
　　　　他 PL　怎么　来 NEG-ADVL　　INTNS-PST
　　　　"不知是什么原因他们一直不来。"

（10）处置体成分-⁰wät-（<-⁰p ät-）：处置体成分-wät-是副词化成分-⁰p 与体助动词 ät-（原意为"做"）在长期使用过程中经过语音融合而形成的，表示主体处置性地、很干脆地做出主动词所表达的动作行为，如 yaz-"写"+ -ip+**ät**- = yeziwät-"写掉，干脆写上"，oqu-"读"+-up+**ät**- = oquwät-"念掉，干脆念掉"等。有的学者根据吐鲁番方言中把-wät-发成-wat-的习惯（如以上的两个词分别为 yeziwat-和 oquwat-），认为体助动词应该为 at-（原意为"扔"），而不是以上的 ät-"做"。这种可能性也有。不过我们这里不讨论词源上的问题，因为这一形式表达的体意义是比较一致的。这个结构在表达抽象的处置体意义基础上，根据上下文的不同表示以下几种具体意义：
A. 在与及物性或使动态动词一起使用时表示促使主动词所表达的动作的出现，如 kirgüz-"使进去"+-üp+**ät**- = kirgüzüwät-"促使进去"，maŋğuz-"使走，寄过来"+-up+**ät**- = maŋğuzuwät-"促使走开，促使赶紧寄过来"等。
B. 在与表示状态变化的使动态动词一起使用时表示促使一种新情况的一下子出现，如 sundur-"使破，使破碎"+-up+**ät**- = sunduruwät-"促使一下子破掉"，saqayt-"使治好"+-ip+**ät**- = saqaytiwät-"促使一下子治好"等。
C. 与一些使动态动词一起使用时表示促使动作程度一下子加强或升级，如 issit-"使变热"+-ip+**ät**- = issitiwät-"促使一下子变热"，qizit-"使发热"+-ip+**ät**-=qizitiwät-"促使一下子发热"等。D. 与主体无法控制的一些动作动词一起使用时表示动作行为不由自主地进行，如 kül-"笑"+-üp+**ät**- = külüwät-"（不由自主地）笑起来"。E. 与一般的及物动词一起使用时表示动作的果断进行，如 ač-"开，打开"+ip+**ät**- = ečiwät-"干脆打开"，al-"拿"+ip+**ät**- = eliwät-"干脆拿上/掉"等。

（11）除去体成分 tašla-：tašla-的原意为"扔"，用作体助动词时表示主动词所表达的动作除去性地进行，在某种意义上与以上的 ät-(-wät-<-⁰p+ät) 的功能相似，如 ağdur-"推翻，粉碎"+up+**tašla**- = ağdurup tašla-"一举粉粹"，kül-"笑"+-üp+**tašla**- = külüp tašla-"（不由自主地）笑起来"等。

（12）利己体成分-⁰wal-（<-⁰p al-）：该成分是副词化成分-⁰p 与体助动

词 al-在长期一起使用过程中形成的。al-的原意为"拿"，用作体助动词时，表示主体为自己的利益做出某一个动作，如 yaz-"写"+-ip+**al**- = yeziwal-"写下来"，sat-"卖"+-ip+**al**- = setiwal-"买下来或趁机卖掉"等。我们在前面看到 al-用作能动体成分的例子，这里又看到它用作利己体成分的例子。两者的区别在于：在前一种用法中 al-与由-y/-a/-ä 副词化的主动词一起使用，而在后一种用法中它与由-⁰p 副词化的主动词一起使用。al-在抽象的利己体意义基础上，根据上下文的不同，可以表示下列更具体的一些意义：A. 能够或提前为主体的利益做好某一件事，如 öy sal-"盖房子"+-ip+**al**- = öy seliwal-"得以把房子盖下来"，toy qil-"结婚"+-ip+**al**- = toy qiliwal-"得以结婚"，däm al-"休息"+-ip+**al**- = däm eliwal-"先休息好"等。B. 表示趁机做某一件事。如：

（133）　Yamğur　yağ-qičä　öy-gä　ber-**iwal**-ayli.
　　　　　雨　　　　下 ADVL　家 DAT　去 SELF-1plIMP
　　　　　"让我们在下雨前赶紧赶到家吧。"

C. 表示主体取得有利的空间或时间。如：

（134）　U-lar　　yär　täwri-gän-dä
　　　　　他们　　地　震 ADJL-LOC
　　　　　mušu　　öy-gä　kir-**iwal**-di.
　　　　　就这　　家 DAT　进 SELF-3PST
　　　　　"地震时他们进这间屋子避难。"

D. 与有些动词，特别是 bol-"成为"一起使用，表示装扮成为某一角色。如：

（135）　U　　gača　bol-**uwel**-ip,
　　　　　他　哑巴　成 SELF-ADVL
　　　　　gäp qil-ğili　uni-mi-di.
　　　　　话 做 ADVL　同意 NEG-3PST
　　　　　"他装成哑巴，不愿意说话。"

E. 在上下文中出现对主体不利的内容时，该结构表示不小心做出的动作，如 qolini kes-**iwal**-maq "（不小心）割自己的手指"，tilini čišli-wal-maq "（不小心）咬自己的舌头"等。

　　（13）利他体成分 bär-：bär-的原意为"给"。我们在上面谈到它与由-y/-a/-ä 副词化的词干一起构成无阻体成分-wär-/-iwär-的情况。这里讲的是，它与以-⁰p 结尾的副词化结构一起使用，表示利他体，即主体为别人利益做出某一动作的情况。如：

（136）　Muällim　biz-gä　hikayä　sozlä-p
　　　　　老师　　　我们　　故事　　讲 ADVL
bär-di.
ALTR-3PST
"老师给我们讲了一个故事。"

（14）完成体成分 bol-：bol-的原意为"成为，变为"，用作体助动词时与以-⁰p 结尾的副词化结构一起使用，表示动作的完成，如 yaz-"写"+-ip+**bol**- = yezip bol-"写完"，oqu-"读"+-p+**bol**- = oqup bol-"读完"，kör-"看"+ -üp+**bol**- = körüp bol-"看完"等。

（15）终结体成分 čiq-：čiq-的原意为"出来"，用作体助动词时与以-⁰p 结尾的副词化结构一起使用，表示终结体，即表示主动词所表达的动作经过一定的过程最终有一个结果的意义。不过在具体上下文中终结体带上一些细微的附加意义。如：

（137）　Biz　　körgäzmi-ni　　kör-üp　　**čiq**-tuq.
　　　　　我们　展览 ACC　　看 ADVL　TERM-PST1pl
"我们把展览观看了一遍。"（带有在内容上从头到尾进行一遍的意义。）

（138）　Biz　　bäzi　　qanuniyät-lär-ni　　tep-ip
　　　　　我们　一些　　规律 PL-ACC　　找 ACC
čiq-tuq.
TERM-PST1pl
"我们找出了一些规律 。"（表示付出的努力有结果。）

（16）一贯体成分 käl-：käl-的原意为"来"，用作体助动词时与以-⁰p 结尾的副词化结构一起使用，表示一贯体，即表示主动词所表达的动作一贯进行。如：

（139）　U-lar　　biz-ni　　äzäldin　　qolla-p
　　　　　他们　　我们 ACC　从来　　　支持 ADVL
käl-di.
PERS-3PST
"他们一直在支持我们。"

（17）执行体成分 öt-：öt-的原意为"过"，用作体助动词时与以-⁰p 结尾的副词化结构一起使用，表示执行体，即表示主动词所表达动作的全过程执行。如：

（140）　U　　wäziyät　　toğrisida　　toxtil-ip　　**öt**-ti.
　　　　　他　形势　　　关于　　　　涉及 ADV　PRFM-3PST
"他在讲话中涉及了目前的形势。"

（18）重复体成分 tur-：tur-的原意为"站，住"，用作体助动词时与以-⁰p 结尾的副词化结构一起使用，表示重复体，即表示主动词所表达动作的重复进行或继续进行。一般与静态动词一起使用时表示持续体，如 saqla-"等"+-p+**tur**- = saqlap tur-"等着"，oltur-"坐下"+-up+**tur**- = olturup tur-"坐着"等；与动态动词一起使用时表示动作的重复进行，如 xät yeziš-"相互写信"+-ip+**tur**- = xät yezišip tur-"保持写信"，hal sora-"慰问，关心"+-p+**tur**- = hal sorap tur-"常保持慰问"等。

如果 tur-与以-ğili/-qili/-gili/-kili/结尾的副词化形势一起使用，它就表示起始体，即某一动作的开始。如：

（141）　U̲n̲d̲e̲r̲l̲i̲n̲e̲d̲ Yamğur　　yağ-qili　　　**tur**-di.
　　　　　雨　　　　　下 ADVL　　　ITR-3PST
　　　　　"雨开始下了。"

（19）投入体成分 yür-：yür-的原意为"行走，运行"，用作体助动词时与以-⁰p 结尾的副词化结构一起使用，表示投入体，即表示对主动词所表达动作的投入。这种投入根据上下文的不同可体现为更加具体的内容。如：

A. 可以指时间上的投入：

（142）　U　roman　yaz-i-män　　dä-p　　**yür**-üp
　　　　　他　小说　　写 IMP-1sg　说 ADVL　DEV-ADVL

　　　　　bir　　näččä　yil-ni　　öt-küz-wät-ti.
　　　　　一　　几　　　年 ACC　过 CAUS-DISP-3PST
　　　　　"他坚持要写小说，已度过了好几年。"

B. 可指精力上的投入：

（143）　Yalwur-up　**yür**-üp　　　aran　　al-dim.
　　　　　乞求　　　　DEV-ADVL　勉强　　拿-PST1sg
　　　　　"我经再三请求，好不容易得到。"

（20）分心体成分 oltur-：oltur-的原意为"坐，坐下"，用作体助动词时与以-⁰p 结尾的副词化结构一起使用，表示分心体，即表示被主动词所表达动作分散注意力。因此一般用于否定句里。如：

（144）　Bu　　iš-lar-ni　　　bil-i-silär,
　　　　　这　　事 PL-ACC　　知道 IMP-2pl

　　　　　bu yär-dä　　čüšändür-üp　　**oltur**-ma-y.
　　　　　这 地 LOC　解释 ADVL　　DISTR-NEG-DES
　　　　　"这些事你们都知道了，我就不在这里解释了。"

以上，我们介绍了 20 个体助动词成分。这里需要说明几个问题：第一，应该说，有些主动词有时也偶尔失去其词汇意义，表示一种体。如我们有时会听到 Palančiniŋ putini dässäp **sal**dim "不小心踩上了某人的脚"，Bu gäpni däp **sal**ma "别把这话说出去"等表达。这里的动词 sal-就失去其原有的"放，投，下"等意义，表示一种莽动体，即不小心做出的某一动作。但由于类似表达还没有普及，我们没有把 sal-列入体助动词之内。第二，维吾尔语的体是很普遍的现象，参与句子的每一个动词都可以有体。如果没有以上提到的 20 个体助动词的参与，那可能就是一般体，如 meni saqla- "等我吧"里的 saqla-就是一般体动词。

哈萨克斯坦维吾尔语的体助动词基本与中国维吾尔语的相似。如与以上列举的体助动词一样，Ruslan 特别指出在哈萨克斯坦维吾尔语里也是 almaq，bärmäk，baqmaq，bašlimaq，bolmaq，körmäk，kätmäk，kälmäk，qoymaq，qalmaq，žürmäk（～yürmäk），tašlimaq，turmaq，yatmaq，olturmaq 等 15 个助动词用来表示体意义，其用法也一样。（Ruslan，2006：278，328—334）

3）构词轻动词

用来构成复合动词的助动词叫做构词轻动词，如 öginiš **qil**- "学习"，mämnun **bol**- "感到满意/欣慰"，tamaq **ät**- "做饭"等中的 qil-、bol-、ät-等就是构词轻动词。构词轻动词的特点是：一是在某种程度上保持"弄，做，搞"等轻动词意义，但在特定的复合动词结构里离不开前面的静词类。二是与静词词干合并，构成表示把词干表达的内容付诸实施的动词，其功能相当于动词派生成分-la-/-lä-、-lan-/-län-等。因此，虽然类似结构里的静词与助动词的句法关系可以分析成跟一般结构里常见的主谓关系、状动关系、宾动关系、表系关系等，但由于整个结构的功能相当于一个动词，没有必要内部再分析。三是大部分构词轻动词可能在别的上下文中有别的功能，如我们已经看到 bol-不但有主动词（即实义动词）功能，而且也有助动词功能，并且作为助动词它在一定的上下文中可以是系动词，可以是体助动词，也可以是构词轻动词，应根据具体语境加以区别。现代维吾尔语里有以下构词轻动词：

qil-：qil-的原意为"做，弄，搞"，有及物性，一般与名词、形容词等静词合并，构成动词，如 tätqiq "研究（名）" +**qil**- = tätqiq qil- "研究（动）"，yardäm "帮助（名）" +**qil**- = yardäm qil- "帮助（动）"，azad "解放的，自由的（形）" +**qil**- = azad qil- "解放（动）"，bozäk "易受欺负的（形）" +**qil**- = bozäk qil- "欺负（动）"，häl（不单独用）+**qil**- = häl qil- "解决"等。

bol-：bol-的原意为"成为，变为"，有不及物性，一般与静词合并，构成动词，如 azad "解放的，自由的（形）" +**bol**- = azad bol- "得解放"，xušal "高兴（形）" +**bol**- = xušal bol- "高兴（动）"，xatirjäm "放心的（形）" +**bol**- = xatirjäm bol- "感到放心"，häl（不单独用）+**bol**- = häl bol- "得到解决"等。

　　ät-：ät-的原意为"做"，有及物性，习惯上与饭食名词合并的场合多，如 suyuq aš"汤面"+**ät**- = suyuq aš ät-"做汤面"，čüčürä"馄饨"+**ät**- = čüčürä ät-"做馄饨"等。ät-还有与 bozäk"易受欺负的（形）"，äxmäq"傻瓜"等一起构成复合动词的用法，如 bozäk **ät**-"欺负人"，äxmäq **ät**-"愚弄人"等。

　　yaq-：yaq-的原意为"贴"，用在 nan yaq-"打馕"这个特殊表达中。不过从别的突厥语言的比较中可以看出，yaq-很可能来自共同突厥语动词 yap-"做"。末尾音 p 为什么和什么时候变成 q 都值得研究。

　　bär-：bär-的原意为"给"，参与一部分复合动词的构成，如 yardäm"帮助（名）"+**bär**- = yardäm bär-"给予帮助（动）"，aram"休息（名）"+**bär**- = aram bär-"让休息，让歇"，zärbä"打击（名）"+**bär**- = zärbä bär-"打击（动）"等。

　　al-：al-的原意为"拿"，也参与一部分复合动词的构成，如 aram"休息（名）"+**al**- = aram al-"休息（动）"，sawaq"教训（名）"+**al**- = sawaq al-"吸取教训"，äwj"盛况，顶峰）"+**al**- = äwj al-"盛行"，ot"火"+**al**- = ot al-"（发动机等）开动"等。

　　čäk-/tart-：这两个词的原意相同，表示"吸，拉，抽"，用于"抽烟"等动作，用做构词成分时也一样，表示"遭受"的意义，如 japa"困难"+**čäk-/tart**- = japa čäk-/tart-"吃苦"，azab"苦"+**čäk-/tart**- = azab čäk-/tart-"受苦，受折磨"等。

　　kör-：kör-的原意为"看"，参与了为数不多的复合词，如 yaxši"好"+**kör**- = yaxši kör-"喜欢"，muwapiq"适当的"+**kör**- = muwapiq kör-"觉得合适"，čarä"办法"+**kör**- = čarä kör-"处理"等。

　　ur-：ur-的原意为"打"，也构成一些复合动词，如 juš（意义不清）+**ur**- = juš ur-"汹涌澎湃"，bix"萌芽"+**ur**- = bix ur-"发芽"等。

　　qal-：qal-的原意为"留下"，也参与了一些复合词的构成，如 tas/tas-mas/tas-tas（不单独用）+**qal**- = tas/tas-mas/tas-tas qal-"差一点就要……"，häyran"惊讶的"+**qal**- = häyran qal-"感到惊讶"，haŋ-taŋ"晕头转向"+**qal**- = haŋ-taŋ qal-"感到晕头转向"等。

　　以上简要介绍了维吾尔语的基本构词轻动词。应该提到，在特定场合其他一些动词也可能用作构词轻动词，但我们目前对这一类动词的研究还处在初级阶段，无法给出一个穷尽的结果。

　　在哈萨克斯坦维吾尔语里同样是以上的这些动词用来从静词构成动词。如：ustaz **bol**maq"当导师"，čirayliq **qil**maq"使变美"，on **čiq**maq"结果为十"，az **käl**mäk"显得少"等。（Ruslan，2006：279）

二　动词的语态变化

（一）语态语缀及其语法特点

语态变化是维吾尔语动词中常见的语法现象。维吾尔语动词词干根据上下文的需要可以有基本态、使动态、被动态、反身态、交互态等五种形式，而且这五种语态还可以在同一个词干上重叠。当然，并不是所有的动词都有这五种语态变化。有的因受语义限制，缺少其中某一语态形式是常见的现象。每一个语态变化都有自己特定的语法意义，而且缀加在词干时遵守一定的规律。维吾尔语动词的语态语缀既有构形功能，也有构词功能。作为构形功能，它可以给动词词干增加一个新的语态，从而引起动词各论元及其格语缀的相应调整。这是我们本节要讨论的内容。作为构词功能，它可以给一个动词词干增加新的词汇意义。如维吾尔语动词词干 toxta-在基本语态形式上有"停止"的基本意义，当它与反身态语缀-ºl-合并成为 toxtal-时就增加了"谈到，提到"这样的新意义，如 U sözidä ikki mäsilä üstidä **toxtal**di "他在讲话中谈到了两个问题"，又如动词词干 boša-在基本语态形式上有"变松，变空闲，被释放"等基本意义，当它与反身态语缀-ºn-合并成为 bošan-时就增加了"分娩"这一新意义。这样的新增词汇意义虽然不是在每一个语态变化中都能见到，但通过语态变化而新增加的动词数量也不少。词典编纂学家们一般都把这类动词作为新的词条收录在词典里。因此我们这里就不再讨论语态语缀的构词功能。让我们看看维吾尔语动词的语态语缀。

表 5-15

语态 名称	哈萨克斯坦维吾尔语的 语态语缀 （Ruslan，2006：323—327）	中国维吾尔语的语态语缀	例　　词
基本态	-∅	-∅	maŋ-"走"，kör-"看见"， ur-"打"，tänqitlä-"批评"， uč-"飞"
使动态	-t-，-ar-/-εr-/-ur-/-ür-，-iz-，-sät-， -dur-/-dür-，-tur-/-tür-， -ğuz-/-güz-，-quz-/-küz-	-ºt-（-t-/-it-/-ut-/-üt-，-ºr- （-r-/-ir-/-ur-/-ür-），-iz-， -sät-，-DUr-（-dur-/ -tur-/-dür-/-tür-），-GUz- （-ğuz-/-quz-/-güz-/-küz-）	maŋ**dur**-"让走，使走"， kör**sät**-"使看，展出"，ur**ğuz** -"使打"，tänqitlät-"使批 评"，uč**ur**-"使飞，放飞"
被动态	-l-/-il-/-ul-/-ül-，-n-/-in-/-un-/-ün-	-ºl-（-l-/-il-/-ul-/-ül-）， -ºn-（-n-/-in-/-un-/-ün-）	kör**ül**-"被看见，被发现"， ur**ul**-"被打"，tänqitlän-"被 批评，挨批评"

续表

语态名称	哈萨克斯坦维吾尔语的语态语缀（Ruslan，2006：323—327）	中国维吾尔语的语态语缀	例　词
反身态	-n-/-in-/-un-/-ün-，-l-/-il-/-ul-/-ül-	-°n-（-n-/-in-/-un-/-ün-），-°l-（-l-/-il-/-ul-/-ül-）	körün-"让……看，露面"，urun-"自己把自己推向，试图"
交互态	-š-/-iš-/-uš-/-üš-	-°š-（-š-/-iš-/-uš-/-üš-）	körüš-"见面，会见"，uruš-"打架，相互打"

以上表格里的内容在哈萨克斯坦维吾尔语和中国维吾尔语里完全一致。

（二）语态语缀的语法功能和语法意义

1. 基本态

动词的基本态也就是动词的原形，即在动词词干附加任何特定语态语缀以前所呈现的原始语态，如 maŋ-"走"，kör-"看见"，ur-"打"，tänqitlä-"批评"，uč-"飞"，yaz-"写"，oqu-"读"，yügür"跑"，bar-"去"，käl-"来"，kät-"去往"，oyla-"想"，oyna-"玩"等等。一个动词的基本态表示该动词最基本的词汇意义。基本态动词做句子的谓语时一般都表示动作行为是由主语发出的。如：

（145）　　Doxtur　　kesäl-ni　　kör-di.
　　　　　　医生　　　病人 ACC　　看 3PST
　　　　　　"医生看了病人。"

（146）　　Muällim　　Tursun-ni　　　tänqitli-di.
　　　　　　老师　　　吐尔逊 ACC　　批评 3PST
　　　　　　"老师批评了吐尔逊。"

（147）　　Käptär　　　uč-ti.
　　　　　　鸽子　　　　飞 3PST
　　　　　　"鸽子飞了。"

在以上三个句子中的三个主语 doxtur"医生"、muällim"老师"和 käptär"鸽子"分别是相应动词 kör-"看"、tänqitlä-"批评"和 uč-"飞"所表达动作的发出者或执行者。

2. 使动态

维吾尔语的使动态语缀较发达，至少有 -°t-（-t-/-it-/-ut-/-üt-），-°r-（-r-/-ir-/-ur-/-ür-），-iz-，-sät-，-DUr-（-dur-/-tur-/-dür-/-tür-），-GUz-（-ǧuz-/-quz-/-güz-/-küz-）等六套。当然，各自有比较明确的分工，即根据词

干末尾音的不同，缀加的使动态语缀的选择也不同。如-ºt-（-t-/-it-/-ut-/-üt-）缀加在以元音或音组-ay-、-äy-、-ar-、-är-结尾的动词词干后面：yasa-"修理"+-t- = yasat-"使修理，让修理"，azay-"变少"+-t- = azayt-"使变少，aqar-"变白"+-t- = aqart-"使变白"，qaray-"变黑"+-t- = qarayt-"使变黑"，küčäy-"变强"+-t- = küčäyt-"使变强"等；-ºr-（-r-/-ir-/-ur-/-ür-）缀加在以-č-、-š-结尾的少量动词末尾：uč-"飞"+-ur- = učur-"使飞"，köč-"搬家"+-ür- = köčür-"使搬家，拆迁"，čüš-"下来"+-ür- = čüšür-"使下来"，piš-"变熟"+-ur- = pišur-"煮熟，弄熟"等；-iz-缀加在以-m-结尾的有限的几个动词末尾：äm-"吃奶"+-iz- = emiz-"给奶吃"，tam-"滴落"+-iz- = temiz-"使滴落"等；-sät-只出现在动词 kör-"看见"末尾：körsät-"使看见，展出"。-DUr-（-dur-/-tur-/-dür-/-tür-）和-GUz-（-ğuz-/-quz-/-güz-/-küz-）出现在其他动词末尾。这两套语缀的使用最普遍，而且两者可交替出现在同一个动词词干末尾，如 yaz-"写"+-dur-/-ğuz- = yazdur-/yazğuz-"让写，使写"，maŋ-"走"+-dur-/-ğuz- = maŋdur-/maŋğuz-"让走，派遣"，täp-"踢"+-tür-/-küz-=täptür-/täpküz-"让踢，使踢"，mök-"躲藏"+-tür-/-küz- = möktür-/mökküz-"使躲藏起来"等。

　　使动态的基本意义就是一方致使另一方做出某一件事，而该事可能是强迫性的，也可能是允许性的，这要看具体上下文而定。因此，当一个使动态动词做谓语时，句子的主语不是动作的发出者，而是动作的致使者或允许者。如：

（148）　Biz　　　doxtur-ğa　　kesäl　　kör-**sät**-tuq.
　　　　　我们　　医生 DAT　　病人　　看 CAUS-1PL
　　　　　"我们找医生看了病人。"

（149）　Oquğuči-lar　muällim-gä　Tursun-ni
　　　　　学生 PL　　老师 DAT　　吐尔逊 ACC
　　　　　tänqitlä-**t**-ti.
　　　　　批评 CAUS-3PST
　　　　　"学生们叫老师批评了吐尔逊。"

（150）　Käptärwaz　　käptär-ni　　uč-**ur**-di.
　　　　　鸽子迷　　　鸽子 ACC　　飞 CAUS-3PST
　　　　　"鸽子迷放飞了鸽子。"

　　维吾尔语中任何一个动词词干都可以与使动态语缀合并而变为使动态动词。一个总的规则是：如果一个不及物动词词干与使动态语缀合并，它就取得及物特征，而它原有的逻辑主语表现为句法宾语。如果一个及物动词词干与使动态语缀合并，它就取得双及物特征，而它原有的逻辑主语表现为带向格的句法补足语。另外，在下列的使动态句里主语可被看成是动作的允许者或促成者：

（151）　Išik baqar　biz-ni　　zal-ğa

　　　　　门卫　　　　我们 ACC　礼堂 DAT

　　　　　kir-**güz**-di.

　　　　　进 CAUS-3PST

　　　　　"门卫让我们进了礼堂。"

（152）　Biz　　u-ni　　köwrük-tin

　　　　　我们　　他 ACC　桥 ABL

　　　　　öt-**küz**-üp　　　　qoy-duq.

　　　　　过 CAUS-ADVL　　ADVN-PST1pl

　　　　　"我们护送他过桥。"

3. 被动态

维吾尔语的被动态语缀有-ºl-（-l-/-il-/-ul-/-ül-）和-ºn-（-n-/-in-/-un-/-ün-）两套。被动态语缀一般缀加在及物动词或者缀接了使动态语缀的不及物动词末尾，构成被动态词干，如 kör-"看见"+-ül- = kör**ül**-"被看见，被发现"，uč-ur-"使飞，放飞"+-ul- = uč-ur**ul**-"被放飞"，tänqitlä-"批评"+-n- = tänqitlä**n**-"被批评，挨批评"，tašla-"扔"+-n- = tašla**n**-"被扔掉"，yasa-"制造，修理"+-l- = yasa**l**-"被制造，被修理"等。一个及物动词变为被动态意味着它同时变成了不及物动词。因此，当一个被动态动词做句子的谓语时其主语由逻辑宾语充当。如：

（153）　Tursun　　tänqitlä-**n**-di.

　　　　　吐尔逊　　批评 PASS-3PST

　　　　　"吐尔逊受到批评。"

（154）　Zamaniwiy　üsküni-lär　yasa-**l**-di.

　　　　　现代　　　　设备 PL　　制造 PASS-3PST

　　　　　"现代设备被制造出来。"

但当已经缀接使动态语缀的不及物动词做句子的被动态谓语时其主语由句法宾语（即逻辑主语）充当。如：

（155）　Käptär　　uč-ur-**ul**-di.

　　　　　鸽子　　　飞 CAUS-PASS-3PST

　　　　　"鸽子被放飞了。"

维吾尔语里被动语态的使用受到某些限制。比如当说话者不愿意或者无法说出动作的实施者时，或者说话者想突出说明动作的客体时才可选择被动语态。假如说话者需要在被动句里引入动作的实施者，那它可以在后置词 täripidin "由……方面，被"的参与下引入。如：

（156）　Tursun　**muällim**　**täripidin**　tänqitlä-**n**-di.
　　　　吐尔逊　老师　　　被　　　　批评 PASS-3PST
　　　　"吐尔逊被老师批评了。"

4. 反身态

维吾尔语的反身态语缀有-ºn-（-n-/-in-/-un-/-ün-）和-ºl-（-l-/-il-/-ul-/-ül-）两套。反身态语缀一般缀加在及物动词末尾，构成反身态词干，如 yasa-"制造，修理"+-n- = yasan-"打扮"，kör-"看见"+-ün- = kör**ün**-"露面，让……看自己"，ur-"打"+-un- = ur**un**-"试图，企图"，maxta-"夸奖"+-n-´ = maxtan-"自夸"，yuy-"洗"+-un- = yuy**un**-"洗澡，自己洗自己"等。当一个反身态动词做句子的谓语时表示主语既是动作的发出者又是动作的承受者。如：

（157）　Tursun　　yuy-**un**-di.
　　　　吐尔逊　　洗 REFL-3PST
　　　　"吐尔逊自己洗了自己（=洗澡了）。"

（158）　Tursun　　maxta-**n**-di.
　　　　吐尔逊　　夸 REFL-3PST
　　　　"吐尔逊自己夸自己（=自夸）。"

5. 交互态

维吾尔语的交互态语缀是-ºš-（-š-/-iš-/-uš-/-üš-），缀接在及物以及不及物动词末尾，构成交互态动词，如 kör-"看见"+-üš- = körüš-"见面，会面"，sözlä-"说话"+-š- = sözläš-"谈话"，ur-"打"+-uš- = ur**uš**-"打架"。当一个交互态动词做句子的谓语时表示主语是两个或两个以上的人或事物，而动词所表达的可能是主语所涉及的两个或两个以上的人或事物同时做出或者相互做出的同一个动作。如：

（159）　U-lar　sözlä-**š**-ti.
　　　　他 PL　说话 RECIP-3PST
　　　　"他们交谈了。"

因有些动作只能由多于一个的主体做出来，相应动词只有交互态形式，而没有基本态形式，如 salamlaš-"互相问候"，söhbätläš-"谈话"，ittipaqlaš-"团结起来"，čeliš-"摔跤"等。

在一些上下文中交互态动词表达的是两个或两个以上的主体所进行的比赛。如：

（160）　U-lar　ikki-si　　yügür-**üš**-ti.
　　　　他 PL　两个 3POS　跑 RECIP-3PST
　　　　"他们俩赛跑了。"

交互态动词在一些上下文中也可以表示给对方帮忙做出的一些动作。如：

（161）　　　Biz　　　u-lar-ğa　　　tapšuruq　išli-š-ip
　　　　　　我们　　　他 PL-DAT　　作业　　做 RECIP-ADVL
　　　　　　bär-duq.
　　　　　　ALTR-PST1pl
　　　　　　"我们帮他们做了作业。"

在类似表达中，我们也可以把主语替换为单数主体。如：

（162）　　　Män　　　u-lar-ğa　　　tapšuruq　išli-š-ip
　　　　　　我　　　他 PL-DAT　　作业　　做 RECIP-ADVL
　　　　　　bär-dim.
　　　　　　ALTR-PST1sg
　　　　　　"我帮他们做了作业。"

这一表达虽然在形式上是个例外，但意义上并不例外。这就是说，交互态动词暗示在单数主语帮忙做某一件事的时候，得到帮忙的另一方也在一起做同一件事，所以动作的参与者还是复数。

交互态动词如果用做对第二人称的命令式，就表示对对方的蔑视。如：

（163）　　　Ağz-iŋ-ni　　　　　yum-uš!
　　　　　　嘴 POS2sg-ACC　　闭 RECIP
　　　　　　"你们给我闭嘴！"

6. 语态语缀的重叠

以上我们介绍了各语态语缀的形式与功能。其实在实际语言中在一个动词末尾出现两个或更多语态语缀是常见现象。这一现象叫做语态语缀的重叠。语态的重叠是有规律的，常见的重叠有以下几种：① 基本态+使动态+被动态：kör-"看见"+-sät-+-il- = körsitil-；② 基本态+反身态+使动态：yasa-"修理，制造"+-n-+-dur- = yasandur-；③ 基本态+反身态+使动态+被动态：yuy-"洗"+-un-+-dur-+-ul- = yuyundurul-；④ 基本态+反身态+交互态：kiy-"穿"+-in-+-iš- = kiyiniš-；⑤ 基本态+反身态+使动态+交互态：yuy"洗"+-un-+-dur-+-uš- = yuyunduruš-等。不管语态重叠的次序如何，一个总的原则是：句子的主语要与词干最末尾的一个语态语缀相适应。

三　动词体的表达

以上我们已经详细介绍了维吾尔语常用的 20 个体助动词及其功能，它们就构成了动词的体范畴，这里不再重复。在 20 个体助动词里有 14 个在语音上保持着一定的独立性，与前面的副词化实义动词词干分写。因此我们可以把这 14 个体助动词看作为自由功能成分。剩余的 6 个在使用过程中语音上出现压缩、融合等现象，而且与前面的副词化实义动词词干连写。因此我们可以把它们归类到黏着功能成分。它们包括：1. -wat-/-iwat-/-uwat-/-üwat-（<-^{0}p+yat-），2. -ğili/-qili/-gili/-kili+ -wat-，3. -ala-/-älä-//-yala-/-yälä-（<-y/-a/-ä+al-+-a/-ä），4. -wär-/-iwär-（<-y/-a/-ä+bär-），5. -wät-/-iwät-/-uwät-/-üwät-（<-^{0}p+ät-），6. -wal-/-iwal-/-uwal-/ -üwal-（<-^{0}p+al-）。正如每个体语缀后面的括号里所显示的那样，体语缀一般都从由-^{0}p 副词化的实义动词词干与相应的体助动词的结合体中经过语音压缩或融合而形成。表 5-16 显示每一个体语缀表达的体意义：

表 5-16

序号	体语缀	体意义	序号	体语缀	体意义
1	-wat-/-iwat-/-uwat-/-üwat-（<-^{0}p+yat-）	进行体	4	-wär-/-iwär-（<-y/-a/-ä+bär-）	无阻体
2	-ğili/-qili/-gili/-kili+-wat-	欲动体	5	-wät-/-iwät-/-uwät-/-üwät-（<-^{0}p+ät-）	处置体
3	-ala-/-älä-//-yala-/-yälä-（<-y/-a/-ä+al-+-a/-ä）	能动体	6	-wal-/-iwal-/-uwal-/-üwal-（<-^{0}p+al-）	利己体

这里必须提到，除了这些专门用来表示体的语缀以外，维吾尔语里的有些静词化语缀本身就带有一定的体。这些体相互对立，更加丰富了维吾尔语体范畴。如形容词化语缀-r/-ar/-är 与-ğan/-qan/-gän/-kän 相互对立是因为前者表示未完体，而后者表示完成体或发生体。如 yazar män "我不停地写"：yazğan（dur）män "我写过"；如 yazar idim "我过去不停地写"：yazğan idim "我曾经写过"。-ğan/-qan/-gän/-kän 还可与未完体成分-ydi-/-idi- 和持续体成分-^{0}wat- 合并，分别构成表示未完发生体的-ydiğan/-idiğan 和表示持续发生体的-^{0}watqan 等复合语缀。如 yazidiğan idim "我曾经不停地写过"：yeziwatqan idim "我当时正在写呢"。副词化语缀-a/-ä/-y 和-p/-ip/-up/-üp 相互对立是因为前者表示未完体，而后者表示完成体。如 yaza-yaza "写呀写"：yezip-yezip "写了又写"。名词化语缀-ğu/-qu/-gü/-kü 本身带有必然将来体。如 Meniŋ bir roman yazğum bar "我想写一本小说"；Yazimän degän ikän yazğuluq "既然说要写就应该写"。当然，由于这些语缀最主要的功能是把一个动词短语静词化，因此它们

一般都被作为静词化成分来描写，而不作为体成分来描写。但还是应该指出，它们有时和人称成分一起构成维吾尔语的时态范畴时，本身具有的体意义非常明显。

四　动词的否定形式

不管是哈萨克斯坦维吾尔语（Ruslan，2006：328）还是在中国的维吾尔语，动词的否定语缀是-ma-/-mä-（元音弱化后是-mi-），缀加在动词词干末尾表示否定，如 yaz-"写"+-ma- = yaz**ma**-"不写"，oqu-"读"+-ma- = oqu**ma**-"不读"，käl-"来"+-mä- = käl**mä**-"不来"，kül-"笑"+-mä- = kül**mä**-"不笑"等。从理论上讲，任何一个动词词干都可以与否定语缀-ma-/-mä-合并而构成相应的否定形式。当然，也有一些否定形式在长期使用过程中已经固定化，词干与语缀一体化。如判断系词 i-（<är-）"是"的否定形式 ämäs "不是"就是这么一个词。ämäs 是肯定词根 i-"是"的前身 är-加否定成分-mä-和形容词化成分-s<*-z<*-r'结合而形成的固定形式，一直保留到今天，用于否定判断，如 adäm **ämäs**"不是人"、yaman **ämäs**"不坏，不错"、asan **ämäs** "不容易"等。

虽然维吾尔语的否定语缀只缀接在动词词干末尾，但它否定的范围很可能是整个动词短语。因为在任何一种语言中动词构成的短语成分多、结构复杂，否定成分否定的范围也应该是复杂的。比如说，Tursun bügün mäktäpkä bardi "吐尔逊今天去学校了"这一肯定句只要在其肯定动词短语 Tursun bügün mäktäpkä bar-的核心词 bar-末尾缀接否定语缀-ma-（-mi-）就可以变为否定句[[[Tursun bügün mäktäpkä bar]**mi**]di] "吐尔逊今天没去学校"。又如在[[[biz bu yärgä oyniğili käl]**mi**]duq] "我们并不是为了玩儿到这里来"这一句里，被否定的部分不只是 käl-"来"这一个动词，而是包括 biz bu yärgä oyniğili käl-在内的整个短语。因为这一句话是在 käl-"来"这一个动作发生完以后才说出的。因此它的言外之意就是："我们来是已经来了，但不是为了玩儿而来"。可见维吾尔语的否定语缀否定的范围可以超出它所结合的动词界限。因为这种缘故，在较复杂的否定结构里可能出现歧义，如请看下列例句：

（164）　U　　　šähär-gä　　　kir-ip,
　　　　　他　　城 DAT　　　进 ADVL
　　　　　ata-ani-si-ni　　　yoqli-**mi**-di.
　　　　　父母 3POS-ACC　　看望 NEG-3PST

这一句可以有两种解释：一是"他进了城，没有看望自己的父母"。二是"他没有进城去看望自己的父母"。这就是跟怎么理解否定语缀-mi-

（<-ma-）的否定范围有关。在第一种解释里，我们没有把前面的 šähärgä kirip "进了城"这一副词化结构放入否定范围内，把否定范围只限制在后面的 ata-anisini yoqla-"看望自己的父母"这一动词短语上，可用方括号表示其否定范围为：U šähärgä kirip，[[ata-anisini yoqli]**mi**]di. 在第二种解释里否定范围扩大到 šähärgä kirip "进了城"这一副词化结构，可用方括号表示其否定范围为：U [[šähärgä kirip，ata-anisini yoqli]**mi**]di. 这是一般的副词化结构做另一个动词短语的状语时构成的否定结构引起的歧义。类似结构在维吾尔语里相当普遍，而且从理论上讲，类似-ºp 副词化结构在一个句子中出现的数量没有限制。当然，类似歧义现象在实际语言中可以根据上下文排除。与此基本相似的另一个情况是，在维吾尔语里有近 20 个体助动词（和体语缀），它们也同样出现在由-ºp 副词化的实义动词末尾，构成一个副词化了的主动词—助动词短语，如 oqu-p baq-"读一读，读读看"，qou-p bol-"读完"，oquwat-（<oqu-p yat-）"正在读"等。在类似结构里，否定成分-ma-/-mä-可以与体助动词前面的主要动词词干合并，也可以与体助动词本身合并，也可以同时与两者合并。但在语义上各有各的独立意义，不可混淆。如果否定成分-ma-/-mä-与体助动词前面的主动词词干合并，那么体助动词描绘的是一个否定动作的进行情况，如 Män mäktäptä **oqu-may**-wat-i-män "我不在/再在学校读书了"。如果否定成分-ma-/-mä-与体助动词本身合并，那么主动词与体助动词表达的内容同时受到否定，因而暗示另一个没有说出的相关动作的进行，如 Män mäktäptä oqu-**wat-may**-män（išläwatimän）"我不是在学校读书（而是在工作）"。如果否定成分-ma-/-mä-同时与主动词和体助动词两者合并，那么按一般的"否定之否定是肯定"的道理，该结构表达一个强有力的肯定结果，如 Män uni tonu-**may**-wat-**may**-män，tonuwatimän "我并不是在不认识他，而是已经认识他"（参见哈米提·铁木尔，1987：395—396页）。当然，有些体助动词因为有本身的语义限制，否定语缀只能出现在前面的主动词词干末尾，如在能动体表达中我们只能讲 oqu-yal-**ma**-"不能读"，而不能说*oqu-**ma**-yala-（试图说"可以不能读"）；在完成体表达中我们只能讲 oqu-p bol-**ma**-"还没读完"，而不能说*oqu-**ma**-y bol-（试图说"（努力要）不读完"）等。这可能是与我们对现实世界的认识与语言表达有关：在这个每时每刻都在运动的世界里只有做出某一动作才会引起人们的注意，语言中也有相应的表达。而对本来就没有出现的动作的否定或者努力要否定是没有任何意义的，语言中也没有形成相应的表达。总之，我们对维吾尔语否定结构的研究还处于初步阶段，还有许多现象需要解释。

五　动词短语的静词化

维吾尔语的静词化语缀包括传统语法中所谓的形动词、动名词和副动词附加成分。我们之所以称它们为静词化语缀，是因为它们缀加在一个动词末尾，分别使整个动词短语形容词化、名词化或副词化，构成相应的形容词化结构、名词化结构或副词化结构。它们在句子中的功能不再像动词短语一样，而是像一般的形容词、名词或副词一样。但它们又不同于一般的从动词派生形容词、名词或副词的构词成分。比起这些构词成分来讲，它们的区别性特征是：一是，它们几乎可以缀接在任何一个动词短语末尾，不受任何约束。相比之下，任何一个构词成分只能选择性地缀接在部分词干上。二是，它们虽然出现在一个动词词干末尾，但作为黏着型语言的特点之一，它们是等该动词与前面的主语、宾语、状语等合并成动词短语之后才缀接的，因此它们实际上被缀接在整个动词短语末尾。相比之下，一个构词成分一般只能缀接在一个单独的词干上。三是，它们给动词短语赋予体、式、方式方法方面的描绘等语法意义。相比之下，一个构词成分不能具有语法意义。为了区分它们与相应构词成分之间的类似差别，我们分别称它们为形容词化语缀、名词化语缀和副词化语缀。

（一）形容词化语缀及其语法功能

在维吾尔语里一个形容词化语缀与一个动词短语合并后就可形成形容词化结构。形容词化结构一般就像形容词一样能起修饰作用（即关系从句作用），也能与系动词一起构成句子的表语——系动词结构。这也是为什么它被称为形容词化结构的原因。维吾尔语的形容词化语缀有-GAn（= -ğan/-qan/-gän/-kän）和-Ar（= -r/-ar/-är）两种，其中-Ar 本身带未完体或不断发生体意义；-GAn 带有发生体或传统上所说的完成体意义，如果它前面出现未完体成分-idi-~-ydi-，它就会带上未完发生体的双重体；如果它前面出现进行体成分-^{0}uwat-，它会有进行发生体的双重体。

表 5-17

序号	形容词化语缀名称	体意义	语缀	例　词
1	-Gan 形容词化语缀	完成发生体	-ğan/-qan/-gän/-kän	oquğan "读了的，读过的"，učqan "飞了的，飞过的"，körgän "看了的，看过的"，kätkän "去了的，离开的"
		未完发生体	-idiğan/-ydiğan	oquydiğan "要读的，平时读的"，učidiğan "飞的，平时飞的"，köridiğan "看的，平时看的"，ketidiğan "去的，要离开的"

续表

序号	形容词化语缀名称	体意义	语缀	例 词
1	-Gan 形容词化语缀	进行发生体	-watqan /-iwatqan /-uwatqan /-üwatqan	oquwatqan "正在读的"，učuwatqan "正在飞的"，körüwatqan "正在看的"，ketiwatqan "正在去的"
2	-Ar 形容词化语缀	未完发生体	-r/-ar/-är）	oqur "读的"，učar "飞的"，körär "看的"，ketär "离去的"

表 5-17 里的内容在哈萨克斯坦维吾尔语（参见 Ruslan，2006：283—285）和中国维吾尔语里基本一致。只是在作者 Ruslan 的分类归纳中，哈萨克斯坦维吾尔语里多了两个成分，即-maqči/-mäkči 被描写为目的形容词化（即形动词）成分；-ğuči/-quči/-güči/-küči 被描写为主体形容词化成分。而这两个成分在中国维吾尔语里只被看成是名词化（即动名词）成分。

维吾尔语中的形容词化结构修饰名词时，它起的是相当于关系从句的作用。由于维吾尔语和其他阿尔泰语言的关系从句是空格型（Gap-type），被修饰的名词必须从原位中移出，放在中心语（被修饰）的位置上。如以下的（165）a 可被看成是（165）b 关系化的结果：

（165）a.　män　oqu-**ğan**　kitab
　　　　　　我　　读 ADJL　书
　　　　　　"我读过的书。"

　　　　b.　Män　kitab-ni　oqu-dum.
　　　　　　我　　书 ACC　读 PST1sg
　　　　　　"我读了那本书。"

同样的道理，可以把下列的（166）a 看成是（166）b 和（166）c 的基础：

（166）a.　Oquğuči-lar　kino　kör-di.
　　　　　　学生 PL　　电影　看 3PST
　　　　　　"学生们看了电影。"

　　　　b.　Oquğuči-lar　kör-**gän**　kino
　　　　　　学生 PL　　看 ADJL　电影
　　　　　　"学生们看过的电影"

　　　　c.　kino　kör-**gän**　oquğuči-lar
　　　　　　电影　看 ADJL　学生 PL
　　　　　　"看了电影的学生们"

从时态的一致性角度讲，我们可以假设下列的（167）a 是（167）b 的基础；（168）a 是（168）b 的基础：

（167）a. <u>Oquğuči-lar</u>　<u>kino</u>　<u>kör-idu</u>.
学生 PL　　　电影　　看 3NPST
"学生们将要/平时看电影。"

　　　b. <u>Oquğuči-lar</u>　<u>kör-**idi**-**ğan**</u>　　<u>kino</u>
学生 PL　　　看 NPST-ADJL　　电影
"学生们将要/平时看的电影"

（168）a. <u>Oquğuči-lar</u>　<u>kino</u>　<u>kör-üwat-idu</u>.
学生 PL　　　电影　　看 CONT-3NPST
"学生们正在看电影。"

　　　b. <u>Oquğuči-lar</u>　<u>kör-**üwat**-**qan**</u>　　<u>kino</u>
学生 PL　　　看 CONT-ADJL　　电影
"学生们正在看的电影"

形容词化结构的另一个功能就是，它与一个系动词一起构成表语—系动词结构。如：

（169）a. <u>Oquğuči-lar</u>　<u>kino</u>　<u>kör-**gän**</u>　　<u>i-di</u>.
学生 PL　　　电影　　看 ADJL　　是 3PST
"学生们曾经看过电影。"

　　　b. <u>Oquğuči-lar</u>　<u>kino</u>　<u>kör-**gän**</u>　　（-dur）
学生 PL　　　电影　　看 ADJL　（是 NPST）
"学生们看过电影。"

由于非过去时系词-dur/-tur 平时都可以省略，以上的（169）b 通常以 Oquğučilar kino kör**gän** 的形式出现。另一个问题是，由于-Gan 形容词化语缀本身就有发生体意义（或表示某一动作已经出现），它后面出现的过去时系词 idi 和非过去时系词-dur/-tur 在时态上的区别都被这一体意义所掩盖。其结果是，在具体使用中似乎用哪个系词都可以了。如我们在以上（169）a 和 b 的汉义译文里看不到太大变化。不过在另一些上下文里，-Gan 形容词化结构后面的系词的时态区别还是比较明显的。请看下面的例子：

（170）　<u>Biz</u>　　<u>käl-**gän**-dä</u>　　　<u>u-lar</u>
我们　　来 ADJL-LOC　　他 PL

　　　　<u>kino</u>　<u>kör-**üwat**-qan</u>　<u>i-di</u>.
电影　　看 CONT-ADJL　是 3PST
"我们来的时候，他们正在看电影呢。"

形容词化结构的第三个功能就是，它也像其他静词类一样能与复数语缀、从属语缀、格语缀、构词轻动词等合并，充当句子的各种部分。如给形容词化结构 biz kälgän "我们来过" 缀接时位格-dä 以后就构成了表示时间的格短语 biz kälgändä "当我们来的时候"。还有 kälgänlär "来的那些（与复数语缀的合并）"，kälgininlär "你们的到来（与从属语缀的合并）"，kälgän bol- "就算是来了，当作/假装来的样子（与构词轻动词的合并）"，kälgändäk qil- "好像来过（与形似格和构词轻动词的合并）" 等用法对-Gan 形容词化结构来讲相当普遍。

从理论上讲，-Ar 形容词化结构也应该像-Gan 形容词化结构一样，能起修饰功能、表语功能，而且也能与其他功能词类合并。但实际上由于上述-idiğan ~-ydiğan 形容词化语缀的未完发生体与它相同，使用频率高，语义上能替代-Ar 形容词化语缀的功能，因此-Ar 的使用范围逐渐缩小了。不过它最主要的用途就是，在长期的使用过程中它成为非过去（现在-将来）时的主要成分。如拿动词 yaz- "写" 的非过去时变位来说，它在维吾尔语中的演变过程是 yaz-**Ar** män > yazimän "我要写" 或 yaz-**A** tur-**Ar** män > yaz-**A** dur män > yazitmän（和田方言）> yazimän "我要写"。在前一种演变过程中-Ar 直接加在动词词干上；在后一种变位演变过程中-Ar 出现在助动词 tur-之后，而主动词 yaz-之后却出现了未完体副词化成分-A。在这两种结构里起决定作用的未完非过去时成分还是-Ar，因为副词化形式不能结束一个句子。在这一结构基础上又出现了 yazatti "过去曾正常写" 这一形式。而它的原结构应该是 yaz-Ar idi，也可以是 yaz-A tur-Ar idi，它们都通过语音压缩而变为今天的 yazatti。当然，-Ar 形容词化结构的表语功能并没有完全消失，如像 ah urar**män** "我唉声叹气" 这样的诗句里，或者像 U ätä kel**är** "他明天来吧" 这样估计语气里我们还是看到-Ar 形容词化语缀的参与。

应该提到，-Gan 形容词化结构的否定形式的构成遵守总规则，即先在动词词干末尾缀接否定语缀-ma-/-mä-（-mi-）就可以，如 yaz**miğan** "没有写的，没有写过的"、käl**miğan** "没有来的，没有来过的"、kät**miğan** "没有去的，没有离开的" 等。但是-Ar 形容词化语缀的否定形式比较特殊，它不是按规则可以期盼的-mar/-mär，而是-mas/-mäs，如 yaz**mas** "不写的"、käl**mäs** "不来的"、kät**mäs** "不离开的" 等。

最后还应该提到，在一些表达中由上述形容词化语缀构成的结构完全成了一般的形容词，如 öt**kän** yil "去年"、kel**är** yil "来年，明年"、uč**ar** täxsä "飞碟"、bäš at**ar**（miltiq）"五发式（枪）（上五发子弹的枪）" 等。

（二）名词化语缀及其语法功能

维吾尔语的一个名词化语缀缀接在一个动词短语末尾就可形成名词化结构。之所以称其为名词化结构，是因为它就像一个名词一样，在句中能充当主语、宾语等，也能与其他功能词类一起构成句子的各种结构。维吾尔语里名词化语缀有-°š（= -š/-iš/-uš/-üš）、-mAK（= -maq/-mäk）和-GU（= -ǧu/-qu/-gü/-kü）三种。从附加意义上讲，-°š 和-mAK 两个语缀构成的名词化结构没有明显的体意义，一般只有指称动作本身的意义，如 maŋ-"走" + -iš = meŋiš "走这一事情，走这个动作"或 maŋ-"走" + -maq = maŋmaq "走这一事情，走这个动作"。相比之下，-GU 名词化语缀带有必然体，因此在使用上受到一定限制，如 maŋ-"走" + -ǧu = maŋǧu "走的必要，走的欲望"。有时上述的-Gan 形容词化结构直接或在语缀-l°K（= -liq/-lik/-luq/-lük）的参与下用作名词化结构，其发生体意义保持不变，如 maŋǧan "走过的" + -liq = maŋǧanliq "走过这一事情，走过这一事实"等。另外，还有由功能相当于判断系词 ikän "是"与语缀-lik 接合后形成的 ikänlik 的语缀-lik~-liq 构成的名词化形式。请看下表：

表 5-18

序号	名词化语缀名称	语缀	例　词
1	-°š 名词化语缀	-š/-iš/-uš/-üš	oquš "读（这一事）"，učuš "飞（这一事）"，körüš "看（这一事）"，ketiš "离开（这一事）"
2	-mAK 名词化语缀	-maq/-mäk	oqumaq "读（这一事）"，učmaq "飞（这一事）"，körmäk "看（这一事）"，kätmäk "离开（这一事）"
3	-GU 名词化语缀	-ǧu/-qu/-gü/-kü	oquǧu "读的必要/欲望"，učqu "飞的必要/欲望"，körgü "看的必要/欲望"，kätkü "离开的必要/欲望"

以上表格里的各内容在哈萨克斯坦维吾尔语（参见 Ruslan，2006：286—287）和中国维吾尔语里完全一致。

由于-°š 和-mAK 构成的名词化结构在语法体上是中立的，即不带任何时体的因素，一般被看成是不定式成分，用途较广。在字典中动词词条也是以-°š 或-mAK 结尾的形式出现。不过这只是习惯问题。正如以上所述，作为静词化语缀之一，任何一个名词化语缀也属于它所结合的整个动词短语，其中包括动词的指示语、补足语、附加语等。如[[ular qaytip kel]iš]tin burun biz ketip qalduq "他们回来之前我们已经离开了"这一句里，ular qaytip käl-"他们回来"是由中心词 käl-构成的动词短语，ular "他们"是 käl-的指示语，qaytip "回来"是 käl-的附加语，名词化语缀-iš 就缀接在[ular qaytip käl-]这个动词短语上。接着我们又看到名词化结构 ular qaytip keliš 又与从格-tin 合并构成了 ular qaytip kelištin 这一从格短语。类似与格语缀的合并也是名词化结构的用途之一。另外，-°š、-mAK 和-GU 名词化结构都可以与从属语缀合并，不过这时原有的主语要与领属格-niŋ 合并成领属格短语，充当定语。如：

（171）　U-lar-**niŋ**　　　qayt-ip　　　kel-**iš-i**
　　　　　他 PL-GEN　　　回来 ADVL　　来 NOML-3POS

　　　　　asan　　　　ämäs.
　　　　　容易　　　　不是
　　　　　"他们的回来并不容易。"

（172）　U-lar-**niŋ**　　　qayt-ip　　　käl-**mik**（<-**mäk**）-**i**
　　　　　他 PL-GEN　　　回来 ADVL　　来 NOML-3POS

　　　　　asan　　　　ämäs.
　　　　　容易　　　　不是
　　　　　"他们的回来并不容易。"

（173）　U-lar-**niŋ**　　　qayt-ip　　　käl-**gü-si**
　　　　　他 PL-GEN　　　回来 ADVL　　来 NOML-3POS

　　　　　bar/yoq.
　　　　　有/没有
　　　　　"他们想/不想回来。（字面意义：他们有/没有回来的欲望。）"

　　除了以上这些共同点外，-°š、-mAK 和-GU 名词化结构各有各的用途。相比之下，-°š 名词化语缀的结合能力最强，-mAK 名词化语缀次之，-GU 名词化语缀较弱。下面让我们再看看它们各自的特殊用法。

　　1. -°š 名词化结构的特殊用法

　　A. -°š 名词化结构可以跟复数语缀合并。这时动作的主体一般与领属格 -niŋ 一起出现，而-°š 名词化语缀后面也相应地出现从属语缀。如 it-lar-**niŋ** qawa-**š-lir-i** "狗叫声（复数）"、toxu-lar-**niŋ** čilla-**š-lir-i** "鸡鸣声（复数）"、u-**niŋ** meŋ-**iš-lir-i** "她走路的姿势" 等。

　　B. 由-°š 名词化语缀构成的短语可以不受领属者的限定，自由充当句子的主语、宾语等。因此它所表达的事件适用于任何一个人或事物。如：

（174）　Ätigän-dä　　čeniq-**iš**　　　yaxši　adät.
　　　　　早晨 LOC　　锻炼 NOML　　好　　习惯
　　　　　"早晨锻炼是好习惯。"

　　在以上的例（174）里-°š 名词化结构本身是句子的主语。它与向格语缀 -GA 合并的一些结构还可构成无主句。如：

（175）　Bu　iš-qa　　　säl qara-**š-qa**　　　bol-ma-ydu.
　　　　　这　事 DAT　　轻视 NOML-DAT　　行 NEG-3NPST
　　　　　"不能轻视这件事。"

　　C. 在由情态形容词 mumkin "可能"、keräk~lazim "要，需要"、šärt "必须" 等充当谓语的句子里，-⁰š 名词化结构充当主语。这时-⁰š 名词化结构出现分化现象：-⁰š 名词化语缀后面继续缀接相应的从属语缀，从而构成从属名词结构，而其主语后面却不出现领属格-niŋ。如：

（176）　Silär　　ätä　　meŋ-**iš**-iŋlar　　keräk.
　　　　　 你们　　明天　　走 NOML-POS2pl　应该
　　　　　 "你们必须明天走。"

　　D. -⁰š 名词化语缀的否定形式是-masliq/-mäslik。如 bar**masliq** "不去（这一事）"、käl**mäslik** "不来（这一事）"、yaz**masliq** "不写（这一事）" 等。当-⁰š 名词化结构的肯定和否定形式一起出现时表示两种可能性。如：

（177）　U-niŋ　　kel-**iš**——käl-**mäslik**-i
　　　　　 他 GEN　　来 NOML-来 NEGNOML-3POS

　　　　　 eniq　　ämäs.
　　　　　 清楚　　不是
　　　　　 "他来不来不太清楚。"

　　E. 有些-⁰š 名词化结构在长期使用过程中逐渐变成了一般名词。如 tonuš "熟人"、ögin**iš** "学习"、oqu-oqutuš "教学" 等。这是维吾尔语构成新名词的途径之一。

　　2. -mAK 名词化语缀的特殊用法

　　A. 维吾尔语的-mAK 名词化语缀的用途不如-⁰š 那么广泛。比起-⁰š 名词化语缀来讲，-mAK 表达的是一种假想中的，还没成为现实的事件。因此-mAK 名词化结构多用于谚语格言中。如：

（178）　Al-**maq**-niŋ　　bär-**mik**-i　　bar,
　　　　　 拿 NOML-GEN　 给 NOML-3POS　 有
　　　　　 čiq-**maq**-niŋ　 čüš-**mik**-i　　bar.
　　　　　 上 NOML-GEN　 下 NOML-3POS　 有
　　　　　 "有借必有还，有上必有下。"

　　B. -mAK 与时位格-DA 的结合构成表示进行体的复合语缀-maqta/-mäktä。如：

（179）　Wäziyät　　yaxšilan-**maqta**.
　　　　　 形势　　　好转 CONT
　　　　　 "形势正在好转。"

　　C. -mAK 与施事名词构成成分-či 的结合构成复合语缀-maqči/-mäkči，该语缀出现在谓语动词末尾，表示按计划或者打算要进行的某一件事，即构成目的名词化结构。如：

（180）　U-lar　　ätä　　**käl-mäkči**.
　　　　　他 PL　明天　来 GOAL
　　　　　"他们是要明天来的。"

　　D. 在维吾尔语里-mAK 名词化语缀只缀接在肯定动词末尾，因此-mAK 名词化结构没有否定形式。这一点与土耳其语这样的其他突厥语言不同。另外，-mAK 名词化结构后面一般不出现复数语缀-lar/-lär。

　　E. 由-mAK 构成的一些形式已变为一般词汇。如 yemäk "食品"、ičmäk "饮料"、ilmäk "钩子"等。

　　3. -GU 名词化语缀的特殊用法

　　A. -GU 名词化结构的使用范围狭窄。因为它本身带着强烈的必然语气，一般都以领属—从属结构形式出现，而后面出现 bar "有"，käldi "来了"等。这样，就形成表示一种愿望的紧缩句。如：

（181）　Meniŋ　bar-**ǧu**-m　　　　bar/yoq.
　　　　　我的　　去 NOML-POS1sg　有/没有
　　　　　"我想/不想去。"

　　B. -GU 名词化结构与第三人称从属语缀-si 的合并可表示必然将来时。如：

（182）　Wätin-imiz　　teximu　　güllä-p
　　　　　祖国 POS1pl　更　　　　繁荣 ADVL

　　　　　yašni-**ǧu-si**.
　　　　　昌兴 NOML-3POS
　　　　　"我们的祖国必将更加繁荣昌盛。"

　　C. -GU 名词化语缀与形似格-däk 的结合形式-GUdäk 表示一种转述语气。如：

（183）　U　　ätä　　**käl-gü-däk**.
　　　　　他　明天　来 NOML-SML
　　　　　"听说他明天要来。"

　　另外，这一结合还可用做表示有某种潜力的定语。如 yüz kilometirǧa yätküdäk benzin "够用一百公里的汽油"，putni qoyǧudäk yär "可放脚的地方，立锥之地"等。

　　D. 由-GU 名词化语缀构成的一般名词也不少。如 tutqu "把手"、ačqu "钥匙"、uyqu "睡眠"、qayǧu "悲痛"等。

　　4. -Gan 或-Gan+-l⁰G 的名词化功能

　　除上述名词化语缀以外形容词化语缀-Gan（= -ǧan/-qan/-gän/-kän）或-Gan+-l⁰G 的形式也会构成名词化结构。正如前面的介绍，因-Gan 具有表示已经发生的事件的功能，它可以弥补上述名词化语缀在表达已发生事件时的不足，即它可以把已发生的行为动作名词化。由-Gan 构成的名词化结构可以指人。如：

（184）　**Išli-gän**　　čišlä-ydu.
　　　　干活 NOML　咬 3NPST
　　　　"多劳多得。"或"劳动者可以吃。"

它也可以指过去发生的动作本身。在这一用法上-Gan+-l⁰G 的形式有共同点。如：

（185）a.　Tursun-niŋ　　käl-**gin**-i-ni
　　　　　吐尔逊 GEN　　来 NOML-3POS-ACC
　　　　　bil-imän.
　　　　　知道 NPST1sg
　　　　　"我知道吐尔逊的已经到来。"

或

（185）b.　Tursun-niŋ　　käl-**gän**-**lik**-i-ni
　　　　　吐尔逊 GEN　　来 NOML-l⁰G-3POS-ACC
　　　　　bil-imän.
　　　　　知道 NPST1sg
　　　　　"我知道吐尔逊的已经到来。"

5. 判断性名词化语缀-liq/-lik

除了以上的几种名词化结构以外，维吾尔语中还有一个名词化现象，就是在任何一个静词形式末尾缀接-lik~-liq 语缀就可构成较宽泛的、判断性的一种名词化形式。下面看几个例子：

（186）　Män　　seniŋ　　öy-dä-**lik**-iŋ-ni
　　　　我　　你的　　屋子 LOC-COP-POS2sg-ACC
　　　　bil-imän.
　　　　知道 NPST1sg
　　　　"我知道你在家。"

按哈米提先生的定义，类似使用的-lik~-liq 其实就是判断系词 ikän"是"与语缀-lik 接合后形成的 ikänlik 的压缩形式。我们完全同意这一看法。比如我们完全可以用 ikänlik 来替代以上两句中的黑体字-lik~-liq，意义不会有任何变化。另外，按照语音和谐规律来讲，-lik~-liq 还有其变体-luq/-lük。但是在类似判断意义上使用时只会出现-lik~-liq 变体，而不会出现-luq/-lük 变体。这进一步证明被省略的 ikän 还是在影响着和谐规律。

（三）副词化语缀及其语法功能

维吾尔语里副词化语缀较发达，构成形式多样的副词化结构。之所以称它们为副词化结构，是因为当一个副词化语缀缀接在一个动词末尾就可使整个动词短语具有一个副词的功能，即它就像一个副词一样在句中充当另一个动词短语的状语。不过一个副词化结构不是简单地修饰一个动词，而是在原因、目的、方式方法、动作界线等方面修饰较复杂的过程。请看下表列出的维吾尔语副词化语缀：

表 5-19

序号	副词化语缀名称	语缀	例　词
1	-A 未完副词化语缀	-a/-ä/-y	oquy "（一直）读着"，uča "（一直）飞着"，körä "（一直）看着"
2	-ᵒp 连接副词化语缀	-p/-ip/-up/-üp	oqup "读了后……"，učup "飞了后……"，körüp "看了后……"，ketip "离开后……"）
3	-Gili 目的副词化语缀	-ğili/-qili/-gili/-kili	oquğili "为了读"，učqili "为了飞"，körgili "为了看"，kätkili "为了离开"
4	-Gičä/-Gi-čilik 界线副词化语缀	-ğičä/-qičä/-gičä/-kičä//-ğičilik/-qičilik/-gičilik/-kičilik	Oquğičä/ğičilik "一直到读"，učqičä/qičilik "一直到飞"，körgičä/gičilik "一直到看"，kätkičä/kičilik "一直到离开"
5	-Gač 趁机副词化语缀	-ğač/-qač/-gäč/-käč	oquğač "顺便读"，učqač "顺便飞"，körgäč "顺便看"，kätkäč "顺便离开"
6	-GačKA 原因副词化语缀	-ğačqa/-qačqa/-gäčkä/-käčkä	oquğačqa "因为读"，učqačqa "因为飞"，körgäčkä "因为看"，kätkäčkä "因为离开"
7	-Ganseri 强化副词化语缀	-ğanseri/-qanseri/-gänseri/-känseri	oquğanseri "越读越……"，učqanseri "越飞越……"，körgänseri "越看越……"，kätkänseri "越离开越……"

表 5-19 里的内容在哈萨克斯坦维吾尔语（参见 Ruslan，2006：288—290）和中国维吾尔语里完全一致。

以上我们列出七个副词化语缀，并根据其较典型的意义给它们命名。当然，每个副词化语缀在实际语言中表达的意义要远远超出这些名称所表达的意义范围。下面让我们看看它们各自的具体用法。

1. -A 未完副词化语缀

未完副词化语缀-A（-a/-ä/-y）表示动作没有完成或正在延续，在此意义上它有以下的用法：

A. 它作为较古老的表示未完动作的成分，与带形容词化语缀-Ar 的 tur-

"是（原意为'站'）"一起构成了非过去（现在—将来）时形式：如拿动词 yaz-"写"的非过去时变位来说，它在维吾尔语中的演变过程是 yaz-Ar män > yazimän "我要写"或 yaz-A tur-Ar män > yaz-A dur män > yazitmän（和田方言）> yazimän "我要写"。在后一种变位形式 yazimän 的结构中我们看到，yaz-是动词词干，而末尾的-män 是第一人称单数附加成分，那么中间的-i 就是非过去时成分。它是副词化语缀-a 在这个位置上弱化的结果。当然，在表示过去未完动作的结构里副词化语缀-a 不会弱化：yazatti<yaz-A tur-Ar idi "过去曾正常写"。

B. 由于其未完或正在延续动作的意义，它构成的副词化结构在现代维吾尔语中不单独使用，一般都被叠用。在这一用法中，以元音结尾的动词后面应该出现的副词化语缀变体-y 往往被省略，如：

（187）　Tam-**a**—tam-**a**　　köl　　bol-ar.
　　　　　滴 ADVL　　　　湖　　成为 ADJL
　　　　　"一滴一滴汇成湖。"

C. -A 未完副词化语缀的否定形式是-may/-mäy，是符合规则的形式。叠用的否定副词化结构表示期望的动作长期不出现。如：

（188）　Xät-ni　　　qol-da　　　yaz-**ma-y**—yaz-**ma-y**
　　　　　字 ACC　　手 LOC　　写 NEG-ADV
　　　　　qol-lir-im　　　galliš-ip　　　qaptu.
　　　　　手 PL-POS1sg　变迟钝 ADV　FACT-EVID
　　　　　"因长时间不用手写字，我的手现在变迟钝了。"

D. 当-A 未完副词化结构的肯定和否定形式一起使用时，表示某一动作还没有发生以前就紧跟着发生另一件事。这时语气助词-la 出现在肯否定副词化结构末尾。如：

（189）　U　　taŋ at-**a**—at-**ma-y-la**
　　　　　他　天亮 ADVL-亮 NEG-ADVL-PART
　　　　　čeniq-iš-qa　　　čiq-ip　　　kät-ti.
　　　　　锻炼 NOML-DAT　出 ADVL　去-3PST
　　　　　"天还没有亮，他就出去锻炼了。"

E. 某些由-A 未完副词化语缀形成的形式已经词汇化。如 yänä "又，再"、qayta "重新"、bara-bara "渐渐地"等副词以及 yariša "与之相适应地"、qarita "相对于"、körä "比起，与……相比"等后置词就是在相应动词末尾加-A 未完副词化语缀而形成的。

2. -°p 连接副词化语缀

A. 相对于以上的-A 未完副词化语缀来讲，-°p（-p/-ip/-up /-üp）含有完成意义。因此，如果我们把一个动词缀接-A 的重叠形式理解为不断延续的动作或状态，如 maŋa-maŋa "走啊走"，那么它与-ºp 结合后的重叠形式可理解为一个动作或状况一次又一次的重复出现，如 meŋip-meŋip "走了又走"。这一完成意义在与过去时系动词 idi 结合时也比较明显。如：berip idim > beriwidim "我曾去过，我曾去过时"、oqup idim>oquwidim "我曾读过，我曾读过时"等。

B. -ºp 连接副词化语缀与-A 未完副词化语缀共享一个否定形式，即 -may/-mäy。如 meŋip-maŋ**may**，berip-bar**may**，oqup-oqu-**may** 等。当然，-ºp 副词化语缀的否定形式也有按正常规则表现为-map/-mäp 的场合。那就是间接陈述语气语缀-ºptu 的否定形式-maptu/-mäptu。如 meŋ**iptu** "看来/听说走了"，maŋ**maptu** "看来/听说没走"；ber**iptu** "看来/听说去了"，bar**maptu** "看来/听说没去" 等。

C. 然而，-ºp 副词化语缀的最典型的功能就是连接两个或两个以上的动作。由-ºp 副词化语缀构成的短语不能做句子的谓语，而只能做另一个动词的状语，不管该动词本身有什么变位形式。在这一用法上，-ºp 副词化结构可以有以下功能：

① 在方式方法上修饰另一个动作。如：

（190）a.　<u>Tiriš</u>-**ip** 　　　　<u>ögin</u>-äyli!
　　　　　　努力 ADVL　　学习 DES1pl
　　　　　　"让我们努力学习！"

　　　　b.　<u>Aldiri</u>-**ma-y** 　　　jawab　　<u>ber</u>-iŋ.
　　　　　　着急 NEG-ADVL　答复　　给 IMP2sg
　　　　　　"请不要着急回答。"

② 表示原因，即说明另一个动作出现的理由。如：

（191）　　<u>Män</u>　　<u>doklat</u>-ni　　　<u>aŋla</u>-**p**
　　　　　　我　　　报告 ACC　　　听 ADVL
　　　　　　<u>qattiq</u>　　<u>täsirlän</u>-dim.
　　　　　　严格　　　感动 PST1sg
　　　　　　"我听了报告非常激动。"

③ 表示先后次序。如：

（192）　　<u>Tursun</u>　　<u>orn</u>-i-<u>din</u>　　　　<u>tur</u>-**up**,
　　　　　　吐尔逊　　　床位 3POS-ABL　起 ADVL
　　　　　　<u>yüz</u>-i-<u>ni</u>　　　<u>yuy</u>-**up**,　　<u>tamiq</u>-i-<u>ni</u>
　　　　　　脸 3POS-ACC　洗 ADVL　饭 3POS-ACC

　　　　　　yä-**p**　　　　mäktäp-kä　　maŋ-di.

　　　　　　吃 ADVL　　学校 DAT　　走 3PST

　　　　　　"吐尔逊起了床，洗了脸，吃了饭，去了学校。"

　　D. -°p 副词化结构还可表示几个并列事件。如：

（193）　　Qiz-lar　　　ussul　　oyna-**p**，

　　　　　　女孩 PL　　舞蹈　　玩 ADVL

　　　　　　oğul-lar　　　naxša　　eyt-**ip**，

　　　　　　男孩 PL　　歌　　唱 ADVL

　　　　　　olturuš　　qizi-**p**　　　kät-ti.

　　　　　　聚会　　热闹 ADVL　INTNS-3PST

　　　　　　"女孩们跳舞，男孩们唱歌，聚会搞得很热闹。"

　　E. 在训斥对方时用来表示摆事实。如：

（194）　　Sän　aldira-**p**　　　bu　　gäp-lär-ni

　　　　　　你　　急着 ADVL　　这　　话 PL-ACC

　　　　　　qil-**ip**，　　nemä　　asas-iŋ　　　bar?

　　　　　　做 ADVL　什么　　根据 POS2sg　有

　　　　　　"你匆忙地说出这样的话，有什么根据呢？"

　　F. 维吾尔语中在-°p 副词化结构的参与下构成的复合动词也不少。如：išläp**p**čiqar-"生产"、elip käl->äkäl-"拿来"、tapšurup bär-"交给"、tapšurup al-"收到"、yetip käl-"来到"、yetip bar-"到达"等。

　　G. 维吾尔语中另一类复合动词是由两个反义词构成的，-°p 副词化语缀出现在前一个动词末尾，把两者连起来。因后一个动词表达的是前一个动词的相反意义，这类复合动词表示把前一个动作做完一遍后赶紧做后一个动作。如 berip käl-"去一趟回来"、kirip čiq-"进去一次出来"、čiqip čüš-"上去一次下来"等（参见哈米提，1987：283）。它们的一个句法特点是，在各成员单独使用时所要求的不同的格语缀在它们合并成一体后只要有其中之一，即与前一个动词相适应的格语缀就可以了。如维吾尔语的 kir-"进去"要求向格语缀：öygä kir-"进屋子"；而 čiq-"出来"要求一个从格语缀：öydin čiq-"从屋子出来"。但当 kirip čiq-成为复合动词时只要求一个格，即先出现的动词 kir-的向格：öygä kirip čiq-"进去一下屋子出来"。

　　H. -°p 副词化语缀的另一个主要用途是，近 20 个体助动词与实义动词合并时，绝大多数情况下它出现在实义动词末尾把两者连接起来。因我们在以上的 5.3.9.1.5.2 节里介绍体助动词时详细讨论了这一问题，这里就不再重复。

　　3. -Gili 目的副词化语缀

　　维吾尔语的副词化语缀-Gili（-ğili/-qili/-gili/-kili）构成的副词化结构主

要有以下意义：

A. 表示目的：

（195）　Biz　　kino　　kör-**gili**　　šähär-gä　kir-duq.
　　　　我们　电影　　看 ADVL　　城 DAT　　进 PST1pl
　　　　"我们为了看电影进城去了。"

B. 表示某一动作或状况开始以来延续的时间：

（196）　Biz　　Inglizčä　ögän-**gili**　　bir yil　bol-di.
　　　　我们　英语　　学习 ADVL　　一年　成 3PST
　　　　"我们学英语已经一年了。"

C. 与复合动词 tas qal-/tas-tas/ tas-mas qal-"差一点"结合，表示某一动作或状况的接近出现而没有出现。如：

（197）　U　teyil-ip　　yiqil-**ǧili**　　tas qal-di.
　　　　他　滑 ADVL　摔倒 ADVL　差一点 3PST
　　　　"他差一点滑到。"

D. 与动词 bol-"可以，行"结合，表示某一动作或状况的可行性。这类句子往往是无主句。如：

（198）　Tiriš-**qan-di-la**　　　　alǧa　　bas-**qili**
　　　　努力 ADJL-LOC-PART　　前进　迈 ADVL
　　　　bol-idu.
　　　　行 3NPST
　　　　"只要努力就可以进步。"

E. 与动词 qoy-"放，放行"结合，表示允许某一动作或状况的出现。如：

（199）　U-ni　　aram　　al-**ǧili**　　qoy-uŋlar！
　　　　他 ACC　休息　　拿 ADVL　　放行 IMP2pl
　　　　"让他好好休息吧！"

F. 与体助动词 bašla-"（原意为）'开始'"、tur-"（原意为）'站，起'"结合，构成维吾尔语的起始体。如：yaz**ǧili bašla-/ tur-**"开始写"，käl**gili bašla-/ tur-**"开始来"，oqu**ǧili bašla-/ tur-**"开始读"等。

G. 目的副词化语缀-ǧili/-qili/-gili/-kili 与进行体语缀-⁰wat-的结合，构成维吾尔语的欲动体。如：yaz-"写"+-ǧili + -⁰wat-= yaz**ǧiliwat-**"准备要写"，kör-"看见" + -gili + -⁰wat = kör**giliwat-**"准备要看"等。

4. -Gičä/-Gičilik 界线副词化语缀

由界线副词化-Gičä-ǧičä/-qičä/-gičä/-kičä//-ǧičilik/-qičilik

/-gičilik/-kičilik 构成的短语有以下的功能：

A. 该副词化结构所指事件发生的时间也就是主句动词所表达的动作产生或延续的时间界线。如：

（200）　Biz　　saät　toš-**qičä**/-**qičilik**　qayt-ip
　　　　　我们　时钟　满 ADVL　　　　　回 ADVL

　　　　　käl-duq.
　　　　　来 PST1pl

　　　　　"我们到点以前回来了。"

B. 由于该副词化结构可表示动作过程，因此它可以在时间上修饰另一个动作的发生。如：

（201）　Bar-**ğičä**/-**ğičilik**　poyiz-da　　ber-ip，
　　　　　去 ADVL　　　　　　火车 LOC　　去 ADVL

　　　　　käl-**gičä**/-**gičilik**　ayropilan-da　käl-duq.
　　　　　来 ADVL　　　　　　飞机 LOC　　来 PST1pl

　　　　　"我们去时坐火车去，来时坐飞机回来了。"

C. 在两件事的比较并取舍选择中，表示被放弃的那个动作。如：

（202）　Bikar　oltur-**ğičä**/-**ğičilik**　u-niŋ-ğa
　　　　　闲　　坐 ADVL　　　　　　她 GEN-DAT

　　　　　yardämliš-äyli.
　　　　　帮忙 DES1pl

　　　　　"与其我们闲坐还不如去帮她呢。"

D. 以否定形式出现在另一个否定动词结构之前，表示在前一个事件出现之前后一个事件不可能出现。如：

（203）　Iqtisadiy　mäsilä　　häl bol-mi-**ğičä**
　　　　　经济　　　问题　　解决 NEG-ADVL

　　　　　bašqa　　mäsili-lär　häl bol-ma-ydu.
　　　　　其他　　问题 PL　　解决 NEG-3NPST

　　　　　"经济问题不解决，其他问题就不能得到解决。"

5. -Gač 趁机副词化语缀

维吾尔语的副词化语缀-Gač（-ğač/-qač/-gäč/-käč）构成的短语主要表示在做某一件事的同时趁机顺便做另一件事。因此我们称它为趁机副词化语缀。如：

（204）　Sirt-qa　　čiq-si-ŋiz　　　äxlät-ni
　　　　　外 DAT　　出 COND-2sg　垃圾 ACC

al-**ğač**　čiq-iŋ.

拿 ADVL　出 IMP2sg

"如果出门，顺便把垃圾带出去吧。"

6. -GačKA 原因副词化语缀

原因副词化语缀-GačKA（-ğačqa/-qačqa/-gäčkä/-käčkä）是上述语缀-Gač（-ğač/-qač/-gäč/-käč）与向格语缀变体-qa/-kä 结合而成，主要表示某一动作或状况发生的原因。如：

（205）U　bir näččä　til　**bil-gäčkä**，

他　好几个　语言　知道 ADVL

asan-la　xizmät　tep-iwal-di.

容易 PART　工作　找到 SELF-3PST

"因为他懂得好几种语言，很容易找到了工作。"

在有些场合，特别是在诗歌里，-GačKA 压缩成-Gač，但表示原因的意义不会改变。如：

（206）Siz-gä　išän-**gäč**，　bu　gäp-ni

您 DAT　相信 ADVL　这　话 ACC

dä-wat-imän.

说 CONT-NPST1sg

"因为相信您，我才说这样的话。"

7. -Ganseri 强化副词化语缀

副词化语缀-Ganseri（-ğanseri/-qanseri/-gänseri/-känseri）构成的短语表示动作和状态程度的强化，从而对后面的另一个动作的出现起一个推动作用。如：

（207）a.　Kiši-lär　beyi-**ğanseri**　äqilliq　bol-up

人 PL　发财 ADVL　聪明　成为 ADVL

kät-ti.

INTNS-3PST

"人们越富裕变得越聪明起来。"

b.　Adäm　degän　bilim-i　aš-**qanseri**

人　PART　知识 3POS　增多 ADVL

kämtärliš-idi-kän.

变谦虚 NPST-EVID

"人是知识越多越谦虚。"

六 动词时态的表达

时态语缀是一个定式句的标志。如果说一个时态语缀构成了自己的时态短语，那么这个时态短语用恰当的语调说出来就是一个句子。（当然，在书面语里语调是无法显示的，只能靠标点符号。）因此，时态短语其实就是句子。在印欧语言传统语法研究中时态范畴一般指的是包括动词的体、时、人称、语气等在内的综合性范畴。但必须看到，这种提法也是逼出来的，是因为在屈折型的印欧语言里体、时、人称、语气等相互渗透、无法相互分解的缘故。

相比之下，属黏着型的维吾尔语里体独立于时和人称，这一点我们在本书的有关部分已讲清楚。所以我们的时态范畴有必要也完全可以把体范畴排除在外。因此在本书的描写中，我们只把时、人称和语气三者归入时态范畴内。不过根据维吾尔语的传统研究，我们把时和人称放在时态范畴里一起讨论，而把语气（式）成分放到下一节讨论。这也是为了描写的方便。

（一）时语缀

虽然在实际时空概念中有过去、现在和将来三个时间范畴，但它们不一定在每个语言中都会有如实的反映。因为语言遵循经济原则，可以用最简单的手段表达较复杂的一些逻辑概念。维吾尔语也一样，在过去、现在和将来三个时间范畴的表达上，只用过去时和非过去时两种语缀，而非过去时根据上下文的不同表示现在时或将来时。因此，在我们的描写里非过去时和现在—将来时是同一个概念。维吾尔语的过去时语缀是-Di（-di/-ti），非过去时语缀是-i/-y，可用表 5-20 表示：

表 5-20

序号	时名称	语缀	例词
1	过去时	-Di（-di/-ti）	oqudim "我读了"，kördiŋ "你看了"，yazdi "他/她/们写了"
2	非过去时	-i/-y	oquymän "我读，我要读"，körisän "你看，你要看"，yazidu "他/她/们写，他/她/们要写"

表 5-20 里的内容在哈萨克斯坦维吾尔语（参见 Ruslan，2006：320—322）和中国维吾尔语里基本一致。不过在作者 Ruslan 的归纳中，由于体、语气等被看成是时态不可分割的一部分，哈萨克斯坦维吾尔语的时范畴内容被描写得更复杂些。

时间概念都是以说话者说话的时间为标准，在那以前发生的事属于过去，在说话的时候正在发生的事属于现在，而将要发生的事属于将来。由于维吾尔语使用的是过去时和非过去是两种时间体系，正如以上表格中的例词所示，过去时语缀-Di（-di/-ti）用于过去已经发生的动作或状况，而非过去时语缀-i/-y 用于现在和将来发生的动作或状况。

（二）人称语缀

我们在以上讲到从属语缀时提到，从属语缀和领属者之间在人称和数上必须一致。那么，这个一致关系规则照样适用于时态人称语缀，即一个句子末尾的人称语缀必须跟其主语的人称和数一致。这是一个大规则。除了这个规则以外，时态人称语缀还有根据时和语气（式）的不同而有不同表现。

1. 过去时人称语缀

正如以上所述，维吾尔语里有过去时和非过去时（现在-将来时）两种时间的表达形式。而人称语缀与之相适应的也有两种。下面看看过去时语缀-Di（-di/-ti）末尾出现的人称语缀：

表 5-21

句子主语			相应的人称语缀	例　词
第一人称	单数 män "我"		-m	oqudim "我读了", kördim "我看了"
	复数 biz "我们"		-duq	oquduq "我们读了", körduq "我们看了"
第二人称	一般	单数 sän "你"	-ŋ	oqudiŋ "你读了", kördiŋ "你看了"
		复数 silär "你们"	-ŋlar/-ŋlär	oqudiŋlar "你们读了", kördiŋlär "你们看了"
	尊称	单数 siz "您"	-ŋiz	oqudiŋiz "您读了", kördiŋiz "您看了"
		复数 sizlär "您们"	-ŋizlar/-ŋizlär	oqudiŋizlar "您们读了", kördiŋizlär "您们看了"
第三人称	单数 u "他/她/它" 以及任何单数名词		-∅	oqudi "他/她/读了", kördi "他/她/看了"
	复数 ular "他/她/它们" 以及任何复数名词		-∅	oqudi "他/她/们读了", kördi "他/她/们看了"

表 5-21 里的内容在哈萨克斯坦维吾尔语（参见 Ruslan，2006：291—292）和中国维吾尔语里完全一致。

该表格有三点需要说明：（1）第一人称复数语缀-duq 是过去时成分-Di 与古代维吾尔语第一人称复数过去时成分-q/-iq/-uq/-ük 的固化体，一般不拆开用。（2）在任何语言里具体说出的任何一个名词都属于第三人称。维吾尔语也不例外。（3）第三人称单复数是用零形式表达的。这是经济原则的体现。

2. 非过去时人称语缀

维吾尔语里的非过去时（现在-将来时）成分-i/-y 是由未完副词化语缀 -a/-ä/-y 演变而形成的。在它后面出现的人称语缀表示如下：

表 5-22

<table>
<tr><th colspan="3">句子主语</th><th>相应的
人称语缀</th><th>例　词</th></tr>
<tr><td rowspan="2">第一
人称</td><td colspan="2">单数 män "我"</td><td>-män</td><td>oquymän "我读，我要读"，körimän "我看，我要看"</td></tr>
<tr><td colspan="2">复数 biz "我们"</td><td>-miz</td><td>oquymiz "我们读，我们要读"，körimiz "我们看，我们要看"</td></tr>
<tr><td rowspan="4">第二
人称</td><td rowspan="2">一般</td><td>单数 sän
"你"</td><td>-sän</td><td>oquysän "你读，你要读"，körisän "你看，你要看"</td></tr>
<tr><td>复数 silär
"你们"</td><td>-silär</td><td>oquysilär "你们读，你们要读"，körisilär "你们看，你们要看"</td></tr>
<tr><td rowspan="2">尊称</td><td>单数 siz
"您"</td><td>-siz</td><td>oquysiz "您读，您要读"，körisiz "您看，您要看"</td></tr>
<tr><td>复数 sizlär
"您们"</td><td>-sizlär</td><td>oquysizlär "您们读，您们要读"，körisizlär "您们看，您们要看"</td></tr>
<tr><td rowspan="2">第三
人称</td><td colspan="2">单数 u "他/她
/它"以及任何单数名词</td><td>-（du）∅</td><td>oquydu "他/她读，他/她要读"，köridu "他/她看，他/她要看"</td></tr>
<tr><td colspan="2">复数 ular "他/她/它们"
以及任何复数名词</td><td>-（du）∅</td><td>oquydu "他/她们读，他/她们要读"，köridu "他/她们看，他/她们要看"</td></tr>
</table>

在表 5-22 里需要说明的是，第三人称单复数人称语缀的定义问题。现代维吾尔语里对第三人称单复数所用的非过去时形式是-idu/-ydu。其中-i/-y 是由未完副词化语缀-a/-ä/-y 演变来的成分，在其他人称表达里扮演非过去时成分。而后面的-du 是由古代维吾尔语的判断系词-dur/-tur<turur "是" 的压缩形式。从和田方言留下的痕迹看，这个成分经过进一步压缩，演变为-t 或-tu，而且它不但用于第三人称，也用于第一、二人称。如 baritmän<bar-a **turur**män "我去，我要去"、baritsän<bar-a **turur**sän "你去，你要去"、baritu<bar-a **turur** "他/她/们去，他/她/们要去"。这就是说，现代维吾尔语非过去时第三人称单复数其实就是用零形式表达的，也是经济原则的应用。由于在现代维吾尔书面语里-du 只用于第三人称，与第一、二人称的-män 和-sän 形成对立，有的学者误认为它是第三人称语缀。我们在表 5-22 里把-du 放在括号里，而把人称成分描写为∅（零）体现了历史演变的真面貌。

这套非过去时人称语缀还用于由语缀-GAy（-ğay/-qay/-gäy/-käy）构成的愿望语气末尾。如 Xuda, özäŋ saqliğays**än**！"愿上帝保佑！"，Išlirimiz oŋušluq bolǧay!"但愿一切顺利!"等。

3. 条件—假设语气人称语缀

维吾尔语里条件—假设语气由语缀-sa/-sä（-si）表达。条件—假设语气也要求相应人称语缀的出现。表 5-23 显示了条件—假设语气与人称语缀的搭配情况：

表 5-23

	句子主语		相应的人称语缀	例 词
第一人称	单数 män "我"		-m	oqusam "如果我读"，körsäm "如果我看"
	复数 biz "我们"		-q/-k	oqusaq "如果我们读"，körsäk "如果我们看"
第二人称	一般	单数 sän "你"	-ŋ	oqusaŋ "如果你读"，körsäŋ "如果你看"
		复数 silär "你们"	-ŋlar/-ŋlär	oqusaŋlar "如果你们读"，körsäŋlär "如果你们看"
	尊称	单数 siz "您"	-ŋiz	oqusiŋiz "如果您读"，körsiŋiz "如果您看"
		复数 sizlär "您们"	-ŋizlar/-ŋizlär	oqusiŋizlar "如果您们读"，körsiŋizlär "如果您们看"
第三人称	单数 u "他/她/它"以及任何单数名词		-∅	oqusa "如果他/她读"，körsä "如果他/她看"
	复数 ular "他/她/它们"以及任何复数名词		-∅	oqusa "如果他/她们读"，körsä "如果他/她们看"

这里的条件—假设语气人称语缀基本与过去时人称语缀相似。因此不用太多的解释。

4. 祈使语气里表达的人称

在维吾尔语祈使语气里表达的人称有的是专门的人称语缀，有的不是人称语缀，而是专门用于某一人称的祈使语气成分。也就是说在这祈使语气里我们将看到的是人称的混合性表达。请看表 5-24：

表 5-24

	句子主语		相应人称的表达	例 词
第一人称	单数 män "我"		-y/-ay/-äy	oquy "让我读"，köräy "让我看"
	复数 biz "我们"		-yli/-ayli/-äyli	oquyli "让我们读"，köräyli "让我们看"
第二人称	一般	单数 sän "你"	-∅, -Gin（-ǧin/-qin/-gin/-kin）	oqu "（你）读"，kör "（你）看" 或 oquǧin "（你）读"，körgin "（你）看"
		复数 silär "你们"	-ŋlar/-ŋlär -iŋlar/-iŋlär -uŋlar/-üŋlär	oquŋlar "你们读吧"，körüŋlär "你们看吧"

句子主语		相应人称的表达	例　词
第二人称	尊称 单数 siz "您"	-ŋ/-iŋ/-uŋ/-üŋ	oquŋ "您读吧"，körüŋ "您看吧"
	复数 sizlär "您们"	-ŋizlar/-ŋizlär	oquŋizlar "您们读吧"，körüŋizlär "您们看吧"
第三人称	单数 u "他/她/它" 以及任何单数名词	-sun	oqusun "让他/她读"，körsun "让他/她看"
	复数 ular "他/她/它们" 以及任何复数名词	-sun	oqusun "让他/她们读"，körsun "让他/她们看"

在以上的祈使语气里表达的人称成分中只有第二人称一般复数和尊称单复数的语缀是真正的人称成分，而其他各人称的语缀可以说是专门用于该人称祈使语气的成分，词源上并不属于人称范畴。需要注意的另一点是，通常第三人称是用零形式表达的，但在祈使语气里动词末尾如果没有人称标志就自然而然地表示对第二人称的命令。这是一个普遍现象。由于这一规律，维吾尔语的零人称祈使语气自然表达了对第二人称一般单数的命令。当然，维吾尔语里也有表示第二人称一般单数命令语气的语缀 -Gin（-ğin/-qin/gin/-kin）。相比之下，表达对第三人称的祈使语气时不得不借助于语缀 -sun。

七　动词语气的表达

正如以上所述，语气是一个定式句的重要标志。但它并不是界线清楚的一系列语缀，而是基于时和人称成分、语气助词以及一些特殊成分之上的、需要特定语调的复杂体系。不过我们还是利用维吾尔语属黏着型的便利条件，把语气助词、时、人称等成分分开来介绍。维吾尔语的句子的语气大体上分为陈述语气、疑问语气、条件—假设语气、祈使语气、愿望语气等。而每一个语气内部还可以分出好几个小类。为了描写的方便，我们就按以上的语气分类来展开讨论。

（一）陈述语气成分

陈述语气是人们用来给对方传达信息时使用的语气。因此它的使用率最高。陈述语气一般用降调。陈述语气根据说话者在叙述某一事件时顺便附加的伴随信息的不同，内部还可分为直接陈述语气（简称直陈语气）、间接陈述语气（简称间陈语气）、转述语气、猜测语气、目的陈述语气、顾虑陈述语气、无定陈述语气等。下面让我们一一讨论。

1. 直陈语气

维吾尔语的直陈语气表示说话人对所叙述的事件或状况有直接的了解。因此陈述时不需要任何附加的成分。也就是说，直陈语气是最基本的，无标记的，只要我们把相应的时语缀和人称语缀缀加在一个动词短语末尾就可以形成。由于时语缀包括以-Di（-di/-ti）为语音形式的过去时语缀和以-i/-y 为语音形式的非过去时语缀，同时人称语缀与之相适应的也有两套，我们不妨把直陈语气分为过去时和非过去时两种介绍。请看表 5-25：

表 5-25

人称			过去时直陈语气		非过去时直陈语气	
			时和人称	例词	时和人称	例词
第一人称	单数		-dim	oqudim "我读了"，išči idim "我曾经是工人"	-ymän /-imän, -durmän	oquymän "我读，我要读"，iščidurmän "我是工人"
	复数		-duq	oquduq "我们读了"，išči iduq "我们曾经是工人"	-ymiz /-imiz, -durmiz	oquymiz "我们读，我们要读"，iščidur-miz "我们是工人"
第二人称	一般	单数	-diŋ	oqudiŋ "你读了"，išči idiŋ "你曾经是工人"	-ysän /-isän, -dursän	oquysän "你读，你要读"，iščidursän "你是工人"
		复数	-diŋlar /-diŋlär	oqudiŋlar "你们读了"，išči idiŋlar "你们曾经是工人"	-ysilär /-isilär, -dursilär	oquysilär "你们读，你们要读"，iščidur-silär "你们是工人"
	尊称	单数	-diŋiz	oqudiŋiz "您读了"，išči idiŋiz "您曾经是工人"	-ysiz/ -isiz, -dursiz	oquysiz "您读，您要读"，išči-dursiz "您是工人"
		复数	-diŋiz-lar/-di-ŋizlär	oqudiŋizlar "您们读了"，išči idiŋizlär "您们曾经是工人"	-ysizlär /-isizlär, -dursiz-lär	oquysizlär "您们读，您们要读"，iščidursiz-lär "您们是工人"
第三人称	单数		-di/-ti	oqudi "他/她/读了"，išči idi "他/她曾经是工人"	-ydu/ -idu, -dur	oquydu "他/她读，他/她要读"，iščidur "他/她是工人"
	复数		-di/-ti	oqudi "他/她/们读了"，išči idi "他/她们曾经是工人"	-ydu/ -idu, -dur	oquydu "他/她们读，他/她们要读"，išči-dur "他/她们是工人"

这里必须说明的是：A. 虽然为了描写的方便我们把语气语缀与 oqu-"读"、i-"是"等单独动词词干结合的形式作为例词列举出来，但实际上所有的语气成分属于整个句子。也就是说，从句法层次角度讲，这些语气成分是等前面的动词先与相应的主语、宾语、状语、表语等结合成一个完整的动词短语之后才与这些动词词干合并成一个语气短语，即句子。我们可

以用方括号表示它们的界限如下：

（208）　**[[Tursun　　roman　　oqu-]-ydu/-di]**.
　　　　　吐尔逊　　　小说　　读 3NPST/PST
　　　　　"吐尔逊读小说/读了小说。"

（209）　**[[Biz　yeŋi　iščidur]-miz]//išči-i]duq]**.
　　　　　我们　　新　　工人 NPST/PST1pl
　　　　　"我们是/曾经是新工人。"

B. 语气语缀缀接在最后一个动词词干末尾一方面体现了维吾尔语的黏着型特性，另一方面表明它所结合的动词就是整个动词短语的中心词。这一规则适用于任何一个动词短语结构。如我们在前面介绍了一个静词加一个轻动词构成的复合动词，如 häl bol- "解决"、azad qil- "解放"、häyran qal- "感到惊讶"、yaxši kör- "喜欢" 等；也介绍了一个主动词或实义动词以副词化的形式与一个体助动词结合而形成的复杂的主动词—体助动词（即体短语）结构，如 oqup bol- "读完"（oqu-之后出现了完成体助动词 bol-。这里读者可以发现每一结构中起连接作用的副词化形式的参与）、oqup qoy- "预先读"（oqu-之后出现了先动体助动词 qoy-）、oquğiliwat- "准备读"（oqu-之后出现了欲动体成分-ğiliwat-）、körüwal- "趁机看一下"（kör-之后出现了利己体助动词 al-）、körüwär- "继续看下去"（kör-之后出现了无阻体成分 üwär-）等。有时由于体的重叠，这种结构会更复杂，如 oqup bolğiliwat- "准备读完"（oqu-之后出现了完成体助动词 bol-和欲动体成分-ğiliwat-）、oqup qoyup tur- "一直在预先读"（oqu-之后出现了先动体助动词 qoy-和重复体助动词 tur-）。不管它们多么复杂，我们的语气语缀也照样缀接在这些复合结构的最后一个成员末尾。如：

（210）　**[[Tursun　roman　oqu-p tur-]-idu/-di]**.
　　　　　吐尔逊　　小说　　读 ADVL-ITR-3NPST/PST
　　　　　"吐尔逊一直在读小说/不间断地读了小说。"

（211）　**[[Biz　u　roman-ni　oqu-ğiliwat-]-imiz/-at-tuq]**.
　　　　　我们　那　小说 ACC　读 INT-NPST/CONT-PST1pl
　　　　　"我们准备要读那本小说/当时正准备读那本小说呢。"

　按照我们以上的定义来讲，在类似结构里体助动词是整个短语的中心词。因此，语气语缀缀接在它们的后面。在体重叠的结构中，往往会出现语音压缩现象，以至于难以辨认原来的结构。如 oquwatatti<oqup yata turur idi "当时正在不断地读"（oqu-之后出现了持续体助动词 yat-和重复体助动词 tur-）。C. 这些语气语缀也照样出现在一个系动词末尾。当然，有些系动词在使用过程中越来越专门化，使用范围缩小了。如系动词 i-

"是"要么只能用于过去时，如 Män oquğuči **idim** "我曾经是一个学生"、Sän išči **idiŋ** "你曾经是一个工人"；要么以 ikän 的形式充当间陈语气系动词或以 imiš 的形式充当转述语气系动词。至于非过去时系动词-dur/-tur "是"来讲，虽然我们在以上的表格中没有把它省略，但因经济的原则，它在实际语言中使用的频率越来越低，但不能说完全消失。因过去时系词 idi 任何时候都不能省略，那么在相互衬托之下，如果一个表语后面少了一个系动词，那么人们自然而然地把它理解为非过去时系动词-dur/-tur 留下的空缺。实际上也是如此。如果需要，我们可以把它填上去。如：

（212）a.　Män　　oquğuči（**-dur**-män）/（-män）.
　　　　　　我　　　学生（是-1sg）（1sg）
　　　　　　"我是学生。"

　　　　b.　Sän　išči（**-dur**-sän）/（-sän）.
　　　　　　你　工人（是-2sg）（2sg）
　　　　　　"你是工人。"

　　　　c.　U　　doxtur（**-dur**）.
　　　　　　他　医生（是）
　　　　　　"他是医生。"

这些例子说明，非过去时系动词-dur/-tur 可以省略。而它后面的第一、二人称语缀在没有-dur/-tur 的情况下可以省略也可以出现。但有-dur/-tur 出现的情况下第一、二人称语缀不能省略。

其他系动词与语气语缀的结合是比较规范的。如：

（213）　U-niŋ　　eğirliq-i　　　100 kilo　　čiq-/-**idu**/-**ti**.
　　　　　它 GEN　重量 3POS　100 公斤　出 NPST/PST
　　　　　"它的重量可能有/结果为 100 公斤。"

（214）　Män　mäktäp-ni　　püt-tür-üp
　　　　　我　　学校 ACC　完成 CAUS-ADVL
　　　　　muällim　bol-**imän**/-**dim**.
　　　　　老师　　　成为 NPST/PST1sg
　　　　　"我毕业以后要当/当了老师。"

以上的几条规则也适用于下面要讲的其他语气成分的应用，因此这里做了总的介绍。

2. 间陈语气

间陈语气分为过去时和非过去时两种。请看表 5-26：

表 5-26

人称			过去时间陈语气		非过去时间陈语气	
			时和人称	例词	时和人称	例词
第一人称	单数		-ᵒptimän, ikänduq-män	oquptimän "原来我读了", išči ikänduqmän "原来（那时）我还是个工人"	-y/-idi-kän-män, ikän-män	oquydikän-män "原来我要读", išči ikänmän "看来我还是个工人"
	复数		-ᵒptimiz, ikänduq-miz	oquptimiz "原来我们读了", išči ikän-duqmiz "原来（那时）我们还是工人"	-y/-idi-känmiz, ikän-miz	oquydikän-miz "原来我们要读", išči ikänmiz "看来我们是工人"
第二人称	一般	单数	-ᵒpsän, ikän（duq-）sän	oqupsän "原来你读了", išči ikänduq-sän "原来（那时）你还是个工人"	-y/-idi-känsän, ikän-sän	oquydikän-sän "原来你要读", išči ikänsän "看来你是个工人"
		复数	-ᵒpsilär, ikän（duq-）silär	oqupsilär "原来你们读了", išči ikän-duqsilär "原来（那时）你们还是工人"	-y/-idi-känsi-lär, ikän-silär	oquydikän-silär "原来你们要读", išči ikänsilär "看来你们是工人"
	尊称	单数	-ᵒpsiz, ikän（duq-）siz	oqupsiz "原来您读了", išči ikänduqsiz "原来（那时）您还是个工人"	-y/-idi-känsiz, ikänsiz	oquydikän-siz "原来你要读", išči ikänsiz "看来您是个工人"
		复数	-ᵒpsizlär, ikän（duq-）sizlär	oqupsizlär "原来您们读了", išči ikän-duqsizlär "原来（那时）您们还是工人"	-y/-idi-känsiz-lär, ikän-sizlär	oquydikän-sizlär "原来您们要读", išči ikänsizlär "看来您们是工人"
第三人称	单数		-ᵒptu, ikänduq	oquptu "原来他/她/读了", išči ikänduq "看来他/她（那时）还是个工人"	-y/-idi-kän, ikän	oquydikän "原来他/她/要读", išči ikän "看来他/她是个工人"
	复数		-ᵒptu, ikänduq	oquptu "原来他/她们读了", išči ikänduq "看来他/她们（那时）还是工人"	-y/-idi-kän, ikän	oquydikän "原来他/她/们要读", išči ikän "看来他/她们是工人"

从以上表格中我们可以看出，过去时间陈语气在动词词干末尾缀接语缀-ᵒptu（<-ᵒp tur <-ᵒp turur）再加相应非过去时人称语缀或者在系动词 ikän 末尾先加 duq 再加相应非过去时人称语缀来构成；而非过去时间陈语气在动词词干末尾缀接语缀-y/-idikän 再加相应非过去时人称语缀，或者在系动

词 ikän 末尾加相应非过去时人称语缀来构成。可见，在一般动词做谓语的句子中副词化语缀-°p 加系动词-dur/-tur（<turur）结构逐步演变为过去时间陈语气-°ptu。在实际言语中由于元音的弱化，-°ptu 在第一人称里表现为-°pti，而用于第二人称时末尾的-tu 完全脱落。在表语加系动词 i-做谓语的句子中-kän 是间陈语气的重要标志。严格说来，-kän 是形容词化语缀-Gan（-ğan/-qan/-gän/-kän）的形态变体之一。但在长期使用过程中已变为专门用于间陈语气的语缀。不过因为形容词化语缀-kän 本身就带有完成体意义，它在实际言语中既可用于过去时又可用于非过去时。维吾尔语的间陈语气表示说话人对所叙述的事件或状况的了解不是直接的，而是通过某种渠道或凭某种事实而有了间接了解。如：

（215） a. <u>Biz</u>　　<u>bar-sa-q</u>　　　<u>u-lar</u>　　<u>yoq</u>　　**ikän**.
　　　　　 我们　　去COND-1pl　　他 PL　　没有　　是 MOOD
　　　　　 "我们去时发现他们不在家。"

　　　 b. <u>Sori-di-m</u>，　　　　<u>u-mu</u>　　<u>bil-mä-**ydikän**</u>.
　　　　　 问 PST-1sg　　　　他 PART　　知道 NEG-MOOD
　　　　　 "我问了，原来他也不知道。"

　　　 c. <u>Qariğanda</u>　　<u>bali-niŋ</u>　　<u>uyqu-si</u>　　<u>ke(l-**i)ptu**</u>.
　　　　　 看来　　　　孩子 GEN　　睡意 3POS　　来 MOOD
　　　　　 "看来孩子想睡觉了。"

　　由于间陈语气用于间接得来的消息的传达，它在童话故事里出现得频率最高。如：

（216）　<u>Burunqi</u>　<u>zaman-da</u>　<u>bir</u>　<u>padiša</u>　<u>bar</u>
　　　　　古代的　　时间 LOC　一　国王　有
　　　　　ikän（**duq**）. <u>U-niŋ</u>　<u>üč</u>　<u>oğl-i</u>　　　<u>bar</u>
　　　　　是 MOOD　　他 GEN　三　儿子 3POS
　　　　　ikän（**duq**）. <u>bir</u>　<u>kün-i</u>　　<u>u</u>　<u>oğul-lir-i</u>
　　　　　是 MOOD　　一　天 3POS　他　儿子 PL-3POS
　　　　　<u>bilän</u>　<u>ow-ğa</u>　　<u>čiq-**iptu**</u>. …
　　　　　一起　　打猎 DAT　出 MOOD
　　　　　"很久以前有个国王。他有三个儿子。有一天他和儿子们一起出去打猎……"

3. 转述语气

转述语气分为过去时和非过去时两种。请看表 5-27：

表5-27

人称			过去时转述语气		非过去时转述语气	
			时和人称	例词	时和人称	例词
第一人称		单数	-°ptudäk-män/-°ptu-mišmän, ikänmiš-män	oquptudäk-män/oquptu-mišmän "据说我读了", isči ikänmiš-män "据说（那时）我还是个工人"	-GUdäk-män/-Ar-mišmän/-y/-imiš-män, imišmän	oquğudäk-män/oqurmiš-män/-šmän "据说我要读", isči imišmän "据说我是个工人"
		复数	-°ptudäk-miz/-°ptu-mišmiz, ikänmiš-miz	oquptudäk-miz/oquptu-mišmiz "据说我们读了", isči ikän-mišmiz "据说（那时）我们还是工人"	-GUdäk-miz/-Ar-mišmiz/-y/-imiš-miz, imišmiz	oquğudäk-miz/oqurmiš-miz/oquymiš-miz "据说我们要读", isči imišmiz "据说我们是个工人"
第二人称	一般	单数	-°ptu-däk-sän/-°ptu-miš-sän, ikän-miš-sän	oquptudäk-sän/oquptu-mišsän "据说你读了", isči ikänmiš-sän "据说（那时）你还是个工人"	-GUdäk-sän/-Ar-mišsän/-y/-imišsän, imišsän	oquğudäk sän/oqurmiš-sän/oquymiš-sän "据说你要读", isči imišsän "据说你是个工人"
		复数	-°ptu-däk-silär/-°ptu-mišsi-lär, ikän-miš-silär	oquptudäk-silär/oquptu-mišsilär "据说你们读了", isči ikänmišlär "据说（那时）你们还是工人"	-GUdäk-silär/-Ar-mišsilär/-y/-imiš si-lär, imišsi-lär	oquğudäksi-lär/oqurmiš-silär/oquy-mišsilär "据说你们要读", isči imišsilär "据说你们是个工人"
	尊称	单数	-°ptu-däk-siz/-°ptu-miš-siz, ikän-miš-siz	oquptudäk-siz/oquptu-mišsiz "据说您读了", isči ikänmišsiz "据说（那时）您还是个工人"	-GUdäk-siz/-Ar-mišsiz/-y/-imišsiz, imišsiz	oquğudäksiz/oqurmišsiz/oquymišsiz "据说您要读", isči imišsiz "据说您是个工人"
		复数	-°ptu-däk-sizlär/-°ptu-miš-sizlär, ikän-miš-sizlär	oquptudäk-sizlär/oqup-tumišsizlär "据说您们读了", isči ikänmiššizlär "据说（那时）您们还是工人"	-GUdäk-sizlär/-Armiššizlär/-y/-imiššiz-lär, imiš-sizlär	oquğudäksiz-lär/oqurmiš-sizlär/oquy-mišsizlär "据说您们要读", isči imiššizlär "据说您们是工人"
第三人称		单数	-°ptudäk/-°ptumiš, ikänmiš	oquptudäk/oquptumiš "据说他/她/读了", isči ikän-miš "据说他/她（那时）还是个工人"	-GUdäk/-Armiš-sizlär/-y/-imiš, imiš	oquğudäk/oqurmiš/oquymiš "据说他/她/要读", isči imiš "据说他/她是个工人"
		复数	-°ptudäk/-°ptumiš, ikänmiš	oquptudäk/oquptumiš "据说他/她/们读了", isči känmiš "据说他/她们（那时）还是个工人"	-GUdäk/-Armiš-sizlär/-y/-imiš, imiš	oquğudäk/oqurmiš/oquymiš "据说他/她/们要读", isči imiš "据说他/她们是个工人"

从表 5-27 中可以看出，转述语气的主要标志是语缀-däk 和-miš。-däk
缀接在由-⁰ptu 构成的间陈语气末尾构成了过去时转述语气；缀接在由带有
将来必然体意义的名词化成分-GU（-ǧu/-qu/-gü/-kü）构成的短语末尾构成
了非过去时转述语气。而-miš 出现在-⁰ptu 末尾或系动词 ikän 末尾构成了过去
时转述语气，还出现在-Ar 形容词化结构末尾、-A 副词化结构末尾或系
动词 i-末尾构成了非过去时转述语气。这些形式在意义上都有一个共同点，
那就是当一个人使用这些转述语气结构中的任何一个时强调自己所叙述的事
件或状况是从别人那里听来的。不过在相互间也有些细微的差别。比如使用
由-miš 构成的转述语气时，往往表示说话人不相信、讽刺等附加意义。如：

（217）a. U-lar   ätä   käl-**güdäk**.   U-lar
        他 PL   明天   来 MOOD   他 PL
        "听说他们明天来。"

    b. Tursun   bir   roman   yez-**iptumiš**.
        吐尔逊   一   小说   写 MOOD
        "据说吐尔逊写了一本小说。"（有不相信之意）

    c. U   öz-i-čä   hečkim-ni
        他   自己 3POS-EQUI   没有人 ACC
        yarat-ma-**ymiš**.
        看得起 NEG-MOOD
        "据说他谁也看不起。"（有讽刺之意）

4. 猜测语气

维吾尔语的猜测语气可分为主观猜测语气和客观猜测语气两种。主观
猜测语气由系动词 bol-"成为"的愿望语气形式 bolǧay 加过去时系词 idi 的
语音压缩形式 bolǧay idi >bolǧiydi 再加相应的过去时人称语缀来构成。客观
猜测语气由系动词 oxša-"好像，好像是"加相应的非过去时人称语缀来构
成。请看表 5-28：

表 5-28

人称		主观猜测语气		客观猜测语气	
第一人称	单数	bolǧiydim	yazǧan bolǧiydim "也许我已经写了"，išxanida bolǧiydim "也许（那时）我在办公室呢"	oxšay-män	yazǧan oxša-ymän "好像我写了"，išxanida oxšaymän "好像我在办公室呢"
	复数	bolǧiyduq	yazǧan bolǧiy-duq "也许我们已经写了"，išxanida bolǧiyduq "也许（那时）我们在办公室呢"	oxšay-miz	yazǧan oxša-ymiz "好像我们写了"，išxanida oxšaymiz "好像我们在办公室呢"

续表

人称			主观猜测语气		客观猜测语气	
第二人称	一般	单数	bolǧiy-diŋ	yazǧan bolǧiy-diŋ "也许你已经写了"，išxanida bolǧiydiŋ "也许（那时）你在办公室呢"	oxšay-sän	yazǧan oxša-ysän "好像你写了"，išxani-da oxšaysän "好像你在办公室呢"
		复数	bolǧiydiŋlar	yazǧan bolǧiy-diŋlar "也许你们已经写了"，išxanida bolǧiy-diŋlar "也许（那时）你们在办公室呢"	oxšay-silär	yazǧan oxša-ysilär "好像你们写了"，išxanida oxšaysilär "好像你们在办公室呢"
	尊称	单数	bolǧiy-diŋiz	yazǧan bolǧiy-diŋiz "也许您已经写了"，išxanida bolǧiydiŋiz "也许（那时）您在办公室呢"	oxšay-siz	yazǧan oxša-ysiz "好像您写了"，išxani-da oxšaysiz "好像您在办公室呢"
		复数	bolǧiy-diŋiz-lar	yazǧan bolǧiy-diŋizlar "也许您们已经写了"，išxa-nida bolǧiy-diŋizlar "也许（那时）您们在办公室呢"	oxšay-sizlär	yazǧan oxša-ysizlär "好像您们写了"，išxanida oxšaysizlär "好像您们在办公室呢"
第三人称		单数	bolǧiydi	yazǧan bolǧiy-di "也许他/她已经写了"，išxanida bolǧiydi "也许（那时）他/她在办公室呢"	oxšay-du	yazǧan oxša-ydu "好像他/她写了"，išxa-nida oxšaydu "好像他/她在办公室呢"
		复数	bolǧiydi	yazǧan bolǧiy-di "也许他/她们已经写了"，išxani-da bolǧiydi "也许（那时）他/她们在办公室呢"	oxšay-du	yazǧan oxša-ydu "好像他/她们写了"，išxanida oxšaydu "好像他/她们在办公室呢"

猜测语气也是人们陈述事件状态的一种方式。主观猜测语气表示说话者主要根据自己的记忆或所掌握的情况猜测性地陈述某一件事；客观猜测语气则表示说话者根据某些迹象猜测性地判断某一件事。如：

（218）a.　U-lar　ätä　kel-idi-ǧan　**bolǧiydi**.

　　　　他 PL　明天　来 NPST-ADJL　3MOOD

　　　　"他们明天应该是来的吧。"

　　　d.　Tursun　hazir　išxani-da　**oxša-ydu**.

　　　　吐尔逊　现在　办公室 LOC　好像 3NPST

　　　　"吐尔逊现在好像在办公室呢。"

　　猜测语气作为一种陈述方式，本身不存在时态差别，即对过去发生的或将要发生的事件使用同一种表达形式，因为时间的不同表现在它前面出现的-Gan 形容词化成分本身特有的一般发生体（如-ğan/-qan/-gän/-kän）、未完发生体（如-ydiğan/-idiğan）、持续发生体（如-⁰watqan）等意义上。而主观猜测语气系动词 bolğiydi 加过去时人称成分和客观猜测语气系词 oxša-加非过去时人称成分的形式已经固化和专门化，无法改变。如 bolğiydi 末尾的语气成分-ğiydi 不可用在一般动词末尾，如果用了就不是猜测语气：yazğiydi，oquğiydi 等形式不表示猜测语气，而表达的是一种愿望；oxša-作为客观猜测语气成分不能有 oxšidi、oxšaptu、oxšiğan 等其他形式，只能以非过去时的形式出现。

　　维吾尔语里猜测语气的表达手段较丰富。如条件—假设语气成分-sa/-sä 加情态形容词 keräk "需要" 的形式（如 **barsa keräk** "可能去"）以及与从属人称成分结合的 čağ"时间"与存在形容词 bar"有"结合的形式（如 **barğan čeği bar** "好像去过"）等都可以表示猜测语气。有些词本身就带有猜测语气，如情态形容词 mumkin "可能，可以"、副词 ehtimal "可能" 等。但这些通过特定词汇表达的猜测语气与我们以上所讲的有特定形态标志的猜测语气有所不同。

　　5. 目的陈述语气

　　维吾尔语目的陈述语气的构成比较简单，即在-maq/-mäk 名词化形式加施事名词构成成分-či 而形成的复合语缀-maqči/-mäkči 后面缀接相应的时和人称语缀就可以了。目的陈述语气表示按计划或者打算要进行的某一件事。如：

（219）a.　　Män　ätä　　bar-**maqči**.
　　　　　　　我　　明天　去 GOAL
　　　　　　　"我是要明天去的。"

　　　　b.　　Sän　zadi　nemä　de-**mäkči**?
　　　　　　　你　　到底　什么　说 GOAL
　　　　　　　"你到底想要说什么？"

　　因-maqči/-mäkči 有强烈的将来时含义，在它后面缀接非过去时人称语缀也可以，或缀接过去时语缀-di 再加过去时人称语缀也可以。所不同的是，前者表示做出目的或目标的时间是现在，后者表示相应时间是过去。而上面的例（219）a、b 里-maqči/-mäkči 后面这些成分都没有出现。这应该理解为相应非过去时成分的省略，因为过去时成分是不可省略的。我们在这里介绍的是这一形式直接做谓语的情况。如果它后面再出现 bol-、i-等系动词的其他形式，如-maqči/-mäkči bo（lu）ptu、-maqči/-mäkči bo（lu）ptudäk、

-maqči/-mäkči bolğan ikän、-maqči/-mäkči ikänduq 等形式，情况就会复杂起
来，即目的语气可能被间陈语气、转述语气等所覆盖。

6. 顾虑陈述语气

顾虑陈述语气在动词否定式词干末尾缀接愿望式语缀 -Gay
（-ğay/-qay/-gäy/-käy）再加过去时系动词 idi 和相应的人称语缀而形成。但
由于语音的压缩，否定语缀-ma-/-mä-、愿望式语缀-Gay（-ğay/-qay/-gäy/-käy）
和过去时系动词 idi 成为一体，以 miğidi/-migidi 的形式出现。如 kät-mä-gäy
idi>kätmigidi "怕他/她/们走，别让他/她/们走了"，kečikip qal-ma-ğay
iduq>kečikip qalmiğiduq> "怕我们迟到，别让我们迟到了"。这是个非常有意
思的构成，即用期盼某一件事的不发生或否定结果来表达对它的发生或肯
定结果的忧虑是可以理解的，逻辑上合情合理。顾虑陈述语气表示说话人
对某事发生的忧虑。有时在句末可能会出现表示强化的词 yänä "再，又"。
如：

（220）a. Kečik-ip　　　qal-**miği**-**duq**　　　　yänä，
　　　　　迟到ADVL　　FACT-MOOD-PST1pl　再

　　　　　tez-raq　　　maŋ-ayli.
　　　　　快COMP　　走DES

　　　　　"别再迟到了，快点走吧。"

　　　b. Biz　　　bar-ğičä　　u-lar　　kät-**migi**-**di**.
　　　　　我们　　去ADVL　　他PL　　走MOOD-3PST

　　　　　"别让他们/怕他们在我们到达以前走了。"

7. 无定陈述语气

维吾尔语的无定陈述语气（也被称为或然语气）由语缀-mikin 缀接在
其他陈述语气末尾而形成。-mikin 一般出现在过去时陈述语气末尾。但由
于-mikin 来自古代维吾尔语里的疑问语气助词-mu 和系动词 ärki 的结合体，
当缀接在第二、第三人称的非过去时结构末尾时它又一分为二，而且疑问
语气助词-mu 以-am/-äm 的形式出现，体现了古代维吾尔语时期的用法。如
古代维吾尔语 barar**mu** turur sän **ärki**>barar**mu**dur sän **ärki**>现代维吾尔语
barar**mu**dur sän **ärki**>现代维吾尔语
bara**m**sän**kin** "说不定也许你要去"，古代维吾尔语 barar**mu** turur
ärki>barar**mu**dur **ärki**>现代维吾尔语 bara**m**dikin "说不定也许他/她要去"。
可见这里的历时语音压缩和增音过程。从理论上讲，作为无定陈述语气成
分，-mikin 可出现在任何一种陈述语气末尾，表示说话者对所陈述事件发
生的可能性没有任何把握。为了描写的方便，我们在这里把无定语气语缀
-mikin 与直接陈述语气结构结合的情况介绍如下：

表 5-29

人称			过去时无定语气		非过去时无定语气	
			过去时无定语气成分	例词	非过去时无定语气成分	例词
第一人称	单数		-di/-ti-mikin	oqudim-mikin "可能是我读了吧"	-ymän/-imän-mikin	oquymänmikin "说不定也许我要读"
	复数		-duqmi-kin	oquduq-mikin "可能是我们读了吧"	-ymiz/-imiz-mikin	oquymizmikin "说不定也许我们要读"
第二人称	一般	单数	-di/-tiŋ-mikin	oqudiŋ-mikin "可能是你读了吧"	-am/-äm-sänkin	oqumsänkin "说不定也许你要读"
		复数	-di/-tiŋ-lar//-di/-tiŋlär-mikin	oqudiŋ-larmikin "可能是你们读了吧"	-am/-äm-silärkin	oqumsilärkin "说不定也许你们要读"
	尊称	单数	-di/-ti-ŋizmi-kin	oqudiŋiz-mikin "可能是您读了吧"	-am/-äm-sizkin	oqumsizkin "说不定也许您要读"
		复数	-di/-tiŋ-izlar/-diŋiz-lärmikin	oqudiŋiz-larmikin "可能是您们读了吧"	-am/-äm-sizlärkin	oqumsizlär-kin "说不定也许您们要读"
第三人称	单数		-di/-ti-mikin	oqudimi-kin "可能是他/她)读了吧"	-am/-äm-dikin	oqumdikin "说不定也许他/她要读"
	复数		-di/-ti-mikin	oqudimi-kin "可能是他/她)们读了吧"	-am/-äm-dikin	oqumdikin "说不定也许他/她们要读"

应该说,无定语气成分里的疑问语气助词-mu 的疑问意义被它后面出现的系动词 ärki 的判断意义所冲淡,因此两者的结合体构成了特殊的陈述形式,即无定语气。无定语气不要求听话者做出回答,只是对所陈述的事件或状况增添不确定因素或表示对其发生的可能性缺乏把握。如:

（221）　a.　U-niŋ　　　eğirliq-i　　　100 kilo
　　　　　它 GEN　　重量 3POS　　100 公斤

　　　　　kel-**ämdikin**.

　　　　　有 NPST-MOOD

　　　　　"它的重量也许有 100 公斤吧。"

　　　b.　Män　mäktäp-ni　　püt-tür-üp
　　　　　我　　学校 ACC　　完成 CAUS-ADVL

　　　　　muällim　　　bol-ay-**mikin**.

　　　　　老师　　　　成为 DES-MOOD

　　　　　"我琢磨是否毕业以后就当老师呢。"

（二）疑问语气成分

维吾尔语的疑问语气种类较多，而每一种都有一些特定的语气成分和表达方式。常见的疑问语气有：是非疑问语气、特殊疑问语气、选择疑问语气、附加疑问语气、追问语气、惊异疑问语气等。下面我们就介绍各疑问语气的构成。

1. 是非疑问语气成分

是非疑问也就是给对方提出用"是"或"不是"等做出肯定或否定回答的问题。维吾尔语的是非疑问语气由疑问语气助词-mu（即-mu¹）构成。该助词一般缀接在各种由其他语气结尾的句子末尾，使整个句子变为一般的是非疑问句。是非疑问句处在疑问语气助词-mu 前面的那个音节用升调。如：

（222）a.　　Sän　tapšuruq-ni　išlä-p　　bol-diŋ-**mu**?
　　　　　　　你　作业 ACC　做 ADVL　PERF-PST2sg-Q
　　　　　　　"你的作业做完了没有？"

　　　　b.　　Qal-ğan-lar　　käl-güdäk-**mu**?
　　　　　　　剩下 ADJL-PL　　来 MOOD-Q
　　　　　　　"剩余的人会来吗？"

维吾尔语里有两个语气助词-mu，也就是疑问语气助词-mu（即-mu¹）和表示"也，还"等意义的追加语气助词-mu（即-mu²）。我们这里讲的是前者。

2. 特殊疑问语气成分

特殊疑问语气成分也就是构成特殊疑问句的疑问代词 kim"谁"、nemä"什么"、qaysi"哪一个"、qandaq"怎样"、qačan"什么时候，何时"、qančä 或 näččä"多少"、qeni"在哪里，哪儿呢"、qäyär"哪里"、nä"哪儿"、nemišqa/nemiškä"为什么"等。维吾尔语的特殊疑问句用降调。如：

（223）a.　　Ism-iŋiz　　**nemä**?
　　　　　　　名字 POS2sg　什么
　　　　　　　"您叫什么名字？"

　　　　b.　　Ähwal-iŋiz　　**Qandaq**?
　　　　　　　状况 POS2sg　怎样
　　　　　　　"您好？（字面意义为'状况如何？'）"

由于以上已有各疑问代词的用法及其意义，我们这里就不重复了。

3. 选择疑问语气成分

维吾尔语的选择疑问语气成分就是……-mu yaki …mu？"是……还

是……？"等。这里的-mu 也就是前面介绍过的是非疑问语气成分。可见两个是非疑问句提出两种可选择的问题，而中间的连词 yaki "或者，还是"把两者连起来，构成选择疑问句。在语调上第一个选择疑问句用升调，第二个则用降调。如：

（224）a.　Bügün　kel-ä-**m**-siz　**yaki**　äti-**mu**?
　　　　　今天　　来 NPST-Q-2sg　还是　明天 Q
　　　　　"您今天来还是明天来？"

当然了，我们也可以把两个疑问之间的连词 yaki 省略掉，保持原来的语调。如：

（224）b.　Bügün　kel-ä-**m**-siz,　äti-**mu**?
　　　　　今天　　来 NPST-Q-2sg　明天 Q
　　　　　"您今天来还是明天来？"

4. 附加疑问语气成分

维吾尔语的附加疑问语气成分表现为一个肯定或否定陈述句末尾再加一个 šundaqmu "不是吗" 或 šundaqqu "是这样的吧" 等带疑问助词的指示代词，用于对方的进一步确认，多用于记者采访等活动中。如：

（225）　U-lar　bügün　käl-mä-ydu,　**šundaq-qu**?
　　　　　他 PL　今天　　来 NEG-3NPST　就那样 Q
　　　　　"他们今天不来了，是吧？"

5. 追问语气成分

维吾尔语的追问语气成分也就是追问语气助词-ču。该助词相当于汉语的"呢"，用于静词类之后，表示追问在上下文所关注的问题上该静词类所表达的人或事物的命运或处境如何。如：

（226）　Hämmäylän-gä　bär-di-ŋ,　maŋi-**ču**?
　　　　　每人 DAT　　　　给 PST-2sg　给我 Q
　　　　　"你给他们每人都给了，我呢？"

6. 惊异疑问语气成分

维吾尔语的惊异疑问语气成分就是语气助词-ğu/-qu。该助词出现在句子末尾或某些词的末尾，表示对所叙述的事件或者人或事物感到惊讶或意外并试图进一步证实这一状况。如：

（227）a.　　Sän　yiğin-ğa　käl-mi-diŋ-**ğu**?
　　　　　　　你　　会议 DAT　来 NEG-PST2sg-PART
　　　　　　　"你怎么没有来开会呀？"

　　　　b.　Äxmät　yoq-**qu**?　Nä-gä　kät-ti?
　　　　　　艾合买提　没有 PART　哪儿 DAT　去 PST

　　　　　"艾合买提怎么不在呀？去哪儿了？"

（三）条件—假设语气成分

　　维吾尔语的条件—假设语气成分是语缀-sa/-sä（-si），而在实际语言中根据主语人称的不同在-sa/-sä 的末尾出现相应的人称语缀。我们把语缀-sa/-sä 称为条件—假设语气成分只是一种习惯的说法。实际上除了条件—假设语气外，它还表示衬托—凸显、让步、恳求、遗憾、劝说等多种语气。当然，这么多的语气意义不是-sa/-sä 本身特有的，而是不同的上下文"强加"给它的。比如我们可以假设-sa/-sä 最初是个带有过去时意义的名词化成分（参见 Litip Tohti，1994），但现在这一意义早已不复存在。

　　1. 条件—假设语气

　　应该肯定，语缀-sa/-sä 最重要的功能就是表示条件—假设。也就是说，它出现在从句末尾，为主句中的某一个判断提供一个虚拟的心理空间。条件是，主句谓语必须是非过去时或者未完过去时。非过去时用于现在还没有发生但将来可能发生的某一件事的假设；未完过去时用于过去没有发生但有可能发生的某一件事的假设。如：

（228）a.　Išli-**sä**-ŋ　　　čišlä-y-sän.
　　　　　　干活 COND-2sg　咬 NPST-2sg
　　　　　　"多劳多得（字面意义：'如果你干活，就有东西吃'）。"
　　　　　　（与非过去时的搭配）

　　　　b.　Säl　　baldur　käl-gän　　bol-**si**-ŋiz，
　　　　　　稍微　早　　来 ADJL　　成为 COND-2sg
　　　　　　u-niŋ　　bilän　　körüš-älä-yt-ti-ŋiz.
　　　　　　他 GEN　一起　　见面 ABIL-IMPF-PST-2sg
　　　　　　"本来你再来早一点的话，你就可以跟他见面的。"
　　　　　　（与未完过去时的搭配）

　　2. 衬托—凸显语气

　　在主从复合句中,语缀-sa/-sä 出现在从句末尾,而主句谓语为过去时时,或者主句中提到的事件不是将要发生的事，而是需要仔细考虑的问题时，它就表示一种衬托—凸显语气，突出强调一种事实的存在。如：

（229）a.　Saqli-**sa**-q，　　u-lar　　waqt-i-da
　　　　　　等 COND-1PL　　他 PL　　时间 3POD-LOC
　　　　　　käl-mi-di.
　　　　　　来 NEG-3PST
　　　　　　"我们（等是）等了，（但）他们没有按时来。"（突出与主句里陈述的事件不能相匹配的另一种事实的存在。）

b.　U　　kündüz-i　　mäktäp-tä　oqu-**sa**，
　　　他　白天 3POS　学校 LOC　读 COND

axšim-i　　bir　širkät-tä　　išlä-yt-ti.
晚上 3POS　一　公司 LOC　工作 NPST-3PST

"他白天在学校读书，晚上则在一家公司打工。"

（通过两件事的衬托，突出"他"的勤奋。）

3. 让步语气

维吾尔语的让步语气在条件—假设语气语缀-sa/-sä 末尾缀接追加语气助词-mu（即-mu²）而构成。用于第三人称时，由于两者相加后重音转移，-sa/-sä+mu 表现为-simu。它出现在从句末尾，根据主句谓语时态的不同，可表示：

A. 如果主句谓语动词是非过去时，它表示在从句中退一步假设或提出某种不利因素的情况下，主句所陈述的事件照样会发生。如：

（230）　Čarči-**sa-q-mu**，　　wäzipi-ni　tügit-imiz.
　　　　　累 COND-1pl-PART　任务　　完成 NPST1pl

"不管怎么累，我们也要完成任务。"

B. 如果主句谓语动词是过去时，它表示不管在从句中提出的那些事实如何，主句所陈述的事件照样发生。如：

（231）　Šunčä　gäp　qil-**sa-q-mu**，　　uni-mi-di.
　　　　　那么　话　做 COND-1pl-PART　同意 NEG-3PST

"不管我们怎么劝说，他都没有同意。"

4. 恳求语气

恳求语气在-sa/-sä 加人称语缀的基础上再加系词 ikän 来构成。它们就出现在一个简单句的末尾，表示恳求对方做出某件事。如：

（232）　Maŋa　azraq　yardäm　qil-**si-ŋiz**　　**i-kän**.
　　　　　对我　一点　帮忙　做 COND-2sg　是 ADJL

"给我帮一点忙怎样。"

在类似用法中，句末的系动词 ikän 也可以省略。

5. 心愿语气

心愿语气在-sa/-sä 加人称语缀的基础上再加系动词 idi 来构成。它们出现在一个简单句的末尾，表示说话者强烈的心愿。如：

（233）　Samawar-im　　bol-**sidi**<bol-**sa idi**，
　　　　　茶炉 POS1sg　有 3COND-是 3PST

čay-lar　qayna-p　　tur-**sidi**<tur-**sa idi**.
茶 PL　烧开 ADVL　ITR-3COND-是 3PST

"但愿我有一个茶炉，但愿茶炉中的茶水不停地开着。"（民歌）
在类似用法中，句末的系动词 idi 也可以省略。

6. 遗憾语气

遗憾语气在-sa/-sä 加人称语缀的基础上再加语气助词-ču 来构成。它们出现在一个简单句的末尾，表示说话者对已经失去的某种机会的遗憾。如：

（234）a.　U　　leksiyä-ni　　män-mu　　aŋli-**sa**-**m**-**ču**.
　　　　　　那　讲座 ACC　　我 PART　　听 COND-1sg-PART
　　　　　　"当初那个讲座我也去听该多好。"

　　　　b.　Šu　čaǧ-da　　sän-mu　　bol-**sa**-**ŋ**-**ču**.
　　　　　　那　时间 LOC　你 PART　在 COND-2sg-PART
　　　　　　"那时你在场的话多好。"

7. 劝说语气

劝说语气在-sa/-sä 加人称语缀的基础上再加判断系动词 bolidu "可以"来构成。它们出现在句末，表示说话者给对方以意见建议的形式提出一种义务或必须做的事。如：

（235）Hazir　　därhal　　maŋ-**sa**-**ŋ**　　**bol**-**idu**.
　　　　现在　　立刻　　走 COND-2sg　可以 3NPST
　　　　"你现在应该马上走。"

当然了，这一形式在适当的场合也表示说话人的许可。如：

（236）Meniŋ　　mašina-m-ni　　išlät-**si**-**ŋiz**　　**bol**-**idu**.
　　　　我的　　车 POS1sg-ACC　用 COND-2sg　可以 3NPST
　　　　"你可以用我的车。"

（四）祈使语气

维吾尔语的祈使语气成分来源比较复杂，是混合性的。请看表 5-30：

表 5-30

人称			祈使语气成分	例词
第一人称	单数		-y/-ay/-äy	oquy "让我读"，köräy "让我看"
	复数		-yli/-ayli /-äyli	oquyli "让我们读"，köräyli "让我们看"
第二人称	一般	单数	-∅，-Gin（-ǧin/-qin /-gin/-kin）	oqu "（你）读"，kör "（你）看" 或 oquǧin "（你）读"，körgin "（你）看"
		复数	-ŋlar/-ŋlär-iŋlar/-iŋlär /-uŋlar/-üŋlär	oquŋlar "你们读吧"，körüŋlär "你们看吧"
	尊称	单数	-ŋ/-iŋ/-uŋ/-üŋ	oquŋ "您读吧"，körüŋ "您看吧"
		复数	-ŋizlar/-ŋizlär	oquŋizlar "您们读吧"，körüŋizlär "您们看吧"

续表

人称		祈使语气成分	例词
第三人称	单数	-sun	oqusun "让他/她读", körsun "让他/她看"
	复数	-sun	oqusun "让他/她们读", körsun "让他/她们看"

就像例词部分里所看到的那样，祈使语气一般都用于第二、第三人称。用于第一人称则表示一种愿望。另外，每一种形式还有一些特殊用法。因此，我们可以一个个讨论它们的用法。

A. 一般来讲，祈使语气都有表示请求、命令、敦促、许可等意义。如：

（237） a. Waqit toš-ti, 　　därhal maŋ-**ayli**.

时间　满 3PST　立刻　走 IMP1pl

"时间到了，我们赶紧走吧。"

b. Bol-idu,　　siz aldi-da maŋ-ğač tur-**uŋ**.

可以 3NPST　您　前 LOC　走 ADVL　ITR-IMP

"好吧，您先走吧。"

B. 有时祈使语气的言外之意是，要求对方先别着急，要耐心等着某一件事的发生。如：

（238） Aldiri-ma-ŋ,　　gep-im　　tügi-**sun**.

着急 NEG-IMP　话 POS1sg　完 IMP

"别着急，先让我把话说完。"

C. 一般情况下对第二人称单数的祈使语气只用动词词干就可以表示，但如果动词词干后面再加语缀-ğin/-qin/-gin/-kin 就可表示一种亲密感。如：

（239） Bol-mi-sa,　　sän-**mu**　bar-**ğin**

可以 NEG-COND　你 PART　去 IMP

"要不你也去吧。"

D. 在复合句中，祈使语气出现在由连词 mäyli "不管" 引导的从句末尾，预示主句中陈述的事件将无阻挡地进行。从句中的谓语动词可以是肯定的也可以是否定的。如：

（240） **Mäyli** qarčilik qiyinčiliq-qa yoluq-ma-**yli**,

不管　多么　困难 DAT　遇到 NEG-IMPipl

hämmi-ni　yeŋ-ip　　ket-imiz.

一切 ACC　克服 ADVL　INTNS-NPST1pl

"不管遇到多少困难，我们都能克服。"

这类复合句的从句还可以由连词 xayi "或者" 引导。如：

（241）　Xayi　**käl**　xayi　**käl-mä**，

　　　　　要么　来　　要么　来 NEG

　　　　　yiǧin-ni　　　eč-iwer-imiz.

　　　　　会议 ACC　　开 UNINT-NPST1pl

　　　　　"你来也好，不来也好，我们照样开会。"

　　E. 祈使语气作为人们果断态度的体现，在口号中的使用也较普遍。在口号中带祈使语气的动词一般都出现在句首。如：

（242）　Yaši-**sun**　dunya　tinčliq-i!

　　　　　活 IMP　　世界　　和平 3POS

　　　　　"世界和平万岁！"

（五）愿望语气

　　维吾尔语的愿望语气成分是 -Gay（-ǧay/-qay/-gäy/-käy）。它出现在谓语动词末尾，后面再缀接非过去时人称语缀就可形成愿望语气。它作为表示人们强烈愿望或希望的语气，用在祈祷、发誓、许愿等场合中的频率较高。如：

（243）a.　Xuda　saqli-**ǧay**!

　　　　　真主　保护 DES

　　　　　"但愿真主保佑！"

　　　　b.　Ten-iŋiz　　　saǧlam,　ömür-iŋiz　　uzun　bol-**ǧay**!

　　　　　身体 POS2sg　健康　　寿命 POS2sg　长　　成为 DES

　　　　　"祝您健康长寿！"

第九节　后置词

一　后置词的定义及其内容

　　维吾尔语的后置词出现在名词类后面，构成名词类—后置词结构。维吾尔语中常见的后置词有：üčün "为了"、bilän "跟，用"、arqiliq "通过，用"、boyičä "按照，照"、toǧrisida "有关"、toǧruluq "关于，有关"、häqqidä "关于，有关"、täripidin "被"、qatarliq "……等"、bašliq "以……为首的"、ara "之间"、käbi "像……似的"、asasän "根据"、binaän "按照"、qarita "对，对于"、dair "关于"、ait "有关，关于"、nisbätän "相对于"、qädär…"为止"、

yariša "相应于"、ibarät "……等"、körä "与其……（不如）……"、bašqa "除外，以外"、etibarän "以来"、tartip "……开始"、bašlap "……开始"等。

二 后置词的句法特征

维吾尔语作为核心语在后的语言，使用不少后置词，它起的是核心语在前语言里的前置词（介词）一样的作用。作为功能类，后置词要求名词类以及相关短语作自己的必有成分，因此它是支配者，即中心词，被支配的名词类以及相关短语充当其补足语。从理论上讲，这里讲的名词类以及相关短语包括名词、形容词、代词、数量词、模拟词、名词化结构、形容词化结构等。不过在实际语言中，后置词一般都与名词、形容词、代词、数量词、模拟词以及相关短语一起出现。而且有的后置词还要求这些名词类短语先与格语缀合并，构成格短语，然后与该格短语一起构成自己的后置词短语。后置词短语在句中充当状语、定语、表语等补足语或附加语成分。下面让我们一一介绍这些后置词：

1. üčün "为了"：üčün 与不带格的名词类以及相关短语合并，表示动作的目标或目的。如：

（244）a.   Bu luğät-ni   uka-m   **üčün**   al-di-m.
这词典 ACC   弟 1sgPOS   为   买 PST1sg
"这本词典是为我弟弟买的。"

     b.   Siz   nemä   **üčün**   xapa bol-i-siz?
您   什么   为   生气 IMP-2sgPOL
"您为什么要生气？"

2. bilän "跟，用"：bilän 与不带格的名词类以及相关短语合并，表示工具、伴随者、精神状态或从事的活动：

（245）a.   Bu   yär-gä   poyiz   **bilän**   käl-duq.
这   地 DAT   火车   用   来 PST1pl
"我们坐火车来到这儿。"（表示工具）

     b.   Män   Tursun   **bilän**   paraŋlaš-ti-m.
我   吐尔逊   跟   聊谈 PST1sg
"我跟吐尔逊聊了聊。"（表示伴随者）

     c.   U   wäzipi-ni   xušalliq   **bilän**
他   任务 ACC   喜事   跟
qobul qil-di.
接受 3PST
"他愉快地接受了任务。"（表示精神状态）

d.　U-lar　čarwičiliq　**bilän**　šuğullin-idu.
　　　他 PL　牧业　　　跟　　从事 3NPST
　　"他们从事牧业。"（表示从事的专业）

有时 bilän 所表示的伴随者后面还可能出现副词 billä"一起"，如 Tursun **bilän billä** "跟吐尔逊一起"。

3. arqiliq "通过，用"：arqiliq 与不带格的名词类以及相关短语合并，表示行为动作的媒介或途径，如 počta "邮政" + **arqiliq** = počta arqiliq "通过邮局"，Beyjiŋ "北京" + **arqiliq** = Beyjiŋ arqiliq "通过北京"，faks "传真" + **arqiliq** = faks arqiliq "通过传真"等。由 arqiliq 构成的后置词短语句中充当状语。

4. boyičä "按照，照"：boyičä 与不带格的名词类以及相关短语合并，表示：一是，行为动作的范围，如 mämlikät "国家" + **boyičä** = mämlikät boyičä "举国上下，在全国范围内"，mäktäp "学校" + **boyičä** = mäktäp boyičä "在全校范围内"；二是，行为动作所遵循的依据，如 höjjätniŋ rohi "文件精神" + **boyičä** = höjjätniŋ rohi boyičä "按照文件精神"，uniŋ degini "他说的" + **boyičä** = uniŋ degini boyičä "按照他所说的"等。由 boyičä 构成的后置词短语句中充当状语。

5. toğrisida "有关"、toğruluq "关于，有关"、häqqidä "关于，有关"：这三个后置词的意义及功能基本一样，都与不带格的名词类以及相关短语合并，都表示动作行为所涉及的内容或范围，如 xizmät "工作" + **toğruluq** = xizmät toğruluq = "关于工作"，bu mäsilä "这个问题" + **toğrisida/ häqqidä** = bu mäsilä toğrisida/ häqqidä = "有关这个问题"等。由这些后置词构成的后置词短语句中充当状语。

6. täripidin "被，由……的方面"：täripidin 在被动句里与不带格的名词类以及相关短语合并，表示动作行为的执行者，即逻辑主语或使役者。如：

（246）　On　ikki　muqam　xälq näğmičiliri
　　　　十　二　木卡姆　民间艺人
　　　　täripidin　orunla-n-di.
　　　　被　　　　表演 PASS-3PST
　　　　"十二木卡姆由民间艺人表演。"

7. qatarliq "……等"：qatarliq 与不带格的名词类以及相关短语合并，表示它所合并的是在一系列人和事物中代表性地提到名字的一个或几个成员，整个后置词短语充当定语，如 Tursun **qatarliq**（sawaqdašlar）"吐尔逊等（同学）"，poyiz, ayropilan, paraxot **qatarliq**（qatnaš qoralliri）"火车、飞机、轮船等（交通工具）"等。如果在类似结构中 qatarliq 后面出现复数成分-lar，那么这意味着整个后置词短语已成为复数名词。如：

（247）　Poyiz，　ayropilan，　paraxot　**qatarliqlar**

　　　　　火车　　飞机　　　轮船　　　等

　　　　　muhim　qatnaš　qoralliri（-dur）.

　　　　　重要　　交通　　工具（是）

　　　　　"火车、飞机、轮船等是重要的交通工具。"

8. bašliq "以……为首的"：bašliq 一般与不带格的人名合并，表示它所合并的是在一系列或一组人中有代表性的一个，所形成的短语一般充当定语，如 Tursun **bašliq**（bäš oquğuči）"以吐尔逊为首的（五个学生）"。

9. ara "之间"：ara 与不带格的名词类以及相关短语合并，表示该静词类所表示的空间范围，如 bağlar **ara** "在花园间"，millätlär **ara** "各民族间"等。所形成的短语在句中一般充当状语。

10. käbi "像……似的"：käbi 与不带格的名词类以及相关短语合并，表示具有该静词类所表达的特征，所形成的短语在句中充当定语或状语，如 bulbul **käbi** "像夜莺似的"，yügänsiz tay **käbi** "脱缰的马驹似的"等。

11. asasän "根据"、binaän "按照"：这两个后置词与由向格构成的格短语合并，表示该格短语所表达的内容是行为动作的依据，因此所形成的短语在句中充当状语，如 ämäliy ähwalğa **asasän/binaän** "根据/按照实际情况"，yiğinniŋ rohiğa **asasän/binaän** "根据/按照会议精神"等。

12. qarita "对，对于"、nisbätän "相对于"：这两个后置词与由向格构成的格短语合并，表示某一行为动作向着该格短语所表达的内容进行，因此所形成的短语在句子中充当状语。如 yeŋi ähwalğa　**qarita/ nisbätän** "对于新情况"，mal bahasiğa **qarita/ nisbätän** "对于物价"等。

13. dair "关于"、ait "有关，关于"：这两个后置词与由向格构成的格短语合并，表示该格短语所表达的事物就是所涉及或关注的内容，因此所形成的短语在句子中充当定语，如 yeza igilikigä **ait/dair** bilimlär "有关农业的知识"，käsipkä **ait/dair** kitablar "专业方面的书籍"等。

14. qädär "……为止"：qädär 一般与时间名词或程度名词加向格构成的格短语合并，表示以该格短语所表达的时间或程度为最终界限，如 2001-yildin 2008-yilğa **qädär** "从 2001 年到 2008 年为止"。

15. yariša "相应于"：yariša 与向格短语合并，表示某一动作行为相应于该格短语所表达的内容进行。如：

（248）　Härkim　qabilyit-i-gä　　　**yariša**

　　　　　每人　　能力 3POS-DAT　相应于

išli-š-i,　　　　　　　　ämgik-i-gä　　**yariša**

干活 NOML-3POS　　劳动 3POS-DAT　　相应于

häq　el-š -i　　　　　　keräk.

报酬　拿 NOML-3POS　　应该

"每人应按自己的能力工作，按自己的劳动得报酬。"

16. ibarät "……等"：ibarät 一般与从格短语合并，表示包括该格短语所表达的内容在内的一系列事物的存在，因此所形成的短语在句中充当定语，如 Tursundin **ibarät**（bäš näpär oquğuči）"吐尔逊等（五个学生）"。

17. körä "与其……（不如……）"：与从格短语合并，表示该格短语所表达的内容与另一个事物相比时处于劣势地位。如：

（249）　Bu-ni　　setiwal-ğan-din　**körä**

　　　　　这 ACC　　买 ADJL-ABL　　与其

　　　　　öz-imiz　　yasi-ğin-imiz　　tüzük.

　　　　　自己 1pl　　制作 ADJL-1pl　更好

　　　　　"与其买这件东西，还不如我们自己制造呢。"

18. bašqa "除外，以外"：bašqa 一般与从格短语合并，表示说话时该格短语所表达的内容已被排除在考虑之外，如 uniŋdin **bašqa** "除此之外"，Tursundin **bašqa** "除了吐尔逊以外" 等。

19. etibarän "以来"：etibarän 与从格短语合并，表示该格短语所表达的内容是某一个新情况出现的起点。如 ätidin **etibarän** "从明天开始"，šundin **etibarän** "从那时起" 等。应该提到，etibarän 不但表示一个新情况出现的起点，而且也表示出现的新情况延续的时间较长。因此使用 etibarän 的结构只有起始点，没有终结点。

20. tartip "……开始"、bašlap "……开始"：这两个后置词都与表示时间和空间的名词及其短语加从格构成的格短语合并，表示该格短语所表达的内容是某一个动作行为的起点，如 šundin **tartip/bašlap** "从此，从那时起"，bügündin **tartip/bašlap** "从今天开始，从今天起" 等。应该提到，使用 tartip 和 bašlap 表示起始点时，后面还可以出现表示终结点的结构，如 bügündin **tartip/bašlap** on küngičä "从今天开始一直到十天之内" 等。

后置词的构成及用法在哈萨克斯坦维吾尔语（参见 Ruslan，2006：343—344）和中国维吾尔语里完全一致。

第十节　连词

一　连词的定义

在词与词、短语与短语、句子与句子之间以及词与短语之间起连接作用的功能词类叫做连词。如 **häm** pakiz **häm** azadä "既干净又宽敞"，bügün **yaki** ätä "今天或者明天"，Bu mal qimmät **ämma** süpätlik "这货物贵但质量好" 等表达中的黑体字 häm "和"、yaki "或"、ämma "但是" 等都是连词：häm 连接的是两个并列形容词；yaki 连接的是两者选一的两个时间名词；ämma 连接的是两个表语，后者对前者来讲有转折意义。

连词所连接的各成分之间的关系可以是并列的，也可以是偏正的，可根据具体结构而定。不管是什么样的情况，连词不可能起中心词的功能，构成自己的短语，也不可能作为其他中心词的必有成分而充当补足语。因为连词在语言当中的连接功能是逻辑性的，而不是句法性的，即它的应用取决于逻辑—语义结构上的需求，而不依赖于任何句法结构。

二　常见的连词及其句法功能

连词在形态上和数量上都比较保守、比较固定。由于连词的连接功能是逻辑性的，我们可以根据每个连词的逻辑意义归类。在下面的介绍中我们就采取这一归类方法。

1. 并列连词 wä "和"、häm "和，并"、hämdä "以及"：这几个连词通常连接并列出现的同等成分。如：

（250）a.　U　　miltiq-ni　al-di　　　**wä**
　　　　　他　枪 ACC　拿 3PST　　并

　　　　　alğa　　qara-p　　kät-ti.
　　　　　往前　　看 ADVL　走 3PST
　　　　　"他拿起枪，并朝前走了过去。"

　　　b.　Ziyapät-kä　　här qaysi　dölät　　älči-lir-i
　　　　　宴会 DAT　　各个　　　国　　使者 PL-3POS

　　　　　hämdä　u-lar-niŋ　　räpiqi-lir-i　　qatnaš-ti.
　　　　　以及　　他 PL-DEN　夫人 PL-3POS　参加 3PST
　　　　　"各国使者以及他们的夫人参加了宴会。"

2. 伴随连词 bilän "跟"：bilän 实际上是后置词，只是有时用作连词。因此它的使用受到很大的限制，如它不能突破本来作为后置词只能出现在

不带格或后置词的一个名词类之后的限制。我们可以说 Tursun **bilän** Alim
"吐尔逊跟阿力木"，tošqan **bilän** tašpaqa "兔子与乌龟"等，但我们不能说
*Tursunğa **bilän** Alimğa（试图说"向吐尔逊和向阿力木"），也不能说*pakiz
bilän azadä（试图说"干净跟宽敞"），bilän 也不能连接两个句子。而 wä、
häm 等连词不受这些限制。

3. 连贯连词 häm…häm… "既……又……"、…-mu…-mu "也……
也……"：两者的重复使用都可连接连贯的几个成分。其中 häm…häm…出
现在被连接成分之前，连接功能强，可连接词、短语和句子。如：

（251）　**Häm**　iqtisadi　　önüm-i　　　yaxši　**häm**
　　　　　又　　　经济　　　效率-3POS　好　　　又

　　　　muhit-qa　　paydiliq　　käšpiyat-lar　mukapatla-n-di.
　　　　环境 DAT　有利　　　发明 PL　　　奖励 PASS-PST
　　　　"既有经济效益又有利于环保的发明受到了奖励。"

相比之下，……-mu……-mu 出现在被连接成分之后，连接功能弱，被
连接成分往往是连贯的名词。如：Tursun**mu** bardi, Alim**mu** bardi "吐尔逊
也去了，阿力木也去了"，Zix**mu** köymisun, kawap**mu** köymisun "既不要烧
坏了扦子，也不要烤煳了肉"。

4. 否定连词 nä……nä…… "既（没）……又（没）……"：nä……nä……
出现在连贯的几个成分之前，起连接作用，但要求句子的谓语必须是否定
的，如 **nä** xät yoq **nä** xäwär yoq "既没有信又没有消息"，**Nä** kündüzi aram
alalmiğan，**nä** kečisi "既是白天休息不好，又是夜里（休息不好）"。

5. 选择连词：yaki "或者"、ya "或，要不"：这几个连词出现在处于
选择关系中的几个同等成分之间起连接作用。如：

（252）　a.　Män　Amerika　**yaki**　Ängliyä-gä
　　　　　　　我　　美国　　或　　英国 DAT

　　　　　　oqu-š-qa　　　bar-ay　　dä-y-män.
　　　　　　读 NOML-DAT　去 DES　说 NPST-1sg
　　　　　　"我想要么去美国要么去英国读书。"

　　　　b.　Sän　**ya**　naxša　eyt-ip　　bär,
　　　　　　　你　　或　　歌　　唱 ADVL　ALTR

　　　　　　ya　ussul　oyna-p　bär.
　　　　　　或　　舞　　玩 ADVL　ALTR
　　　　　　"你要么给我们唱歌要么跳个舞。"

6. 递进连词（heliğu…）hätta "甚至"、hättaki "甚至是"：hätta 或 hättaki
一般连接两个句子，有时前面的分句之首会出现另一个连词 heliğu "别说现

在是……了"。由 hätta 或 hättaki 引入的分句表示情况或程度比预期的还要加深。如：

（253）　U　　iš-qa　　　beril-p　　　**hätta/hättaki**
　　　　　他　事 DAT　投入 ADVL　甚至
　　　　　tamaq-ni-mu　　untu-p　　　qal-idu.
　　　　　饭 ACC-PART　忘 ADVL　FACT-3NPST
　　　　　"当他投入到自己的工作时，连饭都忘掉吃。"

　　7. 层递连词 uniŋ üstigä "再说，再加上……"：用 uniŋ üstigä 连接的分句表示情况的进一步升级或说话者进一步说明问题。如：

（254）　Hawa　soğaq,　**uniŋ üstigä**　šamal　bar,
　　　　　天气　冷　　再说　　　风　有
　　　　　šuŋa　qelin　key-in-iš　　kerek.
　　　　　因此　厚　穿 PASS-NOML　应该
　　　　　"天气冷，再说外面有风，因此应该穿厚一点。"

　　8. 让步连词 gärčä……-mu "虽然……"：该连词表示让步，出现在前一个分句里，而后一个分句里常出现转折连词 ämma "但是"，lekin "但是"，biraq "但是" 等与之遥相呼应。如：

（255）　**Gärčä**　u　　nurğun　qiyinčiliq-lar-ğa　yoluq-qan
　　　　　虽然　　他　许多　困难 PL-DAT　　遇到 ADJL
　　　　　bol-si-**mu**　　　　**ämma/ lekin**　išänč-i-ni
　　　　　成为 COND-PART　但是　　信心 3POS-ACC
　　　　　yoqat-mi-di.
　　　　　失去 NEG-PST
　　　　　"虽然他遇到了不少困难，但他没有失去其信心。"

　　当然，当我们在前一句使用 gärčä……-mu 的连词时，后一句也可以不用 ämma/ lekin/ biraq 等转折连词。如以上的句子完全可以说 **Gärčä** u nurğun qiyinčiliqlarğa yoluqqan bolsi**mu** išänčini yoqatmidi，而且意义保留不变。

　　9. 转折连词 ämma "但是"、lekin "但是"、biraq "但是"、wähalänki "而，然而"：正如以上所述，这些转折连词与以上的让步连词 gärčä……-mu 前后呼应，表示情况的转折。当然了，这些转折连词在没有 gärčä……-mu 参与的情况下也可以出现在句子中，如以上的句子我们可以说成：

（256）　U　nurğun　qiyinčiliq-lar-ğa　yoluq-ti
　　　　　他　许多　困难 PL-DAT　　遇到 PST

ämma/ **lekin**   išänč-i-ni   yoqat-mi-di.
但是   信心 3POS-ACC   失去 NEG-PST
"他遇到了不少困难，但没有失去信心。"

其中转折连词 wähalänki 任何时候都不要求跟 gärčä……-mu 呼应，一般出现在书面语的频率较高。

10. 反述连词 bälki "反而"、äksičä "相反"：这两个连词一般出现在后一句里，引入跟前一句被否定的情况相反的事情。如：

（257）　U   nätiji-lir-i-din   qanaätlin-ip
　　　　他   成绩 PL-3POS-ABL   满足 ADVL

　　　　qal-mi-di,   **bälki** / **äksičä**   teximu
　　　　FACT-NEG-PST   反而   更

　　　　tiriš-ip   ögän-di.
　　　　努力 ADVL   学习 PST

　　　　"他并没有满足于自己的成绩，相反，他更加努力学习。"

11. 强调连词 bolupmu "特别是"、xususän "尤其是"：这两个连词用于强调某一成分。如：

（258）　Turpan-niŋ   mewi-lir-i   daŋliq,
　　　　吐鲁番 GEN   水果 PL-3POS   有名

　　　　bolupmu/ **xususän**   üzüm-i   hämmi-din
　　　　特别是   葡萄 3POS   一切 ABL

　　　　daŋliq.
　　　　有名

　　　　"吐鲁番的水果有名，特别是葡萄最有名。"

12. 注解连词 yäni "即，也就是说"：该连词出现在解释性语句之前，对前一句的内容加以补充说明。如：

（259）　Olimpik   Täntärbiyä   Yiğin-i   däl   waqt-i-da,
　　　　奥林匹克   体育   会 3POS   正好   时 3POS-LOC

　　　　yäni   2008-yil   8-ay-niŋ   8-kün-i
　　　　即   2008 年   8 月 GEN   8 日 3POS

　　　　käč saät 8 dä   bašla-n-di.
　　　　晚 钟点 8LOC   开始 PASS-PST

　　　　"奥林匹克体育运动会非常按时，即在 2008 年 8 月 8 日晚 8 点正式开幕。"

13. 总结连词 demäk "总之，这说明"、qisqisi "长话短说，总而言之"、omumän eytqanda "总的说来"：这几个连词用来连接总结性的语句。如：

（260）　U-lar　　　täklip-imiz-ni　　　　qobul qil-mi-di,　**demäk**
　　　　　他 PL　　建议 1plPOS-ACC　　接受 NEG-PST　　这说明

　　　　u-lar-niŋ　　oy-i　　　　bašqa　　i-kän.
　　　　他 PL-GEN　想法 3POS　别的　　是 EVID

　　　　"他们没有接受我们的建议，这说明他们有别的想法。"

从词义本身可以看出，qisqisi 和 omumän eytqanda 也是用来做出某一结论性言论，不过其前面会有较长的有关论述，我们这里不赘述了。

14. 补充连词 šuniŋdäk "同样"、šundaqla "与此同时"：这两个连词用来连接补充性语句。如：

（261）　Biz　　　u-lar-niŋ　　　iš-iz-lir-i-din,
　　　　　我们　　他 PL-GEN　　事迹 PL-3POS-ABL

　　　　šuniŋdäk/ šundaqla　u-lar-niŋ　　　insanpärwärlik
　　　　与此同时　　　　　　　　他 PL-GEN　　人道主义的

　　　　roh-i-din　　　　ögin-iš-imiz.　　　keräk.
　　　　精神 3POS-ABL　学习 NOML-1plPOS　应该

　　　　"我们应该向他们的事迹，同时也向他们的人道主义精神学习。"

15. 结果连词 šuŋa "因此，所以"、šuniŋ üčün "因此，所以"、šuŋlašqa "因而，所以"：这几个连词都用来连接结果从句。如：

（262）　U　　čat'äl-gä　　oqu-ğili　　　bar-maqči,
　　　　　他　外国 DAT　学习 ADVL　去 PRP

　　　　šuŋa/ šuniŋ üčün/ šuŋlašqa　čät'äl
　　　　所以　　　　　　　　　　　　外国

　　　　til-i-ni　　　ögin-iwat-idu.
　　　　语 3POS-ACC　学习 CONT-NPST

　　　　"他准备出国留学，所以现在在学外语。"

16. 原因连词 čünki "因为"、säwäbi "其原因是"、nemišqa degändä "要问其原因"：这些都用来连接原因从句。如：

（263）　Män　kečik-ip　　qal-dim,　　　**čünki/ säwäbi**
　　　　　我　　迟到 ADVL　FACT-1sgPST　因为

　　　　yol-da　aptobus　　buzul-up　　qal-di.
　　　　路 LOC　公共汽车　坏 ADVL　FACT-PST

　　　　"我来晚了，因为公共汽车在路上坏了。"

17. 条件连词 ägär "如果，要是"、ägärdä "如果，要是"、mubada "假如，要是"、nawada "假如，要是"：这几个连词都用来连接假设或条件从句。如：

（264）　**Ägär/Mubada**　meni　birsi　izdä-p
　　　　　如果　　　　　把我　有人　找 ADVL

　　　　käl-sä，　　saqla-p　　tur-sun.
　　　　来 COND　　等 ADVL　　留 IMP

　　　　"如果有人来找我，让他/她等着我。"

这几个连词中 nawada 出现在口语的频率较高。

18. 排除连词 mäyli "不管"：该连词一般出现在从句之首，表示从句表达的内容对后面的主句里表达的内容毫无影响。在 mäyli 出现的从句末尾动词可用肯定形式，也可用否定形式，但其结尾要求出现一个命令语气成分。如：

（265）a.　**Mäyli**　qančilik　aldiraš　bol-ma-ŋ，
　　　　　　不论　　多么　　忙　　成为 NEG-2sg

　　　　　čoqum　bir　käl-mi-si-ŋiz
　　　　　一定　　一　　来 NEG-COND-2sg

　　　　　bol-ma-ydu.
　　　　　成为 NEG-IMP

　　　　　"不管你多么忙，你还是不得不来一趟。"

　　　b.　**Mäyli**　šähär-dä　bol-**sun**　yaki　yezi-da
　　　　　　不论　　城市 LOC　成为 3IMP　或　乡 LOC

　　　　　bol-**sun**，　hämmäylän　mušu　modi-ni
　　　　　成为 3IMP　所有人　　就这　时髦 ACC

　　　　　qoğliš-idu.
　　　　　追求 NPST

　　　　　"不管在城里还是在乡村，大家都追求这个时尚。"

19. 引出连词-ki：从句法特征上看，-ki 更像一个助词，即一般出现在一个句子最后一个词的末尾，但从功能上看，它引出的是一个解释性句子。如：

（266）a.　Biz　šu-ni　　täkitlä-ymiz-**ki**，　qanun
　　　　　　我们　就这 ACC　强调 1plNPST　法律

　　　　　ald-i-da　　　hämmä　adäm　barawär.
　　　　　前 3POS-LOC　所有　人　　平等

　　　　　"我们强调的是，法律面前人人平等。"

　　　b.　Šu-niŋğa　išin-iš　　keräk-**ki**，
　　　　　　就这 DAT　相信 NOML　应该

　　　　　häqiqi　qähriman　xälq-tur.
　　　　　真正　英雄　　人民 是

　　　　　"应该相信，真正的英雄是人民。"

连词的构成及用法在哈萨克斯坦维吾尔语（参见 Ruslan，2006：340—342）和中国维吾尔语里完全一致。

第十一节　语气助词

一　语气助词的定义

用来给整个句子或句中的某个词或短语赋予各种不同语气的虚词称为语气助词。如 Sän**ču**？"你呢？"，män**la**"只有我"，Tursun**mu**"吐尔逊也……"等中的-ču、-la、-mu 都是语气助词，-ču 表示追问，-la 表示限制，-mu 表示在说话者的叙述内容上又增加了另一个相关的人或事物。常见的语气助词有-mu[1]、-mu[2]、-ču、-ma、-ǧu/-qu、-dä/-tä、-däk、-kin、-la、-zä、-a、hä（ä）、ämisä、mäyli、texi、qeni、ehtimal、nayiti、här halda、jumu、bika（heli bika）、išqilip、xuddi、bääyni、goya、zadi、bälki（bälkim）、hätta、xalas、helimu yaxši、yänä、päqät、yalǧuz、mana、änä、däymän、däysän、deginä、dämsän、dämsiz 等。从以上的书写中我们可以看出，一方面大部分语气助词的意义只有在具体上下文中才能确定，因此在这里我们并没有试图给出汉语意思。另一方面有的语气助词已经词缀化，书写时与前面的词连写；有的还保留着独立性，与前面的词分写。但要注意，不管连写还是分写，都无法证明一个语气助词属于整个句子还是一个词或短语。这要看每一个语气助词本身的功能。

二　语气助词的用法与意义

1. 疑问语气助词-mu（即-mu[1]）：该语气助词一般缀加在一个陈述句末尾的词后面，使整个句子变为一般的是非疑问句。如：

（267）　Sän　　tapšuruq-ni　　išlä-p　　bol-duŋ-**mu**？
　　　　你　　作业 ACC　　做 ADVL　　PERF-2sgPST-Q
　　　　"你的作业做完了没有？"

疑问语气助词-mu[1]的疑问意义一般都清楚，但它出现的位置和语音形式比较复杂，因此需要解释。为了解释的方便，让我们只拿句子末尾跟-mu[1]一起出现的一个词来加以分析，虽然-mu[1]属于整个句子。由于谓语里的第三人称成分一般都是以零形式表达的，这里的解释更多的与-mu[1]和第一、二人称成分相对位置有关。另外，正如以上的例句所示，以过去时成分-di/-ti结尾的句子中-mu[1]出现在句子末尾，我们的解释更多涉及到非过去时结构。如在第一、二人称做主语的句子中，如果谓语是以直接陈述语气的非过去时形式结尾的静词类的话，-mu¹ 就出现在人称成分之前，如 oquğučmu sän？
"你是学生吗？"，oqutqučimu siz？"您是老师吗？"，oqutqučimu män？"我
是老师吗？"，yazğanmu sän？"你写过吗？"，yazğanmu män？"我写过
吗"，yazmaqčimu siz？"你想写吗"。如果在同样的条件下谓语是动词类的
话，-mu¹ 表现为-m，而且在第一人称成分之前还出现-di（<-dur/-tur）：
baramdimän/miz？"我/我们要去吗？"；在第二人称成分之前是零：
baramsän/silär？"你/你们要去吗？"；第三人称成分是零，但-m 之后要出
现-du（<-dur/-tur）：baramdu？"他/她/它/们要去吗？"

　　在间接陈述语气非过去时谓语形式中，-mu¹ 可以出现在句末，或者也
可以以-m 的形式出现在人称成分之前。如果是后者的话，在各人称成分之
前同样出现-di（<-dur/-tur）：yazidikänmänmu？/yazamdikänmän？"原来我
是要写的吗？"，yazidikänsizmu？/yazamdikänsiz？"原来您是要写的吗？"，
yazidikänsänmu？/yazamdikänsän？"原来你是要写的吗？"，yazidikänmu？/
yazamdikän？"原来他/她/们是要写的吗？"

　　在动词的直接陈述语气未完成过去时末尾缀加疑问语气时也可以在各
人称成分末尾加-mu¹，也可以在过去时成分-di/-ti 之前加缩写形式-m。如：
yazattimmu？/yazamtim？"我曾经是要写的吗？"，yazattiŋmu？/yazamtiŋ？
"你曾经是要写的吗？"，yazattimu？/yazamti "他/他/们曾经是要写的吗？"

　　在其他场合-mu¹ 一般都出现在句子末尾的词干后面。

　　正如以上所述，-mu¹ 构成的是是非疑问句。作为一般的规律，对是非
疑问句作回答时，根据肯/否定的不同，开头一般要用 hää "是" 或者 yaq "不
是"。当然，有时-mu¹ 表达的语气并不一定是疑问，所以没有必要回答。这
类用法包括：

　　A. 提醒对方相反的可能性的存在。如：

（268）　Köŋül-niŋ　　　aram-i　　　　bol-mi-sa，
　　　　　心理 GEN　　　安宁 3POS　　有 NEG-COND

　　　　　u　　　iš-lar　　　yad-im-da　　　　　tur-a-m-du？
　　　　　那　　事 PL　　记忆 1sgPOS-LOC　　留 ADVL-Q-NPST
　　　　　"心里老是忐忑不安，哪能记得那些事呢？"

　　B. 缀加在动词的第一、第二人称否定愿望式或动词直接陈述语气非过
去时第二人称否定形式后表示如下意义：

　　a. 可能以商量的口气提问：

（269）　Siz-mu　　　mašini-din　　bir-ni　　al-ma-m-siz？
　　　　　您 PART　　车 ABL　　　一 ACC　　买 NEG-Q-2sg
　　　　　"您也干脆买一辆车吧？"

b. 可能表示肯定的命令或要求：

（270）　Nemä　　aldira-y-silär,　　　waqit　　toš-mi-sun-**mu**?
　　　　　什么　　着急 NPST-2PL　　时间　　满-NEG-3IMP-Q
　　　　　"急什么，等时间到了再说吧！"

C. 在句末与疑问代词 nemä "什么" 一起出现，表示一种客观估计式的疑问。如：

（271）　Yüz-lir-iŋiz　　　qizir-ip　　　ket-iptu,
　　　　　脸 PL-2POS　　　发红 ADVL　　INTNS-EVID

　　　　　tala　　bäk　　soğuq-**mu**　　**nemä**?
　　　　　外面　太　　冷 Q　　　　什么
　　　　　"您的脸都发红了，是否外面很冷啊？"

D. 在以直接陈述语气的一般过去时形式做谓语的从句末尾与 boldi "成了，够了" 一起出现，表示对下一主句里做出结论提供了强有力的论据。如：

（272）　Iš-iŋ　　　　püt-ti-**mu**　　　**bol-di**,
　　　　　事 2POS　　完成 PST-Q　　　成 PST

　　　　　artuq　　gäp　　qil-ma.
　　　　　多余　　话　　做
　　　　　"事情办成了就够了，别多说话。"

E. 缀加在静词或动词的谓语形式后面，表示不确定的意义，因此后面出现不确定代词性的词语。如：

（273）　a.　U　　bultur　　yaz-di-**mu**　　**bir**
　　　　　　　他　去年　　夏 LOC-Q　　一

　　　　　　　čağ-da　　　käl-gän　　i-di.
　　　　　　　时间 LOC　　来 ADJL　　是 PST
　　　　　　　"他去年夏天还是什么时候来过一次。"

　　　　　b.　Yiğin-ğa　　on-**mu**　　adäm　　qatnaš-ti.
　　　　　　　会议 DAT　　十 Q　　人　　参加 PST
　　　　　　　"这次会议大概有十来个人参加。"

F. 缀加在句中某个疑问代词之后，表示感到茫然的语气。如：

（274）　U　　bičarä　　qandaq-**mu**　qil-ar?
　　　　　他　可怜的　怎么 Q　　做 ADJL
　　　　　"他这个可怜的人怎么办呢？"

2. 追加语气助词-mu（即-mu^2）：该语气助词的用法如下：

A. 出现在以条件—假设语气-sa/-sä 和相应人称成分结尾的词干之后表示退一步做出结论的语气。如：

（275）　Ya<u>m</u>ǧur　ya<u>ǧ</u>-**si**-**mu**　　　ber-iwer-imiz.
　　　　雨　　下 COND-PART　去 UNINT-1pl
　　　　"即使下雨，我们也要去。"

B. 出现在静词类词干之后，表示该词干所表达的内容也应该在上下文关注的范围之内。如：

（276）a.　U　bügün-**mu**　　kečik-ip　　käl-di.
　　　　　他　今天 PART　　迟到 ADVL　来 PST
　　　　　"他今天也迟到了。"

　　　b.　Bu　　taǧ-din　adäm　tügül　uč-ar
　　　　　这　　山 ABL　人　非　　飞 ADJL

　　　　　quš-**mu**　　öt-äl-mä-ydu.
　　　　　鸟 PART　　过 ABIL-NEG-NPST
　　　　　"这座山别说人，就是鸟也飞不过去。"

C. 在以非过去时结尾的复合句结构中出现在从句里的某一个静词类词干之后，表示该从句所表达的事件是后面的主句所陈述的事件发生的主要原因。如：

（277）　Ätiyaz-**mu**　　bol-idu,　　qarliǧač-lar
　　　　春天 PART　　成 NPST　　燕子 PL

　　　　öy-imiz-gä　　　　toš-up　　ket-idu.
　　　　房子 1plPOS-DAT　满 ADVL　INTNS-NPST
　　　　"春天一到，我们的屋子全是燕子。"

D. 出现在句中某一名词之后，预示与该名词所表达的内容有关的某一事件的发生。如：

（278）　Uniwersitet-qi-**mu**　　kir-di-ŋ,　　ämdi　gäp
　　　　大学 DAT-PART　　　进 PST-2sg　现在　话

　　　　mäktäp-ni　　yaxši　　püt-tür-üš-tä.
　　　　学校 ACC　　好　　　完成-CAUS-NOML-LOC
　　　　"你大学也进了，现在的问题是怎样完成好学业。"

E. 出现在感叹句中的某些形容词或副词之后，进一步加强该形容词或副词所表达的程度意义。如：

（279）　čirayliq-**mu**　　šähär　i-kän　　bu.
　　　　漂亮 PART　　城市　是 EVID　这
　　　　"这城市简直太美了。"

3. 疑问+惊奇语气助词-ma：这是上述疑问语气助词-mu（即-mu[1]）和表示惊奇的语气助词-a 的结合体，因此它既有疑问意义又有表示惊讶的意义，如 käldiŋiz**ma** "你真的来了吗？"，yazdiŋiz**ma** "你竟写了啊？"当然，在动词非过去时形式里疑问语气助词-mu 以-m 的形式出现在人称成分之前，而惊讶语气助词-a 出现在人称成分之后，如 baram**si**za"你真的要去吗？"其他一些结构里两种可能性都有，如 išči idiŋiz**ma** 或 iščimidiŋiza "你曾经是个工人吗？"在实际语言中，表示惊讶的意义一般都强于疑问意义；有时还用于提醒对方自己已观察到某一情况。如：

（280）a.　Dunya-da　　käč　bol-ma-ydi-ğan
　　　　　世界 LOC　　夜　成 NEG-NPST-ADJL

　　　　　yär-lär-**mu**　　　　bar-**ma**？
　　　　　地方 PL-PART　　　有 PART

　　　　　"世界上还有没有黑夜的地方吗？"（表示惊讶）

　　　b.　Käl-di-ŋiz-**ma**，　　　ämisä　yiğin-ni　　bašla-yli.
　　　　　来 PST-2sg-PART　　那就　会议 ACC　开始 1plIMP

　　　　　"你来了啊，那我们就开会吧。"（表示提醒对方）

4. 追问语气助词-**ču**：该助词相当于汉语的"呢"，有以下的用法：

A. 出现在某些静词类之后，表示追问在上下文所关注的问题上该静词类所表达的人或事物的命运或处境如何。如：

（281）　Sän　　käp（<kel-ip）-sän，　Tursun-**ču**？
　　　　　你　　来 ADVL-2sg　　　　吐尔逊 PART

　　　　　"你来了，吐尔逊呢？"

B. 出现在条件—假设语气结构后面，表示当所假设的情况出现时该怎么办。如：

（282）_____　Ätä　　čoqum　kel-i-män.
　　　　　　　　明天　　一定　　来 NPST-1sg

　　　　　_____　kel-äl-mi-sä-ŋ-**ču**？
　　　　　　　　来 ABIL-NEG-COND-2sg-PART

　　　　　"甲：我明天一定会来。
　　　　　　乙：如果来不了呢？"

C. 出现在否定动词未完现在时后面，表示有力的肯定。如：

（283）_____　Sän-mu　bar-a-m-sän？
　　　　　　　　你 PART　去 NPST-Q-2sg

　　　　　_____　Bar-ma-y-**ču**？
　　　　　　　　去-NEG-NPST-PART

　　　　　"甲：你也去吗？
　　　　　　乙：怎么能不去呢？"

D. 有时只表示仔细解释或交代某一情况。如：

（284）　Män-**ču**,　　bazar-ğa　　ber-ip-**ču**,　　　saŋi-**ču**,
　　　　　我 PART　　街 DAT　　去 ADVL-PART　给你 PART

　　　　　bir　　yaxši　　oyunčuq　　el-ip
　　　　　一　　好　　　玩具　　　买 ADVL

　　　　　ber-i-män.
　　　　　ALTR-NPST-1sg

　　　　　"我呢，上街以后呢，给你呢，买一个好玩具。"

E. 出现在由-liq/-lik/-luq/-lük 名词化了的程度形容词或名词类之后表示一种感叹或惊讶，-ču 之前还出现相应的从属人称成分，后面还配有另一个语气助词 texi。如：

（285）　Bu　　yär　　bäk　　molčiliq　　i-kän,
　　　　　这　　地　　太　　富饶　　　是 EVID

　　　　　hawa-si-**ču**　　　　　texi.
　　　　　气候 3POS——PART　　PART

　　　　　"这地方太富饶了，更不用提它的气候了。"

F. 出现在动词命令愿望式后面，表示以下意义：

a. 以商量、亲和的口气提出要求或建议。如：

（286）　Maŋa　　bir　　yardäm　　qil-iŋ-**ču**.
　　　　　对我　　一　　帮助　　　做 2sgIMP-PART

　　　　　"你给我帮一下忙吧。"

b. 表示在某一件事发生前耐心等待另一件事的完成。如：

（287）　Yaz　　käl-sun-**ču**,　　seni　　deŋiz
　　　　　夏天　来 IMP-PART　　把你　大海

　　　　　boy-lir-i-ğa　　　　apir（<el-ip bar-）-ip　　taza
　　　　　边 PL-3POS-DAT　　带 ADVL 去 ADVL　　　痛快

　　　　　oyni-t-ay.
　　　　　玩 CAUS-1sgIMP

　　　　　"等夏天吧，到时我带你到海边去痛痛快快地玩。"

c. 表示在某种条件下对挑衅或威胁者提出警告或挑战。如：

（288）　Qorq-ma-ŋ,　　qanun　　bar,　　siz-gä
　　　　　怕 NEG-2sg　　法律　　有　　　您 DAT

　　　　　čeqil-ip　　baq-sun-**ču**　　　qeni.
　　　　　碰 ADVL　　TENT-IMP-PART　　PART

　　　　　"别怕，有法律在，就让他先碰你看看吧。"

5. 惊异语气助词-ğu/-qu：该语气助词有以下的用法：

A. 出现在句子末尾或某些词的末尾，表示对所叙述的事件或者人或事物感到意外并试图进一步证实。如：

（289）　a.　Bu　Tursun-**ğu**?　　Tunu-ma-m-siz?

　　　　　　　 这　 吐尔逊 PART　 认识 NEG-Q-2sg

　　　　　　　 "这不是吐尔逊吗？不认识啦？"

　　　　 b.　U　　yiğin-ğa　　　käl-mi-di-**ğu**?

　　　　　　 他　　会议 DAT　　 来 NEG-PST-PART

　　　　　　 "他怎么没有来开会呀？"

B. 出现在句中某些词的末尾，表示跟下一句将要提出的问题相比，与该成分有关的事情的必然性或不可改变性。如：

（290）　Bu-ni-**ğu**　　　　al-duq,　　　ämdi

　　　　 这 ACC-PART　　 买 PST1pl　　现在

　　　　 qandaq　　išlit-i-miz?

　　　　 怎么　　用 NPST-1pl

　　　　 "这个玩意儿是买上了，现在怎么用呢？"

C. 出现在条件分句末尾，强调主句要做出的判断更有把握。如：

（291）　Bar-sa-ŋ-**ğu**　　　　　yaxši　　bol-a-t-ti.

　　　　 去 COND-2sg-PART　 好　　　 成 NPST-CONT-PST

　　　　 "如果你能去，那会更好。"

D. 出现在某些句子末尾的谓词后面，表示对所发生的事件的茫然。类似用法中大多数情况下紧接着-ğu 出现语气助词 taŋ 或 taŋäy。如：

（292）　U　　texičä　　käl-mä-ydu-**ğu**—taŋ.

　　　　 他　 还　　　 来 NEG-NPST-PART-PART

　　　　 "不知为什么他到现在还不来。"

E. 在为突出某一动作而重复动词时，前一个动词一般由-^{0}š 成分名词化，而且后面缀接宾格-ni，然后其后可以出现-ğu，如 berišni**ğu** barimän "我去是要去"，yezišni**ğu** yeziptu "他写是写了" 等。

6. 断然语气助词—dä/—tä：该语气助词在书写时一般用破折号与句末的词连接，主要有以下用法：

A. 用来表示对句中所叙述的事件的钦佩或夸奖：

（293）　Taza　　waqt-i-da　　　　käl-di-ŋ—**dä**.

　　　　 简直　　时间 3POS-LOC　 来 PST-2sg—PART

　　　　 "你来得正是时候。"

B. 用来表示对句中所叙述的事件的惋惜或遗憾：

（294）　Ämdi　　härqančä　　qil-sa-q-mu

现在　　怎么也　　　做 COND-1pl-PART

ülgür-äl-mä-y-miz—**dä**.

赶上-ABIL-NEG-NPST-1pl—PART

"问题是现在我们怎么也来不及了。"

C. 用来表示对句中所叙述的事件的新的认识或理解。如：

（295）　Ähwal-lar-ni　　taza　　igällä-psän—**dä**！

情况 PL-ACC　　简直　　掌握 EVID2sg—PART

"看来你把情况了解得相当深呢！"

D. 用来表示对句中所叙述的事件的理解或认同。如：

（296）　Pul　　tap-qan　　adäm

钱　　找 ADJL　　人

xäšlä-š-ni-mu　　　　bil-idu—**dä**.

花 NOML-ACC-PART　知道 NPST—PART

"挣钱的人当然知道怎么花了。"

E. 用来表示紧接着完成某一件事，马上开始另一个动作。如：

（297）　U　　orn-i-din　　　tur-di—**dä**，　　išik

他　　位置 3POS-ABL　站 PST—PART　　门

täräp-kä　　qara-p　　yügür-di.

方面 DAT　　看 ADVL　跑 PST

"他一站起身就朝着门跑去。"

F. 用来表示对句中所叙述的事情尽到了责任，虽然对其结果把握不大。如：

（298）　Yaz-di-m—**dä**　　　birnärsi-lär　qil-ip.

写 PST-1sg—PART　　某事 PL　　做 ADVL

"我反正尽量写了。"

7. 转述语气助词-däk：该成分出现在句末，表示说话者转述自己间接得知的、对其真实性不太有把握的信息。如：

（299）　a.　U　　ätä　　käl-gü-**däk**.

他　　明天　　来 NOML-PART

"据说他明天要来。"

b.　Bu　　roman　bäk　yaxši-**däk**.

这　　小说　太　　好 NOML

"据说这小说相当好。"

8. 或然语气助词-kin：该成分一般出现在带有疑问代词的特殊疑问句带

有疑问语气助词-mu 的是非疑问句末尾的谓词里，根据上下文的不同，表示不确定的、犹豫不决的判断或自言自语的疑问。如果疑问语气助词-mu 跟或然语气助词-kin 一起出现的话，因-kin 的同化而变为-mi，因此一般以-mikin的形式出现。但在大多数非过去时结构里-mu 以-m 的形式出现在人称成分之前（参见上述疑问语气助词-mu 的解释），而-kin 出现在最后与之分离。其具体用法如下：

（300）　a.　_____　U-lar　　**qačan**　　kel-idi-**kin**？

　　　　　　　　　　他 PL　　一定　　　来 NPST-PART

　　　　　　_____　Ätä　　　kel-ä-**m**-di-**kin**？

　　　　　　　　　　明天　　　来 NPST-Q-NPST-PART

　　　　　"甲：不知他们什么时候来呢？

　　　　　乙：明天会来呢吧？"

　　　b.　Bar-si-ŋiz　　　japa　　tart-ip

　　　　　去 COND-2sg　苦　　　受 ADVL

　　　　　qal-ar-siz-**mi**-**kin**.

　　　　　FACT-NPST-2sg-Q-PART

　　　　　"如果你去，就怕你受苦。"

　9. 限制语气助词-la：该助词一般出现在句中任何静词类及其短语之后，表示句中做出的结论或判断只限于它所结合的词或短语所表达的内容。因此句中往往有副词 päqät "只是，只有" 与之呼应。具体用法如下：

　A. 出现在包括主格在内的各格构成的格短语之后，表示所叙述的事件只涉及该格短语所表达的内容。如：

（301）a.　U　　yeqin-di-**la**　　öy-i-gä　　　　ber-ip

　　　　　他　　近 LOC-PART　家 3POS-DAT　去 ADVL

　　　　　käl-di.

　　　　　来 3PST

　　　　　"他最近刚探亲回来。"

　　　b.　U　　män-däk-**la**　　bar　i-kän.

　　　　　他　　我 SML-PART　　有　　是 EVID

　　　　　"他个头就跟我一样。"

　B. 出现在以-Gan 形容词化结构再加位格-DA 的结构后面表示完成某一件事的先决条件。如：

（302）　Mušu　bina-lar　püt-kän-di-**la**　　　　öy

　　　　　这　　楼 PL　建成 ADJL-LOC-PART　房子

<u>mäsili-si</u>　　　<u>häl bol-idu.</u>
问题 3POS　　解决 3NPST

"只有这些楼房建成了，住房问题才能解决。"

C. 出现在数量词后面，表示数量只有那么多。如：

（303）　<u>Sinip-imiz-da</u>　　　<u>päqät</u>　<u>bäš-la</u>　　<u>oğul</u>
班 1plPOS-LOC　　　只有　　五 PART　男

<u>bala</u>　　<u>bar.</u>
孩子　　有

"我们班只有五个男生。"

D. 缀加在由 -⁰p 副词化的短语后面，表示紧接着该短语所表达动作的结束及另一个动作的出现。如：

（304）　<u>U</u>　　<u>kel-ip-la</u>　　　　<u>iš-qa</u>　　　<u>čüš-üp</u>
他　　来 ADVL-PART　　活儿 DAT　下 ADVL

<u>kät-ti.</u>
INTNS-PST

"他一来就上班了。"

有时根据上下文的不同，类似结构可能表示一个劲儿地或一下子做出某一件事。如：

（305）　<u>U</u>　<u>seni</u>　<u>saqla-p-la</u>　　　<u>oltur-idu.</u>
他　把你　等 ADVL-PART　坐 NPST

"他一直在等你。"

E. 缀加在由 -⁰p 副词化的短语的否定形式后面，表示还没有完成该短语所表达动作以前就出现另一个动作。如：

（306）　<u>Biz</u>　　　<u>taŋ at-ma-y-la</u>
我们　　　天亮 NEG-ADVL-PART

// <u>taŋ at-ma-s-tin-la</u>　　　　　<u>yol-ğa</u>
天亮 NEG-NOML-ABL-PART　　路 DAT

<u>čiq-tuq.</u>
出 PST1pl

"我们天还没有亮就出发了。"

F. 缀加在处于修饰语位置上的 -GAn 形容词化结构之后，表示被修饰者没有例外的具有 -GAn 形容词化结构所表达的特征。如：

（307）　<u>Wäkil-lär</u>　<u>bar-ğan-la</u>　　　<u>yer-i-dä</u>
代表 PL　去 ADJL-PART　　地 3POS-LOC

qizğin　　qarši el-in-di.

热烈　　欢迎 PASS-PST

"代表们所到之处都受到热烈欢迎。"

　　G. 在"-⁰š 名词化结构 + 向格-GA + bolidu"这一结构里加在向格 -GA 后面，表示只允许做前面的名词化结构所表达的事情。如：

（308）　Bu　kitab-ni　mäšä-dä

　　　　　这　书 ACC　这里-LOC

　　　　　körü-š-ki-la　　　　　　bol-idu.

　　　　　看 NOML-DAT-PART　　成 NPST

　　　　　"这本书只能在这里看。"

　　当然，在类似结构里受限制的关键词是 mäšä-dä "在这里"，而不是名词化结构 körü-š "看（的动作）"，所以限制语气助词-la 完全可以出现在 mäšä-dä 之后。如：

（309）　Bu　kitab-ni　mäšä-di-la

　　　　　这　书 ACC　这里-LOC-PART

　　　　　körü-š-kä　　　　bol-idu.

　　　　　看 NOML-DAT　成 NPST

　　　　　"这本书只能在这里看。"

　　H. 出现在包括泛指代词 hämmä "所有"和指示代词、疑问代词等代词类之后，表示无例外的意义。如：

（310）　U-ni　hämmi-la　　adäm　maxta-ydu.

　　　　　他 ACC　所有-PART　　人　　夸 NPST

　　　　　"人人都夸他。"

　　I. 缀加在条件—假设语气谓词上，表示该条件是完成另一个动作的充足条件。如：

（311）　Tiriš-sa-ŋ-la　　　　alğa　　bas-i-sän.

　　　　　努力 COND-2sg-PART　前进　　压 NPST-2sg

　　　　　"只要努力，你就会进步。"

　　当然，在类似结构里限制语气助词-la 也可以放在主语 silär "你们"之后，这时限制范围转移到主语之上。

　　J. 在带有递进意义的语境里组成……-la qalmay, ……-mu/bälki……"不但……，而且……"的结构。如：

（312）　U　biz-gä　　　därs　ber-ip-la

　　　　　他　我们 DAT　课　给 ADVL-PART

qal-<u>ma-y</u>　　　　　turmuš-<u>imiz-ği-**mu**</u>
FACT-NEG-NPST　生活 1plPOS-DAT-PART
<u>köŋül böl-idu</u>.
关心 NPST
"他不仅给我们上课，而且也关心我们的生活。"

10. 聚焦语气助词-zä：在句中出现在某一个词的末尾，表示该词所表达的内容是该句所陈述事件的关键所在。具体用法如下：

A. 在否定或讥讽意义的结构里表示关键因素。如：

（313）<u>Tursun-**zä**</u>　　<u>u-ni</u>　　　<u>yarit-a-m-du</u>！
　　　吐尔逊 PART　他 ACC　看得起 NPST-Q-NPST
　　　"吐尔逊哪能看得起他呢！"

B. 在有比较的结构中表示被衬托出的人或事物。如：

（314）<u>Bügün-**zä**</u>　<u>rasa</u>　<u>issiq</u>　<u>bol-di—dä</u>.
　　　今天 PART　真正　热　　成 PST-PART
　　　"今天啊真是一个热天气。"

C. 出现在句末谓词后面，表示说话者对句中所叙述的事件毫不在乎的态度。如：

（315）<u>Guna</u>　<u>öz-i-dä</u>　　　　<u>bol-ğan-di-kin</u>
　　　罪　　自己3POS-LOC　成 ADJL-NPST-PART
　　　<u>äšundaq</u>　　<u>dä-p</u>　　　<u>baq-idu-**zä**</u>.
　　　那样的　　　说 ADVL　TENT-NPST-PART
　　　"因为自己有罪，他那样说也是可以理解的嘛。"

11. 惊奇语气助词-a/-ä：该语气助词有以下的用法：

A. 缀加在陈述句的谓语末尾，表示对所陈述的内容感到惊讶。如：

（316）<u>Kečik-ip</u>　　<u>qal-di-ŋ-**a**</u>？　　　　<u>bir iš</u>
　　　迟到 ADVL　FACT-PST-2sg-PART　一事
　　　<u>bol-di-ma</u>？
　　　成 PST-PART
　　　"怎么迟到了啊，出了什么事吗？"

B. 出现在陈述句过去时谓词重复形式中的前一个末尾，表示行为动作没完没了地出现。第三人称因为是用零标志表达，过去时成分-di/-ti 与-a 结合时其末尾的 i 会脱落。如：

（317）<u>Bu</u>　<u>iš-tin</u>　　<u>zerik-ti-m-**a**</u>－zeriktim！
　　　这　事 ABL　厌倦 PST-1sg-PART
　　　"这件事我实在是厌恶到了极点。"

C. 缀加在动词的命令式第二人称谓语末尾，或者表示乞求，或者表示命令语气的减弱。如：

（318）　Qol-iŋiz-din　　　käl-sä　　　bir

　　　　手 2sgPOS-ABL　来 COND　　一

　　　　yardäm　　qil-iŋ-a!

　　　　帮助　　　做 2IMP-PART

　　　　"如果可以，请你帮个忙吧！"

12. 提醒语气助词 hä "喂、哟"：该语气助词一般出现在句首，表示提醒对方或引起对方注意。具体用法如下：

A. 在疑问句前用来引起对方注意。如：

（319）　**Hä**，　　nä-gä　　maŋ-di-ŋ?

　　　　PART　　哪儿 DAT　走 PST 2sg

　　　　"喂，去哪儿啊？"

B. 出现在陈述句首，表示对句中所表达内容的满意。如：

（320）　**Hä**，　　ämdi　oŋša -l-di.

　　　　PART　现在　弄好 PASS PST

　　　　"对了，现在好了。"

C. 出现在命令句首，表示敦促对方。如：

（321）　**Hä**，　　ämdi　maŋ-ayli!

　　　　PART　　现在　走 IMP1pl

　　　　"好了，现在我们走吧！"

D. 出现在陈述句首，表示理解或醒悟某件事。这时 hä 的元音要发得长一点。如：

（322）　**Hä**…　ämdi　es-im-gä　　　käl-di.

　　　　PART　现在　记忆 1sgPOS-DAT　来-PST

　　　　"噢，对了，现在我想起来了。"

E. 出现在陈述句前，表示惊讶或震惊，这时 hä 的发音短而有力。如：

（323）　**Hä**?　Bügü-mu　　käl-mä-m-sän?

　　　　PART　　今天 PART　来 NEG -Q-2sg

　　　　"啊？你今天也不来吗？"

F. 有时出现在命令句的句首谓词后面，表示对第二人称的较粗暴的命令语气。在类似的结构中，如果谓词以辅音结尾，hä 与该谓词结合时 h 会脱落，只表现为 ä 音。如：

（325）　Bol-**ä**　　　　tez!
　　　　　成为　PART　　快
　　　　　"快一点儿吧！"

13. 选择语气助词 ämisä "要不然，否则"：该语气助词一般用于对话当中，即对前面叙述过的某一事提出另一种选择性解决方案时出现在句首。如：

（326）　——　Bu　yaxši　ämäs-kän.
　　　　　　　这　　好　　不是　EVID
　　　　　——　**Ämisä**　a-ni　　al.
　　　　　　　要不　　那 ACC　拿
　　　　　"甲：这个不好。
　　　　　　乙：要不买那个吧。"

有时出现在一般句子之首，表示对方应注意将要发生的事。如：

（327）　**Ämisä**　biz　　maŋ-duq.
　　　　　要不　　我们　走 PST 1Pl.
　　　　　"那我们就走了。"

14. 忽略语气助词 mäyli "算了"：该助词有以下的用法：

A. 出现在句首，表示不理睬、放任自流、冒险等意义。如：

（328）　**Mäyli**，šundaq　qil-sun!
　　　　　PART　　那样　　做 3IMP
　　　　　"算了，就让他那么办吧！"

B. 出现在条件—假设语气谓词之后，表示要做出条件—假设语气里所表达的动作行为没有任何阻碍或顾虑。如：

（329）　Bar-mi-sa-ŋ　　　**mäyli**，biz　　maŋ-duq.
　　　　　去 NEG-COND-2sg　PART　　我们　走 PST 1Pl.
　　　　　"你不去随你的便吧，我们走了。"

15. 升级语气助词 texi "还，而且"：该助词有以下的用法：

A. 出现在陈述句之首或末尾，表示句中所表达内容对上下文中已知内容来讲是进一步升级阐述的结果。如：

（330）　U　　Xänzuči-ğa　usta，
　　　　　他　汉语 DAT　善于
　　　　　texi　ln'glizči-ni-mu　bil-idu
　　　　　而且　英语 ACC-PART　知道 NPST
　　　　　"他精通汉语，而且也懂英语。"

B. 出现在句首或句末，表示该句所表达内容会不可避免地出现。如：

（331）　U　　　bašqi-lar-ni　　　köp　　qaxša-t-qan，
　　　　　他　　　别人PL-ACC　　多　　　叫苦CAUS-ADJL

　　　　　jaza-si-ni　　　　　xeli　　　tart-ip　　　baq-idu
　　　　　惩罚3POS ACC　　　相当　　受ADVL　　TENT-NPST

　　　　　texi.
　　　　　PART

　　　　　"他折磨过不少人，现在他也该受到相当的报应呢。"

C. 在对话中，相对于对方提出的某一观点来讲，说话者觉得另一个提法更为合适时也用该语气助词。如：

（332）　——Nemančä　　　sämir-ip　　　kät-ti-ŋ?
　　　　　怎么这样　　　　　发胖ADVL　　INTNS-PST-2sg
　　　　　——Hazir　　　oruqla-p　　　qal-ğin-im
　　　　　　　现在　　变瘦ADVL　　FACT-ADJL-1sgPOS

　　　　　texi，　burun　　kör-sä-ŋ
　　　　　PART　　以前　　看COND-2sg

　　　　　tonu-ma-y　　　　qal-at-ti-ŋ.
　　　　　认识NEG-ADVL　　FACT-IMPF-PSF-2sg

　　　　　"甲：你怎么这么胖了呀？
　　　　　　　乙：现在还算瘦了一点，如果你以前看见我也许认不出来呢。"

D. 有时用来表示说话者实在看不惯或无法容忍的事。如：

（333）　Tänqid　qil-sa　　　kül-üwat-idu　　**texi**!
　　　　　批评　　做COND　笑CONT-NPST　　PART
　　　　　"别人批评他，他反而笑呢！"

E. 有时出现在表示时间的副词或副词化结构之前，表示时间还没有过多久的意思。如：

（334）　Män　**texi**　hazir-la　　käl-di-m.
　　　　　我　　PART　现在PART　来PST-1sg
　　　　　"我只是刚刚到。"

16. 敦促语气助词 qeni "请"：该语气助词有下列用法：

A. 出现在命令句之首，表示一种催促意义。如：

（335）　**Qeni**　därhal　　bašla-yli!
　　　　　PART　立刻　　开始IMP1pl
　　　　　"那我们就开始吧！"

B. 出现在疑问句里，表示试探一下对方的答复如何。如：

（336） Qara-p   baq-ayli,   ular   nemä
　　　 看 ADVL TENT-IMP1pl 他 PL   什么

dä-ydu   **qeni**.
说 NPST   PART

"看吧，还不知道他们说什么呢。"

C. 与命令式动词加追问语气助词-ču 的形式一起出现，加强该结构原有的等着难以得逞的结果意义。如：

（337） šu   kün   käl-sun-ču   **qeni**,
　　　 那   天   来 3IMP PART   PART

män   qandaq   qil-imän-kin.
我   怎么   NPST1sg-PART

"就等那一天到来吧，到时看我怎么做吧。"

17. 猜测语气助词 ehtimal "可能"：该语气助词一般出现在猜测陈述式句子中，加强其猜测意义，有时可能被 häqičan，ätimalim 等语气助词所替代。如：

（338）a. U   **ehtimal**   hazir   öy-i-gä
　　　　　 他   PART   现在   房 3POS-DAT

ber-ip   bol-di.
去 ADVL   PERF-PST

"他现在可能已到家了。"

b. U   **häqičan**   biz-ni   käl-mä-ydu
　　　 他   PART   我们 ACC   来 NEG-NPST

dä-p   oyli-di.
说 ADVL   想 PST

"他很可能以为我们不会来。"

有时在 ehtimal 的位置上可以出现 bälki "也许"。

18. 从容语气助词 nayiti"最多，大不了"：该助词来自副词 nahayiti"很，特别"的不完全发音，它表示对所叙述的内容不计较，从容对待的意义。如：

（339） Al-sa   **nayiti**   üč   koy   al-ar.
　　　 拿 COND   PART   三   块   拿 ADJL

"要钱最多也就要三块钱吧。"

19. 低调语气助词 här halda "不管是什么情况"：该助词表示说话者在各种可能性的考虑中得出的某一个结论，一般都从不利的可能性出发，因此，结论带有低调。如：

（340）　Ähwal-imiz　　**här halda**　yaman　ämäs.
　　　　　情况 POS1pl　　PART　　　坏　　　不是
　　　　　"我们的日子过得还可以。"

20. 固然语气助词 därwäqä "固然"：该助词表示对句中叙述的内容表示认可。如：

（341）　**Därwäqä**　　bu　iš　biz-niŋ
　　　　　PART　　　　这　事　我们 GEN
　　　　　oyli-ğin-imiz-däk　　　bol-up　　čiq-ti.
　　　　　想 ADJL-POS1pl-K　成 ADVL　出 PST
　　　　　"固然这件事的结果跟我们预料的一样。"

21. 吩咐语气助词 jumu "好吗"：该助词有以下的用法：

A. 在命令句中表示敦促对方做出某件事。如：

（342）　Waqt-i-da　　　　kel-iŋlär　　**jumu**!
　　　　　时间 3POS LOC　　来 IMP2pl　PART
　　　　　"一定要按时来，好吗！"

B. 用于陈述句中，表示提醒或警告对方等意义。如：

（343）　Män　gep-im-din　　　yan-ma-ydi-ğan
　　　　　我　　话 POS1sg-ABL　回 NEG-NPST-ADJL
　　　　　adäm　**jumu**.
　　　　　人　　PART
　　　　　"（告诉你，）我是说话算数的人呢。"

22. 警告语气助词 bika（helibika）"否则的话"：该助词从形容词 bikar "闲着，无用处"分离出来，表示警告对方。如：

（344）　jim　　tur,　**bika**　tayaq　yä-ysän　　**jumu**.
　　　　　安静　站　　PART　棍子　吃 NPST2sg　PART
　　　　　"老实点儿，要不会吃一巴掌的。"

23. 自信语气助词 išqilip "反正"：该语气助词出现在句首表示说话者对所叙述内容非常有把握。如：

（345）　**Išqilip**　de-gän　　gep-imiz-ni
　　　　　PART　　说 ADJL　话 POS1pl-ACC
　　　　　yär-dä　　qoy-mi-duq.
　　　　　地 LOC　放 NEG PSTIp1
　　　　　"不管怎样，我们没有放弃我们的诺言。"

24. 比喻语气助词 xuddi "好像"：该助词表示所比喻的两件事物的相似性很高，有时可以由 goya "好比"或 bääyni "酷似"等替代。如：

（346）　U　　**xuddi/goya**　öz　　köz-i　　　bilän
　　　　　他　　PART　　　　自己　眼睛 3POS　POST

kör-gän-däk　　sözlä-p　　　bär-di.
看见 ADJL-K　　说话 ADVL　　ALTR PST

"他好像亲眼看到的那样讲给我们听。"

25. 坚持语气助词 zadi "究竟"：该助词有以下的用法：

A. 出现在疑问句里，表示强烈要求一个明确答复。如：

（347）　Äsli　　kel-ä-m-sän　　**zadi**?
　　　　　原本　　来 NPST Q 2sg　　PART

"你到底来不来？"

B. 出现在陈述句里，强调该句所叙述的内容必须出现。如：

（348）　Bu　　wäzipi-ni　　bügün
　　　　　这　　任务 ACC　　今天

tügä-t-mi-sä-k　　　　　　**zadi**
完 CAUS-NEG-COND-1pl　　PART

bol-ma-ydu.
成 NEG-NPST

"这个任务我们今天不完成实在不行（= 必须完成）。"

C. 表示说话者坚信句中所叙述的事件。如：

（349）　Bu　iš-ni　　**zadi**　　mušundaq
　　　　　这　事 ACC　　PART　　这样

qil-iš　　　keräk.
做 NOML　　应该

"这件事必须这样做。"

26. 总结语气助词 xalas "……而已"：该助词出现在句末，表示说话者只涉及句中谈到的内容。如：

（350）　Män　qil-iš-qa　　　tegišlik　bir
　　　　　我　　做 NOML-DAT　　值得的　一

iš-ni　　qil-di-m　　**xalas**.
·事 ACC　做 PST 1sg　PART

"我只做了应该做的一件事而已。"

27. 安慰语气助词 helimu（helimu yaxši）"还好"：该助词表示对所发生的事情的结果没有进一步恶化而感到安慰。如：

（351）　**Helimu**　hawa-da　　özgir-iš
　　　　　PART　　　天气 LOC　变化 NOML

```
bol-ma-y          tinč   tur-di.
有 NEG-ADVL       安静   站 PST
```
"还好天气没有变化，一直是好天气。"

28. 劝告语气助词 yänä "再不……"：该助词出现在否定的祈使句里，表示提醒或劝告对方不要做出某事。如：

（352） U-ni   xapa   qil-ip
　　　　他 ACC   生气   做 ADVL

　　　　qoy-mi-ğin   **yänä**.
　　　　ADV-NEG-IMP2sg   PART

"别再惹他生气了吧。"

29. 吸引语气助词 mana "这不是吗"，änä "那不是吗"：这两个助词来自相应的指示代词 mana "在这里" 和 änä "在那里"，用来表示语气时，主要起吸引对方注意的作用。如：

（353） **Änä**，män   de-gän   yär-din   čiq-ti.
　　　　PART   我   说 ADJL   地 ABL   出 PST

"可不是吗，事情的结果跟我说的一样。"

30. 阐释语气助词 dä- "说"：在动词 dä-众多的功能当中，它也用来表示语气，但也不失去一般动词的时态和人称变化。用作语气助词时有以下的用法：

A. 以第一人称单数现在时的形式出现在命令句后面，表示警告：

（354） jim   tur   **dä**-y-män，   bol-mi-sa……
　　　　安静   站   PART-NPST-1sg   成 NEG-COND

"你老实点儿，否则……"

B. 以第二人称单复数现在时的形式出现在特殊疑问句之后，表示对句中所提问的事件可能没有更好的解释或答案。如：

（355） Iš-niŋ   mundaq   muräkkäpliš-ip
　　　　事 GEN   这样   复杂化 ADVL

　　　　ket-iš-i-ni   kim
　　　　INTNS-NOML-3POS-ACC   谁

　　　　bil-idu   **dä**-y-siz.
　　　　知道 NPST   PART-NPST-2sg.

"谁知事情到后来这么复杂化。"

C. 以命令形式出现在陈述句后面，以便引起对方注意。如：

（358） Keyin   qandaq   qil-diŋ   **dä**-ŋlar.
　　　　后来   怎么   做 PST2sg   PART-IMP2p1

"你们也许问后来是怎么办的吧。"

D. 以第二人称单复数疑问现在时形式出现在列举说明的几个事物之后，表示该列举的事物只是有代表性的几个事物而已，要全部说出来，可能还有很多。如：

（356）　U　　sän'ät-tä　　talantliq　bala，　naxša
　　　　　　他　艺术 LOC　天才　　孩子　歌

　　　　　dämsiz，　ussul　dämsiz，　muzika　dämsiz，
　　　　　PART　　舞蹈　PART　　音乐　　PART

　　　　　hämmi-si　qol-i-din　　　kel-idu.
　　　　　一切 3POS　手 3POS ABL　来 NPST

　　　　"他是有艺术天才的孩子，什么唱歌啊，什么跳舞啊，什么弹琴啊，他都会。"

语气助词的构成及用法在哈萨克斯坦维吾尔语（参见 Ruslan，2006：345—349）和中国维吾尔语里完全一致。

第十二节　感叹词

一　感叹词的定义

感叹词是本身没有特定词汇意义而独立于句中的其他成分表达感情色彩、赞成、呼叫、答应等附加意义的词类。如 pah 表示惊叹，wayjan 表示疼痛，hää 表示同意，yaq 表示不同意等。根据其附加意义，感叹词可分为情感感叹词、应答感叹词和呼叫感叹词三种。

二　常用的感叹词及其意义

（一）情感感叹词

情感感叹词指表示人类喜怒哀乐等心理活动的感叹词。维吾尔语的感叹词大部分属于这一类。常见的有：

1. Häbbälli：表示对某事大加赞扬之情。如：

（357）　Häbbälli，　taza　jay-i-da　　　bol-di.
　　　　　INTRJ　　非常　位 3POS-LOC　成 PST
　　　　　"好极了，做得非常到位！"

2. bälli：表示对某事的称赞之情。如：

（358）　Bälli，　　yara-y-silär!
　　　　　INTRJ　中意 NPST-2pl
　　　　　"太好了，你们做得很好！"

有时也用来驳斥对方。如：

（359）　**Bälli**，　šu-ni-mu　　　　gäp

　　　　INTRJ　那 ACC-PART　话

　　　　dä-p　　　qil-a-m-sän.

　　　　说 ADVL　做 NPST-Q-2sg

　　　　"瞧你说的，这样的话你怎么能说得出口呢！"

有时 bälli 与 hällälli 可以交替使用。

3. Wah：表示对某事的兴奋之情。如：

（360）　**Wah**，　häjäp　salqin　šamal　käl-di-ğu!

　　　　INTRJ　多么　凉爽　风　　来 PST-PART

　　　　"哇，多么凉爽的风啊！"

4. Uhu（uhuy）：表示惊喜或惊讶。如：

（361）　**Uhuy**，　nemä degän　güzäl　jay　bu!

　　　　INTRJ　多么　　　漂亮　地方　这

　　　　"哇噢，多么漂亮地方啊！"

5. barikalla：表示拍手叫好或欢呼之情。如：

（362）　**Barikalla**，　qaltis　yaxši　iš　qil-di-ŋlar!

　　　　INTRJ　　特别　好　　事 做 PST-2pl

　　　　"好极了，你们做了一件非常好的事！"

6. ayhay：表示羡慕之情。如：

（363）　**Ayhay**，　nemä degän　čirayliq

　　　　INTRJ　多么　　　漂亮

　　　　eč-il-ğan　　　　gül-lär　bu!

　　　　开 PASS-ADJL　花 PL　这

　　　　"哇，这些花儿开得多漂亮啊！"

7. ex：表示爱慕之情，多用于诗歌里。如：

（364）　**Ex**，　ana　wätän…

　　　　INTRJ　母亲　祖国

　　　　"啊，祖国啊，母亲……"

8. pah：表示新奇或惊讶之情。如：

（365）　**Pah**，　bu　šeir　qaltis　yez-il-iptu.

　　　　INTRJ　这　诗　非常　写 PASS-EVID

　　　　"噢，这首诗写得非常好。"

9. ah：表示悲痛之情。如：

（366）　**Ah**!　bu　　därd-kä　　qandaq
　　　　　INTRJ　这　苦难 DAT　怎么

čidi-ğuluq!
经得起 NOML

"天啊！怎么能经得起这样的痛苦！"

10. häy：表示下列辅助意义：

A. 表示惋惜。如：

（367）　**Häy**，　öz　　waqt-i-da　　　čoŋ-lar-niŋ
　　　　　INTRJ　自己　时间 3POS-LOC　大 PL-GEN

gep-i-ni　　　aŋli-ğan　　bol-sa-m
话 3POS-ACC　听 ADJL　成 COND-1pl

bu　　kün-gä　　qal-ma-yt-ti-m.
这　日子 DAT　留 NEG-IMPF-PST-1sg

"哎，如果当时我顺从了大人们的劝告，今天也不至于现在这个地步。"

B. 表示着急之情。如：

（368）　**Häy**，　kečik-ip　　qal-ma-yli　　yänä.
　　　　　INTRJ　迟到 ADVL　FACT-NEG-1pl　PART

"哎呀，别迟到了。"

C. 表示厌恶之情。如：

（369）　**Häy**，　nemä degän　paskina　jay　bu!
　　　　　INTRJ　多么　　　脏·　　地方　这

"哎呀，这地方多么脏啊！"

11. eh，eh：呻吟声，一般重叠使用，表示疼痛难受。如：

（370）　**Eh**，**eh**，　ič-im　　　qizi-p　　kät-ti…
　　　　　INTRJ　内 POS1sg　发热-ADVL　INTNS-PST

"哎呀，全身发热呀……"

12. wayjan（wayjanäy）：有下列用法：

A. 表示疼痛。如：

（371）　**Wayjan**，　beš-im　　　ağri-p　　kät-ti.
　　　　　INTRJ　头·POS1sg　痛 ADVL　INT1S-PST

"哎呀，我头疼得难受。"

B. 表示饥饿，疲劳等难受的心情。如：

（372）　**Wayjan**，　her-ip　　hal-im　　　qal-mi-di.
　　　　　INTRJ　累 ADVL　状况 POS1sg　留 NEG-PST

"哎呀，我累得浑身没有劲了。"

C. 表示惊吓。如：

（373）**Wayjan**，nemančä qorqunčluq närsä bu!

　　　INTRJ　多么　　可怕的　　东西　这

　　　"哎哟，这是多么可怕的东西啊！"

13. wiyäy（wayyäy）：一般用于女性口语中，表示害羞、反感、惊吓等心理活动。如：

（374）**Wiyäy**，meni xijil qil-ma-ŋ-ču.

　　　INTRJ　把我　害羞　做 NEG-2sg-PART

　　　"哎呀，别让我丢脸了。"

14. way：用于呼叫对方以便引起对方注意。如：

（375）**Way**　ağini-lar，bu gäp-ni

　　　INTRJ　兄弟 PL　这话 ACC

aŋla-p　　qoy-uŋlar!

听 ADVL　ADVN2pl

"喂，弟兄们，听听这话吧！"

有时也用来表示尴尬的心情。如：

（376）**Way**，bu nemä qil-ğan-lir-i，

　　　INTRJ　这 什么　做 ADJL-PL-3POS

biz　öz　adäm tur-sa-q…

我们　自己　人　是 COND-1pl

"哎，你这是在干什么，都是自己人嘛……"

Way 还表示感到紧张，疼痛等心情。

15. apla häkbär（apla）：表示后悔、内疚、失望等心情。如：

（377）a.　**Apla häkbär**，belit-im-ni　　　　untu-p

　　　　　INTRJ　　　　票 POS1sg-ACC　忘 ADVL

qaptimän　（<qal-iptu-män）

　　　　　FAC-EVID-1sg

"哎呀，糟了，我忘了票了。"

b.　**Apla**，bu gäp-ni　u-niŋ-ğa

　　　INTRJ　这　话 ACC　他 GEN-DAT

de-mi-sä-m　　　　　boptikän　（bol-uptukän）

说 NEG-COND-1sg　　　　　成 EVID

"糟了，这话真不应该给他讲。"

16. ästağpurulla（ästa）：表示着急难忍的心情。如：

（378）　**Ästağpurulla**，　bu　iš-ni　　qandaq
　　　　　INTRJ　　　　　这　事 ACC　怎么

　　　　　qil-maq　　keräk　ämdi!
　　　　　做 NOML　应该　现在
　　　　　"我的天啊，这事现在该怎么办呢！"

17. towa：表示惊讶，祈求等心情。如：

（379）　**Towa**，bundaq　iš-lar-din　　xuda　　saqli-sun!
　　　　　INTRJ　这样　　事 PL-ABL　上帝　　保佑 IMP
　　　　　"我的天啊，上帝保佑我们别遇上这样的事！"

18. way-woy：表示厌倦、嘲笑等心情。如：

（380）　**Way-woy**，nemä　tügi-mä-ydiğan　　　　gäp　bu!
　　　　　INTRJ　　什么　完 NEG NPST-ADJL　话　　这
　　　　　"我的天啊，哪有这么没完没了的话呢！"

19. woy：表示感到突然的心情。如：

（381）　**Woy**，bu-niŋ-din　　texi　xäwir-iŋiz
　　　　　INTRJ　这 GEN-ABL　还　消息 POS2sg

　　　　　yoq-ma?
　　　　　没有-Q
　　　　　"哟，你还没有听到这消息吗？"

20. hä：表示刚刚想起，刚刚明白等心情。如：

（386）　**Hä**，　iš-niŋ　　tegi　mundaq
　　　　　INTRJ　事情 GEN　底子　这样

　　　　　ikän-dä!
　　　　　是 EVID-PART
　　　　　"噢，事情的底子原来是这样的。"

除了以上的感叹词以外，还有下列的感叹词也表示某种感情：

21. him：表示理解，表示怀恨在心等心情。

22. oy（o）：表示讨厌等心情。

23. way tehi：表示不信任之情。

24. pa：表示烫手等感觉。

25. uh：表示疲倦，感到舒服等心情。

26. ist：表示感到遗憾、后悔等心情。

27. yaalla：表示惊讶，表示担心等。

28. hättäŋäy：表示等不及的心情。

29. xäp：表示警告，表示不认输等心情。

30. way xudayimäy：表示惊讶，表示担心，也表示不在乎等心情。

31. way atam：表示惊慌失措的心情。

32. way qowurğam：表示嘲笑之情。

33. xuda（häy xuda）：表示担心，表示为难等。

34. apa：女性用语，表示惊讶等。

（二）应答感叹词

应答感叹词指对对方的问话表示同意或不同意的感叹词。常见的有：

35. Hää"是的"：表示肯定答复：

（387）　　——　Hazir　käl-di-ŋiz-ma?
　　　　　　　　　刚　　来 PST-2sg-Q

　　　　　——　**Hää**.
　　　　　　　　是的

　　　　"甲：你是刚到的吗？

　　　　　乙：是的。"

36. yaq"不"：表示否定的答复。

（388）　　——　Hazir　käl-di-ŋiz-ma?
　　　　　　　　　刚　　来 PST-2sg-Q

　　　　　——　**Yaq**，　män　käl-gili　　xeli　bol-di
　　　　　　　　　不　　我　　来 ADVL　相当　成 PST

　　　　"甲：你是刚到的吗？

　　　　　乙：不，我来好长时间了。"

37. xoš：表示听从对方的呼唤。如：

（389）　　——　Häy　　Tursun!
　　　　　　　　INTRJ　吐尔逊

　　　　　——　**Xoš**.
　　　　　　　　INTRJ

　　　　"甲：喂，吐尔逊！

　　　　　乙：嗯。"

38. xop：表示坚定地接受或服从对方号召。如：

（390）　　——　jäŋči　　Tursun!
　　　　　　　　战士　　吐尔逊

　　　　　——　**Xop**!
　　　　　　　　INTRJ

　　　　"甲：战士吐尔逊！

　　　　　乙：到！"

（三）呼叫感叹词

呼叫感叹词指叫人们做某动作或呼叫各种动物时发出的感叹词。常见的有：

39. mä：把某物交给对方时发出的声音，相当于"给你"。

40. bäs：叫人停止说话动作时发出的声音。

41. tiš：叫人们安静时发出的声音。

42. čuh：赶毛驴、马等快走时发出的声音。

43. taq：赶鸡走开的叫声。

44. čaq：赶狗走开的声音。

45. küš：赶飞鸟飞走的声音。

46. päš：赶猫走开的声音。

47. qix：叫驴快走的声音。

48. häy：叫人的声音。

49. tü-tü-tü：叫唤鸡的声音。

50. mä-mä：叫唤狗的声音。

51. piš-piš：叫唤猫的声音。

52. tir-tir：叫唤毛驴的声音。

感叹词的构成及用法在哈萨克斯坦维吾尔语（参见 Ruslan，2006：350—353）和中国维吾尔语里完全一致。

附录

附录一　维吾尔语 2000 词表

序号	拉丁文撰写	中国新疆维吾尔语	哈萨克斯坦维吾尔语	汉义
1	a'ilä	ئائىله	аилə	家庭
2	aptap	ئاپتاپ	аптап	阳光
3	aptap sun-\aptap sunmaq	ئاپتاپ سۇن-\ئاپتاپ سۇنماق	аптап сун-\аптап сунмақ	晒太阳
4	aptappäräs	ئاپتاپپەرەس	аптаппəрəс	向日葵
5	aptobos	ئاپتوبوس	аптобос	公共汽车
6	aptuwa	ئاپتۇۋا	аптува	洗手壶
7	april	ئاپرىل	април	四月
8	at	ئات	ат	马
9	at yili	ئات يىلى	ат йили	马年（属相）
10	at-\atmaq	ئات-\ئاتماق	ат-\атмақ	扔、投掷
11	ata-\atimaq	ئاتا-\ئاتىماق	ата-\атимақ	称作
12	ata\dada	ئاتا\دادا	ата-\дада	父亲
13	ata-ana	ئاتا-ئانا	ата-ана	父母亲
14	atla-\atlimaq	ئاتلا-\ئاتلىماق	атла-\атлимақ	跨越
15	atmiš	ئاتمىش	атмиш	六十
16	ajayip	ئاجايىپ	ажайип	非常
17	ač	ئاچ	ач	饿
18	ač-\ačmaq	ئاچ-\ئاچماق	ач-\ачмақ	打开
19	ača	ئاچا	ача	姐姐
20	ača yol	ئاچا يول	ача йол	岔口
21	ačal	ئاچال	ачал	交叉路口
22	aččiq	ئاچچىق	аччиқ	酸的、苦的
23	aččiqsu	ئاچچىقسۇ	аччиқсу	醋

序号	拉丁文撰写	中国新疆维吾尔语	哈萨克斯坦维吾尔语	汉义
24	ačquč	ئاچقۇچ	ачкуч	钥匙
25	ačköz	ئاچكۆز	ачкөз	贪婪的人
26	axšam	ئاخشام	ахшам	晚上
27	axun	ئاخۇن	ахун	阿訇
28	adäm	ئادەم	адәм	人
29	aram al-\aram almaq	ئارام ئال ـ\ئارام ئالماق	арам ал-\арам алмак	休息
30	arpa	ئارپا	арпа	大麦
31	art-\artmaq	ئارت ـ\ئارتماق	арт-\артмак	背
32	artis	ئارتىس	артис	演员
33	artuq	ئارتۇق	артук	多余的
34	arča	ئارچا	арча	柏树
35	arslan	ئارسلان	арслан	小狮子
36	aršaŋ	ئارشاڭ	аршаң	温泉
37	arğamča	ئارغامچا	арғамча	绳子
38	arqa	ئارقا	арка	后面
39	arqiliq	ئارقىلىق	аркилик	通过
40	az	ئاز	аз	少
41	azad qil-\azad qilmaq	ئازاد قىل ـ\ئازاد قىلماق	азад кил-\азад килмак	解放
42	azgal	ئازگال	азгал	坑、洼地
43	as-\asmaq	ئاس ـ\ئاسماق	ас-\асмак	挂
44	asasän	ئاساسەن	асасән	基本上
45	asan	ئاسان	асан	容易
46	ast\töwän	ئاست\تۆۋەن	аст\төвән	下面
47	asta	ئاستا	аста	慢
48	aslan	ئاسلان	аслан	小猫
49	asman	ئاسمان	асман	天
50	aš\tamaq	ئاش\تاماق	аш\тамак	饭
51	ašpäz	ئاشپەز	ашпәз	厨师

续表

序号	拉丁文撰写	中国新疆维吾尔语	哈萨克斯坦维吾尔语	汉义
52	aštaxta	ئاشتاختا	аштахта	面板
53	ašxana	ئاشخانا	ашхана	食堂、厨房
54	ašqazan	ئاشقازان	ашқазан	胃
55	ašliq	ئاشلىق	ашлиқ	粮食
56	ašmanta	ئاشمانتا	ашманта	抓饭包子
57	ašu	ئاشۇ	ашу	那个
58	ağdur-\ağdurmaq	ئاغدۇر-\ئاغدۇرماق	ағдур-\ағдурмақ	推翻
59	ağri-\ağrimaq	ئاغرى-\ئاغرىماق	ағри-\ағримақ	疼，生病
60	ağinä\dost	ئاغىنە\دوست	ағинə\дост	朋友
61	aq	ئاق	ак	白色
62	aq-\aqmaq	ئاق-\ئاقماق	ақ-\ақмақ	流
63	aqar yultuz	ئاقار يۇلتۇز	ақар юлтуз	流星
64	aqart-\aqartmaq	ئاقارت-\ئاقارتماق	ақарт-\ақартмақ	刷成白色，粉刷
65	aqča	ئاقچا	ақча	钱
66	aqsaq	ئاقساق	ақсақ	瘸子
67	aqsaqal	ئاقساقال	ақсақал	白胡子（长老）
68	aqla-\aqlimaq	ئاقلا-\ئاقلىماق	ақла-\ақлимақ	削皮、辩护
69	aka	ئاكا	ака	哥哥
70	aktip	ئاكتپ	актип	积极
71	agahlandur-\agahlandurmaq	ئاگاھلاندۇر-\ئاگاھلاندۇرماق	ағаһландур-\ағаһландурмақ	警告
72	al-\almaq	ئال-\ئالماق	ал-\алмақ	拿
73	ala	ئالا	ала	花斑，斑纹
74	alaqiči	ئالاقچى	алақичи	联络员
75	altinči ay	ئالتىنچى ئاي	алтинчи ай	六月
76	altun	ئالتۇن	алтун	金
77	altä	ئالته	алтə	六

续表

序号	拉丁文撰写	中国新疆维吾尔语	哈萨克斯坦维吾尔语	汉义
78	alda-\aldimaq	ئالدا ـ \ئالدىماق	алда-\алдимақ	欺骗
79	aldi	ئالدى	алди	前面
80	aldiraš	ئالدىراش	алдираш	忙碌
81	alqan	ئالقان	алқан	手掌
82	alma	ئالما	алма	苹果
83	almas	ئالماس	алмас	钻石
84	almaštur-\almašturmaq	ئالماشتۇر ـ \ئالماشتۇرماق	алмаштур-\алмаштурмақ	交换
85	alyomin	ئاليومىن	алйомин	铝
86	aliy mäktäp	ئالىي مەكتەپ	алий мәктәп	高等学校、大学
87	aluča	ئالۇچا	алуча	樱桃
88	alwasti	ئالۋاستى	алвасти	魔鬼
89	amanät qoyuš	ئامانەت قويۇش	аманәт қоюш	委托、存放
90	ambar	ئامبار	амбар	仓库
91	amraq	ئامراق	амрақ	喜欢
92	amma	ئامما	амма	群众
93	amut	ئامۈت	амут	梨
94	Amerika	ئامېرىكا	америка	美国
95	ana\apa	ئانا\ئاپا	ана\апа	母亲
96	anargül	ئانارگۈل	анаргүл	石榴花
97	andaq\undaq	ئانداق\ئۇنداق	андақ\ундақ	那样
98	ay	ئاي	ай	月亮
99	ayağ	ئاياغ	аяғ	鞋
100	ayaq	ئاياق	аяқ	那边
101	ayal	ئايال	аял	女
102	ayril-\ayrilmaq	ئايرىل ـ \ئايرىلماق	айрил-\айрилмақ	分开
103	ayropilan	ئايروپىلان	айропилан	飞机
104	ayrodrom	ئايرودروم	айродром	飞机场
105	aylan-\aylanmaq	ئايلان\ئايلانماق	айлан-\айланмақ	晕、转

序号	拉丁文撰写	中国新疆维吾尔语	哈萨克斯坦维吾尔语	汉义
106	aywan	ئايۋان	айван	门廊
107	aŋ-sezim	ئاڭ ـ سېزىم	аң-сезим	意识
108	aŋla-\aŋlimaq	ئاڭلا ـ\ئاڭلىماق	аңла-\аңлимақ	听
109	ahalä	ئاھاله	аһалə	居民
110	awat	ئاۋات	ават	繁荣
111	awaz	ئاۋاز	аваз	声音
112	awğust	ئاۋغۇست	август	八月
113	awu	ئاۋۇ	аву	那
114	ätrap	ئەتراپ	этрап	周围
115	ätir-sopun	ئەتىر ـ سوپۇن	этир-сопун	香皂
116	ätigän	ئەتىگەن	этигə	早上
117	ätiyaz\bahar	ئەتىياز\ئاباار	этияз\баһар	春
118	ätä	ئەته	эте	明天
119	äjdad	ئەجداد	эждад	祖先
120	äjdiha	ئەجدىها	эждиһа	龙
121	äxmäq	ئەخمەق	эхмəқ	傻瓜
122	ädäbiyat	ئەدەبىيات	əдəбият	文学
123	är	ئەر	əр	男
124	ärz qil-\ärz qilmaq	ئەرز قىل ـ\ئەرز قىلماق	əрз кил-\əрз килмақ	投诉
125	ärzan	ئەرزان	əрзан	便宜
126	ärkin bazar	ئەركىن بازار	əркин базар	自由市场
127	ärkinlik	ئەركىنلىك	əркинлик	自由
128	ärwah	ئەرۋاھ	əрвaһ	幽灵、鬼
129	Äräb	ئەرەب	əрəб	阿拉伯
130	äz-\äzmäk	ئەز ـ\ئەزمەك	əз-\əзмəк	捣碎、压迫
131	äza	ئەزا	əза	器官、成员
132	ästä qal-\ästä qalmaq	ئەستە قال ـ\ئەستە قالماق	əстə қал-\əстə қалмақ	记住

序号	拉丁文撰写	中国新疆维吾尔语	哈萨克斯坦维吾尔语	汉义
133	äski–tüski	ئەسكى – تۈسكى	əски-түски	破烂
134	äskär	ئەسكەر	əскəр	士兵
135	äsla	ئەسلا	əсла	完全
136	äslä\äslimäk	ئەسله ـ \ئەسلىمەك	əслə-\əслимəк	回想
137	äsnä\äsnimäk	ئەسنه ـ \ئەسنىمەك	əснə-\əснимəк	打哈欠
138	äš\äšmäk	ئەش ـ \ئەشمەك	əш-\əшмəк	搓（绳子）
139	äqilliq	ئەقىللىق	əқиллиқ	聪明的
140	äksiyätčil	ئەكسىيەتچىل	эксийəтчил	反动的
141	ägri-bügri\ägri-toqay	ئەگرى – بۈگرى\ئەگرى – توقاي	əгри- бүгри\əгри-тоқай	弯弯曲曲
142	ägäš-ägäšmäk	ئەگەش ـ \ئەگەگەشمەك	əгəш-\əгəшмəк	跟随
143	älči	ئەلچى	əлчи	大使、媒人
144	älgäk\ägläk	ئەلگەك	əлгəк\əглəк	筛子
145	ällik	ئەللىك	əллик	五十
146	ämčäk	ئەمچەك	əмчəк	乳房
147	ämgäk	ئەمگەك	əмгəк	劳动
148	ämgäkčan\iščan	ئەمگەكچان\ئىشچان	əмгəкчан\ишчан	劳动者
149	ämma\lekin\biraq	ئەمما\لېكىن\بىراق	əмма\лекин\бирақ	但是
150	ämäs	ئەمەس	əмəс	不是
151	änjür	ئەنجۈر	əнжүр	无花果
152	änjür därixi	ئەنجۈر دەرىخى	əнжүр дəрихи	无花果树
153	äynäk	ئەينەك	əйнəк	镜子
154	äyiblä-\äyiblimäk	ئەيىبله ـ \ئەيىبلىمەك	əйиблə-\əйиблимəк	指责
155	äŋ	ئەڭ	əң	最
156	äŋlik	ئەڭلىك	əңлик	腮红
157	äwrä	ئەۋره	əврə	重孙
158	batur	باتۇر	батур	勇士
159	baj	باج	баж	税
160	baja	باجا	бажа	挑担

序号	拉丁文撰写	中国新疆维吾尔语	哈萨克斯坦维吾尔语	汉义
161	bačka	باچكا	бачка	乳鸽
162	baxši\daxan	باخشى\داخان	бахши\дахан	巫师
163	badam	بادام	бадам	巴达木
164	bar	بار	бар	有
165	bar-\barmaq	بار ـ\بارماق	бар-\бармақ	去
166	baraŋ	باراڭ	бараң	藤架
167	barčä\barliq	بارچە\بارلىق	барчэ\барлиқ	所有的
168	bazar	بازار	базар	市场
169	bazğan	بازغان	базған	大锤子
170	bas-\basmaq	باس-\باسماق	бас-\басмақ	压、印
171	baš	باش	баш	头
172	bašaq	باشاق	башақ	麦穗
173	bašqa	باشقا	башка	其他
174	bašqilar	باشقىلار	башқилар	其他的（人）
175	bašqur-\bašqurmaq	باشقۇر ـ\باشقۇرماق	башқур-\башқурмақ	管理
176	bašla-\bašlimaq	باشلا ـ\باشلىماق	башла-\башлимақ	开始
177	bašlanğuč mäktäp	باشلانغۇچ مەكتەپ	башланғуч мэктэп	小学
178	bašliq	باشلىق	башлиқ	领导
179	bašmaltaq	باشمالتاق	башмалтақ	大拇指
180	bağ	باغ	бағ	园子
181	bağriğa bas-\bağriğa basmaq	باغرىغا باس ـ\باغرىغا باسماق	бағриға бас-\бағриға басмақ	拥抱
182	bağla-\bağlimaq	باغلا ـ\باغلىماق	бағла-\бағлимақ	捆绑
183	bağlam	باغلام	бағлам	捆
184	baq-\baqmaq	باق ـ\باقماق	бақ-\бақмақ	养、看
185	bala	بالا	бала	孩子
186	bala-čaqa	بالا ـ چاقا	бала-чақа	家眷，家人
187	baldur	بالدۇر	балдур	早

序号	拉丁文撰写	中国新疆维吾尔语	哈萨克斯坦维吾尔语	汉义
188	bambuk	بامبۇك	бамбук	竹子
189	banan	بانان	банан	香蕉
190	banka	بانكا	банка	银行
191	bay	باي	бай	巴依、富人
192	baya	بايا	бая	刚才
193	bayraq	بايراق	байрақ	旗帜
194	baywätčä	بايۋەتچه	байвәтчә	富人
195	baha	باها	баha	价格
196	botulka	بوتۇلكا	ботулка	瓶子
197	bor	بور	бор	草席
198	bora	بورا	бора	粉笔
199	boran	بوران	боран	大风
200	boran-čapqun \judun-čapqun	بوران – چاپقۇن \جۇدۇن – چاپقۇن	боран-чапкун\ жудун-чапкун	暴风雨
201	boriči	بورىچى	боричи	编席子的人
202	boz yär	بوز يەر	боз йәр	盐碱地
203	bozäk qil-\bozäk qilmaq	بوزەك قىل ـ \بوزەك قىلماق	бозәк қил-\бозәк қилмақ	欺负
204	boš	بوش	бош	松的
205	bošat-\bošatmaq	بوشات ـ \بوشاتماق	бошат-\бошатмақ	使松
206	boğ-\boğmaq	بوغ ـ\بوغماق	боғ-\боғмақ	扎（起来）
207	boğaz	بوغاز	боғаз	怀孕的（指动物）
208	boğaltir	بوغالتىر	боғалтир	会计
209	boğča	بوغچا	боғча	包袱
210	boğma yilan	بوغما يىلان	боғма йилан	蟒蛇
211	boğursaq	بوغۇرساق	боғурсақ	油果子
212	boğum	بوغۇم	боғум	关节
213	boqursaq	بوقۇرساق	бокурсақ	油果子

续表

序号	拉丁文撰写	中国新疆维吾尔语	哈萨克斯坦维吾尔语	汉义
214	bol-\bolmaq	بول ـ\بولماق	бол-\болмақ	成为
215	bolaq	بولاق	болақ	（一）包
216	bolqa	بولقا	болқа	锤子
217	bolupmu	بولۇپمۇ	болупму	尤其是
218	bomba	بومبا	бомба	炸弹
219	bomba saqal	بومبا ساقال	бомба сақал	络腮胡子
220	boya-\boyimaq	بويا ـ\بويىماق	боя-\бойимақ	染
221	boyaq	بوياق	бояқ	染料
222	boytaq	بويتاق	бойтақ	单身汉
223	boyun	بويۇن	боюн	脖颈
224	bowa	بوۋا	бова	爷爷
225	boway	بوۋاي	бовай	老人
226	bitinkä	بتنكه	битинкә	皮鞋
227	bičarä	بچاره	бичарә	可怜的
228	bix	بخ	бих	芽
229	bidä	بده	бидә	苜蓿
230	bir	بر	бир	一
231	birqädär	برقهدەر	бирқәдәр	进一步
232	birkim	بركىم	бирким	某人
233	birliktä	برلىكته	бирликтә	一起
234	birnemä	بىرنهمه	бирнемә	某个东西
235	birinji	بىرنجى	биринжи	第一
236	birinči ay	بىرنچى ئاي	биринчи ай	一月
237	biz	بز	биз	我们
238	bikar	بكار	бикар	空闲
239	bil-\bilmäk	بل ـ\بلمهك	бил-\билмәк	知道
240	bilä-\bilimäk	بله ـ\بلىمهك	билә-\билимәк	磨（刀）
241	biläk	بلهك	биләк	胳膊
242	bilän	بلهن	билән	和

续表

序号	拉丁文撰写	中国新疆维吾尔语	哈萨克斯坦维吾尔语	汉义
243	biläy	بىلەي	биләй	磨刀石
244	biläyzük	بىلەيزۈك	билəйзүк	手镯
245	bina öy	بىنا ئۆي	бина өй	楼房
246	binaän\boyičă	بىناەن\بويىچە	бинаəн\бойичə	按照
247	biyit	بىيىت	бийит	对歌
248	biyä	بىيه	бийə	木瓜
249	börä	بۆره	бөрə	狼
250	böräk	بۆرەك	бөрəк	肾
251	böšük	بۆشۈك	бөшүк	摇篮
252	bök	بۆك	бөк	帽子（小孩）
253	böl-\bölmäk	بۆل-\بۆلمەك	бөл-\бөлмəк	分配
254	bu	بۇ	бу	这
255	butxana	بۇتخانا	бутхана	寺庙，佛寺
256	budda dini	بۇددا دىنى	будда дини	佛教
257	budda munari	بۇددا مۇنارى	будда мунари	佛塔
258	bura-\burimaq	بۇرا-\بۇرىماق	бура-\буримақ	拧、扭
259	burnakün	بۇرناكۈن	бурнакүн	大前天
260	burut	بۇرۇت	бурут	胡须，八字胡
261	burun	بۇرۇن	бурун	以前
262	buz\buzmaq	بۇز-\بۇزماق	буз\бузмақ	破坏，拆
263	buğa	بۇغا	буға	麋鹿
264	buğday	بۇغداي	буғдай	小麦
265	buğday maysisi	بۇغداي مايسىسى	буғдай майсиси	麦苗
266	buğra	بۇغرا	буғра	公骆驼
267	buqa	بۇقا	буқа	公牛
268	bula-\bulimaq	بۇلا-\بۇلىماق	була-\булимақ	抢劫
269	bulaq	بۇلاق	булақ	泉
270	bulaŋči	بۇلاڭچى	буланчи	劫匪
271	bulbul	بۇلبۇل	булбул	夜莺

续表

序号	拉丁文撰写	中国新疆维吾尔语	哈萨克斯坦维吾尔语	汉义
272	bultur	بۇلتۇر	бултур	去年
273	bulut	بۇلۇت	булут	云
274	buluŋ-pučqaq	بۇلۇڭ ـ پۇچقاق	булуң-пучқақ	角落
275	bundaq	بۇنداق	бундақ	这样
276	buyär	بۇيەر	буйәр	这地方
277	bürküt	بۈركۈت	бүркүт	老鹰
278	bürgä	بۈرگه	бүргә	跳蚤
279	bügün	بۈگۈن	бүгүн	今天
280	bexil	بەخىل	бехил	吝啬
281	beğiš	بەغش	беғиш	腕，手腕
282	bekät	بەكەت	бекәт	车站
283	beliq	بەلىق	белиқ	鱼
284	beläk	بىلەك	белək	胳膊
285	benzin	بەنزىن	бензин	煤油
286	bätinkä	بەتىنكه	бәтинкә	皮鞋
287	bäxt	بەخت	бәхт	幸福
288	bädän	بەدەن	бәдән	身体
289	bär-\bärmäk	بەر ـ \بەرمەك	бәр-\бәрмәк	给
290	bärdašliq bär-\bärdašliq bärmäk	بەرداشلىق بەر ـ \بەرداشلىق بەرمەك	бәрдашлиқ бәр-\бәрдашлиқ бәрмәк	坚持
291	bäzgäk	بەزگەك	бәзгәк	疟疾
292	bäzibir	بەزبىر	бәзибир	某些个，某些
293	bäš	بەش	бәш	五
294	bäšinči ay	بەشىنچى ئاي	бәшинчи ай	五月
295	bäk	بەك	бәк	结实，很，太
296	bäl	بەل	бәл	腰
297	bälbağ\kämär	بەلباغ\كەمەر	бәлбағ\кәмәр	腰带、皮带
298	bälğäm	بەلغەم	бәлғәм	黄痰
299	bälki	بەلكى	бәлки	而是

序号	拉丁文撰写	中国新疆维吾尔语	哈萨克斯坦维吾尔语	汉义
300	bändä	بەندە	бэндэ	凡人,普通人
301	bäsäy	بەسەي	бэсэй	白菜
302	pataŋ	پاتاڭ	патаң	颈椎
303	patqaq	پاتقاق	патқақ	泥泞
304	patmičuq\ käslänčük	كەسلەنچۈك	патмичук\кэслэнчүк	蜥蜴
305	paxta	پاختا	пахта	棉花
306	paxtäk	پاختەك	пахтэк	鹌鹑
307	padiči\čarwiči	پادچى\چارۋچى	падичи\чарвичи	牧羊人
308	padišah	پادشاھ	падишаһ	皇帝
309	para yä-\para yemäk	پارا يە - \پارا يېمەك	пара йэ-\пара йемэк	受贿
310	paraŋlaš-\ paraŋlašmaq	پاراڭلاش - \پاراڭلاشماق	параңлаш-\ параңлашмақ	谈话
311	partlatquč dora	پارتلاتقۇچ دورا	партлаткуч дора	炸药
312	partiyä	پارتىيە	партийэ	党
313	parčä	پارچە	парчэ	(一) 片
314	Pars	پارس	парс	波斯
315	passip	پاسسپ	пассип	消极
316	paskina	پاسكنا	паскина	肮脏
317	paša	پاشا	паша	蚊子
318	paša čaq-\paša čaqmaq	پاشا چاق - \پاشا چاقماق	паша чақ-\паша чақмақ	蚊子叮
319	paqa	پاقا	пақа	青蛙
320	paqalčaq	پاقالچاق	пақалчақ	小腿
321	paqlan	پاقلان	пақлан	羊羔
322	pakiz\pakizä	پاكىز\پاكىزە	пакиз\пакизэ	干净
323	palanči\pokunči\ palani	پالانچى\پوكۈنچى\پالانى	паланчи\покунчи\ палани	某人
324	palta	پالتا	палта	斧头
325	paläk	پالەك	палэк	菠菜
326	panaq	پاناق	панақ	塌鼻子

续表

序号	拉丁文撰写	中国新疆维吾尔语	哈萨克斯坦维吾尔语	汉义
327	panus	پانۇس	панус	灯笼
328	paypaq	پايپاق	пайпақ	袜子
329	paytima	پايتىما	пайтима	裹脚布
330	paytäxt	پايتەخت	пайтəхт	首都
331	paŋ\gas	پاڭ\گاس	паң\гас	聋子
332	pah	پاھ	паһ	哇（感叹词）
333	popayka\yuŋ mayka	پوپايكا\يۇڭ مايكا	попайка\юң майка	毛衣
334	počaŋza at-\ pojaŋza atmaq	پوچاڭزا ئات-\پوجاڭزا ئاتماق	почаңза ат-\пожаңза атмақ	鞭炮
335	počtixana	پوچتىخانا	почтихана	邮局
336	por teräk	پور تېرەك	пор терəк	枯杨树
337	pozitsiyä	پوزىتسىيە	позитсийə	态度
338	posma	پوسما	посма	帽子（孩子）
339	poškal	پوشكال	пошкал	油饼
340	poq	پوق	поқ	屎
341	poqaq	پوقاق	поқақ	大脖子病（甲状腺肿大）
342	polat	پولات	полат	钢
343	polat tawla-\ polat tawlimaq	پولات تاۋلا-\پولات تاۋلىماق	полат тавла-\полат тавлимақ	炼钢
344	polo	پولو	поло	抓饭
345	poyiz	پويىز	пойиз	火车
346	pianino	پىئانىنو	пианино	钢琴
347	pit	پىت	пит	虱子
348	pič-\pičmaq	پىچ-\پىچماق	пич-\пичмақ	切、裁
349	pičaq	پىچاق	пичақ	刀子
350	pixsiq	پىخسىق	пихсиқ	吝啬
351	pidigän	پىدىگەن	пидигəн	茄子
352	piš-\pišmaq	پىش-\پىشماق	пиш-\пишмақ	熟

序号	拉丁文撰写	中国新疆维吾尔语	哈萨克斯坦维吾尔语	汉义
353	pišanä	پىشانه	пишанә	额头
354	piššiq	پششىق	пишшиқ	熟的
355	pišlaq\irimčik	پشلاق\ئىرىمچىك	пишлак\иримчик	奶酪，炼乳
356	pišur-\pišurmaq	پىشۇر ـ \پىشۇرماق	пишур-\пишурмақ	（煮）熟
357	pikir	پىكىر	пикир	意见
358	pil	پىل	пил	大象
359	pilan	پىلان	пилан	计划
360	pildirla-\pildirlimaq	پىلدىرلا ـ \پىلدىرلىماق	пилдирла-\пилдирлимәк	闪烁
361	pilä	پىله	пилә	蚕
362	piyaz	پىياز	пияз	大葱
363	piyalä	پىياله	пиялә	大瓷碗
364	put	پۇت	пут	脚
365	purčaq	پۇرچاق	пурчақ	豌豆
366	purridä	پۇرردىه	пурридә	呼地一下（众鸟齐飞状）
367	puqra	پۇقرا	пукра	平民
368	puŋ	پۇڭ	пуң	分（货币）
369	püt-\pütmäk	پۈت ـ \پۈتمەك	пүт-\пүтмәк	完成
370	pütüš-\pütüšmäk	پۈتۈش ـ \پۈتۈشمەك	пүтүш-\пүтүшмәк	签约，许诺
371	püwlä-\püwlimäk	پۈۋله ـ \پۈۋلىمەك	пүвлә-\пүвлимәк	吹
372	petir manta	پېتىر مانتا	петир манта	薄皮包子
373	petin-\petinmaq	پېتىن ـ \پېتىنماق	петин-\петинмәк	敢于
374	pešanä	پېشانه	пешанә	额头
375	pešaywan	پېشايۋان	пешайван	屋檐
376	peläk	پېلەك	пелəк	藤
377	pärdä	پەردە	пəрдә	帘子
378	pärq ät-\pärq ätmäk	پەرق ئەت ـ \پەرق ئەتمەك	пәрқ эт-\пәрқ әтмәк	区分、辨别
379	päräz qil-\päräz qilmaq	پەرەز قىل ـ \پەرەز قىلماق	пәрәз қил-\пәрәз қилмақ	猜测

续表

序号	拉丁文撰写	中国新疆维吾尔语	哈萨克斯坦维吾尔语	汉义
380	päs	پەس	пэс	低
381	päqät	پەقەت	пэқэт	只是
382	pältu	پەلتۇ	пэлту	呢子大衣
383	pälsäpä	پەلسەپە	пэлсэпэ	哲学
384	pälämpäy	پەلەمپەي	пэлэмпэй	台阶
385	pämidur	پەمىدۇر	пэмидур	西红柿
386	pämil čay	پەمىل چاي	пэмил чай	红茶，茶叶
387	pän	پەن	пэн	科学
388	päy	پەي	пэй	羽毛、筋
389	päy čapan	پەي چاپان	пэй чапан	羽绒服
390	päyšänbä	پەيشەنبە	пэйшэнбэ	星期四
391	päyğämbär	پەيغەمبەر	пэйғэмбэр	圣人，先知
392	taam	تائام	таам	饮食
393	tap-\tapmaq	تاپ-\تاپماق	тап-\тапмақ	找到
394	tapan	تاپان	тапан	脚底, 脚后跟
395	tapanča	تاپانچا	тапанча	手枪
396	tapšuruwal-\tapšuruwalmaq	تاپشۇرۇۋال-\تاپشۇرۇۋالماق	тапшурувал-\тапшурувалмақ	收到
397	Tatar	تاتار	татар	塔塔尔人
398	tatliq	تاتلىق	татлиқ	甜的
399	tatliq yaŋyu	تاتلىق ياڭيۇ	татлиқ яңю	红薯
400	tajawuz qil-\tajawuz qilmaq	تاجاۋۇز قىل-\تاجاۋۇز قىلماق	тажавуз қил-\тажавуз қилмақ	侵略
401	Tajik	تاجىك	тажик	塔吉克人
402	tajigül	تاجىگۈل	тажигүл	鸡冠花
403	taxtay	تاختاي	тахтай	木板
404	tar	تار	тар	窄
405	tara-\tarimaq	تارا-\تارىماق	тара-\таримақ	梳（头）

序号	拉丁文撰写	中国新疆维吾尔语	哈萨克斯坦维吾尔语	汉义
406	taraqqidä	تاراققىدە	тараққидə	哐当一声
407	tart-\ tartmaq	تارتـىا تارتماق	тарт-\тартмақ	拉
408	tartma	تارتما	тартма	抽屉
409	tartuq	تارتۇق	тартуқ	疤痕
410	tarğaq (tağaq)	تارغاق (تاغاق)	тарғақ (тағақ)	梳子
411	tarqat-\tarqatmaq	تارقاتـتارقاتماق	тарқат-\тарқатмақ	分配、传播
412	tarix	تارىخ	тарих	历史
413	taza	تازا	таза	好的，好好地
414	tasqa-\tasqimaq	تاسقا ـ تاسقىماق	тасқа-\тасқимақ	筛
415	taš	تاش	таш	石头
416	taš-\tašmaq	تاشـ ـ تاشماق	таш-\ташмақ	溢出来
417	tašpaqa	تاشپاقا	ташпақа	乌龟
418	tašla-\tašlimaq	تاشلا ـ تاشلىماق	ташла-\ташлимақ	扔
419	tağ	تاغ	тағ	山
420	tağar	تاغار	тағар	麻袋
421	tağliq	تاغلىق	тағлиқ	山区的
422	taqa-\taqimaq	تاقا ـ تاقىماق	тақа-\тақимақ	关、戴
423	taqla-\taqlimaq	تاقلا ـ تاقلىماق	тақла-\тақлимақ	跳
424	takalašmaq	تاكالاشماق	такалашмақ	争吵
425	tal (däräx)	تال (دەرەخ)	тал (дəрəх)	柳树
426	tal (miqtar)	تال (مىقتار)	тал (миқтар)	（一）根
427	talqan	تالقان	талқан	炒面粉
428	talla-\tallimaq	تاللا ـ تاللىماق	талла-\таллимақ	挑选
429	tam	تام	там	墙
430	tam-\tammaq	تامـتامماق	там-\таммақ	滴
431	tamaq (aš)	تاماق (ئاش)	тамақ (аш)	饭
432	tamaka	تاماكا	тамака	烟（吸的）
433	tamči	تامچى	тамчи	瓦工，砌墙的人

序号	拉丁文撰写	中国新疆维吾尔语	哈萨克斯坦维吾尔语	汉义
434	tamčä	تامچە	тамчə	（一）滴
435	tamğa	تامغا	тамға	印章
436	tayaq	تاياق	таяқ	棍子
437	tayčaq	تايچاق	тайчақ	小马驹
438	taŋ yori-\taŋ yorimaq	تاڭ يورﻰ ـ\تاڭ يورىماق	таң йори-\таң йоримақ	天亮
439	taŋ-\taŋmaq	تاڭ\تاڭماق	таң-\таңмақ	包扎
440	taŋ\sähär\ätigän	تاڭ\سەھەر\ئەتىگەن	таң\сəһəр\əтигəн	清晨
441	tawar	تاۋار	тавар	绸缎
442	tawut	تاۋۇت	тавут	棺材
443	tawuz	تاۋۇز	тавуз	西瓜
444	topa	توپا	топа	土壤
445	toxta-\toxtimaq	توختا ـ\توختىماق	тохта-\тохтимақ	停止
446	toxu	توخۇ	тохy	鸡
447	tor	تور	тор	网
448	tor sal-\tor salmaq	تور سالـ ـ\تور سالماق	тор сал-\тор салмақ	撒网
449	torxana	تورخانا	торхана	网吧
450	torğa čiq-\torğa čiqmaq	تورغا چىقـ ـ\تورغا چىقماق	торға чик-\торға чиқмақ	上网
451	tormoz	تورموز	тормоз	刹车（名）
452	tormuzla-\tormuzlimaq	تورمۇزلا ـ\تورمۇزلىماق	тормузла-\тормузлимақ	刹车（动）
453	torus	تورۇس	торус	天花板
454	toz	توز	тоз	孔雀
455	tozaŋ	توزاڭ	тозаң	尘埃
456	toš-\tošmaq	توشـ ـ\توشماق	тош-\тошмақ	满
457	tošqan	توشقان	тошкан	兔子
458	tošu-\tošumaq	توشۇ ـ\توشۇماق	тошу-\тошумақ	搬运
459	toğač	توغاچ	тоғач	油桃，小油馕
460	toğra	توغرا	тоғра	正确的

序号	拉丁文撰写	中国新疆维吾尔语	哈萨克斯坦维吾尔语	汉义
461	toğra-\ toğrimaq	توغرا ـ\ توغرىماق	тоғра-\ тоғримақ	切
462	toğraq	توغراق	тоғрақ	胡杨树
463	toğruluq\häqqidä	توغرۇلۇق\ھەققىده	тоғрулук\həққидə	关于
464	toq	توق	тоқ	饱
465	toqač	توقاچ	токач	小油馕
466	toqsan	توقسان	тоқсан	九十
467	toqquz	توققۇز	тоққуз	九
468	toqquzinči ay	توققۇزىنچى ئاي	тоққузинчи ай	九月
469	toqu-\toqumaq	توقۇ ـ\توقۇماق	току-\токумақ	编织
470	tok simi	توك سمى	ток сими	电线
471	tok su häqqi	توك سۇ ھەققى	ток су həққи	水电费
472	tok qazan	توك قازان	ток қазан	电锅
473	tok\elektir	توك\ئېلېكتىر	ток\електир	电
474	tomur	تومۇر	томур	血管
475	tomur soq-\ tomur soqmaq	تومۇر سوق ـ \تومۇر سوقماق	томур соқ-\томур соқмақ	脉搏跳动
476	tomuz	تومۇز	томуз	三伏天
477	ton	تون	тон	长大褂
478	tonna	توننا	тонна	吨
479	tonur	تونۇر	тонур	馕坑
480	toy	توي	той	婚礼
481	toy qil-\toy qilmaq	توي قىل ـ ـ\توي قىلماق	той кил-\той қилмақ	结婚
482	toy-\toymaq	توي ـ \تويماق	той-\тоймақ	吃饱
483	toyluq	تويلۇق	тойлук	聘礼
484	toŋlatqu	توڭلاتقۇ	тоңлатку	冰箱
485	titrä-\titrimäk	تىترە ـ \تىترىمەك	титрə-\титримəк	发抖
486	titi-\titimaq	تىت ـ \تىتىماق	тити-\титимақ	撕碎
487	tijarät	تىجارەت	тижарəт	经商

续表

序号	拉丁文撰写	中国新疆维吾尔语	哈萨克斯坦维吾尔语	汉义
488	tiraktur	تىراكتۇر	тирактур	拖拉机
489	tirnaq	تىرناق	тирнақ	指甲
490	tiriščan	تىرىشچان	тиришчан	勤劳的，努力的
491	tirik	تىرىك	тирик	活的
492	tiril-\tirilmäk	تىرىل ـ\تىرىلمەك	тирил-\тирилмәк	复苏
493	tirä\tirimäk	تىرە ـ\تىرىمەك	тирә\тиримәк	扶持
494	tiz	تىز	тиз	膝盖
495	tizlan-\tizlanmaq	تىزلان ـ ـ\تىزلانماق	тизлан-\тизланмақ	跪
496	tik	تىك	тик	直、陡
497	tik-\tikmäk	تىك ـ ـ\تىكمەك	тик-\тикмәк	栽（树等）；缝
498	tikän	تىكەن	тикән	刺
499	til	تىل	тил	语言
500	til išit-\til išitmäk	تىل ئىشىت ـ\تىل ئىشىتمەك	тил ишит-\тил ишитмәк	挨骂
501	tilla-\tillimaq	تىللا ـ\تىللىماق	тилла-\тиллимақ	骂
502	tilämči\qäländär\diwanä	تىلەمچى\قەلەندەر\دىۋانە	тиләмчи\кәләндәр\диванә	乞丐
503	tilämčilik qil-\tilämčilik qilmaq	تىلەمچىلىك قىل ـ ـ\تىلەمچىلىك قىلماق	тиләмчилик қил-\тиләмчилик қилмақ	乞讨
504	timän	تىمەن	тимән	健康（老人）
505	tinč	تىنچ	тинч	安静
506	tiyin	تىيىن	тийин	分（钱币）
507	tiŋša-\tiŋšimaq	تىڭشا ـ\تىڭشىماق	тиңша-\тиңшимақ	聆听
508	tiŋla-\tiŋlimaq	تىڭلا ـ\تىڭلىماق	тиңла-\тиңлимақ	听
509	töt	تۆت	төт	四
510	tötinči ay	تۆتىنچى ئاي	төтинчи ай	四月
511	tošük\ğar\oŋkür	تۆشۈك\غار\ئۆڭكۈر	төшүк\ғар\өңкүр	（山）洞，孔
512	tögä	تۆگە	төгә	骆驼
513	tölä-\tölimäk	تۆلە ـ \تۆلىمەك	төлә-\төлимәк	赔偿

序号	拉丁文撰写	中国新疆维吾尔语	哈萨克斯坦维吾尔语	汉义
514	tömür	تۆمۈر	төмүр	铁
515	töwänlä-\töwänlimäk	تۆۋەنله ـ\تۆۋەنلىمەك	төвәнлә-\төвәнлимәк	下降，降低
516	tupraq	تۇپراق	тупрақ	土壤
517	tut-\tutmaq	تۇت ـ ـ\تۇتماق	тут-\тутмақ	抓、握
518	tutam	تۇتام	тутам	（一）把
519	tutuq	تۇتۇق	тутуқ	浑浊，阴
520	tuxum	تۇخۇم	тухум	蛋
521	tuxum bastur-\tuxum busur-	تۇخۇم باستۇر-\تۇخۇم بۇسۇر-	тухум бастур-\тухум бусур-	孵（蛋）
522	tur-\turmaq	تۇر ـ\ تۇرماق	тур-\турмақ	站，起来
523	turmuš qur-\turmuš qurmaq	تۇرمۇش قۇر ـ\تۇرمۇش قۇرماق	турмуш қур-\турмуш қурмақ	成家
524	turna	تۇرنا	турна	鹤
525	tuz	تۇز	туз	盐
526	tuzsiz	تۇزسىز	тузсиз	无盐的，少盐的
527	tuzluq	تۇزلۇق	тузлуқ	咸的
528	tuğ\bayraq	تۇغ\بايراق	туғ\байрақ	旗帜
529	tuğ-\tuğmaq	تۇغ ـ\تۇغماق	туғ-\туғмақ	生（孩子），生产
530	tuğqan\uruq-tuğqan	تۇغقان\ئۇرۇق ـ تۇغقان	туғқан\уруқ-туғқан	亲戚
531	tul xotun	تۇل خوتۇن	тул хотун	寡妇
532	tumaq	تۇماق	тумақ	皮帽子
533	tuŋ	تۇڭ	туң	桶
534	tuwaq	تۇۋاق	тувақ	锅盖
535	tüp	تۈپ	түп	（一）棵
536	tür-\türmäk	تۈر ـ\تۈرمەك	түр-\түрмәк	卷起来
537	Türk	تۈرك	түрк	突厥，土耳其人
538	tüz	تۈز	түз	直的

序号	拉丁文撰写	中国新疆维吾尔语	哈萨克斯坦维吾尔语	汉义
539	tüzlä-\tüzlimäk	تۈزله ـ \تۈزلىمەك	түзлә-\түзлимәк	（弄）平
540	tüzä-\tüzimäk	تۈزه ـ \تۈزىمەك	түзә-\түзимәк	纠正
541	tük	تۈك	түк	汗毛，毛发
542	tükür-\tükürmäk	تۈكۈر-\تۈكۈرمەك	түкүр-\түкүрмәк	吐痰
543	tügmä	تۈگمه	түгмә	纽扣
544	tügmän	تۈگمەن	түгмән	磨坊
545	tügül-\tügülmäk	تۈگۈل ـ \تۈگۈلمەك	түгүл-\түгүлмәк	蜷缩
546	tülkä	تۈلكه	түлкә	狐狸
547	tün	تۈن	түн	黑夜
548	tünügün	تۈنۈگۈن	түнүгүн	昨天
549	tünä-\tünimäk	تۈنه ـ \تۈنىمەك	түнә-\түнимәк	熬夜
550	tüŋlük	تۈڭلۈك	түңлүк	天窗
551	tüwrük	تۈۋرۈك	түврүк	柱子
552	tepišmaq	تېپىشماق	тепишмақ	谜语
553	teti-\tetimaq	تېتى ـ \تېتىماق	тети-\тетимақ	品尝
554	tetitqu	تېتىتقۇ	тетитқу	调料，味精
555	texnika	تېخنىكا	техника	技术
556	texi	تېخى	техи	还、仍然
557	teri-\terimaq	تېرى ـ \تېرىماق	тери-\теримақ	种植
558	teriq\sök	تېرىق\سۆك	терик\сөк	小米
559	terä	تېره	терә	皮（肤）
560	terä tašla-\terä tašlimaq	تېره تاشلا ـ \تېره تاشلىماق	терә ташла-\терә ташлимақ	脱皮
561	teräk	تېرەك	терәк	杨树
562	tez	تېز	тез	快
563	tez eqin	تېز ئېقىن	тез еқин	激流
564	telefon	تېلېفون	телефон	电话
565	telefon ur-	تېلېفون ئۇر-	телефон ур-	打电话

序号	拉丁文撰写	中国新疆维吾尔语	哈萨克斯坦维吾尔语	汉义
566	telewizor\diyänši	تېلېۋىزور\دىيەنشى	телевизор\дийәнши	电视机
567	teleweziyä istansisi	تېلېۋىزىيە ئىستانسسى	телевизийә истансиси	电视台
568	tenč	تېنچ	тенч	安静
569	teyliğaq	تېيلىغاق	тейлиғақ	滑的
570	täbii gaz	تەبئى گاز	тәбии газ	天然气
571	täp-\täpmäk	تەپ\تەپمەك	тәп-\тәпмәк	踢
572	täpküč	تەپكۈچ	тәпкүч	毽子
573	täjribä	تەجرىبە	тәжрибә	经验
574	täxsä	تەخسە	тәхсә	盘子
575	tädbir	تەدبىر	тәдбир	措施
576	tädriji	تەدرىجى	тәдрижи	逐渐
577	tär	تەر	тәр	汗
578	tärxämäk	تەرخەمەك	тәрхәмәк	黄瓜
579	täräp-täräp\ tušmu-tuš	تەرەپ - تەرەپ\ تۇشمۇ - تۇش	тәрәп-тәрәп\тушму-туш	四面八方
580	tärät qil-\tärät qilmaq	تەرەت قىل-\تەرەت قىلماق	тәрәт қил-\тәрәт қилмақ	解手、方便
581	täräqqi qil-\rawajlan-	تەرەققى قىل-\راۋاجلان-	тәрәққи қил-\раважлан-	发展（动）
582	täräqqiyat	تەرەققىيات	тәрәққият	发展（名）
583	täs	تەس	тәс	难的
584	täš-\ täšmäk	تەش-\تەشمەك	тәш-\ тәшмәк	钻（孔）
585	täštäk	تەشتەك	тәштәк	花盆
586	täšwiq qil-\ täšwiq qilmaq	تەشۋىق قىل-\تەشۋىق قىلماق	тәшвиқ қил-\тәшвиқ қилмақ	做宣传
587	täšwiqat	تەشۋىقات	тәшвиқат	宣传
588	täqdirlä-\ täqdirlimäk	تەقدىرلە-\تەقدىرلىمەك	тәқдирлә-\тәқдирлимәк	奖励
589	täkčä	تەكچە	тәкчә	壁橱
590	täkrar	تەكرار	тәкрар	重复

序号	拉丁文撰写	中国新疆维吾尔语	哈萨克斯坦维吾尔语	汉义
591	täkši	تەكشى	тәкши	均匀，一致
592	täkšür-\täkšürmäk	تەكشۈر ـ \تەكشۈرمەك	тәкшүр-\тәкшүрмәк	检查
593	täg-\tägmäk	تەگ ـ \تەگمەك	тәг-\тәгмәк	碰，（打）中
594	tältöküs	تەلتۆكۈس	тәлтөкүс	完全地
595	täläy	تەلەي	тәләй	运气
596	tämbur	تەمبۇر	тәмбур	坦布尔（乐器）
597	tämrätkä	تەمرەتكە	тәмрәткә	皮癣
598	tämlik	تەملك	тәмлик	味道好的，好吃的
599	tän\bädän	تەن\بەدەن	тән\бәдән	身体
600	täntärbiyä	تەنتەربىيە	тәнтәрбийә	体育
601	täntänä	تەنتەنە	тәнтәнә	喜庆
602	tänqid qil-\tänqid qilmaq	تەنقىد قىل ـ \تەنقىد قىلماق	тәнқид қил-\тәнқид қилмақ	批评
603	tänha	تەنها	тәнha	孤独
604	täyyar čöp	تەييار چۆپ	тәййар чөп	方便面
605	täŋ kečä	تەڭ كەچە	тәң кечә	半夜
606	täŋlik\barawärlik	تەڭلىك\باراۋەرلىك	тәңлик\баравәрлик	平等
607	täŋlä-\täŋlimäk	تەڭلە ـ \تەڭلىمەك	тәңлә-\тәңлимәк	摆出来，显示
608	täwrä-\täwrimäk	تەۋرە ـ \تەۋرىمەك	тәврә-\тәвримәк	震动
609	ja\yalğan	جا\يالغان	жа\ялған	假的
610	japa	جاپا	жапа	辛苦
611	jarahät	جاراھەت	жараhәт	疮
612	jayla-\jaylimaq	جايلا ـ \جايلىماق	жайла-\жайлимақ	处置，处理
613	jaylaš-\jaylašmaq	جايلاش ـ \جايلاشماق	жайлаш-\жайлашмақ	安置，位于
614	jaŋgal	جاڭگال	жаңгал	荒野
615	jawap bär-\jawap bärmäk	جاۋاپ بەر ـ \جاۋاپ بەرمەك	жавап бәр-\жавап бәрмәк	回答

序号	拉丁文撰写	中国新疆维吾尔语	哈萨克斯坦维吾尔语	汉义
616	jyaŋyu	جياڭيۇ	жяңю	酱油
617	jigdä	جىگده	жигдә	沙枣
618	jigär	جىگەر	жигәр	肝
619	jimbil	جىمبىل	жимбил	笼子
620	jinaza	جىنازا	жиназа	灵柩
621	jinayät	جىنايەت	жинайәт	罪行
622	jiŋ\taraza	تارازا	жиң\тараза	天平，秤
623	jiŋ\rast	جىڭ\راست	жиң\раст	真的
624	juğrapiyä	جۇغراپىيه	жуғрапийә	地理
625	Juŋgo	جۇڭگو	жуңго	中国
626	juwa	جۇۋا	жува	皮袄
627	juwawa	جۇۋاۋا	жувава	饺子
628	jüp	جۈپ	жүп	双
629	jümlidin	جۈملىدىن	жүмлидин	简而言之
630	jümlä	جۈمله	жүмлә	句子
631	jümä\azna	جۈمە\ئازنا	жүмә\азна	星期五
632	jäsät	جەسەت	жәсәт	尸体
633	jäm'i	جەمئى	жәмй	总共
634	jännät	جەننەت	жәннәт	天堂
635	jänub	جەنۇب	жәнуб	南
636	jäynäk	جەينەك	жәйнәк	胳膊肘
637	čapan	چاپان	чапан	袷袢
638	čapsan	چاپسان	чапсан	快一点
639	čapla-\čaplimaq	چاپلا ـ\چاپلىماق	чапла-\чаплимақ	粘
640	čatqal	چاتقال	чатқал	灌木
641	čač	چاچ	чач	茶
642	čač-\čačmaq	چاچ-\چاچمماق	чач-\чачмақ	撒，洒
643	čar paqa	چار پاقا	чар пақа	癞蛤蟆

续表

序号	拉丁文撰写	中国新疆维吾尔语	哈萨克斯坦维吾尔语	汉义
644	čarča-\čarčimaq	چارچا ـ\چارچىماق	чарча-\чарчимақ	疲惫
645	čaršänbä	چارشەنبە	чаршәнбә	星期三
646	čarwa	چارۋا	чарва	牲畜
647	čarwiči	چارۋىچى	чарвичи	牧民
648	čaräk	چارەك	чарәк	四分之一
649	čašqan	چاشقان	чашқан	老鼠
650	čaq-\čaqmaq	چاق ـ\چاقماق	чақ-\чақмақ	打破，打碎
651	čaqa\yara	چاقا\يارا	чақа\яра	疮
652	čaqčaqči	چاقچاقچى	чакчакчи	爱开玩笑的人
653	čaqqan\čäbdäs	چاققان\چەبدەس	чаққан\чәбдәс	敏捷，快捷
654	čaqmaq	چاقماق	чақмақ	闪电、打火机
655	čaqmaq čaq-\čaqmaq čaqmaq	چاقماق چاق-\چاقماق چاقماق	чақмақ чақ-\чақмақ чақмақ	闪电
656	čaqmaq qän	چاقماق قەن	чақмақ қән	方糖
657	čaqir-\čaqirmaq	چاقىر ـ\چاقىرماق	чақир-\чақирмақ	叫
658	čala-bula	چالا ـ بۇلا	чала-була	不完整，马马虎虎
659	čalma	چالما	чалма	土块儿
660	čalwaqa-\čalwaqimaq	چالۋاقا ـ\چالۋاقىماق	чалвақа-\чалвақимақ	惊慌失措
661	čambaščiliq	چامباشچىلىق	чамбашчилиқ	武术
662	čamdan	چامدان	чамдан	皮箱
663	čamğur	چامغۇر	чамғур	蔓菁
664	čana	چانا	чана	雪橇
665	čana-\čanimaq	چانا ـ\چانىسماق	чана-\чанимақ	剁，剁成碎片
666	čanaq	چاناق	чанақ	眼眶
667	čay	چاي	чай	茶
668	čay ičür-\čay ičürmäk	چاي ئىچۈر-\ئچاي ئىچۈرمەك	чай ичүр-\чай ичүрмәк	给茶喝，订婚

续表

序号	拉丁文撰写	中国新疆维吾尔语	哈萨克斯坦维吾尔语	汉义
669	čayan	چايان	чаян	蝎子
670	čaydan	چايدان	чайдан	暖壶
671	čayqa-\čayqimaq	چايقا ـ\چايقىماق	чайқа-\чайқимақ	涮洗
672	čayna-\čaynimaq	چاينا ـ\چاينىماق	чайна-\чайнимақ	咀嚼
673	čaŋ\čaŋ-tozaŋ	چاڭ\چاڭ ـ توزاڭ	чаң\чаң-тозаң	灰尘
674	čaŋčilä	چاڭچىله	чаңчилә	戏曲
675	čaŋga	چاڭگا	чаңга	鸟巢
676	čaŋgal	چاڭگال	чаңгал	手掌，手心
677	čošqa\toŋguz	چوشقا\توڭگۇز	чошқа\тоңгуз	猪
678	čoğ	چوغ	чоғ	火苗，火炭
679	čoqqa	چوققا	чоққа	（山）顶
680	čoqila-\čoqulimaq	چوقىلا ـ\چوقۇلىماق	чоқила-\чоқулимақ	啄
681	čoqur	چوقۇر	чоқур	麻子
682	čokan	چوكان	чокан	少妇
683	čoka	چوكا	чока	筷子
684	čoka muz	چوكا مۇز	чока муз	冰棒
685	čolaq	چولاق	чолақ	缺手指的，缺胳膊的
686	čolpan	چولپان	чолпан	启明星、明星
687	čoyla	چويلا	чойла	笊篱
688	čoŋ	چوڭ	чоң	大
689	čoŋqur	چوڭقۇر	чоңқур	深
690	či	چى	чи	尺
691	čipärqut	چىپەرقۇت	чипәрқут	条绒布
692	čit	چىت	чит	花棉布
693	čiraq	چىراق	чирақ	灯
694	čirayliq	چىرايلىق	чирайлиқ	漂亮
695	čirkaw	چىركاۋ	чиркав	教堂
696	čiš	چىش	чиш	牙齿

续表

序号	拉丁文撰写	中国新疆维吾尔语	哈萨克斯坦维吾尔语	汉义
697	čišlä-\čišlimäk	چىشله ـ\چىشلىمەك	чишлэ-\чишлимэк	咬
698	čiğ	چىغ	чиғ	芨芨草
699	čiğir yol	چىغىر يول	чиғир йол	田间小路
700	čiq-\čiqmaq	چىق ـ\چىقماق	чиқ-\чиқмақ	出（去）
701	čikätkä	چىكەتكە	чикэткэ	蝗虫
702	čil börä	چىل بۆره	чил бɵрэ	豺狼
703	čilan	چىلان	чилан	红枣
704	čilla-\čillimaq	چىللا ـ\چىللىماق	чилла-\чиллимак	啼叫
705	čilim	چىلىم	чилим	水烟
706	čiläk	چىلەك	чилэк	水桶
707	čimčilaq	چىمچىلاق	чимчилақ	小拇指
708	čimda-\čimdimaq	چىمدا ـ\چىمدىماق	чимда-\чимдимақ	掐
709	čimdim	چىمدىم	чимдим	一小撮
710	činä	چىنە	чинэ	小瓷碗
711	čiŋ	چىڭ	чиң	结实，紧的
712	čiŋsäy\käräpšä	چىڭسەي\كەرەپشە	чиңсэй\кэрэпшэ	芹菜
713	čiwin	چىۋىن	чивин	苍蝇
714	čöčürä	چۆچۈره	чɵчүрэ	馄饨
715	čök-\čökmäk	چۆك ـ\چۆكمەك	чɵк-\чɵкмэк	沉
716	čögülmäč	چۆگۈلمەچ	чɵгүлмэч	转盘
717	čögün	چۆگۈن	чɵгүн	水壶
718	čömüč	چۆمۈچ	чɵмүч	炒勺
719	čömül-\čömülmäk	چۆمۈل ـ\چۆمۈلمەك	чɵмүл-\чɵмүлмэк	浸泡、淋
720	čüjä	چۈجە	чұжэ	小鸡
721	čüčümäl	چۈچۈمەل	чүчүмэл	酸的
722	čüš	چۈش	чүш	中午、梦
723	čüš kör-\čüš körmäk	چۈش كۆر ـ\چۈش كۆرمەك	чүш кɵр-\чүш кɵрмэк	做梦
724	čüš\pešin	چۈش\پېشىن	чүш\пешин	中午

续表

序号	拉丁文撰写	中国新疆维吾尔语	哈萨克斯坦维吾尔语	汉义
725	čüš-\čüšmäk	چۈش-\چۈشمەك	чүш-\чүшмәк	下（来）
726	čüšür-\čüšürmäk	چۈشۈر-\چۈشۈرمەك	чүшүр-\чүшүрмәк	（使）下来
727	čüšän-\čüšänmäk	چۈشەن-\چۈشەنمەك	чүшэн-\чүшэнмәк	理解
728	čümbäl\čümbät	چۈمبەل\چۈمبەت	чүмбэл\чүмбэт	面纱
729	čümkä-\čümkimäk	چۈمكە-\چۈمكىمەك	чүмкә-\чүмкимәк	蒙（住）
730	čümülä	چۈمۈله	чүмүлə	蚂蚁
731	čünki	چۈنكى	чүнки	因为
732	čečäk	چىچەك	чечэк	天花、花
733	čečäklä-\čečäklimäk	چىچەكله-\چىچەكلىمەك	чечэклə-\чечэклимәк	开花
734	čedir	چىدىر	чедир	帐篷
735	čerikläš-\čerikläšmäk	چىرىكلەش-\چىرىكلەشمەك	чериклэш-\чериклэшмәк	腐烂，腐败
736	čekin-\čekinmäk	چىكىن-\چىكىنمەك	чекин-\чекинмәк	退步
737	čäk\čät	چەك\چەت	чэк\чэт	边缘
738	čäk-\čäkmäk	چەك-\چەكمەك	чэк-\чэкмәк	抽（烟）、承受（苦难）
739	čäydu\qiŋraq	چەيدۇ\قىڭراق	чэйду\қиңрақ	菜刀
740	čäyzä\pidigän	چەيزە\پىدىگەن	чэйзə\пидигэн	茄子
741	čäynäk	چەينەك	чэйнэк	茶壶
742	čäwrä	چەۋره	чэврə	曾孙，玄孙
743	xapa bol-\xapa bolmaq	خاپا بول-\خاپا بولماق	хапа бол-\хапа болмақ	生气
744	xata	خاتا	хата	错
745	xatalaš-\xatalašmaq	خاتالاش-\خاتالاشماق	хаталаш-\хаталашмақ	犯错
746	xataliq	خاتالىق	хаталиқ	错误
747	xatirilä-\xatirilimäk	خاتىرىله-\خاتىرىلىمەك	хатирилə-\хатирилимәк	纪念
748	xal	خال	хал	痣
749	xalta	خالتا	халта	袋子（小）

序号	拉丁文撰写	中国新疆维吾尔语	哈萨克斯坦维吾尔语	汉义
750	xam	خام	хам	生的
751	xaman	خامان	хаман	打麦场
752	xaniš	خانش	ханиш	皇后
753	xanim	خانىم	ханим	女士
754	xot	خوت	хот	档（车）
755	xotun	خوتۇن	хотун	妻子
756	xojayin	خوجايىن	хожайин	主人、老板
757	xoraz	خوراز	хораз	公鸡
758	xoräk	خورەك	хорәк	鼾声
759	xoräk tart-\xoräk tartmaq	خورەك تارت ـ\خورەك تارتماق	хорәк тарт-\хорәк тартмақ	打鼾
760	xošal	خوشال	хошал	高兴
761	xizmätči	خزمەتچى	хизмәтчи	工作者
762	xizmätdaš	خزمەتداش	хизмәтдаш	同事
763	xizir	خزىر	хизир	神人（宗教）
764	xiš	خش	хиш	砖
765	ximiyä	خمىيه	химийә	化学
766	xiyal qil-\xiyal qilmaq	خيال قىل ـ\خيال قىلماق	хиял қил-\хиял қилмақ	想，思考
767	xiyanät qil-\xiyanät qilmaq	خيانەت قىل ـ\خيانەت قىلماق	хиянәт қил-\хиянәт қилмақ	贪污
768	Xuda\Alla	خۇدا\ئاللا	худа\алла	真主
769	xurjun	خۇرجۇن	хуржун	褡裢
770	xušal	خۇشال	хушал	高兴，开心
771	xušbuy\xušpuraq	خۇشبۇي\خۇشپۇراق	хушбуй\хушпурақ	香味
772	xečir	خېچىر	хечир	骡子
773	xemir	خېمىر	хемир	面团
774	xemir yuğur-\xemir yuğurmaq	خېمىر يۇغۇر ـ\خېمىر يۇغۇرماق	хемир юғур-\хемир юғурмақ	和面
775	xemirturuč	خېمىرتۇرۇچ	хемиртуруч	发酵粉，酵母

序号	拉丁文撰写	中国新疆维吾尔语	哈萨克斯坦维吾尔语	汉义
776	xät	خەت	хәт	信、字
777	xät yaz\xät yazmaq	خەت يازماق\خەت يازماق	хәт яз\хәт язмақ	写信、写字
778	xätnä qil-\xätnä qilmaq	خەتنە قلمماق ـ خەتنە قلـ	хәтнә қил-\хәтнә қилмақ	割礼
779	xälq\äl	خەلق\ئەل	хәлқ\әл	人民
780	Xänzu	خەنزۇ	хәнзу	汉族
781	xäy\ayağ\käš	خەي\ئاياغ\كەش	хәй\аяғ\кәш	鞋子
782	daim	دائىم	даим	经常
783	dap	داپ	дап	手鼓
784	dat	دات	дат	铁锈
785	datlaš-\datlašmaq	داتلاشماق ـ داتلاشـ	датлаш-\датлашмақ	生锈
786	das	داس	дас	盆子
787	dastan	داستان	дастан	叙事诗
788	dastixan	داستىخان	дастихан	桌布
789	daš qazan	داش قازان	даш қазан	大铁锅
790	dašqal	داشقال	дашқал	石砾，垃圾
791	Dağur	داغۇر	дағур	达斡尔族
792	dan	دان	дан	谷粒
793	danixoräk	دانىخورەك	данихорәк	青春痘
794	danä	دانە	данә	（一）个
795	daŋqan	داڭقان	даңқан	鼎
796	dawala-\dawalimaq	داۋالا ـ داۋالىماق	давала-\давалимақ	治疗
797	dawan	داۋان	даван	山的斜坡
798	doxtur	دوختۇر	дохтур	医生
799	doxturxana	دوختۇرخانا	дохтурхана	医院
800	dora	دورا	дора	药品
801	dora-därmäk	دورا ـ دەرمەك	дора-дәрмәк	调料
802	dozax	دوزاخ	дозах	地狱

序号	拉丁文撰写	中国新疆维吾尔语	哈萨克斯坦维吾尔语	汉义
803	dost	دوست	дост	朋友
804	doska	دوسكا	доска	黑板
805	doğap	دوغاپ	доғап	酸奶刨冰
806	doqmuš	دوقمۇش	докмуш	街角
807	doklat	دوكلات	доклат	报告
808	dolqun	دولقۇن	долкун	波浪
809	dowsaq\dowsun	دوۋساق\دوۋسۇن	довсак\довсун	膀胱
810	diplomatiyä	دىپلوماتىيه	дипломатийә	外交
811	diktor	دىكتور	диктор	播音员
812	din	دىن	дин	宗教
813	dindar	دىندار	диндар	信教者
814	diŋgay-\diŋgaymaq	دىڭگاي ـ \دىڭگايماق	диңгай-\диңгаймак	翘起
815	diwanä	دىۋانە	дивана	乞丐
816	döt\kalwa	دۆت\كالۋا	дөт\калва	白痴、傻瓜
817	dösä	دۆشە	дөшә	砧板
818	dölät mudapiäsi	دۆلەت مۇداپىئەسى	дөләт мудапиәси	国防
819	dölät	دۆلەت	дөләт	国家
820	döŋ	دۆڭ	дөң	坡
821	döwülä-\döwülimäk	دۆۋۈلە ـ \دۆۋۈلىمەك	дөвүлә-\ дөвүлимәк	堆（起来）
822	dua	دۇئا	дуа	都瓦（祷告）
823	dua qil-\dua qilmaq	دۇئا قىل ـ \دۇئا قىلماق	дуа кил-\дуа килмак	祈祷
824	duttar	دۇتتار	дуттар	都塔尔（乐器）
825	duxawa	دۇخاۋا	духава	金丝绒
826	dukan	دۇكان	дукан	商店
827	dumbaq	دۇمباق	думбак	鼓
828	dunya	دۇنيا	дуня	世界
829	düšmän	دۈشمەن	дүшмән	敌人

续表

序号	拉丁文撰写	中国新疆维吾尔语	哈萨克斯坦维吾尔语	汉义
830	düšänbä	دۈشەنبە	дүшәнбә	星期一
831	düküldä-\düküldimäk	دۈكۈلدە ـ\دۈكۈلدىمەك	дүкүлдә-\дүкүлдимәк	扑通扑通（心跳声）
832	dügdäy-\dügdäymäk	دۈگدەي ـ\دۈگدەيمەك	дүгдәй-\дүгдәймәк	瑟缩，蜷缩
833	dümbä	دۈمبە	дүмбә	背部
834	dümlä-\dümlimäk	دۈملە ـ\دۈملىمەك	дүмлә-\дүмлимәк	焖，烤
835	dekabir	دېكابىر	декабир	十二月
836	demokratiyä	دېموكراتىيە	демократийә	民主
837	deŋiz	دېڭىز	деңиз	大海
838	dehqan	دېھقان	деһқан	农民
839	däptär	دەپتەر	дәптәр	本子
840	däpnä qil-\däpnä qilmaq	دەپنە قىل ـ\دەپنە قىلماق	дәпнә кил-\дәпнә килмақ	下葬，举行葬礼
841	därru	دەررۇ	дәрру	马上、立即
842	därya	دەريا	дәря	河流
843	därizä	دەرىزە	дәризә	窗户
844	därhal	دەرھال	дәрһал	马上
845	därwaza	دەرۋازا	дәрваза	大门
846	däräx	دەرەخ	дәрәх	树
847	däz kät-\däz kätmäk	دەز كەت ـ\دەز كەتمەك	дәз кәт-\дәз кәтмәк	裂缝
848	däzmal	دەزمال	дәзмал	熨斗
849	dästä	دەستە	дәстә	（一）束
850	dässä-\dässimäk	دەسسە ـ\دەسسىمەك	дәссә-\дәссимәк	踩，踏
851	däl	دەل	дәл	正好
852	dällal	دەللال	дәллал	拉皮条的
853	däm al-\däm almaq	دەم ئال ـ\دەم ئالماق	дәм ал-\дәм алмақ	休息
854	radio	رادىئو	радио	收音机
855	rast	راست	раст	真的
856	rak	راك	рак	虾；癌症

序号	拉丁文撰写	中国新疆维吾尔语	哈萨克斯坦维吾尔语	汉义
857	rahip	راھىپ	раһип	和尚
858	rahät	راھەت	раһət	舒适
859	rawap	راۋاپ	равап	热瓦甫（乐器）
860	roza	روزا	роза	斋（月）
861	Roza Heyt	روزا ھېيت	роза һейт	开斋节
862	Rožustiwa bayrimi	روژۇستىۋا بايرىمى	рожустива байрими	圣诞节
863	romal	رومال	ромал	头巾
864	riwayät	رىۋايەت	ривайəт	神话
865	Rus	رۇس	рус	俄罗斯人
866	Rusiyä	رۇسسىيە	русийə	俄罗斯（国家）
867	räis	رەئىس	рəис	主席
868	rät qil-\rät qilmaq	رەت قىل ـ\رەت قىلماق	рəт қил-\рəт қилмақ	拒绝
869	rätlik	رەتلىك	рəтлик	整齐的
870	rätlä-\rätlimäk	رەتله ـ\رەتلىمەك	рəтлə-\рəтлимəк	整理
871	räxt	رەخت	рəхт	布
872	räzil	رەزىل	рəзил	卑鄙的
873	räsim	رەسىم	рəсим	照片
874	rägätkä	رەگەتكە	рəгəткə	弹弓
875	rändä	رەندە	рəндə	刨子
876	rähbärlik qil-\rähbärlik qilmaq	رەھبەرلىك قىل-\رەھبەرلىك قىلماق	рəһбəрлик қил-\рəһбəрлик қилмақ	领导（动）
877	zaraŋza	زاراڭزا	заранза	藏红花
878	zağra	زاغرا	зағра	玉米馕
879	zal	زال	зал	礼堂
880	zawut\fabrika	زاۋۇت\فابرىكا	завут\фабрика	工厂
881	zor	زور	зор	大的
882	zix	زىخ	зих	火钳、钎子

续表

序号	拉丁文撰写	中国新疆维吾尔语	哈萨克斯坦维吾尔语	汉义
883	zič	زىچ	зич	密集
884	ziraät	زىراﺋﻪت	зираәт	植物
885	zirä	زىرﻩ	зирә	小茴香
886	ziğir	زىغىر	зиғир	胡麻
887	zinaq	زىناق	зинак	酒窝
888	ziyan tart-\ziyan tartmaq	زىيان تارت ـ\زىيان تارتماق	зиян тарт-\зиян тартмак	受损失
889	zukam	زۇكام	зукам	感冒
890	zuŋli	زۇڭلى	зуңли	总理
891	zämbil	زﻪمبل	зәмбил	抬把子（一种手推车）
892	zänjir	زﻪنجىر	зәнжир	链子
893	zänjiwil	زﻪنجىۋل	зәнживил	姜
894	zähär	زﻪهﻪر	зәһәр	毒品、毒药
895	žornal	ژورنال	жорнал	杂志
896	saät	سائﻪت	саәт	钟表
897	sap	ساپ	сап	纯的
898	sap-\sapmaq	ساپ ـ\ساپماق	сап-\сапмак	套（上）
899	sapaq	ساپاق	сапак	串，柄
900	sapan	ساپان	сапан	犁
901	sapayi	ساپايى	сапайи	萨帕衣（乐器）
902	sapma käš\käš	ساپما كﻪش\كﻪش	сапма кәш\кәш	拖鞋
903	sat-\ satmaq	سات\ ساتماق	сат-\ сатмак	卖
904	satar	ساتار	сатар	萨塔尔（乐器）
905	saraŋ	ساراڭ	сараң	疯子
906	sarğay-\sarğaymaq	سارغاي\سارغايماق	сарғай-\сарғаймак	发黄
907	sazaŋ qurt	سازاڭ قۇرت	сазаң курт	蚯蚓
908	sazliq	سازلىق	сазлик	沼泽地

序号	拉丁文撰写	中国新疆维吾尔语	哈萨克斯坦维吾尔语	汉义
909	sağra	ساغرا	сағра	臀部
910	sağliq	ساغلىق	сағлиқ	母羊
911	safa	سافا	сафа	沙发
912	saqal	ساقال	сақал	胡子（下巴的）
913	saqay-\saqaymaq	ساقاي ـ \ساقايماق	сақай-\сақаймақ	康复
914	saqči	ساقچى	сақчи	警察
915	saqčixana	ساقچىخانا	сақчихана	派出所
916	saqla-\saqlimaq	ساقلا ـ \ساقلىماق	сақла-\сақлимақ	等待
917	sal-\ salmaq	سال ـ \ سالماق	сал-\ салмақ	脱（衣服），放进
918	salam xät	سالام خەت	салам хәт	家信
919	salqin	سالقىن	салқин	凉爽
920	salyut	ساليۇت	салют	礼花
921	saman	سامان	саман	麦草
922	saman yoli	سامانيولى	саман йоли	银河
923	samawär	ساماۋەر	самавәр	煮茶壶
924	samsa	سامسا	самса	烤包子
925	samsaq	سامساق	самсақ	蒜
926	sana-\sanimaq	سانا ـ \سانىماق	сана-\санимақ	数（数字）
927	sanaät	سانائەت	санаәт	工业
928	sanji-\sanjimaq	سانجى ـ \سانجىماق	санжи-\санжимақ	扎、戳
929	sanduq	ساندۇق	сандуқ	箱子
930	sayla-\saylimaq	سايلا ـ \سايلىماق	сайла-\сайлимақ	选
931	saylam	سايلام	сайлам	选举
932	sayiwän	سايىۋەن	сайивән	凉亭
933	sayä	سايە	сайә	（树）荫
934	saŋza	ساڭزا	саңза	馓子
935	sopi	سوپى	сопи	苏菲（宗教师）

序号	拉丁文撰写	中国新疆维吾尔语	哈萨克斯坦维吾尔语	汉义
936	sopun	سوپۇن	сопун	肥皂
937	sot mähkimisi	سوت مەھكىمىسى	сот мәһкимиси	法院
938	soda	سودا	сода	生意、商业
939	sodigär	سودىگەر	содигәр	商贩
940	sora-\sorimaq	سورا ـ اسورىماق	сора-\соримақ	问
941	soz-\sozmaq	سوز ـ اسوزماق	соз-\созмақ	拉（长）、拖延
942	soğuq	سوغۇق	соғуқ	冷
943	soq-\soqmaq	سوق ـ اسوقماق	соқ-\соқмақ	击打，碰撞
944	soqur üčäy	سوقۇر ئۇچەي	соқур үчәй	阑尾炎
945	soqum	سوقۇم	соқум	肉干
946	sol	سول	сол	左
947	sola-\ solimaq	سولا ـ \ سولىماق	сола-\ солимақ	关、锁
948	solaš-\solašmaq	سولاش ـ اسولاشماق	солаш-\солашмақ	蔫，凋谢
949	somka	سومكا	сомка	提包
950	soy-\soymaq	سوي ـ اسويماق	сой-\соймақ	剥、去皮
951	soyma	سويما	сойма	生的小甜瓜
952	sowğa	سوۋغا	совға	礼物
953	sirkä	سىركە	сиркә	醋
954	sirla-\sirlimaq	سىرلا ـ اسىرلىماق	сирла-\сирлимақ	上漆
955	siz	سىز	сиз	您
956	siz-\sizmaq	سىز ـ اسىزماق	сиз-\сизмақ	画（动）
957	sizğuč	سىزغۇچ	сизғуч	尺子
958	siq-\siqmaq	سىق ـ اسىقماق	сиқ-\сиқмақ	挤，拧
959	silär	سىلەر	силәр	你们
960	sina-\sinimaq	سىنا ـ اسىنىماق	сина-\синимақ	试探
961	sintäbir	سىنتەبىر	синтәбир	九月
962	sinčay	سىنچاي	синчай	清茶

序号	拉丁文撰写	中国新疆维吾尔语	哈萨克斯坦维吾尔语	汉义
963	siy-\siymäk	سىي ـ \سىيمەك	сий-\сиймәк	尿（动）
964	siyah	سىياھ	сияһ	黑，墨水
965	siyla-\siylimaq	سىيلا ـ \سىيلىماق	сийла-\сийлимақ	触摸
966	siyliq	سىيلىق	сийлиқ	光滑的
967	siŋil	سىڭىل	сиңил	妹妹
968	siwät	سىۋەت	сивәт	篮子、筐子
969	sörä-\sörimäk	سۆرە ـ \سۆرىمەك	сөрә-\сөримәк	拉（动）
970	söräm	سۆرەم	сөрәм	耙子
971	sök-\sökmäk	سۆك ـ \سۆكمەك	сөк-\сөкмәк	拆
972	sögät	سۆگەت	сөгәт	柳树
973	sögät gül	سۆگەت گۈل	сөгәт гүл	夹竹桃
974	söy-\söymäk	سۆي ـ \سۆيمەك	сөй-\сөймәк	爱，亲吻
975	söŋäk	سۆڭەك	сөңәк	骨头
976	su	سۇ	су	水
977	supa	سۇپا	супа	阳台，土炕
978	supura	سۇپۇرا	супура	擀面布
979	suda süyi	سۇدا سۇيى	суда сүйи	苏打水
980	suğar-\suğarmaq	سۇغار ـ \سۇغارماق	суғар-\суғармақ	浇水
981	sun-\sunmaq	سۇن ـ \سۇنماق	сун-\сунмақ	断、碎；伸出
982	sunay	سۇناي	сунай	唢呐
983	suyuq	سۇيۇق	суюқ	稀的
984	süpsüzük	سۈپسۈزۈك	сүпсүзүк	清澈的
985	süpür-\süpürmäk	سۈپۈر ـ \سۈپۈرمەك	сүпүр-\сүпүрмәк	扫
986	süpürgä	سۈپۈرگه	сүпүргә	扫帚
987	süt	سۈت	сүт	奶水，牛奶
988	sürt-\sürtmäk	سۈرت ـ \سۈرتمەك	сүрт-\сүртмәк	擦拭
989	sürmä	سۈرمه	сүрмә	眼线粉
990	sürät	سۈرەت	сүрәт	照片

序号	拉丁文撰写	中国新疆维吾尔语	哈萨克斯坦维吾尔语	汉义
991	süzgüč	سۈزگۈچ	сүзгүч	过滤器
992	süzük	سۈزۈك	сүзүк	清澈的
993	sünnät toy	سۈننەت توي	сүннәт той	割礼宴
994	süydük	سۈيدۈك	сүйдүк	尿（名）
995	süyqaš\taŋmän	سۈيقاش	сүйқаш\таңмән	汤面
996	setiwal-\ setiwalmaq	سېتىۋال\سېتىۋالماق	сетивал-\сетивалмақ	买
997	seriq	سېرىق	сериқ	黄色
998	seriq purčaq	سېرىق پۇرچاق	сериқ пурчақ	黄豆
999	sesi-\sesimaq	سېسى\سېسىماق	сеси-\сесимақ	腐烂，发臭
1000	sesiq	سېسىق	сесиқ	臭的
1001	seğiz	سېغىز	сеғиз	黄土，黏土
1002	sekirtar\šuji	سېكىرتار	секиртар\шужи	书记
1003	semiz	سېمىز	семиз	胖
1004	säp-\ säpmäk	سەپ\سەپمەك	сәп-\сәпмәк	洒
1005	säpkün	سەپكۈن	сәпкүн	雀斑
1006	säpärwär qil-\säpärwär qilmaq	سەپەرۋەر قىل-\سەپەرۋەر قىلماق	сәпәрвәр қил-\сәпәрвәр қилмақ	动员
1007	sät	سەت	сәт	难看的
1008	säräŋgä	سەرەڭگە	сәрәңгә	火柴
1009	säksän	سەكسەن	сәксән	八十
1010	säksänput	سەكسەنپۇت	сәксәнпут	蜈蚣
1011	säkkiz	سەككىز	сәккиз	八
1012	sägünčäk	سەگۈنچەك	сәгүнчәк	吊床
1013	sägäk	سەگەك	сәгәк	清醒的，敏感的
1014	sällä	سەللە	сәллә	散兰（缠头）
1015	sän	سەن	сән	你
1016	sändäl	سەندەل	сәндәл	铁毡、火盆
1017	säyšänbä	سەيشەنبە	сәйшәнбә	星期二

序号	拉丁文撰写	中国新疆维吾尔语	哈萨克斯坦维吾尔语	汉义
1018	sähra	سەھرا	cəhpa	乡村
1019	sähiyä	سەھىیە	cəhийə	卫生（部门）
1020	sähär	سەھەر	cəhəp	清早
1021	säwzä	سەۋزە	cəвзə	胡萝卜
1022	šaptul	شاپتۇل	шаптул	桃子
1023	šatut	شاتۇت	шатут	鹦鹉
1024	šax	شاخ	шах	树枝
1025	šarqira-\ šarqirimaq	شارقىرا ـ\شارقىرىماق	шарқира-\ шарқиримақ	哗啦啦
1026	šarqiratma	شارقىراتما	шарқиратма	瀑布
1027	šagirt	شاگىرت	шагирт	徒弟
1028	šal	شال	шал	水稻
1029	šal tik-\šal tikmäk	شال تىك ـ\شال تىكمەك	шал тик-\шал тикмэк	插秧
1030	šalaŋ	شالاڭ	шалаң	稀疏的
1031	šam	شام	шам	蜡烛
1032	šamal	شامال	шамал	微风
1033	šamdan	شامدان	шамдан	烛台
1034	šayi\yipäk	شايى\يىپەك	шайи\йипэк	丝绸
1035	šota	شوتا	шота	梯子
1036	šora-\šorimaq	شورا ـ\شورىماق	шора-\шоримақ	吸吮
1037	šorpa	شورپا	шорпа	肉汤
1038	šir	شىر	шир	狮子
1039	širkät	شىركەت	ширкэт	公司
1040	šišä\botulka	شىشە\بوتۇلكا	шишə\ботулка	瓶子
1041	šiyla-/ šiylimaq	شىيلا ـ\شىيلىماق	шийла-\шийлимақ	哄
1042	šiläpä	شىلەپە	шилəпə	礼帽
1043	šim\ištan	شىم\ئىشتان	шим\иштан	裤子
1044	šimal	شىمال	шимал	北

序号	拉丁文撰写	中国新疆维吾尔语	哈萨克斯坦维吾尔语	汉义
1045	šiwirğan	شۇۋىرغان	шивирған	暴风雪
1046	šuniŋ üčün\ šuŋlašqa	شۇنىڭ ئۈچۈن\شۇڭلاشقا	шуниң үчүн\ шуңлашқа	因此
1047	šeir	شېئىر	шеир	诗歌
1048	šerin	شېرىن	шерин	甜蜜的
1049	šeğil	شېغىل	шеғил	石子儿
1050	šekär	شېكەر	шекәр	糖
1051	šekär qomuš	شېكەر قومۇش	шекәр қомуш	甘蔗
1052	šäbnäm	شەبنەم	шәбнәм	露水
1053	šäpqätči	شەپقەتچى	шәпқәтчи	恩人
1054	šäpkä	شەپكە	шәпкә	帽子（带檐儿的）
1055	šäpäräŋ	شەپەرەڭ	шәпәрәң	蝙蝠
1056	šärq	شەرق	шәрқ	东
1057	šäräplik	شەرەپلىك	шәрәплик	光荣的
1058	šänbä	شەنبە	шәнбә	星期六
1059	šähär	شەھەر	шәһәр	城市
1060	ğajila-\ğajilimaq	غاجىلا ـ\غاجىلىماق	ғажила-\ғажилимақ	啃
1061	ğaz	غاز	ғаз	鹅
1062	ğaljir it	غالجىر ئىت	ғалжир ит	疯狗
1063	ğaŋza	غاڭزا	ғаңза	烟斗
1064	ğozäk\ğoza	غوزەك\غوزا	ғозәк\ғоза	棉桃
1065	ğol	غول	ғол	骨干，树干
1066	ğijäk	غىجەك	ғижәк	艾捷克（乐器）
1067	ğilap	غىلاپ	ғилап	刀鞘
1068	ğunčä	غۇنچە	ғунчә	花骨朵
1069	ğuwa	غۇۋا	ғува	模糊
1070	ğerič	غېرىچ	ғерич	一拃（长度）
1071	ğärb	غەرب	ғәрб	西

序号	拉丁文撰写	中国新疆维吾尔语	哈萨克斯坦维吾尔语	汉义
1072	ğälwir	غەلۋىر	ғәлвир	筛子
1073	ğälwä qil-\ğälwä qilmaq	غەلۋە قىل ـ\غەلۋە قىلماق	ғәлвә қил-\ғәлвә қилмақ	吵闹
1074	foto aprat	فوتو ئاپرات	фото апрат	照相机
1075	fewral	فېۋرال	феврал	二月
1076	qap	قاپ	қап	袋子
1077	qapaq	قاپاق	қапақ	葫芦
1078	qapaqbaš	قاپاقباش	қапақбаш	傻子
1079	qapqaq	قاپقاق	капқақ	盖子
1080	qaplan\yilpiz	قاپلان\يىلپىز	каплан\йилпиз	豹子
1081	qattiq	قاتتىق	каттик	硬的
1082	qatla-\qatlimaq	قاتلا ـ\قاتلىماق	қатла-\қатлимақ	折叠
1083	qatlima	قاتلىما	катлима	千层饼
1084	qatil	قاتىل	катил	凶手
1085	qač-\ qačmaq	قاچ ـ\ قاچماق	кач-\ қачмақ	逃跑
1086	qača	قاچا	қача	碗
1087	qačan	قاچان	қачан	什么时候
1088	qačila-\qačilimaq	قاچىلا ـ\قاچىلماق	қачила-\қачилимақ	装进
1089	qada-\qadimaq	قادا ـ\قادماق	қада-\қадимақ	插、戴、别
1090	qadaq	قاداق	қадақ	鸡眼，别针
1091	qar	قار	қар	雪
1092	qar boran	قار بوران	қар боран	飓风
1093	qara	قارا	қара	黑色
1094	qara-\qarimaq	قارا ـ\قارىماق	қара-\қаримак	看
1095	qara örük	قارا ئۆرۈك	қара өрүк	李子
1096	qaraqči	قاراقچى	қарақчи	强盗
1097	qaraŋğu	قاراڭغۇ	қараңғу	黑暗
1098	qaraŋğu čüš-\qaraŋğu čüšmäk	قاراڭغۇ چۆش ـ\قاراڭغۇ چۆشمەك	қараңғу чүш-\қараңғу чүшмәк	天黑

序号	拉丁文撰写	中国新疆维吾尔语	哈萨克斯坦维吾尔语	汉义
1099	qarši tur-\qarši turmaq	قارشى تۇر-\قارشى تۇرماق	қарши тур-\қарши турмақ	反对
1100	qarliğač	قارلىغاچ	қарлиғач	燕子
1101	qariğa al-\qariğa almaq	قارىغا ئال-\قارىغا ئالماق	қариға ал-\қариға алмақ	瞄准
1102	qariğay	قارىغاي	қариғай	松树
1103	qariğu	قارىغۇ	қариғу	盲人
1104	qazan	قازان	қазан	锅
1105	qazi	قازى	қази	喀孜（宗教法官）
1106	qassap	قاسساپ	қассап	屠夫
1107	qasqan	قاسقان	қасқан	蒸笼
1108	qasmaq	قاسماق	қасмақ	脏的
1109	qasiraq	قاسىراق	қасирақ	皮、鳞片
1110	qaš	قاش	қаш	眉毛
1111	qaš teši	قاش تېشى	қаш теши	玉石
1112	qašaŋ\gal	قاشاڭ\گال	қашаң\гал	钝的，慢
1113	qašla-\qašlimaq	قاشلا-\قاشلىماق	қашла-\қашлимақ	挠、抓
1114	qašliq	قاشلىق	қашлик	眉毛膏
1115	qağa	قاغا	қаға	乌鸦
1116	qaq	قاق	қақ	杏干、果干
1117	qaq sähär\taŋ sähär	قاق سەھەر\تاڭ سەھەر	қақ cəhəp\таң cəhəp	大清早
1118	qaq-\qaqmaq	قاق-\قاقماق	қақ-\қақмақ	打、敲
1119	qaqaqla-\qaqaqlimaq	قاقاقلا-\قاقاقلىماق	қақақла-\қақақлимақ	哈哈（笑声）
1120	qaqla-\qaqlimaq	قاقلا-\قاقلىماق	қақла-\қақлимақ	晒、烤
1121	qalaq	قالاق	қалақ	落后的
1122	qalaymiqan	قالايمىقان	қалаймиқан	乱七八糟
1123	qalpaq	قالپاق	қалпақ	宽檐帽，礼帽
1124	qaldur-\qaldurmaq	قالدۇر-\قالدۇرماق	қалдур-\қалдурмақ	留下，剩下

序号	拉丁文撰写	中国新疆维吾尔语	哈萨克斯坦维吾尔语	汉义
1125	qamaq	قاماق	қамақ	监禁
1126	qamalla-\qamallimaq	قامالللىماق\قامالال	қамалла-\қамаллимақ	垄断
1127	qamča	قامچا	қамча	鞭子
1128	qan	قان	қан	血
1129	qana-\qanimaq	قانسماق\قانا	қана-\қанимақ	流血
1130	qanat	قانات	қанат	翅膀
1131	qanal	قانال	қанал	渠道，频道
1132	qanjuq	قانجۇق	канжук	母狗
1133	qančä\näččä	قانچە\نەچچە	қанчə\нəччə	几个
1134	qandaq	قانداق	кандақ	怎么样
1135	qanun	قانۇن	канун	法律
1136	qayt-\qaytmaq	قايتماق\قايت	қайт-\қайтмақ	返回
1137	qayča	قايچا	қайча	剪刀
1138	qaysi	قايسى	кайси	哪一个
1139	qaymaq	قايماق	қаймақ	奶皮
1140	qayna-\qaynimaq	قايىنسماق\قايىنا	қайна-\қайнимақ	烧开，烧滚
1141	qaynaq	قايناق	қайнақ	沸腾的，烫的
1142	qaynam	قاينام	қайнам	漩涡
1143	qaŋšar	قاڭشار	каңшар	鼻梁
1144	qawa-\qawimaq	قاۋسماق\قاۋا	қава-\қавимақ	犬吠
1145	qotaz	قوتاز	қотаз	牦牛
1146	qordaq	قورداق	кордақ	肉杂烩（菜）
1147	qorša-\qoršimaq	قورشىماق\قورشا	корша-\коршимақ	包围
1148	qorq-\qorqmaq	قورقماق\قورق	корқ-\корқмақ	害怕
1149	qoro	قورو	коро	院子
1150	qoru-\qorumaq	قورۇماق\قورۇ	кору-\корумақ	炒
1151	qoruq	قورۇق	корук	皱纹

序号	拉丁文撰写	中国新疆维吾尔语	哈萨克斯坦维吾尔语	汉义
1152	qoza	قوزا	қоза	羊羔
1153	qozuq	قوزۇق	қозуқ	木桩
1154	qošaq	قوشاق	қошақ	顺口溜，歌谣
1155	qošqar	قوشقار	қошқар	山羊
1156	qošna	قوشنا	қошна	邻居
1157	qošuq	قوشۇق	қошуқ	汤匙
1158	qoğla-\qoğlimaq	قوغلا ـ\قوغلىماق	қоғла-\қоғлимақ	追赶
1159	qoğun	قوغۇن	қоғун	甜瓜
1160	qoqaq	قوقاق	қоқақ	上火、起泡
1161	qol	قول	қол	手
1162	qoltuq	قولتۇق	қолтуқ	腋窝
1163	qomandan	قوماندان	қомандан	指挥官
1164	qomur-\qomurmaq	قومۇر ـ\قومۇرماق	қомур-\қомурмақ	拔起
1165	qomuš	قومۇش	қомуш	芦苇
1166	qon-\qonmaq	قون ـ\قونماق	қон-\қонмақ	降落、过夜
1167	qonaq	قوناق	қонақ	高粱
1168	qoy	قوي	қой	羊
1169	qoy-\qoymaq	قوي ـ\قويماق	қой-\қоймақ	放
1170	qoyuq	قويۇق	қоюқ	黏稠
1171	qoŋğuraq	قوڭغۇراق	қоңғурақ	铃铛
1172	qowurğa	قوۋۇرغا	қовурға	肋条，肋骨
1173	qiča	قىچا	қича	油菜籽儿
1174	qičiš-\qičišmaq	قىچىش ـ\قىچىشماق	қичиш-\қичишмақ	发痒
1175	qir-\qirmaq	قىر ـ\قىرماق	қир-\қирмақ	刮，削皮
1176	qirtaq	قىرتاق	қиртақ	苦涩的
1177	qirğawul	قىرغاۋۇل	қирғавул	野鸡
1178	Qirğiz	قىرغىز	қирғиз	柯尔克孜人
1179	qirqi-\qirqimaq	قىرقى ـ\قىرقىماق	қирқи-\қирқимақ	削、剪

续表

序号	拉丁文撰写	中国新疆维吾尔语	哈萨克斯坦维吾尔语	汉义
1180	qirow	قىروۋ	қиров	霜
1181	qiriq	قىرىق	кирик	四十
1182	qiz	قىز	киз	姑娘
1183	qizčaq	قىزچاق	қизчақ	小姑娘
1184	qizil	قىزىل	қизил	红色
1185	qis-\qismaq	قىس ـ \قىسماق	қис-\қисмақ	夹
1186	qista-\qistimaq	قىستا ـ \قىستىماق	қиста-\қистимақ	拥挤
1187	qisqa	قىسقا	қисқа	短的
1188	qisqičä	قىسقىچه	қисқичә	简短的
1189	qisqučpaqa	قىسقۇچپاقا	қискучпақа	螃蟹
1190	qiš	قىش	қиш	冬天
1191	qiğ	قىغ	киғ	堆积的动物粪便，肥料
1192	qil	قىل	қил	毛、发
1193	qil-\qilmaq	قىل ـ \قىلماق	қил-\қилмақ	做、干
1194	qiltiriq	قىلتىرىق	қилтириқ	鱼刺
1195	qilič	قىلىچ	қилич	剑
1196	qimar	قىمار	қимар	赌博
1197	qimarwaz	قىمارۋاز	қимарваз	赌徒
1198	qimmät	قىممەت	қиммәт	昂贵的
1199	qimirla-\qimirlimaq	قىمىرلا ـ \قىمىرلىماق	қимирла-\қимирлимақ	蠕动、动
1200	qimiz	قىمىز	қимиз	马奶酒
1201	qiya	قىيا	кия	悬崖、峭壁
1202	qiypaš	قىيپاش	қийпаш	斜的
1203	qiŋğir	قىڭغىر	киңғир	倾斜的
1204	quta	قۇتا	кута	盒子
1205	qutquz-\qutquzmaq	قۇتقۇز ـ \قۇتقۇزماق	қутқуз-\кутқузмак	抢救，救
1206	qučaqla-\qučaqlimaq	قۇچاقلا ـ \قۇچاقلىماق	кучақла-\кучақлимақ	拥抱

序号	拉丁文撰写	中国新疆维吾尔语	哈萨克斯坦维吾尔语	汉义
1207	quda	قۇدا	құда	亲家
1208	quduq	قۇدۇق	құдуқ	井
1209	qur-\qurmaq	قۇر ـ\قۇرماق	құр-\құрмақ	建立、建造
1210	Quran	قۇرئان	құран	古兰经
1211	Qurban Heyt	قۇربان ھېيت	құрбан һейт	宰牲节
1212	qurt	قۇرت	құрт	虫子
1213	qursaq	قۇرساق	құрсақ	肚子
1214	qursiqi köp-\ qursiqi köpmäk	قۇرسىقى كۆپ ـ\قۇرسىقى كۆپمەك	құрсиқи көп-\ құрсиқи көпмәк	肚子胀，生气
1215	qurğaqčiliq	قۇرغاقچىلىق	құрғақчилиқ	干旱
1216	qurğuy	قۇرغۇي	құрғуй	鹤鹰
1217	qurut	قۇرۇت	құрут	酸奶干
1218	quru-\qurumaq	قۇرۇ ـ\قۇرۇماق	құру-\құрумақ	晒干、晾干
1219	quruq	قۇرۇق	құрук	干的
1220	qus-\qusmaq	قۇس ـ\قۇسماق	құс-\құсмақ	呕吐
1221	quš	قۇش	құш	鸟类
1222	qušqač	قۇشقاچ	құшқач	麻雀
1223	qulaq	قۇلاق	құлақ	耳朵
1224	qulaqča	قۇلاقچا	құлақча	皮帽、棉帽
1225	qulup	قۇلۇپ	құлуп	锁子
1226	qulupla-\ quluplimaq	قۇلۇپلا ـ\قۇلۇپلىماق	құлупла-\құлуплимақ	锁上
1227	qululä	قۇلۇله	құлулә	贝壳，蜗牛
1228	qulun	قۇلۇن	құлун	野马
1229	qum	قۇم	құм	沙子
1230	qumboran	قۇمبوران	құмборан	沙尘暴
1231	qumčaq	قۇمچاق	құмчақ	蝌蚪
1232	qunduz	قۇندۇز	құндуз	水獭
1233	quy-\quymaq	قۇي ـ\قۇيماق	құй-\құймақ	倒入，放入

续表

序号	拉丁文撰写	中国新疆维吾尔语	哈萨克斯坦维吾尔语	汉义
1234	quyruq	قۇيرۇق	құйруқ	尾巴
1235	quyun	قۇيۇن	қуюн	旋风、龙卷风
1236	quw\hiligär	قۇۋ\ھىلىگەر	қув\һилигəр	狡猾的
1237	qetiq	قېتىق	кетиқ	酸奶
1238	qeri	قېرى	кери	老的
1239	qeri-\qerimaq	قېرـ ـ\قېرىماق	кери-\керимақ	变老
1240	qerindaš	قېرىنداش	кериндаш	同胞
1241	qerindaš qäläm	قېرىنداش قەلەم	кериндаш қəлəм	铅笔
1242	qeza	قېزا	кеза	灌马肠
1243	qelin	قېلىن	келин	厚的
1244	qeyiq	قېيىق	кейиқ	舟
1245	qeyin	قېيىن	кейин	桦树
1246	qeyin ini	قېيىن ئىنى	кейин ини	小叔子
1247	qäbrä	قەبرە	кəбрə	坟墓
1248	qäbilä	قەبىله	қəбилə	部落
1249	qäpäs	قەپەس	қəпəс	鸟笼子
1250	qärt	قەرت	кəрт	纸牌、扑克
1251	qärt oyna-\qärt oynimaq	قەرت ئويناـ ـ\قەرت ئوينىماق	кəрт ойна-\кəрт ойнимақ	打牌
1252	qärz	قەرز	кəрз	债
1253	qärz al-\qärz almaq	قەرز ئالـ ـ\قەرز ئالماق	кəрз ал-\кəрз алмақ	借债
1254	qärz bol-\qärz bolmaq	قەرز بولـ ـ\قەرز بولماق	кəрз бол-\кəрз болмақ	欠债
1255	qäğäz	قەغەز	қəғəз	纸
1256	qäläm	قەلەم	қəлəм	钢笔
1257	qäläy	قەلەي	қəлəй	锡
1258	qän	قەنت	кəн	方糖
1259	qäyär	قەيەر	қəйəр	哪里

序号	拉丁文撰写	中国新疆维吾尔语	哈萨克斯坦维吾尔语	汉义
1260	qähritan	قەھرىتان	кәритан	严寒
1261	qährimanlarčă	قەھرىمانلارچە	кәриманларчә	英勇地
1262	qäwät	قەۋەت	кәвәт	层
1263	kapir	كاپىر	капир	不信教者、异教徒
1264	katip	كاتىپ	катип	秘书
1265	katäk	كاتەك	катәк	（鸡、兔等的）窝
1266	kadir	كادىر	кадир	干部
1267	karidur	كارىدۇر	каридур	走廊
1268	karwat	كارۋات	карват	床
1269	kakkuk	كاككۆك	каккук	布谷鸟
1270	kala	كالا	кала	牛
1271	kala yili	كالا يىلى	кала йили	牛年
1272	kalač	كالاچ	калач	套鞋
1273	kalampay	كالامپاي	калампай	行动笨拙的人
1274	kalpuk\läw	كالپۇك\لەۋ	калпук\ләв	嘴唇
1275	kaltäk	كالتەك	калтәк	棒子
1276	kalindar	كالىندار	калиндар	日历
1277	kalwa	كالۋا	калва	蠢货、傻瓜
1278	kamar	كامار	камар	洞
1279	kanay	كاناي	канай	气管、喇叭
1280	kawa	كاۋا	кава	南瓜
1281	kawap	كاۋاپ	кавап	烤肉
1282	kopta	كوپتا	копта	衬衣（女式）
1283	kor\qariğu	كور\قارىغۇ	кор\қариғу	瞎子
1284	kora	كورا	кора	罐子
1285	kola-\kolimaq	كولا ـ\كولىماق	кола-\колимақ	挖、掘
1286	kompas	كومپاس	компас	指南针

续表

序号	拉丁文撰写	中国新疆维吾尔语	哈萨克斯坦维吾尔语	汉义
1287	kompyuter	كومپيۇتېر	компютер	电脑
1288	kona	كونا	кона	旧的
1289	kipäk	كپەك	кипэк	木屑、头屑
1290	kitap	كىتاب	китап	书
1291	kitapxana	كىتابخانا	китапхана	书店
1292	kičik	كچىك	кичик	小
1293	kir yu-\kir yuymaq	كىر يۇ(ي) -\كىر يۇيماق	кир ю-\кир юймақ	洗衣
1294	kir-\kirmäk	كىر -\كىرمەك	кир-\кирмэк	进入
1295	kiralğu	كىرئالغۇ	киралғу	洗衣机
1296	kirpik	كىرپىك	кирпик	睫毛
1297	kirpä	كىرپە	кирпə	刺猬
1298	kirsopun	كىرسوپۇن	кирсопун	肥皂
1299	kirlik	كىرلىك	кирлик	床单、被套
1300	kirim	كىرم	кирим	收入
1301	kišnä-\kišnimäk	كشنه -\كشنىمەك	кишнə-\кишнимэк	马嘶
1302	kiši\adäm	كشى\ئادەم	киши\адəм	人
1303	kikirtäk	كىكىرتەك	кикиртэк	喉咙、嗓子
1304	kigiz	كىگىز	кигиз	毛毡
1305	kilometir	كىلومېتىر	километир	公里
1306	kim	كىم	ким	谁
1307	kindik	كىندىك	киндик	肚脐
1308	kino	كىنو	кино	电影
1309	kinoxana	كىنوخانا	кинохана	电影院
1310	kiy-\kiymäk	كىي -\كىيمەك	кий-\киймэк	穿
1311	kiyik	كىيىك	кийик	鹿
1312	kiyim	كىيىم	кийим	衣服
1313	kiyim-kečäk	كىيىم -كېچەك	кийим-кечэк	衣物
1314	köp\jiq\tola	كۆپ\جىق\تولا	кɵп\жик\тола	多的

序号	拉丁文撰写	中国新疆维吾尔语	哈萨克斯坦维吾尔语	汉义
1315	köpčilik	كۆپچىلىك	көпчилик	大家
1316	köpük	كۆپۈك	көпүк	泡沫
1317	köpäy-\köpäytmäk	كۆپەي ـ \كۆپەيتمەك	көпәй-\көпәйтмәк	增多
1318	kötär-\kötärmäk	كۆتەر ـ \كۆتەرمەك	көтәр-\көтәрмәк	抬
1319	köč-\köčmäk	كۆچ ـ\كۆچمەك	көч-\көчмәк	搬（家）
1320	köčät tik-\köčät tikmäk	كۆچەت تىك ـ \كۆچەت تىكمەك	көчәт тик-\көчәт тикмәк	植树
1321	kör-\körmäk	كۆر ـ \كۆرمەك	көр-\көрмәк	看见
1322	körpä	كۆرپە	көрпә	褥子
1323	körümsiz	كۆرۈمسىز	көрүмсиз	难看的
1324	köz	كۆز	көз	眼睛
1325	köz qis-\köz qismaq	كۆز قىس ـ \كۆز قىسماق	көз қис-\көз қисмақ	挤眼
1326	közäynäk	كۆزەينەك	көзәйнәк	眼镜
1327	kök	كۆك	көк	蓝、绿
1328	köktat	كۆكتات	көктат	蔬菜
1329	kökräk	كۆكرەك	көкрәк	胸脯
1330	köl	كۆل	көл	湖
1331	kölčäk	كۆلچەك	көлчәк	池塘，小水池
1332	köm-\kömmäk	كۆم ـ \ كۆممەك	көм-\ көммәк	埋
1333	kömmäqonaq	كۆممەقوناق	көммәконақ	玉米
1334	kömür	كۆمۈر	көмүр	煤炭
1335	köy-\köymäk	كۆي ـ \كۆيمەك	көй-\көймәк	烧、爱
1336	köynäk\köŋläk	كۆينەك\كۆڭلەك	көйнәк\көңләк	裙子
1337	köŋül ač-\köŋül ačmaq	كۆڭۈل ئاچ ـ \كۆڭۈل ئاچماق	көңүл ач-\көңүл ачмақ	娱乐、开心
1338	köwrük	كۆۋرۈك	көврүк	桥
1339	kuruška	كۇرۇشكا	курушка	杯子,瓷杯子
1340	küpkündüz	كۈپكۈندۈز	күпкүндүз	大白天

续表

序号	拉丁文撰写	中国新疆维吾尔语	哈萨克斯坦维吾尔语	汉义
1341	küt-\kütmäk	كۈت ـ \كۈتمەك	күт-\күтмәк	等待、招待
1342	küč	كۈچ	күч	力量
1343	küčük	كۈچۈك	күчүк	小狗
1344	küčä-\küčimäk	كۈچە ـ \كۈچىمەك	күчә-\күчимәк	用力
1345	küdä	كۈده	күдә	韭菜
1346	küräk	كۈرەك	күрәк	木锨
1347	küz	كۈز	күз	秋天
1348	kül	كۈل	күл	灰
1349	kül-\külmäk	كۈلـ\كۈلمەك	күл-\күлмәк	笑
1350	kümüš	كۈمۈش	күмүш	银
1351	kün	كۈن	күн	天、日
1352	künjüt	كۈنجۈت	күнжүт	芝麻
1353	kündüz	كۈندۈز	күндүз	白天
1354	künlük\ yamğurluq	كۈنلۈك\يامغۇرلۇق	күнлүк\ямғурлук	雨伞, 太阳伞
1355	küyoğul	كۈيئوغۇل	күйоғул	女婿
1356	küylä-\küylimäk	كۈيله ـ \كۈيلىمەك	күйлә-\күйлимәк	歌颂
1357	küyä	كۈيه	күйә	锅灰、蛀虫
1358	kepinäk	كېپىنەك	кепинәк	蝴蝶
1359	kepän	كېپەن	кепән	裹尸布
1360	kečik-\kečikmäk	كېچىك ـ \كېچىكمەك	кечик-\кечикмәк	迟到
1361	kečä	كېچه	кечә	夜晚
1362	kekir-\kekirmäk	كېكىر ـ \كېكىرمەك	кекир-\кекирмәк	打嗝儿
1363	kekäč	كېكەچ	кекәч	口吃
1364	kekäčlä-\ kekäčlimäk	كېكەچله ـ \كېكەچلىمەك	кекәчлә-\кекәчлимәк	结巴
1365	kelin	كېلىن	келин	儿媳妇
1366	kelär yil	كېلەر يىل	келәр йил	明年
1367	kemä	كېمه	кемә	船
1368	keyin	كېيىن	кейин	以后

序号	拉丁文撰写	中国新疆维吾尔语	哈萨克斯坦维吾尔语	汉义
1369	kewäz	كەۋەز	кевэз	棉花
1370	käptär	كەپتەر	кэптэр	鸽子
1371	käpsiz	كەپسىز	кэпсиз	调皮的
1372	kätmän	كەتمەن	кэтмэн	坎土曼
1373	käč	كەچ	кэч	晚上、晚
1374	käčqurun	كەچقۇرۇن	кэчқурун	傍晚
1375	käs-\käsmäk	كەس-\كەسمەك	кэс-\кэсмэк	切、割
1376	käklik	كەكلىك	кэклик	鹧鸪
1377	käkä	كەكە	кэкэ	小扁斧
1378	käl-\kälmäk	كەل-\كەلمەك	кэл-\кэлмэк	来
1379	kälgüsidä	كەلگۈسى	кэлгүсидэ	将来
1380	kämbäğäl	كەمبەغەل	кэмбэғэл	穷人
1381	kämčilik	كەمچىلىك	кэмчилик	缺点
1382	kämär\bälbağ	كەمەر\بەلباغ	кэмэр\бэлбағ	皮带、腰带
1383	känt	كەنت	кэнт	村
1384	känji oğul\ oğulčaq	كەنجى ئوغۇل	кэнжи оғул\оғулчақ	小儿子、老幺
1385	kändir	كەندىر	кэндир	大麻
1386	käŋ	كەڭ	кэң	宽的
1387	gača	گاچا	гача	哑巴
1388	gaz	گاز	газ	气、煤气
1389	gas	گاس	гас	聋子
1390	gal	گال	гал	钝的
1391	galastuk	گالاستۇك	галастук	领带
1392	gilas	گىلاس	гилас	樱桃
1393	giläm	گىلەم	гилэм	地毯、挂毯
1394	göš	گۆش	гөш	肉
1395	göšmanta	گۆشمانتا	гөшманта	肉包子
1396	gošnan	گۆشنان	гөшнан	肉饼、馅儿饼

序号	拉丁文撰写	中国新疆维吾尔语	哈萨克斯坦维吾尔语	汉义
1397	güppidä	گۈپپىده	гүппидә	扑通一下
1398	gür-gür	گۈر ـ گۈر	гүр-гүр	风呼呼声
1399	gürüč	گۈرۈچ	гүрүч	大米
1400	güzäl	گۈزەل	гүзәл	美丽
1401	güzäl sänät	گۈزەل سەنئەت	гүзәл сәнәт	工艺美术
1402	gül	گۈل	гүл	花儿
1403	güldürlä-\güldürlimäk	گۈلدۈرله ـ \گۈلدۈرلىمەك	гүлдүрлә-\гүлдүрлимәк	打雷，轰隆隆
1404	güldürmama	گۈلدۈرماما	гүлдүрмама	雷声
1405	gülqänt	گۈلقەنت	гүлкән	玫瑰花酱
1406	güllük	گۈللۈك	гүллүк	印花的、花园
1407	gülä-qaq	گۈله ـ قاق	гүлә-қақ	干果
1408	gezit	گېزىت	гезит	报纸
1409	gäp	گەپ	гәп	话
1410	gärčä	گەرچه	гәрчә	尽管
1411	gäzmal	گەزمال	гәзмал	布料
1412	laxšigir	لاخشىگىر	лахшигир	火钳
1413	lazim	لازىم	лазим	需要
1414	lampa	لامپا	лампа	灯泡
1415	lay	لاي	лай	泥巴
1416	lifit	لىفت	лифит	电梯
1417	liq	لىق	лиқ	满的
1418	lim	لىم	лим	横梁
1419	liŋši-\liŋšimaq	لىڭشــ ـ \لىڭشىماق	лиңши-\лиңшимак	摇晃
1420	löŋgä	لۆڭگە	лөңгә	毛巾
1421	luğät	لۇغەت	луғәт	词/字典
1422	legän	لېگەن	легән	托盘
1423	lägläk	لەگلەك	ләглstandk	风筝

序号	拉丁文撰写	中国新疆维吾尔语	哈萨克斯坦维吾尔语	汉义
1424	läylä-\läylimäk	لەيله ـ\لەيلىمەك	ләйлə-\ләйлимәк	漂浮
1425	läŋmän	لەڭمەن	ләңмән	拉面
1426	läwhä	لەۋھە	ләвһə	锦旗，牌匾
1427	maarip	مائارىپ	маарип	教育
1428	maaš	مائاش	мааш	工资
1429	mata	ماتا	мата	麻布、粗布
1430	matäm	ماتەم	матәм	哀悼、追悼
1431	maxtančaq	ماختانچاق	махтанчақ	爱自夸的
1432	marjan	مارجان	маржан	珠链，项链
1433	mars	مارس	марс	火星
1434	maružni	مارۇژنى	маружни	冰激凌
1435	mazar	مازار	мазар	坟地、墓地
1436	maš	ماش	маш	绿豆
1437	mašina	ماشىنا	машина	汽车
1438	maqal	ماقال	мақал	谚语
1439	maqul	ماقۇل	мақул	行，好的
1440	magizin	ماگىزىن	магизин	商店
1441	mal-mölük	مال ـ مۆلۆك	мал-мөлүк	财产
1442	manta	مانتا	манта	包子
1443	may	ماي	май	油
1444	may ponkit	ماي پونكىت	май понкит	加油站
1445	mayliq	مايلىق	майлиқ	多油的,油腻
1446	maymaq	مايماق	маймақ	歪的
1447	maymun	مايمۇن	маймун	猴子
1448	maŋ-\ maŋmaq	ماڭ ـ\ ماڭماق	маң-\ маңмақ	走
1449	maŋqa	ماڭقا	маңқа	鼻涕
1450	maŋlay	ماڭلاي	маңлай	前额、额头
1451	mawu	ماۋۇ	маву	这个

续表

序号	拉丁文撰写	中国新疆维吾尔语	哈萨克斯坦维吾尔语	汉义
1452	mobi\moy qäläm	موي قەلەم	моби\мой қәләм	毛笔
1453	motutsiklit	موتۆتسكلت	мотутсиклит	摩托车
1454	mora	مورا	мора	烟囱
1455	mozay	موزاي	мозай	牛犊
1456	mozduz	موزدۆز	моздуз	鞋匠
1457	molla	موللا	молла	毛拉
1458	mollaq	موللاق	моллақ	跟斗
1459	mollaq at-\ mollaq atmaq	موللاق ئاتـ\موللاق ئاتماق	моллақ ат-\ моллақ атмақ	翻跟斗
1460	mollaqči	موللاقچى	моллакчи	会翻跟斗的
1461	moma	موما	мома	奶奶、馒头
1462	momay	موماي	момай	老奶奶
1463	moysipit	مويسىپت	мойсипит	年迈的人
1464	mix	مىخ	мих	钉子
1465	mis	مىس	мис	铜
1466	mišqir-\ mišqirmaq	مىشقىر-\مىشقىرماق	мишқир-\мишқирмақ	擤鼻涕
1467	mikiyan	مكىيان	микиян	母鸡
1468	milä-/milimäk	مىلە-\مىلىمەك	мила-\милимақ	抹，蘸
1469	miltiq	مىلتىق	милтиқ	步枪、长枪
1470	millät	مىللەت	милләт	民族
1471	milyard	مىليارد	милярд	十亿
1472	milyon	مىليون	милйон	百万
1473	min-\minmäk	مىن-\مىنمەك	мин-\минмәк	骑
1474	miniral su	مىنىرال سۇ	минирал су	矿泉水
1475	minut	مىنۇت	минут	分钟
1476	miyaŋla-\ miyaŋlimaq	مىياڭلا-\مىياڭلىماق	миянла-\миянлимақ	喵喵叫
1477	miŋ	مىڭ	миң	千
1478	mörä-\mörimäk	مۆرە-\مۆرىمەك	мөрә-\мөримәк	哞哞叫

续表

序号	拉丁文撰写	中国新疆维吾尔语	哈萨克斯坦维吾尔语	汉义
1479	mökümöküläŋ	مۆكۈمۆكۈلەڭ	мөкүмөкүләң	捉迷藏
1480	möldür	مۆلدۈر	мөлдүр	冰雹
1481	muällim	مۇئەللىم	муәллим	老师
1482	muxbir	مۇخبىر	мухбир	记者
1483	muz	مۇز	муз	冰
1484	muzakirä qil-\muzakirä qilmaq	مۇزاكىرە قىل-\مۇزاكىرە قىلماق	музакирә қил-\музакирә қилмақ	讨论
1485	muzluq	مۇزلۇق	музлуқ	冰的、冰川
1486	musabiqä	مۇسابىقە	мусабиқә	比赛
1487	mustähkäm	مۇستەھكەم	мустәһкәм	坚固的
1488	mušt	مۇشت	мушт	拳头
1489	mušla-\mušlimaq	مۇشلا-\مۇشلىماق	мушла-\мушлимақ	用拳头打
1490	mušlaš-\mušlašmaq	مۇشلاش-\مۇشلاشماق	мушлаш-\мушлашмақ	打架
1491	munča	مۇنچا	мунча	澡堂，浴室
1492	munčiwala	مۇنچىۋالا	мунчивала	这么多的
1493	mundaq	مۇنداق	мундақ	这样
1494	muwapiq	مۇۋاپىق	мувапиқ	合适的，合理的
1495	muwäppäqiyät	مۇۋەپپەقىيەت	мувәппәқийәт	成功
1496	mürä	مۈره	мүрә	肩膀
1497	müšük	مۈشۈك	мүшүк	猫
1498	müšükeyiq	مۈشۈكئېيىق	мүшүкейик	熊猫
1499	müšükyapilaq	مۈشۈكياپىلاق	мүшүкяпилақ	猫头鹰
1500	mügdä-\mügdimäk	مۈگده-\مۈگدىمەك	мүгдә-\мүгдимәк	打瞌睡
1501	müŋgüz	مۈڭگۆز	мүңгүз	（动物的）角
1502	mehman	مېھمان	меһман	客人
1503	mehmanxana	مېھمانخانا	меһманхана	客厅
1504	mewä	مېۋه	мевә	水果
1505	mäjnuntal	مەجنۇنتال	мәжнунтал	垂柳

序号	拉丁文撰写	中国新疆维吾尔语	哈萨克斯坦维吾尔语	汉义
1506	mädikarliq qil-\mädikarliq qilmaq	مەدىكارلىق قىل-\مەدىكارلىق قىلماق	мәдикарлиқ қил-\мәдикарлиқ қилмақ	打短工
1507	mädäniyät	مەدەنىيەت	мәдәнийәт	文化
1508	märwayit	مەرۋايىت	мәрвайит	珍珠
1509	märä-\märimäk	مەرە-\مەرىمەك	мәрә-\мәримәк	咩，羊叫
1510	mäzgil	مەزگىل	мәзгил	阶段，期间
1511	mäzin	مەزىن	мәзин	宣礼员
1512	mäsčit	مەسچىت	мәсчит	清真寺
1513	mäslihätläš-\mäslihätläšmäk	مەسلىمەتلەش-\مەسلىمەتلەشمەك	мәслиһәтләш-\мәслиһәтләшмәк	商量
1514	mäsä	مەسە	мәсә	软靴
1515	mäğlubiyät	مەغلۇبىيەت	мәғлубийәт	失败（名）
1516	mäğlup bol-\mäğlup bolmaq	مەغلۇپ بول-\مەغلۇپ بولماق	мәғлуп бол-\мәғлуп болмақ	失败（动）
1517	mäktäp	مەكتەپ	мәктәп	学校
1518	mäktäptä oqu-\mäktäptä oqumaq	مەكتەپتە ئوقۇ-\مەكتەپتە ئوقۇماق	мәктәптә оқу-\мәктәптә оқумақ	上学
1519	mämur	مەمۇر	мәмур	公务员，行政人员
1520	män	مەن	мән	我
1521	mäydä	مەيدە	мәйдә	胸
1522	mäynät	مەينەت	мәйнәт	脏的
1523	mäŋiz	مەڭىز	мәңиз	脸颊
1524	mähällä	مەھەللە	мәһәллә	村庄，社区
1525	naxša	ناخشا	нахша	歌曲
1526	nadan	نادان	надан	幼稚
1527	nağra	ناغرا	нағра	纳格拉鼓
1528	namaz	ناماز	намаз	礼拜
1529	namazšamgül	نامازشامگۆل	намазшамгүл	胭脂花
1530	nan	نان	нан	馕

序号	拉丁文撰写	中国新疆维吾尔语	哈萨克斯坦维吾尔语	汉义
1531	nan yaq-\nan yaqmaq	نان ياق ـ \انان ياقماق	нан як-\нан якмак	打馕
1532	nahayiti	ناهايتى	наһайити	很、非常
1533	nahiyä	ناهىيه	наһийə	县
1534	naway	ناۋاي	навай	打馕师傅
1535	normal	نورمال	нормал	正常
1536	noruz	نوروز	норуз	诺肉孜节（新年）
1537	noğuč	نوغوچ	ноғуч	擀面杖
1538	noqu-\noqumaq	نوقۇ ـ \انوقۇماق	ноқу-\ноқумак	捅、捣
1539	nogay\sapliq	نوگاي\ساپلىق	ногай\саплик	水瓢
1540	noyabir	نويابىر	ноябир	十一月
1541	nišan	نىشان	нишан	目标
1542	nikah	نىكاھ	никаһ	尼卡（伊斯兰教结婚仪式必念的经）
1543	nöl	نۆل	нөл	零
1544	nur	نۇر	нур	光
1545	nurğun	نۇرغۇن	нурғун	许多
1546	nepiz\yupqa	نېپىز\يۇپقا	непиз\юпка	薄的
1547	nerwa	نېرۋا	нерва	神经
1548	nefit	نېفىت	нефит	石油
1549	nemä	نېمە	немə	什么
1550	näpär	نەپەر	нəпəр	名（量词）
1551	näpäslän-\näpäslänmäk	نەپەسلەن ـ \انەپەسلەنمەك	нəпəслəн-\нəпəслəнмəк	呼吸
1552	näččä	نەچچە	нəччə	几
1553	nädä	نەده	нəдə	哪里, 在哪儿
1554	närsä	نەرسە	нəрсə	东西
1555	näzir	نەزىر	нəзир	乃孜尔, 祭祀
1556	näšpüt	نەشپۈت	нəшпүт	梨子

续表

序号	拉丁文撰写	中国新疆维吾尔语	哈萨克斯坦维吾尔语	汉义
1557	näqiš	نەقىش	нәқиш	雕刻、浮雕
1558	näqišlik	نەقىشلىك	нәқишлик	有雕刻的
1559	näm	نەم	нәм	潮湿
1560	nämuniči	نەمۇنچى	нәмуничи	模范
1561	näyzä	نەيزە	нәйзә	矛
1562	näwrä	نەۋره	нәврә	孙子
1563	haji	هاجى	hажи	哈吉（朝觐过的人）
1564	hajätxana	هاجەتخانا	hажәтхана	卫生间
1565	haram	هارام	hарам	伊斯兰教禁吃或禁用的
1566	haraq	هاراق	hарақ	酒
1567	harwa	هارۋا	hарва	（马、牛等）车
1568	hazir	هازىر	hазир	现在
1569	hasa	هاسا	hаса	拐杖
1570	hasira-\hasirimaq	هاسرا ـ هاسرىماق	hасира-\hасиримақ	喘气
1571	halal	هالال	hалал	伊斯兰教允许吃或用的
1572	halqa	هالقا	hалқа	环，耳环
1573	halwa	هالۋا	hалва	甜面糊
1574	haman	هامان	hаман	总是，终归
1575	hamma ača\ hamma	هامما ئاچا\هامما	hамма ача\hамма	姨姨、婶婶
1576	hamildar	هامىلدار	hамилдар	怀孕的
1577	haywan	هايۋان	hайван	动物
1578	haŋra-\haŋrimaq	هاڭرا ـ هاڭرىماق	hаңра-\hаңримақ	驴叫，嚎叫
1579	hawa	هاۋا	hава	天气
1580	hawa täŋšigüč	هاۋا تەڭشىگۈچ	hава тәңшигүч	空调
1581	hor	هور	hор	热气

序号	拉丁文撰写	中国新疆维吾尔语	哈萨克斯坦维吾尔语	汉义
1582	horda-\hordimaq	ھوردا ـ \ھوردىماق	hорда-\hордимақ	蒸
1583	horun	ھوروٗن	hорун	懒惰
1584	hošidin kät-\hošidin kätmäk	ھوشىدىن كەتـ ـ \ھوشىدىن كەتمەك	hошидин кәт-\hошидин кәтмәк	发昏，晕
1585	hoyla	ھويلا	hойла	院子
1586	hikayä	ھىكايه	hикайә	故事
1587	him	ھىم	hим	紧紧地、严实地
1588	himayä qil-\himayä qilmaq	ھىمايه قىلـ ـ \ھىمايه قىلماق	hимайә қил-\hимайә қилмақ	拥护
1589	höpöp	ھوٗپوٗپ	hөпөп	戴胜鸟
1590	hökirä-\hökirimäk	ھوٗكىرە ـ \ھوٗكىرىمەك	hөкирә-\hөкиримәк	大声吼
1591	höküm qil-\höküm qilmaq	ھوٗكۆم قىلـ ـ \ھوٗكۆم قىلماق	hөкүм қил-\hөкүм қилмақ	判决
1592	hökümät	ھوٗكۆمەت	hөкүмәт	政府
1593	höl	ھوٗل	hөл	湿的
1594	hünärwän	ھۈنەرۋەن	hүнәрвән	手艺人
1595	hečkim	ھىچكىم	hечким	任何人
1596	hečnemä	ھىچنىمه	hечнемә	没任何东西
1597	hesab	ھىساب	hесаб	算术
1598	hesapla-\hesaplimaq	ھىساپلا ـ \ھىساپلىماق	hесапла-\hесаплимақ	计算
1599	heyt	ھىيت	hейт	节日、年
1600	heytla-\heytlimaq	ھىيتلا ـ \ھىيتلىماق	hейтла-\hейтлимақ	拜年
1601	hädä\ača	ھەدە\ئاچا	hәдә\ача	姐姐
1602	här bir	ھەر بىر	hәр бир	每一个
1603	här qačan	ھەر قاچان	hәр қачан	任何时候
1604	härbiy gazarma	ھەربىي گازارما	hәрбий газарма	军营
1605	härp	ھەرپ	hәрп	字母
1606	härkim	ھەركىم	hәрким	任何人

序号	拉丁文撰写	中国新疆维吾尔语	哈萨克斯坦维吾尔语	汉义
1607	härgiz	ھەرگىز	һәргиз	绝对（不）
1608	härikät	ھەرىكەت	һәрикәт	行动
1609	härä	ھەرە	һәрә	蜜蜂
1610	häsäl\bal	ھەسەل\بال	һәсәл\бал	蜂蜜
1611	häsän-hüsän	ھەسەن ـ ھۈسەن	һәсән-һүсән	彩虹
1612	häm	ھەم	һәм	又、和
1613	hämra	ھەمرا	һәмра	陪伴、伴侣
1614	hämširä	ھەمشىرە	һәмширә	姐妹，护士
1615	hämkarlaš-\hämkarlašmaq	ھەمكارلاش ـ\ھەمكارلاشماق	һәмкарлаш-\һәмкарлашмақ	合作
1616	hämmä	ھەممە	һәммә	全部
1617	häydä-\häydimäk	ھەيدە ـ\ھەيدىمەك	һәйдә-\һәйдимәк	开、驾
1618	häwäs	ھەۋەس	һәвәс	兴趣
1619	opratsiyä	ئوپراتسىيە	опратсийә	手术
1620	ot	ئوت	от	火、草
1621	ot sun-\ot sunmaq	ئوت سۇن ـ\ئوت سۇنماق	от сун-\от сунмақ	烤火
1622	ot kät-\ot kätmäk	ئوت كەت ـ\ئوت كەتمەك	от кәт-\от кәтмәк	着火
1623	ot yaq-\ot yaqmaq	ئوت ياق ـ\ئوت ياقماق	от як-\от якмақ	点火
1624	ota-\ otimaq	ئوتا ـ\ ئوتىماق	ота-\ отимақ	除草
1625	ottura	ئوتتۇرا	оттура	中间
1626	ottuz	ئوتتۇز	оттуз	三十
1627	ot-čöp	ئوت ـ چۆپ	от-чөп	草
1628	otlaq	ئوتلاق	отлақ	草地
1629	otiğuč	ئوتىغۇچ	отиғуч	锄头
1630	otun	ئوتۇن	отун	木柴
1631	očaq	ئوچاق	очақ	灶
1632	očuq	ئوچۇق	очук	开朗、晴朗
1633	oxšaš	ئوخشاش	охшаш	一样

续表

序号	拉丁文撰写	中国新疆维吾尔语	哈萨克斯坦维吾尔语	汉义
1634	ora-\orimaq	ئورا - ئورىماق	opa-\opимақ	包装、缠
1635	oram	ئورام	opaм	卷、圈
1636	orğaq	ئورغاق	opғақ	镰刀
1637	orman	ئورمان	opмaн	森林
1638	ornat-\ornatmaq	ئورنات-ئورناتماق	opнат-\opнатмақ	安装
1639	oruq	ئوروق	opук	瘦的
1640	oruqla-\oruqlimaq	ئوروقلا - ئوروقلىماق	opуқла-\opуклимак	减肥
1641	orun sal-\orun salmaq	ئورون سال - ئوروۇن سالماق	opун сал-\opун салмақ	铺床
1642	orunduq	ئوروۇندۇق	opундук	凳子、椅子
1643	ozuq	ئوزۇق	озук	营养、食品
1644	ozuq–tülük	ئوزۇق - تۈلۈك	озук–түлүк	食粮、食品
1645	ozuqlan-\ozuqlanmaq	ئوزۇقلان-ئوزۇقلانماق	озуклан-\озукланмак	汲取营养
1646	osa-\osamaq	ئوسۇر - ئوسۇرماق	оса-\осамак	放屁
1647	osuruq	ئوسۇروۇق	оcрук	屁
1648	osma	ئوسما	осма	板蓝
1649	oğri	ئوغرى	оғри	小偷
1650	oğlaq	ئوغلاق	оғлак	山羊羔
1651	oğurla-\oğurlimaq	ئوغۇرلا - ئوغۇرلىماق	оғурла-\оғурлимак	偷
1652	oğurluqčä	ئوغۇرلۇقچه	оғурлукчә	偷偷摸摸地
1653	oğul	ئوغۇل	оғул	男孩儿
1654	ofitser	ئوفىتسېر	офитсер	军官
1655	oq	ئوق	ок	子弹
1656	oqu-\oqumaq	ئوقۇ - ئوقۇماق	оку-\окумак	学、读
1657	oquğuči	ئوقۇغۇچى	окуғучи	学生
1658	oqätči	ئوقەتچى	окәтчи	生意人
1659	okul	ئوكۇل	окул	注射、打针
1660	oltur-\olturmaq	ئولتۇر - ئولتۇرماق	олтур-\олтурмак	坐
1661	omurtqa	ئومۇرتقا	омуртка	脊柱

续表

序号	拉丁文撰写	中国新疆维吾尔语	哈萨克斯坦维吾尔语	汉义
1662	on	ئون	он	十
1663	on bir	ئون بىر	он бир	十一
1664	onmiŋ\tümän	ئونمىڭ\تۈمەن	онмиң\түмəн	万
1665	oy-\oymaq	ئويـ ـ\ئويماق	ой-\оймақ	剜、挖
1666	oyğan-\oyğanmaq	ئويغان-\ئويغانماق	ойған-\ойғанмақ	醒来
1667	oyla-\oylimaq	ئويلا ـ\ئويلىماق	ойла-\ойлимақ	思考，想
1668	oymaq	ئويماق	оймақ	顶针
1669	oyna-\oynimaq	ئوينا ـ\ئوينىسماق	ойна-\ойнимақ	玩、踢
1670	oyuq	ئويۇق	оюк	壁橱
1671	oyun	ئويۇن	оюн	游戏
1672	oyunčuq	ئويۇنچۇق	оюнчук	玩具
1673	oŋ	ئوڭ	оң	右
1674	oŋ qol	ئوڭ قول	оң қол	右手
1675	oŋay	ئوڭاي	оңай	容易
1676	oŋtäy-toŋtäy	ئوڭتەي ـ توڭتەي	оңтəй-тоңтəй	横七竖八
1677	oŋğul-doŋğul	ئوڭغۇل ـ دوڭغۇل	оңғул-доңғул	坑坑洼洼
1678	owči	ئوۋچى	овчи	猎人
1679	owla-\owlimaq	ئوۋلا ـ\ئوۋلىماق	овла-\овлимақ	打猎
1680	u	ئۇ	у	他、她、它
1681	u yär\šu yär	ئۇ يەر\شۇ يەر	у йəр\шу йəр	那儿
1682	u\šu	ئۇ\شۇ	у\шу	那个
1683	ut-\utmaq	ئۇتـ\ئۇتماق	ут-\утмақ	赢
1684	uč	ئۇچ	уч	尖儿、顶端
1685	uč-\učmaq	ئۇچـ\ئۇچماق	уч-\учмақ	飞
1686	učra-\učrimaq	ئۇچرا ـ\ئۇچرىماق	учра-\учримақ	遇见
1687	učraš-\učrašmaq	ئۇچراشـ\ئۇچراشماق	учраш-\учрашмақ	相遇
1688	učluq	ئۇچلۇق	учлук	尖的
1689	učum	ئۇچۇم	учум	一撮儿
1690	uxla-\uxlimaq	ئۇخلا ـ\ئۇخلىماق	ухла-\ухлимақ	睡

序号	拉丁文撰写	中国新疆维吾尔语	哈萨克斯坦维吾尔语	汉义
1691	ur-\urmaq	ئۇر ـ\ئۇرماق	ур-\урмақ	打
1692	uruš-\urušmaq	ئۇرۇش ـ\ئۇرۇشماق	уруш-\урушмақ	吵架、打架
1693	uruq	ئۇرۇق	урук	种子
1694	uruq čač-\uruq čačmaq	ئۇرۇق چاچ ـ\ئۇرۇق چاچماق	урук чач-\урук чачмақ	撒种
1695	uruq sal-\uruq salmaq	ئۇرۇق سال ـ\ئۇرۇق سالماق	урук сал-\урук салмақ	播种
1696	uruqčä	ئۇرۇقچە	урукчә	核儿
1697	uzun	ئۇزۇن	узун	长的
1698	us-\usmaq	ئۇس ـ\ئۇسماق	ус-\усмақ	舀、盛
1699	ustaz	ئۇستاز	устаз	师傅
1700	ussa-\ussimaq	ئۇسسا ـ\ئۇسسىماق	усса-\уссимақ	口渴
1701	ussul oyna-\ussul oynimaq	ئۇسسۇل ئوينا ـ\ئۇسسۇل ئوينىماق	уссул ойна-\уссул ойнимақ	跳舞
1702	usul	ئۇسۇل	усул	方法
1703	uššaq-čüššäk	ئۇششاق ـ چۇششەك	ушшақ-чүшшәк	小的、琐碎的
1704	uka\ini	ئۇكا\ئىنى	ука\ини	弟弟
1705	ula-\ulimaq	ئۇلا ـ\ئۇلماق	ула-\улимақ	连接
1706	ular	ئۇلار	улар	他们
1707	ulğay-\ulğaymaq	ئۇلغاي ـ\ئۇلغايماق	улғай-\улғаймақ	变旺、变大
1708	uluğ	ئۇلۇغ	улуғ	伟大
1709	uluğ bowa	ئۇلۇغ بوۋا	улуғ бова	曾祖父
1710	uluğ moma	ئۇلۇغ موما	улуғ мома	曾祖母
1711	umač	ئۇماچ	умач	玉米糊
1712	un	ئۇن	ун	面粉
1713	unut-\unutmaq	ئۇنۇت ـ\ئۇنۇتماق	унут-\унутмақ	忘记
1714	Uyğur	ئۇيغۇر	уйғур	维吾尔
1715	uwa	ئۇۋا	ува	窝
1716	uwa sal-\uwa salmaq	ئۇۋا سال ـ\ئۇۋا سالماق	ува сал-\ува салмақ	造窝

序号	拉丁文撰写	中国新疆维吾尔语	哈萨克斯坦维吾尔语	汉义
1717	uwula-\uwulimaq	ئۇۋۇلا ـ\ئۇۋۇلىماق	увула-\увулимақ	按摩
1718	öpkä	ئۆپكە	өпкə	肺
1719	öt	ئۆت	өт	胆
1720	öt-\ötmäk	ئۆت ـ\ئۆتمەك	өт-\өтмәк	经过、穿过
1721	ötkür	ئۆتكۈر	өткүр	敏锐的
1722	ötkän yil	ئۆتكەن يىل	өткəн йил	去年
1723	ötnä al-\ötnä almaq	ئۆتنە ئال ـ\ئۆتنە ئالماق	өтнə ал-\өтнə алмақ	借来
1724	ötnä bär-\ötnä bärmäk	ئۆتنە بەر ـ\ئۆتنە بەرمەك	өтнə бəр-\өтнə бəрмəк	借给
1725	ötük	ئۆتۈك	өтүк	皮靴
1726	öčkä	ئۆچكە	өчкə	山羊
1727	öčürgüč	ئۆچۈرگۈچ	өчүргүч	橡皮
1728	ördäk	ئۆردەك	өрдəк	鸭子
1729	örü-\örümäk	ئۆرۈ ـ\ئۆرۈمەك	өрү-\өрүмәк	翻、翻倒
1730	örüp-adät	ئۆرۈپ ـ ئادەت	өрүп-адəт	风俗习惯
1731	örük	ئۆرۈك	өрүк	杏子
1732	örüm čač	ئۆرۈم چاچ	өрүм чач	辫子
1733	öz	ئۆز	өз	自己
1734	özimiz	ئۆزىمىز	өзимиз	我们自己
1735	ös-\ösmäk	ئۆس ـ\ئۆسمەك	өс-\өсмəк	长，长高
1736	östäŋ	ئۆستەڭ	өстəң	水渠
1737	ösüm	ئۆسۈم	өсүм	利息
1738	ösümlük	ئۆسۈملۈك	өсүмлүк	植物
1739	öktäbir	ئۆكتەبىر	өктəбир	十月
1740	öküz	ئۆكۈز	өкүз	犍牛
1741	ögzä	ئۆگزە	өгзə	屋顶
1742	ögün	ئۆگۈن	өгүн	后天
1743	ögän-\ögänmäk	ئۆگەن ـ\ئۆگەنمەك	өгəн-\өгəнмəк	学习

续表

序号	拉丁文撰写	中国新疆维吾尔语	哈萨克斯坦维吾尔语	汉义
1744	ögäy ata	ئۆگەي ئاتا	өгәй ата	继父，后爸
1745	ögäy bala	ئۆگەي بالا	өгәй бала	继子、继女
1746	öl-\ölmäk	ئۆل-\ئۆلمەك	өл-\өлмәк	死
1747	ölčä-\ölčimäk	ئۆلچە-\ئۆلچىمەك	өлчә-\өлчимәк	称，量
1748	ölük	ئۆلۈك	өлүк	死的
1749	ömüčük	ئۆمۈچۈك	өмүчүк	蜘蛛
1750	ömür	ئۆمۈر	өмүр	寿命
1751	ömülä-\ömülimäk	ئۆمۈلە-\ئۆمۈلىمەك	өмүлә-\өмүлимәк	爬
1752	öy	ئۆي	өй	房子、家
1753	öy köč-\öy köčmäk	ئۆي كۆچ-\ئۆي كۆچمەك	өй көч-\өй көчмәк	搬家
1754	öylän-\öylänmäk	ئۆيلەن-\ئۆيلەنمەك	өйлән-\өйләнмәк	成家
1755	öŋkür	ئۆڭكۈر	өңкүр	山洞
1756	üjmä	ئۈجمە	үжмә	桑葚
1757	üjmä därixi	ئۈجمە دەرىخى	үжмә дәрихи	桑树
1758	üč	ئۈچ	үч	三
1759	üčün	ئۈچۈن	үчүн	为了
1760	üčäy	ئۈچەي	үчәй	肠子
1761	üz-\üzmäk	ئۈز-\ئۈزمەك	үз-\үзмәк	断、拉断
1762	üzük	ئۈزۈك	үзүк	戒指
1763	üzüm	ئۈزۈم	үзүм	葡萄
1764	üzümzar	ئۈزۈمزار	үзүмзар	葡萄园
1765	üst	ئۈست	үст	上面
1766	üstäl	ئۈستەل	үстәл	桌子
1767	ügrä	ئۈگرە	үгрә	细面条
1768	ülüškün	ئۈلۈشكۈن	үлүшкүн	前天
1769	ün-\ünmäk	ئۈن-\ئۈنمەك	үн-\үнмәк	长出
1770	wapat	ۋاپات	вапат	逝世、去世
1771	waraŋ-čuruŋ	ۋاراڭ-چۇرۇڭ	вараң-чуруң	吵闹声

序号	拉丁文撰写	中国新疆维吾尔语	哈萨克斯坦维吾尔语	汉义
1772	warqira-\warqirimaq	ۋارقىرا ـ \ۋارقىرىماق	варкира-\варкиримак	喊叫
1773	waskitbol	ۋاسكىتبول	васкитбол	篮球
1774	waqit	ۋاقت	вакит	时间
1775	walibol	ۋالىبول	валибол	排球
1776	welsipit	ۋېلسىپت	велсипит	自行车
1777	wä	ۋە	вә	和
1778	wäzipä	ۋەزىپە	вәзипә	任务
1779	wäzir	ۋەزىر	вәзир	大臣
1780	wäkil	ۋەكىل	вәкил	代表
1781	etirap qil-	ئېتىراپ قىل-	етирап кил-	承认、公认
1782	etiz	ئېتىز	етиз	田地
1783	eri-\erimäk	ئېرى ـ \ئېرىمەك	ери-\еримәк	融化
1784	eriš-\erišmäk	ئېرىش ـ \ئېرىشمەك	ериш-\еришмәк	获得
1785	eriq	ئېرىق	ерик	小溪、小渠
1786	erik	ئېرىك	ерик	骟过的公羊
1787	eziq čiš	ئېزىق چىش	език чиш	臼齿
1788	ešäk	ئېشەك	ешәк	驴
1789	eğir	ئېغىر	еғир	重的
1790	eğiz	ئېغىز	еғиз	嘴巴
1791	eğiz garmoni	ئېغىز گارمونى	еғиз гармони	口琴
1792	ellipis	ئېللىپس	еллипис	椭圆形
1793	elektir	ئېلېكتىر	електир	电子的
1794	emit-\emitmäk	ئېمىت ـ \ئېمىتمەك	емит-\емитмәк	喂奶
1795	eyt-\eytmaq	ئېيىت ـ \ئېيىتماق	ейт-\ейтмак	说
1796	eyiq	ئېيىق	ейик	熊
1797	eŋäk	ئېڭەك	еңәк	下巴
1798	ianä qil-\ianä qilmaq	ئىئانە قىل- \ئىئانە قىلماق	иана кил-\иана килмак	募捐、捐赠
1799	ipar	ئىپار	ипар	麝香

序号	拉丁文撰写	中国新疆维吾尔语	哈萨克斯坦维吾尔语	汉义
1800	it	ئىت	ит	狗
1801	ittipaqlaš-\ ittipaqlašmaq	ئىتتىپاقلاش- \ئىتتىپاقلاشماق	иттипақлаш-\ иттипақлашмақ	团结
1802	ittir-\ittirmäk	ئىتتىر-\ ئىتتىرمەك	иттир-\иттирмәк	推、搡
1803	ič	ئىچ	ич	里面
1804	ič-\ičmäk	ئىچ-\ئىچمەك	ич-\ичмәк	喝
1805	iči sür-\iči sürmäk	ئىچى سۈر-\ئىچى سۈرمەك	ичи сүр-\ичи сүрмәк	拉肚子
1806	ičimilik	ئىچىملىك	ичимилик	饮料
1807	irğaŋši-\ irğaŋšimaq	ئىرغاڭشى-\ئىرغاڭشىماق	ирғаңши-\ирғаңшимақ	摇晃
1808	iza tart-\iza tartmaq	ئىزا تارت-\ئىزا تارتماق	иза тарт-\иза тартмақ	害羞、害臊
1809	izdä-\ izdimäk	ئىزده-\ ئىزدىمەك	издә-\ издимәк	寻找
1810	is	ئىس	ис	烟
1811	istakan	ئىستاكان	истакан	杯子，玻璃杯
1812	istil	ئىستىل	истил	作风
1813	isriq	ئىسرىق	исриқ	香
1814	issi-\issimaq	ئىسسى-\ئىسسىماق	исси-\иссимақ	变热
1815	issiq	ئىسسىق	иссиқ	热
1816	isla-\islimaq	ئىسلا-\ئىسلىماق	исла-\ислимақ	熏
1817	Islam dini	ئىسلام دىنى	ислам дини	伊斯兰教
1818	isim	ئىسىم	исим	名字
1819	iš	ئىش	иш	事情
1820	iš bejir-\iš bejirmäk	ئىش بېجىر-\ئىش بېجىرمەك	иш бежир-\иш бежирмәк	办事
1821	išan	ئىشان	ишан	依禅（宗教）
1822	ištan	ئىشتان	иштан	裤子，长裤
1823	iščan	ئىشچان	ишчан	勤劳的
1824	išči	ئىشچى	ишчи	工人

续表

序号	拉丁文撰写	中国新疆维吾尔语	哈萨克斯坦维吾尔语	汉义
1825	iššizliq	ئىششسىزلىق	ишсизлиқ	失业
1826	išši-\iššimaq	ئىششى\ئىشششماق	ишши-\ишшимақ	发肿，肿
1827	iššiq	ئىشششق	ишшиқ	肿块
1828	iškap	ئىشكاپ	ишкап	柜子
1829	išlä-\išlimäk	ئىشله ـ ئىشلىمەك	ишлə-\ишлимəк	干活，工作
1830	išläpčiqar-\išläpčiqarmaq	ئىشلەپچقار ـ \ئىشلەپچقارماق	ишлəпчиқар-\ишлəпчиқармақ	生产
1831	išlät-\išlätmäk	ئىشلەت\ئىشلەتمەك	ишлəт-\ишлəтмəк	使用
1832	išlämči	ئىشلەمچى	ишлəмчи	雇工，农工
1833	išik	ئىشىك	ишик	门
1834	išän-\išänmäk	ئىشەن\ئىشەنمەك	ишəн-\ишəнмəк	相信
1835	iqtisad	ئقتىساد	иқтисад	经济
1836	ixtisad qil-\tijä-	ئقتىساد قىل\ـتىجه ـ	ихтисад қил-\тижə-	节约
1837	iqrar qil-\iqrar qilmaq	ئقرار قىل\ـئقرار قىلماق	иқрар қил-\иқрар қилмақ	承认，口供
1838	ikki	ئىككى	икки	二
1839	igä\xojayin	ئىگە\خوجايىن	игə\хожайин	主人、老板
1840	igär	ئىگەر	игəр	座子、马鞍
1841	il-\ilmaq	ئىل ـ ئىلماق	ил-\илмақ	钩
1842	ilaj\čarä\usul	ئىلاج\چاره\ئۇسۇل	илаж\чарə\усул	办法
1843	ilǧa-\ilǧimaq	ئىلغا ـ ئىلغىماق	илға-\илғимақ	挑选、拣
1844	ilǧar	ئىلغار	илғар	先进
1845	ilgiri	ئىلگىرى	илгири	以前
1846	illiq	ئىللىق	иллиқ	温暖的
1847	ilman	ئىلمان	илман	温的
1848	ilmäk	ئىلمەك	илмəк	钩子、挂钩
1849	ilim	ئىلىم	илим	学识、学术
1850	iläŋgüč	ئىلەڭگۈچ	илəнгүч	秋千
1851	imam	ئىمام	имам	伊玛目（宗教）

序号	拉丁文撰写	中国新疆维吾尔语	哈萨克斯坦维吾尔语	汉义
1852	imza qoy-\imza qoymaq	ئىمزا قوي‍‌‍ـ\ئىمزا قويماق	имза қой-\имза қоймақ	签字
1853	intayin	ئىنتايىن	интайин	非常
1854	inčikä	ئىنچىكه	инчикә	细致、细的
1855	indin	ئىندىن	индин	大后天
1856	inqilap	ئىنقىلاب	инқилап	革命
1857	inäk	ئىنهك	инәк	奶牛
1858	iyol	ئىيۇل	ийол	七月
1859	iyon	ئىيۇن	ийон	六月
1860	ya	يا	я	弓
1861	ya oqi	يا ئوقى	я оқи	箭
1862	yap-\yapmaq	ياپ ـ\ياپماق	яп-\япмақ	盖
1863	yapma	ياپما	япма	被盖的，暗的，焖的
1864	yapilaq	ياپىلاق	япилақ	扁的
1865	yaxši	ياخشى	яхши	好
1866	yadla-\yadlimaq	يادلا ـ\يادلىماق	ядла-\ядлимақ	背诵
1867	yar	يار	яр	悬崖
1868	yar-\yarmaq	يار ـ\يارماق	яр-\ярмақ	劈
1869	yardämläš-\yardämläšmäk	ياردهملهش‍ـ\ياردهملهشمهك	ярдәмләш-\ярдәмләшмәк	帮助
1870	yaz	ياز	яз	夏天
1871	yaz-\yazmaq	ياز ـ\يازماق	яз-\язмақ	写
1872	yastuq	ياستۇق	ястуқ	枕头
1873	yaš (köz yeši)	ياش (كۆز يهشى)	яш (көз йеши)	眼泪
1874	yaš (yaš yigit)	ياش (ياش يىگىت)	яш (яш йигит)	年轻
1875	yağ\may	ياغ\ماي	яғ\май	油
1876	yağač	ياغاچ	яғач	木头
1877	yağačči\mujaŋ	ياغاچچى\مۇجاڭ	яғаччи\мужаң	木匠

序号	拉丁文撰写	中国新疆维吾尔语	哈萨克斯坦维吾尔语	汉义
1878	yağliq\romal	ياغلىق\رومال	яғлик\ромал	头巾
1879	yaq	ياق	яқ	不
1880	yaq-\yaqmaq	ياق ـ\ياقماق	яқ-\яқмақ	贴、挨、点燃
1881	yaqa	ياقا	яка	领子
1882	yaqut	ياقۇت	якут	宝石
1883	yaki	ياكى	яки	或者
1884	yala-\yalimaq	يالا ـ\يالىماق	яла-\ялимақ	舔
1885	yaltay-\yaltaymaq	يالتاي ـ\يالتايماق	ялтай-\ялтаймақ	退却，打退堂鼓
1886	yalğan	يالغان	ялған	假的
1887	yalğuz	يالغۇز	ялғуз	孤单
1888	yalqun	يالقۇن	ялкун	火焰
1889	yalla-\yallimaq	ياللا ـ\ياللىماق	ялла-\яллимақ	雇佣
1890	yalmawuz	يالماۋۇز	ялмавуз	恶魔
1891	yama-\yamimaq	ياما ـ\يامىماق	яма-\ямимақ	缝补
1892	yamaš-\yamašmaq	ياماش ـ\ياماشماق	ямаш-\ямашмақ	爬（树）
1893	yaman	يامان	яман	坏、厉害
1894	yamanla-\yamanlimaq	يامانلا ـ\يامانلىماق	яманла-\яманлимақ	赌气
1895	yamra-\yamrimaq	يامرا ـ\يامرىماق	ямра-\ямримақ	蔓延
1896	yamğur	يامغۇر	ямғур	雨
1897	yamğur yağ-\yamğur yağmaq	يامغۇر ياغ ـ\يامغۇر ياغماق	ямғур яғ-\ямғур яғмақ	下雨
1898	yan	يان	ян	旁边
1899	yan bas-\hamilliq qil-	يان باس-	ян бас-\hамиллиқ қил-	偏袒、袒护
1900	yan-\yanmaq	يان ـ\يانماق	ян-\янмақ	回、退、点亮
1901	yanji-\yanjimaq	يانجى ـ\يانجىماق	янжи-\янжимақ	碾碎
1902	yančuq	يانچۆق	янчук	口袋
1903	yančuqči	يانچۆقچى	янчукчи	扒手

序号	拉丁文撰写	中国新疆维吾尔语	哈萨克斯坦维吾尔语	汉义
1904	yandur-\ yandurmaq	ياندۇر – \ياندۇرماق	яндур-\яндурмақ	退还、呕吐
1905	yaniwar	يانىۋار	янивар	一月
1906	yaymiči	يايمىچى	яймичи	摆地摊的
1907	yaŋaq	ياڭاق	яңақ	核桃
1908	yaŋraq	ياڭراق	яңрақ	响亮的
1909	yawaš	ياۋاش	яваш	老实
1910	yopka	يوپكا	йопка	短裙
1911	yopurmaq	يوپۇرماق	йопурмақ	叶子
1912	yota	يوتا	йота	大腿
1913	yotqan	يوتقان	йотқан	被子
1914	yoruq	يورۇق	йорук	亮的
1915	yošur-\yošurmaq	يوشۇر – \يوشۇرماق	йошур-\йошурмақ	隐瞒
1916	yošurun	يوشۇرۇن	йошурун	隐蔽的
1917	yoq	يوق	йоқ	没有
1918	yoqa-\yoqimaq	يوقا – \يوقىماق	йоқа-\йоқимақ	消失、滚
1919	yoqat-\yoqatmaq	يوقات – \يوقاتماق	йоқат-\йоқатмақ	丢失
1920	yol	يول	йол	路
1921	yol bärmäk	يول بەرمەك	йол бәрмәк	让路
1922	yoldaš	يولداش	йолдаш	同路人，同志
1923	yolwas	يولۋاس	йолвас	老虎
1924	yip	يىپ	йип	线
1925	yipäk	يىپەك	йипәк	丝绸
1926	yiraq	يىراق	йирақ	远
1927	yirt-\yirtmaq	يىرت – \يىرتماق	йирт-\йиртмақ	撕烂
1928	yirik	يىرىك	йирик	粗糙的
1929	yiriŋ	يىرىڭ	йириң	脓
1930	yiğ-\yiğmaq	يىغ – \يىغماق	йиғ-\йиғмақ	收集、集中
1931	yiğla-\yiğlimaq	يىغلا – \يىغلىماق	йиғла-\йиғлимақ	哭

序号	拉丁文撰写	中国新疆维吾尔语	哈萨克斯坦维吾尔语	汉义
1932	yiğin ač-\yiğin ačmaq	يىغىن ئاچ - \يىغىن ئاچماق	йиғин ач-\йиғин ачмақ	开会
1933	yiqil-\yiqilmaq	يىقىل - \يىقىلماق	йиқил-\йиқилмақ	摔倒
1934	yigit	يىگىت	йигит	小伙子
1935	yigit beši	يىگىت بەشى	йигит беши	带领者、掌管者
1936	yigirmä	يىگىرمە	йигирмә	二十
1937	yil	يىل	йил	年
1938	yilan	يىلان	йилан	蛇
1939	yiltiz	يىلتىز	йилтиз	根
1940	yilik	يىلىك	йилик	骨髓
1941	yiŋnağuč	يىڭناغۇچ	йиңңағуч	蜻蜓
1942	yiŋnä	يىڭنە	йиңңә	针
1943	yötkä-\yötkimäk	يۆتكە - \يۆتكىمەك	йөткә-\йөткимәк	搬、挪
1944	yötäl	يۆتەل	йөтәл	咳嗽（名）
1945	yötäl-\yötälmäk	يۆتەل - \يۆتەلمەك	йөтәл-\йөтәлмәк	咳嗽（动）
1946	yögä-\yögimäk	يۆگە - \يۆگىمەك	йөгә-\йөгимәк	包、裹
1947	yölä-\yölimäk	يۆلە - \يۆلىمەك	йөлә-\йөлимәк	搀扶
1948	yu(y)-\yu(y)maq	يۇ(ي) - \يۇ(ي)ماق	ю(й)-\ю(й)мақ	洗
1949	yut-\yutmaq	يۇت - \يۇتماق	ют-\ютмақ	吞、咽
1950	yutaza	يۇتازا	ютаза	油塔子
1951	yul-\yulmaq	يۇل - \يۇلماق	юл-\юлмақ	拔
1952	yultuz	يۇلتۇز	юлтуз	星星
1953	yulğun	يۇلغۇن	юлғун	红柳
1954	yulun	يۇلۇن	юлун	脊髓
1955	yum-\yummaq	يۇم - \يۇمماق	юм-\юммақ	闭
1956	yumran	يۇمران	юмран	嫩的

续表

序号	拉丁文撰写	中国新疆维吾尔语	哈萨克斯坦维吾尔语	汉义
1957	yumšaq	يۇمشاق	юмшақ	软的
1958	yumğaqsüt	يۇمغاقسۈت	юмғақсүт	香菜
1959	yumulaq\dügläk	يۇمۇلاق\دۈگلەك	юмулақ\дүглэк	圆的
1960	yuyun-\ yuyunmaq	يۇيۇن-\يۇيۇنماق	ююн-\ююнмақ	洗澡
1961	yuŋ\tük	يۇڭ\توك	юң\түк	毛
1962	yüt-\yütmäk	يۈت-\يۈتمەك	йүт-\йүтмэк	丢失
1963	yüdü-\ yüdümäk	يۈدۈ -\ يۈدۈمەك	йүдү-\ йүдүмэк	背、扛
1964	yüräk	يۈرەك	йүрэк	心脏
1965	yüz (100)	يۈز (100)	йүз (100)	百
1966	yüz (yüzi qelin)	يۈز (يۈزى قېلىن)	йүз (йүзи кєлин)	脸（脸皮厚）
1967	yük	يۈك	йүк	货物
1968	yükün-\ yükünmäk	يۈكۈن-\يۈكۈنمەك	йүкүн-\йүкүнмэк	跪下
1969	yügür-\ yügürmäk	يۈگۈر -\يۈگۈرمەك	йүгүр-\йүгүрмэк	跑
1970	yügän	يۈگەن	йүгэн	辔头
1971	yepinčaqla-\yepinčaqlimaq	يېپىنچاقلا -\يېپىنچاقلىماق	йепинчақла-\йепинчақлимақ	披着
1972	yetil-\yetilimäk	يېتىل -\يېتىلمەك	йетил-\йетилимэк	成长，成熟
1973	yetim	يېتىم	йетим	孤儿
1974	yeril-\yerilmaq	يېرىل -\يېرىلماق	йерил-\йерилмақ	撑破、裂开
1975	yerim	يېرىم	йерим	一半儿
1976	yeza	يېزا	йеза	乡
1977	yešil	يېشىل	йешил	绿色
1978	yeqimliq	يېقىملىق	йекимлик	亲切的
1979	yeqin	يېقىن	йекин	近的

续表

序号	拉丁文撰写	中国新疆维吾尔语	哈萨克斯坦维吾尔语	汉义
1980	yenik	يېنىك	йеник	轻的
1981	yeyišlik	يېيىشلىك	йейишлик	好吃的
1982	yeŋi	يېڭى	йеӊи	新的
1983	yeŋi yil	يېڭى يىل	йеӊи йил	新年
1984	yä-\yemäk	يە-\يېمەك	йә-\йемәк	吃
1985	yät-\yätmäk	يەت-\يەتمەك	йәт-\йәтмәк	达到
1986	yättä	يەتتە	йәттә	七
1987	yätmiš	يەتمىش	йәтмиш	七十
1988	yär	يەر	йәр	土地
1989	yär beji	يەر بېجى	йәр бежи	地税
1990	yär täwrä-\yär täwrimäk	يەر تەۋرە-\يەر تەۋرىمەك	йәр тәврә-\йәр тәвримәк	地震
1991	yär häydä-\yär häydimäk	يەر ھەيدە-\يەر ھەيدىمەك	йәр һәйдә-\йәр һәйдимәк	犁地
1992	yäkšänbä	يەكشەنبە	йәкшәнбә	星期天
1993	yälpügüč	يەلپۈگۈچ	йәлпүгүч	扇子
1994	yäm\boğuz	يەم\بوغۇز	йәм\боғуз	饲料
1995	yämčük	يەمچۈك	йәмчүк	诱饵
1996	yänä	يەنە	йәнә	还、又
1997	yäŋ	يەڭ	йәӊ	袖子
1998	yäŋ-\yäŋmäk	يەڭ-\يەڭمەك	йәӊ-\йәӊмәк	赢
1999	yäŋgi-\yäŋgimäk	يەڭگى-\يەڭگىمەك	йәӊги-\йәӊгимәк	分娩, 生孩子
2000	yäŋgä	يەڭگە	йәӊгә	嫂子

附录二　哈萨克斯坦维吾尔语语料

语料之一

Kumüč Qanatlar Elip Učqanda
当银色翅膀带我飞翔的时候

—What would you like to drink，Ma'm?　　　　—nemä　　　　ič-iš-ni
　　　　　　　　　　　　　　　　　　　　　　　　　什么　　　　喝-名词化-宾格

xala-y-siz,　　　　　Xanim?　　dä-p　　　sori-di　　　styuardessa　　qiz
想-未完-2 单尊称　　女士　　说-副词化　问-过去　　空姐　　　　姑娘

här　　　xil　　yimiš　　su-lir-i　　　　quy-ul-ğan　　　　stakan-lar
各　　　种　　水果　　汁-复数-3 从属　　倒入-被动-形容词化　杯子-复数

tiz-il-ğan　　　　pätmus-ni　　ald-im-ğa　　　　el-ip　　　kel-ip.
排列-形容词化　盘子-宾格　前面-1 单从属-向格　拿-副词化　来-副词化

　　Män　　Apelsin　　sok-i　　　quy-ul-ğan　　　stakan-ni
　　我　　橘子　　汁-3 从属　　倒-被动-形容词化　杯子-宾格

qol-um-ğa　　　al-di-m.　　šu　　čağ-da　　　styuardessi-niŋ
手-1 单从属-向格　拿-过去-1 单　那个　时候-位格　空姐-属格

"xowupsizlik bäldik-lir-i-ni　　yaxšila-p　　taqa-ŋlar,　　učaq
安全带-复数-3 从属-宾格　　搞好-副词化　系-命令 2 复　飞机

yär-din　　kötür-ül-üp　　uč-uš-qa　　　t«äyyarlin-iwat-idu",
地面-从格　升起-被动-副词化　飞 -名词化-向格　准备-进行体-3 非过去

—de-gän　　ün-i　　　aŋla-n-di.　　Hämmi-miz　　bäldik-lär-ni
说-形容词化　声音-3 从属　听-被动-过去　全部-1 复从属　安全带-复数-宾格

bäkit-tuq.
固定-过去 1 复

　　—Xanim-lar　　bilän　　mirzi-lar!　　Biz-niŋ　　učaq-niŋ
　　女士-复数　　和　　先生-复数　　我们-属格　飞机-属格

bort-i-ğa　　　　　　xuš käpsilär.　　　　Biz-niŋ　　　　　učaq
机舱-3 从属-向格　　欢迎-间陈-2 复数　　我们-属格　　　飞机

Almuta-Amsterdam　　　KLM 0410　　reyi-si　　　　boyičä　　uč-uš
阿拉木图—阿姆斯特丹　　KLM 0410　　航班-3 从属　按照　　飞-名词化

ald-i-da　　　　　　tur-idu.　　　Uč-uš　　　waqt-imiz　　　7 sa'ät
前面-3 从属-位格　　站-3 非过去　飞-名词化　时间-1 复从属　7 小时

20 minut　　dawamliš-idu.　　Amsterdam　　waqt-i　　　　boyičä
20 分　　　继续-3 非过去　　阿姆斯特丹　　时间-3 从属　　按照

ätigänlig-i　　　sa'ät　　10 din　　40 minut　　öt-kän-dä　　　yär-gä
早上-3 从属　　时间　　10-从格　40 分　　过-形容词化-位格　地-向格

qon-u-miz.　　　Yaxši　uč-up,　　yumšaq　qon-uš-uŋlar-ni
降落-非过去-1 复　好　飞-副词化　软　　降落-名词化-2 复从属-宾格

tilä-y-miz !
期望-非过去-1 复

____ Ekipaž kapitan-i-niŋ　　söz-lir-i-din　　keyin　učaq-niŋ　　aq
机组机长-3 从属-属格　　话-复数-3 从属-从格　以后　飞机-属格　白

kümüč-täk　　qanat-lir-i　　asta　kök-kä　　kötiril-di.　　Män
银-相似格　　翅膀-复数-3 从属　慢　天空-向格　升起-3 过去　我

učaq-niŋ　　žuquri　däriji-dä　　xizmät　körsit-idiğan　　biznes-klas
飞机-属格　高等-位格　　工作　展示-未完形容词化　商务舱

dä-p　　ati-l-idiğan　　　bölmi-si-dä　　oltar-ğačqa　　boy-i
说-副词化　称呼-被动-未完形容词化　舱-3 从属-位格　坐-原因副词化　个子-3 从属

egiz　čirayliq　käl-gän　　styuardessa　qiz　　pat-pat-la
高　漂亮　来-形容词化　服务员　姑娘　　频繁

yen-im-ğa　　　kel-ip,　　türlük　ta'am-lar-ni,　　ičimlik-lär-ni
旁边-1 单从属-向格　来-副词化　各种　饭菜-复数-宾格　饮料-复数-宾格

täklip qil-di.
邀请-3 过去

—Män　hazirčä　heč nemä　ye-mä-y-män,　　her-ip
我　暂时　没什么东西　吃-否定-非过去 1 单　疲劳-副词化

qaptimän,　　biraz　däm al-ay,　　—de-di-m.
体助词-间陈 1 单　稍微　休息-祈愿 1 单　说-过去 1 单

Bölmi-dä　　adäm-lär　az　bol-ğačqa　　kreslo-lar-mu
机舱-位格　人-复数　少　是-原因副词化　椅子-复数-助词

boš　　　　e-di.　　　　Menŋ　　　　udul-um-diki　　　　　　　ekran-da

空　　　　是-3 过去　　我的　　　对面-1 单从属-地点标志格　　　屏幕-位格

KLM-niŋ　　　simwol-i　　　　　　——　　yoğan,　　čirayliq　　aq

KLM-属格　　　象征-3 从属　　　　　大　　　漂亮　　　白色

quš-niŋ　　　qanat-lir-i-ni　　　　　käŋ　　yey-ip　　　　　deŋiz-din

鸟-属格　　　翅膀-复数-3 从属-宾格　　宽大　散开——副词化　海洋-从格

kötiril-ip　　　uč-qin-i-ni　　　　　　körsät-ti.　　Äšu　　päyt-tä

升起-副词化　飞-形容词化-3 从属-宾格　　演示-3 过去　那个　时刻-位格

öz-äm-ni　　　　　šu　　　aq　　　quš-qa　　　oxša-t-ti-m.

自己-1 单从属-宾格　那个　白色　鸟-向格　比做-使动-过去-1 单

Čünki　　žiraq-tiki　　　kičik　bir　　yezi-da　　　tuğul-up,

因为　　远方-地点标志格　小　　一个　乡村-位格　出生——副词化

miŋ　　bir　　qiyinčiliq-lar-ni　　tart-ip　　čoŋ bol-ğan　　meniŋ

千　　一　　困难-复数-宾格　受到-副词化　长大-形容词化　我-属格

kičig-im-diki　　　　armin-im　　ämälgä eš-ip,　　nöwät-tiki

小-1 单从属-地点标志格　愿望-1 单从属　实现-副词化　目前-地点标志格

kitaw-im-ni　　　tonuštur-uš　　märasim-i-ğa　　Ameriki-ğa　uč-up

书-1 单从属-宾格　介绍-名词化　仪式-3 从属-向格　美国-向格　飞-副词化

ket-ip　　　bar-ğin-im　　　čöčäk　　ämäs-mu?...　Män

去-副词化　走-形容词化-1 单从属　童话　不是-助词　我

bol-uwat-qan　　　bu　yeŋiliq-lar-ni　　yä　　oŋ-um,　　yä

是-进行体-形容词化　这　新事-复数-宾格　或　现实　或

čüš-üm　　　e-känlig-i-ni　　　bil-mä-y,　　texičä　išän-mä-y

梦-1 单从属　是-名词化-3 从属-宾格　知道-否定-副词化　还　信-否定-副词化

oltir-at-ti-m.

坐-未完-过去 1 单

　　Illyuminator-din　　kök-tä　　ärkin　läylä-p　　　uč-up

　　反射镜-从格　　　天空-位格　自由　浮动——副词化　飞-副词化

žür-gän　　　sexirliq　　aq　　bulut-lar-ni　　tamašä qil-ip

行走-形容词化　神秘的　白色　云-复数-宾格　欣赏-副词化

oltir-ip　　köz-üm　　ilin-ip　　　kät-ti　　　　ätimalim,

坐-副词化　眼睛-从 1 单属　合上-副词化　体助词-过去 3 从属　可能

oxan-sa-m,　　　yen-im-da　　　čač-lir-i　　　　aqar-ğan,

醒来-条件-1 单　旁边-1 单从属-位格　头发-复数-3 从属　变白-形容词化

üz-lir-i-gä　　　　čüš-kän　　　qoruq-lar　　xelila　　bil-in-ip
脸-复数-3 从属-向格　出现-形容词化　皱纹-复数　相当　知道-被动-副词化

tur-ğan,　　　uču-si-ğa　　　　aq　　sport kostyum-i-ni　　kiy-gän
是-形容词化　身上-3 从属-向格　白色　运动服-3 从属-宾格　　穿-形容词化

ayal　　　oltir-iptu.
妇女　　　坐-3 过去间陈

　　—How　　are　　you?　—Ähwal-iŋiz　　qandaq?　—dä-p
　　　　　　　　　　　　　　情况-2 单尊称从属　怎么样　说-副词化

Iŋlizčä　　　sor-idi　　　u.
英语　　　问-3 过去　　她

　　—Good,　　thank　　you,　—Yaxši,　—dä-p　　jawap bär-di-m.
　　　　　　　　　　　　　　　好　　说-副词化　回答-过去-1 单

　　Yeš-i　　　65-lär-gä　　　kel-ip　　qal-ğan　　　bu
　　年龄-3 从属　65-复数-向格　来-副词化　体助词-形容词化　这个

ayal-ni　　birinči　　qetim　　kör-üwat-sa-m-mu,　　u-niŋ
妇女-宾格　第一　　　次　　见-进行体-条件-1 单-助词　她-属格

köz-lir-i-din　　　　qandaqtu　därt-häsrät-ni　　　baš-tin
眼睛-复数-3 从属-从格　某种　　痛苦悲伤-宾格　　　头-从格

käčür-gänlig-i-ni　　　bayqi-di-m.　　Bir az-din　　keyin
经历-名词化-3 从属-宾格　发现-过去-1 单　一会儿-从格　以后

ikkimiz,　　xuddi　　yeqin　tonuš-lar-däk,　　söhbätliš-ip
我们俩　　　好像　　亲密　熟人-复数-相似格　聊天-副词化

kät-tuq.
体助词-1 复过去

　　—qayaq-qa　　uč-up　　ket-ip　　bar-i-siz?
　　哪儿-向格　　飞-副词化　去-副词化　去-非过去-2 单尊称

　　—Los-Andželes-qa.
　　洛杉矶-向格

　　—Män-mu　　Los-Andželes-qa.
　　我-也　　　洛杉矶-向格

　　—Meni　　Los-Andželes-tiki　　Daniel　　isimlik　　qiz
　　把我　　洛杉矶-地点标志格　　达尼耶尔　名字的　　姑娘

qarši al-idu.　Keyin　u-niŋ　　bilän　Čikago-ğa　uč-i-män.
迎接-3 非过去　然后　她-属格　一起　芝加哥-向格　飞-非过去-1 单

—Čikago-da   kim   bar   yaki   iš   bilän   uč-up
芝加哥-向格   谁   有   或者   工作   和   飞-副词化

ket-ip   bar-a-m-siz?
去-副词化   去-非过去-疑问-2 单尊称

—Män   Opra   žürgiz-idiğan   telešou-ğa   täklipnamä
我   奥帕拉   主持-未完形容词化   电视演出-向格   邀请函

al-ğan   e-di-m.
收到-形容词化   是-过去-1 单

—O-o!   Opra   äŋ   daŋliq   teležürgüzgüči-ğu,
哦哦   奥帕拉   最   著名的   电视主持人-助词

u-niŋ   ism-i   dunya-ğa   tonu-l-ğan.
她-属格   名字-3 从属   世界-向格   认识-被动-形容词化

—Män   Opra-ni   2001-žil-i   Los-Andželes-qa
我   奥帕拉-宾格   2001 年-3 从属   洛杉矶-向格

bar-ğin-im-da   telewizor-din   kör-üp,   u-niŋ   bilän
去-形容词化-1 单从属-位格   电视-从格   看-副词化   他-属格   和

učri-š-iš-ni   arman qil-ğan   e-di-m,   mana   šu
见面-交互-名词化-宾格   希望-形容词化   是-过去-1 单   这就   那个

armin-im   ämälgä eš-iš   ald-i-da   tur-idu.
愿望-1 单从属   实现-名词化   面前-3 从属-位格   站-非过去 3

—Bu   qiziq   e-kän.
这   有意思   是-间陈

—Meniŋ   kitaw-im   Opra-niŋ   qol-i-ğa   čüš-iptu.
我的   书-1 单从属   奥帕拉-属格   手-3 从属-向格   落-3 间陈过去

U-ni   kitaw-im-niŋ   baš qähriman-lir-i   bol-ğan   Uyğur
她-宾格   书-1 单从属-属格   主人公-复数-3 从属   是-形容词化   维吾尔

ayal-lir-i-niŋ   täğdir-i   qiziqtur-ğanliğ-i-ğa
妇女-复数-3 从属-属格   命运-3 从属   吸引-名词化-3 从属-向格

xošal bol-dum.
高兴-过去 1 单

—Bu   gäp-čä,   siz   yazğuči   e-känsiz-dä?
这   话-助词   您   作家   是-转述 2 尊称-助词

Amerikiliq-lar-ni   äzäldinla   duniya   xäliq-lir-i-niŋ
美国人-复数-宾格   从来   世界   人民-复数-3 从属-属格

tä**ğ**dir-i,　　urpi-adät-lir-i,　　　ta'am-lir-i　　qiziqtur-idu.
命运-3 从属　风俗习惯-复数-3 从属　饮食-复数-3 从属　吸引-3 非过去

　—Män　bir　ataqliq　yaz**ğ**uči　ämäs，　amma
我　一个　有名　作家　不是　但是

hayat-ta　　　kör-gän-　　　bil-gän-lir-im-ni
人生-位格　看-形容词化　知道-形容词化-复数-1 单从属-宾格

qol-um-din　　käl-gin-i-čä　　　　yez-ip　**ž**ür-i-män.
手-1 单从属-从格　来-形容词化-3 从属-量似格　写-副词化　行走-非过去-1 单

Bu　kitaw-im-**ğ**i-mu　　　öz-äm　　bil-gän　　-tonu-**ğ**an
这　书-从 1 单属-向格-助词　自己-1 单从属　知道-形容词化　认识-形容词化

adäm-lär-ni**ŋ**　tä**ğ**dir-i　asas　bol-di.　　Ular-ni**ŋ**
人-复数-属格　命运-3 从属　基础　成-3 过去　他们-属格

hayat-i-ni　　　　täswirlä-š-tä　　Uy**ğ**ur　　xälq-im-ni**ŋ**
人生-3 从属-宾格　描写-名词化-位格　维吾尔　人民-1 单从属-属格

urpi-adät-lir-i　　to**ğ**riliq-mu　bir az　toxtilip öt-tüm.
风俗习惯-复数-3 从属　关于-助词　稍微　关注-过去 1 单

　—Toxta-**ŋ**,　　　bu　kitaw-i**ŋ**iz　　　meni-mu
等-2 单尊称　这　书-2 单尊称从属　把我-助词

qiziqtur-iwat-idu.　　Siz　ma**ŋ**a　kitaw-i**ŋ**iz-da　　　täswirlä-n-gän
吸引-进行体-3 非过去　您　向我　书-2 单尊称从属-位格　描述-被动-形容词化

adäm-lär-ni**ŋ**　　hayat-i-ni　　　sözlä-p ber-i**ŋ**.
人-复数-属格　人生-3 从属-宾格　讲-副词化-体助词-2 单尊称

　—O-ho!　Bu　intayin　uzaq　hekayä.
哦哦　这　非常　长的　故事

　—Biz　Los-And**ž**eles-qa　　yät-kičä　　21　sa'ät　bar，
我们　洛杉矶-向格　达到-副词化　21　小时　有

qančä　uzaq　　hekayä　bol-si-mu　　　sözlä-p
怎么　长的　故事　是-条件-助词　讲-副词化

tügüt-i-siz.　　　Tonuš-up　　qoy-ayli　　　meni**ŋ**
完-非过去-2 单尊称　认识-副词化　体助词-1 复祈愿　我的

ism-im　　Rus.
名字-1 单从属　罗斯

　—Nahayiti　yaxši,　siz　bilän　tonuš-qun-um-**ğ**a
非常　好　您　和　认识-形容词化-1 单从属-向格

xursän-män.	Menin	ism-im	Mehriban.
高兴-1 单	我的	名字-1 单从属	米热班

—Män	siz-nin	kitaw-iniz-nin	qähriman-lir-i	bilän
我	您-属格	书-2 单尊称从属-属格	主人公-复数-3 从属	和

tonu-š-uš-ni	taqätsizlik	bilän	küt-iwat-i-män.
认识-交互-名词化-宾格	迫切	和	等待-进行体-非过去-1 单

Män	Rus-nin	iltimas-i-ni	rät qil-ma-y,	čonqur
我	罗斯-属格	要求-3 从属-宾格	拒绝-否定-副词化	深

näpäs el-ip	täyyarli-n-ip,	hekayä-m-ni	bašli-di-m.
呼吸-副词化	准备-反身-副词化	故事-1 单-宾格	开始-过去-1 单

——Mäšurowa，Dürnäm，*Ana Mirasi*，Almuta：Jazuši，2009-žil，3-5-bätlär.

语料之一汉译

当银色翅膀带我飞翔的时候

　　—What would you like to drink，Ma'm? （您想喝点什么饮料，小姐？）
—空姐问我并把摆满了各种水果汁杯的盘子端到我跟前。

　　我选择了盛着橘子汁的杯子。这时广播里传来广播员小姐的声音："请各位旅客系好安全带，我们的飞机马上就要起飞了。"大家都开始系安全带。

　　—女士们，先生们！欢迎乘坐我们的航班！我们的飞机是从阿拉木图飞往阿姆斯特丹的 KLM0410 航班，现在正准备起飞了。我们将在空中飞行 7 小时 20 分钟。我们将在当地时间明天早上 10 点 40 分到达阿姆斯特丹机场。祝大家旅途轻松愉快！

　　值班机长的话音结束之后，飞机的银色翅膀开始慢慢升起。由于我坐在受到最好服务的头等舱里，一位漂亮的高个子空姐不时端来各种食物和饮料让我享用。

　　—我什么都不想吃，我太累，我想休息一会儿，—我说。

　　由于头等舱里没有坐满人，好多座位空着。在我对面的银幕里开始播放象征着 KLM 的一只可爱的巨大白色海鸟展开翅膀刚从海面升空的画面。此时此刻我觉得自己就像那一只白色海鸟。因为出生在一个遥远偏僻的乡村，经历千辛万苦长大的我如今实现了小时候的梦想，为参加我那本书的发行仪式而飞往美国。这不是一个童话故事吧！说实话，我到现在还不大相信所发生的这一切，分不清这是在做梦还是现实。

　　也许是长时间通过窗户观赏空中自由漂浮的云彩而疲劳，我好像打了个盹。当醒来时，我看到我旁边坐着一位头发已经发白，脸上有明显皱纹，身穿白色运动衣的女士。

——How are you?（您好！）——她用英文问候。

——Good，thank you，（很好，谢谢！）——我回答。

虽然我第一次看到这位 65 岁左右的妇女，但她的眼神仿佛诉说着她那心酸苦辣的经历。没有多久，我们就像老朋友一样开始聊起来。

——您去哪里？

——去洛杉矶。

——我也去洛杉矶。

——在洛杉矶有一位叫达尼耶尔的姑娘接我。然后我和她一起去芝加哥。

——芝加哥你有什么人吗，或者去办事吗？

——我收到了奥帕拉主持的电视节目的邀请。

——嗷！奥帕拉是最著名的电视节目主持人，她的名字遍及世界各地。

——我于 2001 年去洛杉矶时在电视里看到奥帕拉。当时我很想见到她本人一面。现在我的这个愿望就要实现了。

——这真有意思。

——听说她有机会读到我的小说。我很高兴得知我小说中描写的那些维吾尔族女性主人公的命运引起了她的关注。

——看来你是一个作家，是吗？美国人一直对世界各国人民的命运、风俗习惯和饮食习惯等感兴趣。

——我是一个并不出名的作家，但我尽量写出我在实际生活中的所见所闻。在我这本书描写的也都是我熟知的那些主人公的生活。我在书中还抽出一定的篇幅描述我们维吾尔人的风俗习惯。

——这么说，你的小说也在引起我的兴趣。您能否给我讲述一下你主人公的一些故事。

——哎呀，这是非常长的一段故事了。

——我们到达洛杉矶还有 21 个小时，再长的故事也能讲完。让我们相互认识一下吧。我叫鲁斯。

——谢谢，我很高兴认识您。我叫米热班。

——我在期待能尽早认识您小说中的主人公们。

我接受了鲁斯的请求，长叹一口气并开始讲起我的故事。

（引自 D. 麦希若娃《母亲的遗产》，阿拉木图，作家出版社 2009 年版，第 3—5 页。）

语料之二

X X X

Qamaqxani-niŋ　　hämmi-la　xani-lir-i　　　šundaq-mu,　　yä
监狱-属格　　　　所有-助词　单间-复数-3 从属　那样-助词　　或

Nur-ni　　ätäy　　äŋ　iplas　　kamer-i-ğa　　　sola-p
努尔-宾格　故意　　最　肮脏　　洞穴-3 从属-向格　关-副词化

qoy-di-mu,　　　　bu　yär-dä　　yat-qan　　　kiši　　kün
体助词-过去-助词　这　地-位格　　躺-形容词化　人　　白天

tün-niŋ　　pärq-i-gä　　　　yet-äl-mä-t-ti.　　　　Hazir-mu
黑夜-属格　区别-3 从属-向格　达到-能动-否定-未完-过去　现在-助词

taŋ at-qan,　　　at-mi-ğin-i-ni　　　　　　bil-ip
天亮-形容词化　　亮-否定-形容词化-3 从属-宾格　知道-副词化

bol-ma-t-ti.　　　　Dil-ni　　xiräläš-tür-üp,
体助词-否定-未完-过去　心-宾格　变模糊-使动-副词化

ğuwalaš-tur-up　　tur-uptu.　　Nur　es-i-ni
变朦胧-使动-副词化　体助词-间陈　努尔　记忆-3 从属-宾格

bil-gän-din　　　beri　taly　qetim　qiš-niŋ　　qattiq
知道-形容词化-从格　以来　许多　次　冬天-属格　严酷

soğ-lir-i-da,　　　küz　wä　ätiyaz-niŋ　　jüdün-čapqun-lir-i-da
冷-复数-3 从属-位格　秋　和　春-属格　　暴风雨-复数-3 从属-位格

qal-ğan　　　bol-si-mu　　　bügünki-däk　　soğaqčiliq-ni
留-形容词化　成为-条件-助词　今天的-相似格　冷酷状-宾格

beš-i-din　　　käč-ür-gin-i　　　　　yad-i-da　　　yoq.
头-3 从属-从格　过-使动-形容词化-3 从属　记忆-3 从属-位格　没有

Oyğin-ip　　　köz-i-ni　　　　ač-qin-i-da　　　　ikki
醒来-副词化　　眼睛-3 从属-宾格　睁开-形容词化-3 从属-位格　二

pükli-n-ip,　　　xuddi　quti-si　　　　ič-i-diki
折叠-被动-副词化　好比　盒子-3 从属　里-3 从属-地点-标志格

qululi-däk　　　tügürlin-ip　　al-ğan　　　　peti　qattiq
螺-相似格　　　卷缩-副词化　体助词-形容词化　类似　严重

muzla-p　　　kät-känlik-tin　　　jalaq-jalaq
发冷-副词化　体助词-名词化-从格　吧嗒（拟声词）

titrä-wat-qan　　　　e-kän.　　　U　žirkin-ip
打哆嗦-进行体-形容词化　是-间陈　他　恶心-副词化

orn-i-din　　　　　tur-di　　　　　　　　-dä,　　　karwit-i-niŋ

位置-3 从属-从格　　站-3 过去时　　　　　助词　　　床-3 从属-领属格

čit-i-gi-la　　　　　　　　il-in-ip　　　　　　oltar-di.

边缘-3 从属-向格-语气助词　　悬挂-被动-副词化　　　坐-3 过去时

Jäynäk-lir-i-ni　　　　　　tiz-i-ɣa,　　　　　pišani-si-ni

胳膊肘-复数-3 从属-宾格　　膝盖-3 从属-向格　　额头-3 从属-宾格

alqan-lir-i-ɣa　　　　　tiri-wal-ɣan-čä　　　　uyqu-si-ni

手掌-复数-3 从属-向格　　顶着-体成分-形容词化-助词　睡眠-3 从属-宾格

dawamlaštur-maq　　　　　bol-di-mu　　　　　　yä

使继续-名词化　　　　　成为-3 过去-语气助词　　　或者

sesiq　　　hawa-si-ni　　　žut-qin-im-mu　　　yet-är,

臭　　　空气-3 从属-宾格　　吞-形容词化-1 从属-助词　够-形容词化

ändi　　monu　　mäxläs-lir-i-ni　　　　kör-mi-sä-m-mu

现在　　这些　　景象-复数-3 从属-宾格　　看-否定-条件-1 人称-助词

de-di-mu　　　　　　köz-lir-i-ni　　　　　yum-iwal-di.

说-3 过去时-语气助词　　眼睛-复数-3 从属-宾格　　闭-体助词-3 过去

U-niŋ　　　　bu　　mükčiy-ip　　　dügdärä-p

他-属格　　　这　　弯腰-副词化　　　蜷缩-副词化

tur-iš-i　　　　　　yamɣur-da　　　qil-ip

站立-名词化-3 从属　　雨-位格　　　留-副词化

däräq　　šix-i-da　　　　šümšiy-ip　　　oltar-ɣan

树　　　树枝-3 从属-时位格　　窝憋-副词化　　坐-形容词化

quš-ni　　　äslä-t-ti.

鸟-宾格　　回想-使动-3 过去时

——Sultan Jamal，*Dozaqta Tirik Köygänlär*，Almuta：Mir Näšriyati，2011-yil，41-bättin elindi.

语料之二汉译

X X X

不知监狱所有的囚房是那样，还是努尔故意被关在那样肮脏的洞穴，反正呆在这里的人一般都分不清白天和黑夜。即使现在也无法说清天亮了还是没有亮。一切显得那么模糊不清，朦朦胧胧。努尔记得他曾经经历过无数严寒和暴风雨的折磨，但受到像今天这样冷酷无情景象的折磨还是第一次。当他醒来时发现自己就像蜷缩在贝壳里的螺一样蜷缩成一团，身体在严冬下不停地哆嗦。他恶心地站起来，又无奈地坐到了床头的一角。他把胳膊肘顶在自己的膝盖上，用手掌摸着自己的额头。这时不知他在试图继续自己的睡眠，还是认为自己吞下的臭气已经足够，因而不能再看眼前的惨状，他闭上了眼睛。他那蜷缩的身躯使人想起那大雨天窝憋在树枝上的小鸟。

——引自苏里唐·加马里《地狱中活烧的人们》（Sultan Jamal，*Dozaqta Tirik Köygänlär*），阿拉木图，Mir 出版社，2011 年，第 41 页。

语料之三

《Uyğur Tiliniŋ Imla Luğiti》gä
Muqäddimä
《维吾尔语正字法词典》
前　　言

Uyğur-lar	märkiziy	Aziya-da	yaši-ğan		Türkiy	xälq-lär-niŋ
维吾尔-复数	中心	亚洲-位格	生活-形容词化		突厥	人民-复数-属格

ič-i-dä		mädäniyät	jähät-tin	äŋ	aldinqi	qatar-da
里-3 从属-位格		文化	方面-从格	最	前面的	排-位格

tur-ğan	xälq-lär-niŋ	bir-i	bol-up,		qädimiy
站-形容词化	人民-复数-属格	一-3 从属	成为-副词化		古代

zaman-lar-di-la	öz	yeziğ-i-ğa	igä	bol-ğan.
时间-复数-位格-助词	自己	文字-3 从属-向格	具有	成为-形容词化

Era-miz-niŋ	VII-VIII	äsir-lir-i-dä		Äräp-lär	ottura
时代-1 复从属-属格	7—8	世纪-复数 3 从属-位格		阿拉伯人-复数	中部

Aziya-ni	bes-iwal-ğan-din		keyin	Äräp	elipbä-si	kona
亚洲-宾格	占领-体助词-形容词化-从格		以后	阿拉伯	字母表-3 从属	旧

Uyğur	wä	Orxun-Yenisäy	yeziq-lir-i-niŋ		orn-i-da	miŋ
维吾尔	和	鄂尔浑-叶尼塞	文字-复数-3 从属-属格		位置-3 从属	千

žil-din	ošuq	waqit	mabaynida,	ta	Latin	yeziğ-i
年-从格	多余	时间	以来	直到	Latin	文字-3 从属

jariy qil-in-ğičä,	qollin-il-ip		käl-di.	Äräp	yeziğ-i
实施-被动-副词化	采用-被动-副词化		来-过去	阿拉伯	文字 3 从属

Uyğur-lar-niŋ　　mädäniy　hayat-i-da　　nahayiti　čoŋ　rol
维吾尔-复数-属格　文化　生活-3 从属-位格　很　大　作用

oyna-p,　äsir-lär　dawam-i-da　yazma　šäkil-diki
玩-副词化　世纪-复数　继续-3 从属-位格　书面　形式-地点-标志格

qatnaš　qoral-i-niŋ　wäzipi-si-ni　artquz-up　käl-di　häm
交流　工具-3 从属-属格　任务-3 从属-宾格　发挥-副词化　来-过去　并

ta　mušu　kün-gä　qädär　ŠUAR　　Uyğur-lir-i
直到　这　日子-向格　为止　新疆维吾尔自治区　维吾尔-复数-3 从属

ari-si-da　qollin-il-ip　kel-iwat-idu.
中间-3 从属-位格　采用-被动-副词化　来-进行体-非过去

Yeŋi　Uyğur　ädäbiy　til-i-ni　yarit-iš,　yeziq,　imla
新　维吾尔　文学　语言-3 从属-宾格　创造-名词化　文字　正字法

wä　atalğu　ijatčiliğ-i　mäsili-lir-i-ni　häl qil-iš
和　术语　创新性-3 从属　问题-复数-3 从属-宾格　解决-名词化

toğrisidi-ki　iptidaiy　intil-iš　wä　täšäbbus-lar　ötkän
关于-助词　初步　尝试-名词化　和　倡导-复数　过去的

äsir-niŋ　20-žillir-i-niŋ　birinči　yerim-i-din　yäni　《Kämbäğäl-lär
世纪-属格　20-年代-3 从属-属格　第一　一半-3 从属-从格　即　穷人-复数

Awaz-i》　gezit-i-niŋ　näšir qil-in-iš-i-din　bašla-n-di.
声音-3 从属　报纸-3 从属-属格　出版-被动-名词化-3 从属-从格　开始-被动-过去

Mäzkur　gezit　sähipi-lir-i-dä　žürgüz-ül-gän　yeziq
此　报纸　版面-复数-3 从属-位格　推行-被动-形容词化　文字

wä　imla　mulahizi-lir-i　nätiji-si-dä　Almuti-da　1925-žil-i
和　正字法　分析-复数-3 从属　结果-3 从属-位格　阿拉木图-位格　1925-年-3 从属

18-iyul-da　tunja　qetim　Uyğur　mu'ällim-lir-i-niŋ　keŋäšmi-si
18-七月-位格　头一个　次　维吾尔　教师-复数-3 从属-属格　协商会议-3 从属

čaqir-il-idu.　Keŋäšmä　šu　waqit-qa　qädär　qollin-il-ip
召开-被动-非过去　协商会议　那　时间-向格　为止　采用-被动-副词化

käl-gän　kona　Äräp　elipbä-si-ni　Uyğur　til-i-niŋ
来-形容词化　旧　阿拉伯　字母表-3 从属-宾格　维吾尔　语言-3 从属-属格

öz-i-gä　xas　xususiyät-lir-i-gä　layiqlaš-tur-up　özgär-t-ip,
自己-3 从属-向格　专有　特征-复数-3 从属-向格　相适应-使动-副词化　变化-使动-副词化

27 härip-tin　ibarät　elipbä　qobul qil-idu.
27 字母-从格　为内容　字母表　接受-非过去

1928-žil-i　　　　May ey-i-da　　　　Sämärqänd　šähir-i-dä　　　　　　til　　wä
1928年-3 从属　五月-3 从属-位格　撒马尔甘　城-3 从属-位格　　语言　与

imla　　　mäsili-lir-i-gä　　　　beğišla-n-ğan　　　birinči　Uyğur
正字法　问题-复数-3 从属-向格　献给-被动-形容词化　第一　维吾尔

konferensiya-si　čaqir-il-ip，　u-niŋ-da　　Äräp-Uyğur　　yeziğ-i-ni
研讨会-3 从属　召集-被动-副词化　它-属格-位格　阿拉伯-维吾尔　文字-3 从属-宾格

Latin　elipbä-si-gä　　　köč-ir-iš　　　mäsili-si　　qara-l-di.　　1930-žil-i
拉丁　字母表-3 从属-向格　搬-使动-名词化　问题-3 从属　看-被动-过去　1930年-3 从属

May ey-i-da　　　Almuti-da　　　Uyğur-lar-niŋ　　II　til　konferensiya-si
五月-3 从属-位格　阿拉木图-位格　维吾尔-复数-属格　第二　语言　大会-3 从属

čaqir-il-di　　　häm　bu　yär-dä　Latin　grafiki-si-ğa　　köč-üš
召集-被动-过去　并　这　地-位格　拉丁　字体-3 从属-向格　搬-名词化

mäsili-si　　　ijabiy　　häl qil-in-di.
问题-3 从属　　正面　　解决-被动-过去

1947-žil-i　　　　4-fewral-da　　bol-sa　　　Latin　　grafiki-si
1947年-3 从属　4-四月-位格　成为-条件　　拉丁　　字体-3 从属

asas-i-diki　　　　　Uyğur　elipbä-si　　kirill　yeziğ-i-ğa　　köčir-il-di
基础-3 从属-地点标志格　维吾尔　字母表-3 从属　西里尔　文字-3 从属-向格　搬-被动-过去

häm　šu　žil-i　　däsläpki　qetim　Ayšäm Šämiyeva　tärip-i-din
并　那　年-3 从属　初步　　次　阿依夏木·谢米耶娃　方面-3 从属-从各

tüz-ül-gän　　　　imla　qa'idi-lir-i　　räsmiy　tästiqli-n-ip　　öt-ti.
编-被动-形容词化　正字法　规律-复数-3 从属　正式　批准-被动-副词化　过-过去

Uyğur　ädäbiy　til-i-niŋ　　　imla　qa'idi-lir-i　　　yeziq
维吾尔　文学　语言-3 从属-属格　正字法　规律-复数-3 从属　书面

mädäniyät-imiz-niŋ　　bir qädär　yolğa qoyul-uš-i-ni　　täminli-di.
文化-1 复从属-属格　比较　　推行-名词化-3 从属-宾格　提供-过去

Lekin　här qandaq　til-niŋ　　imla　qa'idi-lir-i　　šu　til-niŋ
但是　任何　　语言-属格　正字法　规律-复数-3 从属　那　语言-属格

äŋ　xarakterliq　fonetikiliq-morfologiyalik　qanuniyät-lir-i-ni　asas-qa
最　特征性　语音学的-形态学的　　规律-复数-3 从属-宾格　基础-向格

al-ğan　　　　hal-da　　tüz-ül-idu.
拿-形容词化　状态-位格　制定-被动-非过去

1960-žil-i　　　　Ğujäxmät　Sadwaqasov　　qaytidin　išlä-p　　čiq-qan
1960 年-3 从属　霍加艾合买提·萨德瓦卡索夫　重新　　作出-副词化　出-形容词化

《Uyğur　　ädäbiy　　til-i-niŋ　　　　imla　　qa'idi-lir-i》　　Qazaqstan
维吾尔　　文学　　语言-3 从属-属格　正字法　规律-复数-3 从属　哈萨克斯坦

Pän-lär　　Akademiyasi-niŋ　　Til　Institut-i-niŋ　　　imla　keŋiš-i-dä
学科-复数　科学院-属格　　　语言 研究所-3 从属-属格　正字　研讨会-3 从属-位格

wä　Qazaqstan　Ma'arip　Minstrlig-i-niŋ　　kollegiya-si-dä　　räsmiy
和　哈萨克斯坦　教育　　部-3 从属-属格　　专委会-3 从属-位格　正式

tästiqli-n-ip　　　öt-ti.　Mäzkur　　imla　　qa'idi-lir-i　　šu
批准-被动-副词化　过-过去　此　　　正字法　规律-复数-3 从属　那

žil-i　　　　18-May-da　　《Kommunizm　Tuğ-i》　　（hazirqi《Uyğur Awaz-i》）
年-3 从属　18-五月-位格　共产主义　旗帜-3 从属　（现在的维吾尔声音-3 从属）

gezit-i-dä　　　　elan qil-in-ip,　　keŋäš　　territoriyya-si-diki
报纸-3 从属-位格　公布-被动-副词化　协商会　地域-3 从属-地点标志格

hämmä　　Uyğur　　mätbu'at　orun-lir-i　　üčün　　qanuniy
所有　　维吾尔　　出版业　　单位-复数-3 从属　为　　法律

höjjät　süpit-i-dä　　　kučigä kir-di　wä　　bügünki　　kün-gä
文件　质量-3 从属-位格　生效-过去　　并　今天的　　日子-向格

qädär　qollin-il-ip　　　kel-iwat-idu.
为止　采用-被动-副词化　来-进行体-非过去

　Söz-lär-ni　　　toğra　yez-iš　　iš-i-ni　　　mukämmäl　häl
　词-复数-宾格　正确　写-名词化　事-3 从属-宾格　彻底　　解决

qil-iš-qa　　　　qabil　äŋ　　asasiy　qollanmi-lar-din　bir-i
做-名词化-向格　能够　最　　基本　手册-复数-从格　一-3 从属

《Imla Luğit-i》　bol-up　　　hesapli-n-idu.
正字法词典　　成-副词化　算作-被动-非过去

　Uyğur　　Til-i-niŋ　　　Imla　Luğit-i　　däsläpki　qetim
　维吾尔　语-3 从属-属格　正字法　词典-3 从属　初步　　次

Ğujäxmät　Sadwaqasov　wä　Äxmät Iliyev　tärip-i-din　　　1963-žil-i
霍加艾合买提·萨德瓦卡索夫　和　艾合买提·伊利耶夫　方面-3 从属-从格　1963 年-3 从属

tüz-ül-gän　　　　bol-up,　bu　luğät　1969，1983-žil-lir-i　qayta
编-被动-形容词化　成-副词化　这　词典　1969，1983 年-复数-3 从属　重新

näšir qil-in-ğan.　　Luğät-niŋ　　　axirqi　　　näšr-i-din　　　bu yan

出版-被动-形容词化　词典-属格　　最后的　　版本-3 从属-从格　以来

ottuz　　žil-ğa　　yeqin　　waqit　　öt-ti.　　Bu　waqit　　järyan-i-da

三十　　年-向格　近　　　时间　　过-过去　　这　时间　　过程-3 从属-位格

Uyğur　　til-i　　　leksiki-si-da　　čoŋ　　özgiriš-lär　　yüz bär-di,

维吾尔　语-3 从属　词汇-3 从属-位格　大　　变化-复数　　发生-过去

til-imiz　　yeŋi　　söz,　　atalğu　　wä　　birikmi-lär　　bilän

语言-1 复从属　新　　词　　术语　　和　　短语-复数　　以

beyi-di.

丰富-过去

　　Qol-uŋiz-diki　　　qayta　　išlä-n-gän　　imla　　luğit-i

　　手-2 尊单从属-地点标志格　重新　　做-被动-形容词化　正字法　词典-3 从属

ilgärki　　näšir-lir-i-din　　tärtiw-i　　wä　　tüz-ül-üš-i

过去的　　版本-复数-3 从属-从格　语序　　与　　编排-被动-名词化-3 从属

jähät-tin　　päriqlin-idu.　　Luğät　　70000　　söz　　wä　　söz

方面-从格　相区别-非过去　词典　　70000　　词　　和　　词

birikmi-lir-i-din　　tärkip tep-ip,　　yeŋi　　söz　　wä　　söz

合成-复数-3 从属-从格　组成-副词化　　新　　　词　　和　　词

birikmi-lir-i,　　šundaqla　　ilgärki　　näšir-lir-i-dä　　luğät-kä

合成-复数-3 从属　以及　　过去的　　版本-复数-3 从属-位格　词典-向格

kir-mä-y　　qal-ğan　　söz-lär　　bilän　　toluqla-n-di.

进-否定-副词化　剩-形容词化　词-复数　以　　补充-被动-过去

Söz-lär-niŋ　　grammatikiliq　　šäkil-lir-i　　käŋ-iräk　　kör-sit-il-ip

词-复数-属格　语法的　　　形式-复数-3 从属　宽-减弱级　看-使动-被动-副词化

ber-il-di.　　Qazaqstan-da　　Uyğur　　til-i-niŋ　　izahliq　　luğit-i-niŋ

给-被动-过去　哈萨克斯坦-位格　维吾尔　语-3 从属-属格　解释　词典-3 从属属格

näšir qil-in-mi-ğan-liğ-i-ni　　　näzär-dä　　tut-qan　　　hal-da,

出版-被动-否定-形容词化-3 从属-宾格　视野-位格　抓-形容词化　状态-位格

söz-lär-gä　　izah　　ber-iš　　imla　　luğit-i-niŋ　　härikät

词-复数-向格　解释　给-名词化　正字法　词典-3 从属-属格　行动

da'iri-si-gä	kir-mi-si-mu,	köpčilik	oqurmän	mäna-si-ni
范围-3 从属-向格	进-否定-条件-助词	多数	读者	意义-3 从属-宾格

eniq	bil-mä-ydi-ğan,		kona	Uyğur	til-i-ğa	xas
清楚	知道-否定-未完成-形容词化		旧	维吾尔	语-3 从属-向格	特有

bäzi	söz	wä	söz birikmi-lir-i-gä		täpsiliy	izah
有些	词	和	短语-复数-3 从属-向格		详细	解释

ber-iš-ni	toğra kör-duq.
给-名词化-宾格	觉得合适-1 复过去

Mu'ällip-lär

编者-复数

语料之三汉译

《维吾尔语正字法词典》
前　言

　　维吾尔人在中亚突厥人中是文化地位最为靠前的民族之一，历史上早已有了自己的文字体系。当公元 7—8 世纪阿拉伯人占领中亚之后，阿拉伯字母替代了古代维吾尔（回鹘）和鄂尔浑—叶尼塞文字系统，被使用一千多年，一直到最近推行拉丁字母为止。阿拉伯字母在维吾尔人的文化生活中起到了很大的作用，很好地完成了书面交流工具的任务，并且直到今天它仍然被新疆维吾尔自治区的维吾尔人使用。

　　有关创建维吾尔文学语言，解决制定新词术语等问题的初步尝试和倡导早在上世纪 20 年代上半期就已经开始，即随着《穷人之声》报的出版就已开始。在该报有关版面所探讨的正字法问题的推动下，1925 年 7 月 18 日在阿拉木图召开了维吾尔教师代表大会。大会在一直用到当时为止的旧阿拉伯字母表基础上对其进行修改，使其适应维吾尔语本身特有的一些特点，最后创建了包括 27 个字母的字母表。

　　1928 年 5 月在撒马尔甘市召开了旨在探讨正字法问题的第一次维吾尔语研讨会。会上代表们讨论了把阿拉伯维吾尔文改为拉丁字母的问题。1930 年 5 月在阿拉木图召开了维吾尔语第二次研讨会，并在会上顺利解决了改用拉丁字母的问题。

　　到了 1947 年 2 月 4 日，以拉丁字母为基础的维吾尔文被西里尔字母取代。同年阿依夏木·谢米耶娃第一次起草的维吾尔正字法被正式讨论通过。

维吾尔正字法草案为推广我们的书面文化起到了一定的作用。但是任何一种语言的正字法的制定都应该以该语言最基本的语音—形态规则为出发点。

1960 年霍加艾合买提·萨德瓦卡索夫重新起草的《维吾尔文学语言的正字法》由哈萨克斯坦科学院语言研究所正字法研讨会和哈萨克斯坦教育部专委会正式批准通过。该正字法当年 5 月 18 日在《共产主义旗帜》(即现在的《维吾尔之声》)报上颁布,从而在所有相关维吾尔出版行业以法律性文件形式生效,而且一直推行到今。

正字法词典是解决正确拼写问题的最基本的工具书之一。

《维吾尔语正字法词典》最初由霍加艾合买提·萨德瓦卡索夫和艾合买提·伊利耶夫于 1963 年编写,并于 1969 年和 1983 年重新印刷。自从该词典最后一次印刷至今已过去近 30 年。在这过程中维吾尔语词汇中发生了很大变化。我们的语言不断以新词术语和新的短语丰富着自己。

您手里拿的这本重新编写的正字法词典与以往的版本在编写顺序以及结构安排等方面有所区别。本词典收录了 70000 个词和短语,不少新词术语以及在过去的版本中遗漏的一些内容都得到了补充。某些词的语法形式在比较宽泛的范围得到了注释。虽然词义注释不在正字法词典的关注范围之内,但鉴于哈萨克斯坦维吾尔语详解辞典还没有问世,我们还是选择了对多数读者难以理解的一些维吾尔语旧词的意义提供详细的注释。

——编者

语料之四

Minnätdarliq(感谢信)
Därdimizgä Dawa Boldi(雪中送炭)

Mušu	žil-niŋ	beš-i-da	biz	eğir	kün-lär-ni
这	年-属格	头-3 从属-位格	我们	严酷	日子-复数-宾格

beš-imiz-din	öt-küz-duq.	Qiz-imiz	Kamiläm	eğir	ağriq-qa
头-1 复从属-从格	过-使动-1 复过去	女儿-1 复从属	卡米拉姆	重	病-向格

giriptar bol-up,	u-ni	čät	äl-dä	dawali-t-iš	zörüriyit-i
遭遇-副词化	她-宾格	外	国-位格	治疗-使动-名词化	必要-3 从属

tuğ-ul-di.　　　　Lekin　　maddiy　　jähät-tin　　qol-imiz-niŋ

生-被动-过去　　　但　　　物质　　方面-从格　　手头-1 复从属-属格

qisqa　　bol-ğanliğ-i　　　　säwäw-i-din,　　biz　　yardäm　　sora-p,

紧缺　　成为-名词化-3 从属　原因-3 从属-从格　我们　　帮助　　求-副词化

söyümlük　　gezit-imiz　　《Uyğur　Awaz-i》　arqiliq　　köpčilik-kä

敬爱的　　　报-1 复从属　维吾尔　声音-3 从属　通过　　大家-向格

muraji'ät　　qil-iš-qa　　　　mäjbur bol-ğan　　i-duq.　　Šu-niŋ-din

呼吁　　　做-名词化-向格　被迫-形容词化　　是-1 复过去　那-属格-从格

keyin　　ahwal-imiz-ni　　čüšin-ip,　　biz-gä　　yardäm　　qol-i-ni

以后　　状况-1 复从属-宾格　了解-副词化　我们-向格　帮助　　手-3 从属-宾格

soz-ğan　　mehir-šäpqätlik　　insan-lar　　nurğun　　bol-di.　　Šu

伸长-形容词化　仁慈的　　　人-复数　　许多　　成为-过去　那

tüpäyli　　qiz-imiz　　čät　　äl-dä　　dawalin-iš　　imkaniyit-i-gä

原因　　女儿-1 复从属　外　　国-位格　治疗-使动-名词化　能力-向格

egä bol-up,　　saq-salamät　　öy-gä　　qayt-ip　　käl-di.

据有-副词化　安全　　　家-向格　回-副词化　来-过去

Šuŋlašqa　　yänä　　šu　　söyümlük　　gezit-imiz　　arqiliq

因此　　　还是　　那　敬爱的　　　报-1 复从属　通过

biz-gä　　maddiy　　yardäm　　qol-i-ni　　sun-ğan　　šäxs-lär-gä,

我们-向格　物质的　　帮助　　手-3 从属-宾格　伸出-形容词化　个人-复数-向格

jümlidin　　Ämgäkčiqazaq　　Nahiyi-si　　Maliway　　Yezi-si-niŋ　　wä

包括　　　劳动者哈萨克　　县-3 从属　瑪里威　　乡-3 从属-属格　和

Almuta　　Šähir-i　　Gorniy　　Gigant　　Mähälli-si-niŋ　　žut-

阿拉木图　市-3 从属　戈尔内　巨人　　街道-3 从属-属格　老乡

jama'ätčilig-i-gä　　häm　　uruq-tuqqan-lir-imiz　　bilän　　dost-

乡亲们-向格　　以及　　亲戚-复数-1 复从属　　和　　朋友

buradär-lir-imiz-gä　　a'ili-miz　　nam-i-din　　čoŋqur

兄弟-复数-1 复从属-向格　家 3-1 复从属　名义-3 从属-从格　深切

minnätdarliğ-imiz-ni　　bil-dür-i-miz.

感恩-1 复从属-宾格　知道-使动-未完体-1 复

Abduwäli   wä   Raziyäm   Musaxunovlar

Almuta   Šähiri

—《Uyğur Awazi》gezitiniŋ 2012-žil 11-Maydiki sani，3-bättin elindi.

语料之四汉译

感谢信
雪中送炭

　　今年初我们经历了非常严峻的日子。女儿卡米拉姆得了重病，不得不去国外治疗。但由于我们经济上较困难，不得不向外求助，主要通过敬爱的报纸《维吾尔之声》向社会呼吁。得知我们处境之后，有不少仁慈之士向我们伸出了援助之手。结果我们的女儿顺利到国外去治疗，治好了病，安安全全回到了家。

　　因此，借此机会，还是通过敬爱的报纸向给我们伸出经济援助之手的人士，特别是向劳动者哈萨克县玛里威乡以及阿拉木图市戈尔内巨人街的兄弟姐妹和亲朋好友表示我们全家最深切的感谢。

阿不都外力和热子亚姆·穆萨洪诺夫

——引自《维吾尔之声》报 2012 年 5 月 11 日版第三页。

语料之五

Antaliya Asminida Čaqniğan Yultuz
在安塔利亚上空闪耀的明星

Keläčig-i-din　　　　zor　　ümüt　　küt-küz-idi-ğan　　　　　xälq-imiz-niŋ

未来-3 从属-从格　　巨大　希望　期待-使动-未完-形容词化　人民-1 复从属-属格

talantliq　　qiz-i　　　Gülsänäm　äšurova-niŋ　　　ijra-si-diki　　　　naxši-lar

天才的　　女儿-3 从属　古丽赛乃木·麦希若娃-属格　演出-3 从属-地点标志格　歌-复数

päqät　　jumhuriyit-imiz　　da'iri-si-di-la　　　ämäs，　šundaqla　xošna

只是　　共和国-1 复从属　范围-3 从属-位格-助词　不是　　而且　　邻居

dölät-lär　　tamašibin-lir-i-niŋ-mu　　　žürig-i-din　　　　orun

国-复数　　观众-复数-3 从属-属格-助词　　心-3 从属-从格　　　地位

al-maqta.　Jumlidin　yeqinda　"Šalqar"　radio　aŋlitiš-lar
拿-进行体　包括　最近　夏利哈尔　广播　播送-复数

programmi-si　tärip-i-din　uyuš-tur-ul-ğan　sän'ät　festiwal-i-da
节目-3 从属　方面-3 从属-从格　组织-使动-被动-形容词化　文艺　节-3 从属-位格

ğalip čiq-qan　bir　top　san'ätkar　ösmür-lär　Türkiyä-dä
胜出-形容词化　一　群　艺术家　少年-复数　土耳其-位格

ötküz-ül-gän　Xäliq ara　San'ät　Körüg-i-gä　qatniš-ip
举行-被动-形容词化　国际　文艺　汇演-3 从属-向格　参加-副词化

öz　hönär-lir-i-ni　namyiš qil-di.　Alaniya,　Antaliya　wä
自己　技艺-复数-3 从属-宾格　展现-过去。　阿拉尼亚　安塔利亚　和

Anafa　šähär-lir-i-dä　öt-kän　mäzkur　dostluq　festiwal-i-da
阿娜法　城-复数-3 从属-位格　过-形容词化　此　友谊　节-3 从属-位格

öz-i-niŋ　ajayip　yeqimliq　awaz-i,　ijra qil-iš　maharit-i
自己-3 从属-属格　非常　动听　声音-3 从属　演唱-3 从属　技巧-3 从属

tamašibin-lar-niŋ　illiq　ixlas-i-ğa　bölä-n-gän　Gülsänäm
观众-复数-属格　温暖　敬仰-3 从属-向格　拥抱-被动-形容词化　古丽赛乃木

xäliq ara　däriji-diki　qazi-lar　äza-lir-i-niŋ　žuquri
国际　级别-地点标志格　审判员-复数　成员-复数-3 从属-属格　高度

baha-si-ğa　egä bol-up,　altä　dölät-tin　käl-gän　yaš
评价-3 从属-向格　取得-副词化　六　国-从格　来-形容词化　年轻

ijrači-lar　qatnaš-qan　sän'ät　bäygi-si-dä　3-orun-ğa
演员-复数　参加-形容词化　文艺　竞赛-3 从属-位格　第三位置-向格

sazawär bol-di.　（1-2-orun-lar　Rossiyä　ijrači-lir-i-ğa　tä'älluq
赢得-过去　第一、二名-复数　俄罗斯　演员-复数-3 从属-向格　属于

bol-di.）
成-过去

"Turkiyä-dä　öt-kän　Xäliq ara　Sän'ät　Festiwal-i-da
土耳其-位格　过-形容词化　国际　文艺　汇演-3 从属-位格

Qazaqstan　sän'it-i-ni　yüksäk　pälli-gä　kötär-gänlig-i
哈萨克斯坦　艺术-3 从属-宾格　高度　峰-向格　举起-名词化-3 从属

üčün　Gülsänäm Mäšurowa-ğa　sämimiy　minnätdarliğ-imiz-ni
为了　古丽赛乃木·麦希若娃-向格　诚心　感恩-1 复属-宾格

bildür-üp,　san'ät　asmin-i-da　yoruq　yultuz　bol-up
表示-副词化　文艺　天空-3 从属-位格　明亮　星星　成-副词化

parli-š-i-ğa　　　　　　　tiläkdašliq　　　　bildür-i-miz",　　de-y-il-idu

闪耀-名词化-3 从属-向格　　　祝福　　　　　表示-未完-1 复　　说-连接音-被动-非过去

Qazaqstan-niŋ　　　　Türkiyä-diki　　　　älčixani-si　　　tärip-i-din

哈萨克斯坦-属格　　　　土耳其-地点标志格　　大使馆-3 从属　　方面-3 从属-从格

täğdim　　qil-in-ğan　　　　päxriy　　yarliq-ta.

奖励　　　做-被动-形容词化　　荣誉　　命令-位格

　　Öz　　　nöwit-i-dä　　　biz-mu　　yaš　　sän'ätkar-ğa

　　自己　　顺序-3 从属-位格　　我们-助词　　年轻　　艺术家-向格

utuq　　tilä-y-miz.

成就　　祈求-未完-1 复

Muhämmätjan HAPIZOV

— 《Uyğur Awazi》 gezitiniŋ 2012-žil 6-Iyuldiki sani，11-bättin elindi.

语料之五汉译

在安塔利亚上空闪耀的明星

　　由令人对其未来抱有极大希望的天才姑娘古丽赛乃木·麦希若娃演唱的歌曲不但在我们的共和国范围内，而且在邻国观众的心目中也赢得了一席之地。最近在由"夏利哈尔"广播节目组织的文艺会演中获奖的一群少年歌手赴土耳其参加国际文艺节，展示了各自的高超技艺。本次在阿拉尼亚、安塔利亚和阿娜法等城市举行的友谊文艺会演中以自己动听的歌声和高超的演技赢得观众爱戴的古丽赛乃木受到国际级别的评审组的高度评价，在六国演员参加的文艺比赛中取得了第三名（第一、二名由俄罗斯选手夺得）。

　　"古丽赛乃木·麦希若娃在土耳其举行的国际文艺会演中为哈萨克斯坦赢得了荣誉，我们向她表示衷心的感谢，并祝她在演艺界的上空更加灿烂夺目"，这样写道哈萨克斯坦驻土耳其大使馆颁发的荣誉奖状。

　　我们也借此机会祝这位年轻歌手取得更大成就。

穆罕买提江·哈皮佐夫

——引自《维吾尔之声》报 2012 年 7 月 6 日版，第 11 页。

语料之六

Qerindašniŋ Oti Böläk
特殊的亲情

Keči-si　　　　tün　yerim-din　　aš-qan　　　　päyt-tä,　　　tuyuqsiz
夜晚-3 从属　　夜　半-从格　　　过-形容词化　　时刻-位格　　突然

qattiq　　jiriŋli-ğan　　　telefon-din　　ana-bala　　čöčü-p　　oxan-di.
大声　　响-形容词化　　　电话-从格　　　母子　　　惊慌-副词化　　醒-过去

Samiya　　　qisqi-la　　　sözli-š-ip,　　　　telefon　　　nogiy-i-ni
萨米亚　　　短短-助词　　聊-交互态-副词化　　电话　　　话筒-3 从属-宾格

orn-i-ğa　　　qoy-di——da:
位置-3 从属-向格　　放-过去-助词

　　—Apa,　　Turğan　čoŋ dada-m　　wapat bo-ptu,　　—de-di　　asta.
　　妈　　　图尔干　伯伯-1 从属　去世-间陈　　　说-3 过去　轻声地

　　Bu　　söz-lär-ni　　aŋli-ğan　　　Mehriban-niŋ　　köz-lir-i-din
　　这　　话-复数-宾格　听-形容词化　　米热班-属格　　眼睛-复数-从格

taram-taram　　yaš-lar　　tökül-di.　Samiya　　api-si-ni　　　qučaqla-p:
扑簌簌　　　　泪-复数　　落下-过去　萨米亚　　妈-3 从属-宾格　拥抱-副词化

　　—Apa,　　žiğli-ma,　　säwir qil.　ägär　　bar-i-män　　　de-sä-ŋ,
　　妈　　　哭-否定　　忍耐　　　如果　　去-非过去-1 单数　说-条件-2 单

ätä　　učaq-qa　　bilät　el-ip　　qoy-i-män.　　Biraq　　bäribir
明天　飞机-向格　票　买-副词化　先动体-非过去-1 单数　但　　反正

namiz-i-ğa　　　　　ülgir-äl-mä-y-sän,　　　ätä　　yärlä-ydi-kän,
乃马孜-3 从属-向格　赶上-能动-否定-非过去-2 单　明天　下葬-未完-间陈

de-di.
说-过去

　　—Qiz-im,　　yärli-gin-i-gä　　　ülgir-äl-mi-sä-m-mu
　　女儿-1 从属　埋葬-形容词化-3 从属-向格　赶上-能动-否定-条件-1 单-助词

bar-i-män.　　Turğan　aka-m　　biz,　　ajiz　　qerindaš-lir-i,
去-非过去-1 单数　图尔干　哥-1 从属　我们　脆弱　亲人-复数-3 从属

üčün　　ati-miz-niŋ　　　orn-i-da　　　ata　　bol-ğan.
为了　父亲-1 复从属-属格　位置-3 从属-位格　父亲　成为-形容词化

Ata-ana-m-niŋ　　　čiriy-i-ni　　　öčär-mä-y　　　yeq-ip
父母-1 单从属-属格　灯-3 从属-宾格　熄灭-否定-副词化　点亮-副词化

kӓl-gӓn　　　　qerindiš-im,　　šuŋlašqa,　　čoqum　　　ber-iš-im
来-形容词化　　兄弟-1 从属　　所以　　　　一定　　　　去-名词化-1 单从属

kerӓk.
需要

　　　—Apa,　　maŋa　　rӓnji-mӓ,　　mӓn　　sen-iŋ-din　　ӓnsirӓ-y-mӓn,
　　　　妈　　　向我　　生气-否定　　我　　你的-从格　　担心-非过去-1 单数

maŋi-mu　　　ana　　kerӓk,　　18 sa'ӓt　　učaq-ta　　uč-uš　　asan
向我-助词　　妈妈　　需要　　　十八小时　　飞机-位格　　飞-名词化　　容易

ӓmӓs.　　Ayroport-lar-da　　　　　küt-üš　　　　waqit-lir-i-ni
不是　　　飞机场-复数-时位格　　等候-名词化　　时间-复数-3 从属-宾格

hesapli-ğan-da　　　Almuti-ğa　　24 sa'ӓt-ta　　yet-ip
算-形容词化-位格　　阿拉木图-向格　　24 小时-位格　　到达-副词化

bar-i-sӓn-kӓn.
去-非过去-2 单数-转述

　　　—mӓn　　nemӓ　　bol-at-ti-m,　　　　uč-up　　　ügin-ip
　　　　我　　　什么　　成-未完-过去-1 单　　飞-副词化　　习惯-副词化

qal-di-m-ğu,　　　　　sӓn　　ӓnsiri-mӓ,　　apa-ŋ　　küčlük　　ayal,
呈现体-过去-1 单数-助词　　你　　担心-否定　　妈-2 从属　　坚强的　　女人

dӓ-p　　　yӓnӓ　　žiğli-di.
说-副词化　　又　　哭-过去

　　　Samiya　　api-si-niŋ　　　　　　öz　　　　söz-i-din
　　　萨米亚　　妈-3 从属-属格　　　　自己　　　话-3 从属-从格

qayt-ma-ydi-yanliğ-i-ni　　　　　čüšin-ip,　　u-ni　　　yol-ğa
退回-否定-未完-名词化-3 从属-宾格　　理解-副词化　　她-宾格　　路-向格

tӓyyarla-š-qa　　　bašli-di.　　Mehriban　　keči-čӓ　　köz žum-ma-y,
准备-名词化-向格　　开始-过去　　米热班　　夜-量似格　　闭眼-否定-副词化

qiz-i-ğa　　　　ata-ani-si-niŋ　　qerindaš-lir-i-niŋ　　eğir　　hayat-i
女儿-3 从属-向格　　父母-3 从属-属格　　亲人-复数-3 从属-属格　　艰难　　生活-3 从属

toğrisida　　sözlӓ-p bӓr-di.
关于　　　讲-副词化-过去

　　　Samiya　　ӓti-si　　bilӓt　　el-ip,　　käčqurunluğ-i　　sa'ӓt 19:00-da
　　　萨米亚　　明天-3 从属　　票　　买-副词化　　傍晚-3 从属　　时点 19-位格

ani-si-ni　　　　učaq-qa　　oltar-ğuz-up,　　käč-tӓ　　Roza-ğa
母亲-3 从属-宾格　　飞机-向格　　乘坐-使动-副词化　　晚-时位格　　肉扎-向格

telefon qil-ip,　api-si-ni　kütüwel-ip　Yarkänt-kä　billä
打电话-副词化　妈-3 从属-宾格　接待-副词化　叶尔坎-向格　一起

ber-iš-i-ni　ötün-di.
去-名词化-3 从属-宾格　请求-过去

　Mehriban　Amsterdam-da　3-4 sa'ät　küt-üp　Almuti-ğa
　米热班　阿姆斯特丹-位格　3—4 小时　等候-副词化　阿拉木图-向格

uč-idi-ğan　učaq-qa　oltar-di—dä,　ätigänlig-i
飞-未完-形容词化　飞机-向格　乘坐-过去-助词　早晨的-3 从属

sa'ät bäš-tä　Almuti-ğa　kel-ip　qon-di.　Roza　ikki-si
时点五-位格　阿拉木图-向格　来-副词化　着陆-过去　肉扎　俩-3 从属

Yarkänt-kä　maŋ-idi-ğan　taksi-ğa　oltir-ip　yol-ğa
叶尔坎-向格　走-未完-形容词化　出租车-向格　乘坐-副词化　路-向格

čiq-ti.　Ameriki-din　Yarkänt-kičä　28 sa'ät　yol　meŋ-ip,
出-过去　美国-从格　叶尔坎-界限格　28 小时　路　走-副词化

ätigänlig-i　sa'ät 10-da　aki-si-niŋ　öy-i-gä　yät-ti.
早晨-3 从属　时点-10-位格　哥-3 从属-属格　家-3 从属-向格　到达-过去

"Ölüm-niŋ　et-i　žügrük"　de-gin-i　mušu
死亡-属格　马-3 从属　快　说-形容词化-3 从属　这个

bol-sa　keräk.
成为-条件　也许

　Här qačan　Turğan　bilän　Räna　Mehriban-niŋ　aldi-ğa
　每次　图尔干　和　热娜　米热班-属格　前面-向格

kül-üp　čiq-ip　qarši al-at -ti.　Bu　qetim　därwaza
笑-副词化　走出-副词化　迎接-未完-过去　这　次　大门

uluq　očuq　tur-idu,　lekin　qarši al-idi -ğan　qerindiš-i
大大的　开着　停留-非过去　但　迎接-未完成-形容词化　亲人-3 从属

yoq.　Mehriban　or-ni　tolmas　därt-kä　čidi-ma-y,
没有　米热班　位置-宾格　弥不完的　悲哀-向格　忍耐-否定-副词化

ün sel-ip　žiğla-p　öy-gä　kir-di　wä　baš-lir-i-ğa
放声-副词化　哭-副词化　房子-向格　进过去　并　头复数-3 从属-向格

aq　yağliq　teŋ-ip　oltar-ğan　uruq-tuqqan,　qerindaš-lar
白色　头巾　戴-副词化　坐-形容词化　亲戚们　兄弟姐妹-复数

bilän　žiğa-zerä bol-up　kör-üš-ti.　Šu　kün-i　Turğan
跟　哭哭啼啼-副词化　见面-交互态-过去　那　天-3 从属　图尔干

aki-si-niŋ　　　üč-i　　　näzir-i-gä　　　　täyyarliq kör-ül-üwet-iptu.
哥-3 从属-属格　三-3 从属　乃孜尔-3 从属-向格　做准备-被动-进行体-间陈

Üč　　ajiz　　qerindaš　　taġ-däk　　yöläk bol-up　　　žür-gän
三　　脆弱的　兄弟姐妹　山-形似格　支撑 成为-副词化　行走-形容词化

Turġan　　aki-si-din　　ayril-ip　　qal-ġanliġ-i-ġa
图尔干　　哥-3 从属-从格　离开-副词化　呈现体-名词化-3 从属-向格

köy-ün-üp　　　　uzaq　　žiġla-š-ti.　　Biraq　amal　qančä?
燃烧-反身态-副词化　很久　哭-交互态-过去　但　办法　多少

Bu　šundaq　　täŋšäl-mi-gän　　　aläm　dä-p　　öz-äŋ-gä
这　这样的　平衡-否定-形容词化　宇宙　说-副词化　自己-2 从属-向格

qančä　　säwirlik bär-sä-ŋ-mu,　　qerindaš-niŋ　　köyük ot-i-ni
怎么　忍耐-条件-2 单数-助词　亲人-属格　　思念之情-3 从属-宾格

ari-din　　öt-kän　　　waqit　 öčir-äl-mä-ydi-kän.
中间-从格　过去-形容词化　时间　熄灭-能动-否定-未完成-间陈

　　Ari-din　　ay-lar　　öt-ti.　Žiraq　Ameriki-din　Samiya
　　中间-从格　岁月-复数　过去-过去时　远处　美国-从格　萨米亚

ani-si-ġa　　　telefon qil-ip:
母亲-3 从属-向格　电话 打-副词化

　　—Apa,　　seniŋ　　armin-iŋ　　ämälgä aš-idi-ġan　　bol-di,
　　妈　　你的　　愿望-2 从属　实现-未完成-形容词化　成为-过去

Ameriki-ġa　　kel-iš-iŋ　　keräk,　—de-gän　　söz-i-ni
美国-向格　来-名词化-2 从属　需要　说-形容词化　话-3 从属-宾格

aŋla-p,　　Mehriban　hämmi-ni　čüšän-di.　Šu　päyt-tä
听-副词化　米热班　一切-宾格　知道-过去　此　时刻-时位格

u　öz-i-ni　　šünčilik　bäxitlik　his qil-si-mu:　"japa tart-ip
她　自己-3 从属-宾格　如此的　幸福的　感到-条件-助词　受苦-副词化

beq-ip　čoŋ qil-ġan,　oqu-t-up　　adäm　qil-ġan
养-副词化　养大-形容词化　读-使动-副词化　人　做-形容词化

ata-ana-m,　ikki　qariġay-däk　qerindaš-lir-im　Tursun aka-m　bilän
父母-1 从属　二　松树-形似格　同胞-复数-1 从属　吐尔逊哥-1 从属　和

Turġan aka-m　　meniŋ　　bu　xošalliġ-im-ni　　kör-sä,　aŋli-sa
图尔干哥-1 从属　我-的　这　快乐-1 从属-宾格　看-条件　听到-条件

bol-ma-t-ti-mu"　　—dä-p　köz-lir-i-din　　taram-taram
行-否定-未完-过去-助词　说-副词化　眼睛-复数-3 从属-从格　扑簌簌的

yaš-lar	tök-ül-di.	Häqiqätän,	ägär	u-lar	hayat
眼泪-复数	流-自动态-过去	确实	假如	他-复数	活着
bol-sa,	Mehriban-niŋ	utuǧ-i-ǧa	ortaq bol-up,	beš-i	kök-kä
成-条件	米热班-属格	成就-3从属-向格	分享-副词化	头-3从属	上天-向格
yät-mä-t-ti-mu?		Mošundaq	arman-lar-da	Mehriban	yänä
达到-否定-未完-过去-助词		这样的	愿望-复数-位格	米热班	又
učaq-qa	oltir-ip	Ameriki-ǧa	uč-up	kät-ti …	
飞机-向格	乘坐-副词化	美国-向格	飞-副词化	走-过去	

——Mäšürowa，Dürnäm，*Ana Mirasi*，Almuta：Jazuši，2009-žil，390-392-bätlär.

语料之六汉译

特殊的亲情

　　已经是半夜，突然响起的电话铃声把母女俩惊醒了。萨米亚跟对方短短地聊了几句后，把话筒放回去，轻声地说：

　　——妈，图尔干伯伯去世了。听到这一噩耗，米热班的眼泪扑簌簌地流了下来。萨米亚赶紧去拥抱母亲说：

　　——妈，别哭了，要坚强。如果想去的话，明天我给你买飞机票，但反正来不及参加葬礼了，听说明天就要举行下葬仪式。

　　——孩子，赶不上他葬礼也要去。图尔干哥为了我们这些弱小的同胞担当起了父亲的责任。他还是一个继续点亮我父母灯火的亲人，所以我必须去。

　　——妈，别生我的气，我担心你，我也需要妈妈。坐飞机飞行 18 个小时并不是容易的事。再加上在机场等候的时间，你只能在 24 小时后到达阿拉木图。

　　——我不会有事的，坐飞机已经习惯了，你别担心，妈妈是个坚强的人，——说着她又哭了起来。

　　萨米亚看到母亲不会有丝毫退步，就开始做为她上路的准备。米热班整夜没睡觉，给女儿讲述了有关父母，有关兄弟姐妹小的时候熬过的艰难岁月。

　　萨米亚第二天买了票，当晚 7 点把母亲送上了飞机，晚上还给肉扎打电话，请求她在机场迎接母亲，并一起去叶尔坎。

　　米热班在阿姆斯特丹机场等候 3—4 小时后转到了飞往阿拉木图的飞机，早晨 5 点到达了阿拉木图。她和肉扎一起租了一辆出租车朝叶尔坎飞驰而去。从美国到叶尔坎已经走了 28 个小时的路，早晨 10 点钟到达了哥哥家。这也许是常说的"死讯的马跑得最快"这句话的又一次验证吧。

以往每次到来时，图尔干和热娜都会满脸笑容地走出来迎接米热班。这次大门敞开着，但没有亲人出来迎接她。米热班忍不住这无法弥补的损失的折磨，便放声大哭走进了屋子，并在一片哭声中与头戴白头巾围坐的亲人和兄弟姐妹们见了面。那天正是大家为她哥图尔干的第三天乃孜尔（祭祀）做准备的日子。三姐妹因失去她们的靠山——图尔干哥而悲痛万分，又痛哭了一场。但除了哭，还有什么办法呢？虽然试图拿这个世道的无情和不公平来当作安慰自己的理由，但不管时光怎么流逝也无法消除对亲人的思念。

转眼间过去了几个月。有一天远在美国的萨米亚给母亲打来电话说：

——妈，你的愿望就要实现了，你必须回美国。——听到这话，米热班明白了一切。此刻虽然她感到自己无比的幸福，但她又想："如果从小吃苦把我养大，又让我读书做人的父母，像两棵松柏一样可依靠的吐尔逊哥和图尔干哥能听到我的这一喜讯该多好啊"，想到这些她又禁不住流下了眼泪。的确，他们如果还活着，肯定能分享米热班所取得的成就，高兴得头顶天呢！沉浸在类似梦想中，米热班又坐飞机飞向美国……

——Mäšürowa，Dürnäm，*Ana Mirasi*，Almuta：Jazuši，2009-žil，390-392-bätlär.

——引自 D. 麦希若娃《母亲的遗产》，阿拉木图，作家出版社，2009年，第 390—392 页。

附录三　座谈会记录

一　课题组与阿布来罕国际关系及外国语大学校长座谈记录

座谈参与者：S.S. 库楠巴耶娃（阿布来罕国际关系及外国语大学校长）、Baytemirov Nurjan（阿布来罕国际关系及外国语大学国际事务部主任）、Makhpirov、戴庆厦、艾尔肯·阿热孜、阿达来提·阿布拉江、田静、朱艳华、古丽斯坦·麦麦提依明

座谈时间：2012 年 7 月 3 日上午

座谈地点：校长办公室

翻译：Baytemirov Nurjan

校长：欢迎你们来到我们大学。现在你们是我们的老朋友了。我们阿布来罕国际关系及外国语大学从 2007 年起就开始与贵校合作。今年 3 月我们还去过中央民族大学。

到你们学校任教的马教授（Makhpirov）是我们学校的一位专家。我希望我们的合作会进一步发展我们两校的关系。

贵校给我们留下了很好的印象。我们去中央民族大学的时候，看到了一个完美的模式，因为你们学校有 56 个民族的老师和学生，但是全都能和睦、友好地相处。我希望我们的大学也能有这样的模式。

现在你们来这里做学术访问，如果你们有什么需要，我们会尽力提供帮助。除了我们大学，你们还希望参观哪里、访问谁都可以对我们说。

戴：尊敬的校长、教授，这次中央民族大学代表团来到贵校，心情特别激动。因为贵校在中亚是一所很有代表性的大学。另外，贵校和我校已经建立了合作关系。我们这次在合作的基础上，进行跨境语言的调查研究。

当今世界发展很快，经济全球化、信息一体化，民族关系、语言关系面临着许多新的问题。我们这个项目是我们两校一起合作的。主要目的是研究不同国家跨境民族的语言文化，研究他们的共性和个性。我们这本书出版以后，就是我们两所学校共同的成果。这本书争取今年底出来。目前我们已经做了一些调查，我们还要在这里待 12 天，打算去维吾尔居民区调

查，就在阿拉木图附近。以前我们跟蒙古、泰国、老挝都有过这样的合作。

校长：祝贺你们，这一项目是非常有意义的。

艾：戴庆厦教授是我们这个大项目的主持人，这个课题是教育部的项目，这次的调查是其中的一个小项目。我们以两所学校的名义开展这个课题的调查，成果出版的时候也是以两所学校的名义。

戴：艾尔肯·阿热孜教授是我们学校的突厥语研究专家。我们非常感谢校长这么忙还抽时间跟我们见面，我们带了介绍我们中央民族大学的一点小礼物送给校长。

校长：谢谢你们。下一次来的时候，我们会组织一次更大的欢迎仪式。这是我们学校 70 年校庆的礼物，请收下。我们学校 70 年校庆大概在 10 月，希望你们能参加。我们 3 月份去中央民族大学的时候已经邀请过贵校了，现在再次邀请你们来。谢谢各位。

（课题组成员与校长合影）

二 课题组与学校出版社有关人员座谈记录

座谈参与者：学校出版社维文编辑部主任马利克及另两位工作人员、Makhpirov、戴庆厦、艾尔肯·阿热孜、阿达来提·阿布拉江、田静、朱艳华、古丽斯坦·麦麦提依明

座谈时间：2012 年 7 月 3 日

座谈地点：学校出版社内

翻译：艾尔肯·阿热孜

整理者：朱艳华

戴：我们想向你们了解一下出版的情况。出了哪些方面的书，发行量怎么样，起了哪些作用？

马：我们一直在从事出版教材的工作。我们出版的范围是 1—7 年级，现在也出版个别 8 年级的教材，比如经济、地理。发行量刚开始的时候是 1300—1500 本左右，现在有所增长。今年我们已经收到的订单是 1800 本。这是书法课的教材，我们给你们看所有的东西必须经过领导的批准。维吾尔族学生一年级就上识字课本，是用维吾尔族自己的母语写的课本。语文课本里有一些语言知识，还有课文。

戴：这些教材是你们自己编的吗？

马：这套书的作者就是我们编辑部的三个人。课文是我编的，我有意识地选择一些俄罗斯作家的作品，翻译成维吾尔语并编入课本。语言知识是他们两人编的。语文课本一本约 300—400 坚戈（2—2.5 美元）。教材每

四年更新一次。我们买了一套新疆教育出版社出版的《塔里木花朵》全年期刊，作为编教材时的参考。

戴：维吾尔族学生考大学时使用什么文字答卷？

马：入学考试必须用哈萨克语或俄语。

戴：学生选择哈萨克语的多，还是选择俄语的多？

马：选哈萨克语的占绝大多数。

戴：维吾尔族学生用哈萨克语或俄语参加考试，考试成绩会受到影响吗？

马：考试成绩还是会受到一定的影响。学生在高考之前，要采取一些应对的措施，比如集中学习一段时间哈萨克语或俄语的相关术语。以前我们国家有专门针对少数民族的考试，但是现在维吾尔族自己提出不需要这样的考试。哈萨克斯坦有一项针对少数民族学生的奖励政策，如果谁拿到最高奖项金质奖，那么进入所有的高校都不需要参加考试了。

田：维吾尔文从什么时候开始进入教育体系的？几种语言课的课时安排是怎样的？

马：维吾尔族学校的培养方案和全国其他学校都是一样的。哈萨克语和俄语从一年级就开始上，每周3个学时。英语有的学校从一年级开始上，有的从三年级上，每周2学时。高考80%的学生选择哈萨克语，因为维吾尔语和哈萨克语是亲属语言，比较接近，维吾尔族学生容易接受。

戴：维吾尔族学生参加高考的录取率怎么样？

马：全国今年的高考入学率是33%到35%，其中维吾尔族的录取率约为40%。

戴：马部长，请问你懂得几种语言？

马：我懂哈萨克语、俄语、维吾尔语、乌兹别克语，汉语除了"马部长"这三个字之外其余的都不懂。（笑）

戴：俄语在哈萨克斯坦的地位如何？

马：我们国家的国语是哈萨克语，法律规定俄语也是正式语言。俄语是哈萨克斯坦各个民族之间的交际语言。

戴：俄罗斯族占全国人口的30%左右，他们学习哈萨克语吗？

男工作人员：俄罗斯族也需要学习哈萨克语。这边的俄罗斯人比较多，官方语言虽然是哈萨克语，但是俄罗斯语的各种书本的发行量与哈萨克语相当。

马：在哈萨克斯坦生活的俄罗斯人90%都要学习哈萨克语。官方文件两种语言同时使用。但有时候官方文件用俄语发，有些用哈语进行翻译。

戴：俄语的地位会慢慢削弱。

戴：你们几位的哈萨克语和俄语哪一种更好？

女工作人员：我的哈萨克语和俄语一样好。

马教授：我的俄语更熟练。因为从小我上的是俄罗斯学校，我爸爸也是说俄语的。后来我在莫斯科大学读的博士。

鲁斯兰：我的哈萨克语更熟练。

马：我的哈萨克语更好。

艾：我感觉他（指马教授）的俄语比维语水平更高。

戴：一部分是像马教授这样的情况，大多数可能是像另外两位。

古：你们编教材时，术语的统一性问题怎么解决？

马：我们尽量在教材中使用维吾尔语术语。我们参考的来源比较多，比如中国新疆维吾尔语教材中的术语，或者请相关领域的专家提供新词，或者保留以前使用的术语。我们的词汇使用中出现了很多问题，类似的问题在新疆的维吾尔语中也存在。比如，在新疆维吾尔语中，"护士"叫 hämšira，这个词本来是俄语词，原意是"姐妹"，但是借入新疆维吾尔语后，hämšira 则表示"护士"。这属于术语的误用，应该改正。

戴：今天我们了解到很多关于维吾尔族文化教育、出版方面的情况，非常感谢你们。

三 课题组与阿拉木图市维吾尔剧院有关人员座谈记录

座谈参与者：阿拉木图市维吾尔剧院部分领导及工作人员、Makhpirov、戴庆厦、力提甫·托乎提、艾尔肯·阿热孜、阿达来提·阿布拉江、田静、朱艳华

座谈时间：2012 年 7 月 10 日上午

座谈地点：阿拉木图市维吾尔剧院内

翻译及整理者：阿达来提·阿布拉江

艾尔肯·阿热孜：院长，您好！请您给我们介绍一下剧院情况。

院长：首先我非常感谢你们对维吾尔戏剧感兴趣而到这里来采访，我们哈萨克斯坦对维吾尔族和其他民族的待遇非常好，我们非常感谢我们的总统把我们一百多个民族团结在一起，我们非常高兴让我们使用自己的母语发展我们的教育和文化事业。今天你们访谈的是以著名的维吾尔族 Quddus Ğojamyarov 的名字命名的国家维吾尔族文化艺术剧院，这就是他的照片。他以前得过前苏联最高的荣誉"人民功勋演员"。这是一个最高的荣誉，在哈萨克斯坦得到这一荣誉的人不到十个，他是期中唯一的维吾尔人。他已经去世了。哈萨克斯坦还有其他 6 个民族剧院，包括俄罗斯剧院、哈萨克、乌兹别克语、维吾尔语、朝鲜语，还有德语剧院。因为这些民族在

这边人口比较多，所以政府特为他们创办剧院。哈萨克斯坦的胸怀很宽阔，人们更是如此。你们也能看得到，这里的人们是多么团结的，所以这里才有发展到今天的程度。维吾尔剧院有 182 名员工，全部费用由国家资助。我们剧院到现在有四代领导人。第一位是这位马教授的父亲，从 1959 年到 1974 年任职；第二位是在 1979—1984 年间的院长，名字叫 Ikram Aka；第三位是 Murat Äxmidi，他担任了院长职务 24 年多。期间他重建了全剧院。后来还有叫 Adil（阿迪力）的小伙子，负责了一段时间。现在我当院长。我到这里已经一年多了，之前我在这里当了 30 年的演员。我应该给你们介绍一下维吾尔剧院的四大特色：其他剧院只演有剧本的话剧，这里我们有自己的音乐、话剧、舞蹈、民族歌曲等，不仅仅是演话剧。

　　你们也许想知道我们怎么录取工作人员的吧？工作人员的来源是国家艺术学院的维吾尔部的学生。苏联时期那些学生是去塔什干那边接受培训的，现在哈萨克斯坦共和国自己有培训这方面人才的专业。这里的演员都是维吾尔族，其他行政工作人员里有哈萨克、俄罗斯、朝鲜族人。

　　艾：你们有没有去新疆演出的想法？

　　院长：我最近去了一趟，就是为了开通往那边的路。这不是那么容易的事儿，必须有两个国家的相关部门的批准之后我们才能去演出。你知道，1992 年我们 70 多个人去了那里，进行了三个月的访问演出。1997 年之前共去了三四个团队演出。后来不知为什么我们的来往停止了。期间有个别小组去过，可我们没有。去年九月份新疆歌舞团来这里演出过。我们的计划是，通过取得两国相关部门的批准后明年去新疆演出。

　　我们也给你们介绍一下我们自己和这个项目的大概情况。这位教授是戴庆厦老师。

　　院长：你帮我翻译一下。我本来打算 7 号隆重地接待你们，今天太匆忙了。

　　戴：我们是中央民族大学的教授和博士，这是国家的一个项目，总题目是调查跨境语言的使用现状。我们到哈萨克斯坦来是为了调查这里的维吾尔人的语言与文化概况；中国的维吾尔族有 900 万以上。据我所知，这里有 20 多万维吾尔人，他们保持了自己优秀的文化和特点。这么少的人在这里生活得很好，而且有自己的剧院。这真是相当好的情况。我们看到这些特别高兴。

　　我给你们介绍一下我们课题组的成员。这位是我们中央民族大学维语系主任力提甫·托乎提教授；这位是维语系副主任艾尔肯·阿热孜博士；这位是阿达来提·阿布拉江博士；这位是给维吾尔族和哈萨克族学生教汉语的老师田静博士；这位是北京语言大学的对外汉语教师朱艳华博士，这两位是我的学生。还有一位是古丽斯坦·麦麦提依明博士，今天没能来。

我们这次来是想了解一下这里维吾尔族的情况，要收集一些资料，然后出版一本书，把这里的维吾尔人介绍给全世界。这次的调查项目是我国对少数民族语言文字的一大贡献。我们知道，你们这里建有自己的一所民族剧院是特别好的一件事，但可能会遇到不少困难。我希望你们将有机会去北京演出，我们会支持并欢迎你们。

我们课题组还有哈萨克斯坦的三名维吾尔人，他们是 Makhpirov 教授，Ruslan 博士和 Abfiya 女士。Mahpirov 教授是我们学校的特聘教授，在我们学校工作了半年。

院长：这位是副团长 Abdusattar Abdusalam Oğlu，他已经在这里工作了十几年，同时是这里的艺术总监。咱们过境演出的工作都由他来安排，九月份他去北京获得批准后请新疆歌剧院的 35 个演员来这边演出的。

戴：你们全是用维吾尔语演出吗？观众里面有其他民族吗？

院长：整个演出是用维吾尔语演出的，观众里有各种民族，但大多数是维吾尔人。这是维吾尔族的剧院，我们用的剧本里面都有英文、哈萨克文、中文等，都可以演出，但演出时都翻译成维吾尔语。世界著名的剧本，如莎士比亚的很多剧本，我们都是翻译成维吾尔语后演出的。我们的歌曲用维吾尔语演唱，我们也跳过各个民族的舞蹈。1992 年演出的那个小品里的是我，不知你们是否看过。

艾：我们的阿达来提·阿布拉江博士是莎车人，来自新疆的莎车。

副院长：我们有位著名的演员叫 Qadir Quddus。他是演出组的领导，是莎车人。我们在那里演出过。

力：新疆维吾尔族的历史也有过好多优秀的剧目和自己的乐器，你们这边是否也演过？

院长：新疆的剧本，去年演过 Tursun Yunus 的 "Güldästä"，当时我们毕业的时候祖农·卡迪尔的 "Ğunčäm" 从 1984 年以来一直在演。这些剧目演过无数次啦，打算最近把 Ğunčäm 的剧再演一次。还有 Idiqut（高昌），Ämatjan Rašidin 写的 *Anarxan*，*Ğerip Sänäm* 等剧本。

戴：你们都是阿拉木图长大的吗？

院长：都不是，我是生于伊犁的 Toqquz Tara（巩留）县。我在哈萨克斯坦长大的，但不知道我们的祖先是什么时候迁来的。据我所知，我们本来是在同一个地区生活的人，可后来不知为什么中间划定境界，把我们给分开了。我们本来就是生活在这里的同样的人，可好多资料上记着这里的维吾尔人在某某时期迁来了几代、几批等信息。

力：你们是属于本地的维吾尔人吗？或者你们祖父第几代人是迁到这里的吗？

院长：我是在这里长大的，对于我的祖父我只会说"是从喀什那边过来的"。我不知道到底是第几代。

戴：那你们在这里你是第几代？

院长：我在六个月大的时候就来到这里，然后我现在有个儿子，还有孙子，算是三代人了。

旁边另一女士：我的祖父也是土生土长的本地人。

戴：你们的孩子会说维吾尔语吗？

院长：会说，我们在家里都用维吾尔语。我的哈语精通，我从小上的是哈语学校，这里哈萨克人都能听得懂维吾尔语并能看懂报纸什么的。

戴：你是哈萨克族，为什么在维吾尔剧院上班呢？有什么特殊原因吗？

院长：我很喜欢维吾尔族，我奶奶是维吾尔。我们这边不分民族，我们的国语是哈萨克语。哈萨克斯坦需要有这样的国语，这不涉及什么民族问题。就像你们说汉语一样自然。

戴：你的孩子会几种语言？

院长：我孩子会英语、哈萨克语、维吾尔语、俄语；我自己会说乌兹别克语、哈萨克语，还有俄语，除此之外，会一点点英语和汉语。

戴：那么说你的孩子和你的维吾尔语水平差不多，是吗？

院长：是，差不多。我祖父母在我六个月大的时候就迁到这里了，然后1956年左右回到伊犁 Toqquz Tara 就定居在哪里了。我从小就上维吾尔学校。我有两个儿子。我去了七八次新疆，那边的很多演员和政府有关领导我都认识。我的大儿子娶了一个哈萨克姑娘，就是我这个同事的女儿，咱们是亲家。

戴：那你儿子和儿媳妇用什么语言沟通？

院长：他们从小就上俄语学校，俄语算是他们的母语啦。

朱：你们这里有儿童演员吗？

院长：没有，我们这儿没有专门的儿童演员。不过有需要的话，我们把演员的子女叫过来，训练训练就上台了。

田：你们有其他文字性的剧院资料吗？

答：今天有些不方便，等你们10号来看演出的时候拿来给你们吧。

四　课题组与卡马力丁·曼苏拉（Kamalidin Mansura）一家座谈记录

座谈参与者：卡马力丁·曼苏拉和劳拉夫妇一家、Makhpirov、戴庆厦、力提甫·托乎提、艾尔肯·阿热孜、阿达来提·阿布拉江、田静、朱艳华、古丽斯坦·麦麦提依明

座谈时间：2012 年 7 月 7 日上午
座谈地点：阿拉木图市卡马力丁·曼苏拉（Kamalidin Mansura）家
整理者：阿达来提·阿布拉江

Makhpirov：先介绍一下来的客人。戴庆厦教授是中央民族大学著名的、受人尊敬的学者之一、语言学家。力提甫·托乎提教授是中国维吾尔族最著名的语言学家。艾尔肯·阿热孜位居第二（开玩笑）。我介绍一下这位大哥，他是卡马力丁·曼苏拉，是数学专业副教授，长期在科学院工作，然后在大学工作，现在已经退休。

Kamalidin：是，我已经退休十多年了，有时候会被邀请去上课。

Makhpirov：他看起来很年轻，但已经 76 岁了。

戴：呦，我也 76 岁，我们一样大。

Maphpirov：他夫人劳拉（即 Nurvanäm）女士是维吾尔语言文学教师。

力：我们是同行啊。

艾：能给我们介绍一下您家庭情况吗？

Kamalidin：坐在这边的是 Nurvanäm，是我的妻子。刚才进来的是我的女儿，叫 Gülmiräay。我有一个儿子，两个女儿。我的大儿子叫帕尔哈提，现在在公司做部门主管。第二个孩子叫 Dibär（女儿），在铁路大学完成了学业，现在在军队工作。我们有六个孙子，刚才进来的是孙子中的一个，九月六日将去北京，学习一年汉语，然后再进入大学。我们正在做准备工作。

艾：我们的大学也有汉语学习班，有中亚的维吾尔、俄罗斯、哈萨克等民族。

劳拉：这个孩子今年才完成十年级，一年以后回来参加考试。

田：你去哪一所大学？

Kamalidin 的孙子：北京科技大学（俄语）。

Kamalidin：这一代孩子现在都说俄语，已经俄语化了。但是我的另外一个孙子现在会说维吾尔语。

艾：你叫什么名字？（维吾尔语）

Kamalidin 的孙子：Bahadir（维吾尔语）。

劳拉：他自己也像 Bahadir（英雄）。

阿达来提·阿布拉江：Bahadir，你平时说维吾尔语吗？

Kamalidin 的孙子：说，但是……说的不多。

劳拉：他能够跟爷爷奶奶都说维吾尔语。

艾：你可以去我们学校啊，有很多维吾尔族，生活条件很好，吃饭也很方便。

Kamalidin：我们的大孙子从马来西亚读大学回来，他刚去的时候最困难的就是吃饭问题。

力：您给我们谈谈自己的具体情况吧，比如自己的工作经历等。

Kamalidin：维吾尔县有个凯特曼乡（Uyğur Nahiyisi Kätmän Yezisi），我出生在那里的凯特曼山区。我的父亲 Mänsur Jamalidin 参加过卫国战争，做过多年的乡长，92 岁时过世。我自己在 1954 年从凯特曼中学以优异的成绩毕业，然后进入了 Keriv 哈萨克国立大学，当时叫做 Älfarabiyä Universiteti，在物理化学系就读。1979 年送我到语言研究院工作，在那里工作了几年后，于 1963 年在莫斯科理科学院工程学院读了硕士研究生。1968 年在物理数学专业参加了副博士答辩，然后就在科学院的数学工程学院工作了几年，做了大量的学术研究。1977 年时调入铁路大学，此后的 30 年，至 2007 年，就在铁路大学工作，在那里成为了副教授及教授。2007 年退休到现在。我也想过继续工作，但孩子们劝我在家里休息。

Makhpirov：那时候没有什么人懂哈萨克语，都说俄语。

Kamalidin：除了维吾尔语，我还懂俄语和哈萨克语，我还编写过哈萨克语教材。

艾：您写过维吾尔语教材吗？

Kamalidin：我没有写过维吾尔语教材，但是我做过大量维吾尔语数学教材的翻译工作，从俄语翻译成维吾尔语，例如代数、几何、物理、天文等课程的教材，我都翻译过。我妻子也毕业于凯特曼乡中学，在哈萨克斯坦国家大学完成了维吾尔语言文学专业的学习。大学毕业以后就一直从事维吾尔语文教师。她先在凯特曼中学教书，后来调入阿拉木图市的 153 中学（Rozibaqiyov）学校工作，直到退休。

艾：现在有维吾尔中学吗？

Kamalidin：有，比如以 Rozibaqiyov 为名的学校，以 Yakup 为名的学校，以 Hämrayov 为名的学校，还有一些俄语、哈萨克语学校中也有维吾尔语班级。

艾：小学呢？

Kamalidin：这里的学校都是从小学到中学，一年级到十一年级都在一所学校。现在在阿拉木图就有四五所维吾尔学校。综合类的学校也有，其中有维吾尔语班、哈萨克语班、俄语班等。

艾：这样的综合性学校多吗？

Kamalidin：不太多，第九社区 Gorniy Gigant 有一所，Quruqseyit 有一所，还有一个社区也有这样的学校。我就知道这些，其他的不太清楚。

Kamalidin：过去我也记不清年代了，在师范大学开设过维吾尔语言文学教研室，中间关闭了几年。这个情况我妻子比较清楚。

劳拉：在 1957 年开设了维吾尔语言文学教研室，事实上在那之前没有维吾尔语（专业），学校也是俄语的，虽然学的时候是维吾尔语，但考试都是和其他同学一样使用俄文。给我们上课的老师自己是维吾尔族，学习的是俄语或哈萨克语专业，教学时使用维吾尔语，我们上课的时候不太区分在使用什么语言。就这样我们完成了学业，开始工作。当时开设维吾尔语言文学专业的原因之一是从祖国迁来很多维吾尔族，为此哈萨克斯坦政府特别开办了这个教研室。

艾：那是哪一年？

劳拉：是 1956 年吧。然后就开始连续招生，上五年，我们也被培养成为语文、历史老师。当时的 Ayšäm Šemiyeva，Näsurulxan Zulpiqar，Turvan Poskanov 等老师都给我们上过课。

Kamalidin：Šelfori Yordin 也是你们老师吧？

劳拉：是，Yordin 老师自己是俄罗斯族，但非常精通维吾尔语，上"古代维吾尔语"课程，另外一个老师 Sifun 是塔塔尔人，我们的课是这些老师上，其他的课程都是哈萨克族老师教授。到我们毕业那年，在阿拉木图学习维吾尔语言文学专业的学生人数开始增加。然后我们都去自己的地方教书。当时你们大哥（指卡马力丁）正在俄罗斯上学，我就回到凯特曼乡学校，也就是去我的母校教书。后来你们大哥（指卡马力丁）毕业回来，他有个兄弟叫 Bextšat，是 Rozibaqiyov 学校的校长，他请我们过来，我就在这个学校工作了 35 年，直到退休。相对于其他学校的学生，我们的学生（维吾尔学校的学生）在道德礼貌、保持自己的风俗习惯等方面更突出，在以后的学习方面也占优势，生活也开始好转，分散在其他地方的维吾尔人也开始集中到我们这里来。我们的一个特点就是从祖国来的维吾尔族中有许多受过教育的知识分子，所以在这里工作和吸引学生方面都很好。

Kamalidin：今年这里的维吾尔学校将有 1200 多学生入学，关于这个情况最近在《维吾尔之声》（报纸）上 Šawkät 发表了一篇文章。今年的中学毕业生中有三个学生获得了金质奖章，与哈萨克斯坦其他民族相比人数最多。听说 111 中的成绩最好，有两个学生获得了金质奖章，另外一人由于成绩优秀获得了特别奖章。

艾：除了您上学的大学外，当时其他大学也有维吾尔语言文学专业吗？

劳拉：没有。

力：其他地方，比如塔什干（现乌兹别克斯坦首都）也有吗？

劳拉女士：有，当时塔什干有东方学系，在那里上过学的有 Murat Xalmurat，Rabot Ismayil，比我们上大学早的还有从祖国来的 Čerikov Hämray，Zulpiqar，Munäwwär 等人。有些年龄虽然大了，和跟自己孩子一样大小的学生一起上学，拿到了毕业证。这些都是哈萨克斯坦受尊敬的人物。

艾：您在 Ayšäm Šemiyeva 老师门下听过课吗？

劳拉：是的。

力：她对维吾尔语的研究直到现在都很有影响力，我们也看过她写的书和编写的词典，比如《维吾尔语语法》等。

劳拉：作为她接班人延续她工作的 Gülxan Älaxunova 就是我的亲姐姐，现在已经八十多岁了，就住在这里，但是现在去她女儿家了。如果你们想更多地了解这里居住的维吾尔族的情况，可以去维吾尔地区。

Kamalidin：我想起来了，在 Altunsarn 学院有一个被称为维吾尔语言文学实验室，这个实验室就是以 Gülxan Älaxundin 命名的，但是这个教研室关闭了。首都迁到 Astana 以后，中央科学部，也就是科学院也迁走了，那里没有维吾尔族，可能有维吾尔学校的监察员（Inspector），于是这里的部门就关闭了。所以，曾经有过维吾尔语言文学实验室，并以 Gülxan Älaxunova 命名。你们可以发现，在维吾尔县生活着维吾尔族、哈萨克族。那里的维吾尔族掌握哈萨克语就像自己的母语一样，而哈萨克族中的百分之八十也都懂维吾尔语。我们中学毕业时生活语言情况没有那么好，那时大学基本只用俄语。学校也只教俄语，而在 Kätmän 连一个俄罗斯人都没有。在 Kätmän，基本都是维吾尔族和哈萨克族，因此我们都会说这两种语言，上大学后近一年时间，学习上有很大的困难。教学只用俄语。后来，哈萨克族可以用哈萨克语答卷，维吾尔族可以从俄语或哈萨克语中任选一种答卷。

艾：现在维吾尔族中有不懂俄语的人吗？

Kamalidin：不懂俄语的维吾尔族基本上没有，但是不懂维吾尔语的维吾尔族比较多。（大家都笑）

艾：他们年轻时有不懂俄语的维吾尔人，而现在有不懂维吾尔语的维吾尔人。

戴：语言使用有变化了。

力：现在的年轻一代不大使用维吾尔语，您会为维吾尔语的将来担忧吗？

Kamalidin：塔尔加尔县（Enbekšikazakhskiy Rayon）、维吾尔县（Uygurskiy Rayon）、潘菲洛夫县（Panfilovskiy Rayon）的维吾尔人在家庭

内部都使用维吾尔语，在阿拉木图一带有很多维吾尔族居民点，比如现在的 Dostluq Mähälisi（Druyba，友谊社区），还有 Sultanqurǧan（苏丹库尔干）社区，这是阿拉木图最大的居民点，占地比较广，居住的人口密度大，还有两个居民点叫 Gorniy Gigant，Zarivastoka。维吾尔族主要居住在这四个居民点。这些居民点的维吾尔族都在使用维吾尔语。

　　艾：非常感谢您接受我们的采访。

附录四　访谈录

一　哈萨克斯坦突厥学专家马赫皮洛夫教授（Makhpirov）访谈录

访谈对象：外力努尔·乌依古尔洛维奇·马赫皮洛夫（Valeriy Uygurovich Makhpirov），男，维吾尔族，60 岁，博士，哈萨克斯坦国际关系与外国语大学东方学学院教授。

访谈时间：2012 年 7 月 3 日下午 5 点、7 月 4 日下午 5 点

访谈地点：阿拉木图市 Mukanova/Shevchenko Jastar 公寓 81 号房间

访谈及整理者：田静

翻译：阿达来提·阿布拉江

问：马赫皮洛夫教授，您好！您是哈萨克斯坦著名的突厥语研究专家，非常感谢您接受我们的采访。首先请介绍一下您的个人经历和语言使用情况。

答：我 1952 年出生于阿拉木图州维吾尔县（原 Kätmän Keŋäš Uyǧur Nahijisi）的一个知识分子家庭。父母都是维吾尔族。父亲原来是 Keŋäš 乡中学教师，后晋升为校长。他调离学校后，担任维吾尔县县报的编辑。1959 年，在我 7 岁的时候，父亲成为哈萨克斯坦国家维吾尔族戏剧院院长，我们全家搬到阿拉木图市。家里有六个子女，三男三女，我排行老三。

我和兄弟姐妹都是上的俄语学校。我在乌克兰大学学习俄罗斯文学专业，大学毕业后回到哈萨克斯坦，在科学院维吾尔语言学学院维吾尔学研究室工作。1977 年，到莫斯科攻读突厥学专业硕士学位，1981 年毕业，答辩论文是《〈突厥语大词典〉中的专名研究》。之后，科学院成立维吾尔语言学学院，我担任科研学术助理。后来，到苏联科学院语言学研究所跟随尼古拉依亚历山大诺维奇·巴斯卡考夫教授攻读博士学位。1997 年，我博士毕业，答辩论文是《古代突厥语的专名考》。毕业后到哈萨克斯坦国际关系与外国语大学任教，曾任东方学学院院长。2007 年，晋升为教授。

我的第一语言是维吾尔语，第二语言是俄语。在大学学习了英语，英

语水平现在是会阅读，但一般不说。那时候没有幼儿园，俄文是 7 岁上小学后才学会的。哈萨克语是在自然环境中学会的，没有系统学习过，但是都懂。在哈萨克斯坦独立以后，大约是在 1991 年，我在日常生活中开始使用哈萨克语。我在阿拉木图工作、生活多年，多数情况都是使用俄语。

小时候，爸爸跟我说话时多数情况说俄语，有时也说维吾尔语，我跟爸爸说俄语。妈妈大多跟我说维吾尔语，我用俄语回答。爸爸跟我说俄语，不是刻意的，也没有什么目的性地非得说俄语，是很自然的。我们在家里使用维、俄双语，两种语言经常交换着使用，一半时间是维吾尔语，一半时间是俄语，有的时候前一句是维吾尔语，后一句是俄语。

我们兄弟姐妹之间都是说俄语，但对长辈一般说维吾尔语，因为长辈们不喜欢我们跟他们说俄语。现在我也是长辈，也有这样的想法。

我儿时的朋友中维吾尔族比较少，俄罗斯族、哈萨克族比较多，因为当时在阿拉木图市里生活的维吾尔族很少，我和朋友之间都说俄语。小时候跟爷爷回乡下，那边都使用维吾尔语，我跟他们说维吾尔语；回到城里，我说俄语。那时候，乡下的亲戚们都说维吾尔语，很少说俄语。现在的情况有些改变，维吾尔语、哈萨克语、俄语都说，但维吾尔语说得多。

问：在俄语、维吾尔语、哈萨克语三种语言中，您哪一种语言说得最好？

答：我的俄语水平比其他语言要好。上大学的时候，一次参加大型的俄语听写比赛，全校只有两个人拿到满分，没有任何错误。这两个得满分的，一个是大五的学生，另一个是我，当时上大一。很多人见到我都指着我说"他就是那个拿满分的学生"。

小学五年级的时候，有一次老师布置写一篇作文，题目是《我的第一位老师》，全班有 36 个学生写了这篇作文。老师讲评的时候说，有四五个人写得非常好，并当场宣布了他们的名字和分数。由于没有提到我的名字，我很紧张。之后老师说："我现在给你们读一篇文章。"读完后，老师非常感动，说："如果将来有一个学生能把我写得那么好，我就非常满意了。"这个学生就是我。

我现在写文章，首选俄文；如果要用别的语言写，我也是用俄文先写，然后再翻译成别的语言。

问：如果那时有维文听写大赛，您能拿满分吗？
答：没有那种可能性。因为大学里不用维语。

问：您的本名是 Valeriy，据说这个名字是有来历的。您父亲参加过卫国战争，有一个非常好的战友牺牲了，为了纪念他，您父亲给您取了这个俄罗斯人的名字。而您现在的名字 Valeriy 成了维吾尔人的名字，我们很好奇，您为什么要改名？

答：是有这么一个故事。还有一个原因是当时在乡村，流行起俄罗斯名字。如果没有那个风气，父亲也不会给我取俄语名字。1976、1977 年我开始涉入突厥学研究领域，80 年代进入科学院语言学研究所，那里有很多维吾尔族、哈萨克族学生，又结识了很多民族的专家学者，大家都对我的名字很好奇。1991 年去土耳其上学的时候，大家也是问这样的问题。1991 年，大家都开始认可我在突厥学领域的研究成果，都叫我 Valeriy 先生。但在家里还是叫我俄语名字。

问：请介绍一下您家庭成员的语言使用情况。

答：我的妻子是塔什干的哈萨克族，她会说哈萨克语。她的邻居中有乌兹别克族，所以她也会说乌兹别克语。俄语是学校要求必学的，所以她会俄语。我们是大学校友，我们之间说俄语。

妻子跟我和孩子说哈萨克语的时候多，有时也用俄语。因为她懂乌兹别克语，而乌兹别克语和维吾尔语很接近，沟通时没有什么问题，所以有时她也跟我说维吾尔语。

我们有一个儿子，和儿子都是说俄语。儿子的第一语言是俄语，第二语言是维吾尔语。他的维吾尔语使用得非常少，一般不说，维吾尔语水平是仅能听懂，达不到流利的程度。他精通土耳其语。他在哈萨克语—土耳其语双语学校（以下简称哈—土双语学校）上 6—11 年级时学会了土耳其语。哈、土双语学校的教学语言有土耳其语、哈萨克语、英语和俄语。在开设的文科课程中，《哈萨克族史》《哈萨克语史》《哈萨克语言文学》用哈萨克语授课，《土耳其文学史》用土耳其语授课，《俄罗斯语言文学》用俄语授课，所有理科课程都是用英语授课。

哈萨克斯坦基本上每个大城市都有哈—土双语学校，这是土耳其政府出资开办的。这样的学校大学升学率很高，高达 70%—80%，所以父母都非常愿意送孩子去那儿。进入这所哈—土学校的难度比一般学校要大，入学考试竞争很激烈，录取比例是 20:1，所以，能进入这所学校的孩子都是优秀生。

我的儿子会说 6 种语言：土耳其语、俄语、哈萨克语、英语、阿拉伯语和科威特语。阿拉伯语是大学以后学会的。我曾经送他到科威特学习，所以会说科威特语。他从小在三种语言环境中长大，学习这么多的语言是没有障碍的。

儿子的朋友中没有维吾尔族，都是哈萨克族和俄罗斯族。他们之间都说俄语。

问：您当时为什么不送儿子到维吾尔族学校学习？

答：有两个原因。首要原因是，我们在家里使用俄语，而儿子一至五年级上的是哈萨克语学校，哈萨克语授课给他的学习带来的困难很大，所以小学五年级毕业以后，我们把他送到哈—土学校。第二个原因是维吾尔族学校比较远，我们接送不方便。我们孩子的上学问题一般都是就近解决。

问：您的家族从中国新疆迁居哈萨克斯坦，至今已有几代人了？

答：1879 年，中俄双方签订了《中俄边界条约》。按《条约》规定，一部分村庄归中国，一部分归俄国。我的祖辈很早从新疆吐鲁番、和田地区迁到伊犁。没有很确切的记录，我们现在一般认为自己是从吐鲁番迁移过来的。过去都把从伊犁迁居过来的维吾尔族称为"塔兰奇人"，两国边界线划定后，塔兰奇人生活的地区被划归到俄国（今天的哈萨克斯坦境内）。我的家族往上追溯第一代是 Kuvaš，第二代 Imaš，第三代 Maxpir，第四代 Uyǧur，第五代 Valeriy，第六代 Diyar。前三代全部都是使用维吾尔语，到了我父亲那一代，已经开始使用维吾尔语、俄语和哈萨克语。

问：您去过中国的新疆吗？您说的维吾尔语和新疆当地的维吾尔语有差别吗？

答：我第一次去新疆是在 1987 年。我们说的维吾尔语没有什么不同，语音、词汇也没有明显的差异。但当地的维吾尔族觉得我和他们有不同，主要是服装、气质上的不同。

问：哈萨克斯坦的维吾尔族离开新疆 100 多年了，时间不算短，是什么原因使两国的维吾尔语差异这么小？

答：20 世纪 50 年代，维吾尔族的学校教育研究主要是在前苏联这边做，包括维文教材，都是在前苏联这边编写、印刷，然后运送到新疆。1959—1961 年，有大量的移民潮，多数在我老家的村庄落户。新搬迁来的维吾尔族和本地的维吾尔族有一些差别，主要在服装上，语言上没有差别。新移民和当地人交往也不多。到现在已经第三代了，就和当地人没有明显差别了。到 70、80 年代，那些移民的子女和当地人就没有什么差别了。

问：现在哈萨克斯坦的大学里设有维吾尔语言学专业吗？

答：在哈萨克斯坦阿布莱汗国际关系与外国语大学东方学学院，没有维吾尔语教研室，有日语、韩国语、意大利语、德语、土耳其语、阿拉伯语和波斯语等其他东方语言。规模稍微大一点儿的就是哈萨克斯坦科学院东方学院维吾尔学中心，不招收学生。哈萨克斯坦阿拜国立师范大学（Abay Namidiki Kazakh Dölät Pedagogika Universiteti）语文学系维吾尔文教研室招收学生，但规模非常小，一年大概招十来个学生。

问：您在工作中和同事主要说什么语言？

答：一般正式会议的时候使用哈萨克语比较多，其他的时候一般哈、俄语都用。在科学院工作的时候，同事都是维吾尔族，都说维吾尔语。和 Ruslan 教授（维吾尔族）见面打招呼都是用维吾尔语，谈工作、生活中的事情都是用维吾尔语，不说俄语和哈萨克语。

问：城市化对维吾尔族的语言使用有影响吗？

答：维吾尔语在乡村用得比较多。哈萨克斯坦 25 万维吾尔族人中，有 18 万生活在阿拉木图市周边。在我出生的那个乡村，至少有一半人家是我的亲戚，我们是各种关系的亲戚。现在，除了一户人家外，全村人都搬到阿拉木图市里，现在维吾尔语、哈萨克语、俄语都用。亲戚朋友聚会都用维吾尔语，但会掺杂一些俄语词。

以前乡村住的都是维吾尔族，好多孩子都不会说哈萨克语和俄语。现在开始杂居住在一起了，孩子们都会说哈萨克语和俄语了。

问：老年人的维吾尔水平是不是比青少年要好一些？

答：对，老年人的维吾尔语水平好于年轻人，年轻人的俄语水平好于老年人。

问：请您介绍一下阿拉木图市维吾尔族孩子的语言使用情况。

答：像我儿子那么大的孩子，一般都是在家里说维吾尔语，出门俄语和哈萨克语并用。这主要要分片区。市里维吾尔族聚居的地方主要使用维吾尔语，杂居的地方不使用维吾尔语。特别是住在市中心公寓式小区里的维吾尔族，很少有聚居的，多是杂居，所以他们不使用维吾尔语。当然，维吾尔族主要聚居在阿拉木图市周边的地方，包括 Gornyi Gigant、Druyba、Sultanqurǧan、Aynabulaq。那里是郊区。住在市中心的维吾尔族很少。

城市里不会说维吾尔语的孩子一般都生活在不同民族通婚的家庭中。

维吾尔族孩子会不会说维吾尔语还要看他们的居住环境。有的区有维吾尔语学校，周边的孩子都说维语。在阿拉木图，有 3 所维吾尔语学校，学生都是维吾尔族；有 2 所间有其他民族学生的维吾尔语学校。全国共有 63 所维吾尔语学校，大约 15000 名学生。给孩子们提供一些条件学习母语，他们不会反对。

问：有的维吾尔族孩子已经不说母语了，对于这种情况您担心吗？

答：当然担心。那些不说维吾尔语的 30 岁左右的一代人，平时使用俄语，他们的孩子大概五六岁，已经听不懂维吾尔语了。不过，这些孩子进入学校以后会学习哈萨克语，有些问题不懂的时候，他们会回家问父母，也许那个时候他们会重新开始学维吾尔语。

问：现在维吾尔族和哈萨克族通婚的多吗？

答：和以前比，现在通婚现象多了。我就是典型的例子。我的夫人是塔什干的哈萨克族。为了让孩子获得更好的工作，通婚家庭的孩子一般在填报民族成分的时候，都写哈萨克族。

问：哈萨克斯坦有没有大规模地推行俄语？

答：前苏联时期，《宪法》没有规定俄语是国语。和中国一样，不懂汉语的话，去哪儿都行不通。现在有规定，哈萨克语是国语，公务员考试要考哈萨克语，不懂国语者不能成为官员和大单位的负责人。维吾尔族或其他民族要想竞选总统的话，必须通过哈萨克语考试，拿到哈萨克语水平等级证书。通过考试后，可以使用俄语。

问：哈萨克斯坦的俄罗斯人超过全国总人数的 30%，他们学习哈萨克语吗？

答：在哈萨克斯坦有很多俄语学校。有很多哈萨克族、维吾尔族选择俄语学校，也有俄罗斯族孩子上哈萨克语学校。所有学校都要求从小学一年级开始学习哈萨克语。《教育发展长远规划》规定，90%的哈萨克斯坦人必须会说哈萨克语。

问：现在哈萨克斯坦的国语是哈萨克语，官方语言是俄语。请您估计一下，在这样的语言关系中维吾尔语的发展趋势。

答：现在的情况是，维吾尔语主要在教学上使用，报纸、文学创作也有用维吾尔语的，写一个简单的起诉书也用维吾尔语和俄语，其他领域基本上不使用维吾尔语。乡村多用维吾尔语。

在维吾尔语保留方面，我认为新疆做的比较好的地方就是使用维吾尔语网络。维吾尔语网站比较多，这是语言保留方面一个很重要的因素。哈萨克斯坦的哈萨克文网站也不多，主要是俄文网站。哈萨克斯坦有一些网站从名字上看是维吾尔文的，但内容都是俄文的，没有真正的维吾尔文网站。哈萨克斯坦维吾尔人国家文化中心也是没有网页的。我们可以登录新疆的维吾尔文网站，但由于文字系统的不同，能看懂的人比较少。

问：您给我们提供了非常丰富有用的信息，非常感谢。
答：不客气。

二　哈萨克斯坦维吾尔人国家文化中心执行主任热比克·司马义（Rabik Ismayil）访谈录

访谈对象：Rabik Ismayil（热比克·司马义），男，维吾尔族，78 岁，现任哈萨克斯坦维吾尔人国家文化中心执行主任，退休前在 Atamura 教育出版社工作。

访谈时间：2012 年 7 月 8 日下午 5 点
访谈地点：阿拉木图市 Mukanova/Shevchenko Jastar 公寓 81 号房间
访谈及整理者：田静
翻译：阿达来提·阿布拉江

问：尊敬的热比克先生，您好！请介绍一下您的个人情况。
答：我生于 1934 年，1953 年毕业于阿拉木图州 Čeläk 俄语中学，考入阿拉木图市外国语大学。在学校查看相关材料时，注意到一些介绍中国情况的杂志，对自己的祖国有了一定的认识。这时我了解到在塔什干有一个中亚研究院东方学系，想进入东方学系学习维吾尔语言文学专业，打算学成毕业后回报祖国。

我大学毕业后到哈萨克斯坦科学院工作。3 年后，转到出版社，在那儿工作了 31 年。1973 年，我在哈萨克斯坦科学院完成副博士论文学位答辩。1976 年加入作家协会。到目前为止，我用俄语、哈萨克语、乌兹别克语、维吾尔语发表了 400 多篇文章，出版了十多部著作。在中国也曾发表过文章。我的研究成果主要是维吾尔语言文学方面的。我还写了一些介绍新疆维吾尔族作家的文章。

我曾经去过祖国两次。第一次是在 1987 年，我们去伊犁探亲，那里有我爱人家的亲戚。第二次是在 2006 年，我随华侨代表团到北京、上海、新疆的乌鲁木齐、吐鲁番、喀什等地参观访问。据说我的祖籍在新疆和田，所以等代表团回国后，我就争取机会留了下来，然后去了和田。我还通过我爱人的一个朋友去了哈密。回国后，我写了一些随感，发表在《维吾尔之声》报上。

问：您祖籍在新疆和田，请问您的家族迁居到哈萨克斯坦有几代人了？

答：我爷爷 1885 年出生在这儿，我爷爷的父亲那一代从和田迁到伊犁，然后再迁到哈萨克斯坦。到我已经是第四代人了。

问：请介绍一下您的家庭成员。

答：我的爱人叫 Patigül（帕提古丽），是维吾尔族诗人、作家。她曾经在哈萨克斯坦各民族大会工作过 4 年。这是隶属于总统的民族问题咨询机构。我爱人的父母是阿拉木图人，上个世纪 20 年代末、30 年代初的时候，由于前苏联政局不稳定，举家迁往中国伊犁，50 年代又迁回阿拉木图。我爱人在伊犁出生、长大，上到七年级以后，在乌鲁木齐一个师资培训班学习了 2 年，然后成为新疆一所大学的老师。她会说汉语。她和新疆的很多作家、学者都有学术来往。在她七十大寿的时候，当时的新疆妇联主席专程前来阿拉木图祝贺。三年前，她去世了。临终前，她写好了一本《新疆维吾尔族文学发展史》，到目前为止还没出版。

我们有 2 个孩子，老大是女儿，老二是儿子。孩子们都受过高等教育。1987 年回祖国的时候，我们带上了 2 个孩子，目的是为了让他们知道自己的民族。在新疆生活一两个月后，孩子就会说维吾尔语了。

问：请介绍一下您和您家庭成员的语言使用情况。

答：我从小上的是俄语学校。我不会说英语，在大学时曾学过汉语，但都忘得差不多了，现在只会说"你好"。自己生活在哈萨克斯坦，身边的朋友都是哈萨克族，所以学会了哈萨克语。

我和爱人之间都是说维吾尔语。因为我爱人是从新疆伊犁过来的，到哈萨克斯坦后仍会说维吾尔语。在家里我教她说俄语，她教我说维吾尔语。孩子从小说的是俄语，学的也是俄语。我们在家里给孩子教维吾尔语。孩子维吾尔语的词汇量能够满足他们参加交际活动，但不能说有多精通，只是刚够用的水平。

我们有 2 个孙子。大孙子 20 岁，小孙子 2 岁。大孙子的维吾尔语听得懂，但不会说。我用维吾尔语跟他说话，他用俄语回答。小孙子才开始学说话，我和孩子的父亲商量好了，要教孙子说维吾尔语，不教俄语和哈萨克语。我们决定要把孙子送到维吾尔族幼儿园。前苏联时期每个县、乡都有维吾尔族幼儿园，但独立后，很多都停办了，现在整个阿拉木图市只有 1 个。现在我们正努力重新建设维吾尔族幼儿园。

问：您希望小孙子会说哈萨克语、俄语和汉语吗？

答：我希望他首先学好母语——维吾尔语。哈萨克语是必学的。俄语在自然环境中就可以学会。国家独立 20 年了，仍然使用俄语和哈萨克语。

想到孩子的将来，汉语比英语更需要学习。中国是自己的祖国，现在中国很强大。

问：您在工作中主要使用哪种语言？

答：我在教育出版社工作的时候，有 156 名工作人员。出版社下设俄文、维吾尔文、哈萨克文编辑部，各编辑部还根据课程设有语文、数学、物理、生物等编辑室，我在维吾尔文编辑部。各编辑部的工作人员都是本民族的。当时我们维吾尔文编辑部共有 22 人，现在拆分成 1—7 年级、8—11 年级两个出版社了。我和维吾尔族同事在一起时说维吾尔语，和其他民族同事说俄语。

问：独立前后，语言使用有改变吗？

答：有变化。在前苏联时期，维吾尔族和其他少数民族的政治地位比较高，权利大，各种可能性比较多，报纸杂志很丰富，报纸每周出版发行 5 期，电视中有很多维吾尔语频道，维吾尔语广播节目每天都有。独立后，新政府忙于建设，语言文化各方面都处在新的建设中，对人口较少的民族没有关注太多。政府现在才开始关注少数民族的发展。特别要提到的是，虽然国家在经济上有困难，但对维吾尔族教育有大量投入，和哈萨克族是同等投入。比如教材，你们前几天也看到了，别的民族使用的从一年级开始到十一年级的全套教材，我们维吾尔族学校也都有。这一点是毋庸置疑的。

问：哈萨克斯坦大概有多少人会说维吾尔语？

答：不管是城市、乡村，40 岁以上的长辈一般都会维吾尔语。60%—70%的乡村人都会维吾尔语，城市里约有 50%的人会。我们的文化、社交活动都是用维吾尔语进行的。

问：城市里有些青少年已经不会说维吾尔语了，乡村的维吾尔族青少年也这样吗？维吾尔语的使用范围会不会越来越小？

答：乡村的情况跟城市正好相反。乡村的青少年都会说维吾尔语。乡村社区里会专门组织居民使用维吾尔语。有一个乡村，99%的人是维吾尔族，只有一家是俄罗斯族，这家人使用维吾尔语。乡村的百户长起到很大作用。百户长不一定是学者、作家，但必须是最受尊重的人。每一个社区都有一个百户长。他们负责协调内部纠纷，想办法解决某个家庭的具体困难，照顾所有的居民。比如说，居民要是有婚丧嫁娶的事情，就要先联系百户长，由百户长负责统筹安排。

现在，城市里的维吾尔族开始重新学习母语，这种现象正在慢慢升温。

问：您为什么如此热爱自己的民族和母语？

答：原来上学的时候，没有民族意识，没感觉到自己是维吾尔族。上大学时，第一次在杂志上看到关于维吾尔族的文章，我才意识到自己是维吾尔族。维吾尔族有自己的历史、文学和领袖，这些对我有很大的触动。于是，我放弃在阿拉木图的学习，去塔什干东方学系学习。刚开始时，塔什干的老师责问我说："你不懂自己的母语，来这里上学干什么？在这儿上学的人，应该是懂母语的人！"但我坚持要上。毕业时，我成为全系最优秀的学生之一，胜过那些懂母语的学生。学校推荐我到哈萨克斯坦科学院工作。1987 年去中国以后，更是对自己的民族感到非常自豪，下决心一定要学习自己民族的母语。

问：我们今天的访谈就到这里。非常感谢您。
答：不客气。

三 阿拜国立师范大学 Ruslan（如斯兰）副教授访谈录

访谈对象：如斯兰·乌依古洛维奇·阿尔孜耶夫，男，51 岁，维吾尔族，哈萨克斯坦
阿拜国立师范大学维吾尔语言文学系副教授。
访谈时间：2012 年 7 月 8 日下午
访谈地点：阿拉木图市 Jastar Shevchenko Mukanov 9 公寓 107 号
访谈者：艾尔肯·阿热孜、朱艳华
整理者：朱艳华

问：您好！请介绍一下您的个人经历。

答：我是如斯兰，1961 年出生于哈萨克斯坦阿拉木图州维吾尔县凯特曼乡。最初在这个维吾尔县的达达木乡上的小学和中学读书。我中学毕业后进入阿拜国立师范大学维吾尔语言文学专业学习。大学毕业以后，在中学当了两年教师，然后到哈萨克斯坦科学院维吾尔学研究所工作。工作了两年之后，回到母校阿拜国立师范大学工作，一直到现在。

问：凯特曼乡没有学校吗？

答：我没在凯特曼乡上学的原因是，我父亲后来调到达达木乡当校长，我们家全都搬到达达木乡去了。

问：凯特曼乡居民都是什么民族？那儿的语言使用情况怎么样？

答：那里大部分是维吾尔族，主要说维吾尔语和哈萨克语，但是乡里也有俄语学校。

问：乡村里的语言情况现在跟以前相比，有没有什么变化？

答：现在那里的哈萨克族比较多了，所以乡村里的语言使用情况发生了一些改变。原来乡里人以维吾尔语为主，现在维吾尔语和哈萨克语两种语言都使用。哈萨克语说的人比以前更多，使用得更广泛。因为哈萨克语是国语。

问：这些哈萨克人是从哪里搬来的呢？

答：是从别的州或别的国家迁来的，主要是蒙古国和中国。从国家独立以来，一直到现在，这种迁移都还在继续。

问：您现在住在哪儿？你们小区的民族构成、语言使用情况怎样？

答：我住在阿威佐夫县的友谊小区。我们小区的 70%—80%是维吾尔族。在我们社区，维吾尔族之间说我们的母语，维吾尔族与哈萨克族之间说哈萨克语，维吾尔族与俄罗斯族之间说俄语。

问：俄罗斯族和哈萨克族里面有懂维吾尔语的吗？

答：懂维吾尔语的俄罗斯人几乎没有，哈萨克族里面懂维吾尔语的有，但是不多。如果是在维吾尔族地区生活、长大的哈萨克人，就会懂维吾尔语。

问：你们阿拜国立师范大学主要培养哪方面的教师？

答：维吾尔族和哈萨克族老师都培养。维吾尔语言文学专业也招哈萨克族，学生毕业后多数去中小学当老师。

问：对维吾尔族学生在招生上有没有什么优惠政策？

答：没有优惠政策，跟其他民族的学生一样。

问：维吾尔语言文学专业开设有哪些课程？

答：除了维吾尔语言文学方面的专业课之外，还有一些社会科学方面的课程，比如经济学、社会学、文化学等等。

问：这些课程都用什么语言授课？

答：专业课都用维吾尔语授课，专业课以外的课程以前是用俄语授课，现在都用哈萨克语授课。

问：跟您读大学的时候相比，学生的民族成分、数量有没有什么变化？

答：由于维吾尔语言文学专业找工作的范围比较小，所以最近几年的变化比较明显。生源不够，学校给的名额往往招不满。也有其他民族的学生读这个专业，但是比较少。现在读我们这个专业的哈萨克族学生数量多一些了，因为我们是国立大学，在招生计划范围内的学生不收学费，还发补助，每个月发 150 美元左右。

问：您觉得国家的语言政策、民族政策怎样？

答：我对国家政策的理解是，不管一个民族的人口是多少，只要这个民族有需求，国家就会支持他们学习、使用自己的语言。我们维吾尔族学校也是这样，因为我们维吾尔族有这样的需求，所以国家就给我们提供教师、教材、校舍等等。

问：维吾尔族地区基本上是一种双语或多语关系，您认为这是一种理想的语言关系吗？

答：我觉得语言跟环境的变化有关系，跟整个国家有关系。国家独立后，哈萨克语被提到国语的高度，所以，哈萨克语的使用范围扩大了。以前，俄语的使用范围很广泛；现在很多人，特别是政府部门的工作人员对哈萨克语更有兴趣，因为要进入政府机关工作，必须懂得国语。但是俄语的地位也不可能被取代，因为俄语长期以来的影响力和使用功能还不可能被取代。而我们少数民族的一些机构，也在积极地保护自己的语言文化，国家也为各个少数民族的语言文化发展制定了一些有利的政策。所以，我们维吾尔族大多数很自然地就能使用维吾尔语、俄语、哈萨克语这三种语言。使用维吾尔语有民族感情的因素在里面；哈萨克语是我们的国语，学会之后更容易找到好工作；俄语，因为在苏联时期就已广泛推行，所以很多人早已掌握了。每一种语言在社会生活中都有自己的功能。

问：哈萨克语被提到国语的地位，就其目前的功能看能否达到这种高度？

答：苏联时期，在自然科学领域俄语的应用范围非常广，而哈萨克语在社会科学领域有比较广泛的使用范围。独立之后的十多年，我们国家用哈萨克语出版了上百卷的百科全书，目的是使哈萨克语在自然科学和社会科学的各个领域都能得到应用，提高其功能。

问：我们注意到，你们国家的领导人在进行外交活动时，使用的是俄语。请问，在外交领域，哈萨克语是否还不能完全达到其应有的功能？

答：我们的领导大多是从苏联时期过来的，他们俄语水平很高，而且习惯了使用俄语。主要是因为他们的哈语水平可能不是那么好。

问：俄语在各种专业术语方面达到了很高的水平，哈萨克语在这一方面的情况怎么样？

答：专业术语方面，俄语直接借用英语等印欧系语言的词汇。但哈萨克语不仅从俄语里面借用，还应用自己的语言材料构造许多术语来表达相应的概念。

问：你们学校维吾尔族学生的母语水平跟以前相比一样高吗？

答：我觉得跟以前没有什么区别。我的学生里面还有诗人，能用维吾尔语写诗，连我都写不了。

问：您的孩子呢？

答：我有两个孩子。大的是女儿，从一年级到十一年级都是在维吾尔学校用维吾尔语学习的，后来去土耳其读大学，她的维吾尔语、哈萨克语、土耳其语、英语水平都很好。但是我的儿子维吾尔语水平不太好。他8岁，刚进入维吾尔学校上学。上学之前他跟我们说俄语。他为什么说俄语，而不说维吾尔语呢？我一直在思考这个问题，因为他一直在看俄语的动画片，自然而然地说俄语多一点，说维吾尔语少一点。因此我就从新疆托人买回维吾尔语的动画片给他看，但他还是喜欢这里的动画片。现在上维吾尔学校后情况有所好转，在学校看维吾尔语书，说维吾尔语。

问：现在，在哈萨克斯坦有没有人觉得俄语是一种优越的语言？

答：这个情况我不太清楚。在苏联时期，因为国家强制推行俄语，所以大家有一种压力，有些人对俄语比较反感。独立以后，国家有意识地提高哈萨克语的地位和功能，现在大家普遍感兴趣的是英语。

在城市里面，俄语的根很深，有70年了，这不是一个小数字。沙皇时期，当地民族跟俄罗斯人的人口比例差别不太大。发生质的变化是在苏联时期，特别是卫国战争开始后，哈萨克斯坦成为了大后方，工业基地都迁移过来了，很多民族的人都来定居。为了开发哈萨克斯坦，也迁来了很多斯拉夫人。比如"阿斯塔纳"原来的俄文名字是"齐力拉格勒"，意思就是"未开垦之地"。

问：您是搞语言研究的学者，您认为今后哈萨克斯坦语言关系的走向会如何？

答：随着时间的推移，哈萨克语的地位会越来越高。哈萨克语是国语，对我们维吾尔族来说是一件好事。因为哈萨克语和维吾尔语是亲属语言，两个民族之间用哈萨克语交流不会有太大的语言障碍。

问：您认为维吾尔语的保留情况会怎么样？

答：阿拉木图市有 4 个维吾尔族聚居区，在这样的环境里面，维吾尔语会保留下去。如果是杂居的话，就没法保留，因为没有语言环境。

四　维吾尔族文学理论家阿里木江访谈录

访谈对象：阿里木江·海米拉耶夫，男，维吾尔族，51 岁，哈萨克斯坦科学院文学研究所研究员。

访谈时间：2012 年 7 月 9 日下午 6 点

访谈地点：阿拉木图市 Mukanova/Shevchenko Jastar 公寓 81 号房间

访谈及整理者：田静

翻译：阿达来提·阿布拉江

问：您好！我们是中央民族大学的老师，这次来哈萨克斯坦调查维吾尔族的语言使用情况。非常荣幸有机会对您进行访谈，主要是想了解您和您家人的语言使用情况。

答：你好！我是维吾尔族，维吾尔语使用得很多。哈萨克语是哈萨克斯坦的国语，我还能用哈萨克语进行写作。哈萨克斯坦的官方语言是俄语，我也在使用。对我来说，维吾尔语、哈萨克语和俄语听、说、读、写都没有问题，还能使用这三种语言文字进行写作。

我的第一语言是维吾尔语。哈萨克语和维吾尔语在社会上基本是齐驱并进的，所以我哈萨克语也使用得比较多，但系统地学习哈萨克语是在进入大学以后。俄语是我在前苏联军队里当兵时学会的，真正深入地学习俄语也是在进入大学以后。

问：请您简单介绍一下您的学习和工作经历。

答：我 1961 年 4 月 18 日出生在维吾尔县乡村。一到十年级上的都是维吾尔语学校，上完十年级以后没有直接上大学。1979 年，我去远东地区 Mokata 当兵，那个地方靠近日本。服完两年兵役后，1981 年我回到家乡，就在工地上打工。1982 年考入哈萨克斯坦阿拜国立师范大学，学习俄语专业。我大学时学习成绩很好，系里推荐我读硕士，但由于名额有限，没上成。大学毕业后，我在阿拉木图州的一所学校当过一年的俄语教师。

1989 年我开始攻读硕士学位，研究方向是俄国文学。经过三年的系统学习后，巩固了文学理论方面的知识。1994 年，完成维吾尔语言文学副博士学位答辩后，到阿拜国立师范大学工作。我讲授《古代突厥文学》课程，涉及 6 世纪到 16 世纪的内容，分两个阶段讲授。教材的编写、教学大纲的制定以及授课都是我一人完成的。学生多数是俄罗斯人，所以我用俄语上课，讲到维吾尔诗歌的时候，会用维吾尔语朗诵。由于我在本专业领域有一定的成就，知名度越来越高，吉尔吉斯斯坦国立大学语文学系维吾尔学教研室每年邀请我去讲学 1—2 个月。那儿的学生学过维吾尔语，但刚开始的时候如果用维吾尔语上课，对他们来说有一定难度，所以我有时用俄语上课，有时用维吾尔语。后来慢慢地，学生们学会了维吾尔语。

1998 年，我正式开始攻读博士学位。2001 年，获得博士学位。同年晋升教授。现在是哈萨克斯坦科学院文学研究所的首席专家，研究专长是文学理论。到目前为止，共出版 4 部专著，其中 3 部是俄文的，1 部是维吾尔文的，发表了 100 多篇论文。此外，还编写了大量的教材。最近有一篇论文即将发表，题目是《新疆的哈萨克文学》，共 47 页。因为这些成就，政府颁给了我很多荣誉证书和荣誉奖章。

问：您在阿拜国立师范大学的学生中有维吾尔族吗？多吗？

答：有，但人数很少。一个班如果有三四十个学生的话，大概有二三人是维吾尔族。

问：您工作时和同事说哪种语言？
答：同维吾尔族说维吾尔语，同哈萨克族说哈萨克语。跟别的民族的同事用维吾尔语开玩笑。

问：请介绍一下您家庭内部的语言使用情况。
答：我的家庭内部主要使用维吾尔语，维吾尔语是我们家的"国语"。我爱人也是维吾尔族，我们之间说维吾尔语。有四个孩子，三个儿子一个女儿。老大是女儿，28 岁。最小的是儿子，4 岁。早上我很早就出门上班去了，晚上回家很晚，和孩子接触的时间不多，但我在家还是尽力去教孩子说维吾尔语，因为其他语言的影响力太大了。孩子们受俄语影响较大。4 岁儿子的第一语言是维吾尔语，同三个大孩子相比，同儿子的俄语水平相比，小儿子的维吾尔语水平较低，但俄语非常好。我经常教训孩子："你为什么不用维吾尔语说？"作为维吾尔语专家，如果我的孩子不会说维吾尔语，我会感到很羞愧。

问：听说您在负责专门资助维吾尔语学校的基金会，请介绍一下相关情况。
答：这个基金会叫"在学校中支持母语教育基金会"。我们维吾尔族学生中大约有 60%没有上维吾尔语学校。据我自己的研究，60%的人拒绝母语学习。选择其他学校的这部分学生，也不见得学得有多好，其中有一个因素就是他们不热爱自己的民族，所以到别的学校也不会做得很好。在非维吾尔语学校的学生进入大学的比例非常高，但是，仅 10%的学生是优秀学生，比如俄语学校的学生，因为他们毕竟是在用其他语言在学习，而不是自己的母语。作为一个人，首先应该热爱自己的民族，如果做不到这一点，即使你到别的地方去学习，也不会热爱别的民族和别的文化。热爱自己的民族才会有更大的发展。人民应该有自主权，去选择自己要学习的语言，而不是强制性地被动学习。

世界上现存 6000 多种语言，据估计，可能会留下 500 种左右，其他的语言会消亡。那么，维吾尔语的出路在哪里？能否保留下来？这是一个问题。我们有自己的文化，但能否传承下去，文化的根在哪里，都是值得思考的问题。

现在人口较少民族的语言受到了挤压。在欧洲有一种新的趋势，人口较少民族的语言能得到一定的帮助和扶持，我们也希望我们的语言得到帮助。双语教育是双向的，不仅是当地人学习外来语，外来的人也应当学习当地的语言。如果这两方面做到真正的平等，才能实现真正意义上的双语。如果其中的一种语言成为强势语言，那就不是双语。欧洲很重视这个问题，哈萨克斯坦也很注意这方面的情况。这是有关各民族之间的友谊、社会稳定的问题，也是两种文化相互交流、平等发展的问题。前苏联五六十年代推行的双语政策造成的后果是民族间矛盾的加剧。这并不是真正的双语。在欧洲现在有这么一种倾向，第一是发展自己的国语，第二是发展双语，第三是发展多语。在县城等多民族聚居的地方，推行双语政策，是可行的。在多民族聚居的地方，各民族间互相懂得语言，是地区稳定的主要因素。

问：请问，基金会在保持和发展维吾尔语方面具体做了哪些工作？

答：基金会成立四年来做了很多工作。第一项工作是研究维吾尔学校的总体情况，总结学校教育中的一些问题。具体来说，包括：第一，教材问题，教材不够充足。第二，考试问题，这是一个很大的问题。以前是任课老师自己出题考试，现在实行的是统考制度。这样的考试存在的问题很多。第三是师资问题，即如何培养适合时代需要的师资力量。第四是教学设施问题，需要购置一些现代化的教学设备。

我们这个基金会做的主要是教育工作。除了上面提到的以外，我们还积极为维吾尔语学校提供教材和教学设备。目前，我们正在筹办一个教育网站——维吾尔语教育网站，打算把教育资源放到网上，让大家共享。

我们每五年召开一次全国性的学术研讨会，讨论维吾尔族的教育问题。2003 年开过一次，因为是第一次，各方面还不是很成熟。第二次是在 2008 年，这一次比上一次更全面，大家就当前的问题和困难进行了开诚布公地讨论，收到很好的效果。每次召开全国会议之前，都先召开县级讨论会，然后召开地区级讨论会，从下往上，逐级召开。下一次会议是在 2013 年。现在大家的思想比较统一了，认为学习母语是非常重要的事情。这种意识正在觉醒。政府也非常支持我们的这项工作，其中一个重要原因是，培养优秀子女是社会的责任。作为一个社团，我们把培养子女的责任承担起来，所以政府也非常支持。

问：基金会的经费来源是什么？

答：三个来源。一是政府的支持，二是民间的募集，三是国外的资助。这些经费全都用于培养孩子。我们对孩子们的情况也非常了解，哪些是优秀生，哪些是特长生，都有全面的了解。

随着社会的不断开放，我们利用这些可能性，尽量把孩子送到国外上学。因为这个原因，我们有一批孩子在中国上学，每年大约有 10—15 人。另外，去土耳其、俄罗斯和欧洲的也比较多。他们多学习艺术专业，比如在新疆艺术学院有很多我们的学生。

由于我们的大力宣传，我们民族对自身的信心增强了，对本民族的教育也更有信心，所以现在有越来越多的家长愿意送孩子到民族学校上学。因为这些原因，我们对我们的国家和政府有真诚的感激和谢意。在教育工作方面，我们做得越好，政府的资助力度越大。独立初期，有些民族比如吉尔吉斯、乌兹别克的民族意识突然增长，我们当时有些担忧自己的民族会不会被边缘化，现在来看，这种担忧是多余的。

哈萨克语和维吾尔语作为同一语系的语言，我们学习起来很容易。这些情况都是我在基金会工作开展以后了解到的。

基金会的一个重要职责是在国家与学校、社会与学校、学校与学校之间搭建桥梁。我们做了一项很重要的工作，就是在 62 所维吾尔学校之间建立一种桥梁关系。在哈萨克斯坦，上大学必须通过 5 门考试，每门考试有 125 道问题。我们所做的工作是，在这些学校进行模拟考试培训，推广好的学习方法。通过考试选拔出优秀学生，然后由政府进行奖励。现在，学生中有很强的竞争意识。为了获得奖章，他们不断地努力。我们举办美术比赛，优秀学生都会获得奖章奖励。我们教育学生们要热爱自己的国家，将来努力成为国家栋梁、管理人才。有的学校还选拔出优秀的教师到基金会来，专门为学生备考而工作。

问：孩子是民族的未来，基金会为孩子的教育做了这么多的工作和努力，这是在为维吾尔族的未来而努力。衷心祝愿基金会越办越好！今天的访谈就到这里，谢谢您！

答：我们每个人都有一条自己选择的路，这是一条很神圣的路。希望您走的这条路越来越宽广！越来越有成就！

五　《维吾尔之声》报社副主编木合塔尔江访谈录

访谈对象：阿拉木图市《维吾尔之声》报社副主编木合塔尔江

访谈时间：2012 年 7 月 11 日上午

访谈地点：阿拉木图市《维吾尔之声》报社

访谈者：力提甫·托乎提、古丽斯坦·麦麦提依明等

翻译及整理者：阿达来提·阿布拉江

问：您好！感谢您接受我们的采访。请问您是阿拉木图土生土长的吗？

答：我认为自己就是哈萨克斯坦人，因为据我所知我是在这里生活的第四代。有人也称我们为 Mejup 哈吉。在哈萨克斯坦有一个叫 Dowun 的地方，这是个古老的地方，但不太大。这在马赫穆德喀什噶里（11 世纪突厥语言学家）的地图中就有显示。我们家的几代人就是从那里出来的。霍尔果斯在叶尔羌（Yarkänt）地区，在维吾尔县有个叫噶里贾特（Ğaljat）的乡，那里现在也设有口岸，在那边还有温泉。那个古老的乡村就在以前的"丝绸之路"上。在我们小时候那里有一个古城墙，后来坍塌了，但还是留下了一些路的痕迹。记得奶奶那个时候告诉我们，那个城墙当时很厚很宽，上面还可以行车。城墙间有可以容得下两辆车的通道，叫做"站"。这个站就像关卡。我的祖爷爷叫 Mäjup，爷爷叫 Jumä，然后是爸爸 Muhämmäd，最后是我。我们在维吾尔县出生和长大，就读于那里的维吾尔学校。然后来到阿拉木图读大学，并就读于 Älfarabi 哈萨克斯坦国立大学的新闻专业。这也就是现在的哈萨克斯坦民族大学。我从小在维吾尔聚居区长大，在维吾尔县还有一些后来的移民建设的一些村庄，乡村的名称也就使用了从新疆带过来的名称，比如：阿克苏（Aqsu）、阿瓦特（Awat）、巴达木图（Badamtu）等。这边我们的母语是维吾尔语，后来为适应环境慢慢学哈萨克语了。

问：能谈谈这里的语言环境吗？

答：对我们来说最值得高兴的事是，我们确实有很好的维吾尔语环境，使用和沟通中不会有任何障碍。从家乡到大城市的时候，许多有知识的年轻人如果俄语不好，就找不到工作，也无法深造。哈萨克斯坦独立后，开始使用哈萨克语，哈萨克语和维吾尔语的差别不是很大。现在随着发展，哈萨克语在传播，在电视中也有播放哈萨克语。接受各种信息后，孩子们的语言意识也在不断提高。虽然以前我们也能够接受不同的信息，但现在的渠道更加丰富。所以从小孩到老人都懂哈萨克语。

问：能给我们说说您的学习经历吗？

答：我于 1961 年 4 月 18 日出生在维吾尔县噶里贾特（Ğaljat）乡，隶属于阿拉木图市。到高中毕业，十年级为止就读于维吾尔学校。1979 年，我就去参军了，当时被称为苏联红军。参军时我服役于远东，接近日本的地区。共服役两年。复员回家后，在 1982 年进入大学学习。接下来的两年我在工地工作。我进入了阿拉木图市 Abay 国立师范大学俄语专业，那时被称为哈萨克师范学院。由于我学习成绩优秀，我被推荐读硕士研究生，但是没有名额就没能继续。然后在阿拉木图州第三俄罗斯—哈萨克学校成为了俄语文学老师，教授俄语。后来有了名额后我于 1989 年又去大学攻读研究生，专业是俄罗斯文学理论。在三年的过程中，我不断完善自己的学习，积累了文学理论知识。1994 年，我完成了语文学预备博士学习，并作了毕业论文答辩。之后就在 Abay 国立师范大学语文学系工作，给俄罗斯学生教授突厥文学，并写了古代突厥文学教案，开设了很多新的课程。

问：这里的维吾尔族的来源上，有些是一开始就在这儿土生土长的，还有些是一批批从新疆那边迁过来的，对这方面你知道多少？现在就维吾尔语的使用范围结合你和周围的维吾尔人的情况来给我们讲讲吧？

答：我们以为自己是土生土长的哈萨克斯坦人，当时我们都上维吾尔族学校，可后来学习了哈萨克语，因为这是国家官方语言；其实哈萨克语与维吾尔语的差别不大，我们的生活环境中哈萨克语环境的影响较大，战争时期有了些俄语的影响，后来就慢慢习惯了，问题也渐渐消除了。

现在我已经成家了，我妻子也是毕业于传媒专业的。她现在是外语系的讲师（lektor）；我现在有三个孩子，老三在幼儿园；老二上小学四年级；老大上初三了，都是上维吾尔学校的。在家里我强调用维吾尔语交流，但是没有特别的要求，因为孩子们的维吾尔语特别好。语言环境广阔，我这么说，是因为在新疆那边也有好多维吾尔人使用母语，但是为了生活、工作必须学汉语。有些人没有母语环境，这里还必须学习哈萨克语和俄语。学多种语言当然是好事。这里的孩子们俄语一般都很好，现在已经开始学英语了。依我看，能学到汉语更好。不过我们这里语言条件还不能满足这个需求。总的来说，每个地区和学校的教学有所不同，有的好，有的特差。所以我们充分利用自己的优势，想尽办法给孩子们提供好的学习机会。

问：据马赫穆德·喀什噶里 11 世纪的《突厥语大词典》，喀拉汗王朝有两座首都，一个是沿七河流域（Issiq Köl）的巴拉撒衮 Balasaǧun；另一个是喀什噶尔；由此可见，这里是有维吾尔族居住的地方。在哈萨克斯坦有没有搞历史的人证明过此事件？

答：有过，我算是我们 Mäjup Haji 的第四代，这里是在马赫穆德·喀什噶里的地图里面提到过的地方。我的名字叫 Muhtar。

问：我 2000 年来阿拉木图的时候听说有 63 所维吾尔学校，当时维吾尔剧院在维修中，所以没能去参观。现在有什么变化？

答：是，现在也有 63 所维吾尔学校。现在我在维吾尔之声报社工作，这是国家的正规部门。这个报纸的语言是维吾尔语，用斯拉夫字母出版。发行量 15000 份左右，发行量在哈萨克斯坦的报刊中排名第三。但按各民族的人口比例来排名，第一是哈萨克族，第二是俄罗斯族，我们排第五。现在哈萨克斯坦的民族也非常多，他们都有自己民族语的杂志。我们这个报纸也算很不错。报社的全部资金是国家资助的，哈萨克斯坦有专门负责媒体的部门，都归属于 Yoldašliq 管，全部费用都由他们来管，我们只管出版任务。

问：其他媒体，如电视、广播方面维吾尔语的地位怎么样？

答：我们有一个维吾尔语的阿勒泰（Alitaǧ televiziyäsi）频道，每天播放一个小时，每周五次。现在电视上有一个频道（teledeniya），把各民族语的节目换播 15 分钟，一会儿是维吾尔语，一会儿乌兹别克语等，一周一次。广播每天播 20 分钟的维语节目。有渐渐缩短的趋势。

问：维吾尔在教育方面的使用你了解多少？从小学到大学，可能是渐渐缩小的可能。除 63 所维吾尔小学，还有几所大学有维吾尔语专业？

答：这方面，学校的条件还好。但人们的水平随着时代有所不同。如当时俄语的普及非常突出。在有些地方"不学俄语就无法正常生活"的概念影响到好多人。因此人们把孩子都送到俄语学校。到现在还有好多人没能摆脱这个信念。有些地方虽然没有俄罗斯人，但学校仍然是俄语学校，无视里面 80% 的学生都是维吾尔族。有的维吾尔学校里还有些人一直忽视自己的母语，没把孩子送到维吾尔学校。现在随着民族觉醒意识的增强，大家开始注重本民族的语言和文化，不管是学者还是文化部门都强调民族精神。城里好多维吾尔学校的学生增多了，有一两个学校几乎容不下那么多学生了。乡村的条件还是不够好。咱们的孩子为了上大学，不得不学其他语言。这个情况在哈萨克人中也存在。

问：俄语和哈萨克语都是官方语，但我觉得好多民族还是倾向于俄语，说明哈萨克语的地位还是比不上俄语。

答：现在还不能这么说。为了证明达到同等水平需要按人口比例的多少来做比较吗？假如所有突厥民族都使用哈萨克语其结果会怎么样？而且要学的知识、信息来源都来自其他语言的渠道，所以不能这么比。大学的好多知识和网络信息都是来自俄语或者英语渠道。其他共和国都直接抛弃自己的语言而通用俄语，而哈萨克语在学校的地位也在渐渐升高。这是一件好事。哈萨克斯坦有 130 多种民族，在这么一个多民族的国家仅推行一种语言是不合理的。生存也是一件重要的事儿。让人高兴的是，当时好多新迁来的维吾尔人都在学会俄语的情况下慢慢开始使用哈萨克语，因为这两种语言比较接近而好学。哈萨克斯坦独立之后，大家都开始广泛使用哈萨克语了。现在信息传送也方便多了，不管老人还是年轻人都很轻松地使用哈萨克语了。

问：我们将要去几个维吾尔乡，您说的 Dowun 乡离这儿远吗？

答：有 300 多公里。那边还有一个乡叫 Ğaljat（噶里贾特），那里也开通了海关。那边有个温泉，就在那附近。Dowun 是个古老的乡，听说那里是古"丝绸之路"通道。我们小时候那里有个城墙。据奶奶讲，那里的城墙很厚且特别宽，上面两个车可以并行。

问：我们去那个乡的话，说俄语吗？

答：不用，那里使用维吾尔语和哈萨克语比较普遍。Yarkänt 的俄语使用的比较多，可还是注重于维吾尔语。

问：那就业方面，会多种语言的人很有优势吧？

答：我们是学专科的，毕业后也在从事自己的专业。学多种语言当然有好处。现在的竞争特别激烈，现在找工作的第一个必要条件是英语，所以对年轻人来说这是一个新的要求。求职的时候都要看你的成绩什么的，所以你的知识面越广机会就越多。这过程中，渐渐有了些开发智力的学校，有了对外培训的学校，他们还有把学生带到国外去参观学习的计划。

问：哈萨克斯坦现在发展特别快。2004 年还是 2005 年总统 Näzärbayev 去北京的时候说，哈萨克斯坦当时的人均生产值达 5000 美元，预计 5 年内将达到 9000 美元。可我看现在比预计的还快啊！这对生活福利也有所提高，不管是哪种民族都能得到国家的扶持、资助。

答：是这样的，可最重要的还是个人的知识和能力，人才特别重要。因为当时哈萨克斯坦独立初期人才特别缺少，所以国家特地培养了一批人才，现在就开始利用他们的能力。各个行业都有自己的专家。比如，我们的维吾尔剧院也用塔什干和其他地方培训的人才到这里来工作。但是对于我们这样小单位这也比较难，因为当时我们毕业的时候 Älfarabi 大学有专门的维吾尔语专业，跟维吾尔人一起上学的。我们单位的大部分工作人员就是当时培训出来的。可后来的他们要么需要学哈萨克语，要么需要要学俄语。

问：哈萨克斯坦有维吾尔文的网站吗？

答：据我所知，现在有一个刚开通不久的维吾尔文网站，他们用的是拉丁字母的维吾尔语。

六　哈萨克斯坦东方学研究所阿不来提副研究员访谈录

访谈对象：阿不来提·卡马洛夫（Ablät Kamalov），哈萨克斯坦东方学研究所副研究员，历史学家。

访谈时间：2012 年 7 月 11 日

访谈地点：阿拉木图市 Jastar Shevchenko Mukanov 9 公寓 107 号

访谈者：朱艳华

翻译、整理者：阿达来提·阿布拉江

问：阿不来提教授，今天我们想向您访谈哈萨克斯坦维吾尔族的民族语言、文化、历史情况。先了解一下您的经历。

答：我于 1961 年出生在新疆伊宁市，1963 年在前苏联生活。中小学都是在阿拉木图完成的。从小学一直到大学都上的是俄语学校。1979 年我去了塔什干上大学，在塔什干大学东方学专业学习，并在那儿学的汉语。1984 年完成了大学学业回到阿拉木图。在这儿待了一年以后去列宁格勒攻读研究生学位。那时候我们上研究生时读 5 年，然后就取得副博士学位，博士论文是《从历史学的角度研究汉文唐代史料与鄂尔浑碑铭对比研究》，1990 年完成答辩。毕业后回到阿拉木图市。我拿到副博士学位后在 2008 年我又取得了博士学位。现在在哈萨克斯坦科学院东方学研究所维吾尔学研究中心任研究员。现在科学院体制变了，里面也没有研究所，成为了一个民间组织，类似研究学会。我同时是图兰私立大学的教授，专业方向是维吾尔史、国际关系史，在研究所专门从事维吾尔历史的研究。

问：你们家族是什么时候在哈萨克斯坦定居的？

答：60 年代，从新疆伊犁迁过来的，那时我才 1 岁。

问：就你所了解的情况，在哈萨克斯坦的维吾尔族最早是从什么时候迁来的或形成的？它的历史发展过程有哪些阶段？

答：大规模的迁移是 19 世纪末十年间从新疆迁过来的，在那之前也有人迁居，比如在浩罕汗国时期从喀什噶尔等地就有维吾尔人迁过来，但是更早的时候就很难说了，因为当时各个部落的历史可以说是共同的历史，作为维吾尔族祖辈的突厥民族也是哈萨克族的祖先。要说清楚那个时期的历史有点困难，要看怎么阐释，比如说当时如果说塞种人是哈萨克族的祖先，和田的塞种人同时是维吾尔族的祖先。阿拉木图市形成于 1854 年，以前这里也有人，但不是以城市的形式。历史学家们认为这里以前就是城市，但真正意义上的城市是由俄罗斯人建立的。

问：在阿拉木图市形成之前这里是蛮荒之地吗？

答：在那之前也有人居住，但作为城市形式出现是在 1854 年，比如说在这之前没有什么建筑，在城市形成后才出现城市设施，在此之前这里从事的是畜牧业。

问：那时就有维吾尔族居住吗？

答：关于这点我们还没有确切的文献记载。相关民族学资料记载是维吾尔族往七河流域迁徙后开始的，在那之前连城市都没有形成，哪里会有记载。因此很难说那时有还是没有。如果有的话，数量也不会太多。

问：那么这里维吾尔族的历史发展经历了哪些阶段？

答：首先在 1871 年沙皇占领伊犁之后，把 Taranči（塔兰其）苏丹及其居民从伊犁迁移过来，并掌管伊犁十年之久直至 1881 年。1881 年沙皇跟清政府签署了《中俄伊犁条约》（俄文称《圣彼得堡条约》），根据条约要将伊犁归还清朝。在 1883—1884 年间沙皇政府批准维吾尔族人愿意将国籍留在俄国境内，就迁至七河流域。据资料记载当时有约四万三千人迁入俄国境内。七河流域包括现在的阿拉木图州和现在吉尔吉斯斯坦境内北部热海地区，这两个地区在沙皇时期统称"七河州"。现在我们所说的阿拉木图州与二十年前的意义不同，经过几次的行政体制变化，在地域上也有改变，90年代改革后，两个州合并为一个，过去的 Yarkänt 属于阿拉木图州，而塔格库尔干（Tağqurğan）地区原本不属于阿拉木图州。从 1871—1917 年间维吾尔人在七河流域属沙皇管辖，这可以称为是一个阶段。然后从 1917—1991 是一个阶段，可以称为苏联时期。从 1991 开始至今是哈萨克斯坦时期。苏联时期持续的 70 年期间也可细分为其他阶段，但这属于别的范畴。

问：在这三个不同的历史阶段政府有哪些主要政策？

答：这是个比较大的问题。首先在沙皇时期，政府对除俄罗斯之外的其他少数民族的政策是一样的，维吾尔族也在其中，没有单独的政策。在那二三十年间，沙皇政府安顿了迁来的维吾尔族、进行土地分配、设置居民点。在这个时期，维吾尔族群经历了和其他民族一样的历史进程，比如从老式学校向新学校体制过渡、繁荣经济、发展教育等。那时维吾尔族有自己的学校，而后维吾尔族知识分子开始建立新式学校，比如 Ǧoja Abdusämät Abdunäzär 等人发展新的学校体制。沙皇政府对维吾尔族移民进行的工作主要有经济援助、鼓励参加本地社会活动、将维吾尔族发展成为本土民族等。这一阶段维吾尔族在政治、经济、文化方面都是随着大环境的发展而发展。但是作为当时第一批移民，经济资助比较多。在此阶段经历的移民、居住以及居民点的形成都成为了维吾尔族社会形成的基础，同时也成为沙皇政府的经济、文化、教育发展的一部分，这也是维吾尔族在沙皇时期的一个特点。

在第二时期也就是苏联时期，苏联内部已经建立了几个共和国，如哈萨克斯坦、吉尔吉斯斯坦、乌兹别克斯坦。但是维吾尔族无论自己属于哪个地区基本上不做区分，因为没有国界，比如我的亲戚在塔什干、巴什干（Baškänt）等地都有居住，在夏天我会去亲戚家度假。因而这一时期的特点就是没有国界，所有的维吾尔族都在苏联的统一政策下生活，都是苏联公民。那个时期苏联境内各地的维吾尔族来往相当密切。而现在当我们来往时就是去另一个国家，虽然出入境不难，但由于所处国家的不同，政策的不同，逐渐形成了不同国家的维吾尔族群，如哈萨克斯坦维吾尔族、吉尔吉斯斯坦维吾尔族等，并形成了各自的特点。在苏联时期，维吾尔族和其他境内的民族一样经历的是苏联时期的历史变迁，如革命后有发展少数民族语言文化政策，维吾尔族也致力于构建维吾尔文化、发展维吾尔语等事业，于是维吾尔文使用了拉丁文字后改为西里尔文字。在这一时期维吾尔族和其他民族一样受到了政府的关心和帮助，首先体现在教育方面。比如在早期维吾尔族曾经有一些宗教学校，在沙皇时期维吾尔族知识分子建立了新式学校；到了苏联时期这些学校发展成了现代化学校，普及教育，教育事业得到了充分的发展。政府对维吾尔语言、文学、文化都给予了很大的关注，培养了大量的维吾尔族知识分子，为维吾尔学校培养了大批教师。教育的发展推动了文化的发展，于是出现了维吾尔戏剧。1935 年成立了维吾尔行政地区，就是现在的维吾尔地区。因而在 30 年代，维吾尔族在方方面面得到了较高的发展，体现在维吾尔戏剧院的建立、维吾尔学校的建立等。我们现在还有维吾尔学校，这都是在苏联时期建成的。在苏联时期曾经有俄语学校、哈萨克语学校、维吾尔语学校，现在在哈萨克斯坦南部还有乌兹别克语学校、柯尔克孜语学校。相对于其他语言的学校，维吾尔语学校在数量上较多。哈萨克斯坦的维吾尔族有条件接受维吾尔语教育，这些条件都是在苏联时期的基础上形成的。总之苏联政府的政策为维吾尔族在文化、教育等方面的发展创造了条件。

第三个时期可以称为独立后的时期。现在对维吾尔族延续的就是苏联时期的政策。当时建立的文化教育机构都在继续工作，不仅在中小学有维吾尔学校，在大学里也有维吾尔教研室（系），专门培养维吾尔语文师资、新闻工作者。现在虽然没有苏联时期那么繁荣，但也在延续。哈萨克斯坦生活着很多民族，政府对维吾尔族尤其是维吾尔语的发展提供了条件，支持发展自己的文化教育事业并鼓励维吾尔族作为哈萨克斯坦公民积极参加国家的各类活动。

问：过去在大学中存在过维吾尔语专业，现在也有吗？

答：当时也不是特别多，主要是为维吾尔学校培养师资，因为有维吾尔报刊，因此也培养新闻人员。维吾尔学校的一个优势就是维吾尔语精通的学生学习哈萨克语很快，也有可能去上哈萨克语学校；也有很多人去乌兹别克斯坦学习，因为维吾尔语与乌兹别克语很接近。在维吾尔学校就读的学生不仅仅学习维吾尔语，还学习哈萨克语、俄语，具备继续深造的基础。现在在大学里也有维吾尔语教研室，比如在阿拜大学（Abay Universiti），不过学生人数没有以前多，还是以培养维吾尔语言文学方向的师资为主，但不培养新闻人员了。在苏联时期人数也不是很多，不过现在在维吾尔语言文学专业学完之后学生也能够胜任记者的工作。现在每周有约一个小时左右的维吾尔语电视节目，在国家电视台播出。

问：现在的维吾尔文报纸有哪些？

答：官方发行的报纸有《维吾尔之声》，在阿拉木图还有一些报纸杂志。在苏联时期中央也发行过报纸，各省区也有自己的地方性报纸，现在也有，比如维吾尔县、叶尔羌（Yarkänt）等地，个别报纸还用两种文字（双语）发行，同一份报纸中用维吾尔文和哈萨克文。私人报纸有《今日亚细亚》（Asiya Bügün），此外还有一些私人杂志，比如女性杂志、教育杂志等。由于是私人的，所以要等材料准备好后不定期发行。

问：现在维吾尔人主要从事哪些方面的工作？其经济形态的特点是什么？

答：首先有城乡的区别。乡村的人口主要是从事农业生产。在城市里面，过去经商的人比较多。随着商业的发展，其他人也经商。现在的维吾尔族从事各个行业的都有，很难说哪个行业比较多。比如阿拉木图市总人口超过一百万，其中有将近八万维吾尔族，各行各业都有维吾尔族，其中经商的或开办自己公司的相对多一些。

　　问：哈萨克斯坦的维吾尔族与其他民族的关系怎样？

　　答：你们知道哈萨克斯坦在中亚各国中是国家最稳定，经济发展最好的国家之一，其中最重要的一个因素就是各民族平等，友好相处。这里的维吾尔族主要居住在阿拉木图州，尤其是阿拉木图市是一个多民族居住的地区。我们说的维吾尔族聚居区也有其他民族居住，各民族之间基本没有误解或矛盾。维吾尔族和哈萨克族、柯尔克孜族、俄罗斯族都有比较密切的往来。维吾尔族跟哈萨克族由于语言和宗教的一致在各方面更接近，因而通婚现象也比较多。跟俄罗斯人在文化上也比较接近，但宗教不同，相对而言还是跟哈萨克族更亲近。如果说语言，懂维吾尔语的肯定精通哈萨克语。由于苏联遗留下来的习惯，大家说俄语、看俄语电影，共享俄罗斯文化，俄语成为了大家的共同语。比如我自己从小就上俄语学校，对他们的文化比较了解，所以跟俄罗斯人比较亲近。

　　问：哈萨克斯坦维吾尔族居民现时的受教育情况如何？

　　答：关于学生的总数、中学毕业生以及在哪里就读，这样的情况我这里没有统计数据，也无法估算，我的朋友可能比较了解。就今年我家附近的学校，就是友谊乡，现在称为友谊居民区，据我所知这里的维吾尔学校今年的毕业生有 78 人，其中有 3 人获得了金质奖章（Altun Belge），全哈萨克斯坦有七八个维吾尔族学生获得了金质奖章，这是很高的荣誉。

　　问：您说的金质奖章指的是？

　　答：金质奖章是政府颁发给从一年级到十一年级所有课程都是优秀的学生，其中一门课都不能出现良好或其他等级的。我当初也是获得了金质奖章。这些拿到金质奖章的学生更容易进入大学或者直接进入大学。大学招生都有自己的标准，不管维吾尔族上什么语言的学校，俄语学校或维吾尔语学校，能不能进入大学主要看学生的知识水平。总体来说，维吾尔族学生整体的学习热情非常高，热爱学习，出国留学的比例也比较高。我没有相关信息，很难用统计资料证明。

　　问：刚才提到今年有 78 名毕业生，其中大概有多少人能进入大学就读？

　　答：关于这个需要用社会学的方法进行统计和研究，而且今年的入学人数要等到 9 月开学才能知道，学校的校长知道更具体的数字。我工作的图兰（Turan）大学有 20%—30%的学生是维吾尔族，其他大学的比例应该有所不同。大学生的学费有公费、自费之分，优秀学生比如获得金质奖章的学生，可能上大学是公费，其他学生都要自费，所以能否上大学跟家庭经济条件也有关系，有些大学学费很高，经济条件不好就上不起。

问：另外，我们想了解一下你们家庭的组成情况和语言使用情况。

答：关于语言使用情况，城市和乡村环境不同，语言使用也不同。在乡村家庭内部使用的基本是维吾尔语，哈萨克语也都懂，而在城市里，过去有很多俄罗斯人居住，所以大家都懂俄语。在苏联时期，维吾尔语、哈萨克语学校数量少，当时的维吾尔族多数人都上俄语学校，所以在城市的维吾尔族基本上使用俄语，在家庭内部都使用维吾尔语，但使用维吾尔语的等级不一样。像你们那边的"民考汉"一样，如果父母上的是俄语学校，孩子也说俄语比较多。现在送孩子去哈萨克语学校的维吾尔族和其他民族越来越多。总的情况就是住在乡村的都使用维吾尔语，同时哈萨克语也很熟练，在城市的主要使用两种语言，是维吾尔语和俄语。但各个家庭可能情况有些差异，对哈萨克语的掌握也有所不同。有些在阿拉木图生活的哈萨克族也不一定精通哈萨克语，因为接受的是俄语教育，有些维吾尔的情况也是这样。我从小上俄语学校，但是父母不懂俄语，跟我说维吾尔语，但是我的维吾尔语仅限于日常交流，因此更深入的交际活动无法完成，比如学术研究。可以说在城市里使用最多的是俄语，家庭内部语言是维吾尔语，哈萨克语不是家庭使用语言。但当跟哈萨克族同胞来往时使用哈萨克语，比如他们在做客时。有部分维吾尔族跟哈萨克族杂居，比如在 Narupqol 居民区，维吾尔族上哈萨克语学校，精通哈萨克语，但这只是少数。使用俄语的主要原因可以说是苏联时期留下的语言传统，当时在阿拉木图市至少有 80% 是俄罗斯人或使用俄罗斯语的民族。现在人口发生了变化，但在阿拉木图市使用较多的语言还是俄语，这种情况还在继续，在一二十年内是改变不了的。以后的情况会怎样发展我不知道，但至少我们这一代的情况是这样。

问：您是上俄语学校的，懂哈萨克语吗？

答：当然会，我的维吾尔语程度和哈萨克语程度一样流利，学习维吾尔语的人同样精通哈萨克语，两种语言的水平相当。

问：您在家里说什么语言？

答：父母健在时，我们家庭内部使用的全是维吾尔语。我的孩子的第一语言是维吾尔语，刚开始学说话时说的是维吾尔语。但是我家附近是俄语学校，孩子在俄语学校就读，所以上学后说得更多的是俄语，维吾尔语也懂。每个家庭的情况不太一样，如果孩子在维吾尔语学校就读，家庭内部可能使用维吾尔语；如果跟哈萨克族通婚，可能说的是哈萨克语。所以对 8 万维吾尔族人口的语言使用情况下个结论有些困难，因为有的家庭使用维吾尔语，有的使用哈萨克语，有的使用俄语。此外在语言研究方面需要注意的另一个问题是社会群体的语言情况。比如知识分子的语言使用情况可能有所不同，因为在阿拉木图上学和生活着的维吾尔族和其他民族交往密切，在工作场所会使用其他语言。还需要注意居住的地域。过去在阿拉木图市周围有几个维吾尔族居民区，我就在其中一个居民区长大。随着城市规模的扩大，以前在城市边缘的居民区都在城市范围内，但在居民区内多使用维吾尔语。而在其他城区居住的维吾尔族，比如住在楼房的，接触的其他民族较多，工作也多样化，所以这些地方的人语言使用情况相对于聚居区有些不同。

问：您的家庭成员都懂哪些语言？

答：我的父亲从伊犁来，他能流利地说维吾尔语、哈萨克语，母亲只说维吾尔语，但是能听懂哈萨克语。如果有哈萨克族朋友来家里，他们说哈萨克语，妈妈说维吾尔语，他们可以交流。我们兄弟姐妹 5 个孩子，我有三个姐姐和一个哥哥，我是老小。三个姐姐上的都是维吾尔语学校，哥哥和我上的是俄语学校。我们跟长辈都说维吾尔语，跟同龄人说话时俄语和维吾尔语掺杂着说。如果有听不懂维吾尔的我们就说俄语。我的哥哥姐姐都懂维吾尔语、俄语和哈萨克语，三种语言都流利。

问：您自己懂哪些语言？

答：我是在塔什干大学读的书，所以能够听、说乌兹别克语，在苏联时期在学校从二、三年级开始要学习外语，所以我的英语水平很高，其他语言中懂德语、法语，能够看懂和使用资料，懂俄语的人能够理解斯拉夫语系中的其他语言，比如乌克兰语，我也一样，我不把它们当成其他语言。这就像懂突厥语族语言的人能够听懂其他亲属语言一样。因为跟我的专业（语言学及历史学）相关，所以专门学习过。因为工作关系我也在英国、美国居住过，从事研究工作。

问：您的姐姐学习三种语言的顺序是怎样的？

答：我的大姐和二姐迁来时在伊犁已经完成了小学，所以懂维吾尔语及老文字（阿拉伯字母为基础的维吾尔文）。我们全家迁来阿拉木图之前在别的地方也住过，所以姐姐上了哈萨克语学校，所以哈萨克语也很好。所以她们首先学习到维吾尔语，然后是哈萨克语，最后是俄语。周围的人都说俄语，所以俄语是在校外就自然学习的，系统地学习是在学校里，学校都开设俄语课，此外在工作单位也使用俄语。我们说一个人懂一种语言，但懂的程度是不一样的。能流利地说话表达想法和能够达到做学术研究的程度是不同的两个概念。我的姐姐们能流利的使用三种语言，但是程度有多高就不一定了，但能够满足自己的生活交际需要。比如说我自己的情况，我的母语是维吾尔语，但我使用最多的是俄语，最精通的也是俄语，跟俄罗斯人一样，可能比普通的俄罗斯人说的还好，因为知识水平不一样。掌握的多种语言的程度是不一样的，当然也有少数人的语言程度是一样的。比如语言学家 Sädiva Qasimov，他不仅精通维、哈、俄三种语言，还能够用三种语言进行学术研究。但其他的普通人掌握的程度是不一样的。能流利的说话，不一定能流利地写作。所以语言问题是个很复杂的问题，不能一概而论，也不能只从表面上来判断一个人的语言能力。所以虽然大家掌握了三种语言，但语言水平是不同的。此外，社会语言学中提到每种语言都有其使用的领域及其特点。比如说在这里哈萨克语是国语，维吾尔语不是，俄语是正式语言，和哈萨克语具有基本相同的地位，但俄语使用得更多一些。维吾尔语在这里是少数民族语言，因而仅限于在维吾尔社会及维吾尔家庭中使用。在日常生活中或政府机构内使用的是哈萨克语和俄语，而维吾尔语的使用范围是有限的，可以说它首先是家庭内部使用的语言，其次使用于学校教育、文化部门及出版物，比如维吾尔戏剧、维吾尔报刊等。有些少数民族的语言相对于维吾尔语的使用范围更有限，比如哈萨克斯坦的东干语，他们没有自己的学校，没有报刊。因而虽然维吾尔语的使用范围有限，但比起其他一些语言情况还比较好。东干人主要居住在吉尔吉斯斯坦，那里有东干语的报刊，还可能会发送到这里，其文字用西里尔文。我在这儿只是做个对比，借此说明维吾尔语在这里有发展的条件，其他语言可能连这样的条件都不具备。

问：您和您的姐姐在入学前就会俄语吗？
答：我们在入学前在家都说维吾尔语。我在几年前遇见我的小学教师，她回忆说我在入学的时候一句俄语都不会。我们小时候父母都不懂俄语，在家说维吾尔语，入学后开始学习俄语并过渡到俄语。现在每家每户都有电视、互联网，孩子们还没有入学时就已经会说俄语了。

问：现在的孩子入学前懂哈萨克语吗？
答：现在的孩子维吾尔语和哈萨克语的水平是相当的，不用刻意去学习哈萨克语，因为是亲属语言，不像维吾尔语和俄语、汉语一样，相差比较远。

问：从全国来说其他民族的孩子在入学前懂哈萨克语吗？

答：这是另外一个问题。俄罗斯人的孩子不懂哈萨克语，而操其他突厥语言的人可能会懂。比如哈萨克族邻居会对维吾尔族孩子直接说哈萨克语，他们之间沟通不会有问题，因为语言都比较接近。如果母语掌握程度差，哈萨克语水平也会差。但其他民族，如俄罗斯人、德国人、韩国人等，不一定能直接听懂哈萨克语，因此维吾尔族孩子没有必要专门去学习哈萨克语，其他民族需要学习。

问：您跟妻子和孩子说什么语言？

答：妻子跟我的情况差不多，但因为我从事学术研究，所以使用的外语比较多，她会说维吾尔语、俄语和哈萨克语。她的第一语言是维吾尔语，从小学开始，然后上的俄语学校，最后学的是哈萨克语。两个孩子的情况也是这样，小的时候说维吾尔语，上的是俄语学校，所以俄语用得比较多。维吾尔语能听懂，能跟亲戚进行交流，在学校也学习哈萨克语。由于爷爷奶奶都去世了，所以在家里使用维吾尔语的条件比较有限。我的父母在世的时候，家里维吾尔语说得更多。夫妻之间维吾尔语和俄语都用，没有明显地区分在说什么语言，交叉使用。

问：您感觉这两种语言哪一种说得更好？

答：是俄语，上的是俄语学校，所以精通俄语。

问：现在哈萨克斯坦维吾尔族青少年母语的情况如何？发展趋势会怎样？

答：对未来的发展趋势进行预测的话，可能会保持现状。就维吾尔族的语言使用情况来看，有三种语言，维吾尔语、哈萨克语及俄语。哈萨克语和俄语的地位可能会有所变化，哈萨克语正在加强，地位也在提高，这是官方语言，俄语可能会减弱。因此维吾尔族中使用哈萨克语的人数可能会增加，而说俄语的会减少。所以语言使用情况会随着国家的大趋势发展。

问：那么维吾尔语的情况呢？

答：就维吾尔语的情况来说，可能会维持现状。因为我们有自己的教育部门、文化机构以及出版物，另外只要国家的政策不变，维吾尔语的情况会跟现在一样，而且学习维吾尔的人可能会增加。现在的情况是俄语的影响还是很大，尤其是生活在城市的维吾尔族甚至在家中都使用俄语。维吾尔语的地位在这里比较有限，像前面谈到的一样，不是官方语言，所以很难说会发展到什么程度，但是应该能够保持现状。还有一种可能性就是如果哈萨克语的地位增强了，因为维吾尔语和哈萨克语的亲属关系，有可能会增强维吾尔语的使用功能，推动维吾尔语的发展。俄语和维吾尔语差别很大，所以让正在使用俄语的人改为使用维吾尔语肯定有困难，而让学习哈萨克语的人转为使用维吾尔语就容易一些。

问：维吾尔族下一代如果只学习其他语言，会对母语产生影响吗？

答：肯定会产生影响，但很抽象地去推测这个问题比较难。如果将来哈萨克语比较强势的话，维语也有可能会被替代，但是只要维吾尔教育还在，维吾尔语学校的数量没有减少，出版物也有的话，维吾尔语就会继续保留下去。

问：我们希望在这里的维吾尔语能一直保留下去。再了解一个问题，您认为中亚一些人口很少的民族的语言会不会濒危或消亡，或者像有些人预测的 80% 的语言会衰退或消亡？

答：按理来说人口较少民族的语言产生濒危，这是客观存在的现象，如中亚的朝鲜语，使用不多，正在消失，他们也已经转用俄语。虽然有报刊、有自己的戏剧，但使用范围很有限，年轻人已经不说母语了。维吾尔语的情况不一样，只要有现在的条件，维吾尔语还会保留下来，即使濒危也不会消失。

问：除了朝鲜语有没有其他语言像维吾尔语一样保留下来？

答：有，比如东干语。我们说每一个民族都有自己的特点，比如朝鲜人（韩国人）他们到国外很容易接受当地的语言文化，而东干人没有自己的学校，也没有其他条件，但是他们对自己的家庭、传统保留的意识比较强，所以即使他们都说俄语，但对自己的语言掌握得也很好，这跟民族的意识态度有关。所以有些民族虽然没有条件但保留了自己的语言，有些民族的语言已经消失。为什么会这样是值得研究的问题。比如这里的其他民族如库尔德人（Kurt）、卡甫卡斯人（Kapkas）、塔塔尔人等，尤其是塔塔尔人，虽然没有自己的学校但都掌握了自己的语言。所以我认为，一个语言的保留除了要有保留语言的条件外，民族对自己传统的保护、传承的民族意识也是个重要因素。

问：您的学识很渊博，看问题也很敏锐，为我们提供了很多宝贵的信息。

答：我只是谈了个人观点，可能并不全面。所以，除了知识分子，希望你们也接触普通群众了解情况。

问：我认为您的观点也很正确。现在我们主要研究世界语言的发展趋势，怎样更有利于人口少的民族语言的生存。我们在中国也研究了很多少数民族语言，研究了这些语言的语言活力问题，但可能并不全面。这些语言其实是有活力的。欢迎您来北京，如果有机会我们可以一起做相关的研究。中国民族语言的发展有很多特点，和哈萨克斯坦的情况很像。您懂中文，您来北京的时候我们可以共同探讨。非常感谢。

答：不客气，祝你们的研究取得成功。

七　贝斯伊特乡前乡长 Jämšeyit 访谈录

访谈对象：著名诗人、贝斯伊特乡（Bayseyit）前乡长 Jämšeyit 先生

访谈时间：2012 年 7 月 12 日中午 1:20

访谈地点：贝斯伊特乡小餐馆

访谈者：力提甫·托乎提、Valeriy Uygurovich Makhpirov、艾尔肯·阿热孜、阿达来提·阿布拉江

访谈语言：维吾尔语

整理者：阿达来提·阿布拉江

问：首先感谢您能够抽出时间接受我们的访谈，请介绍一下这里的基本情况？

答：这里叫贝斯伊特乡，隶属 Ämgäkči Qazaq Nahiyisi（塔尔加尔县），过去属于 Čeläk 县。这里有 700 多户，4000 多人，可使用土地面积有 3200 顷，一顷约 15 亩，你们可以自己算出这里的土地面积。这里有一所纯维吾尔学校，从一年级到十一年级，学校是半天制，当初我是建校者，学校能容纳 1176 人，现在有 565 名学生。

问：人数好像减少了？

答：是，90 年代初期，也就是建国初期，人口出生率减少了，学生人数也少了。原来至少有 800 多名学生就读，现在情况正在恢复，条件也在好转。

问：这里的人口以维吾尔族为主吗？

答：这里的人口可以说 99.8% 是维吾尔族，其余的是其他兄弟民族，有哈萨克族、塔塔尔族。

问：这里有与其他民族通婚的现象吗？

答：有，我们这里有与哈萨克族通婚的，也有跟其他民族通婚的，跟谁结婚是自己的自由。但是结婚后都维吾尔化了。

问：能跟我们谈谈这里人口的迁徙情况吗？

答：这里的人我们都说是本地人，是《彼得堡条约》后迁来的，由 Seyit Muhämmät Qaši 这位诗人带大家在这里居住，你们可以看到这里有俱乐部，前面有他的雕像。

问：这里的名称跟这个有关吗？

答：关于这个有多种说法，在《哈萨克斯坦百科全书》中解释是灵魂居住的地方；还有一种是说以 Seyit Bay 命名的，因为那个人的名字叫 Seyit Muhämmät，当时他是最有钱的人，有自己的磨坊，在这里挖渠掘井，当时有人问去哪儿，就说去 Seyit Bay 的地方磨面、干活儿。久而久之就成了这儿的地名。我们认为这个解释更有依据。《哈萨克斯坦百科全书》中也提到这里曾经有个叫 Orseyit 的人，因而就以他命名。关于这里的历史有一本书叫《有关的三个问题》，你们可以参考一下。1892 年根据《彼得堡条约》，居民可以选择住在中国境内或在这里。那个时期就有很多维吾尔族搬迁到了阿拉木图州的六个 Bolsuq（城区），基本居住在阿拉木图州周边的 Čarin、Aqsu、Malway、Čeläk、Qoram、Yeŋišä 六个地区。1932 年前后大饥荒时期有一批人迁到了那边（中国境内），包括我的叔叔、伯伯及他们的家眷。在大饥荒时期有二百万人饿死。然后在 1955 年左右又开始迁出来，1962 年又迁来一批。再后有苏联护照的人出来了，其他人都留下了。我小时候这里还不是现在这种大规模的乡村，过去主要的街道只有两三条，现在这样的街道有很多。我在 Sahot 做过七八年主任，那时政府建了近 150 套住房，比较现代化的住房都是在那个时期建成的。这里的学校也是我在那个时期建立的，在 1986 年建成。

问：这里的经济产业有哪些？

答：主要依靠农业，有 3200 公顷土地，原来有 400 公顷土地种植烟草。

1946 年根据莫斯科下达的命令，当时我们还不是独立的乡村，隶属于隔壁的乡村。当时鉴于国家对烟草的需要，有两个乡村中一半的土地被认为适合烟草种植。莫斯科还派了两个专家指导烟草的种植，当时就有 400 公顷土地种植烟草，这是很大也很复杂的工作。

问：烟草业继续下去了吗？

答：我前后在这里做了八年的主任，1985 年开始了改造建设，实行了戈尔巴乔夫的新土地政策，允许人民自由选择，人们开始从事自己想做的工作。1994 年我被调走了，人民因为政府不给钱，经济也非常不好。1996 年土地被分给农民，每人平均分到近十亩土地，比如我家里有五人就可以分到 3 公顷，也就是近 45 亩地，这里所有的东西都卖给了私人。农民既没有吃的，也没有工作，也开始放弃种植土地。现在更多的人选择为别人工作或做生意，而不种地。

问：这里主要放养的牲畜有哪些？

答：大家都养一些牲畜，比如牛、羊，养山羊和马的人比较少，也有人养鸡、鸭等家禽。

问：在本地种植的树木植物有哪些？

答：有苹果，这里是大杏子（aprikos）的最大产地，有 99 种。我的果园里就有 60 株杏树。还有人大量种植酸梅、沙棘、梨等果树。树木有白杨树，这路边的白杨树就是在 1961 年种的，已经有 50 年了，这是我在这里担任主任的时候种下的。这里还有松树，我在建校的时候就种了 50 棵松树。此外水果还有葡萄、甜瓜、西瓜。过去我们这里祖辈种瓜，但自从种植烟草以后，有一种叫苦豆草（šumbuya）的植物长得很多，影响了瓜的质量。

问：这里人民的经济来源、生活水平怎样？

答：哈萨克斯坦全民人均经济收入去年公布的是 11000 美元，但是在乡村不可能有这样的收入。在这里没有挨饿的人，更没有活不下去的人；没有向别人求助的人，也没有养不起父母的人。教师及医护人员有固定收入。这里有四五百退休人员，他们在 63 岁后退休，政府提供的钱能够满足他们的生活需要。

问：失业人员的情况呢？

答：政府给失业人员有一些资助，如果他们属于地区失业人员委员会，他们会收到每月 15000 元（Tengge），每六个月流动一次，对他们还进行就业指导。如果个人愿意用双手劳动，是完全可以的。但还是有人愿意拿着钱不去工作。前苏联那种稳定流动人口的保护政策还是存在的。

问：我们在路上没有见过乞讨的人？

答：我们这里没有乞讨的人，城市里一些行乞的基本都是其他国家来的人。假如我要在家里做东西，我知道该找谁做什么事情，谈妥工资后就可以进行。这其实也就是提供就业机会。现在大家的生活都很好。

问：能谈谈这里的教育吗，从幼儿园到中学义务教育？

答：过去在这里建过较大规模的幼儿园，1991 年在国家经济困难时期根据国有财产私营化政策都被卖了，这也包括刚开始的国营商业部门和后来的法律部门。当时虽然有五年之内保持自己的经营方式不变的规定，但都变了，事实上是消失了。原来的幼儿园有近 400 个孩子，这样的机制现在正在重新建立。现在在学校里新建了幼儿园，幼儿园里有教室、餐厅、卧室等设施，有 50 多名孩子就读。一切顺利的话，这会发展下去。我觉得如果没有这个环节，孩子的教育过程会脱节。然后就开始了学校教育，一年级到四年级为小学教育，五年级到九年级为中学教育，十、十一年级为高级中学教育。2015 年后学校将改为十二年制教育。

问：在学校教育期间，维吾尔语言文学课程的教学情况是怎样的？

答：维吾尔语言文学的课程没有减少，维吾尔学校的教学语言全部是维吾尔语，教材也全部是维吾尔文的，包括学校所有的文、理科课程，教材的文字使用的是西里尔文。作为国语在学校课程中有哈萨克语课，还有俄语、英语等语言课程。我们的学生进入大学前有一个统一考试叫 Test，必须用哈萨克语或俄语参加考试，学生可以自己选择用哪种语言应试。我们现在实现了双语教学（bilingualism），只是在 Test（高考）中不能用维吾尔语参加考试。但是中间也是有弹性的，维吾尔学校毕业的学生如果想进入大学，就要用哈萨克语或俄语参加全国统一考试，如果不想进入大学可以有权用自己的语言答卷。维吾尔族学生可以自由择校上学，也可以选择哈萨克语学校。维吾尔聚居区中 60% 左右的学生选择上哈萨克语学校，这是个人的意愿。

问：学生完成十一年的义务教育后能够进入大学的比例有多少？

答：这与毕业生的知识水平和能力有关，也与学生个人的学习意愿、父母的经济条件有关。能够进入各类不同院校的学生大概可以到达 30%—50%，这包括大学、大专、中专等不同层次的院校。

问：完成学业后学生的就业会有问题吗？

答：关于就业我很难做出回答，因为这是个比较大的问题。正如我刚才说的，我们的乡村有 70 多名教师，10 多名医护人员，其他人没有固定工作，这跟你们那边的情况一样。我的两个孩子都毕业于大学，有一个有正式工作，另一个没有。想回到乡村时没有工作岗位，于是就去了阿拉木图做生意。

问：能谈谈这里的宗教及民俗传统吗？

答：这里宗教信仰自由，没有任何强制行为。这里生活的基本都是穆斯林同胞，有自己的清真寺，在清真寺也教孩子，不过这跟学校教育是两码事，互不相关。在学校的课程中开设《宗教知识》，从五年级到十一年级每周还有一节经济课，教学生了解经济术语，如什么是银行、货币、成本等。计算机课程也准备开始普及。

问：我们中国的维吾尔语也曾受到这里的维吾尔学家的影响，比如 50年代这里出版的 Ayšäm Šemiyeva 的《现代维吾尔语语法》曾作为当时新疆的维吾尔语语法教材，影响了几代人的维吾尔语研究。我们大学的 Hämit Tömür 先生也做了现代维吾尔语的研究，他于 1987 年出版了专著《现代维吾尔语语法（形态学）》，并引起了重大反响。您能谈谈这里的语言情况吗？

答：我们这里出版的维吾尔语教材应该也是以该书（Hämit Tömür）为基础的。我虽然不是做语言学的，但是大概能理解。我们这边有人提出语言应该保持统一的说法，有人在报纸上发表文章呼吁语言需要改革，也有人说无论在哪里生活语言都应该保持一致，这是学术上的辩论。

问：我们在来之前从书本上了解了一些这里维吾尔语的使用情况，但到实地进行考察是第一次。我们发现这里的维吾尔语与我们的维吾尔语没有什么大的区别，如果进行深入的比较，这里的维吾尔语吸收了一些俄语词汇，尤其是专业术语。此外可能也有一些哈萨克语的影响，比如我们从来不用 "meyrem" 这个词，这里的维吾尔语中宴会厅被称为 "meyremxana" 我们用 "bayram"，是节日的意思，

答：事实上，除了俄语借词也有很多维吾尔语词被吸收到了哈萨克语，比如 tamam boldi（完成）、söhbät（谈话）等，也有其他语言进入维吾尔语

的情况，如 huddi（好像）。如果你看这里的电影就可以发现很多这样的词。相比之下我们吸收的词汇比较多，这是互相学习，毕竟这两种语言是兄弟语言，并不会影响语言的基本结构。

问：请问这里维吾尔语的使用情况怎么样？

答：在这里（Bayseyit）我们日常交际活动百分之百使用维吾尔语，在婚丧嫁娶等场合如果有其他兄弟民族，为表示尊重就使用他们的语言。国家的正式文件都使用哈萨克语，正式表格的填写也使用哈萨克语。这里就存在对其他语言学习的问题，其原因是人们需要上学、需要就业，如果仅限于掌握自己的语言或仅掌握一种语言就无法适应社会及生存的需要。因而人们对学习其他语言有一种渴望，整个社会及学校中都是这样。

问：现在哈萨克斯坦的国语是哈萨克语，从维吾尔语的角度请您谈谈语言文学问题？

答：过去进入文学创作的人，不管是充满写作欲望的还是有些不成熟的都在进行不断地创作，但是政府没有资金支持。能够得到政府资助的书籍屈指可数，只有一些年长的名人的部分作品具有这样的资格。其他作家，如没有知名度、没有级别的作家作品也在出版，但基本上都是依靠自己的经费。其中有好的，也有次的。有责任心的作家都在出版很好的作品，有些不负责任的人，只想成为作家或诗人的就在出版他们的糟粕。对这种情况我们也是无法干涉的。我认为就文学创作而言，在质量方面不尽人意。过去要出版一本书，需要经过多重审核，首先就是请人读。现在的任何一个名人首先就不愿意请人读，也不愿意听取别人的意见。因为出版经费是自筹的，所以出现问题就由个人解决。去年我出版了两部书，一本是国家资助的《哈萨克斯坦人民口头文学》系列丛书 *Aqqulaq Qaytqanda*，还有一本是自筹经费出版的，今年有一本书已经交付出版社，大概两个月以后会出版。

问：您的作品用什么语言？

答：都是维吾尔语的。我也了解你们的诗歌（中国维吾尔诗歌）。我们在这里集中了所有的诗人出版了一部较大的诗歌集成叫做《诗歌之园》（*Še'iriyät Gülzari*），不知道你们有没有这样的诗集？Äbäydulla Ibrahim 曾经 90 年代在青年杂志中介绍和发表过我的诗。我知道你们的 Osmanjan Sawut，Barat（忘了全名），也了解 Tiyipjan Eliyov 等前辈的诗歌，年轻人中出现了一些新诗体，我们这里也有，好像朦胧诗，比如"太阳升起，阳光照射下来，从山的那边爬上来"等，其余的内容让你自己慢慢领会。

问：您对新诗体怎么看？

答：我认为传统诗歌还是非常好，比如 Abdurehim Ötkür，Abduxaliq Uyğur，Äxmät Ziya'i，Osmanjan Sawut 等诗人的作品，经久不衰。不容否认，现代朦胧诗的诗歌有一些动人之处，但是写出的诗歌如果连现在的人都看不懂，将来能有什么意义。诗歌没有时间的限制，不管经过多少世纪，让人心动的诗歌还是会流传下来。如果诗歌没有这样的感染力就不能被称为诗歌。时间会把所有的东西放在自己的位置。诗歌重要的语言，优美的语言才能动情的，平平淡淡的表达怎么能被称为诗歌？更重要的是诗歌的主题思想。我知道 Mähämmätjan Rašidin 的诗歌，他的诗非常接近人民。我买到他的一本书 *Hayat Degän Mana Šu*（这就是生活），他的一部诗集就是用西里尔文在这里出版的。

Makhpirov：对，要解读一首诗，一定要从多方面去看，比如是谁写的、在哪儿写的，在哪个时代、诗名及诗歌内容等，只有这样，才能够读出其中的含义。Mähämmätjan Rašidin 的诗歌跟我们这里的 Ilyar Bähtiyar 的诗歌比较接近吧？

答：特别接近，但是也有所不同。Ilyar Bähtiyar 的诗歌很浪漫、轻松，接近人民，能够跟你心里的想法产生共鸣。我非常喜欢他的诗歌，还有 Osmanjan Sawut。

问：由于时间关系我们的访谈就到此为止，非常感谢您的帮助。
答：不用客气。

八　阿拉木图市第 153 学校副校长热依汗古丽访谈录

访谈对象：热依汗古丽，阿拉木图市第 153 学校副校长
访谈时间：2012 年 7 月 14 日上午
访谈地点：阿拉木图市第 153 学校教学楼
访谈者：阿达来提·阿布拉江、朱艳华、古丽斯坦·麦麦提依明
翻译及整理者：阿达来提·阿布拉江

问：您好！首先感谢您能接受我们的访谈。我们课题组是 7 月 2 日过来的，到现在已经初步了解了哈萨克斯坦维吾尔族的语言使用情况。今天我们主要想了解一下阿拉木图市维吾尔聚居区维吾尔学校的情况，能谈谈吗？

答：我先带你们参观一下我们的教学楼，边走边谈。现在是假期，我们教学楼现在正在装修，到处都是刚刷的油漆。以前，只有维吾尔族学生

上这个学校，现在也有一些哈萨克族学生，在这里就读并参加大学考试。我们高考的时候，要用哈萨克语或俄语答题。

问：这个学校的维吾尔族学生比例是多少？
答：可以说有 99.9% 的学生是维吾尔族。

问：学生的暑假有多长时间？
答：我们的学生休息三个月。你们可以看一下，我们利用教学楼楼梯下面的空位，给学生设计了文化教育模型。在这里你们可以看到著名的《突厥语大辞典》的作者马赫穆德·喀什噶里的照片和介绍，下面是我们维吾尔族传统民居的模型。当我们在教室里学习完相关的内容后，带学生来这里进行参观。我们的学生一般都懂维吾尔语、哈萨克语、俄语、英语等语言。我们学校的全名是"Abdulrozibaqi Gimnaziyä 学校"，在校园里可以看到他的雕像，这是阿拉木图市第一所获得 Gimnaziyä 资格的维吾尔学校[①]。现有学生 1118 名，教师 92 名。

问：从一年级到十一年级全都用维吾尔语授课吗？
答：是。这边是学生艺术活动中心。这是著名诗人普希金的照片，楼梯下面的是根据俄罗斯童话中的一些故事情节和人物制作的模型，这主要是为了激发学生学习语文的兴趣而特意制作的。此外在楼上还有语文学习室，专门用于学习语言文学。我们会先学习维吾尔文学，然后学习世界文学，同时也学习哈萨克文学、俄罗斯文学、柯尔克孜文学等民族的文学。这里是物理实验室，旁边的是化学实验室。这两个实验室都是由国家出资修建的，学生做实验用的材料都是免费的。物理实验室是去年建成的，化学实验室今年刚建好。墙上写的是各民族的名人名言，主要是关于劳动生活的经典名句，是学生劳动课要用到的，启发学生热爱劳动。所有的教材都由政府提供，学生不需要花钱购买。我们有两个阅览室，所有的图书都是政府配置的。低年级的学生，包括一、二、三、四年级的学生在学校吃免费午餐，这由国家补贴。学校有女生的手工课和专门的教室，教学生缝制或绣花，还有其他的兴趣班，如国际象棋班。有教员休息室，墙上贴着全校教师的简介、每个学期的工作计划、为上级部门检查工作要完成的工作等。

---

① 据介绍，普通学校不能分文理科，但是获得 Gimnajziyä 资格的学校在九年级以后可以分文理科。

问：学生们的课程安排是怎么样的？

答：国家教育部有统一的教学目标，下发到学校后，我们根据情况再细分，比如劳动课两次，体育课两次、俄语课两次等。上中学后我们会根据文、理科方向进行课程安排，如文科的学生除了母语还要学习哈萨克语、俄语、英语等课程。今年我校 8 年级的学生在全市物理比赛中获得了第一名的好成绩。

问：你们学校的条件很好啊？

答：是的，政府资助我们很多，我们优秀学生的照片都在墙上的展示栏中。每个年级选出的优秀学生都会获得学校的荣誉奖章，每年 5 月评选一次。你们可以看到还有学生每年都能够拿到奖章，最高能拿到 8 个。这个四年级的学生有四个奖章，这对其他同学也是一种榜样和鼓励。优秀学生中还有哈萨克族。只要学生愿意学习，我们的条件还是非常好的。政府资助我们的也很多。在阿拉木图市像这样设备齐全的学校不是很多。你们看，在这边有男女生的更衣室，中间这个大厅是室内体育室。旁边这是学校的礼堂，学校举行大型的会议、学生活动、节日的庆祝活动都在这里举行。学校能有今天的条件，除了政府的资助，还有民间的资助，比如这个学校的校友、学生家长或社会人士，他们也都自愿帮助学校。我们收集到的捐款都用在学校建设上。

问：多年来你们培养了不少学生吧？

答：1964 年，在俄罗斯学校里有三四个维吾尔语班，到 1968 年这些班级分出来，建立了这个学校，但是还是用俄罗斯学校的教学楼。1974 年，俄罗斯学校建了新的教学楼搬走后，我们就用他们的旧楼。1982 年这栋楼建成后给了俄罗斯学校，我们一些老师和这里的居民向政府反映，毕竟这里的孩子们也需要好一些的学习环境。于是在 1989 年我们搬入了这栋楼，当年一年级招生就招了 5 个班。今年我们的一年级要招收 7 个班。过去很多维吾尔族把孩子送进俄罗斯学校，因为当时不学俄语或学不好俄语就找不到工作。现在变了，这里的维吾尔族家长很愿意把孩子送到维吾尔学校。

问：你们现在的教学用语是什么？

答：我们的课都用维吾尔语授课，同时从一年级开始教授俄语和哈萨克语。

问：学生会有困难吗？

答：没有。我们的学生从出生就说维吾尔语，哈萨克语和维吾尔语很接近，大家都能听懂。在学校哈萨克语由哈萨克老师教授，俄语由专门的老师教授。你们也看到了，学校现在教授多种语言。有些课程我们还同时用哈萨克语和俄语授课，比如物理、化学、数学，要求学生同时用三种语言学习专业术语。除此之外，周围说俄语的人很多，学起来并不困难。我们的很多孩子第一语言是俄语，然后才学习母语。市里的很多学生，即使学习哈萨克语时有比较大的困难，但学习俄语并不困难。有些家庭的孩子从小说俄语，而维吾尔语能听懂但不说，也不流利。在学校学习哈萨克语后，学生都懂三种语言。我就教授俄语课，学生可能在使用术语方面会有一些困难，但其他方面没有什么问题。

问：孩子们入学前就懂三种语言还是进入小学后开始学习？

答：每个孩子的情况不一样，跟刚才说的一样，说维吾尔语和俄语的情况比较多，哈萨克语的情况不太一样。不管怎样，我们在入学后都从字母开始学习，尽管有些孩子在幼儿园学过。再说英语，虽然在小学的课程表里没有，我们从 5 年级开始教英语，但也有些学生在校外学习。

问：其他的学校也是这么安排的吗？

答：是，教育部有统一的安排，因此我们学校有的一些附加课程的课时，我们就利用这些课时附加其他课程或组织学生备考。比起大学的课程安排，我们有更多的可能性安排课程。在哈萨克斯坦，不管你是什么语言的学校，维吾尔语学校、哈萨克语学校还是俄语学校，都按照教育部的统一安排进行教学，所以语言不通但教授的内容是一样的。

问：阿拉木图市有几所维吾尔语学校？
答：有 5 所。

问：大学考试用俄语或哈萨克语，学生怎么备考呢？

答：我们从十年级开始会增加附加课程为进入大学做准备。进入大学前我们有一个考试，称为 Test，我们有专门的老师带着学生备考。因为考试语言是俄语或哈萨克语，我们的学生从小也学习这两种语言，基本知识都是用母语学习，所以在最后的一年主要就是掌握术语，然后进行考试练习。今年我们有三名学生获得了政府的金质奖章①。

问：这都是你们老师辛苦工作的成绩。请问在备考的一年内，节假日也给学生补课吗？

答：我们也补课，但是从不收费。在学校外有很多辅导班，都是收费的，但我们不但不收，还天天督促学生的学习，中午提供免费的午餐，饭后继续学习，记术语，他们的压力也很大。今年我们的毕业生中参加大学考试的有 73 人，但成绩还没有出来。考大学的学生都是自由选择要学习的专业。总体来说，我们的学生还是不错的。

问：在中学毕业生中进入大学的比例和全国毕业生的大学升学率相比怎么样呢？

答：假如说今年本市有 180 所中学毕业生参加了大学考试，我们的升学率排在第 30 位。在阿拉木图市有 7 个县，我们所属的 Awuz 县有 34 所学校，我们排在第 10 位。

问：在哈萨克斯坦国内有俄语学校、哈萨克语学校、维吾尔语学校，还有其他民族语言的学校吗？

答：还有乌兹别克语学校和塔吉克语学校。还有一些民族，在刚才提到的民族学校内开设有班级，学习母语。

问：周围的维吾尔族都愿意把孩子送到维吾尔语学校吗？

答：当然，有很多人都把孩子送到维吾尔语学校，也有部分人会把孩子送去俄语或哈萨克语学校。为了办好维吾尔学校，校长们常常会聚在一起交流工作经验，互相学习。

问：有些维吾尔族把孩子送到其他语言的学校，这跟将来的就业有关吗？

答：我不这么认为，只要掌握专业知识，具有良好的能力，在哪里都可以找到好的工作。因为在哈萨克斯坦没有人会问你是什么民族或是哪种语言学校毕业的，大家都一样，都参加统一的考试。也没有人会在简历上写自己毕业于维吾尔语学校或其他学校，只是填写哪个中学毕业的，就业单位也不会强调是什么语种的学校毕业生，更重视毕业证书和学业成绩考评。如果学习成绩优异，工作单位都会要。所以对于就业来说，不管是什

---

① 金质奖章由国家颁发给从一年级到十一年级中学毕业全部科目最优异的学生，中学毕业成绩全部为 100 分，这是哈萨克斯坦中学毕业生的最高荣誉。

么民族都有同等的机会。能不能面对竞争这跟个人的知识水平和能力有关。我们也有一些毕业生从大学来学校跟老师见面，很多人认为自己的知识基础很好，在大学表现也很不错，我们作为老师也很自豪。

问：对老师们的教学语言有指定的要求吗？

答：没有，老师可以自己选择。最终的目的就是培养有竞争力的，对国家有用的人才。

问：老师们的工作压力大吗？

答：不大。我们在招收老师的时候，都会进行考试，然后进入学校当老师。这些过程都是透明的，老师们都是通过自己的努力和实力进入学校的。我们的老师们都很有奉献精神，进入学校后不管是不是自己有事或者有病，都不计报酬，不管周六还是周日都会心甘情愿地忘我工作，我们的校长也是全身心工作的人，常常夜以继日地工作。我小时候也是这个学校毕业的，可以说我从 7 岁开始就在这个学校，中间有 5 年上大学，毕业后又来到这个学校，现在是教导主任，也就是副校长。

问：能谈谈学校的师资结构吗？

答：我们的老师多数是大学毕业的，小学部有几个老师是大专毕业的。我们支持他们一边工作一边学习，提高自己的学历。这关系到他们的级别和工资。

问：在教学过程中，学校有自己的目标吗？比如说提高学校的排名？

答：当然，我们学校有自己清楚的目标，我们会要求学生和老师共同努力，为达到具体的目标开会动员和鼓励。我们大家从进入学校的那一刻开始就会忘记自己的私事。我们的任务就是给学生传授知识，引导学生走正确的路。我们也会奖励优秀的教师，比如说获得金质奖章学生的所有的老师，包括任课老师、指导老师等。去年就有 14 名教师去中国新疆旅游。我认为我们应该尊重和珍惜老师们的辛勤劳动。大家也知道自己的劳动是得到学校肯定的。此外我们每年都在老师中间进行评比，比如从教书、育人、从事研究等方面，并给予一定的奖励。学校的发展有政府的资助，同时也离不开家长的支持和帮助，大家都在力所能及的范围内慷慨地资助学校。

问：非常感谢您抽出宝贵的时间接受访谈。

答：不客气。

附录五 《哈萨克斯坦共和国语言法》

本法令为在哈萨克斯坦共和国应用各种语言确立了法律基础，也规定了政府在研究和发展这些语言所必须承担的责任，表明了对哈萨克斯坦共和国境内所使用语言的同等尊重态度。

第一章 总则

第1条 基本概念

在本法令中使用了以下概念：

流亡—指一部分民族（民族共同体）生活在本民族发源的国家之外。

专名学 语言学的一个分支学科，研究专有名称及它们形成的历史。

拼写法 书写方法，确定文字表达言词（词和语法形式）的统一形式的规则体系。

地名学 专名学的一个分支，它研究地理事物的名称和它们发展、变化和使用的规律。

音译转写 用一种书写体系逐字母转写另一书写体系的篇章和单个字词。

第2条 本法令规范的对象

本法令规范的对象是在政府组织、非政府组织和地方自治机构在运用语言的过程中产生的各种社会关系。

本法令不限制语言在私人之间和宗教团体中的运用。

第3条 哈萨克斯坦共和国关于语言的法律条令

哈萨克斯坦共和国关于语言的法律条令以哈萨克斯坦共和国宪法为基础，由本法令及其他同运用和发展各种语言有关的哈萨克斯坦共和国的法令法规组成。

关于语言的法律条令用于哈萨克斯坦共和国公民和在哈萨克斯坦共和国常驻的外国人和无国籍人士。

第4条 哈萨克斯坦共和国的国语

哈萨克斯坦共和国的国语为哈萨克语。

国语是指国家的管理机构、立法部门、执法部门及行政部门所使用的语言，它适用于全国各地的各个社会关系领域。

每个公民都有义务学习作为团结哈萨克斯坦各民族最重要因素的国语。

政府和其他国家的、地方的代表和执行机构必须做到：

采取一切措施在哈国发展国语并树立它的国际威望；

为哈萨克斯坦共和国公民自由免费掌握国语创造一切必要的组织条件和物质技术条件：

帮助哈萨克族流亡人士保存和发展母语。

第 5 条　俄语的应用

在政府组织和地方自治机构同使用哈语一样同等地正式使用俄语。

第 6 条　政府对各种语言的关注

哈萨克斯坦共和国的每一个公民都有权使用母语，有权自由地选择语言进行交际、受教育、学习和创作。

政府必须为哈萨克斯坦人民学习和发展各种语言创造条件。

民族聚集区在有条件的情况下可以使用当地民族语言。

第 7 条　排除使用各种语言的障碍因素

在哈萨克斯坦共和国不因公民使用不同的语言而限制公民的权利。

有妨碍使用和学习哈萨克斯坦共和国国语和其他已存在语言行为的公务人员，必须依照哈萨克斯坦共和国法律为自己的行为负责。

第二章　语言在政府和非政府组织及地方自治机构中的使用

第 8 条　各种语言的使用

哈萨克斯坦共和国政府、各机构、组织和地方自治机构的工作语言和公文用语是国语，俄语同哈语一起同等使用。

在非国家组织中的工作中用国语，必要时也用其他的语言。

第 9 条　政府机构的公文用语

政府机构的公文用国语制定和颁布，必要时也可以用俄语制定，并尽可能附加其他语种的译文。

第 10 条　传达文件的语言

在哈萨克斯坦共和国的国家机构和组织系统中，不论该组织为何种所有制，传达统计、财政和技术性的文件一律用国语和俄语。

第 11 条　答复公民信访所用的语言

国家和非国家组织在答复公民信访和其他文件时，用国语或公民信访时所用的语言。

第 12 条　武装力量和护法机构所用的语言

在哈萨克斯坦共和国的武装力量及各种军队的、军事化的组织中，在国家的管理和监督组织、公民权力保护组织和法律保护机构使用国语和俄语。

第 13 条　执法机构所使用的语言

哈萨克斯坦共和国的执法机构所使用的语言是国语，必要时可以同等地使用俄语和其他语言。

第 14 条　处理行政违法事件所用的语言

处理行政违法事件用国语，必要时用其他语言。

第 15 条　合同用语

哈萨克斯坦共和国自然人和法人一律用国语和俄语签订书面合同，必要时附带其他语言译文的附件。

同外国自然人和法人应用国语和双方都能接受的语言签订书面合同。

第三章　语言在教育、科学、文化和大众传播媒介领域的使用

第 16 条　语言在教育领域的使用

哈萨克斯坦共和国的学龄前儿童教育机构使用国语。而在其他民族聚集区的此类机构使用民族语言。

幼儿园和其他相应组织的教学语言由地方执行机构根据本地区民族构成情况而定。

哈萨克斯坦共和国保障公民用国语、俄语接受中等、中等专业和高等教育，在必要和可能的情况下也可用其他语言接受这些教育。在国立的和非国立的学校，国语和俄语是必修科目。并记入学历的科目清单。

第 17 条　语言在科学和文化领域的应用

在哈萨克斯坦共和国科学领域必须用国语和俄语，包括用国语和俄语书写毕业论文和进行答辩。

用国语，必要时也可用其他语言进行文化活动。

第 18 条　语言在出版和大众传播媒介领域的使用

哈萨克斯坦共和国保证在出版业和大众传播媒介中使用国语和其他语言。

为了创造必要的语言环境和充分使用国语，无论是何种所有制的广播电视台频道播出的国语节目的数量在时间上不能少于播出的其他语言节目数量的总和。

第四章　语言在居民点名称和专门的可视信息名称中的使用

第19条　地名和各组织名称的使用规则

历史上传统形成的用其他语言称呼的居民点、街道、广场及自然地理客观事物应根据音译转写的方式重新拼写。

国家组织及其分支机构的名称用国语和俄语书写。

合资公司和外国组织的名称应用俄语和国语音译转写。

第20条　人名、父称和姓氏的写法

在正式文件中书写父称和姓名应符合哈萨克斯坦共和国的法律和标准法令。

第21条　填写票据和书写可视性信息所用的语言

国家机构出版物的名称用国语书写。

其他任何所有制的组织的出版物应用国语和俄语书写。

表格、票据、声明、广告、价目表和其他的可视信息应用国语和俄语书写。必要时也可用其他语言。

哈萨克斯坦共和国生产的商品的标签、商标、品牌、说明书应当用国语和俄语书写。

国外生产的商品的标签、商标、品牌和产品说明要由进口商译成哈语和俄语。

所有的可视信息的内容必须按以下顺序书写。在左面或上面用国语，在右面或下面用俄语，书写的字母大小必须相同。必要时可视信息的内容可以用其他语言作补充，但字体的大小不能越出规定的标准。口头的信息、声明、广告用国语和俄语，必要时用其他语言传播。

第22条　发送信件、电报、电传所用的语言

在哈萨克斯坦共和国境内用国语或俄语发送信件、电报、电传；发往境外的则根据国际规则而定。

第五章　国家对语言的保护

在哈萨克斯坦共和国国语和其他一切语言都受到国家的保护，国家机构应创造必要的条件来应用和发展这些语言。

国家制定计划发展各种语言。其中优先发展国语，并有步骤地过渡到用哈语制定各项公文。

根据业务需要，某些职业、专业及职务必须由掌握一定程度国语的人员从事或担当。这类职业、专业及职务的清单应根据哈萨克斯坦共和国的

法律制定。

哈萨克斯坦共和国政府应设立相应的术语学和地名学委员会及其他必要的机构。

第 24 条　破坏语言法的责任

任何所有制形式的国家机关和组织的首要领导、各法人和自然人。凡破坏哈萨克斯坦共和国语言法者，一律根据哈萨克斯坦共和国法律承担责任。

公务人员凡以不懂国语为由拒绝接待公民来访者，及任何有在国语和其他语言应用范围内阻碍使用这些语言的行为者，必须依照哈萨克斯坦共和国法律承担责任。

第 25 条　国家的全权代表机构

各全权代表机构的活动由哈萨克斯坦共和国政府颁布的各条例调节，在自己的责任范围内必须做到以下几点。

在语言发展领域实行统一的国家政策；

制定国家语言应用和发展计划并实施：

对语言法的执行情况进行监督，预防破坏语言法的行为，并对此种行为采取相应的措施；

协调哈萨克斯坦共和国境内的地名学和术语学工作。

全权代表机构的权力为：

在自己的职权范围内对语言法的执行情况实行国家监督；

向各部委、中央和地方执行机构、各所有制形式的组织征询有关应用和发展各种语言的法令及国家计划执行情况的信息和资料；

行使法律规定的其他职能。

第 26 条　本法令执行的保障

哈萨克斯坦共和国政府和其他国家机关必须为本法令的执行提供所需的人才、物质技术、财政和教学法的保障。

第六章　语言在同其他国家及国际组织交往中的应用

第 27 条　语言在国际交往中的应用

哈萨克斯坦共和国的外交代表机构及哈萨克斯坦共和国在国际组织的代表机构的活动用国语进行，必要时用其他语言。

根据规则，双方达成的国际协议用协议双方的国家语言签订，多方达成的国际协议用参加方商定的语言签订。

在哈萨克斯坦共和国正式会见其他国家代表及进行其他活动时应使用

国语，并译成其他语言。

哈萨克斯坦共和国总统 H. 纳扎尔巴耶夫

1997 年 7 月 11 日

阿拉木图

〔译自《哈萨克斯坦真理报》，1997，7，15〕

附录六　调查日志

2012 年 5 月 11 日，周五，下午 3 点，中央民族大学维吾尔语言文学系会议室

　　"哈萨克斯坦共和国维吾尔族语言使用现状调查"课题组召开第一次会议。参会的中方人员有：中央民族大学的戴庆厦、力提甫·托乎提、艾尔肯·阿热孜、田静、阿达来提·阿布拉江、古丽斯坦·麦麦提依明，北京语言大学的朱艳华，哈方人员是哈萨克斯坦阿布莱汗国际关系与外国语大学东方学院突厥语研究专家 Valeriy Uygurovich Makhpirov（外力努尔·乌依古尔洛维奇·马赫皮洛夫）教授。未能到会的有：新疆大学人文学院的阿不都热依木·热合曼、新疆师范大学文学院的木克达斯·米尔扎、新疆农业大学中国语言学院的卡依沙尔·艾合买提。

　　力提甫·托乎提教授主持会议。戴庆厦教授首先介绍了"985 工程"语言中心的课题设置以及国家语委重大项目"跨境语言调查"的情况，还展示了已结项的泰国、老挝、蒙古跨境语言调查子项目的成果。Makhpirov 教授说，跨境语言调查和研究是国际语言学界的最新发展，很重要，自己很高兴参加这个项目，中哈两国合作进行跨境语言调查以前从来没有过，这是第一次。他还介绍了哈萨克斯坦维吾尔族和维吾尔语的基本情况。

　　会上就前期资料准备（包括哈萨克斯坦的基本情况、维吾尔族的基本情况）、调查问卷的制定（家庭成员语言使用情况调查问卷、不同时期语言使用情况调查表、不同场合语言使用情况调查表、语言观念调查问卷、维吾尔语 2000 个基本词汇、维吾尔语 400 词测试）、经费预算、护照签证办理、机票购买、调研所需仪器设备等具体事宜进行了人员分工。

　　会上确定，本次调查的最终成果将以著作形式出版，为两国两校共有。中文出版机构为中国社会科学出版社。

2012 年 5 月 12 日—6 月 18 日

　　调查组成员分头准备赴哈调查所需的各项材料。

　　21 日，收集调查组成员的个人信息和护照首页电子版，将信息发至哈萨克斯坦阿布莱汗国际关系与外国语大学，等待对方发来邀请函。

2012 年 6 月 19 日，周二，下午 4 点，中央民族大学维吾尔语言文学系会议室

调查组召开第二次会议。参会的有力提甫·托乎提、艾尔肯·阿热孜、田静、阿达来提·阿布拉江和古丽斯坦·麦麦提依明。戴庆厦教授因在云南出差未能到会。

力提甫·托乎提教授主持会议。他首先检查了资料的准备情况，敦促大家尽早完成。然后，将邀请函、签证、机票、调查证明等各项待办的具体事务一一落实到人。

2012 年 6 月 19 日—27 日

收到哈萨克斯坦阿布莱汗国际关系与外国语大学的邀请函。预订机票，联系在哈国的住宿公寓，办理签证。

2012 年 6 月 28 日，周四，上午 10 点，中央民族大学"985 工程"语言中心 507 办公室

调查组召开第三次会议。戴庆厦教授主持会议。力提甫·托乎提教授在欧洲考察未能到会。

会议内容包括：

1. 确定赴哈调查人员。由于签证问题，确定能参加调查的人员共有 7 人：中央民族大学的戴庆厦、力提甫·托乎提、艾尔肯·阿热孜、田静、阿达来提·阿布拉江、古丽斯坦·麦麦提依明，北京语言大学的朱艳华。

2. 检查各项准备工作。（1）哈萨克斯坦共和国及哈萨克斯坦维吾尔族的社会人文概况。（2）语言材料：2000 个基本词汇；400 个测试词汇。（3）调查问卷。（4）经费。（5）仪器设备。（6）礼品。

3. 确定调查行程。7 月 1 日晚 9 点，在中央民族大学西门集合，前往首都机场。凌晨 0:30，乘坐哈萨克斯坦阿斯塔纳航空公司航班飞往阿拉木图市，预计当地时间 4:15 抵达。7 月 18 日，完成在哈萨克斯坦的调查任务，晚上 21:50 从阿拉木图飞回乌鲁木齐。7 月 19 日—25 日在新疆吐鲁番地区展开国内部分的调查，7 月 26 日回京。

4. 调查成果：以著作形式出版，包括语言使用情况和语言比较两部分。

2012 年 6 月 29 日，周五

拿到签证。哈萨克斯坦驻华使馆批复调查组的签证时间为 7 月 2 日—15 日，比原定时间减少 3 天，因此，调查组调整调查计划：取消首都阿斯塔纳一站的调查；压缩国内新疆的调查时间；回国时间由原定的 7 月 18 日

改为 7 月 15 日，回京时间由原定的 7 月 26 日改为 7 月 22 日。

2012 年 7 月 1 日，周日

晚 10 点，调查组一行 6 人到达首都机场候机。力提甫·托乎提教授因在欧洲考察，赴哈机票改签为 7 月 5 日从北京飞往乌鲁木齐，6 日晚从乌鲁木齐飞抵阿拉木图。

2012 年 7 月 2 日，周一

凌晨 1:00，调查组一行 6 人乘坐阿斯塔纳航空公司 KC888 航班离京赴哈，期间飞机飞行 5 小时 30 分钟，4:30（北京时间 6:30，以下采用阿拉木图时间。阿拉木图时间比北京时间晚 2 个小时）到达哈萨克斯坦阿拉木图市。Makhpirov 教授到机场迎接。

早上 6:30，抵达驻地 Mukanova/Shevchenko JastaR 公寓。各自收拾行李，梳洗，小憩。

早上 10:30，哈方成员与中方成员见面汇合，在 Senator 餐厅吃早餐。哈方成员有 3 人：Valeriy Uygurovich Makhpirov（外力努尔·乌依古尔洛维奇·马赫皮洛夫，哈萨克斯坦阿布莱汗国际关系与外国语大学东方学院，教授）、Ruslan Arziyev（如斯兰，哈萨克斯坦阿拜国立师范大学 Abay Namidiki Qazak Dölät Pedagogika Universiteti，教授）、Abfiya（哈萨克斯坦国际关系与外国语大学东方学院，教师）。戴庆厦教授向哈方人员介绍本课题的基本情况，包括课题的意义和价值、调查方法、调查内容、成果形式等。

下午 1:30，参观学校出版社（Mäktäp Näšriyati），与维吾尔文教材编辑部工作人员座谈。

学校出版社成立于 1947 年，主要出版八至十一年级的维吾尔文教材，由国家全额拨款。出版社下设哈萨克文、俄文、维吾尔文等教材编辑部，各编辑部还根据课程设语文、数学、物理、生物等编辑室。维吾尔文教材编辑部现有工作人员 7 人，其中编辑 3 人、录入 3 人、办公室文员 1 人。

维吾尔文教材编辑部的工作人员都是维吾尔族，都会说维吾尔语，平时在工作中都用维吾尔语交流。听说调查组一行来自中国，而且有 3 名成员是维吾尔族，他们非常高兴，立即开始用维吾尔语交流。他们觉得哈萨克斯坦的维吾尔语和中国的维吾尔语都是一个民族的语言，没有什么区别。他们的子女也都会说维吾尔语，还会说哈萨克语。他们的维吾尔语和哈萨克语都很好。

下午 3:10，参观《维吾尔之声》报社，与报社副主编、教育版块责任编辑座谈。《维吾尔之声》（Uyğur Awazi）是哈萨克斯坦新闻与文化部直属的 6 个报社之一，也是目前全国唯一用维吾尔文发行的官方报纸。政府提供全额经费。该报历史悠久，前身是 1957 年创刊的《共产主义旗帜》，1991年改名为《维吾尔之声》。现发行量约为 15000 份，每周一期，主要在哈萨克斯坦阿拉木图市和阿拉木图州发行，在南哈萨克斯坦州也有发行。读者以维吾尔族为主，也有哈萨克族和乌兹别克族。

主编尤尔达希·阿扎玛托夫即将卸任，现报社日常工作由副主编木合塔尔江·朱马里夫主持。据木合塔尔江先生介绍，报社现有工作人员 18 名。以前工作人员更多，最近刚进行过减员。编辑人员都受过专门的高等教育，素质高。有 1 人是哈萨克斯坦记者科学院的院士，还有 3 人加入了哈萨克斯坦记者协会。他对报社的未来充满信心，相信报纸将来会发展得更好，吸引更多的读者。

木合塔尔江副主编对自己的民族非常了解和关注。他说，维吾尔族的主体在中国，我们是同一个民族分布在两个不同的国家。我们说同一种语言，但使用两种不同的文字，希望两国在文字上能往共同的方向发展。现在中哈两国关系很好，我们跟新疆的联系也非常密切。我们的报纸也在做这方面的努力，宣传新疆在文化教育领域取得的成就。哈萨克斯坦曾派人到新疆学习艺术表演，演员回国后汇报演出，反响很好。我们希望今后两国加强在新闻出版业的合作，我们派记者、编辑到新疆接受培训。

听完副主编木合塔尔江先生的介绍后，戴庆厦教授代表调查组表示感谢。戴教授首先介绍了课题的基本情况，然后谈了自己的感想。他说，维吾尔族在哈萨克斯坦只有 25 万人，人口很少，但语言、文化保留得很好，而且还有用本民族文字出版教材、报纸，《维吾尔之声》发行量达 15000 份是很不容易的事情。当今世界一体化速度日渐加剧，小民族的语言容易受冲击而出现衰退。但今天来看，维吾尔语保留得很好，这是值得我们学习的地方。这里有很多好的经验，我们回去后再消化、思考。

木合塔尔江先生还请戴庆厦教授介绍了中国的维吾尔族的语言使用情况。戴教授说，在中国，生活在聚居区的维吾尔族都会说维吾尔语。维吾尔族既要学会自己的母语，也要学习和掌握国家通用语汉语。现在面临的问题是如何处理好维吾尔语和国家通用语之间的关系。这个问题需要认真研究。

2012 年 7 月 3 日，周二

上午 11 点，哈萨克斯坦阿布莱汗国际关系与外国语大学校长 S.S.库楠巴耶娃接见调查组一行。阿布莱汗国际关系与外国语大学成立于 1941 年，是哈萨克斯坦的一流高校。该校在中亚五国高校中在培养外国语人才方面名列前茅，主要培养外语与国际关系方面的人才。该校设有国际关系、翻译、德语文学、东方语文学、法语教学、英语教学等 11 个科系，还设有研究生院以及众多的研究所。2012 年 3 月 7 日，校长 S.S.库楠巴耶娃曾率团访问中央民族大学，与校长陈理、副校长宋敏就两校之间的交流与合作进行会谈，签署了校际合作协议。

校长 S.S.库楠巴耶娃对调查组的来访表示热烈欢迎。她首先简要介绍了阿布莱汗国际关系与外国语大学的概况，并且愉快地回忆了今年 3 月率团到北京访问时的情形。她说，中央民族大学给我留下非常美好的印象，我看到中国 56 个民族学生在中央民族大学和谐共处，这是一种完美的模式。戴庆厦教授代表调查组表示感谢，并介绍了跨境语言调查的目的、意义和内容。戴教授说，我们两校已经建立合作关系，我们这个跨境语言调查项目正是在这种关系之上展开的合作调查。我们的调查成果将为两校共同所有。S.S.库楠巴耶娃校长听了以后，非常高兴。她说，我祝贺这个科研项目的开展，并愿意为你们提供一切帮助。我们两校已经签署了合作协议，从今天开始，我们的合作可以更密切些！她还询问我们调查组有什么困难。会谈结束后双方互赠送礼物，合影留念。

中午 12 点，访问哈萨克斯坦维吾尔人国家文化中心，与中心主任、执行主任、副主任座谈。

哈萨克斯坦维吾尔人国家文化中心位于阿拉木图市，主任为夏依买尔丹（Šahimärdan）。中心的主要工作是：处理维吾尔族的民族事务，协调维吾尔族和政府的关系，开展各项工作，保存、发展本民族语言和传统文化，发扬光大维吾尔族精神。中心的主要工作在理事会的指导下进行。理事会成员是来自各领域的维吾尔族专家，共 35 人。

虽然已到午休时间，中心主任夏依买尔丹（Šahimärdan）、执行主任热比克·司马义（Rabik Ismayil）、副主任艾合提热木、专职秘书胡尔西旦仍在耐心等待调查组的到来。主任办公室位于办公大楼三层，宽敞而明亮，陈设整齐简洁。紧挨着办公桌的是一面与人同高的哈萨克斯坦国旗，国旗旁边、靠窗一角陈列着两套维吾尔族的男女服饰，办公桌后面的墙上悬挂着纳扎尔巴耶夫总统的照片，办公桌对面的墙上整齐地排列着几张照片，分别是：前任维吾尔人国家文化中心主任获总统接见、获得世界冠军的维吾尔族运动员、维吾尔族艺术家的剧照、获得金质奖章的维吾尔族高中毕业生。

主宾双方一见面，便是热情的拥抱和亲切的问候。戴庆厦教授首先说明了来意，介绍了跨境语言调查项目的基本情况。他说，我们这个跨境语言调查项目是中国教育部的一个重大项目，已完成中泰瑶族、中蒙蒙古族、中尼藏族 3 个子项目，这次来哈萨克斯坦是做中哈维吾尔族的语言使用情况调查。我们要对每家每户的语言使用情况进行如实的统计，要分析维吾尔语和哈萨克语、俄语的语言关系的特点和规律，并加以理论阐述，还要对维吾尔族的精英进行访谈。通过这些具体的调查工作，把哈萨克斯坦 25 万维吾尔族的语言使用情况真实地反映出来。世界一体化趋势日益明显，如何保留人口较少民族的语言文化，是民族学家、人类学家、语言学家必须要考虑的问题。昨天刚来了一天，看到维吾尔族有自己的出版社、报社、学校，还有这么多热情地为自己民族努力工作的维吾尔族精英，很受感动。你们所做的工作功德无量，必定会被后代铭记。

中心主任夏依买尔丹代表中心欢迎调查组的到来。他说，Makhpirov 教授在北京的时候就告诉我有这么一个项目，我们已经等待中国代表团好些天了。他认为对语言的使用功能进行调查是一个非常有意义的课题，非常赞同对人口较少民族的调查，因为任何一个民族都有自己独特的语言文化，都对国家和世界的发展做出过自己的贡献。哈萨克斯坦的维吾尔族虽然只有 25 万，但高学历的、各方面的专家都非常多。哈萨克斯坦人非常热情，我们会给调查组尽量提供帮助。中心主任夏依买尔丹是一名东方学学家，他饶有兴趣地同中国学者讨论起了"跨境语言"的概念。座谈结束后，双方互赠礼物，合影留念。

下午 4 点，访问阿塔木拉出版社（Atamura Näšriyati）。哈萨克斯坦共和国独立前，阿塔木拉（Atamura）出版社与学校出版社原本为一家出版社；独立后，一分为二成为现在的两家出版社。阿塔木拉出版社维吾尔文教材编辑部主任马里克（Malik）先生、编辑茹孜（Ruzi）女士热情接待了调查组一行，并介绍了教材出版情况。他说，出版社现主要负责出版维吾尔语学校一至七年级的维吾尔文教材，主要有语文、数学、经济、地理、书法等科目。这些教材都是由国家统一订购，供学生免费使用。今年 9 月份即将开始的新学期，预定的教材量是 1800 本。

马里克主任还介绍了哈萨克斯坦维吾尔族的教育情况。今年有 6 名维吾尔族高中毕业生获得"金质奖章"。这是哈萨克斯坦政府对高中毕业生的最高奖赏，获得奖章的学生可以免试进入哈萨克斯坦任何一所大学。只有中学阶段所有科目考试都为优秀的学生，才能获得"金质奖章"。哈萨克斯坦大学入学考试语言是哈萨克语和俄语，没有维吾尔语。因为维吾尔语和哈萨克语是亲属语言，比较接近，容易理解，答题更容易，所以约有 80% 的维吾尔族高中毕业生选择用哈萨克语参加高考。2011 年，哈萨克斯坦大学入学率是 33%，维吾尔族在 40%左右。中小学都在维吾尔语学校上学的孩子，高考的分数会受到一定影响。为了解决这个问题，在高考前，维吾尔语学校专门举办高考辅导班，教会学生掌握各种术语，以帮助考生顺利通过考试。

马里克先生和茹孜女士都是多语人。马里克先生会说维吾尔语、哈萨克语、俄语和乌兹别克语，茹孜女士会说维吾尔语、哈萨克语、俄语。他们的孩子也都会说维吾尔语。

晚上 6 点，调查组开会。讨论的话题是：（1）跨境语言的类型。按人口多寡、跨境时间长短、是否接壤等不同标准来分，跨境语言有不同的类型，哈萨克斯坦维吾尔族的语言使用属于哪一种类型？具有哪些特点？从目前掌握的材料来看，哈萨克斯坦的维吾尔族具有跨境时间短、人口少、聚居、多语等特点。（2）确定入户调查点。根据这两天实地走访了解到的情况，结合前期查阅的文献资料，可以初步确定哈萨克斯坦的维吾尔族的语言使用要区分城市和乡村两种情况，城市以杂居为主，乡村以聚居为主。考虑到时间紧、地广人稀、哈萨克斯坦的国情等具体因素，确定本次入户调查点为 3 个：乡村聚居区 2 个点，在 A-2 公路沿线寻找；城市杂居区 1 个点，在阿拉木图市寻找。每个点调查 40—50 户。

2012 年 7 月 4 日，周三

上午 9:20，调查组开会，安排工作。（1）概况写作。根据已公开发表的材料、数据，结合通过访谈得来的材料，完成 2 个概况（哈萨克斯坦国家概况、哈萨克斯坦维吾尔族概况）的写作。每个概况的字数控制在 2 万字左右。（2）个案调查。3 个调查点，要写成 3 个个案。进入乡村、居民点进行入户调查时，要注意观察当地人的生活、精神状态和语言使用情况。要在真实的数据统计和细致生动的描写的基础上，进行理论分析。在个案的基础上，进一步对维吾尔族母语和兼用语的使用情况进行分析，并揭示制约因素。（3）本体语料调查。尽快制定出 2000 个基本词汇，以此为依据比较中哈两国的维吾尔语在语音和词汇上的异同点。即使相同点多于不同点，这个语料也是非常有价值的。工作日志以及正文部分行文的语言，要有趣味性，描写要生动。到各单位调研座谈时的谈话，要有详细的记录。（5）修改调查问卷。

下午，对哈萨克斯坦阿布莱汗国际关系与外国语大学东方学学院教授 Makhpirov 先生、《维吾尔之声》副主编木合塔尔江进行访谈。

Makhpirov 教授是哈萨克斯坦著名的突厥语研究专家，祖辈从中国新疆吐鲁番迁徙到哈萨克斯坦。我们访谈 Makhpirov 教授的目的是想了解他个人和家庭成员的语言使用情况，以及维吾尔族青少年的语言能力、哈萨克斯坦的语言生活和语言政策等情况。Makhpirov 教授的第一语言是维吾尔语，第二语言是俄语，还会哈萨克语，多数情况下都使用俄语。他小时候在家里使用"俄语—维吾尔语"双语，多数情况下父亲跟他说俄语，母亲大多跟他说维吾尔语，两种语言经常交叉着使用。兄弟姐妹之间都是说俄语，但对长辈一般说维吾尔语。他从小生活在阿拉木图市，儿时朋友中维吾尔族比较少，俄罗斯族、哈萨克族比较多，朋友之间都说俄语。Makhpirov的妻子是塔什干的哈萨克族，会说哈萨克语、乌兹别克语、俄语。夫妻之间说俄语，和儿子都是说俄语。儿子的第一语言是俄语，第二语言是维吾尔语，还会说土耳其语、哈萨克语、英语、阿拉伯语和科威特语。儿子的维吾尔语水平是仅能听懂，达不到流利的程度。据 Makhpirov 教授介绍，在哈萨克斯坦维吾尔语主要在教学上使用，报纸、文学创作也有用维吾尔语的，写一个简单的起诉书也可以用维吾尔语或俄语，其他领域基本上不使用维吾尔语。维吾尔语在乡村用得比较多。以前乡村住的都是维吾尔族，好多孩子都不会说哈萨克语和俄语。现在开始杂居住在一起了，孩子们都会说哈萨克语和俄语了。老年人的维吾尔语水平好于年轻人，年轻人的俄语水平好于老年人。

2012 年 7 月 5 日，周四

上午，写作概况，整理访谈录，核查 2000 词，修改调查问卷。

下午 3:30，访问哈萨克斯坦阿布莱汗国际关系与外国语大学东方学院，参观汉语、日语、韩国语、土耳其语、阿拉伯语、波斯语教研室。据汉语教研室主任托力肯·哈力别克教授介绍，最近几年，哈萨克斯坦出现了"汉语热"，学汉语的人越来越多，仅次于英语。

下午 5 点，参观哈萨克斯坦国立维吾尔族音乐喜剧剧院，与院长、副院长、人事处长座谈。院长热情洋溢地致欢迎辞，并介绍了剧院的基本情况。维吾尔剧院由国家提供全额经费，已形成话剧、音乐、舞蹈和民族歌曲四位一体的表演体系。现有职工 182 人，演员都是维吾尔族，均毕业于哈萨克斯坦国家艺术学院。该剧院拥有一个能容纳 500 名观众的剧场。观众以维吾尔族为主。演出剧目丰富多彩，既有维吾尔族的传统剧目，也吸纳了哈萨克族、俄罗斯族的优秀剧目，还排演了莎士比亚的剧作。歌曲的演唱语言是维吾尔语。1992 年，该剧院曾经到新疆全区举行巡回演出，获得巨大成功。该剧院的演出光盘在新疆十分畅销，调查组中来自新疆的艾尔肯·阿热孜、阿达来提·阿布拉江、古丽斯坦·麦麦提依明都曾经看到过。

院长是一名喜剧表演艺术家，会说维吾尔语、哈萨克语、俄语、乌兹别克语和英语。副院长是维吾尔族传统乐器演奏家，出生在中国新疆，6 个月大的时候从伊犁移居到哈萨克斯坦。座谈结束后，副院长亲自开车将调查组成员送回住处，依依不舍告别。

2012 年 7 月 6 日，周五

在公寓整理访谈、座谈材料，核查维吾尔语 2000 个基本词汇和 400 个测试词汇，修改调查问卷。

下午 5 点，哈萨克斯坦阿布莱汗国际关系与外国语大学东方学院汉语教研室主任托力肯·哈力别克在 Paradise 饭店宴请调查组。

晚上 10:30，力提甫·托乎提教授从乌鲁木齐飞抵阿拉木图，与调查组汇合。调查组开会，首先给力提甫·托乎提教授介绍这几天的调查情况，然后进行全书写作分工，按章节落实到人。第一章"绪论"由戴庆厦负责，第二章"社会人文概况"分两节，第一节"哈萨克斯坦概况"由朱艳华负责，第二节"维吾尔族概况"由田静负责，第三章"维吾尔族母语使用情况"由田静负责，第四章"维吾尔族兼用语使用情况"由朱艳华负责，第五章"哈中维吾尔语语言本体比较"分几个部分：（1）2000 个基本词汇和 400 个测试词汇由艾尔肯·阿热孜、阿达来提·阿布拉江和古丽斯坦·麦麦提依明负责。（2）哈中维吾尔语词法、句法比较，由力提甫·托乎提负责。（3）话语材料包括书面材料和口语材料两部分，由力提甫·托乎提负责。书面材料要从教材、报纸等出版物上去搜集，使用斯拉夫字母，既要有词对词的翻译，还要有整篇文章的翻译。（这一工作最后由力提甫·托乎提教授完成。）。该书由力提甫·托乎提教授任主编，Makhpirov 教授和艾尔肯·阿热孜副教授任副主编。

2012 年 7 月 7 日，周六

上午 10:30，走访住在阿拉木图市区的维吾尔族家庭，了解城市维吾尔族家庭的语言使用情况。户主卡马力丁·曼苏拉（Kamalidin）是铁道学院的一名教授，已经 76 岁高龄，老伴劳拉（Nurvanäm）退休前在阿拉木图市 153 中学工作，是一名维吾尔语教师。二老有一个儿子，两个女儿，六个孙子。大孙子曾在马来西亚一所英国—马来西亚合办的大学留学，刚毕业归国，现在阿拉木图一家医药公司从事医疗器械销售工作。在家的两个孙子是巴特尔（Bahadir）和阿米尔（Amir）。巴特尔刚念完十年级，9 月 6 号要去北京科技大学学习汉语，先上一年预科，然后上大学。他能听懂维吾尔语，但平时都不说。平时说俄语，英语也学得不错。小孙子阿米尔今年 4 岁，9 月份要上幼稚园。他能听懂吾尔语，平时说俄语，不说维吾尔语。我们指着实物用维吾尔语问他，"眼睛、鼻子、嘴巴、葡萄、面包"用维吾尔语怎么说，他用俄语回答。老人感慨地说，年轻时有不懂俄语的维吾尔族，但现在没有不懂俄语的维吾尔族，却出现了不懂维吾尔语的维吾尔族。老人想送孙子到维吾尔语学校上学，但现实条件不允许，因为家附近没有维吾尔语学校。

Kamalidin 一家人性格沉静温和，彬彬有礼。家里陈设简洁素雅，客厅、餐厅各摆放一台飞利浦牌彩电，书柜里摆满书籍和荣誉奖章、奖杯。他们谦逊而真诚地与我们交谈，认真填写调查问卷，还特地准备了满桌子丰盛的美食。新鲜水果是一家人一大早从自家果园摘来的。

中午 12 点，阿布莱汗国际关系与外国语大学安排调查组参观阿拉木图 Čimbulaq（希姆布拉克，也译作琼布拉克）高山滑雪场和麦迪奥高山滑冰场。这里距离市区 30 分钟左右车程，是阿拉木图人引以为豪的地方。2011年 1 月 30 日至 2 月 6 日在这里成功举办了第七届亚洲冬季运动会，2008 年4 月 2 日北京奥运会火炬境外传递的第一站也在这里。

参观完毕后，Makhpirov 教授代表校长 S.S.库楠巴耶娃在 Samal 餐厅宴请调查组一行。席间他举杯说，本来校长要亲自来陪同大家，但她 70 多岁了，血压特别高，不能到高山地区来，所以特别委托 Makhpirov 教授盛情款待中国客人。他还说，前苏联有非常好的语言学传统，特别是专名学研究，可以借鉴利用他们的方法。我们这次合作是中哈两校的第一次合作，也是两校在社会科学领域的第一次合作，阿布莱汗大学特别重视。希望以后有新的合作，也希望有机会组团到中国新疆去调查维吾尔族。

下午 4:40，到 AKADEMKHNGA 学术书店购买调查所需的资料。

晚上，召开讨论会。讨论的问题有：（1）封面书名采用的文字。暂定为中文、斯拉夫维吾尔文、哈萨克文、英文。（2）中哈维吾尔语语音上的区别。中国维吾尔语词末的ʃ在哈萨克斯坦维吾尔语中读作ş，比如baš（头）。这主要是受俄语和哈萨克语的影响。

2012 年 7 月 8 日，周日

访谈维吾尔文化中心执行主任 Rabik Ismayil（拉比克·司马义）、《维吾尔之声》报社主编 Muxtarjan Jumayev（木合塔尔江·朱马依夫）和哈萨克斯坦阿拜国立师范大学副教授 Ruslan。

Rabik Ismayil（热比克·司马义）退休前在 Atamura 教育出版社工作，用俄语、哈萨克语、乌兹别克语、维吾尔语发表了 400 多篇文章，出版了10 多部著作，在中国也曾发表过文章。写过一些介绍新疆维吾尔族作家的文章。他非常热爱自己的民族和母语，对中国很有感情。他说，"中国是自己的祖国"，"我曾经去过祖国两次"。热比克先生不仅介绍了自己和家人以及维吾尔族的语言使用情况，还介绍了哈萨克斯坦独立前后语言的变化情况。

2012 年 7 月 9 日，周一

继续整理材料。

下午 6 点，在公寓 81 号房间访谈哈萨克斯坦科学院文学研究所研究员、文学理论家阿里木江·海米拉耶夫。他为我们介绍了自己以及家庭成员的语言使用情况。作为"在学校中支持母语教育基金会"负责人，他还热情洋溢地为我们介绍了基金会的工作。基金会成立四年来，围绕维吾尔族教育开展了一系列卓有成效的工作，包括：（1）调研全国维吾尔语学校的总体情况，总结学校教育中存在的问题；（2）积极为维吾尔语学校提供教材和教学设备；（3）在国家与学校、社会与学校、学校与学校之间搭建桥梁；（4）筹备维吾尔语教育网站；（5）决定每五年召开一次全国学术研讨会，讨论维吾尔族的教育问题。

据介绍，基金会的经费来源是政府的支持和民间的捐款，还有国外的资助。基金会利用经费把孩子送到国外上学。每年大约有 10—15 个孩子去中国上学。他们大多学习艺术专业，比如在新疆艺术学院有很多他们的学生。另外，去土耳其、俄罗斯和欧洲的也比较多。

他说，作为一个人，首先应该热爱自己的民族，热爱自己的民族才会有更大的发展。培养优秀子女是社会的责任，作为一个社团，我们把培养子女的责任承担起来，政府非常支持。

2012 年 7 月 10 日，周二

上午整理材料。

中午 12 点，在公寓 107 号房间访谈哈萨克斯坦东方学研究所阿不来提·卡马洛夫（Ablät Kamalov）副研究员。阿不来提先生是一位历史学家，他不仅为我们详细介绍了家庭成员的语言能力和语言使用情况，还讲述了哈萨克斯坦维吾尔族的历史来源、发展和教育等问题，谈了自己对维吾尔语发展趋势的看法。

2012 年 7 月 11 日，周三，大雨

昨晚阿拉木图开始下雨，第二天早上雨停了。7 点，调查组出发去 250 公里外的 Awat 村进行入户调查。和我们一起调查的是 Makhpirov 教授和 20 岁的维吾尔族女大学生米拉娜。米拉娜今年 7 月刚从阿布莱汗国际关系与外国语大学东方学院汉语本科专业毕业。我们要去的 Awat 乡是她的老家，她的爷爷奶奶还有叔叔一家都还在那里生活。此行的交通工具是一辆租来的白色面包车，从外观目测可知这是一辆行驶多年的旧车。司机是一位头发花白的维吾尔族司机，左腿略为有些残疾，性格温和友善。上车后，司

机师傅通过后视镜——和我们打招呼。哈萨克斯坦的公路宽阔而平坦，汽车行驶非常平稳。

出城后，又开始下雨。Makhpirov 教授告诉我们，维吾尔族主要居住在汽车正在经过的 A-2 公路沿线。行驶约 1 个小时后，我们陆续看到路边有穿着传统服饰的维吾尔族。他们或在路边搭棚卖土豆、西瓜和蜂蜜，或三三两两在路边等车。沿途依次经过的 Čeläk、Tašgens、Nargen，都是维吾尔族聚居点。

雨越下越大。约 2 个半小时后，我们到达 Bayseyit，中途休息，吃早餐。这里是维吾尔族聚居区。在餐馆附近，力提甫·托乎提、艾尔肯·阿热孜老师用维吾尔语和几位维吾尔族中青年男子聊了起来，告诉他们我们的来意，并委托他们把预先准备好的问卷调查表发给当地人，为第二天过来做实地调研打通了渠道。

短暂休整过后，继续上路前行。经过 4 个多小时的长途跋涉，中午 12 点，终于到达阿拉木图州维吾尔县县政府。Čunja 镇是维吾尔县县政府所在地，县政府办公楼共三层，县长办公室在一层。找县长办事的老百姓络绎不绝。在说明了来意之后，县长（男，哈萨克族）在百忙之中为我们介绍了该县的基本情况。他说，全县共 4300 多个家庭，22000 人，其中维吾尔族约 12000 人，哈萨克族约 8000 人，俄罗斯族约 390 人。全县有 14 个乡，每个乡都有维吾尔文化中心，共有 2 所维吾尔语学校。2011 年，200 名高中毕业生中有 97 人考上大学，其中 40 人是公费生。在 Čunja 人们说哈萨克语和维吾尔语，大家都懂俄语，但平时不说。县政府的办公语言是哈萨克语。当地经济以农业、牧业为主，农作物有玉米、苜蓿、大麦和小麦等，水果主要是苹果和杏，牲畜主要有牛、羊和马。人月均收入约三四万坚戈。在 Čunja 没有失业人员。哈萨克斯坦有一个总统规划，2020 年以前要实现零失业率，政府会资助暂时没有找到工作的毕业生参加职业培训，以帮助他们找到工作。

告别县长后，我们冒着大雨前往 Awat 乡。在 Awat 乡入口参观 Hezim Iskanderov 维吾尔语学校。这所学校已有 90 多年的历史，设有 1—11 年级。现有 520 名学生，87 名教师。开设文、理课程。11 年级毕业后，约有 30% 的人升入大学，70% 升入中专或职业学校。多在本国上大学，也有去乌兹别克斯坦的塔什干上大学。现在的校舍是著名语言学家 Ğujäxmät Sadwaqasov 出资兴建的。（他与中国的维吾尔语专家哈米提先生建立了深厚的友谊。）

中午 1:30，我们到达 Awat 乡。Awat 乡距离阿拉木图市 250 公里，共有 560 户人家，3500 人，维吾尔族接近 90%，哈萨克族约占 10%，有少量俄罗斯族。米拉娜爷爷 Ruslana 老人一家已在家静候多时。Ruslana 老人已 76 岁高龄，面色红润，身体硬朗，退休前是 Hezim Iskanderov 维吾尔语学校老师，还做过长老，现在是乡里清真寺的阿訇，德高望重。20 世纪 50 年代，他曾到中国伊犁师范学校学习过三年。他的老伴儿退休前也是维吾尔语学校的老师，担任校长多年。由于几个月前不慎被车撞伤，现在只能在家卧床休息。两位老人都是大学毕业后到维吾尔语学校工作的。

　　Ruslana 老人把我们迎进会客室，长长的桌子上摆满了糖果、凉菜和馕。老人致欢迎辞的时候，热泪盈眶。我们向老人说明了调查目的，告诉他我们要找不同性别、不同年龄段的人来了解情况、填写调查问卷。Ruslana 老人马上找出电话本，一一给居民们打电话。有的居民电话打不通，老人就亲自出门去找。居民们很快就来到 Ruslana 老人家。调查组分为几组分头展开工作，力提甫·托乎提和田静通过访谈的形式向 Ruslana 老人和一位女居民了解乡里的基本情况，艾尔肯·阿热孜和朱艳华向居民了解家庭语言使用情况，阿达来提·阿布拉江和古丽斯坦·麦麦提依明做维吾尔语 400 基本词汇测试。居民们对我们的工作也非常感动和支持，维吾尔语学校的前任校长将他日前在新疆乌鲁木齐、伊犁、吐鲁番等地参观时有感而发创作的诗歌吟诵给调查组，并同意将该诗作为语料收进我们的书中。

　　晚上 7 点过，圆满完成调查任务后，调查组与居民们依依惜别，伴着晚霞踏上了归程。午夜 12 点，回到住处。

2012 年 7 月 12 日，周四

　　力提甫·托乎提、艾尔肯·阿热孜、阿达来提·阿布拉江、古丽斯坦·麦麦提依明到 Bayseyit（贝斯伊特）乡进行入户调查。

　　其他人留在住处输入、统计 Awat 乡的调查问卷，整理调查材料，写作书稿。

2012 年 7 月 13 日，周五

　　书店购书。到出版社了解哈萨克斯坦维吾尔文出版情况。

　　输入、统计调查问卷，整理调查材料，写作书稿。

2012 年 7 月 14 日，周六

　　上午，阿达来提·阿布拉江、朱艳华、古丽斯坦·麦麦提依明在米拉娜父亲热依木江先生的协助下参观位于友谊居民点（Dostluk Mähälisi）的第 153 维吾尔语学校。该校 1957 年建校，1964 年扩校，当时主要是俄罗斯族学生，开设有几个维吾尔族班。1982 年修建了新的教学楼，主要供学习俄语的学生使用。1987 年为学习维吾尔语的学生修建了教学楼。2011 年，学校新建了物理和化学实验室。现在，学校教学设施齐全，校园环境优美，教学质量高，是哈萨克斯坦教育部授予的"重点实验学校"，全国排名在前 30 名。现有学生 1118 名，教师 98 名，维吾尔族师生占 99%。以维吾尔语教学为主，也注重哈萨克语和俄语教学。学生的俄语和哈萨克语水平比较高，能够熟练地使用哈萨克语和俄语进行交流。越来越多的维吾尔族父母把子女送到维吾尔学校念书，学校比去年多招收了两个班的一年级学生。维吾尔家长也非常关心教育，经常资助学校改善基础设施。第 153 学校的很多设施设备都是在家长的资助下备齐的。2011 年，为表达对毕业班教师的感谢，由家长出资安排毕业班教师集体到中国旅游，先后到新疆乌鲁木齐、和田、喀什等地，共 17 天。

下午，戴庆厦、力提甫·托乎提、艾尔肯·阿热孜、阿达来提·阿布拉江代表课题组向阿布莱汗大学校长汇报调查工作，并作告别。校长 S.S. 库楠巴耶娃深情地说：这次两校合作很有成效，希望以后进一步合作。力提甫·托乎提向校长赠送了礼物，校长回赠了她主编的语言学论文集。

下午，召开会议，戴庆厦教授对本次调查做了一个总结。他说，调查组已经工作了 13 天，基本完成调查任务，有几个亮点：（1）对城市、乡村的 3 个点进行了入户调查，掌握了维吾尔族语言使用的具体、真实的情况。（2）对中哈维吾尔语的语音、词汇和语法进行了比较。（3）对哈萨克斯坦和哈萨克斯坦维吾尔族的社会人文情况进行概括性的梳理，增加了很多调查、访谈、观察得来的第一手材料，具有新意。按照过去的经验，用 20—25 天的时间，不仅能完成调查，还能在当地完成书稿。他说，这次时间比较紧张，完成调查任务和部分章节的写作、访谈的整理，余下的部分任务回国后要及时完成。由于是跨境语言比较，我们回到新疆后还要做几天的新疆维吾尔语的情况调查。

晚上 6 点，调查组在公寓宴请 Makhpirov 教授和热依木江先生，对他们的帮助表示感谢。

2012 年 7 月 15 日，周日

启程回国，午夜 12 点抵达新疆乌鲁木齐地窝堡国际机场，新疆大学语言学院院长海峰教授前来接机。

2012 年 7 月 16 日，周一

乘坐大巴赴吐鲁番地区的托克逊县，继续本项目国内部分的调查。托克逊县教育局长依力汗木·克依木亲自到托克逊县与乌鲁木齐市交界处迎接。晚上，托克逊县县长阿迪力·艾力、县委常委、纪委书记买买提·艾合买提、人大常委会主任阿力木·艾比布、教育局长依力汗木·克依木在白洋河宾馆宴请调查组。

2012 年 7 月 17 日，周二

上午，与托克逊县副县长巴哈尔古丽·马依提、教育局长依力汗木·克依木和一线教师就民族教育进行座谈。巴哈尔古丽·马依提介绍了该县双语学习所取得的成绩、经验以及存在的问题，希望调查组对该县的民族教育予以指导。

下午，离开托克逊县，赴鄯善县继续调研民族教育。鄯善县教育局长艾尔肯·阿热孜·木依丁到鄯善县与吐鲁番市交界处迎接调查组。县长艾尼瓦尔·吐尔逊、副县长亚森·艾力、副县长周淑娴、教育局长艾尔肯·阿热孜·木依丁、交通局局长许克尔·卡迪尔、民政支部书记艾尔肯·阿热孜·德孜宴请调查组。

2012 年 7 月 18 日，周三

到鄯善县吐峪沟乡吐峪沟村调研。吐峪沟村位于闻名世界的火焰山脚下，西邻高昌故城，东接古镇鲁克沁镇，面积约 55 平方公里，由麻扎村、夏村、英买里三个村合并而成。全村共有人口 974 户 4558 人。麻扎村是世界现存最古老、最典型的维吾尔族村落，已有 2700 多年的历史。吐峪沟村是多种文化、宗教的交汇地。调查组在与居民的接触中，了解了他们的语言使用情况。吐峪沟乡乡长加拉力丁·依明毕业于上海交通大学，为回报家乡，放弃大城市的优越条件，扎根乡村，令人敬佩。

晚上，副县长亚森·艾力、教育局长艾尔肯·阿热孜·木依丁、民政局党支部书记、副局长艾尔肯·阿热孜·肉孜在红玫瑰餐厅为调查组送行。

2012 年 7 月 19 日，周四

晚 9 点，乘坐南航 CZ6909 航班离开乌鲁木齐，返回北京。

2012 年 7 月 20 日—2013 年 4 月 30 日

调查组分头继续写作，完成初稿。

2013 年 5 月 1 日—7 日

统稿，挑选照片。封面、目录的外文翻译。

2013 年 12 月 8 日

书稿送出版社。

附录七　照片

课题组成员合影

中哈边境天山余脉

屹立在戈壁滩上的维吾尔县县界标志

哈萨克斯坦维吾尔族民居

阿布莱罕国际关系与外国语大学一景

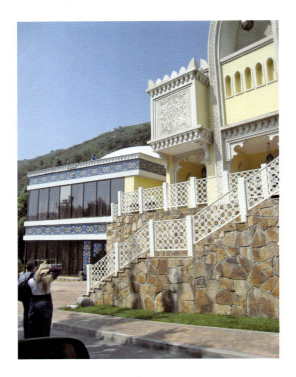

阿拉木图市的俄式餐厅

阿拉木图市一书店

调查组在阿瓦特村与维吾尔族村民合影

中哈两国维吾尔族一家亲

阿布莱罕国际关系与外国语大学校长会见课题组

阿布莱罕国际关系与外国语大学汉语培训中心

调查维吾尔学校教育情况

Makhpirov 教授调查维吾尔族家庭语言使用情况

在阿瓦特村了解村里的基本情况

维吾尔族学者填写问卷

深入城镇维吾尔居民家庭调查语言及生活状况

听取维吾尔出版机构独立后的变化

调查维吾尔村民家庭语言使用情况

中哈维吾尔族姑娘核对两国维吾尔语词汇的差异

哈萨克斯坦维吾尔族文学家（中）介绍哈萨克斯坦维吾尔族语言文学的特点

向维吾尔族历史学家了解哈萨克斯坦维吾尔族的历史文化

通过俄文测试儿童的维吾尔语能力

对中年妇女进行母语能力测试

课题组成员在核对维吾尔语词汇语料

哈萨克斯坦出版的维吾尔文小学教材

参考文献

1. 阿布都热扎克·沙依木：《中亚维吾尔文字演变初探》，《西域研究》2009年第4期。

2. A.加里耶夫著、胡红萍译：《当代哈萨克斯坦社会经济与政治生活中的区域和民族人口因素》，《新疆师范大学学报》2011年第2期。

3. 程瑶译：《哈萨克斯坦居民的民族成分》（《哈萨克斯坦统计述评》），《中亚信息》2000年第10期。

4. 储诚意：《哈萨克斯坦的高等教育及其改革》，《安庆师范学院学报》2009年第9期。

5. 戴庆厦、乔翔、邓凤民：《论跨境语言研究的理论与方法》，《云南师范大学学报》（哲学社会科学版）2009年第3期。

6. 戴庆厦：《跨境语言研究》，中央民族学院出版社1993年版。

7. 丁宏：《中亚五国民族文化综论》，民族出版社2003年版。

8. 胡振华：《中亚五国志》，中央民族大学出版社2006年版。

9. 惠慧：《中亚跨境民族之比较——中亚维吾尔族与哈萨克族之比较》，《乌鲁木齐职业大学学报》2009年第2期。

10. 卡托卡耶夫：《哈萨克斯坦：从中亚到世界》，新华出版社2001年版。

11. 李琪：《中亚维吾尔人》，新疆人民出版社2003年版。

12. 力提甫·托乎提：《现代维吾尔语参考语法》，中国社会科学出版社2012年版。

13. 马大正、冯锡时：《中亚五国史纲》，新疆人民出版社2005年版。

14. 马曼丽、安俭、艾买提：《中国西北跨国民族文化变异研究》，民族出版社2003年版。

15. 努·纳扎尔巴耶夫：《前进中的哈萨克斯坦》，民族出版社2000年版。

16. 潘志平：《中亚的民族关系：历史、现状与前景》，新疆人民出版社2003年版。

17. 沙依然·沙都瓦哈斯：《试论影响哈萨克斯坦语言问题的几个因素》，《东欧中亚研究》1999年第5期。

18. 王沛、史新国、陈远光：《中亚五国概况》，新疆人民出版社 1997 年版。

19. 王志娟、潘志平：《哈萨克斯坦民族问题的焦点：双重国籍与第二国语》，《东欧中亚研究》1996 年第 3 期。

20. 王智娟：《哈萨克斯坦：语言问题政治化的新发展》，《东欧中亚研究》2002 年第 3 期。

21. 吴宏伟：《中亚国家与中国跨界民族：人口和分布》，《世界民族》2005 年第 5 期。

22. 刑广程：《中国与中亚》，社会科学文献出版社 1999 年版。

23. 许涛：《哈萨克斯坦民族宗教概况》，《国际资料信息》2002 年第 7 期。

24. 张定京：《中亚民族语言文化研究》，中央民族大学出版社 2012 年版。

25. 张娜：《中亚现代民族过程研究》，中央民族大学出版社 2008 年版。

26. 赵常庆：《哈萨克斯坦》，社会科学文献出版社 2004 年版。

27. 赵常庆：《中亚五国概论》，经济日报出版社 1999 年版。

28. 张宏莉：《哈萨克斯坦不同民族在人口基本结构方面的差异》，《新疆社会科学》2005 年第 4 期。

29. 张宏莉：《哈萨克斯坦的宗教现状》，《新疆社会科学》2006 年第 5 期。

30. 张丽娜：《哈萨克斯坦汉语教学的现状及思考》，《云南师范大学学报》2009 年第 4 期。

31. 赵相如、朱志宁：《维吾尔语简志》，民族出版社 1985 年版。

32. Hämit Tömür: *Hazirqi Zaman Uyğur Tili Grammatikisi*（*Morfologiyä*）. Millätlär Näšriyati，1987-yil näšri.

33. Ruslan Arziyev: *Uyğur Tili*. Almata: "Mäktäp" Näšriyati，2006-yil näšri.

34. Mirsultan Osmanov: *Hazirqi Zaman Uyğur Tili*. Šinjiaŋ Radio Sifän Dašue täripidin basturuldi，1964-yil näšri.

35. *Hazirqi Zaman Uyğur Tili I*. Qazaq. S. S. R Pänlär Akademiyäsi Näšriyati，1963-yil näšri.